Dans Le Livre de Poche :

HISTOIRE DU STRUCTURALISME,
Le Champ du signe, 1945-1966.

Du même auteur :

L'HISTOIRE EN MIETTES.
Des Annales *à la nouvelle histoire,* La Découverte, 1987.

FRANÇOIS DOSSE

Histoire
du structuralisme

TOME 2

Le Chant du cygne
1967 à nos jours

ÉDITIONS LA DÉCOUVERTE

À Florence, Antoine,
Chloé et Aurélien

« *Le structuralisme n'est pas une méthode nouvelle : il est la conscience éveillée et inquiète du savoir moderne.* »

Michel FOUCAULT*.

* Michel FOUCAULT, *Les Mots et les Choses*, Gallimard, p. 221.

REMERCIEMENTS

Je remercie tous ceux qui ont eu la gentillesse d'accepter de témoigner au cours d'entretiens qui ont été retranscrits dans leur intégralité. Leur contribution a été essentielle. Elle a constitué un des matériaux majeurs pour la réalisation de ce chapitre de l'histoire intellectuelle française* :

Marc Abélès, Alfred Adler, Michel Aglietta, Jean Allouch, Pierre Ansart, Michel Arrivé, Marc Augé, Sylvain Auroux, Kostas Axelos, Georges Balandier, Étienne Balibar, Henri Bartoli, Michel Beaud, Daniel Becquemont, Jean-Marie Benoist, Alain Boissinot, Raymond Boudon, Jacques Bouveresse, Claude Brémond, Hubert Brochier, Louis-Jean Calvet, Jean-Claude Chevalier, Jean Clavreul, Claude Conté, Jean-Claude Coquet, Maria Daraki, Jean-Toussaint Desanti, Philippe Descola, Vincent Descombes, Jean-Marie Domenach, Joël Dor, Daniel Dory, Roger-Pol Droit, Jean Dubois, Georges Duby, Oswald Ducrot, Claude Dumézil, Jean Duvignaud, Roger Establet, François Ewald, Arlette Farge, Jean-Pierre Faye, Pierre Fougeyrollas, Françoise Gadet, Marcel Gauchet, Gérard Genette, Jean-Christophe Goddard, Maurice Godelier, Gilles Gaston-Granger, Wladimir Granoff, André Green, Algirdas-Julien Greimas, Marc Guillaume, Claude Hagège, Philippe Hamon, André-Georges Haudricourt, Louis Hay, Paul Henry, Françoise Héritier-Augé, Jacques Hoarau, Michel Izard, Jean-Luc Jamard, Jean Jamin, Julia Kristeva, Bernard Laks, Jérôme Lallement, Jean Laplanche, Francine Le Bret, Serge Leclaire, Dominique Lecourt, Henri Lefebvre, Pierre Legendre, Gennie Lemoine, Claude Lévi-Strauss, Jacques Lévy, Alain Lipietz, René Lourau, Pierre Macherey, René Major, Serge Martin, André Martinet, Claude Meillassoux, Charles Melman, Gérard Mendel, Henri Mitterand, Juan-David Nasio, André Nicolaï, Pierre Nora, Claudine Normand, Bertrand Ogilvie, Michelle Perrot, Marcellin Pleynet, Jean

---

* On trouvera, en annexe, le détail des spécialités et des fonctions actuelles de chacune des personnes rencontrées.

Joëlle Proust, Jacques Rancière, Alain Renaut, Olivier Revault d'Allonnes, Élisabeth Roudinesco, Nicolas Ruwet, Moustafa Safouan, Georges-Elia Sarfati, Bernard Sichère, Dan Sperber, Joseph Sumpf, Emmanuel Terray, Tzvetan Todorov, Alain Touraine, Paul Valadier, Jean-Pierre Vernant, Marc Vernet, Serge Viderman, Pierre Vilar, François Wahl, Marina Yaguello.

D'autres personnalités ont été contactées, mais je n'ai pu les rencontrer : Didier Anzieu, Alain Badiou, Christian Baudelot, Jean Baudrillard, Pierre Bourdieu, Georges Canguilhem, Cornélius Castoriadis, Hélène Cixous, Serge Cottet, Antoine Culioli, Gilles Deleuze, Jacques Derrida, Louis Dumont, Julien Freund, Luce Irigaray, Francis Jacques, Christian Jambet, Catherine Kerbrat-Orecchioni, Victor Karady, Serge-Christophe Kolm, Claude Lefort, Philippe Lejeune, Emmanuel Lévinas, Jean-François Lyotard, Gérard Miller, Jacques-Alain Miller, Jean-Claude Milner, Edgar Morin, Thérèse Parisot, Jean-Claude Passeron, Jean-Bertrand Pontalis, Paul Ricœur, Jacqueline de Romilly, François Roustang, Michel Serres, Louis-Vincent Thomas.

Je remercie aussi tous ceux qui ont accepté la lourde tâche de revoir ce manuscrit et m'ont très utilement aidé par leurs suggestions et leurs corrections, me permettant ainsi de mener à bien cette entreprise : Daniel et Trudi Becquemont, Jean-Michel Besnier, Alain Boissinot, René Gelly, François Gèze et Thierry Paquot, Pierre Vidal-Naquet.

Je remercie aussi, pour m'avoir communiqué les tirages d'un certain nombre d'ouvrages de cette période : Monique Lulin pour les Éditions du Seuil, Pierre Nora pour les Éditions Gallimard et Christine Silva pour les Éditions La Découverte.

AVANT-PROPOS

Structuralisme ou structuralismes ? Au terme du parcours triomphal des structuralistes qui a marqué les années cinquante et soixante, décrit, dans le premier tome, *Le Champ du signe*[1], il apparaît évident que le phénomène recouvre une réalité plurielle, des logiques disciplinaires singulières et des individus particuliers. Il relève bien davantage d'une mosaïque disparate que d'une fantomatique école, même si un certain regard et beaucoup d'échanges conceptuels permettent de repérer un *moment structuraliste*. Au milieu des années soixante, les tentatives de Louis Althusser et de Michel Foucault ont eu sans conteste une volonté unitaire pour regrouper autour d'une philosophie rénovée toutes les recherches les plus modernes des sciences sociales, qui se reconnaissaient sous le vocable de structuraliste. En 1966, on a atteint, comme nous l'avons vu, l'apogée de cette ambition.

Mais très vite, dès 1967, des fissures apparaissent qui vont révéler le caractère souvent factice des regroupements de la première période. Chacun prend alors du recul, cherche des chemins de traverse, pour éviter le qualificatif de structuraliste, se défendant même de l'avoir jamais été, mis à part Claude Lévi-Strauss qui poursuit son cheminement hors des aléas de l'actualité.

Paradoxalement, c'est en 1967, au moment où les médias découvrent et magnifient l'unité et le succès du structuralisme, que les structuralistes prennent leurs distances avec ce qu'ils estiment être une unité factice. C'est alors le temps de la déconstruction, de la dispersion, du reflux. Mais il n'affecte que superficiellement le rythme des recherches structurales qui se poursuivent selon une autre temporalité. Le succès institutionnel du structuralisme à la faveur du mouvement de mai 1968 va pour sa part constituer une étape essentielle dans la banalisation/assimilation d'un programme qui a perdu son étendard de révolte contre la tradition, de contre-culture, pour devenir un des horizons théoriques, mais silencieux, de la recherche en sciences sociales.

1. François DOSSE, *Histoire du structuralisme*, t. 1 : *Le Champ du signe, 1945-1966*, La Découverte, Paris, 1991, rééd. Le Livre de Poche.

I

LES PREMIÈRES FISSURES

1

Le chomskysme : nouvelle frontière ?

En 1967, Nicolas Ruwet fait paraître sa thèse de doctorat chez Plon, *Introduction à la grammaire générative*. Il y expose les principes chomskyens, et c'est pour lui, comme pour de nombreux linguistes, l'expression d'une rupture radicale avec la première période structuraliste. Nicolas Ruwet, né en 1933, a reçu sa formation initiale à Liège, mais il est insatisfait d'un enseignement qui s'apparente à celui que l'on reçoit à la même époque à la Sorbonne. En 1959, il quitte toutefois la Belgique pour Paris : « Je pensais plus ou moins à l'ethnologie, je m'intéressais aussi à la psychanalyse. Musicien au départ, j'avais déjà lu un certain nombre de travaux linguistiques : Saussure, Troubetskoy, Jakobson[1]. » Nicolas Ruwet se trouve donc d'emblée à la confluence de diverses disciplines – bon symptôme de l'exigence globalisante du structuralisme –, il part en quête de rigueur dans le souci de participer à l'aventure scientifique en cours.

À Paris, il suit tout à la fois les cours d'Émile Benveniste au Collège de France, ceux d'André Martinet à la Sorbonne, le séminaire de Claude Lévi-Strauss aux Hautes Études : « Ce qui m'a passionné, au début, s'est passé au séminaire de Lévi-Strauss, lorsqu'il a apporté un grand article de Roman Jakobson, "Linguistique et poétique", qui venait de paraître en anglais. Il était emballé et nous a pratiquement lu le texte en y consacrant ses deux heures de cours[2]. » Peu après, en 1962, Nicolas Ruwet entre au Fonds national belge de la recherche scientifique (FNRS) sur un programme de poétique : « Je comptais faire une thèse sur Baudelaire que je n'ai jamais faite[3]. » En 1963, il préface le recueil de travaux de Jakobson, une des parutions majeures de la période – qui sort aux Éditions de Minuit sous le titre *Essais de linguistique géné-*

---

1. Nicolas Ruwet, entretien avec l'auteur.
2. *Ibid.*
3. *Ibid.*

rale –, et fréquente par ailleurs le fameux séminaire de Lacan, avec
son ami Lucien Sebag. C'est tout à fait fortuitement, à l'occasion
d'un voyage avec ce dernier, la fille de Lacan et quelques amis,
qu'il découvre Chomsky en 1960, dans la maison qu'avait louée
Lacan à Saint-Tropez : « Je me suis retrouvé seul dans la pièce qui
servait de bureau à Lacan et il y avait là un petit bouquin bleu de
chez Mouton qui traînait sur le bureau : c'était *Syntactic Structures*
de Chomsky [...]. Je l'ai commandé tout de suite après les vacances
et ai trouvé cela très intéressant, mais je n'y comprenais rien, il
me manquait encore trop d'éléments[4]. » Nicolas Ruwet reste malgré
cette lecture dans le sillage de Jakobson et de Hjelmslev, et il écrit
pour Éric de Dampierre un article qui fait le point sur l'état de la
linguistique générale en 1964 – article dans lequel il fait l'éloge
du structuralisme[5].

La conversion au chomskysme

Pourtant c'est à ce moment-là, 1964, que tout bascule, lorsqu'un
ami de Liège lui prête l'ouvrage de Paul Postal qui venait de
paraître, *Constituent Structure. A Study of Contemporary Models
of Syntactic Description*. L'auteur y présentait les grandes idées de
Chomsky : « Je le lis dans le train Liège-Paris et débarque à la
gare du Nord, générativiste. En quelques heures, ce fut le chemin
de Damas. Tout était bouleversé. Je devais terminer mon article
pour Éric de Dampierre, mais je n'y croyais plus[6]. » Nicolas Ruwet
passe alors trois années consécutives à tout lire sur le générativisme, et prépare sa thèse – thèse qu'il ne pensait pas au départ
publier en livre, mais à seule fin d'obtenir un diplôme officiel pour
parachever une carrière quelque peu hétérodoxe, comme celle de
la plupart des structuralistes. Pourtant, cet ouvrage va vite devenir
le bréviaire de la nouvelle génération, qui, elle, découvre la linguistique en ces années 1967-1968.

Jusque-là, Chomsky était peu connu en France. Certes, *Syntactic
Structures* date de 1957, mais il faut attendre 1969 pour que
l'ouvrage paraisse en français, au Seuil. Entre-temps l'introduction
du chomskysme en France passe donc par Nicolas Ruwet pour
lequel le basculement est complet avec la période précédente. Dès
le mois de décembre 1966, il présentait la grammaire générative
dans le numéro IV de la revue *Langages*. Ruwet voit en Chomsky

4. *Ibid.*
5. N. RUWET, « La linguistique générale aujourd'hui », dans *Archives européennes de sociologie*, V, 1964.
6. Nicolas Ruwet, entretien avec l'auteur.

la possibilité de travailler sur la syntaxe délaissée jusque-là par Saussure et Jakobson. S'il y a bien pourtant continuité entre le structuralisme et le chomskysme dans leur quête commune vers davantage de scientificité, l'avantage du générativisme selon Ruwet se trouve dans sa conception poppérienne de la science comme falsifiable : « La rupture se situe dans la possibilité de proposer des hypothèses qui soient falsifiables. Cela m'a fortement impressionné[7]. » Le générativisme pose l'exigence d'une théorie explicite, précise, qui fonctionne à la manière d'un algorithme dont les opérations peuvent s'appliquer mécaniquement : « Karl Popper a bien montré qu'il n'était pas possible de fonder la science sur un principe d'induction[8]. » Avec la double articulation du langage en une structure profonde, celle de la compétence, et une structure superficielle, on postule à une double universalité ; celle des règles convenues, du système, mais aussi celle d'«un certain nombre d'universaux substantiels[9] ». Cette quête d'universaux reprend et vise à porter plus loin l'ambition structuraliste qui, elle-même, s'inspirait du principe général énoncé par Platon dans *Le Sophiste* (262 a-c), lequel fournit déjà « la base matérielle de la linguistique structurale[10] ». Platon y affirme que l'étude d'un système de signes présuppose un certain nombre, limité, de conditions : le repérage d'unités minimales, leur nombre fini, le fait de pouvoir les combiner, et en dernier lieu que toutes les combinaisons ne soient pas possibles.

Si, comme nous le verrons, le mouvement de mai 1968 va en grande partie fragiliser le paradigme structuraliste, le chomskysme se trouve au contraire en phase, en symbiose avec les événements de la fin des années soixante, mais sur la base d'un curieux malentendu. En premier lieu, Chomsky est un radical au sens américain, qui conteste la guerre du Vietnam, et en ce sens il apparaît comme l'expression même de la démarche critique. Mais, surtout, les Français ont compris génératif «dans le sens de : qui engendre, qui féconde, qui bouge. On n'a plus voulu des structures statiques. On a alors associé le structuralisme à un conservatisme, alors que le terme de génératif est un terme purement technique qui n'a rien à voir avec tout cela[11] ». Pour Chomsky, au contraire, la grammaire générative ne veut rien dire d'autre qu'une grammaire explicite, celle du modèle de compétence des sujets, et « signifie simplement

7. *Ibid.*
8. N. Ruwet, *Introduction à la grammaire générative*, Plon, 1967, p. 12.
9. *Ibid.*, p. 357.
10. J.-Cl. Milner, *Introduction à une science du langage*, Le Seuil, 1989, p. 492.
11. Nicolas Ruwet, entretien avec l'auteur.

énumérer explicitement au moyen de règles[12] ». La fécondité des
malentendus provoquera la rencontre inattendue de la grammaire
générative avec la génération contestataire qui verra dans le chomskysme le moyen de réconcilier l'histoire, le mouvement et la structure. Même si cette perception se fonde sur un contresens, elle n'en
a pas moins été le mode par lequel le générativisme a pénétré en
France.

L'archéologie du générativisme

Le second malentendu tient au fait que Chomsky ne désignait
pas dans ses critiques le structuralisme européen, mais le structuralisme américain de Leonard Bloomfield et de son école « distributionnaliste », dite « école de Yale », qui domine la linguistique
aux États-Unis dans les années cinquante. Bloomfield, s'inspirant
des thèses de la psychologie béhavioriste, considérait qu'il fallait
se contenter de décrire les mécanismes de la langue, de faire saillir
les régularités sans s'interroger sur la signification des énoncés.
Cette démarche présupposait deux opérations : la décomposition
des énoncés en constituants immédiats, et leur classification en
ordre distributionnel. La linguistique américaine d'avant Chomsky
est donc pour l'essentiel descriptive, linéaire et fondée sur une
transparence postulée entre les actes de parole et leur significance.
Les systèmes d'oppositions repérées par le structuralisme américain permettent surtout l'évitement du mentalisme. Cette démarche
distributionnaliste, descriptive, s'appuie surtout sur la volonté de
restituer les diverses langues amérindiennes à partir des années
vingt, perspective qui fut celle de toute une ethnolinguistique évo-
luant outre-Atlantique à l'écart du saussurisme avec Boas, Sapir...
« La rupture du chomskysme se situe par rapport à l'école linguistique américaine. Cette rupture est manifeste, mais il y a une base
que personne ne récuse, c'est l'articulation. Aucune théorie ne se
propose d'analyser la structure des phrases[13]. »
La filiation du structuralisme (ou distributionnalisme) américain
passe par Zellig Harris, qui décrit la méthode en 1951[14]. Il y postule, comme Bloomfield, la correspondance du sens et de la distribution, et définit les principes d'une démarche qui s'appuie sur
la constitution d'un corpus représentatif et homogène pour parvenir, au moyen de segmentations successives, à la détermination

12. N. Ruwet, *Introduction à la grammaire générative, op. cit.*, p. 33.

13. Marina Yaguello, entretien avec l'auteur.

14. Z. S. Harris, *Methods in Structural Linguistics*, The University of
Chicago Press, 1951.

des différents morphèmes et phonèmes de la langue. Pour accéder à ces structures originelles, Harris définit des règles mécaniques de calcul et évince toute trace de subjectivisme ou trace contextuelle : « Les notions fonctionnelles, le sujet d'une phrase par exemple, se sont vu remplacer par des classes complexes de distribution[15]. » Toute forme d'intentionnalité du locuteur est donc rejetée hors du champ scientifique du distributionnalisme. Harris pousse donc jusqu'au bout la logique de Bloomfield, et introduit la notion de transformation pour avoir accès à l'étude des structures discursives à partir de classes d'équivalence. Cette direction de recherche le conduit vers une formalisation de plus en plus poussée[16], pour faire dériver les diverses manifestations discursives d'un nombre limité de phrases élémentaires, constituées à partir d'opérateurs de base : « Tout repose dans ce modèle sur l'assimilation du sens à l'information objective et sur le parti pris d'une sémantique faible[17]. »

Les principes du générativisme

Chomsky se situe d'abord dans la filiation du distributionnalisme de Harris, mais, s'il retient le caractère explicite de la démarche, il oriente vite, avec Morris Halle, ses travaux dans une direction nouvelle, « générative », au sein du Massachusetts Institute of Technology. Il récuse alors les limitations imposées par le distributionnalisme à un corpus qui n'épuise pas la richesse de la langue. Au-delà, il entend dépasser le simple stade descriptif et atteindre le niveau, plus essentiel, de l'explication. Il dénonce alors les méthodes taxinomiques et, dans un premier temps, restreint son champ d'étude à la syntaxe, pour en construire une théorie indépendante, une grammaire autonome par rapport à son usage spécifique : « Le résultat final de ces recherches devrait être une théorie de la structure linguistique où les mécanismes descriptifs utilisés dans les grammaires particulières seraient présentés et étudiés de manière abstraite, sans référence spécifique aux langues particulières[18]. » La forme de cette grammaire doit être celle d'un mécanisme génératif partant de la mise en évidence des possibles, et non d'un corpus à partir duquel on pratiquerait l'induction.

15. Th. PAVEL, *Le Mirage linguistique*, Minuit, 1988, p. 120.

16. Z. S. HARRIS, *Mathematical Structures of Language*, Interscience Publishers, New York, 1968.

17. C. FUCHS, P. LE GOFFIC, *Initiation aux problèmes des linguistiques contemporaines*, Hachette, 1985, p. 36.

18. N. CHOMSKY, *Structures syntaxiques*, Points-Seuil, 1979 (1957), p. 13.

Le formalisme de la démarche et son rejet du sens inscrivent cependant le générativisme dans une continuité avec le structuralisme : « Cette conception du langage est extrêmement puissante et générale. Si nous l'adoptons, nous considérons le locuteur comme étant essentiellement une machine de ce type (connue en mathématique sous le vocable de processus de Markov à nombre fini d'états)[19]. » Après avoir présenté les présupposés techniques de la constitution de cette grammaire générative en 1957, Chomsky lui donne un prolongement philosophique, en fondant sa démarche historiquement et théoriquement en 1965, avec la publication d'*Aspects de la théorie syntaxique,* traduit et publié au Seuil en 1971. Partant du constat que tout enfant apprend sa langue maternelle avec une remarquable rapidité, et qu'il possède donc potentiellement la faculté d'acquérir n'importe quelle langue, Chomsky en déduit non pas la détermination première de l'environnement contextuel, mais au contraire celle de lois universelles qui régissent les langues, des universaux de langage. Tout individu possède donc de manière innée une compétence linguistique qu'il faut distinguer de ce qu'il en fera, soit la performance linguistique singulière que constitue l'usage de chaque langue particulière.

L'universalisme linguistique chomskyen rejoint ainsi l'innéisme et s'appuie sur la notion de nature de l'homme, par-delà les contrastes culturels. Cette ambition universalisante rejoint, elle aussi, le programme global du structuralisme, à la couture de la nature et de la culture. Le point de départ de l'analyse chomskyenne ne sera plus pourtant la description d'une langue particulière, mais partira du concept, du construit, pour arriver au réel : « L'objet premier de la théorie linguistique est un locuteur-auditeur idéal, appartenant à une communauté linguistique complètement homogène[20]. »

Chomsky enracine doublement sa démarche, historiquement, en invoquant la tradition linguistique européenne qui remonte à la grammaire de Port-Royal. Il s'appuie sur le rationalisme cartésien du XVIIᵉ siècle, reprend l'innéisme de cette période, le substantialisme cartésien[21], et espère fonder cet innéisme scientifiquement grâce à la génétique. Il retrouve là l'ambition lévi-straussienne d'avoir un jour accès aux enceintes mentales : « Tout se passe comme si le sujet parlant [...] avait assimilé à sa propre substance pensante un système cohérent de règles, un code génétique[22]. »

    19. *Ibid.,* p. 23.
    20. N. CHOMSKY, *Aspects de la théorie syntaxique,* Le Seuil, 1971, p. 12.
    21. N. CHOMSKY, *La Linguistique cartésienne,* Le Seuil, 1969.
    22. N. CHOMSKY, « De quelques constantes de la théorie linguistique », *Diogène,* 1965, n° 51, p. 14.

À l'heure de la modernité technologique, cette structure première pourra être accessible selon Chomsky grâce au secours de la génétique : «En faisant sien le programme cognitiviste, Chomsky et avec lui l'école de Cambridge ont adopté la proposition suivante : une idée a la structure d'une information codée dans un ordinateur[23]. » Chomsky pense qu'au stade où en est arrivée la linguistique avec la grammaire générative elle peut prétendre à l'accession de science au sens galiléen du terme. Le scientisme de Chomsky est explicite, et son modèle se situe dans les sciences de la nature. Avec sa structure fondamentale, celle de la compétence, il s'oriente vers «une ontologie des structures[24] ».

Le distinguo compétence/performance reprend-il dans une filiation saussurienne la distinction langue/parole ? Françoise Gadet y voit pour l'essentiel une continuité avec le programme de Saussure : «C'est là un point essentiel où ses conceptions recoupent Saussure [...]. La compétence est comparable à la langue saussurienne[25]. » On peut en effet repérer une très forte analogie entre ces deux couples conceptuels qu'étayent les références positives à Jakobson que fait Chomsky, même si, à partir du début des années soixante, Saussure est présenté comme le porteur d'une conception naïve sur le langage. Cependant, pour Nicolas Ruwet, la mise en relief du caractère créateur du langage chez Chomsky implique que sur ce point « la distinction chomskyenne de la compétence et de la performance s'oppose radicalement à la dichotomie saussurienne de la langue et de la parole[26] ». Alors que la langue chez Saussure est définie comme une simple taxinomie d'éléments, et la création est uniquement localisée dans la parole, Chomsky dédouble la créativité en deux types, qu'il qualifie successivement de créativité qui change les règles, et de créativité gouvernée par les règles. Le premier type relève de la performance, et le second de la compétence de la langue. Nicolas Ruwet repère sur ce point nodal un renouvellement radical de la réflexion sur la langue, grâce à cette conception qui postule une infinité de phrases possibles à partir desquelles le sujet parlant peut comprendre ou émettre des phrases jamais entendues auparavant.

Le structuralisme se transforme imperceptiblement en naturalisme structural avec Chomsky lorsqu'il s'appuie sur la vieille notion d'une nature humaine déshistoricisée, décontextualisée. Il retrouve ainsi la structure dans la nature : «Toute vraie science

23. J.-Cl. MILNER, *Introduction à une science du langage, op. cit.,* p. 145.

24. J.-M. BENOIST, *La Révolution structurale,* Grasset (1975), Denoël, 1980, p. 149.

25. F. GADET, *DRLAV, Revue de linguistique,* n° 40, 1989, p. 15.

26. N. RUWET, *Introduction à la grammaire générative, op. cit.,* p. 50.

sociale, ou toute théorie révolutionnaire du changement social, doit
être fondée sur certains concepts de la nature humaine[27]. » Il réo-
riente la perspective vers une psychologie cognitive dont la linguistique ne serait qu'un des éléments, et annonce ainsi le paradigme futur du cognitivisme et de l'homme neuronal. Par opposition au comportementalisme, Chomsky insiste sur l'innéisme et
son enracinement génétique : « Il s'agissait de considérer les
principes généraux comme des propriétés d'un donné biologique
permettant l'acquisition du langage[28]. » Cependant, le terrain
d'investigation de Chomsky reste strictement linguistique, syntaxique, et l'inspiration qui lui vient des sciences biologiques ne
joue qu'un rôle analogique, essentiellement méthodologique, dans
la mesure où elle vise à la constitution d'un dispositif constituant
une grammaire universelle.

Si pour Nicolas Ruwet la perspective qu'offre Chomsky lui
permet de découvrir son chemin de Damas et de sortir de l'ombre
dans laquelle le maintenait le structuralisme, nombre de linguistes
ne voient pas de rupture signifiante majeure entre structuralisme
et générativisme : « Pour moi, Chomsky est profondément structuraliste. C'est un héritier de Saussure[29] », dit Louis-Jean Calvet,
pour qui l'héritage saussurien se situe essentiellement dans le travail sur la langue comme objet scientifique, coupé du social, des
situations concrètes, tant des directions sociologiques que psychologiques. D'un point de vue heuristique, Calvet reconnaît
néanmoins à Chomsky d'avoir réalisé un progrès au niveau de
l'idée de modèle pour la syntaxe. Pour Oswald Ducrot aussi,
Chomsky prolonge Saussure : « Je n'ai jamais perçu Chomsky
comme opposé au structuralisme. Le fait de chercher un système
formel rendant compte de la totalité des énoncés, je ne vois pas en
quoi ce serait antistructuraliste. Seulement, il est vrai qu'il menaçait beaucoup, pour des raisons historiques, les gens qui en France
s'appelaient structuralistes[30]. » Étranger tant à la notion de sujet
qu'à celle de contexte, et articulant ses positions sur le modèle
continental en se référant à Descartes, Chomsky semble bien, en
effet, édifier sa grammaire générative à partir de la problématique
structuraliste européenne, et, de ce point de vue, la linguistique de
l'énonciation renvoie les deux courants dos à dos.

27. N. CHOMSKY, *Dialogues* avec Mitsou Ronat, Flammarion, 1977, p. 87.
28. *Ibid.*, p. 122.
29. Louis-Jean Calvet, entretien avec l'auteur.
30. Oswald Ducrot, entretien avec l'auteur.

Le chomskysme : un antistructuralisme ?

Cependant la tension a tout de suite été vive entre Chomsky, ses disciples, et un certain nombre d'éminents représentants du structuralisme en Europe, notamment avec André Martinet. Ce dernier avait pourtant passé une dizaine d'années aux États-Unis : de 1946 à juillet 1955, et dirigeait une des deux grandes revues de linguistique, *Word,* dont les questions étaient en rupture radicale avec le bloomfieldisme ambiant et dominant. C'est donc à André Martinet et à sa revue que Chomsky confie son premier article sur la syntaxe au milieu des années cinquante : « Chomsky m'a envoyé son article à *Word,* je le lis et je dis tout de suite : impossible ! On s'enfonce avec cette orientation dans la mélasse. J'ai alors été catalogué comme le grand ennemi du chomskysme[31]. » La polémique est immédiatement violente. Et André Martinet vivra mal ensuite le fait de se voir relégué de son vivant au rang d'« antiquité » par une nouvelle génération avide de ruptures, et souvent ingrate vis-à-vis des pères fondateurs. En réaction, Martinet aura tendance à refuser avec d'autant plus d'énergie tout élargissement des méthodes structurales, au risque de se trouver enfermé dans son bunker. Mais il était surtout soucieux de garder intact l'héritage dont il se sentait le porteur en faisant le gros dos face à la vogue pour le chomskysme : « Chomsky, c'est le comble de l'affirmation *a priori* lorsqu'il affirme que toutes les langues sont au fond identiques et qu'il y a par conséquent une structure profonde[32]. »

André Martinet se trouve alors pris en tenailles entre la tradition humaniste qui voit en lui un dangereux structuraliste qui ne respecte rien, et le développement du chomskysme qu'il qualifie de linguistique d'ingénieurs au nom, précisément, de positions humanistes rétives à une conception purement formelle de la langue. En tant que grand héritier de la phonologie et des travaux du Cercle de Prague, Martinet « ne se voyait pas revenir à l'école pour acquérir une formation en mathématiques et en informatique. Il a préféré quitter l'Amérique plutôt que de s'engager dans cette voie qui lui déplaisait, et dans laquelle il se sentait en porte-à-faux. Il en a certes gardé une certaine amertume, d'autant qu'il était doublement contesté : par les extensionnels, ceux qui voulaient étendre la méthode structurale, et par ceux qui voulaient la formaliser[33] ».

Pour Claude Hagège, la grammaire générative représente bien une rupture, mais il la considère négativement dans la mesure où elle radicalise la coupure avec le social pour constituer ses modèles

---

31. André Martinet, entretien avec l'auteur.
32. *Ibid.*
33. Jean-Claude Chevalier, entretien avec l'auteur.

formels hors « de tout parasitage social et historique[34] ». Si la dichotomie saussurienne langue/parole était elle aussi de nature antiso-
ciologique, il n'en reste pas moins que Saussure s'est nourri de la
pensée de Durkheim ; et on peut lire la dichotomie langue/parole
comme le redoublement au plan linguistique du distinguo établi
par Durkheim entre le système défini par le rapport social et le
système qui résulte de l'inventivité de l'individu. Or « Chomsky a
totalement trahi cette tradition sociologique qui en France et en
Allemagne avait de vieux antécédents[35] ».

Chomsky rompt en effet avec toute une tradition, notamment
celle du comparatisme, et ne parvient à convaincre ni Georges-
André Haudricourt, pour lequel le générativisme a eu des effets
essentiellement négatifs, ni Tzvetan Todorov qui reste dans la
stricte filiation de Jakobson et de Benveniste : « Les premiers structuralistes étaient des gens qui étaient plongés dans la pluralité des
langues, capables de citer des exemples en sanscrit, en chinois,
persan, allemand ou russe. Or, Chomsky a été la négation totale,
radicale de tout cela, parce qu'il a toujours travaillé sur l'anglais,
c'est-à-dire sur la langue natale. Même si Chomsky a été un bon
spécialiste de ce qu'il faisait, son influence a été désastreuse, entraî-
nant une stérilisation du champ de la linguistique tout à fait frap-
pante[36]. »

Chomsky a en effet théorisé cette limitation à la langue
natale, et en a fait une exigence méthodologique : seul un locuteur
natif de la langue étudiée est à même de reconnaître la grammaticalité ou non d'une phrase. Par ailleurs, l'intérêt porté à
la syntaxe fut ressenti à la fois comme un progrès, comme l'ouverture sur un champ nouveau d'analyse délaissé jusque-là, mais
aussi comme une fermeture lorsque cette étude se donnait
comme exclusive d'autres approches possibles : phonétique,
sémantique...

Quant à l'innéisme, au distinguo entre structure de surface et
structure profonde, il fut aussi perçu par certains comme une régression : il impliquait en effet un retour, d'ailleurs explicite, à la
logique de Port-Royal selon laquelle la pensée se forme indépen-
damment du langage, qui ne sert qu'à communiquer la pensée, soit
une conception essentiellement instrumentale du langage qui fut
justement contestée par le structuralisme depuis Saussure. « Pour
moi, c'est clair : c'est une idéologie, celle que le structuralisme
condamnait, l'idée selon laquelle il y aurait une nature humaine

---

34. Cl. HAGÈGE, *L'Homme de parole*, Folio-Fayard, 1985, p. 370.
35. Claude Hagège, entretien avec l'auteur.
36. Tzvetan Todorov, entretien avec l'auteur.

pensante, une essence humaine, un *a priori*, idée que le structuralisme avait fortement rejetée[37]. » De fait, la base théorique que postule Chomsky avec sa notion de structure profonde, de nature humaine, prend ses distances avec le structuralisme en général, par exemple avec ce principe de base formulé par Benveniste selon lequel « le linguiste pour sa part estime qu'il ne pourrait exister de pensée sans langage[38] ».

Le chomskysme : un second souffle du structuralisme ?

Quelles que soient les préventions des structuralistes ou fonctionnalistes vis-à-vis du générativisme chomskyen, celui-ci aura indéniablement représenté un second souffle pour la linguistique en France en cette fin des années soixante. Son introduction en terre française passe par la prévalence accordée à la notion de transformation, et le générativisme fut d'ailleurs connu d'abord sous le terme de grammaire transformationnelle.

Un des divulgateurs majeurs du modèle est Jean Dubois, qui se consacre à son application à la langue française. Il avait, dès 1965, appliqué certains aspects du distributionnalisme de Harris[39]. Très tôt, Jean Dubois, grammairien franciste, rompu à la réflexion sur les langues mortes des humanités classiques, se tourne vers les modèles en usage outre-Atlantique : « Bloomfield fut ma lecture préférée. Les Américains aussi travaillaient sur des langues qu'ils ne parlaient pas, les langues amérindiennes[40]. » L'adhésion de Jean Dubois passe aussi par son travail en neurologie avec le docteur Henry Hécaen pendant plusieurs années dans le laboratoire d'un hôpital de Montréal, puis en France. Jean Dubois se fait d'ailleurs le partisan d'une position syncrétique qui réalise un amalgame entre les méthodes du structuralisme fonctionnaliste, du distributionnalisme et du générativisme : « Le fait de faire un dictionnaire du français contemporain m'amenait à utiliser une méthode qui était moitié structurale, moitié transformationnelle[41]. » Jean Dubois traduit, au plan théorique, sa situation institutionnelle, qui le place à la confluence de divers courants, en ses qualités d'universitaire à Nanterre, de responsable de la revue *Langages* et d'une collection

---

37. Serge Martin, entretien avec l'auteur.

38. É. BENVENISTE, *Problèmes de linguistique générale, 1,* Gallimard, 1966, « Tel » (1986), p. 25.

39. J. DUBOIS, *Grammaire structurale du français : Nom et pronom,* vol. 1, Larousse, 1965.

40. Jean Dubois, entretien avec l'auteur.

41. *Ibid.*

du même nom chez Larousse, aussi bien que d'élément actif parmi
les linguistes du PCF au sein du CERM.

Cet intérêt de Dubois pour le générativisme provoque une
brouille définitive avec Martinet, qui ne supporte pas les références
de plus en plus nombreuses à Chomsky, et y voit une opération
montée pour le contester. Dubois fait remonter le contentieux entre
eux aux rapports avec Larousse : « Martinet avait fait la démarche
chez Larousse pour créer sa revue et sa collection, puis, maladroite-
ment, car c'est un homme très honnête, il a mené des négo-
ciations parallèles avec les PUF sans le dire, ce qui n'a pas plu à
la direction de Larousse, d'autant que Martinet a préféré les PUF
parce qu'il y avait le nom "universitaire". Martinet a été très
mécontent que l'on réalise le projet sans lui chez Larousse. Je me
suis en effet trouvé en situation de lancer la revue *Langages* (en
1966) sans du tout me considérer pour autant à la hauteur de Martinet[42]. »

Dans cette vogue du chomskysme, ce qui va surtout retenir
l'attention, c'est la possible dynamisation des structures, la possible réconciliation entre genèse et structure, même si telle n'était
pas l'intention de Chomsky. Il en est ainsi pour toute la jeune
génération de linguistes, dont Julia Kristeva : « J'ai reçu Chomsky
avec beaucoup d'intérêt parce que c'était un modèle plus dynamique que la phonologie. J'avais le sentiment que cela pouvait
correspondre à cette vision de la signification en processus que
j'envisageais[43]. » Pour accentuer cette dynamisation, Julia Kristeva
va d'ailleurs chercher du côté de la biologie les oppositions entre
génotype et phénotype. Elle les utilisera en linguistique sur le mode
de l'articulation entre génotexte et phénotexte, distinction qui
permet d'expliquer que le texte est en fait un phénotype qui
s'ordonne selon certains processus quasi pulsionnels à un génotype
– ce qui ouvre le champ de l'analyse à une perspective psychanalytique. L'intérêt de Julia Kristeva pour le chomskysme ne va
cependant pas jusqu'à l'adhésion à ses thèses, car elle récuse les
postulats innéistes, le toujours déjà-là des notions du langage qui
lui semble en retrait par rapport à une certaine phénoménologie,
et par rapport au freudisme : « J'ai été très déçue, dans les conver-
sations que j'ai eues avec lui, par son mépris de tout ce qui était
stylistique et poétique. Tous ces phénomènes ne sont pour lui que
décorations[44]. »

---

42. *Ibid.*
43. Julia Kristeva, entretien avec l'auteur.
44. *Ibid.*

Les premiers pas du cognitivisme

L'autre aspect du générativisme qui a été perçu comme un progrès décisif est sa capacité à tester ses hypothèses, à les formaliser en vérifiant leur validité, même si depuis, avec le développement des systèmes experts et de l'informatique, on est allé plus avant dans la formalisation. Chomsky est considéré de ce point de vue comme une étape importante : « C'est la première fois que l'on a été capable de définir la structure d'une théorie linguistique, que l'on a pu évaluer les diverses possibilités d'explication qu'elle proposait[45]. » Engageant la linguistique vers une formalisation toujours plus poussée, le chomskysme a pourtant fini par couper la linguistique des autres sciences humaines, alors que le premier effet, dans les années soixante, avait été au contraire d'insuffler un dynamisme nouveau à une linguistique considérée comme science pilote des autres sciences sociales. Il y a bien eu enrichissement avec la grammaire générative dans l'apport d'une exigence de rigueur, dans une réflexion qui privilégie l'explication et une certaine continuité de l'impulsion saussurienne quant à la compréhension de la langue, de son fonctionnement. Mais on peut se demander si les générativistes n'ont pas eux-mêmes été leurs propres fossoyeurs lorsque des spécialistes de linguistique aussi chevronnés que Françoise Gadet avouent que la grammaire générative, aujourd'hui, « est devenue quelque chose de totalement illisible[46] ».

Le générativisme aura néanmoins ouvert sur un paradigme scientifique, rejoignant là l'impulsion première du structuralisme dans son ambition à dépasser la coupure nature/culture, et à prendre modèle sur les sciences de la nature, avec le paradigme cognitiviste. Joëlle Proust découvre le chomskysme dans le milieu des années soixante, mais la rupture se fait plus tard, dans les années soixante-dix, lorsqu'elle se trouve immergée à Berkeley dans les grandes années du développement des sciences cognitives : « Je me rends compte alors que nombre de choses que j'avais apprises devaient être désapprises, réassimilées autrement[47]. » Joëlle Proust adhère alors au chomskysme sur la base de la recherche de la structure organique, logique, computationnelle sous-jacente à la diversité observable des cultures. Elle reprend donc à son compte la notion chomskyenne de nature humaine, pourtant qualifiée de notion idéologique par Louis Althusser, qui avait été sa première grande référence théorique : « On est obligé de reconnaître

---

45. Sylvain Auroux, entretien avec l'auteur.
46. Françoise Gadet, entretien avec l'auteur.
47. Joëlle Proust, entretien avec l'auteur.

aujourd'hui que scientifiquement il y a des bases universelles dans la cognition, il y a des choses partagées par tous les membres de notre espèce, et qui d'ailleurs peuvent en principe être dupliquées dans une machine. Il n'y a pas de raison de penser que la raison s'arrête à l'homme[48]. » Cette hypothèse de travail présuppose que le caractère raisonnable de l'homme n'est peut-être pas spécifique à la matière organique qui nous constitue, et que ce qui permet à un système de mémoire de penser est le fait de calculer sur des symboles. À partir de là, seules comptent les propriétés relationnelles de calcul, leur aspect formel ; et l'aspect organique peut varier de la même manière que des ordinateurs différents peuvent être le support d'un même programme : « C'est pour cela que l'on dit qu'il y a peut-être une forme d'équivalence fonctionnelle entre l'homme et la mécanique[49]. »

Un autre prolongement du chomskysme qui va assurer son succès temporaire se situe en anthropologie, notamment avec la double adhésion de Dan Sperber au structuralisme lévi-straussien, puis au chomskysme. Il cherche à en faire la synthèse en interrogeant le paradigme lévi-straussien à la lumière des thèses de Chomsky. En 1968, c'est Dan Sperber qui rédige la contribution sur le structuralisme en anthropologie dans l'ouvrage collectif dirigé au Seuil par François Wahl, *Qu'est-ce que le structuralisme ?* À partir de la restitution des deux domaines d'élection de l'analyse structurale, les systèmes de parenté et la mythologie, il interroge la théorie structuraliste dans la même perspective que Chomsky lorsqu'il contestait l'orientation inductive, descriptive de la linguistique structurale. Il part du principe que contrairement à ce que dit Lévi-Strauss, le structuralisme se donne non pas tant comme une méthode scientifique, que comme une théorie, et doit être testé en tant que telle, à la manière de Popper : « Après que Chomsky eut montré qu'en linguistique le structuralisme était une théorie particulière – qu'il tient d'ailleurs pour fausse – et non la méthode de la science, il convient de se demander si, en anthropologie aussi, on n'a pas affaire à une théorie – fausse ou juste[50]. »

C'est à partir de cette problématisation chomskyenne que Dan Sperber insiste sur la tension interne au discours lévi-straussien entre son ambition scientifique à avoir accès aux enceintes mentales et, par ailleurs, le savoir descriptif de l'espace sémantique des mythes. Si Dan Sperber reconnaît à Lévi-Strauss le grand mérite d'avoir extrait l'étude des mythes des conditions de leur

48. *Ibid.*
49. *Ibid.*
50. D. SPERBER, *Qu'est-ce que le structuralisme ? Le structuralisme en anthropologie,* Points-Seuil (1968), 1973, p. 18.

communication, de les avoir envisagés comme codes, il lui reproche de ne pas sortir totalement de la tradition anthropologique, en s'arrêtant en chemin devant la nécessité de construire la théorie de leur système. Il reproche au structuralisme de continuer à considérer les mythes comme relevant d'un système symboliste. Certes, Lévi-Strauss rompt avec l'empirisme lorsqu'il évoque les contraintes internes de l'esprit humain. Mais il ne va pas jusqu'à construire, selon Dan Sperber, une méthode scientifique qui articulerait les deux niveaux à l'œuvre – repérés par Lévi-Strauss dans son approche des mythes –, d'une part, comme langage engendré par une grammaire et, d'autre part, comme produits par transformation d'autres mythes. Dan Sperber réintroduit ici la distinction chomskyenne entre la structure de la pensée mythique comme compétence et son exercice comme performance : « Je voyais donc que les transformations des mythes entre eux ne définissaient pas une grammaire, contrairement à ce que Lévi-Strauss semble penser[51]. » La révolution opérée par Lévi-Strauss ne peut donc pleinement se réaliser qu'en tirant son œuvre du côté du cognitivisme et non vers ses ambitions sémiologiques : « L'œuvre de Claude Lévi-Strauss ramène l'anthropologie à l'étude de son premier objet : la nature humaine[52]. »

La clé de la construction d'une véritable science anthropologique se situerait donc dans les dispositifs mêmes de l'esprit humain. Le chomskysme fut donc pour Dan Sperber l'outil d'une seconde conversion, après celle qui l'avait déjà mené de Balandier à Lévi-Strauss : « La grammaire générative, c'est une vraie révolution scientifique qui renvoie le modèle structuraliste à un modèle inadéquat, beaucoup trop simple. Or, la grammaire générative n'a aucune vocation à s'étendre aux autres disciplines. La linguistique structurale avait paradoxalement cette ambition à fonder une discipline plus large, alors que son modèle ne fonctionnait même pas dans son champ d'origine : le langage. Sa prétention à marcher pour le reste de l'univers était tout à fait douteuse[53]. » Dan Sperber voit dans l'exigence scientifique de Chomsky la possible et nécessaire dissociation dans le savoir de l'anthropologue entre l'ethnographie comme interprétation du particulier, relevant d'un genre littéraire, et une anthropologie, comme possible science du général. De ce point de vue, Lévi-Strauss n'aurait pas rompu assez radicalement avec la tradition anthropologique en tentant de conjoindre les deux domaines dans une seule discipline.

Au lendemain du point d'apogée du paradigme structuraliste en

---

51. *Ibid.*, p. 114.
52. *Ibid.*, p. 108.
53. Dan Sperber, entretien avec l'auteur.

1966, le chomskysme qui s'introduit en France apparaît donc tout
à la fois et contradictoirement, dès 1967-1968, comme le second
souffle du structuralisme et sa mise en crise. La configuration du
champ sémiologique en est bouleversée, et une rupture s'opère qui
renvoie au passé le moment où, en 1964, Lacan faisait une conférence sur Chomsky à son séminaire pour en critiquer les postulats
théoriques. Il reprenait alors les critiques adressées dès 1959 par
Jakobson, et reprochait à Chomsky d'enfermer le sujet dans la
structure grammaticale, en oubliant l'être et sa refente. Lacan opposait au modèle grammatical sa théorie formelle du signifiant[54].

Si en 1964 le modèle structuraliste se donnait encore comme
une possible unification du champ de recherches sur la communication dans toutes ses manifestations, en 1967-1968 avec le chomskysme une faille décisive apparaît au cœur même de ce qui se
donnait jusque-là comme la science pilote : la linguistique.

---

54. J. LACAN, « Problèmes cruciaux de la psychanalyse », séance du
2 décembre 1964.

Derrida ou l'ultra-structuralisme

En 1967, le structuralisme est interpellé par deux parutions du même auteur, à partir du champ de la philosophie : il s'agit des deux ouvrages de Jacques Derrida, *De la grammatologie* et *L'Écriture et la Différence*, qui paraissent simultanément et vont provoquer du bougé dans la structure. Ce que les Américains appellent le post-structuralisme est donc déjà là, avant même le reflux du paradigme structural, contemporain de son triomphe puisque Jacques Derrida reprend dans ces deux publications des textes qui remontent jusqu'à 1963, comme celui sur Jean Rousset.

Jacques Derrida ne va cesser de problématiser le décalage spatio-temporel qu'il ressent par rapport aux textes de la philosophie classique.

Né le 15 juillet 1930 à El-Biar dans un milieu juif, sans pour autant avoir vécu une véritable culture juive (« J'ignore malheureusement l'hébreu. Le milieu de mon enfance algéroise était trop colonisé, trop déraciné[1] »), il ne va cesser de ressentir et de cultiver une certaine étrangeté par rapport à la tradition de la pensée occidentale. Cette extériorité n'est pas pour autant vécue à partir d'un Autre, d'un lieu autre, mais à partir du manque, un lieu de nulle part, quitté à 19 ans, un hors-lieu qui va servir à déstabiliser toute ébauche de fondation : « Le geste qui cherche à retrouver éloigne de lui-même, il s'éloigne encore. On doit pouvoir formaliser la loi de cet écart infranchissable. C'est un peu ce que je fais toujours. L'identification est une différence à soi, une différence (d') avec soi. Donc, avec, sans et sauf soi-même[2]. » Derrida revit ainsi au plan de l'écriture son expérience personnelle de la perte, perte du temps, de la mémoire, de ce qui reste de cendre après cette expérience de la mort : « C'est l'expérience de l'oubli, mais de l'oubli

---

1. J. DERRIDA, entretien avec C. Descamps, *Le Monde*, 31 janvier 1982.
2. J. DERRIDA, entretien avec F. Ewald, *Magazine littéraire*, mars 1991, p. 18.

de l'oubli, de l'oubli dont il ne reste rien[3]. » Ce cheminement personnel a conduit Derrida, comme beaucoup de philosophes de sa
génération sur les traces de Heidegger. Et le principe même qui va
agir toute sa démarche, celui de la déconstruction, n'est autre que
la traduction, quelque peu déplaçante, du terme heideggérien de
Destruktion.

Derrida phénoménologue

Mais avant de s'ériger en déconstructeur de la pensée critique
que représente le structuralisme, Derrida s'intéresse à la phénoménologie. Le premier travail qu'il publie est une introduction à
L'Origine de la géométrie de Husserl[4]. Si la phénoménologie est
alors en vogue, dominant presque exclusivement le champ de la
philosophie, elle exprime en France une préoccupation particulière
avec Sartre et Merleau-Ponty qui s'intéressent surtout au vécu, à
la conscience perceptive. L'originalité de l'intervention de Derrida
réside tout d'abord dans le fait de ne pas partir de cette orientation :
de manière déjà décalée, il s'intéresse surtout aux questions de
l'objectivité, de la science, en éludant le niveau de l'observation
intérieure, se situant davantage dans la filiation allemande des disciples de Husserl. Interrogeant le fondement ultime de la phénoménologie à partir de l'énigme que lui pose l'objet géométrique,
Derrida n'en déduit pas la mort du sujet, mais sa délimitation à
une sphère plus restreinte. Il parle d'un retrait du principe de fondement « nécessaire à l'apparaître lui-même[5] ». Derrida s'en prend,
à partir du texte de Husserl, au double écueil de l'historicisme et
de l'objectivisme. Il repère déjà dans *L'Origine de la géométrie* la
subversion interne de la hiérarchisation en usage qui subordonne
l'écrit à la voix, thème ultérieurement développé dans toute l'œuvre
de déconstruction derridienne. Le concept de « transcendantal »
serait la certitude absolue de cette avancée vers l'origine qui
s'appréhende dans une différence originaire, toujours à venir :
« C'est en cela aussi que cet écrit détient, comme le dit Husserl,
"une signification exemplaire"[6]. »

Puis Derrida oriente sa réflexion sur le signe, sur le langage,
toujours à partir de l'axiomatique husserlienne, celle des

---

3. J. DERRIDA, entretien avec D. Cahen, « Le bon plaisir », France-Culture,
22 mars 1986, repris dans *Digraphe*, n° 42, décembre 1987.
4. E. HUSSERL, *L'Origine de la géométrie*, PUF, 1962.
5. *Ibid.*, p. 151.
6. *Ibid.*, p. 171.

Recherches logiques[7], pour mettre en valeur le distinguo établi par Husserl dans les états de conscience entre une couche pré-expressive (signe indicatif) et une couche expressive (signe expressif). Il n'y aurait donc pas de concept unitaire du signe, mais un dédoublement de celui-ci. L'expression, pour Husserl, est donc tout entière extériorisation, et l'indication renvoie au lieu de l'involontaire : « La sphère indicative qui reste hors de l'expressivité ainsi définie délimite l'échec de ce *telos*[8]. » On ne peut donc renvoyer à une vérité ou à une essence du signe, mais la tâche philosophique consiste à décrire ses possibilités d'apparition. On trouve déjà chez Derrida la thématique de l'indéfini textuel, de l'écriture comme abîme, véritable univers cryptique d'un passé qui n'a jamais été présent : « Penser comme normal pré-originaire ce que Husserl croit pouvoir isoler comme une expérience particulière, accidentelle, dépendante et seconde : celle de la dérive indéfinie des signes comme errance[9]. »

Radicaliser le structuralisme

Au moment où la phénoménologie est contestée par le structuralisme en France, Derrida risque de se trouver du côté de la tradition. Il réalise alors « une radicalisation de la phénoménologie, de manière à sauter l'objection structuraliste et à se trouver encore plus loin[10] ». Sur la défensive, Derrida va vite se trouver en position offensive, et entamer un travail de déconstruction systématique de chaque œuvre structuraliste en y repérant autant de traces d'un logocentrisme qui reste à dépasser. Pour ce travail critique, Derrida délaisse la perspective phénoménologique, et se situe à l'intérieur de la pensée de Heidegger qui lui sert de véritable machine de guerre critique du structuralisme. Il occupe alors une position paradoxale, tout à la fois au-dedans et dans le dehors du paradigme structuraliste. Ainsi, « Derrida a été le premier en France à émettre un certain nombre de réserves sur le structuralisme, et la déconstruction derridienne a été un mouvement qui a porté atteinte au développement du structuralisme tel qu'il aurait pu continuer à se produire[11] ». Mais il peut être tout autant considéré comme celui qui aura poussé à l'extrême la logique structuraliste vers une remise en cause encore plus radicale de toute substantification, de toute

7. E. HUSSERL, *Recherches logiques*, PUF, 1959.
8. J. DERRIDA, *La Voix et le Phénomène*, PUF, 1967, p. 38-39.
9. *Ibid.*, p. 116.
10. Vincent Descombes, entretien avec l'auteur.
11. René Major, entretien avec l'auteur.

essence fondatrice, dans le sens d'une évacuation du signifié. À ce titre, il se place d'emblée à l'intérieur du champ de réflexion structuraliste, même si la position qu'il assume est celle d'une distance critique : « Comme nous vivons de la fécondité structuraliste, il est trop tôt pour fouetter notre rêve[12]. » Certes, nous ne sommes qu'en 1963, au temps encore glorieux d'un programme prometteur, et Derrida est alors particulièrement élogieux par rapport à un structuralisme qu'il perçoit comme beaucoup plus important qu'une simple méthode de pensée nouvelle. Le structuralisme tient alors le lieu d'une nouvelle « aventure du regard, d'une conversion dans la manière de questionner devant tout objet[13] »

C'est à une véritable révolution épistémologique, horizon indépassable de notre temps, que se réfère un Derrida qui considère dans le même temps que le structuralisme ne peut ni relever d'un simple phénomène de mode, ni laisser prise, à l'avenir, à aucune réduction historique en tant que moment de la pensée : « Le structuralisme échappe ainsi à l'histoire classique des idées[14] », même s'il éclôt en période de dislocation historique, lorsque la ferveur immanente à la force retombe dans le souci de la forme. Alors, « la conscience structuraliste est la conscience tout court comme pensée du passé, je veux dire du fait en général. Réflexion de l'accompli, du constitué, du construit[15] ». Même si Derrida, à l'égal de Foucault, pratique un évitement systématique par rapport à toute forme d'appartenance à une chapelle particulière, on peut cependant repérer chez lui un abandon manifeste de l'horizon phénoménologique au profit d'une adhésion à ce qui constitue le socle du paradigme structuraliste. Beaucoup de sémiologues structuralistes des années soixante et soixante-dix vont d'ailleurs s'inspirer de ses travaux : « La déconstruction comme méthode était un autre nom pour une démarche de type structuraliste, c'est-à-dire transformer un texte complexe, le désintriquer pour le réduire à des lisibilités, à des oppositions, à des dysfonctionnements[16] » ; même si au contraire des structuralistes classiques, l'attention de Derrida se portera davantage, à la manière des psychanalystes, sur les ratés, les dysfonctionnements plutôt que sur les régularités ou les invariants de la structure. Cette pensée aux limites, qui reprend d'ailleurs à toute une littérature du même type, radicalise donc l'idée de structuralité de la structure en introduisant un décentre-

12. J. Derrida, « Force et signification », *Critique*, nᵒˢ 193-194, juin-juillet 1963, repris dans *L'Écriture et la Différence*, Le Seuil, 1967, p. 11.

13. *Ibid.*, p. 9.

14. *Ibid.*, p. 10.

15. *Ibid.*, p. 12.

16. Philippe Hamon, entretien avec l'auteur.

ment constant, une déportation hors du centre telle qu'il n'y a plus d'ordre extra-structurel et qu'alors « tout est structure et toute structuralité est un jeu infini des différences[17] ». La structure se réduit alors au jeu incessant des différences, et la pensée entre dans le vertige abyssal d'une écriture qui rompt les digues, abat les frontières disciplinaires, pour parvenir à la création pure, celle de l'écrivain ; elle se réalise notamment dans la figure du poète.

Cette ouverture sur une esthétique qui s'inspire du programme mallarméen débouche sur un brouillage de la délimitation des marches-frontières entre philosophie et littérature. Celle-ci traverse alors la problématisation philosophique qui s'installe sur le terrain des indécidables à partir d'une réflexion sur la face cachée de l'histoire littéraire : Antonin Artaud, Georges Bataille, Edmond Jabès... Cette proximité rejoint là aussi, en la radicalisant, l'orientation structuraliste d'interrogation sur le langage, au-delà des découplages entre genres, au-delà des classifications traditionnelles, et donc l'accès au texte à partir des lois propres à la textualité. « Mon premier désir allait sans doute du côté où l'événement littéraire traverse et déborde même la philosophie[18]. »

Si le parcours de Derrida va le mener toujours davantage vers le continent littéraire, délaissant les préoccupations épistémologiques pour la création pure, dont *Glas* est un bon exemple[19], il n'en est pas moins dès 1965 un pédagogue, un excellent didacticien de la philosophie, professeur à l'ENS. Il est sur ce plan celui qui aura transformé le premier, et le plus radicalement, la lecture des textes philosophiques à partir de nouveaux modes d'interprétation venus de la linguistique, de la psychanalyse, de l'ethnologie et de tous les secteurs de pointe des sciences humaines : « C'est fondamentalement un professeur qui a profondément renouvelé la lecture des textes philosophiques, mais qui court après ses interprétations. Son effort pour fonder une pratique a un côté un peu aveugle. Ses lectures posent le problème de ce qui les soutient[20]. » Par sa capacité à s'installer à l'intérieur du texte à déconstruire pour en suivre la trame interne, il aura donc été pour une génération de philosophes « d'une efficacité extraordinaire, incorporant par imprégnation, pour permettre aux étudiants en philosophie, qui doivent d'abord maîtriser la rhétorique, d'avoir l'air entendu, attendu du professeur[21] ».

17. M. FRANK, *Qu'est-ce que le néo-structuralisme ?*, Cerf, 1989, p. 65.
18. J. DERRIDA, entretien avec D. Cahen, art. cité.
19. J. DERRIDA, *Glas*, Galilée, 1974.
20. Jacques Rancière, entretien avec l'auteur.
21. Jacques Hoarau, entretien avec l'auteur.

La déconstruction

La stratégie qu'adopte Derrida est celle de la déconstruction dans sa double acception destructive/constructive ; elle permet de reconnaître les traces de la métaphysique occidentale dans la pensée de l'autre, tout en introduisant une nouvelle manière d'écrire. Elle privilégie donc la sphère de l'écriture comme sphère autonome relevant de la textualité en général, au-delà des différences génériques entre philosophie et littérature. Derrida rejoint donc la nouvelle critique littéraire structuraliste, mais il échappe à ses catégories scientistes en se donnant pour horizon la création de concepts nouveaux, d'indécidables, s'élevant ainsi « à la hauteur d'une activité créatrice[22] ». Derrida réalise ainsi la grande ambition de la plupart des structuralistes qui ont emprunté le langage des sciences sociales pour faire œuvre créative, œuvre littéraire. Il rejoint aussi les formalistes du début du siècle, les travaux du Cercle de Prague qui recherchaient déjà à réaliser une symbiose entre poétique et réflexion philosophique. Il se trouve donc dans une filiation tout à fait structuraliste.

L'autre source d'inspiration de Derrida, cette fois propre au champ philosophique, est l'œuvre de Heidegger : « Rien de ce que je tente n'aurait été possible sans l'ouverture des questions heideggériennes, [...] sans l'attention à ce que Heidegger appelle la différence entre l'être et le néant, la différence ontico-ontologique[23]. » En ce sens, toute l'œuvre déconstructrice du sens attribuée à l'étant se situe directement dans le sillage de Heidegger. Chaque concept y est traité jusqu'aux limites de sa pertinence, jusqu'à son épuisement et son évanouissement qui doivent stimuler la disparition même de la métaphysique occidentale. L'acte déconstructeur apparaît dans toute son ambiguïté, et séduit d'autant plus dans ce contexte des années 1967-1968, car il est perçu « à la fois comme un geste structuraliste et antistructuraliste[24] ». En ce double sens, il emporte l'adhésion de toute une génération, dont *Tel Quel* est l'illustration même, pour la reprise de l'héritage structuraliste, tout en brisant la clôture du système, tout en permettant l'ouverture de la structure. La déconstruction reste fidèle à la valorisation assignée à la sphère cachée, à l'inconscient, mais elle permet surtout la pluralisation, la dissémination, en faisant éclater la référence à un centre structural, à l'unicité d'un quelconque principe structurant. C'est une véritable stratégie que Derrida va déployer par rap-

---

22. J. HABERMAS, *Le Discours philosophique de la modernité*, Gallimard, 1988 (1985), p. 226.
23. J. DERRIDA, *Positions*, Minuit, 1972, p. 18.
24. J. DERRIDA, entretien avec D. Cahen, art. cité.

port à la raison occidentale : « La stratégie de la déconstruction est
la ruse qui permet de parler, au moment même où il n'y a en fin
de compte plus rien à dire[25]. »

Le succès de ces thèses déconstructives tient aussi en ces années
1967-1968 au contexte de rupture avec le savoir académique de la
Sorbonne. De la même manière que les linguistes par rapport à
l'histoire littéraire classique, Derrida offre aux philosophes une
stratégie de combat qui vise à la démolition radicale des fondements de la métaphysique enseignée à la Sorbonne : il inocule
à l'intérieur de la tradition philosophique une série de concepts
indécidables qui ont pour finalité d'en ébranler les fondations, et
d'en dénoncer les bévues. L'aspect subversif de cette stratégie
permet donc de saper les bases de l'institution en place et de radicaliser le combat mené par le courant structuraliste, d'en élargir la
base en suturant toute réflexion critique, qu'elle soit lacanienne,
foucaldienne, chomskyenne, althussérienne, tout en la récupérant
dans le champ de la philosophie.

Derrida est aussi sur ce plan celui qui aura pris au sérieux le
défi des sciences sociales nouvelles pour enrichir le discours, le
type de questionnement de la philosophie. Cette stratégie annonce
la fin de la philosophie, et récupère dans le même temps les acquis
des sciences humaines au profit de la seule philosophie, tout en
rejoignant ce qu'il appelle déjà, avant la parution du livre de Barthes, un plaisir du texte : « Se produit un certain travail textuel qui
donne un grand plaisir[26]. » Les divers couples binaires – signifiant/
signifié, nature/culture, voix/écriture, sensible/intelligible – qui ont
constitué l'instrument même d'analyse du structuralisme sont tour
à tour remis en question, pluralisés, disséminés dans un jeu indéfini
qui déploie, disjoint, dissèque le sens des mots, et traque tout maître
mot, toute transcendance. Tout un langage derridien déstabilise
ainsi les oppositions traditionnelles en faisant jouer les indécidables, véritables unités de simulacre, organisateurs d'un nouvel
ordre, carnavalesque, de la raison.

Derrida prélève ses concepts ambivalents dans la tradition pour
la lui retourner en boomerang, à la manière du coup de pied de
l'âne. À Platon, il reprend le terme de *pharmakon*, qui n'est ni le
remède ni le poison, ni le bien ni le mal. À Rousseau, il reprend
le *supplément* : ni un plus ni un moins. À Mallarmé : l'*hymen*, qui
n'est ni la confusion ni la distinction. Toutes ces notions, qui sont
autant d'instruments de la déconstruction, ont un point commun :
« Toutes raturent l'opposition du dedans et du dehors[27]. » L'écriture

25. V. Descombes, *Le Même et l'Autre*, Minuit, 1979, p. 163.
26. J. Derrida, *Positions, op. cit.*, p. 15.
27. S. Kofman, *Lectures de Derrida*, Galilée, 1984, p. 39.

part donc à l'assaut du concept pour lui substituer un jet séminal ouvrant sur l'infini. Cette déconstruction s'en prend, dans le champ philosophique, non seulement à la phénoménologie, en décentrant le sujet, mais aussi à la dialectique hégélienne dont elle dissout les notions d'unité et d'identité : « La négation est ramenée au rôle secondaire d'une police du savoir [...]. Le concept est ramené à l'exercice d'un commandement théologique[28]. » Derrida préserve la place de la philosophie comme reine des sciences, lieu où se détermine la norme de tous les savoirs, et en même temps il prépare une possible ligne de fuite dans la créativité purement littéraire, non pas conçue comme événement rédempteur, à la manière de Heidegger. Ce travail de descellement radicalise la perspective heideggérienne en évacuant l'idée d'un fondement à retrouver, et lui substitue une simple errance qui « ne s'accorde pas même la pause recueillante de l'Être[29] », et lui préfère les marges mallarméennes. La coupure saussurienne avait déjà mis à l'écart le référent de l'horizon linguistique, Lacan avait, lui, fait glisser le signifié sous le signifiant, avec Derrida, c'est le signifié qui est évacué, au profit d'une chaîne signifiante indéfinie sans point de capiton. Il ouvre ainsi sur un renversement spectaculaire à partir duquel il recherche une corporéité de l'écriture.

Déconstruire Foucault

L'entreprise de Derrida vise à tout déconstruire, et il va commencer par ceux qui se trouvent au plus près de lui et qu'il estime être restés, malgré eux, prisonniers du logocentrisme : les structuralistes. La première cible des attaques de Derrida relève du meurtre du père puisque celui qui en sera la victime expiatoire n'est autre que son ancien professeur de la rue d'Ulm, Michel Foucault. Devenu assistant de Jean Wahl à la Sorbonne, Derrida se voit confier une conférence au Collège de philosophie, et choisit de commenter *Folie et déraison* de Foucault. La conférence a lieu le 4 mars 1963 et Foucault assiste dans la salle à la prestation de son ancien élève pour y subir, surpris, une véritable charge contre sa thèse. La conférence de Derrida sera publiée peu après dans la *Revue de métaphysique et de morale* dirigée par Jean Wahl[30], puis reprise dans le recueil publié en 1967, *L'Écriture et la Différence*.

Derrida procède à son travail déconstructeur en limitant son

---

28. Ch. Ruby, *Les Archipels de la différence*, Félin, 1990, p. 30.

29. Jean-Marie Benoist, entretien avec l'auteur.

30. J. Derrida, « Cogito et histoire de la folie », *Revue de métaphysique et de morale*, nᵒ 4, octobre-décembre 1963.

approche à l'économie interne du texte qu'il étudie. Il en prélève, à la manière d'un laboratoire d'analyse, une infime partie qu'il juge révélatrice de l'ensemble et sur laquelle il manie son scalpel. L'énorme somme de travail de Foucault qu'est sa thèse d'État n'est donc appréhendée qu'à partir de la lecture que l'auteur nous livre de la prise de position de Descartes à l'égard de la folie, soit 3 pages sur 673 ! « La lecture qui nous est proposée de Descartes et du cogito cartésien engage en sa problématique la totalité de cette *Histoire de la folie*[31]. » La contestation de la validité des enseignements que tire Foucault de la première *Méditation* de Descartes engageant l'ensemble de l'œuvre, on mesure la radicalité d'une critique adressée pourtant à un « livre à tant d'égards admirable[32] ». Mais l'heure de l'émancipation est venue, et avec elle celle du meurtre symbolique.

En premier lieu, Derrida, en structuraliste radical, critique Foucault pour avoir conservé l'idée de sujet. Même si le sujet choisi constitue la face cachée de l'histoire, son envers, Foucault a le tort de préserver l'idée d'un sujet qui traverse l'histoire : la folie. « C'est ce qu'il y a de plus fou dans son projet[33]. » Foucault sera d'ailleurs sensible à cette critique, et son projet archéologique futur gommera tout point de vue partant d'un sujet quelconque, fût-il refoulé. Derrida renvoie ensuite à l'ordre de l'illusoire l'idée de pouvoir se situer hors de la raison, à partir d'un ailleurs qui serait la folie, d'un lieu de l'exil : « La grandeur indépassable, irremplaçable, impériale de l'ordre de la raison, [...] c'est qu'on ne peut en appeler contre elle qu'à elle, on ne peut protester contre elle qu'en elle[34]. » Là où Foucault croit avoir réalisé une révolution, il n'aurait réussi qu'une modeste agitation de surface. La démonstration de Foucault part d'un coup de force initial, d'une décision majeure présentée comme la condition même de l'histoire, celle qui a conduit à exclure la folie du monde de la raison avant de l'enfermer. Cet acte fondateur de l'âge classique est attribué à Descartes dans la première des *Méditations*, par laquelle il aurait institué la ligne de partage entre deux soliloques à jamais étrangers l'un à l'autre. C'est là le grand point de litige entre Foucault et Derrida, qui ne voit dans le texte de Descartes aucun ostracisme à l'encontre de la folie. Tout au contraire : pour Descartes, « le dormeur, ou le rêveur, est plus fou que le fou[35] ». Si l'hypothèse du malin génie

---

31. J. DERRIDA, *ibid.*, dans *L'Écriture et la Différence*, Points-Seuil, 1967, p. 52.
32. *Ibid.*, p. 51.
33. *Ibid.*, p. 55.
34. *Ibid.*, p. 58.
35. *Ibid.*, p. 79.

convoque la folie totale, l'acte du cogito n'en est pas pour autant le lieu du partage décisif entre raison et folie, puisqu'il vaut « même si ma pensée est folle de part en part[36] ». Derrida conteste ainsi la validité du couple binaire raison/folie (partage qui permet à Foucault d'exhumer la part maudite de l'histoire occidentale), en montrant que le fait de fonder le cogito n'est pas chez Descartes soumis au préalable de l'élimination de la folie.

Derrida considère donc que Foucault a fait un contresens majeur dans sa lecture de Descartes, mais sa critique vise plus loin dans la mesure où elle met en cause toute la méthode foucaldienne : « Le totalitarisme structuraliste opérerait ici un acte de renfermement du cogito qui serait du même type que celui des violences de l'âge classique[37]. » Voilà Foucault renvoyé dans les filets, et accusé d'avoir perpétré une violence similaire à celle qu'il prétend dénoncer. On conçoit qu'il n'ait pas particulièrement apprécié la flèche du Parthe de son « disciple ». Pourtant il ne répond pas immédiatement à cette diatribe, ni sur le moment puisqu'il reste attentif mais silencieux dans la salle, ni en 1967 lorsque le texte paraît dans *L'Écriture et la Différence*.

Il faut attendre 1971 pour que Foucault réagisse dans un article d'abord publié dans la revue *Paideia*[38], puis repris dans la nouvelle édition parue chez Gallimard de l'*Histoire de la folie* en 1972. Si Foucault qualifie l'argumentation de Derrida de « remarquable », il maintient son interprétation du texte de Descartes, et considère que l'hypothèse de Derrida ne vaut qu'au prix d'omissions par lesquelles il parvient à extirper toutes les différences du texte afin de « renverser l'exclusion cartésienne en inclusion[39] ». Et Foucault dénonce dans la lecture que fait Derrida de Descartes non une quelconque naïveté, mais l'application d'un système traditionnel d'interprétation, qui a pour caractéristique de gommer ce qui le gêne, et dont Derrida serait l'ultime représentant. Cette fois Foucault ne se limite pas à une réponse défensive, mais apprécie en maître le travail de son élève en le réduisant à un brillant exercice de style d'ordre didactique : « Je ne dirai pas que c'est une métaphysique, la métaphysique ou sa clôture qui se cache dans cette textualisation de mes pratiques discursives. J'irai beaucoup plus loin : je dirai que c'est une petite pédagogie historiquement bien déterminée qui, de manière très visible, se manifeste. Pédagogie qui enseigne à l'élève qu'il n'y a rien hors du texte, mais qu'en

36. *Ibid.*, p. 85.
37. *Ibid.*, p. 88.
38. M. FOUCAULT, « Mon corps, ce papier, ce feu », *Paideia*, septembre 1971.
39. *Ibid.*, dans *Histoire de la folie*, Gallimard, 1972, Appendice II, p. 599.

lui, en ses intentions, dans ses blancs et ses non-dits, règne la réserve de l'origine[40]. »

La *Grammatologie*

En 1965, dans la revue *Critique*, Derrida énonce les bases d'une approche nouvelle qui participe à l'effet -logie de l'époque : la grammatologie. Sa thèse va atteindre un plus large public en 1967 avec la parution aux Éditions de Minuit de l'ouvrage *De la grammatologie*. Partant du constat que le problème du langage n'a jamais autant dominé les recherches dans les domaines les plus divers, et s'appuyant sur cette inflation envahissante pour y répondre, en philosophe, il préconise une historicisation du refoulement de l'écriture par la civilisation occidentale au profit de la *phonè*. La grammatologie est cette « science » de l'écriture, bridée par la métaphysique et qui « donne les signes de sa libération à travers le monde grâce à des efforts décisifs[41] ». L'exergue renvoie donc à une ambition scientifique, mais celle-ci s'annule en se posant puisqu'une fois que tous les obstacles auront été surmontés, « une telle science de l'écriture risque de ne jamais voir le jour comme telle et sous ce nom[42] ». La grammatologie ne se définit donc pas comme une positivité comme une autre, à côté des autres : « La graphématique ou la grammatologie devraient cesser de se présenter comme des sciences[43]. » Derrida s'inscrit déjà dans cet entre-deux, dans cette tension interne entre l'écriture et la science, à l'intérieur de ce lieu du manque, de ce blanc textuel, dans cet inaccessible espacement temporel qui prend la figure d'un supplément échappant à jamais à la présence : « La constitution d'une science ou d'une philosophie de l'écriture est une tâche nécessaire et difficile. Mais parvenue à ces limites et les répétant sans relâche, une pensée de la trace, de la différance ou de la réserve, doit aussi pointer au-delà du champ de l'épistémè[44]. »

À la recherche incessante du propre et du proche, de la proximité, l'Occident depuis Platon privilégie la voix, considérée comme véritable essence, porteuse du sens, du signifié, aux dépens de l'écriture. Toute la trame historique de l'Occident ne serait que l'histoire de cette évacuation. L'unité distinctive, l'objet de cette nouvelle science capable de sortir du phonologisme serait le

40. *Ibid.*, p. 602.
41. J. DERRIDA, *De la grammatologie*, Minuit, 1967, p. 13.
42. *Ibid.*, p. 13.
43. *Ibid.*, p. 109.
44. *Ibid.*, p. 142.

gramme, le graphème. Derrida utilise la linguistique la plus formelle, la glossématique de Hjelmslev : « Pour Derrida, Hjelmslev libère le signifiant du signifié et permet une écriture qui se substitue au signifiant phonique[45]. » Au signifiant phonique peut alors se substituer le signifiant graphique.

S'inspirant des *Principes de grammaire générale* de Hjelmslev, Derrida dissocie le principe phonologiste du principe de la différence, et trouve dans la glossématique les bases d'une science formelle de la langue. La mise à l'écart du sens se double de celle du son, et Derrida étaye sa nouvelle science à partir de la linguistique, dans une filiation explicitement hjelmslévienne : « Hjelmslev critique l'idée d'un langage naturellement lié à la substance d'expression phonique[46]. » La rupture qui permettrait d'accorder le primat à l'écriture daterait donc de la glossématique, qui seule permettrait l'ouverture sur l'élément littéraire de base, le gramme.

Mais Derrida ne se contente pas de reprendre l'héritage de la composante la plus formelle de la réflexion linguistique, il vise un au-delà du structuralisme et considère que « la glossématique opère ici encore avec un concept courant de l'écriture[47] ». Il introduit alors la temporalité, le manque à être, l'absence à partir de laquelle l'écriture est saisie comme trace, non liée à l'idée d'origine. La trace se réfère à l'appréhension des conditions de possibilité, antérieure à l'existence du signe, elle en est la condition d'existence, échappant à toute réduction à un étant-présent. Derrida tente donc une symbiose entre la glossématique et une approche archéologique, dans la mesure où son horizon ne se situe pas dans la restitution du contenu des pensées, mais dans ce qui les rend possibles. Il prend place, en philosophe, dans une situation d'extériorité, d'excentrement par rapport à la pensée occidentale. Cette grammatologie présuppose une autonomie maximale de l'écriture par rapport au contexte de sa genèse, et participe en ce sens pleinement au paradigme structuraliste fondé sur cette coupure avec le cadre référentiel. L'écriture échappe au locuteur comme au destinataire, et vaut comme tout objet scientifique par le caractère réitérable de la lecture : « Tout graphème est d'essence testamentaire[48]. »

Tout en considérant que le structuralisme phonologique a atteint ses limites, il pratique l'évitement de la grammaire générative pour lui substituer une autre voie de dépassement, proprement philosophique : « Il s'efforce de radicaliser l'intuition fondamentale du structuralisme [...]. Il peut emprunter le chemin direct qui conduit

45. Serge Martin, entretien avec l'auteur.
46. J. Derrida, *De la grammatologie, op. cit.*, p. 84.
47. *Ibid.*, p. 88.
48. *Ibid.*, p. 100.

de la philosophie de la conscience du premier Husserl à la philosophie du langage du dernier Heidegger[49]. » Dans la perspective heideggérienne, Derrida renonce à toute ontologie. La trace qu'il repère se dissimule toujours à elle-même par un mouvement de voilement continu qui ne permet pas de fixer la signifiance. Il utilise donc les apports de la linguistique pour les transporter dans le champ de la philosophie, en y important une ambition scientifique étrangère à un Heidegger qui a toujours été hostile aux prétentions des sciences.

La grammatologie se donne tout à la fois comme possible déconstruction heideggérienne des normes scientifiques en vigueur, et possible dépassement de la clôture du champ de la scientificité traditionnelle vers une nouvelle rigueur scientifique débarrassée des présuppositions logocentristes et phonologiques. Cette grammatologie va surtout permettre de produire sur son versant critique ; elle sera en revanche vite oubliée comme prolégomènes d'une nouvelle science. Le développement de la rationalité doit donc être déstabilisé non par sa face cachée, celle de la folie, comme l'a cru Foucault, mais à partir d'un vrai point d'extériorité : « Nous voulons atteindre le point d'une certaine extériorité par rapport à la totalité de l'époque logocentrique[50]. »

L'au-delà du structuralisme

Cette construction d'un au-delà du structuralisme passe par la critique de ses deux pères fondateurs que sont Saussure et Lévi-Strauss. C'est à quoi s'applique Derrida dans *De la grammatologie*, lorsqu'il repère les limites phonologiques et logocentriques du premier structuralisme. Il décèle chez Saussure une démarche qui reste fondamentalement prisonnière du sujet présent à lui-même par sa parole. Pourtant, il reconnaît en Saussure celui qui a eu le mérite de rompre avec la tradition métaphysique en désubstantialisant le contenu du signifié et son expression ; mais il estime qu'il n'a pas été jusqu'au bout du renversement qu'il a seulement esquissé en réintroduisant la notion de signe comme notion fondatrice de la linguistique, alors que « l'époque du signe est essentiellement théologique[51] ». La réflexion saussurienne centrée sur le mot comme unité de sens et de son aurait pu ouvrir à une analyse de l'écriture, mais Saussure aurait fermé cette perspective en la plaçant en situation d'extériorité quasi maléfique : « Le mal d'écri-

49. J. HABERMAS, *Le Discours philosophique de la modernité, op. cit.*, p. 197.
50. J. DERRIDA, *De la grammatologie, op. cit.*, p. 321.
51. *Ibid.*, p. 25.

ture vient du dehors, disait déjà le *Phèdre* (275 a)[52]. » Platon a
refoulé l'écriture comme responsable de la ruine de la mémoire,
et Saussure, qui montre dans le *Cours de linguistique générale*
l'importance de la prise de conscience du mode de fonctionnement
propre au langage, commence par la dévalorisation de l'écriture,
en présentant celle-ci comme la simple reproduction de la parole :
« L'écriture voile la vue de la langue : elle n'est pas un vêtement
mais un travestissement[53]. » Il y aurait donc un lien de subordination et de dévalorisation de l'écriture par rapport à la parole, ren-
forcé encore chez Saussure par l'intégration de son projet sémiologique à l'intérieur d'une psychologie.

Rien ne justifie pour Derrida la discrimination que fait Saussure
entre signe linguistique et signe graphique. Il y aurait même contradiction interne au propos saussurien lorsqu'il avance la thèse de
l'arbitraire du signe et exclut en même temps l'écriture dans l'extériorité du langage, dans son antichambre sinon sa léproserie : « On
doit donc récuser, au nom même de l'arbitraire du signe, la définition saussurienne de l'écriture comme image – même symbole
naturel – de la langue[54]. » Bien au contraire, pour Derrida, l'écriture
échappe au réel comme trace toujours dissimulée à elle-même, elle
est tout aussi étrangère que l'image acoustique du référent et du
sujet : « Cette déconstruction de la présence passe par celle de la
conscience[55]. »

Il convient donc, pour Derrida, de déconstruire cette notion de
signe saussurien placée au cœur de la réflexion structuraliste, et
de lui substituer une problématisation de l'écriture que préconise
la grammatologie. Dans le contexte d'effondrement des frontières
entre toutes les disciplines qui ont l'homme pour objet, celle-ci
s'offre comme possible fédérateur de ces recherches tous azimuts.
La grammatologie se propose d'être la réalisation pleinement
assumée et poussée au bout de sa logique d'une ambition structuraliste ouverte à la déconstruction de l'Un et à la disparition de
l'homme : « La grammatologie [...] ne doit pas être une des sciences
de l'homme, parce qu'elle pose d'abord, comme sa question propre,
la question du nom de l'homme[56]. » Cette science se propose donc
de transcender les sciences humaines en ne cherchant plus une
importation de concepts venant de leurs secteurs régionaux, tout
en capturant leur programme. Cette visée hégémonique de Derrida
reproduit en fait la position dominante de la philosophie dans le

52. *Ibid.*, p. 51.
53. F. de Saussure, *Cours de linguistique générale*, Payot, p. 51.
54. J. Derrida, *De la grammatologie, op. cit.*, p. 66.
55. *Ibid.*, p. 103.
56. *Ibid.*, p. 124.

champ de la réflexion sur l'homme, et s'il préconise une science plutôt qu'une philosophie, celle-ci ne doit pas s'additionner aux autres sciences existantes ; elle se prétend affranchie de toute limitation ou délimitation.

Déconstruire Lévi-Strauss

L'autre grand maître du structuralisme auquel va s'attaquer la déconstruction derridienne est bien évidemment Lévi-Strauss, qui avait trouvé dans le modèle phonologique de Jakobson un modèle scientifique valide pour l'ensemble du champ des sciences humaines : « La phonologie ne peut manquer de jouer, vis-à-vis des sciences sociales, le même rôle rénovateur que la physique nucléaire, par exemple, a joué pour l'ensemble des sciences exactes[57]. » En ce sens, Derrida, qui traque les traces de phonologisme, prend tout naturellement Lévi-Strauss pour cible, selon la méthode déjà éprouvée à propos de Foucault : il prélève une petite particule de l'immense œuvre lévi-straussienne, en l'occurrence la « Leçon d'écriture » de *Tristes Tropiques*, pour y dénoncer le refoulement de l'écriture. Lévi-Strauss y décrit l'arrivée de l'écriture chez les Nambikwara, qui porte en elle l'introduction de l'exploitation, de la perfidie et des diverses formes d'asservissement. Ces considérations de Lévi-Strauss sont pour Derrida la preuve que l'ethnologue n'a pas mieux réussi que Saussure à accomplir pleinement son acte de décentrement de l'ethnocentrisme occidental. Certes, Lévi-Strauss participe à cette ère du soupçon qui substitue une logique du jeu pour échapper aux modèles conscients, qui fait prévaloir non un signifié central mais une chaîne signifiante, et tente de sortir de la dichotomie traditionnelle nature/culture. Par toutes ces orientations, le projet de Derrida « rejoint manifestement celui de Lévi-Strauss, même s'il ne s'inaugure pas, comme chez ce dernier, par une abjuration solennelle de l'exercice de la philosophie[58] ». On retrouve chez l'un et l'autre la même quête des différences entre les mythes qui se pensent entre eux pour Lévi-Strauss, ou les textes qui s'inscrivent dans la trame de l'intertextualité pour Derrida. Dans le numéro 4 des *Cahiers pour l'analyse*[59], Derrida considère que l'anthropologie sociale de Lévi-Strauss réactive en fait la pensée du XVIIIᵉ siècle, celle de Rousseau, et donc porterait

57. Cl. LÉVI-STRAUSS, *Anthropologie structurale*, Plon, 1958, p. 39.
58. E. DELRUELLE, *Claude Lévi-Strauss et la philosophie*, Éd. Universitaires, 1989, p. 109.
59. « Lévi-Strauss dans le XVIIIᵉ siècle », *Cahiers pour l'analyse*, n° 4, septembre-octobre 1966.

en elle toute une série de catégories, comme celles de genèse, de nature, de signe, qui révèlent son logocentrisme : « Le structuralisme resterait tributaire d'une philosophie de la nature[60]. » Cet article est repris dans *De la grammatologie* ; Derrida considère que Lévi-Strauss bat sa coulpe d'Occidental en opposant la nature innocente, pleine de bonté et de beauté, à la culture occidentale qui fait effraction par rapport à une réalité idéale présentée à partir du miroir tout aussi déformant du contre-ethnocentrisme occidental : « Cette archéologie est aussi une téléologie et une eschatologie ; rêve d'une présence pleine et immédiate fermant l'histoire[61]. »

Défenseur du territoire du philosophe qu'a quitté Lévi-Strauss, Derrida dénonce l'empirisme de l'anthropologie. Aux critiques formulées par Lévi-Strauss contre les philosophes de la conscience, il répond qu'aucun d'entre eux, ni Descartes, ni Husserl, n'aurait eu la naïveté d'un Lévi-Strauss pour conclure aussi hâtivement à l'innocence et à la bonté originelle des Nambikwara. Pour Derrida, le regard que Lévi-Strauss croit libéré de l'ethnocentrisme est en fait un ethnocentrisme à l'envers, soutenu par des prises de position éthico-politiques qui accusent l'Occident d'être à l'origine, par l'écriture, du meurtre de l'innocente parole.

Il rejoindrait ainsi son maître, Rousseau, qui avait mis en garde contre l'écriture : « L'abus des livres tue la science. [...] Il ne faut pas lire, il faut voir. [...] La lecture est le fléau de l'enfance[62]. » Derrida se situe donc dans une perspective de dépassement du structuralisme lévi-straussien : il en retient pour la grammatologie un certain nombre d'orientations qui restent valides, à condition d'en extraire le vieux fonds rousseauiste sur lequel vient buter la volonté de rupture de Lévi-Strauss, et qui lui fait réemprunter tous les vieux outils conceptuels, les vieilles dichotomies métaphysiques qu'il croyait avoir dépassés, mais qui le rattraperaient dans sa fuite.

Ces présupposés rousseauistes, Derrida les analyse en restituant la place, les enjeux et l'articulation de l'*Essai sur l'origine des langues*[63]. Il repère dans le texte de Rousseau l'opposition classique entre la voix et l'écriture comme reproduisant celle de la présence et de l'absence, de la liberté et de la servitude. Rousseau conclue son *Essai* par ce jugement : « Or je dis que toute langue avec laquelle on ne peut pas se faire entendre au peuple assemblé est une langue servile ; il est impossible qu'un peuple demeure libre

60. *Ibid.*, p. 114.
61. J. DERRIDA, *De la grammatologie, op. cit.*, p. 168.
62. J.-J. ROUSSEAU, *Émile*, cité par J. DERRIDA, *De la grammatologie, op. cit.*, p. 194.
63. J. DERRIDA, *De la grammatologie, op. cit.*, p. 235-378.

et qu'il parle cette langue-là[64]. » À la douce voix maternelle s'oppose celle, impitoyable, de l'écriture qui est sans pitié. Ce basculement de la socialité vers le mal provient d'un moment-catastrophe, simple déplacement inaugural, à peine perceptible : « Celui qui voulut que l'homme fût sociable toucha du doigt l'axe du globe et l'inclina sur l'axe de l'univers. À ce léger mouvement, je voix changer la face de la terre et décider la vocation du genre humain[65]. » Ce léger mouvement, ce petit signe n'est autre que la main de Dieu, la trace divine. C'est elle qui inaugure l'âge sociétal et avec lui celui de la prohibition de l'inceste : « Avant la fête, il n'y avait pas d'inceste parce qu'il n'y avait pas de prohibition de l'inceste et pas de société. Après la fête, il n'y a plus d'inceste parce qu'il est interdit[66]. » Cet interdit est la Loi qui conditionne les lois, il est, comme plus tard chez Lévi-Strauss, la couture entre nature et culture. Rousseau, selon Derrida, décrit bien ce substitut qu'est l'écriture par rapport à l'expression, à la parole, à la présence. Mais, prisonnier de la métaphysique, Rousseau ne pouvait penser cette écriture comme endogène à la parole et antérieure à elle : « Le rêve de Rousseau a consisté à faire entrer de force le supplément dans la métaphysique[67]. » Il a donc maintenu dans un rapport d'extériorité la relation entre la vie et la mort, entre le bien et le mal, entre le signifiant et le signifié, alors que Derrida entend déplacer toutes ces lignes frontières.

---

64. J.-J. ROUSSEAU, *Essai sur l'origine des langues*, chap. XX, cité par J. DERRIDA, *De la grammatologie, op. cit.*, p. 239.
65. J.-J. ROUSSEAU, *ibid.*, cité p. 362.
66. J. DERRIDA, *De la grammatologie, op. cit.*, p. 372.
67. *Ibid.*, p. 444.

3

L'historicisation derridienne et sa rature

En 1966, Jacques Derrida est du voyage aux États-Unis, pour le colloque tenu à l'université John Hopkins de Baltimore, aux côtés de Roland Barthes, Jacques Lacan, Gérard Genette, Jean-Pierre Vernant, Lucien Goldmann, Tzvetan Todorov, Nicolas Ruwet... La pensée critique française regroupée sous la bannière du structuralisme est alors au zénith, et fascine les Américains qui se demandent ce qui se passe en cette vieille terre gauloise. Jacques Derrida fait une communication symptomatique de sa double position de structuraliste qui recherche les voies d'un dépassement du paradigme, tout à la fois défenseur de la pensée critique et critique de la critique dans la mesure où il considère qu'elle ne va pas assez loin. Il situe sa communication, « La structure, le signe et le jeu dans le discours des sciences humaines », à l'intérieur de l'œuvre de Lévi-Strauss, pour en réaliser la déconstruction. S'il reconnaît dans le structuralisme l'inauguration d'un événement de rupture majeur, il entend ouvrir le jeu des différences, en niant toute référence à un quelconque centre qui fermerait le jeu des possibles. Or, « une structure privée de tout centre représente l'impensable lui-même[1] ». Il s'attaque donc au noyau de la pensée structurale, et sera ainsi perçu comme post-structuraliste par les Américains. Pourtant, Derrida reconnaît dans les *Mythologiques* de Lévi-Strauss une tentative tout à fait positive de se débarrasser de toute référence à un centre : « Le discours mytho-logique doit être lui-même mytho-morphe. Il doit avoir la forme de ce dont il parle[2]. » S'il considère donc le parcours de la pensée de Lévi-Strauss comme une ouverture qui rejoint le travail de la déconstruction, il lui reproche en revanche son statisme, la neutralisation de l'historicité propre à sa thématique structurale.

---

1. J. DERRIDA, « La structure, le signe et le jeu dans le discours des sciences humaines », dans *L'Écriture et la Différence*, Le Seuil, 1967, p. 409.
2. *Ibid.*, p. 420.

Historiciser les structures : la « différance »

Certes Lévi-Strauss a eu raison de rompre avec l'histoire comme concept complice de la métaphysique occidentale, mais il risque de rejoindre un anhistoricisme tout aussi classique, puisqu'il renvoie à la conception rousseauiste de l'histoire. C'est là un aspect majeur de la critique derridienne qui rejoint le besoin ressenti en cette seconde moitié des années soixante de dynamiser l'ordre des structures, de les historiciser. C'est le sens du concept que Derrida introduit, et sur lequel il prononce une conférence à la Société française de philosophie le 27 janvier 1968 : « La différance ». La différance avec un *a* devient l'instrument le plus efficace de la déconstruction par sa double valeur de différer au sens de temporiser : « Cette temporisation est aussi temporalisation et espacement, devenir-temps de l'espace et devenir-espace du temps[3] », et de l'autre sens de différer, plus commun, qui renvoie au non identique. Derrida réalise la fusion de ces deux définitions avec le *(a)* de différance afin d'introduire la notion de temporisation, absente dans le terme classique de différence. La notion de différance, par sa double valeur, permet à Derrida de jouer idéalement le rôle d'indécidable qui va dévoiler systématiquement toute illusion de la pensée de l'être en lui opposant ce qui dans la présence du présent ne se présente jamais. Cette notion va jouer aussi sur la réintroduction du mouvement qui manquait à la structure, elle va la dynamiser de l'intérieur, en l'enchaînant dans une relance indéfinie. La différance offre de plus l'exemple d'une notion dont la nouveauté n'est pas perceptible à l'oreille, mais dans sa seule originalité graphique par rapport à la différence avec un *(e)*, et permet ainsi de minorer les postulats phonologistes du structuralisme : « Contrairement à un énorme préjugé, il n'y a pas d'écriture phonétique[4]. »

Ce concept majeur de la déconstruction permet de rendre compte des conditions de possibilité de ce qu'on appelle le réel, et non pas du réel lui-même ; il ne peut donc relever d'aucune essence ou existence et ouvre le champ maximal de possibles au jeu déconstructeur du *logos*. Le terme de différance exprime par ailleurs magnifiquement la position ambiguë de Derrida par rapport au structuralisme : pour lui, c'est bien une pensée de la différence que Lévi-Strauss a trouvée dans les sociétés primitives, mais en même temps, avec le *(a)* de la différance, il entend radicaliser cette pensée en ne l'arrêtant pas sur les berges d'une réalité empirique, espérant

3. J. Derrida, « La différance », 27 janvier 1968, *Tel Quel, Théorie d'ensemble,* Points-Seuil (1968), 1980, p. 48.
4. *Ibid.*, p. 45.

ainsi embraser toute la métaphysique occidentale. Le concept de différance ou de trace – en tant que simulacre – de la présence exprime aussi une écriture littéraire, celle de Maurice Blanchot notamment, qui privilégie la figure de l'oxymore à partir de laquelle toute identité contient son propre effacement dans un même mouvement.

De la même manière que l'Être qui se soustrait toujours à l'étant chez Heidegger, la différance est la condition de l'existence des positivités, sans jamais être appréhendable en elles. Dans le même temps où Derrida affirme que « le thème de la différance est incompatible avec le motif statique, synchronique, taxinomique, anhistorique, etc., du concept de structure[5] », il situe néanmoins ce concept en continuité par rapport à l'orientation structuraliste : « Le concept de différance développe même les exigences principielles les plus légitimes du structuralisme[6]. » Il part de la réflexion sur le signe, de la distinction signifiant/signifié pour valoriser la signifiance qui fonctionne jusqu'à l'intérieur du signifié. Il postule donc au basculement du signifié dans la sphère du signifiant, et rend ainsi impossible toute forme de codification du langage pour l'ouvrir au contraire largement sur la sphère de la créativité littéraire : « Se risquer à ne-rien-vouloir-dire, c'est entrer dans le jeu, et d'abord dans le jeu de la différance[7]. » Dire qu'il n'y a plus rien à dire, tel est l'horizon de ce suspend/suspens du sens du déconstructivisme.

Si Derrida offre donc une possible réintroduction de l'historicité, du mouvement, il n'en adhère pas pour autant à la notion traditionnelle d'histoire. Il s'appuie à ce niveau sur la dénonciation antihistoriciste d'Althusser, sur sa critique de l'hégélianisme. L'histoire est donc aussi à déconstruire, et si l'histoire totale est renvoyée au rôle illusoire de mythe, de leurre, elle est appréhendable en tant qu'histoires plurielles, partielles : « Il n'y a pas une seule histoire, une histoire générale mais des histoires différentes dans leur type, leur rythme, leur mode d'inscription, histoires décalées, différenciées etc.[8]. » Multidimensionnelle, cette histoire permet de transcrire une pensée de l'écriture, d'ouvrir la structure au mouvement, mais les plis du temps qui déroulent ce savoir mènent en fait à sa disparition, à son effacement progressif. C'est une histoire déconstruite qui conduit vers un devenir forclos, elle n'est que le déroulement du simulacre d'un présent à la fois insaisissable et étale. Dans ce carnaval du temps, il n'est point de station

---

5. J. Derrida, *Positions, op. cit.,* p. 39.
6. *Ibid.,* p. 39.
7. *Ibid.,* p. 23.
8. *Ibid.,* p. 79.

d'arrêt, et moins encore de voies de passage d'un point à un autre. Par cette propension à mettre en évidence des mouvements qui ne s'arrêtent jamais, des mobilités infinies, Derrida réintroduit une part de vitalisme dans le morphologisme en usage à l'époque, et relativise la portée de tous les concepts philosophiques.

Ce déconstructionnisme absolu rend caduque toute lecture herméneutique dans la mesure où celle-ci n'est possible que lorsque l'on assigne des limites à l'interprétation : « Une posture interprétative généralisée n'est pas possible, sauf si on la conçoit dans une perspective nietzschéenne[9]. » À partir du moment où Derrida considère que le conflit des interprétations est interminable, il remet en question l'existence ontologique autonome du texte lui-même. À la manière de Nietzsche, Derrida déplace le texte original et son contenu, qui constituent le champ expérimental, vers le champ imaginatif. Cette démarche présuppose la rature initiale du texte qui, à peine sorti des limbes, est aussitôt dissous : « L'intertextualité généralisée, la critique de la clôture du texte sont des thèmes qui ne font que répéter le paradoxe nietzschéen. C'est un hypercriticisme[10]. » Ce fleuve indéfini de l'ordre des choses rend insaisissable et vaine toute tentative d'appréhension, et postule donc à l'impuissance originaire. Toutes les déclarations liminaires de Derrida, tant orales qu'écrites, « expriment bien l'angoisse d'Achille ne pouvant rejoindre la tortue. Puisque l'on ne peut arrêter l'eau pour saisir le fleuve, il y a un effondrement du réel[11] ». En ce sens, dans le débat des années soixante entre herméneutique et structuralisme, Derrida se situe du côté du structuralisme dont il durcit les positions d'évacuation du sujet et du référent, tout en leur donnant la mobilité, la labilité qui leur manquait.

Déconstruire Freud

Les notions derridiennes ont une grande proximité avec l'œuvre de Freud, avec la pratique analytique, sans pour autant se rabattre sur la théorie psychanalytique. Ainsi, le concept de trace n'est pas sans faire penser aux manifestations involontaires de l'inconscient bien qu'il ne renvoie à aucune identité, même refoulée. Il y a pourtant transfert de notions essentielles de la psychanalyse à la graphématique. De l'écoute floue de l'analyste à la polysémie des indécidables derridiens, il existe un terrain d'entente, de collaboration et de possible suturation de la déconstruction à la scientifi-

---

9. Jacques Hoarau, entretien avec l'auteur.
10. *Ibid.*
11. *Ibid.*

cité reconnue du discours psychanalytique : « Ce que Freud explique par le refoulement est réinscrit par Derrida dans l'économie générale du texte[12]. » La notion de différance est conçue dans ce contexte comme un moyen de rendre compte des forces de frayage envisagées par Freud, de leurs modalités d'inscription dans des moments, toujours décalés, relevant de l'après-coup.

Le déconstructionnisme doit donc s'étayer, sinon se frayer son chemin, en côtoyant Freud, que Derrida soumet à sa lecture déconstructrice à l'occasion d'une conférence prononcée à l'Institut de psychanalyse, au séminaire d'André Green, et qui sera publiée dans la revue *Tel Quel* en 1966[13]. Derrida s'appuie sur la rupture freudienne en tant qu'elle met en cause les clivages traditionnels entre normal et pathologique, et dénonce les illusions de la conscience. Il trouve en Freud une conception nouvelle de la temporalité qui permet de faire prévaloir son concept de différance, notamment par la notion de l'après-coup, laquelle renvoie l'origine à la supplémentarité, à ce qui vient après. L'inconscient freudien échappe à cette présence du présent que traque Derrida, il est toujours déjà décalé, différé, tissé de différences, et à jamais en situation d'altérité par rapport au conscient.

Il rend donc un hommage appuyé à Freud : « Cette pensée est sans doute la seule qui ne s'épuise pas dans la métaphysique ou dans la science[14]. » Il lui reconnaît notamment d'être le seul à ne pas refouler l'écriture mais, au contraire, à problématiser la scène de son déroulement indéfini, au moyen de cette voie ouverte par l'effraction du frayage, au travers des résistances qui lui sont opposées.

Néanmoins Derrida vise au-delà du freudisme qu'il considère comme trop timoré dans la fracture qu'il a opérée. Les concepts freudiens sont donc à revisiter par la déconstruction puisqu'ils « appartiennent tous, sans aucune exception, à l'histoire de la métaphysique, c'est-à-dire au système de répression logocentrique qui s'est organisé pour exclure ou abaisser [...] le corps de la trace écrite[15] ». Derrida ne s'arrête donc pas à la notion psychanalytique de déplacement, il lui substitue une réinsertion plus totale de tout le hors-texte, le hors-d'œuvre, la marge à l'intérieur même de la trame textuelle, sans la limiter à une interprétation qui valoriserait, par déplacement, certains éléments de la trace au détriment d'autres pour recomposer un système hiérarchique d'explication. La psy-

12. S. KOFMAN, *Lectures de Derrida, op. cit.*, p. 89.
13. J. DERRIDA, « Freud et la scène de l'écriture », dans *Tel Quel*, n° 26, 1966, repris dans *L'Écriture et la Différence, op. cit.*
14. *Ibid.*, p. 314.
15. *Ibid.*, p. 294.

chanalyse n'a donc pas à s'ériger en science englobante, elle ne peut prétendre à aucun privilège interprétatif. Et pourtant, ayant pour objet majeur d'analyse le rêve, dont l'espace singulier n'offre pas de frontières tangibles avec l'espace non phonétique de l'écriture, elle est incontournable grâce à son attention et au statut qu'elle accorde à l'écriture : « Freud [...] en appelle constamment à l'écriture, à la synopsis spatiale du pictogramme, du rébus, du hiéroglyphe, de l'écriture non phonétique en général[16]. » Cet intérêt pour Freud permet à Derrida de se trouver à l'unisson avec toute une génération fascinée par la psychanalyse, et en même temps de préserver la philosophie de nombreuses conversions potentielles vers ce champ porteur.

Ce freudisme implicite de Derrida devait le conduire à un intérêt pour Lacan et à un dialogue avec lui qui fut pour le moins violent, alors que leur proximité théorique semblait *a priori* laisser augurer de bonnes relations. La trop faible distance entre eux fut sans doute génératrice du combat fratricide auquel ils se sont livrés : « Je sais que Lacan avait à un moment une relation un peu paternelle à Derrida. Il a dit une fois : "Je l'ai à l'œil." Ce qui signifiait qu'il était intéressé par son travail, mais dans un rapport paternaliste[17]. » Si un incident personnel, purement anecdotique, semble avoir contribué à faire exploser la brouille entre les deux hommes, celle-ci est surtout la résultante de la confrontation de deux ambitions hégémoniques. Chacun suit de manière implicite une logique disciplinaire qui vise doublement à combattre le pouvoir institué : dans le champ philosophique pour Derrida et dans le champ psychanalytique pour Lacan, mais aussi à conquérir plus largement une position reine pour sa propre discipline rénovée. Par son ambition impérialiste, annexionniste, Lacan, qui présente le discours analytique comme le discours maître des quatre discours possibles, maintient donc Derrida sous haute surveillance, et réciproquement le philosophe n'a nullement l'intention de faire allégeance à Lacan.

La confrontation ne pouvait donc être que brutale. Car Derrida, pour qui l'œuvre déconstructrice ne s'arrête pas aux portes de l'inconscient, ne voit en Freud, comme en Marx, qu'un des moments, certes privilégié, de la métaphysique occidentale. « Il y avait une incompatibilité évidente entre ces deux volontés terribles. Aussi bien l'un que l'autre, ils avaient une terrifiante volonté de puissance[18]. »

Les hostilités, d'abord feutrées, se déclenchent au grand jour en

16. *Ibid.*, p. 321.
17. Jacques Bouveresse, entretien avec l'auteur.
18. *Ibid.*

1971 à l'occasion d'un entretien accordé par Derrida à Jean-Louis Houbedine et Guy Scarpetta pour la revue *Promesse*[19]. Dans une longue note, Derrida évoque son absence de références à Lacan dans ses œuvres antérieures, se plaint des agressions multiples et des réappropriations dont il fait l'objet de la part du psychanalyste. Il fait par ailleurs une critique en règle des positions lacaniennes, dont il aurait perçu les limites dès 1965, lorsqu'il écrivait *De la grammatologie* : « Assuré de l'importance de cette problématique dans le champ de la psychanalyse, j'y repérais aussi un certain nombre de motifs majeurs qui la retenaient en deçà des questions critiques que j'étais en train de formuler[20]. » Outre le fait de réduire l'apport de Lacan à un simple continent régional du savoir, il lui adresse un certain nombre de critiques radicales qui ont pour objectif de présenter la relève lacanienne comme un faux-semblant à déconstruire.

Derrida regroupe ses reproches autour de quatre questions. Lacan serait resté prisonnier d'un *telos* de la parole pleine, identifié à la vérité ; il aurait importé sans questionnement théorique toute une conceptualité hégélienne et heideggérienne ; il se serait appuyé de façon trop allègre sur la linguistique saussurienne en reprenant sans y prendre garde son phonologisme ; enfin, si le retour à Freud chez Lacan est jugé positivement, ce dernier serait resté insensible à la question de l'écriture posée par Freud. Par ailleurs, la prévalence accordée au signifiant chez Lacan est le signe, d'après Derrida, d'une nouvelle métaphysique qui n'ose s'avouer. Enfin, le style lacanien est stipendié comme « un art de l'esquive[21] ».

Derrida n'en reste pas là. Six mois plus tard, il réitère ses critiques à l'occasion d'une conférence à l'université John Hopkins en prélevant de l'œuvre lacanienne le « Séminaire sur la lettre volée », intervention qui paraîtra en 1975 dans la revue *Poétique*[22]. Derrida reprend à cette occasion la lecture que propose Lacan de la nouvelle d'Edgar Poe et reconnaît dans le séminaire une avancée importante grâce à la critique menée par Lacan contre le sémantisme. La lettre n'a aucun sens en elle-même, son auteur est hors jeu et seul son trajet importe : « Lacan est donc attentif à la lettre, soit à la matérialité du signifiant[23]. » Mais si Lacan nous déporte hors du référent et du sujet, il ne va pas jusqu'au bout du mouve-

19. J. DERRIDA, entretien avec J.-L. Houbedine, G. Scarpetta, *Promesse*, 17 juillet 1971, repris dans *Positions, op. cit.*

20. *Ibid.*, p. 113-114, n° 33.

21. *Ibid.*, p. 114.

22. J. DERRIDA, « Le facteur de vérité », dans *Poétique*, n° 21, 1975, repris dans *La Carte postale*, Aubier-Flammarion, 1980.

23. *Ibid.*, *La Carte postale, op. cit.*, p. 453.

ment qu'il enclenche puisqu'il nous ramène « vers la vérité qui, elle, ne se perd pas. Il rapporte la lettre, montre que la lettre se rapporte vers son lieu propre par son trajet propre[24] ». Il y aurait donc un destin sous-jacent qui conduirait la lettre à sa place. Lacan, quoi qu'il en dise, défendrait donc une herméneutique dont les lieux de la féminité et de la vérité seraient l'ultime signifié. Or, ce qui serait visé dans cette histoire de lettre volée, la vérité voilée de cette circulation de la lettre qui doit arriver à destination, ne serait autre que Marie Bonaparte en tant que dépositaire de l'œuvre freudienne, de sa lettre, et qui aurait, en tant que légataire de l'autorité de Freud, trahi la lettre de son enseignement : « La fiction manifeste la vérité : la manifestation qui s'illustre en se dérobant[25]. »

Quant au dévoilement de la vérité, il reste lié au pouvoir de la parole et Lacan reste donc prisonnier, pour Derrida, du phonologisme dénoncé. Il subsiste chez lui « une complicité structurelle entre le motif du voile et celui de la voix, entre la vérité et le phonocentrisme, le phallocentrisme et le logocentrisme[26] ». Derrière ces accusations théoriques, c'est en fait la prétention de Lacan à représenter un discours mettant un terme à la philosophie qui est visée par Derrida. Aucune tentative de rénovation n'aura donc échappé à la déconstruction, et les deux disciplines les plus porteuses de l'époque, l'ethnologie et la psychanalyse, étayées sur le modèle linguistique, relèvent toutes deux de la critique déconstructionniste qui reste ainsi le maître du jeu des perles de verre.

La dissolution du sujet

Si l'écriture chez Derrida ne relève pas d'un cadre contextuel, elle échappe aussi à la subjectivité. Les traces qu'elle laisse sont purement anonymes, et aucune analyse pragmatique ne peut en rendre compte. Derrida, comme Foucault et Lacan, apportera même une modification à son prénom initial : Jackie, transformé en Jacques au prix de l'effacement d'un certain nombre de connotations issues de son milieu d'origine, la communauté juive d'Algérie. Mais pour Derrida le (je), le modèle conscient n'a pas de signifiance, et ce décentrement radicalise les positions du structuralisme en ce domaine. Ce point de vue va conduire Derrida à polémiquer avec le courant de la philosophie analytique anglo-saxonne.

24. *Ibid.*, p. 464.
25. *Ibid.*, p. 495.
26. *Ibid.*, p. 507.

En août 1971, à Montréal, au Congrès international des sociétés de philosophie de langue française consacré à la communication, Derrida fait une conférence qu'il intitule : « Signature, événement, contexte », dite plus tard SEC, qu'il publie dans *Marges*[27]. Au terme de ce texte, Derrida entame un débat avec les positions d'Austin sur les performatifs (un énoncé n'est performatif que s'il décrit une action de son locuteur et si son énonciation consiste à accomplir cette action). Derrida insiste alors sur les limites d'une théorie de l'action linguistique qui ne peut restituer les actes manqués, les incompréhensions et non-dits de la communication. Il invoque l'absence de l'autre dans la pratique de l'écriture : « Un signe écrit s'avance en l'absence de destinataire[28]. » La condition de sa lisibilité n'est pas la présence de l'autre, ni quelque communication spécifique, mais l'itérabilité de l'écrit. Loin d'être l'expression d'un contexte, l'écriture se définit comme acte de rupture : « Cette force de rupture tient à l'espacement qui constitue le signe écrit : espacement qui le sépare des autres éléments de la chaîne contextuelle interne[29]. » Derrida s'intéresse à l'objection de la philosophie analytique et au cas du performatif qui, selon Austin, ne peut être, à la différence de l'énoncé constatif, détaché de son référent. Il rétorque que l'énoncé ne peut être intelligible que s'il répond à un code, s'il est itérable, et il postule donc à son autonomie par rapport au cadre référentiel précis du discours ordinaire. La transparence du sens est donc tout autant un leurre, d'après Derrida, dans le cas du performatif que dans celui du constatif.

Toute itérabilité ayant pour caractéristique de différer et de différencier, il en résulte ce que Derrida appelle une « restance non présente[30] », puisque rien ne prouve que la signification d'un acte de langage soit la même dans un second usage, tant pour le lecteur que pour l'énonciateur dont l'intention n'est jamais totalement adéquate à l'énoncé. Pour l'Américain John R. Searle, au contraire, la flexibilité des concepts relève de leurs propriétés intrinsèques, et permet de saisir leur mobilité dans les situations singulières du langage quotidien. John R. Searle ne prend connaissance du texte de Derrida qu'en 1977, lors de sa publication en anglais dans la revue *Glyph*. Il entend alors défendre les principes de la théorie d'Austin, ainsi que sa propre théorie de l'illocutoire : « défendre en particulier la pertinence et l'intérêt de la distinction fondamentale entre usages "sérieux" et "fictionnel" du langage, mais aussi établir le sens exact et la portée des concepts comme l'intention-

---

27. J. DERRIDA, *Marges*, Minuit, 1972.

28. J. DERRIDA, *Limited Inc.*, Galilée, 1990, p. 27.

29. *Ibid.*, p. 31.

30. J. DERRIDA, « SEC », dans *Marges, op. cit.*, p. 378.

nalité, la répétabilité, le sens, le succès ou l'insuccès d'un acte illocutoire, etc.[31] ». Dans sa réponse à Derrida, l'auteur de *Speech Acts*[32] ne conteste pas que l'itérabilité soit bien une condition de la communication, mais elle n'entre pas pour autant en conflit avec l'intentionnalité, elle en est sa présupposition. On comprend l'enjeu du débat qui vise, du point de vue de Derrida, à ne jamais arrêter le jeu de la signifiance à une quelconque subjectivité ou intentionnalité pour laisser se dérouler la chaîne indéfinie des répétitions, dans laquelle « l'individu se retire pour faire place à l'universalité du système[33] ». L'itérabilité selon Derrida n'opère donc pas à un niveau observable, celui du discours ordinaire ; elle échappe à l'empirie et se situe à un métaniveau qui constitue la condition de possibilité du discours.

Fidèle à son habitus de coupeur de têtes, Derrida, qui n'aura cessé de tenter de montrer l'inanité des démonstrations de Saussure, de Foucault, de Lévi-Strauss, de Lacan..., apprécie peu qu'on ose contredire ses thèses. Et, en 1977, il réplique à la *reply* de Searle dans une polémique particulièrement aigre sur les actes de langage, au cours de laquelle il qualifie son adversaire Searle de SARL (Société à responsabilité limitée) : « Le pauvre Searle ne s'en est pas remis. Il a été très humilié de ce titre de SARL. Il faut dire que cette ironie de Derrida est quelque chose d'inhabituel dans les débats d'idées aux États-Unis[34]. » Cet aspect, qui peut paraître anecdotique, est en fait symptomatique de l'identification de Derrida à la discipline reine qu'il représente et à partir de laquelle il croit pouvoir se permettre tous les coups, même les coups bas, sans risquer le carton rouge. Searle posait pourtant un certain nombre d'objections à Derrida qui auraient mérité discussion. Il développait dans sa critique plusieurs arguments : l'idée que l'itérabilité n'est pas un privilège de l'écrit, que la coupure qui paraît le propre de l'écriture entre l'énonciation et son destinataire n'a pas de rapport avec la citationnalité, et, en troisième lieu, que la capacité de l'écrit à être coupé de son auteur n'exclut en rien l'idée d'intentionnalité. Dans ce débat Joëlle Proust relève qu'il ne pouvait en résulter un consensus dans la mesure où les présupposés de l'un, Searle, favorisent la confrontation, alors que ceux de l'autre, Derrida, tendent à l'éluder systématiquement : « Le second type de procédé, caractéristique de l'approche "déconstruction-

---

31. J. Proust, postface à John R. Searle, *Pour réitérer les différences*, Éd. de l'Éclat, 1991, p. 25.

32. J. R. Searle, *Speech Acts*, Cambridge University Press, 1969, traduction française : *Les Actes de langage*, Hermann, 1972.

33. M. Franck, *Qu'est-ce que le néo-structuralisme ?, op. cit.*, p. 299.

34. Joëlle Proust, entretien avec l'auteur.

niste", concerne une remise en cause de la nature même de ce qui est visé dans l'échange... Si l'on ne préserve pas l'indépendance de la logique, ne perd-on pas le terrain même d'un consensus possible[35] ? »

Par-delà la forme, les soubassements de cette polémique sont historiquement enracinés. La différence de perspective entre la tradition analytique et la tradition continentale remonte aux deux sources divergentes qu'ont été Saussure pour l'une et Frege pour l'autre. La philosophie analytique est d'origine austro-allemande et considérée généralement comme provenant de Frege. D'un côté, Saussure a délaissé le plan de la référence pour poser la scientificité de la linguistique ; de l'autre, Frege a popularisé la distinction entre sens et référence, entre la signification d'une expression qui est une certaine manière de rendre compte de la référence et l'objet auquel renvoie l'expression en question. La philosophie analytique, dans cette perspective frégéenne, a toujours eu pour souci de distinguer ces deux niveaux et de ne pas perdre de vue la problématique de la référence. Au contraire, en s'étayant des positions de Saussure, élargissant ses positions au-delà de la linguistique, le structuralisme s'est construit sur l'évacuation de cette problématique, contestant que le langage puisse se référer à autre chose qu'à lui-même. L'analyse frégéenne du langage se situe au niveau d'une pensée du langage, des propositions langagières. Elle postule que c'est seulement à partir d'une proposition concrète que l'on peut effectuer un coup dans le jeu du langage. En ce sens, « la vision qu'a Derrida de la situation à travers Saussure est préfrégéenne. Il n'est jamais question chez lui que de mots, de leurs significations. Il n'a aucune véritable théorie de la proposition[36] ». Le saussurisme de Derrida le situe donc bien dans une filiation qu'il entendait déconstruire, le structuralisme, même s'il en aura modifié la perspective, notamment en introduisant la temporalité dans les structures.

35. J. PROUST, postface à John R. SEARLE, *Pour réitérer les différences, op. cit.*, p. 31.
36. Jacques Bouveresse, entretien avec l'auteur.

4

Benveniste : l'exception française

S'il y a eu mise en crise progressive du paradigme structuraliste après son point d'apogée en 1966, cela tient à la relève assurée par le générativisme, au succès des thèses déconstructionnistes de Derrida, mais aussi à la progression d'une linguistique de l'énonciation qui avait été refoulée jusque-là. Dans ce domaine, Benveniste aura joué un rôle à la fois majeur et souterrain, jusqu'en 1968. Il aura été un initiateur au sein même du champ structuraliste, mais il va dans un premier temps, et malgré sa notoriété reconnue de tous, prêcher dans le désert car c'est un moment où l'on pense le langage en faisant abstraction du sujet. Émile Benveniste, Juif sépharade né à Alep, avait été placé par son père à l'école rabbinique de Marseille et se destinait à une carrière religieuse lorsque Sylvain Lévi, indianiste connu du Collège de France, remarque en lui un talent exceptionnel et l'amène chez Antoine Meillet, disciple de Saussure. Benveniste suit alors une formation de linguiste dans la filiation doublement comparatiste et saussurienne d'Antoine Meillet. Il entre, après un parcours sinueux et en marge des institutions officielles, au Collège de France en 1937. Avec lui, c'est la linguistique structurale qui pénètre au sommet de la légitimation savante, et lorsque Lévi-Strauss en appelle au structuralisme linguistique pour soutenir son projet anthropologique, il fait appel à Benveniste pour codiriger la revue *L'Homme* en 1960.

Cependant, la position de professeur au Collège de France ne permet pas à Benveniste d'assurer un large rayonnement à ses thèses. La conjonction de la position marginale du Collège de France dans le champ de la reproduction des maîtres et du caractère technique du savoir linguistique confine Benveniste dans un splendide isolement : « Il y avait très peu de monde à ses cours, une douzaine de personnes. Ce n'est qu'après la publication des *Problèmes de linguistique générale*, en 1966, qu'il y eut un peu plus de monde, autour de vingt-cinq. Benveniste était très myope et ne

voyait personne en entrant dans la salle. Il allait droit vers sa chaise
et parlait avec un grand talent esthétique en improvisant à partir
de notes[1] » raconte Tzvetan Todorov qui a eu droit aux confidences du maître, dont il s'est occupé après sa crise d'hémiplégie.
   Malgré cet isolement, Benveniste a une telle notoriété qu'il attire
à ses cours les plus grands linguistes : Oswald Ducrot, Claude
Hagège, Jean-Claude Coquet, Marina Yaguello... suivent ses cours,
mais pourtant il reste par tempérament fermé dans sa relation aux
autres : « Benveniste était un homme de cabinet, il communiquait
très mal. J'ai suivi son cours au Collège de France pendant trois
ans. Il était excessivement timide et distant[2]. » André Martinet, qui
l'a rencontré à New York avant de le retrouver en France, confirme
cette impression : « Il est venu chez moi à New York, et on a
copiné. J'étais le seul linguiste français avec lequel Benveniste
copinait dans la mesure où il pouvait, car il était constipé[3]. »

Une reconnaissance hors du champ linguistique

   Outre ses qualités de spécialiste de l'indo-européen, de comparatiste de très nombreuses langues anciennes et modernes, l'importance de Benveniste vient surtout d'avoir réintroduit au
cœur de la préoccupation de la linguistique : le sujet, par son
approche énonciative. Il a tracé une voie distincte de la pragmatique anglo-saxonne, tout en engageant un débat avec elle : « Per-
sonnellement, c'est certainement le linguiste auquel je dois le plus.
Il a été pour moi tout à fait essentiel en montrant que le système
linguistique, tout en restant un système, devait prendre en considération les phénomènes d'énonciation[4]. » Cette élaboration est
particulièrement précoce puisqu'elle date de l'immédiat après-
guerre : 1946. Benveniste met alors en évidence une donnée qu'il
considère comme universelle, à la différence de certaines
recherches comme celles de Ramstedt sur le coréen, c'est le caractère indissociable de la notion de personne et du verbe, quelle que
soit la langue : « Il ne semble pas qu'on connaisse une langue dotée
d'un verbe où les distinctions de personne ne se marquent pas
d'une manière ou d'une autre dans les formes verbales[5]. »

   1. Tzvetan Todorov, entretien avec l'auteur.
   2. Marina Yaguello, entretien avec l'auteur.
   3. André Martinet, entretien avec l'auteur.
   4. Oswald Ducrot, entretien avec l'auteur.
   5. É. Benveniste, « Structure des relations de personne dans le verbe », *Bulletin de la Société de linguistique*, 1946, repris dans *Problèmes de linguistique
générale, I, op. cit.*, 1986, p. 227.

Si les domaines du logicisme et de la philosophie analytique ont été occultés par le structuralisme, Benveniste a au contraire entamé un dialogue, lui aussi très précoce, avec ce courant. Ainsi, dix ans après cet article sur le verbe, Benveniste relie ses analyses au projet pragmatiste de Charles Morris : « L'énoncé contenant (Je) appartient à ce niveau ou type de langage que Charles Morris appelle pragmatique, qui inclut, avec les signes, ceux qui en font usage[6]. » Or, Charles Morris a travaillé avec Carnap et a pour visée de combler avec la pragmatique le chaînon manquant de la science générale des signes qui comptait déjà une syntaxe en logique, en sémantique, mais à laquelle il manquait la relation des signes aux interprétants : « Le problème posé par Charles Morris juste après la guerre est très clair : il s'agit de la manipulation des foules par les signes et à partir de là, de construire une théorie philosophique de l'action[7]. »

Pour son intérêt à la question du sujet, Benveniste est sollicité par Lacan, soucieux d'avoir la caution d'un grand linguiste, pour intervenir dans le premier numéro de sa revue *La Psychanalyse*, en 1956. Il y écrit un article sur la fonction du langage dans la découverte freudienne qui a pour fonction au plan théorique, du point de vue de Lacan, d'étayer sa thèse selon laquelle l'inconscient est structuré comme un langage : « La psychanalyse semble se distinguer de toute autre discipline. Principalement en ceci : l'analyste opère sur ce que le sujet lui dit[8]. » Certes, Benveniste est critique sur la manière dont Freud fonde une analogie entre le mode de fonctionnement du rêve, insensible à la contradiction, et celui dont procéderaient les langues les plus anciennes, selon Karl Abel. Les spéculations étymologiques de Karl Abel sont sans fondement aux yeux de Benveniste, pour qui toute langue étant système ne peut fonctionner sans ce principe fondamental de la contradiction. Mais cette contestation des sources utilisées par Freud vise en fait à mieux faire ressortir l'intérêt de la position anhistorique de Lacan, fondée sur la prévalence qu'elle accorde aux figures rhétoriques, aux tropes : « L'inconscient use d'une véritable rhétorique qui, comme le style, a ses figures et le vieux catalogue des tropes fournirait un inventaire approprié aux deux registres de l'expression[9]. » Incontestablement, le dialogue avec la psychana-

---

6. É. BENVENISTE, « La nature des pronoms », extrait de *For Roman Jakobson*, Mouton, La Haye, 1966, chap. XX, p. 252.

7. Claudine Normand, entretien avec l'auteur.

8. É. BENVENISTE, « Remarques sur la fonction du langage dans la découverte freudienne », *La Psychanalyse*, I, 1956, repris dans *Problèmes de linguistique générale, I, op. cit.*, 1986, p. 75.

9. *Ibid.*, p. 86.

lyse offre à Benveniste un moyen de faire valoir ses positions quant à la prise en compte de l'énonciation et, en 1958, il intervient dans le *Journal de psychologie* pour étayer une nouvelle fois les thèses lacaniennes : «C'est dans le langage que l'homme se constitue comme sujet; parce que le langage seul fonde en réalité, dans sa réalité qui est celle de l'être, le concept d'ego[10]. »

À l'usage habituel du sujet parlant, évacué par le structuralisme, Benveniste oppose la distinction entre sujet de l'énoncé et sujet de l'énonciation. Mais ce distinguo ne fera son chemin que très tardivement chez les linguistes : «Disons que l'énonciation comme ensemble théorique à référer à Benveniste n'est que peu ou pas connu des linguistes français avant 1970[11]. » Cette rencontre entre les thèses lacaniennes et Benveniste n'est pas fortuite : elle tient, au-delà de l'intérêt mutuel d'asseoir la scientificité de leur discours, à leur volonté commune de soustraire leur continent respectif de savoir de sa dépendance à l'histoire, que ce soit le phi-logénétisme freudien pour l'un ou la philologie historique pour l'autre. Lorsque Benveniste présente l'histoire du développement de la linguistique, il établit une succession entre trois âges : l'âge philosophique, celui de la réflexion des penseurs grecs sur la langue, l'âge historique à partir du XIXe siècle, avec la découverte du sanscrit, et enfin l'âge structuraliste au XXe siècle, à partir duquel «la notion positive de fait linguistique est remplacée par celle de relation[12] ». Cette nouvelle ère, contemporaine de la complexification de la société, s'ouvre sur le vaste champ de la culture qu'est le phénomène symbolique pour Benveniste comme pour Lacan, dont la trilogie RSI doit mener à la dominance du Symbolique. Benveniste ne trouve pourtant pas l'écho souhaité de ses thèses dans les milieux de la linguistique et cherche donc, grâce à la reconnaissance dont il bénéficie dans les milieux psychanalytiques et philosophiques, à faire connaître ses positions sur les rapports entre sujet et langage, en y multipliant ses interventions.

Il est donc amené à une stratégie de débordement de son milieu d'origine pour sortir de l'isolement dans lequel il est confiné. Si Benveniste est intervenu dans le numéro 1 de *La Psychanalyse*, s'il est codirecteur depuis 1960 de *L'Homme*, il écrit aussi dans le numéro 1 de la revue *Les Études philosophiques* en 1963, pour y

10. É. BENVENISTE, «De la subjectivité dans le langage», *Journal de psychologie*, juillet-septembre 1958, PUF, repris *ibid.*, p. 259.

11. Cl. NORMAND, «Le sujet dans la langue», *Langages*, n° 77, mars 1985, Larousse, p. 9.

12. É. BENVENISTE, «Coup d'œil sur le développement de la linguistique», Klincksieck, 1963, repris dans *Problèmes de linguistique générale, I, op. cit.*, 1986, p. 20.

présenter les thèses de la philosophie analytique à un moment où celles-ci sont soigneusement ignorées, surtout par les linguistes : « Les interprétations philosophiques du langage suscitent en général chez le linguiste une certaine appréhension[13]. » Cet exposé fait suite à un colloque tenu à Royaumont en 1962 sur la philosophie analytique, qui n'a pas vraiment retenu l'intérêt des linguistes. Benveniste y expose et discute les thèses de John L. Austin sur le performatif dans sa distinction établie avec le constatif. Il appuie les positions de la pragmatique d'Austin, en souligne tout l'intérêt, tout en rappelant qu'il avait lui-même mis l'accent dès 1958 sur les formes subjectives de l'énonciation linguistique, et la distinction qui devait en résulter entre un acte de langage et une simple information[14].

Cette réflexion sur le sujet dans la langue chez Benveniste n'est donc pas une greffe extérieure et se poursuit selon son rythme propre, toujours davantage sur le terrain philosophique faute d'écho dans le champ linguistique. En 1965, c'est encore dans une revue de philosophie, *Diogène*, que Benveniste intervient sur les rapports entre temporalité et subjectivité : « Des formes linguistiques révélatrices de l'expérience subjective, aucune n'est aussi riche que celles qui expriment le temps[15]. » Benveniste y distingue deux notions du temps : le temps physique, celui du monde, infini et linéaire, et le temps chronique, tissé d'événements. Or ces deux temporalités sont elles-mêmes dédoublées en une version objective et une version subjective. Le temps chronique échappant au vécu, qu'en est-il du temps linguistique ? « Ce que le temps linguistique a de singulier est qu'il est organiquement lié à l'exercice de la parole[16]. » Il se situe donc à la fois dans un présent qui est chaque fois réinventé comme moment neuf et en tant qu'acte individuel. Il renvoie nécessairement à une subjectivité, celle du locuteur, et à une intersubjectivité dans la mesure où la temporalité linguistique doit répondre aux conditions d'intelligibilité de l'interlocuteur. C'est donc à l'échange intersubjectif que renvoie nécessairement la temporalité linguistique : « Le temps du discours [...] fonctionne comme un facteur d'intersubjectivité[17]. »

Ce n'est qu'en 1970 que Benveniste voit ses positions gagner

---

13. É. BENVENISTE, « La philosophie analytique et le langage », *Les Études philosophiques*, n° 1, janvier-mars 1963, PUF, repris *ibid.*, p. 267.

14. É. BENVENISTE, « De la subjectivité dans le langage », art. cité.

15. É. BENVENISTE, « Le langage et l'expérience humaine », *Diogène*, n° 51, juillet-septembre 1965, p. 3-13, repris dans *Problèmes de linguistique générale, II*, Gallimard (1974), « Tel », 1985, p. 69.

16. *Ibid.*, p. 73.

17. *Ibid.*, p. 77.

la partie chez les linguistes, et la publication d'un article sur l'énonciation, cette fois dans la grande revue de linguistique *Langages*
en 1970, en est le symptôme significatif[18]. Toutefois la partie n'est
que presque gagnée : le sujet est de retour pour des raisons qui ne
tiennent pas vraiment à une temporalité propre à la discipline linguistique, mais aux effets sur celle-ci du mouvement de mai 1968,
aux interrogations nouvelles qui ont soudain surgi dans les sciences
humaines et qui ont notamment permis au sujet de réapparaître par
la fenêtre après avoir été expulsé par la porte.

Le sujet refoulé

Mais jusque-là, et malgré la publication par Gallimard en 1966
des *Problèmes de linguistique générale*, Benveniste a été soigneusement ignoré par les autres linguistes français. Claudine Normand
atteste du phénomène par une étude comparative que lui permet
une véritable trouvaille, celle des notes prises au cours de Paul
Ricœur en 1966-1967, qu'elle compare avec les notes prises la
même année au cours de Jean Dubois. Elle peut ainsi mesurer la
part accordée à Benveniste d'une part chez le philosophe Paul
Ricœur et d'autre part chez le linguiste Jean Dubois, tous deux
professeurs à Nanterre[19]. Le paradoxe auquel aboutit cette confrontation, c'est que les étudiants nanterrois étaient informés de la problématique de Benveniste par le philosophe Ricœur et non par le
linguiste Dubois. Claudine Normand en tire la conclusion que « le
philosophe semble armé pour comprendre mieux et plus vite la
portée de certaines théories linguistiques nouvelles, que les linguistes eux-mêmes, trop occupés à reconvertir leurs démarches
traditionnelles ou récentes pour désirer déjà les bouleverser[20] ».

Au-delà de cette étude de cas, Claudine Normand montre dans
le même numéro de la revue *Langages*[21] que les diverses publications des linguistes passent sous silence dans les années soixante
les références à Benveniste en tant qu'initiateur dans le domaine
de l'énonciation. Malgré tout l'intérêt qu'Oswald Ducrot ressent
pour le travail de Benveniste, il ne le cite pas dans son *Qu'est-ce*

18. É. BENVENISTE, « L'appareil formel de l'énonciation », *Langages*, n° 17,
mars 1970, p. 12-18, repris *ibid*.
19. Cl. NORMAND, « Linguistique et philosophie : un instantané dans l'histoire
de leurs relations », dans *Langages*, n° 77, Larousse, mars 1985, p. 33-42.
20. *Ibid.*, p. 42.
21. Cl. NORMAND, « Le sujet dans la langue », *Langages*, n° 77, *op. cit.*

que le structuralisme ? Le structuralisme en linguistique[22]. Si Julia Kristeva (à l'époque Julia Joyau) cite Benveniste dans son ouvrage paru en 1969, *Le Langage, cet inconnu*, c'est uniquement pour étayer les thèses structuralistes, sans aucune référence à la notion d'énonciation, et lorsque Jean Dubois et Luce Irigaray signent ensemble en 1966 un article sur « Le verbe et la phrase » dans *Langages* (n° 3), et abordent le terme de sujet parlant, là encore Benveniste est superbement ignoré.

Benveniste n'est pas ignoré par méconnaissance : c'est délibérément que la linguistique structurale a barré à l'époque la voie d'accès au sujet. La rupture avec le psychologisme, avec la phénoménologie ou l'herméneutique, a dû s'opérer à ce prix pour tous les tenants du paradigme structural. Aussi bien pour Greimas que pour Dubois, il importait de normaliser le sujet, considéré comme un élément venant parasiter l'objet scientifique à construire, lequel devait correspondre « à une langue objectivée ou langue standardisée dont on a évacué tous les éléments qui peuvent en troubler l'analyse[23] ». Une telle analyse se désintéresse justement de tout ce qui retient l'attention de la philosophie analytique, de Benveniste ou de Ricœur, soit toutes les formes de dialogue et les diverses modalités d'expression du sujet. Sur le modèle de formalisation de Hjelmslev, la normalisation de la langue permet la construction d'énoncés canoniques à la troisième personne et l'évacuation du critère temporel au profit d'un « alors », terme délibérément vague et renvoyant à un passé aussi lointain qu'indéfinissable : « Ce qui était exactement l'inverse des positions de Benveniste pour lequel ce qui importait était de repérer le champ positionnel du sujet, donc la triade : Je/Ici/Maintenant qui forme la référence de toute prise de parole[24]. » Cette voie ne fit son chemin qu'à partir de 1970, après avoir été longtemps oblitérée par le structuralisme. Dans cette négation a aussi joué la méconnaissance de l'apport de tout le courant de la philosophie analytique, des grands philosophes de la logique du début du siècle : Gottlob Frege, Bertrand Russell, Rudolf Carnap, Ludwig Wittgenstein, ignorés au profit de la valorisation en France d'une autre filiation philosophique, celle-là allemande, nietzschéo-heideggérienne. Certes, le *Tractacus logico-philosophicus* de Wittgenstein paraît en 1961 chez Gallimard, mais il ne connaît qu'un très faible écho, si ce n'est un petit ouvrage introductif de Gilles Gaston-Granger, et surtout plus tard le travail

22. O. DUCROT, *Qu'est-ce que le structuralisme ? Le structuralisme en linguistique*, Le Seuil, 1968.
23. Jean-Claude Coquet, entretien avec l'auteur.
24. *Ibid.*

de Jacques Bouveresse[25], qui reprochera sévèrement à Louis Althusser d'avoir fermé la philosophie française à l'influence de la philosophie analytique : « Un jour, en allant déjeuner avec Althusser, on rencontre Bouveresse, le premier me dit : "Tu vois, Bouveresse ne me dit plus bonjour parce qu'il me reproche d'avoir empêché les Français de connaître la philosophie analytique." Il est vrai qu'on l'a longtemps ignorée[26]. »

À l'époque, le Cercle de Vienne et ceux qui gravitaient autour, que l'on appelait à tort « l'école anglo-saxonne », étaient baptisés néo-positivistes, ce qui suffisait à disqualifier ce courant. Au début du siècle, l'intérêt pour la philosophie du langage est laissé aux psychologues dont le savoir est vite considéré comme définitivement dépassé par les tenants du structuralisme.

Puis, c'est Paul Ricœur qui s'intéresse à ce courant pour l'intégrer dans son herméneutique, au cœur même des années soixante, en pleine effervescence structuraliste. Il est alors désigné comme l'adversaire à abattre, notamment du côté des althusséro-lacaniens, qui riposteront avec une particulière virulence sous la plume de Michel Tort dans *Les Temps modernes* à la publication en 1965 de l'ouvrage de Paul Ricœur sur Freud[27]. Michel Tort caractérise l'entreprise de Paul Ricœur comme ayant l'apparence d'un simple fascicule pédagogique, d'un manuel scolaire du petit freudien, mais qui en sous-main applique à Freud le traitement implicite de catégories extérieures empruntées à la problématique herméneutique. C'est cette philosophie qui est contestée comme contraire au souci critique et épistémologique de l'époque : « L'épistémologie phénoménologique de P. Ricœur n'est que la rationalisation d'un scrupule éthico-religieux[28]. » L'herméneutique y est présentée comme une antiscience, une phrénologie des symboles qui n'aurait d'autre objet qu'une « dénégation rusée du freudisme[29] ». Et Michel Tort récuse toute tentative d'archéologie du sujet, qui ne peut aboutir qu'à une spéléologie imaginaire se bornant à « explorer l'abysse de sa propre méconnaissance du sujet[30] », car le décentrement du sujet auquel procède Freud a pour conséquence d'en supprimer tout centre organisateur. Or, Benveniste se trouve davantage du

25. J. Bouveresse, *Wittgenstein : la rime et la raison*, Minuit, 1973 ; *Le Mythe de l'intériorité*, Minuit, 1976.

26. Claudine Normand, entretien avec l'auteur.

27. P. Ricœur, *De l'interprétation. Essai sur Freud*, Le Seuil, 1965.

28. M. Tort, « De l'interprétation ou la machine herméneutique », *Les Temps modernes*, n° 237, février-mars 1966, p. 1470.

29. *Ibid.*, p. 1479.

30. *Ibid.*, p. 1491.

côté de Ricœur que des althusséro-lacaniens lorsqu'il conçoit la symbolique inconsciente comme infra et supra-linguistique.

Plusieurs autres raisons peuvent être invoquées pour expliquer cette fermeture aux questionnements de la philosophie analytique en France. Il y a d'abord la radicalité de la rupture structuraliste qui a fondé son identité sur une mise à distance de toutes les considérations en usage sur le sujet ; que ce soit dans le domaine de la philosophie avec la phénoménologie ou en histoire de la littérature, avec le vague psychologisme en usage. Il y a par ailleurs la fascination pour la philosophie allemande, qui connaît en France un succès posthume. Il faut compter aussi avec le statut des travaux de logique dans l'Université française, toujours restés très marginaux, et peut-être pour des raisons historiques contingentes puisqu'il y a eu, comme l'a dit Canguilhem, un destin tragique des logiciens français : Jean Cavaillès meurt en résistant pendant la guerre, fusillé par les Allemands, et Jacques Herbrand s'était tué dans un accident de montagne le 27 juillet 1931.

Outre la disparition des maîtres potentiels d'une école de logique française, des racines philosophiques peuvent aussi rendre compte de la voie divergente empruntée dans les pays anglo-saxons : « Cela remonte à la position des mathématiciens anglais quant au statut du symbolique. Il y a une configuration qui permet de comprendre pourquoi la philosophie analytique s'est développée en Angleterre. C'est lié à une prise de position sur la nature des objets mathématiques, sur l'existence de ces objets mathématiques, qui est une position quasiment ontologique[31]. » Ce serait donc les présupposés métaphysiques des mathématiciens anglais qui auraient constitué le terrain favorable à l'émergence d'une conception idéaliste d'un sujet existant en soi, et ayant un rapport de simple utilisation au langage, quasi instrumental. Les philosophes français, voulant alors tordre le cou à la métaphysique occidentale, n'étaient donc pas disposés à accueillir favorablement une telle démarche.

Les enfants de Benveniste

Dans de telles conditions, Benveniste eut quelques difficultés à faire entrer le sujet à l'intérieur de l'horizon théorique des linguistes. Il n'en eut pas moins des disciples qui ont pris la relève et ont été, dans un contexte plus favorable, des introducteurs plus heureux de la philosophie analytique. C'est notamment le cas d'Oswald Ducrot, auteur de la partie linguistique de l'ouvrage collectif, *Qu'est-ce que le structuralisme ?*, paru au Seuil en 1968. La

---

31. Paul Henry, entretien avec l'auteur.

manière dont il prend connaissance de la philosophie analytique
est symptomatique de l'état d'ignorance et de mépris dans lequel
l'on tenait ce secteur à l'époque. Philosophe de formation, Oswald
Ducrot découvre le structuralisme à l'occasion d'un cours de préparation à HEC qu'il doit préparer et qui porte sur cette question :
« Je m'intéressais d'autre part beaucoup aux mathématiques et
j'essayais de faire quelque chose sur la philosophie des mathématiques. De là, j'ai dérivé vers la portion des mathématiques qui est
la plus simple pour un philosophe : la logique[32]. » Oswald Ducrot
concentre alors son intérêt sur les grammaires formelles, très utilisées dans la grammaire chomskyenne.

Admis au CNRS en 1963 pour faire une thèse d'histoire de la
philosophie sur Descartes, Oswald Ducrot doit dépouiller des
revues comme tous les chercheurs du CNRS et c'est dans ce travail
de préparation à la recherche, de simple compilation, qu'il va faire
sa découverte décisive : « Les derniers arrivés avaient les revues
les moins intéressantes, les revues que tous les philosophes français
refusaient, de sorte que je me suis retrouvé chargé des revues
anglaises de philosophie du langage. Or, j'ai été passionné par ces
revues qui m'ont dirigé, non vers le structuralisme, mais vers la
philosophie du langage[33]. » Ducrot devient alors, mais à une date
plus tardive, au début des années soixante-dix, celui qui introduit
la pragmatique en France, tout en considérant qu'il ne s'agit nullement d'un abandon, mais d'une dimension nouvelle donnée au
structuralisme, comme en témoigne l'introduction qu'il écrit à la
publication en français, en 1972, de l'ouvrage de John R. Searle,
Les Actes de langage.

Dans cette introduction, Ducrot rend hommage à Saussure pour
avoir dissocié l'objet de la linguistique de la matière de celle-ci
qui, elle, n'est pas susceptible d'une étude directe, à savoir la
langue, opposée tout à la fois à la faculté de langage et à la parole.
Il se dissocie pourtant de Saussure lorsque celui-ci évacue la parole
du champ d'analyse scientifique. Si le parcours qui mène de Saussure à Austin s'ouvre sur un champ nouveau, celui des énoncés
performatifs, il peut néanmoins être perçu, selon Ducrot, dans une
certaine continuité, permettant simplement d'ajouter au postulat
structuraliste de base un secteur supplémentaire délimité qui
n'occupe dans la langue qu'une situation de toute façon marginale :
« La valeur des énonciations, si donc elle met en question la thèse
saussurienne qui identifie l'activité linguistique et l'initiative indi-

---

32. Oswald Ducrot, entretien avec l'auteur.
33. *Ibid.*

viduelle, n'empêche pas cependant de maintenir une bonne part de cette thèse[34]. »

Ducrot reste d'ailleurs dans une filiation très saussurienne lorsqu'il considère l'ordre linguistique comme ayant un caractère irréductible qui interdit de le fonder sur un autre niveau de réalité, et nécessite donc de trouver une logique d'élucidation *sui generis*. Son analyse reste fondamentalement structurale dans la mesure où elle ne part pas du donné empirique mais du construit, de l'unité sémantique qu'il appelle la signification de l'énoncé[35]. L'idée de la fermeture de la langue sur elle-même, propre au structuralisme, est donc reprise par Ducrot qui voit dans la séduction qu'a exercée sur lui la philosophie du langage, la réactivation du platonisme, « c'est-à-dire l'idée qu'avant de discuter de problèmes philosophiques, il s'agit de s'entendre sur le sens des mots qu'on utilise. C'est ce que j'ai trouvé passionnant et tout à fait platonicien chez Austin[36] ».

On peut à cet égard distinguer deux courants à l'intérieur de la philosophie du langage. D'une part, l'école logicienne issue de Carnap : dans *La Structure logique du monde* (1928), ce dernier a pour visée de dépasser la simple critique du langage pour accéder à une logique plus parfaite, de mettre en évidence un système d'énoncés protocolaires qui peuvent être divisés pour constituer un corpus scientifique fondamental. Tout ce qui n'est pas conforme aux règles de composition de ce système d'énoncés protocolaires est renvoyé au non-sens, il en est ainsi de l'ensemble des propositions métaphysiques. L'élimination purement sémantique et formaliste de la métaphysique assurerait donc la possible articulation compositionnelle et combinatoire d'éléments permettant de rendre compte d'un tableau satisfaisant de la réalité. Ce n'est pas cette branche de la philosophie du langage qui a influencé Oswald Ducrot, mais celle qui est restée à l'intérieur du langage : le courant représenté, d'autre part, par Austin et Searle : « Ce qui m'a par la suite éloigné d'eux, c'est que, pour eux, l'étude du langage donnait vraiment une solution aux problèmes philosophiques. Or, je le crois de moins en moins. Par ailleurs, l'étude du sens des mots permettait selon eux de trouver des concepts satisfaisants pour décrire le langage ordinaire, ce qui n'est pas, de mon point de vue, raisonnable car je ne vois pas pourquoi le langage serait le meilleur métalan-

34. O. DUCROT, introduction à J. R. SEARLE, *Les Actes de langage*, « De Saussure à la philosophie du langage », Hermann, 1972, p. 13.

35. O. DUCROT, « Structuralisme, énonciation et sémantique », *Poétique*, n° 33, février 1978, repris dans *Le Dire et le Dit*, Minuit, 1984, p. 82.

36. Oswald Ducrot, entretien avec l'auteur.

gage pour sa propre description[37]. » L'autre différence que ressent Oswald Ducrot par rapport à Austin et à Searle tient à leur conception de la notion du sujet qu'il considère comme trop simpliste. Pour lui, le sujet est une entité plurielle, beaucoup plus complexe que ne le croient les philosophes du langage.

S'il est donc bien le meilleur introducteur de la pragmatique en France, Oswald Ducrot en donne une perspective particulière : celle-ci reste nourrie du moment structuraliste et n'est donc nullement une simple importation d'un courant étranger. Elle s'inscrit davantage dans le sillage d'une filiation française qui remonte à Benveniste, lequel aura ainsi inspiré tout un courant de l'énonciation dans lequel travaillent de plus en plus de chercheurs à partir des années soixante-dix. C'est dans cette perspective que s'inscrivent les recherches de Catherine Kerbrat-Orecchioni, qui se situent dans la lignée directe de Benveniste. Elle a notamment consacré un ouvrage[38] à tous les indices de subjectivité dans le langage, au-delà de la déictique, les verbes subjectifs, les formes lexicales que prend la subjectivité. Toute une école française de pragmatique est née de cette problématisation de la place du sujet dans la langue, des actes du discours : Francis Jacques, Jean-Claude Pariente, François Récanati...[39]. La pragmatique se donne pour cette école, l'objectif d'étudier « l'utilisation du langage dans le discours, et les marques spécifiques qui, dans la langue, attestent sa vocation discursive[40] ».

À ce courant, il faut ajouter Antoine Culioli et son école, dont le souci est aussi de construire une théorie de l'énonciation fondée sur des schémas en profondeur à vocation universelle, les « mécanismes de production », tout un appareil formel de l'énonciation qui est un héritage de Benveniste. Professeur au département de recherches linguistiques de Paris-VII, Culioli influence à lui seul toute une école, dont Marina Yaguello, mais ses travaux sont arrivés à un tel degré de sophistication qu'ils sont devenus illisibles pour le néophyte, et douloureux pour le spécialiste. Cette recherche des profondeurs, à la manière chomskyenne, postule l'existence de ce que Culioli dénomme les lexis, qui aboutissent à la relation

---

37. *Ibid.*
38. C. KERBRAT-ORECCHIONI, *L'Énonciation de la subjectivité dans le langage*, PUL, Lyon, 1980.
39. F. JACQUES, *Dialogiques. Recherches logiques sur le dialogue*, PUF, 1979, 1985 ; J.-Cl. PARIENTE, *Le Langage et l'Individuel*, A. Colin, 1973 ; F. RÉCANATI, *La Transparence et l'Énonciation*, Le Seuil, 1979 ; *Les Énoncés performatifs*, Minuit, 1981.
40. A.-M. DILLER et F. RÉCANATI, « La pragmatique », *Langue française*, n° 42, mai 1979, Larousse, p. 3.

prédicative : « Il y a des opérations énonciatives qui permettent le
passage des schémas de profondeur à des schémas de surface dans
les langues données où les opérations énonciatives reçoivent ce
qu'on appelle une grammaticalisation[41]. » Au contraire de la
démarche générativiste qui va des structures de surface vers les
structures des profondeurs à partir de l'intuition du locuteur natif
sur la grammaticalité ou non des phrases, qui lui permet de délimiter ainsi le champ du possible et de l'impossible, Antoine
Culioli, lui, part d'un niveau de profondeur totalement abstrait.
Celui-ci postule un certain nombre d'opérations énonciatives (la
modalisation, l'aspect, la détermination nominale et verbale...) qui
permettent à l'énonciateur d'organiser la relation prédicative et de
la faire déboucher en surface sur ce qui est énoncé : « L'énoncé
chez Culioli n'est pas une partie d'un corpus, c'est l'attestation
dans le discours de ces opérations qui sont postulées par ailleurs
de façon abstraite. [...] Il y a des énoncés qui peuvent avoir des
formes très différentes, mais renvoyer aux mêmes opérations énonciatives[42]. »

Avec Antoine Culioli, on retrouve donc les ambitions initiales
du structuralisme : sa traduction formelle, sa quête des régularités,
sa recherche d'universalité à partir d'invariants, le souci de
dépasser le particulier, simplement sur un champ nouveau, celui
de l'énonciation, délaissé au départ du fait de la définition restric-
tive que Saussure avait donnée de la langue comme seul objet
scientifique à l'exclusion de la parole : « Il n'existe pas d'énoncé
isolé, tout énoncé est un parmi d'autres, épinglé par l'énonciateur
dans le paquet des énoncés équivalents possibles, bref tout énoncé
fait partie d'une famille de transformées paraphrastiques ; (d'un
autre côté) il n'existe pas d'énoncé qui ne soit modulé, c'est-à-dire
qui ne soit un phénomène unique[43]. » Dans une perspective à moins
formalisée, plus proche de l'esprit de Benveniste, successeur de
celui-ci au Collège de France, Claude Hagège a lui aussi réhabilité
cet homme de parole condamné au silence, au temps de la splen-
deur structurale.

Le succès progressif de la problématisation du sujet dans la
langue aura-t-il contribué au déclin du paradigme structural ou lui
aura-t-il donné un souffle nouveau en lui offrant un champ d'investigation supplémentaire ? Selon Marina Yaguello, il est tout aussi
légitime de considérer la pragmatique comme un domaine annexe
ou connexe : « On peut considérer que la linguistique est une :

41. Marina Yaguello, entretien avec l'auteur.
42. *Ibid.*
43. A. CULIOLI, « Sur quelques contradictions en linguistique », dans *Commu-nications*, n° 20, Le Seuil, p. 86.

qu'il y a à la fois une théorie des actes de langage et une théorie de la langue et que les deux s'articulent. Mais on peut tout autant considérer que l'on peut s'occuper des actes de langage, donc de la valeur illocutoire des énoncés (soit lorsque l'énonciation constitue en elle-même un acte), sans s'occuper en même temps de savoir comment les énoncés sont fabriqués[44]. »

---

44. Marina Yaguello, entretien avec l'auteur.

5

Lorsque Kristeva donna naissance
au second Barthes

À peine arrivée à Paris, Julia Kristeva va bouleverser les perspectives sémiologiques structuralistes. En France seulement depuis
Noël 1965, on l'a vu, elle suit le séminaire de Roland Barthes, où
elle fait un exposé décisif dans la grande mutation du paradigme
structuraliste de cette seconde moitié des années soixante. Julia
Kristeva introduit au cours de Barthes une vision nouvelle, celle
du postformalisme russe, à partir de l'œuvre de Mikhaïl Bakhtine,
inconnu jusqu'alors en France, et dont elle se fait l'introductrice,
préfaçant pour Le Seuil ses textes traduits en français[1]. Le choix
de Bakhtine par Julia Kristeva en cette année 1966 n'est pas fortuit,
il correspond à son désir d'ouvrir une brèche dans la démarche
structuraliste pour y introduire une dynamique historique, sortir de
la clôture du texte, élargir l'intelligibilité des textes littéraires.
L'intervention de J. Kristeva correspond à un moment particulièrement opportun où le structuralisme, alors à son apogée, va subir
un certain nombre de tentatives de dépassement, de débordement,
de pluralisation à partir de 1967. Or, l'exposé de Julia Kristeva,
d'abord publié dans *Critique,* aura un plus vaste écho lors de sa
parution dans *Séméiotiké. Recherches pour une sémanalyse,* en
1969, soit à un moment où les thèses déconstructives de Derrida,
la grammaire générative de Chomsky, la théorie de l'énonciation
de Benveniste commençaient sérieusement à ébranler l'ambition
initiale du structuralisme de la première période. Cet exposé de
Kristeva a particulièrement séduit un auditeur très attentif, qui n'est
autre que Roland Barthes lui-même. Celui-ci va s'appuyer sur ces
thèses, nouvelles pour lui, pour opérer un tournant radical dans son
œuvre : « La démarche de Bakhtine était intéressante car il voyait

---

1. M. BAKHTINE, *Problème de la poétique de Dostoïevski,* Moscou, 1963 ;
L'Œuvre de Rabelais, Moscou, 1965 ; trad. fr., *La Poétique de Dostoïevski,* Le
Seuil, 1970.

le texte littéraire, que ce soit celui de Rabelais ou de Dostoïevski, d'abord comme une polyphonie de voix à l'intérieur du texte lui-même[2]. »

Mikhaïl Bakhtine

Mikhaïl Bakhtine considère comme essentiel le dialogue des textes littéraires entre eux ; ils sont, selon lui, pénétrés par les textes antérieurs avec lesquels ils jouent une polyphonie qui décentre leur structure initiale. Il ouvre ainsi l'étude critique à la trame historique dans laquelle ils se situent. Une telle approche conteste donc d'emblée le postulat de la fermeture du texte sur lui-même, sa clôture qui seule permettrait de rendre compte de sa structure. Ainsi, à propos de l'œuvre de Rabelais, Mikhaïl Bakhtine la met en relation avec la culture populaire du Moyen Âge et de la Renaissance. De la même manière que Lucien Febvre avait déjà contesté la thèse de la nouveauté radicale de Rabelais en le mettant en relation avec l'outillage mental de son époque, montrant ainsi qu'il ne pouvait pas être athée, Bakhtine déchiffre l'énigme-Rabelais en situant son œuvre à l'intérieur des sources populaires qui furent les siennes, et donc des catégories qu'il a utilisées. C'est essentiellement dans l'expression carnavalesque qu'il saisit l'inspiration majeure du comique grotesque de Rabelais, celle de la vie à l'envers, de la parodie de la vie ordinaire : « C'est cette langue-là qu'a utilisée Rabelais[3]. » Bakhtine dénonce les interprétations erronées qui ont vu en Rabelais le poète de la chair et du ventre (Victor Hugo) et ceux qui ont vu en lui l'expression du principe bourgeois de l'intérêt pour l'individu économique. La compréhension de son style n'est possible que comme traduction d'une culture comique populaire à laquelle Bakhtine donne le nom de « réalisme grotesque[4] ». Au-delà de l'effet comique, c'est toute une cosmogonie qui est à l'œuvre chez Rabelais. L'accent mis sur les orifices, les protubérances, les excroissances, correspond aux parties du corps qui ouvrent l'individu sur le monde extérieur.

Immédiatement consciente de la limitation du structuralisme du côté de l'histoire, Julia Kristeva entend donc se servir de Bakhtine pour aller dans le sens d'une « dynamisation du structuralisme[5] ». Le dialogue entre les textes qu'elle perçoit comme fondateur pour-

---

2. Julia Kristeva, entretien avec l'auteur.

3. M. BAKHTINE, *L'Œuvre de Rabelais,* Gallimard, 1970, p. 20.

4. *Ibid.,* p. 28.

5. J. KRISTEVA, « Le mot, le dialogue et le roman » (1966), repris dans *Séméiotiké. Recherches pour une sémanalyse,* Le Seuil (1969), Points-Seuil, 1978, p. 83.

rait donner lieu à la prise en compte du second grand refoulé du structuralisme, le sujet, et permettre, à la manière de Benveniste, de réintroduire toute une thématique de l'intersubjectivité. Mais en 1966 on n'en est pas encore là et Kristeva pratique à cet égard l'évitement du sujet en lui substituant une notion nouvelle qui va connaître un succès extraordinaire, celle d'intertextualité : « C'est à ce moment que j'ai créé ce gadget qui s'appelle l'intertextualité[6]. » Aux États-Unis aujourd'hui encore on demande à Julia Kristeva d'intervenir dans des colloques, dans des articles pour approfondir et prolonger cette notion. C'est à une translinguistique que postule Mikhaïl Bakhtine, et pour rendre compte de cette trame polyphonique, il prend appui sur Rabelais, Swift et Dostoïevski, auxquels Kristeva, dans son exposé, ajoute les noms du roman moderne du XXe siècle considérés comme propices à une approche similaire : Joyce, Proust, Kafka, à la différence près que l'on est passé du dialogue représentatif et fictif au dialogue intérieur.

À la perspective intertextuelle ouverte par Kristeva s'ajoute donc une orientation qui va déstabiliser en profondeur le structuralisme, plus que ne le pense Kristeva à l'époque, celle de la dialogique (la critique comme dialogue, rencontre de deux voix), même si celle-ci est encore présentée comme immanente à la structure : « Le dialogisme est coextensif à des structures profondes du discours[7]. » Il serait donc erroné d'y voir déjà le retour du sujet classique, de la notion d'auteur. Kristeva prend bien soin de dissoudre celle-ci à l'intérieur du système même de la narration et considère, fidèle en cela à la perspective structuraliste, que l'auteur « devient un anonymat, une absence, un blanc, pour permettre à la structure d'exister comme telle[8] ». L'auteur n'est donc rien d'autre que l'expression du vide, pour laisser place au dialogue intertextuel dans lequel il se dissout en apparaissant. Kristeva distingue dans son exposé deux types de récit : le récit monologique qui recouvre le mode descriptif, représentatif, historique et scientifique dans lequel « le sujet assume le rôle de 1 (Dieu) auquel, par la même démarche, il se soumet[9] », et le récit dialogique qui s'exprime notamment sous la forme du carnaval, de la ménippée et du roman polyphonique moderne. Pour bien faire comprendre la modernité de la dialogique, Kristeva voit dans cette notion non seulement une méthode d'analyse nouvelle, plus riche que le binarisme, mais « la

---

6. Julia Kristeva, entretien avec l'auteur.
7. J. Kristeva, « Le mot, le dialogue et le roman », art. cité, *op. cit.*, p. 94.
8. *Ibid.*, p. 95.
9. *Ibid.*, p. 97.

base de la structure intellectuelle de notre époque[10]». Celle-ci
permet une reprise et une torsion du principe dialectique hégélien,
absorbant celui-ci dans un concept de relation non antinomique,
n'impliquant pas de dépassement, mais une harmonie à partir
d'une simple disruption qui permette d'œuvrer à la transformation : «Le dialogisme situe les problèmes philosophiques dans le
langage, et plus précisément dans le langage comme une corrélation de textes, comme écriture-lecture[11].» Cette notion permet
donc au littéraire de se présenter en position hégémonique, lui
offrant un champ d'analyse incluant la philosophie. L'ouverture
du texte sur son environnement, non pas référentiel, contextuel,
mais sur l'univers textuel qui l'entoure, constitué par les textes qui
lui sont antérieurs, contemporains ou à venir, permet d'offrir des
perspectives nouvelles d'analyse, notamment pour l'écrivain
contemporain qui peut ainsi dialectiser autrement sa position
d'auteur-lecteur, en incluant sa lecture à l'intérieur même de son
écriture.

Le tournant de Roland Barthes

C'est à l'intérieur de cette brèche ouverte par Julia Kristeva que
va instantanément s'inscrire la réorientation du travail de Roland
Barthes, fasciné par toute forme de renouvellement, par la jeunesse
en général. L'arrivée de cette jeune Bulgare dans son séminaire va
sonner le glas des ambitions scientistes qu'il avait exprimées tant
dans les *Éléments de sémiologie* que dans *Critique et Vérité*. C'est
une véritable relation d'échange qu'il institue avec ses étudiants.
Ce qu'il s'accapare, il sait aussi le rendre par l'intensité de l'attention qu'il voue au discours de l'autre et aux encouragements qu'il
lui prodigue : «Roland a joué pour moi un rôle très important.
C'est la seule personne que je connaisse qui soit capable de lire
les autres et pour un professeur c'est énorme, car en général les
professeurs se lisent eux-mêmes[12].»

Barthes donne en même temps un prolongement personnel à
l'assimilation du thème de l'intertextualité en publiant en 1970 *S/Z*,
qui est la trace de son séminaire de 1968 et de 1969 à l'EPHE et
dont l'impulsion vient en fait de l'exposé de Julia Kristeva, dès
1966. Avec *S/Z*, c'est le tournant majeur, le moment où Barthes
déconstruit sa propre grille conceptuelle pour laisser davantage de

---

10. *Ibid.*, p. 112.
11. *Ibid.*, p. 111.
12. Julia Kristeva, entretien avec l'auteur.

liberté à son intuition littéraire. Barthes surgit là où on ne l'attendait pas.

Après le discours de la méthode, c'est l'ouverture vers l'écriture,
vers l'expression de la fibre sensible, et vers le caractère infini et
incernable du sens : « Roland comme Sollers est d'abord un littéraire. On pourrait dire qu'il se servait des méthodes comme le
Bouddha dit : "Si tu veux traverser le fleuve, fais un tas de morceaux de bois, fais-toi un radeau et ensuite rejette-le dans le
fleuve"[13]. » Dès le début de *S/Z*, Barthes prend ses distances avec
ce qu'il considère désormais comme illusoire : la réduction de tous
les récits du monde « dans une seule structure[14] ». Non seulement
cette ambition structuraliste était démesurée, mais en plus elle était
entachée d'une perspective contestable, car ce travail de Sisyphe
aboutissait à la négation des différences entre les textes.

Dans ce souci nouveau de faire de la différence non plus le
moyen de l'analyse comme dans le binarisme en cours dans la
phonologie, mais une finalité, on perçoit l'influence sur Barthes
non seulement de Kristeva mais de tout le groupe *Tel Quel* et
surtout de Derrida. Il reprend à Kristeva sa notion d'intertextualité
et déclare à Raymond Bellour, avant même la publication de *S/Z* :
« On peut parler pour la littérature, non plus d'intersubjectivité,
mais d'intertextualité[15] », soit exactement les mêmes termes
employés par J. Kristeva. Et un peu plus tard, en 1970, il confie
au même Roland Bellour le nom de ceux qu'il appelle ses créanciers, qui n'ont pas été mentionnés dans *S/Z* de façon délibérée,
pour mieux indiquer que c'est l'ensemble de l'œuvre qui est cita-
tionnelle : « J'ai supprimé le nom de mes créanciers (Lacan, Julia
Kristeva, Sollers, Derrida, Deleuze, Serres, entre autres)[16]. »

À partir de *S/Z*, c'est toute la problématique déconstructionniste
derridienne qui est à l'œuvre chez Barthes dans son souci de pluraliser, d'exacerber les différences, de les faire jouer hors du
signifié dans un infini dans lequel elles se dissolvent pour laisser
place au « blanc de l'écriture ». On reconnaît donc toute la trame
derridienne à l'intérieur du nouveau discours barthésien de ce
moment-tournant. La critique du signe saussurien est reprise par
Barthes : « Il faut maintenant porter le combat plus loin, tenter de
fissurer non pas les signes, signifiants d'un côté, signifiés de
l'autre, mais l'idée même de signe : opération que l'on pourrait

13. François Wahl, entretien avec l'auteur.
14. R. BARTHES, *S/Z*, Le Seuil (1970), Points-Seuil, 1976, p. 9.
15. R. BARTHES, entretien avec R. Bellour, *Les Lettres françaises*, 2 mars
1967, p. 13.
16. R. BARTHES, entretien avec R. Bellour, *Les Lettres françaises*, 20 mai
1970, repris dans *Le Grain de la voix*, Le Seuil, 1981, p. 78.

appeler une sémioclastie[17]. » Derrière cette volonté de fissurer le discours occidental, de l'atteindre dans ses fondements, on retrouve bien sûr la perspective déconstructive du logocentrisme occidental de Derrida. L'horizon n'est pourtant pas le même, car si dans les deux cas l'on parle d'écriture, chez Barthes, on est pleinement dans le champ littéraire, alors que Derrida relève du champ philosophique. Cependant, lorsque Barthes dit que « l'écriture de l'écrivain tient essentiellement à un critère d'indéterminabilité[18] », on ne peut pas ne pas penser aux indécidables de Derrida qui doivent opérer la déconstruction de la métaphysique occidentale. En cette fin des années soixante, Barthes reconnaît tout à fait explicitement qu'il y a bien tournant, rupture, dans les entretiens qu'il donne et dont il multiplie la fréquence en 1970-1971, pour expliquer sa reconversion.

Les raisons qu'il donne à ce tournant confirment l'extrême sensibilité de Barthes à ce qui l'entoure : « Les causes de cette mutation (car il s'agit plutôt de mutation que d'évolution) seraient à chercher dans l'histoire récente de la France – pourquoi pas ? – et puis aussi dans l'intertextuel, c'est-à-dire dans les textes qui m'entourent, qui m'accompagnent, qui me précèdent, qui me suivent, et avec lesquels bien entendu je communique[19]. » L'allusion aux événements de mai 1968 est transparente, et puis la caution philosophique de la déconstruction derridienne permet à Barthes de ne plus occulter davantage son désir d'écriture littéraire, de laisser enfin libre cours à sa subjectivité, à sa différence, libéré des codes et autres systèmes formels. Formulant son désir pour les années soixante-dix, il exprime le souhait de travailler à l'intérieur du signifiant, soit d'écrire dans ce qu'il appelle « le romanesque sans le roman[20] ». C'est ce qu'il commence à réaliser avec *S/Z*, ouvrage qu'il considère comme très important dans son itinéraire personnel, grâce aux « formulateurs », aux chercheurs qui l'entouraient et qui « m'ont appris des choses, qui m'ont déniaisé, qui m'ont persuadé[21] ». L'autre raison du tournant que donne Barthes vient de l'objet d'analyse lui-même.

Pour la première fois, avec *S/Z*, Barthes pratique une micro-analyse en prenant pour objet une petite nouvelle de Balzac, écrite en 1830, *Sarrasine*. À partir de ce petit texte de base, il écrit une

---

17. *Ibid.*, p. 84.

18. R. BARTHES, « L'Express va plus loin... avec R. Barthes », *L'Express*, 31 mai 1970, repris *ibid.*, p. 103.

19. R. BARTHES, propos recueillis par Stephen HEATH, dans *Signs of Times*, 1971, repris *ibid.*, p. 123.

20. R. BARTHES, *S/Z, op. cit.*, 1970, p. 11.

21. R. BARTHES, propos recueillis par S. HEATH, *op. cit.*, p. 128.

œuvre dans laquelle il fait jouer cinq codes pour aller au plus loin à l'intérieur de la pluralité interne de l'écriture balzacienne. Barthes change son niveau de perception et de ce fait l'objet même de la perception, en suivant le texte dans un pas-à-pas, dans une confrontation constante de l'écriture et de la lecture. C'est d'ailleurs l'ambition majeure de Barthes avec *S/Z* de réaliser cette forme nouvelle d'écriture/lecture qui doit être la résultante de la notion d'intertextualité. On retrouve donc sur ce point l'influence de Julia Kristeva, son ouverture sur un processus en train de se déployer, sa substitution de la structure par la structuration : « Retrouver ce que Julia Kristeva appelle une productivité[22]. » Et cet horizon productif est ressaisi par Barthes dans le déploiement même, à vocation infinie, à jamais ouverte de l'écriture/lecture. Cet étoilement du texte balzacien et sa dissolution dans les langages et codes actuels expriment donc bien cette volonté d'écriture sans limites à laquelle aspire Barthes, et qui n'a rien à voir avec la recherche d'un système de causalité unique ou pluriel qui donnerait lieu à une explication close du texte, à son interprétation définitive : « Il n'y a jamais d'arrêt du texte. Les lansoniens arrêtaient le texte à l'auteur et à ses sources. L'intertextualité anonymise les auteurs, conçoit le texte à l'infini[23]. »

Le rapport actif/auteur, passif/lecteur doit être modifié selon Barthes grâce à un travail de ré-écriture par le lecteur du texte scriptible, c'est-à-dire d'un texte pluriel qui laisse prise à plusieurs voix/voies possibles. Pour *Sarrasine,* Barthes utilise donc conjointement cinq codes qui restituent au texte sa polyphonie. Trois d'entre eux échappent à la contrainte temporelle : les codes sémique, culturel et symbolique ; les deux autres impliquent l'irréversibilité du temps : les codes herméneutique et proaïrétique. Même si la méthode semble rigoureuse, prise dans un système étroit de codage, la rupture n'en est pas moins radicale avec les ambitions de la première période : « Pour le texte pluriel, il ne peut y avoir de structure narrative, de grammaire ou de logique du récit[24]. »

Barthes a donc bien fait son deuil des ambitions exprimées dans le numéro de *Communications* de 1966 sur les structures narratives du récit : il n'y a, selon lui, d'interprétation qu'au niveau de la pluralisation du sens, de la sortie de la totalité du texte, considérée comme enfermante. C'est le triomphe de l'intuition sensible sous la rigidité des codes, et si ceux-ci restent en usage, ils sont en fait

---

22. R. BARTHES, entretien avec R. Bellour (20 mai 1970), *ibid.,* p. 73.

23. R. BARTHES, « Océaniques », FR3, novembre 1970-mai 1971, rediffusion : 8 février 1988.

24. R. BARTHES, *S/Z, op. cit.,* 1976, p. 12.

soigneusement hiérarchisés selon un principe qui ne prétend plus
à la scientificité, celui du goût : « Il y a les bons et il y a les
mauvais codes[25]. » Du côté de l'insignifiance, Barthes place le code
proaïrétique et, à l'opposé, le code symbolique, chargé de positivité, recouvre tout ce qui lui a semblé intuitivement intéressant.
Cette hiérarchisation des codes n'est pourtant pas explicite, mais
comme le dit Barthes : « Cette hiérarchie se rétablit comme d'elle-
même[26]. » Et celle-ci place le symbolique au sommet, relevant du
signifiant pur, de la non-logique ou du pouvoir de pluralisation du
texte auxquels aspire Barthes. Ce code symbolique se voit donc
assigner une place à ce point prévalente dans l'analyse du texte
balzacien que Raymond Bellour y voit le signe de l'utilisation
d'une matrice sous-jacente de production qui soutiendrait le texte
dans sa structuration.

Pour le cas de la nouvelle de Balzac, c'est le jeu de trois sym-
bolismes – sur l'or, le sens et le sexe – qui opère la dynamique du
texte, et qui renvoie tour à tour à Marx, Aristote et Freud. La
nouvelle de Balzac se situe au temps de la Restauration, et l'auteur
y pourfend le nouvel esprit de la bourgeoisie, classe nouvellement
parvenue au pouvoir grâce à l'or, dont l'origine trouble n'a pas la
dignité de celle de la noblesse faute de véritable enracinement, soit
d'un enracinement terrien. Dans un second temps, le récit se
concentre sur un personnage, Zambinella, qui est un castrat et on
apprend que Sarrasine, un sculpteur, a été assassiné pour avoir
aimé Zambinella qu'il croyait être une femme. Le déplacement
opéré par Barthes au niveau du code symbolique établit un parallèle entre les deux parties du récit : la satire des parvenus, pos-
sesseurs d'un or sorti du néant, et le thème du castrat, qui renvoie
lui aussi au néant d'une femme qui n'en est pas une.

Cette interprétation emprunte aussi beaucoup, comme précédemment son interprétation de Racine, au discours psychanalytique, et
surtout lacanien : « Mon recours au langage psychanalytique,
comme à tout autre idiolecte, est d'ordre ludique, citationnel[27]. »
Lacan est néanmoins, avec Kristeva et Derrida, l'un des grands
inspirateurs des analyses barthésiennes et le travail sur la lettre qui
s'inscrit en exergue de l'ouvrage par son titre, *S/Z*, s'explique par
tout un jeu de signifiances qui se déploient dans la relation impossible entre SarraZine et Zambinella. Barthes remarque en premier
lieu que selon l'onomastique française, on s'attend à Sarrazine, or
le Z passe à la trappe : « Z est la lettre de la mutilation. [...] Il
coupe, il barre, il zèbre ; d'un point de vue balzacien, ce z (qui est

___

25. Claude Brémond, entretien avec l'auteur.
26. R. BARTHES, entretien avec R. Bellour (20 mai 1970), *op. cit.*, p. 75.
27. *Ibid.*, p. 77.

dans le nom de Balzac) est la lettre de la déviance[28]. » Par ailleurs, Z est la lettre initiale de Zambinella, dont on connaît l'état de castration, « en sorte que par cette faute d'orthographe, installée au cœur de son nom, au centre de son corps, Sarrasine reçoit le Z zambinellien selon sa véritable nature, qui est la blessure du manque. De plus, S et Z sont dans un rapport d'inversion graphique : c'est la même lettre, vue de l'autre côté du miroir. Sarrasine contemple en Zambinella sa propre castration[29] ». On comprend la jouissance que Barthes a pu éprouver à construire son interprétation qui, dans la seule explicitation de son titre, *S/Z*, permet tout à la fois de prendre au sérieux l'importance de l'instance de la lettre dans l'inconscient, telle qu'elle fonctionne selon Lacan, la prévalence de l'écriture graphique et son refoulement par le phonologisme tels que le conçoit Derrida, et enfin de réintroduire la barre saussurienne réinterprétée par Lacan, entre S et Z, barre qui forme écran, véritable censure, mur de l'hallucination.

Le signe vide : le Japon

En cette même année 1970, Barthes publie *L'Empire des signes*[30], qui confirme le tournant pris par rapport à la période antérieure. Ce livre, dans lequel Barthes raconte son Japon, lui permet de se donner une totale liberté et de choisir une forme particulière d'écriture qui est celle du fragment. *L'Empire des signes* est le contrepoint post-théoriciste des *Mythologies,* pré-théoricistes. Barthes sort de l'aventure conceptuelle, et s'il avait eu un regard très caustique, très critique à propos des signes de la vie quotidienne occidentale, il a les yeux de Chimène pour ceux de l'Orient. Ce qui le fascine plus que tout, et c'est là que l'on retrouve une continuité entre les deux périodes, c'est que le Japon qu'il découvre, qu'il écrit, est un Japon qui s'est débarrassé de tout sens plein.

Barthes y ressent le plaisir intense de rentrer pour la première fois, pleinement, dans le signifiant, enfin débarrassé de tout signifié, dans un monde du signe vide, vidé du sens, de toutes les formes d'empoissement que connaît l'Occident et dénoncées dans les *Mythologies*. Il ne perd pas pour autant la perspective critique, et se sert en fait de l'Orient pour contester en creux les valeurs occidentales : « Comme beaucoup d'entre nous, je refuse profondément ma civilisation, jusqu'à la nausée. Ce livre exprime la

28. R. BARTHES, *S/Z, op. cit.,* 1976, p. 113.
29. *Ibid.,* p. 113.
30. R. BARTHES, *L'Empire des signes,* Skira, Champs-Flammarion, 1970.

revendication absolue d'une altérité totale qui m'est devenue néces-saire[31]. » À défaut de dépassement possible de la réalité occidentale à partir de ses contradictions intérieures, Barthes rejette donc en bloc tout ce qui fonde l'univers occidental pour lui opposer un ailleurs, une utopie selon un schéma binaire. On retrouve ici la thématique structuraliste de la clôture de l'histoire et de l'évacua-tion progressive du référent, puis du signifié : « Il faut, dans notre Occident, dans notre culture, dans notre langue et nos langages, engager une lutte à mort, une lutte historique avec le signifié[32]. » Le voyage intérieur au Japon auquel convie Barthes en 1970 repro-duit donc cette quête de la perte de sens, que le zen appelle un *satori*, pour laisser libre cours au jeu infini des signifiants. Tout est donc perçu dans le moindre détail de la vie quotidienne comme l'illustration de ce recul vis-à-vis des signes. La parole y est vide, et la perception essentiellement graphique. La nourriture par exemple y est décentrée : le Japon voue un véritable culte à la crudité que l'on honore au point de faire la cuisine devant celui qui va manger pour « consacrer par le spectacle la mort de ce qu'on honore[33] ». Entièrement visuelle, la nourriture japonaise est dénuée de centre, constituée de multiples fragments, elle n'a pas d'ordre d'ingestion, mais laisse libre de prélever avec sa baguette, au gré de son inspiration.

Tout dans le Japon de Barthes est fragmentation, pluralisation, au contraire de l'Occident où tout s'ordonne, se structure, se concentre. Il en est ainsi de l'art et Barthes oppose la propension occidentale à transformer l'impression en description à partir d'un sujet plein au *haïku* qui ne décrit jamais, qui n'a pas de sujet, simple chaîne de signifiants sans visée démonstrative, simple trace du plaisir d'écrire. Le *haïku* ne sert à aucun usage, ne se prête à aucun commentaire : « C'est cela, c'est ainsi, dit le *haïku*, c'est tel... mais le flash du *haïku* n'éclaire rien, ne révèle rien[34]. » Ce qui fascine Barthes, c'est ce qu'il a longtemps refoulé et qui constitue pourtant son être véritable, la liberté de l'écrivain devant l'écriture, la capacité à se détacher de tout discours didactique, démonstratif pour donner à l'intuition la possibilité de s'exprimer pleinement. En 1970, Barthes exprime donc un retour vers la lit-térature après un détour par la linguistique. Ce parcours est symp-tomatique de toute cette génération de structuralistes qui ont utilisé le discours des sciences sociales sans faire le deuil d'une vocation rentrée d'écrivain. Ce choix aura permis néanmoins de faire, dans

31. R. BARTHES, entretien avec R. Bellour (20 mai 1970), *op. cit.*, p. 82.
32. *Ibid.*, p. 84.
33. R. BARTHES, *L'Empire des signes, op. cit.*, p. 30.
34. *Ibid.*, p. 111.

les années soixante, d'œuvres « scientifiques » certains des grands romans contemporains.

Les paragrammes ou le retour masqué du sujet

Si Julia Kristeva a cherché les voies du dépassement de la clôture structuraliste avec la notion d'intertextualité, elle a aussi ouvert une seconde direction nouvelle de recherches, celle d'une dynamique subjective, non celle du sujet classique mais du sujet tel que l'entend Lacan, le sujet du désir. Toujours en 1966, Julia Kristeva découvre ce qu'on appellera le second Saussure, celui des anagrammes, dont Jean Starobinski venait de publier quelques extraits. Elle établit une corrélation immédiate entre cette quête du nom propre sous le texte apparent de Saussure et la démarche analytique telle que Lacan la formalise : « Ce qui m'est apparu, c'est qu'il y a une sorte d'emprise par le jeu des phonèmes et des syllabes sur celui qui est en état d'écriture. Cette emprise donne une sorte de régularité consonantique et phonique ; répétitions et allitérations qui peuvent être stabilisées dans un nom propre qui serait le nom propre obsédant auquel l'individu est inconsciemment lié pour des raisons sexuelles ou mortifères[35]. » Cette recherche renvoie à une autre dynamique qui n'est pas celle de la structure explicite, mais de la structure inconsciente.

Kristeva développe ce nouvel axe de recherche dans un texte programmatique : « Pour une sémiologie des paragrammes ». Elle y définit l'ébauche d'une nouvelle science en ces temps où elles fleurissent : la grammatologie en 1965, la paragrammatique en 1966... Prenant appui sur la recherche des anagrammes chez Saussure, Kristeva estime que ce dernier s'est pourtant fourvoyé en cherchant chaque fois un seul mot, un anagramme particulier, alors qu'il y a toute une chaîne sous-jacente de thèmes qui se glissent sous le texte apparent : « Il y a cette insistance de paralogiques d'un autre sens que le sens explicite[36]. » À partir de ce présupposé, elle propose une nouvelle lecture de Mallarmé et de Lautréamont. Le paragramme y est défini comme une forme de destruction de l'écriture de l'autre, de dissolution du sens figé : « Après l'homme, c'est le nom que le paragramme détruit[37]. » L'ébauche de ce nouvel axe de recherche révèle le scientisme de l'époque. Kristeva considère les réminiscences dans l'espace paragrammatique sur la base

---

35. Julia Kristeva, entretien avec l'auteur.

36. *Ibid.*

37. J. Kristeva, « Pour une sémiologie des paragrammes » (1966), repris dans *Séméiotiké, op. cit.*, p. 134.

d'une alliance solide entre sémantique et mathématiques :
« L'effort de saisir la logique des paragrammes à un niveau abstrait
est le seul moyen de dépasser le psychologisme ou le sociologisme
vulgaire[38]. »

Mais au-delà du masque scientiste, Kristeva déplace judicieuse-
ment l'interrogation vers le sujet, oblitéré jusque-là : la quête paragrammatique fait écho à la logique de l'inconscient dans tout ce
qu'il emmagasine, « engramme » comme signifiants. Cette quête
renvoie à une histoire personnelle, faite de souvenirs, de lectures,
d'imprégnations diverses, qui se situe donc à un autre niveau que
celui du langage de la communication, lequel limite et délimite par
définition le nombre de codes en usage.

C'est par cette voie de traverse entre le champ de la linguistique
et celui de la psychanalyse, qu'elle appellera la sémanalyse, que
Kristeva, qui en reste encore sur le terrain spécifique de la littérature, en viendra à s'engager vers la psychanalyse. Ce type de lecture offre déjà l'avantage de sortir de la neutralité, il ouvre sur la
subjectivité, entre en résonance avec l'inconscient du critique littéraire. Cette prévalence nouvelle de la subjectivité ouvre la voie
vers l'écriture littéraire, et donne donc à Barthes la caution scientifique dont il a besoin pour épanouir son désir créatif. Quant à
Kristeva, elle reste dans le domaine scientifique et trouve dans la
psychanalyse la grille conceptuelle nécessaire pour aller plus loin
encore dans la quête du sujet, dans le dévoilement de son mode
d'existence : « Moi, je me sentais un peu brimée pour pouvoir
mettre en avant cette subjectivité personnelle, en particulier parce
que le français est pour moi une langue étrangère[39]. » Kristeva restera donc plus longtemps à l'intérieur du discours théoriciste.

Elle proposera plus tard, pour rendre compte des deux voies
d'analyse alternatives, le distinguo entre sémiotique et symbolique.
Ce dernier terme se réfère à la simple dénotation de l'échange codé,
à son sens simple, alors que la sémiotique ouvre au « continent
secret du langage dans lequel les parfums, les couleurs et les sons
se répondent et renvoient à une expérience infantile et à l'inconscient[40] ». La sémiotique, ainsi définie, reprend en fait le projet
défini en 1969 avec la sémanalyse, qui s'offrait déjà comme une
critique de la notion de signe, capable de désobjectiver son objet,
de le penser à partir d'une brisure qui offre à sa conceptualisation
« une coupe verticale et non limitée d'origine ni de fin[41] ».

Si la sémiotique selon Kristeva s'étaye des deux grands renou-

38. *Ibid.*, p. 146.
39. Julia Kristeva, entretien avec l'auteur.
40. J. Kristeva, « Le bon plaisir », France-Culture, 10 décembre 1988.
41. J. Kristeva, *Séméiotiké, op. cit.*, p. 27.

vellements en cours, du marxisme par Althusser, et de Freud par Lacan, elle puise ses lettres de noblesse aux racines mêmes de la culture occidentale, à partir desquelles on peut repérer son épaisseur temporelle : « Je me réfère à un texte de Platon, le dialogue de *Timée*, dans lequel il parle d'une modalité de la signification qu'il réfère à ce qu'il nomma *chora*, soit à un réceptacle[42]. » Platon considère cette modalité du sens comme antérieure à l'Un, au nom, et lui donne des connotations naturelles de réceptacle nourricier, mobile. Kristeva s'appuie sur ce dialogue pour prendre en considération tout un prélangage antérieur au signe linguistique, davantage lié au rapport entre le futur être parlant et sa mère : « J'ai essayé de proposer cette notion de *chora* sémiotique qui renvoie à une modalité translinguistique de la signification, plus archaïque[43]. » Ainsi Kristeva se sépare du déconstructionnisme absolu de Derrida, même si celui-ci fut décisif dans sa critique du signe. Son adhésion au discours psychanalytique l'amène au contraire à effectuer un travail interprétatif, donc à s'arrêter sur un sens révélé par l'écoute analytique, à une vérité, fût-elle provisoire.

Cette ouverture sur le champ psychanalytique et sur la subjectivité permit à Barthes de se libérer d'un certain nombre de contraintes, ce qu'il confie en 1971 : « Le grand problème, pour moi en tout cas, c'est de déjouer le signifié, de déjouer la loi, de déjouer le père, de déjouer le refoulé. [...] Partout où il y a possibilité d'un travail paragrammatique, d'un certain tracement paragrammatique de mon propre texte, je me sens à l'aise. Si vraiment j'avais un jour à faire la critique de mon propre travail, je centrerais tout sur le "paragrammatisme"[44]. » Plaque sensible du structuralisme, véritable réceptacle de la sensibilité et des ambitions de l'avant-garde de son époque, Roland Barthes prend donc un nouvel envol à partir de cette double réorientation du travail indiquée par Kristeva en 1966 vers l'intertextualité et les paragrammes. Ce tournant n'est bien évidemment pas réductible à la seule influence de Kristeva et n'est intelligible que comme reprise au plan littéraire des divers questionnements venant de Benveniste sur l'énonciation : « Les linguistes qui ont une pensée théorique (Jakobson, Chomsky et Benveniste) sont des hommes qui posent le problème de l'énonciation et pas seulement le problème de l'énoncé[45]. » Dès lors que la linguistique se pose le problème de l'énonciation, elle

---

42. J. KRISTEVA, « Le bon plaisir », émission citée.
43. *Ibid.*
44. R. BARTHES, propos recueillis par S. HEATH, *op. cit.*, p. 137.
45. R. BARTHES, entretien avec Georges Charbonnier, France-Culture, octobre 1967, rediffusion : 25 novembre 1988.

rencontre le discours psychanalytique et donc le travail de Lacan, comme on l'a déjà vu avec Benveniste.

Ce tournant participe donc pleinement d'un climat intellectuel nouveau qui assure la prévalence de la recherche du sujet du désir dans ses diverses modalités d'expression. Sur le plan de l'actualité littéraire, une même quête est à l'œuvre avec le roman de Philippe Sollers, publié en 1965, *Drame*[46], dont l'objet est une réflexion sur l'usage des pronoms, soit sur les signes de l'énonciation. Mais au-delà du contexte favorable à la naissance d'un second Barthes, il y a surtout la résonance intérieure que provoque chez lui ce retour de la subjectivité. Son aspiration rentrée peut alors s'épanouir et laisser de plus en plus l'intuition régner en nouveau maître d'une écriture libérée qui cache de moins en moins le plaisir qu'elle procure.

---

46. Ph. SOLLERS, *Drame*, Le Seuil, 1965.

6

Le second souffle des durkheimiens :
Pierre Bourdieu

Si les durkheimiens, à peine sortis du champ de la philosophie, n'avaient qu'à demi réussi leur émancipation au début du siècle, et échoué dans leur entreprise de réalisation d'une science sociale unifiée par les sociologues autour du concept de morphologie sociale, ils ont pu bénéficier dans l'après-guerre de l'essor des sciences sociales pour institutionnaliser leur discipline, l'implanter de plus en plus solidement au sein de l'Université. Mais ce succès institutionnel ne masquait pas l'échec au plan de la légitimation savante : ils pouvaient mettre en place leur propre cursus, ils n'en étaient pas moins tenus pour une discipline mineure, sinon méprisée, surtout par les philosophes et les historiens, mais aussi par des disciplines plus jeunes comme l'anthropologie dont l'ambition et la rigueur semblaient reléguer la sociologie au rôle second de refuge de l'empirisme, confiné à des objectifs restreints et essentiellement instrumentaux.

Le défi aux philosophes

L'arrivée de Pierre Bourdieu dans le champ de la sociologie va redonner du lustre à l'ambition durkheimienne, par ses visées théoriques, sa volonté hégémonique et sa problématisation même de l'institution sociologique. Ce second souffle du durkheimisme fut rendu possible par l'assimilation du programme structuraliste par Pierre Bourdieu – tout du moins dans un premier temps puisque, comme beaucoup, il prendra ensuite ses distances par rapport au paradigme structural. Au cours des années soixante, Pierre Bourdieu avance une méthode structuralo-durkheimienne qui a plutôt tendance à durcir les positions durkheimiennes pour leur redonner toute leur dynamique, et permettre de réunifier un champ de la

sociologie en pleine atomisation, divisé en de multiples familles
idéologiques : « Son structuralisme a été un enrichissement extraordinaire, c'est la grande œuvre sociologique contemporaine[1]. »

À la manière de Durkheim, Pierre Bourdieu lance un défi aux
philosophes, sans jamais vraiment abandonner la problématisation
philosophique et en récusant la coupure entre sociologie et ethnologie : « Pour échapper un tant soi peu au relatif, il faut absolument
abdiquer la prétention au savoir absolu, déposer la couronne du
philosophe-roi[2]. » Bourdieu ne délaisse pas pour autant le débat
philosophique, et poursuit un dialogue avec Kant, Heidegger, Wittgenstein, Austin, à l'intérieur d'une œuvre qui se singularise ainsi
dans le champ sociologique par l'absence de véritable rupture avec
le discours philosophique : « Il me semble qu'il a toujours été dans
une attitude de rupture amoureuse avec la philosophie[3]. » Bourdieu
lance donc un défi à la philosophie sur son propre terrain, muni
de tout l'appareil statistique du sociologue, de ses méthodes,
concepts, procédures de vérification qui lui permettent de cumuler
les avantages d'une position à la fois philosophique et scientifique :
« Il y a belle lurette que la sociologie est sortie [...] de l'âge des
grandes théories de la philosophie sociale [...]. En conséquence,
pourquoi ne pas dire que c'est une science si c'en est une[4] ? »

L'analyse sociologique interroge, avec Bourdieu, la position du
philosophe par la corrélation établie entre le contenu du discours
et la position institutionnelle occupée dans le champ académique.
Il y a là tout un travail d'objectivation du discours philosophique
par l'étude de ce qui le valide, de ce qui le légitime dans les
conditions mêmes de son énonciation. Par sa position privilégiée
pour interroger et évaluer le champ des possibles, la sociologie,
selon Bourdieu, occupe donc une place incontournable pour
l'ensemble des discours tenus par les sciences humaines et, par là,
elle s'offre comme horizon libérateur : « La sociologie libère en
libérant de l'illusion de la liberté[5]. » Elle permet de formuler les
ambitions les plus démesurées pour réaliser autour du paradigme
structuralo-durkheimien l'unité de l'ensemble des sciences
humaines que souhaitait Durkheim. Pour ce faire, Bourdieu se fait
l'introducteur du structuralisme dans le champ de la sociologie,
introduction délicate d'un paradigme qui vise à déceler ce qui est
caché, occulte, non dit, dans une discipline qui valorise par son

1. Pierre Ansart, entretien avec l'auteur.
2. P. Bourdieu, *Choses dites*, Minuit, 1987, p. 45.
3. J. Derrida, « Le bon plaisir de P. Bourdieu », France-Culture, 23 juin
1990.
4. P. Bourdieu, *Questions de sociologie*, Minuit, 1980, p. 19 et 21.
5. P. Bourdieu, *Choses dites, op. cit.*, p. 26.

objet même d'étude, par ses méthodes, le dit, le témoignage, l'entretien, les statistiques, soit la sphère du visible.

Un miraculé

Le rapport de Pierre Bourdieu à son objet d'étude s'apparente à un radical rapport de dénégation. Sa vaste systématique sert à montrer la force des schémas reproducteurs, la faiblesse de la mobilité, la futilité de l'événement, le caractère dominé de l'agent par rapport à ses racines. Or, l'itinéraire individuel de Bourdieu contredit la toute-puissance institutionnelle, les déterminismes dont il dévoile pourtant la force imparable. Il est la négation vivante de ses thèses et cette contradiction dévoile en effet une partie très personnelle qui se joue entre Bourdieu et lui-même, une confrontation quasi thérapeutique entre l'individu-Bourdieu au sommet de la légitimation savante, et l'homme-Bourdieu qui n'a pas renié ses origines sociales et ressent un malaise croissant dans sa réussite académique et mondaine : « Bizarrement, mon insertion dans le monde social qui devrait être de plus en plus facile devient de plus en plus difficile[6]. »

Miraculé, Bourdieu se reconnaît en être un, ce qui lui vaut le qualificatif de « bourdivin », utilisé de manière polémique par Edgar Morin. Toute son œuvre s'éclaire avec ce passage du religieux (les miracles) au scientifique (la sociologie) pour tenter de rationaliser cette réussite aussi spectaculaire qu'improbable au plan statistique : « Je suis dans un univers dans lequel je ne devrais pas être. J'aurais dû être éliminé quarante fois. [...] Ici, au Collège de France, des gens de ma catégorie, il a dû y en avoir 1 % en deux cents ans[7]. » Il ne s'agit en aucune manière de forfanterie de la part de Bourdieu, issu d'un milieu populaire, excentré, rural, dominé.

Né dans un petit village du Béarn, son père, petit fonctionnaire, n'a accédé que tardivement à la fonction publique, comme une promotion majeure après avoir passé ses trente premières années en tant que fils de petit métayer : « Mon enfance est marquée par l'expérience de l'inégalité sociale, de la domination[8]. » La première singularité de Bourdieu, outre ses succès scolaires, est de rester fidèle à sa révolte première, contrairement au cheminement de la plupart de ces enfants prodiges des classes populaires, qui ont plutôt tendance à s'intégrer pour se défaire de leur condition d'ori-

---

6. P. BOURDIEU, « Le bon plaisir », France-Culture, 23 juin 1990.
7. *Ibid.*
8. *Ibid.*

gine et à reconnaître la validité et la naturalité des critères qui ont
permis de les extraire de leur milieu. Bourdieu entre en khâgne à
Louis-le-Grand en 1950-1951, puis à l'ENS d'Ulm, et si ce
parcours de philosophe le place au sommet de la reconnaissance,
cette période n'est pas heureuse : « Je me suis senti paralysé par
une sorte d'infamie. [...] Je me sentais formidablement mal[9]. » Il
est alors coupé aussi bien de son milieu de travail, dont il ne partage pas les occupations qu'il considère comme futiles, que de son
milieu d'origine, ressenti lors de chaque retour à Mont-de-Marsan
comme insupportable, de plus en plus lointain.

Pour exprimer cette altérité, Bourdieu ne choisira pas la fibre
populiste mais la voie conceptuelle : il cherchera à décrire les mécanismes de la domination, ce qui va le conduire à choisir ses objets
d'étude dans la société elle-même. Or, à l'époque, pour les khâgneux, l'idéal philosophique était incarné par Jean-Paul Sartre,
figure tutélaire de l'existentialisme : Sartre s'imposait comme
modèle par sa capacité à couvrir tout le champ intellectuel grâce
à une activité créatrice tous azimuts, aussi talentueuse dans le
domaine littéraire que dans ceux de l'activité critique ou de la
pensée philosophique. En ce début des années cinquante, aux yeux
des normaliens de philosophie, il était entendu que pour un philosophe digne de ce nom, il était « interdit de déroger en s'attachant
à certains objets ; notamment tous ceux que touchent les spécialistes des sciences de l'homme[10] ». Face à ce schéma idéal, à cette
image – qualifiée à la fois de « fascinante et repoussante[11] » – de
l'intellectuel total, Bourdieu se sent en rupture, ne participe pas à
la socialité normalienne. Très tôt, il s'intéresse à un courant de
philosophes davantage tournés vers une réflexion épistémologique,
vers l'histoire de la philosophie et des sciences (Martial Guéroult,
Jules Vuillemin...), qu'il voyait comme un recours possible. Il se
sentait, avec ces philosophes, dans une situation de proximité par
leur origine populaire, provinciale, et par leur position de dominés
dans le champ intellectuel et philosophique de l'époque. Bourdieu
songe alors à un premier travail de recherche sur la phénoménologie de la vie affective, qui lui aurait permis d'appliquer la
réflexion philosophique à un domaine concret, scientifique : la biologie. Mais c'est finalement vers l'ethnologie qu'il va se diriger,
choisissant donc là aussi un terrain précis d'investigation, et une
méthode qui se donnait pour scientifique : « Le prestige nouveau

9. *Ibid.*
10. P. BOURDIEU, *Les Enjeux philosophiques des années 50*, C. G.-Pompidou,
1989, p. 18.
11. *Ibid.*, p. 20.

que Lévi-Strauss avait donné à cette science (l'ethnologie) m'y a sans doute beaucoup aidé[12]. »

Peu après l'École normale, Bourdieu se trouve en Algérie en 1957, au cœur de la tourmente, en pleine guerre. Il est alors assistant à l'université d'Alger, et découvre avec le peuple algérien, non pas seulement un sujet d'étude, mais une proximité existentielle qui va l'amener à dédoubler son travail de recherche. D'une part, Bourdieu se fait sociologue pour rendre compte de la réalité coloniale de la société algérienne, ce qui fait l'objet de son premier livre, *Sociologie de l'Algérie*[13]. Dans la même perspective, il concentre ses recherches sur la situation des travailleurs algériens[14]. Mais, par ailleurs, Bourdieu se fait ethnologue en Algérie et s'intéresse à la société kabyle, aux réalités matrimoniales, aux règles de parenté, aux systèmes symboliques... Il n'y a donc au départ aucune césure entre sociologie et ethnologie pour Bourdieu, qui mène conjointement ses recherches sur ces deux plans : « Au temps de Durkheim, la distinction sociologie/ethnologie n'existait pas[15]. » Le champ d'investigation et la méthodologie qui l'accompagne ne sont d'ailleurs envisagés à l'époque par Bourdieu que comme un détour temporaire par rapport à la philosophie avec laquelle il n'a jamais vraiment rompu, si ce n'est au plan institutionnel : « Je me suis avoué que j'étais ethnologue très tard. Je pensais faire de l'ethnologie provisoirement et revenir à la philosophie[16]. »

Le structuralisme de Bourdieu

Jusqu'au début des années soixante-dix, l'horizon théorique du travail de Bourdieu est le structuralisme. Il situe lui-même très précisément la date de 1963 comme celle de son dernier travail « de structuraliste heureux[17] », mais la perspective structuraliste n'en est pas abandonnée pour autant : en 1969, Bourdieu publie un article dans lequel il envisage les modalités et conditions d'extension de la méthode structuraliste à la sociologie[18]. Beau-

---

12. P. BOURDIEU, *Choses dites, op. cit.*, p. 16.
13. P. BOURDIEU, *Sociologie de l'Algérie*, PUF, 1961.
14. P. BOURDIEU, *Travail et travailleurs en Algérie*, Mouton, 1964.
15. P. BOURDIEU, « Le bon plaisir », émission citée.
16. *Ibid.*
17. P. BOURDIEU, *Le Sens pratique*, Minuit, 1980, p. 22 ; il s'agit de sa contribution aux Mélanges offerts à Claude Lévi-Strauss à l'occasion de son soixantième anniversaire : P. Bourdieu, « La maison kabyle ou le monde renversé » (1963), dans *Échanges et Communications*, Mouton, 1970, p. 739-758.
18. P. BOURDIEU, « Structuralism and Theory of Sociological Knowledge », *Social Research*, XXXV, 4, hiver 1969, p. 681-706.

coup plus tard, et malgré une mise à distance critique du paradigme structuraliste, Bourdieu rendra hommage à une méthode qui a permis d'introduire à l'intérieur des sciences sociales le mode de pensée relationnel et de rompre ainsi positivement avec le mode de pensée substantialiste[19]. À l'occasion d'une émission sur Lévi-Strauss en 1988, Bourdieu reconnaît encore que nombre d'aspects de _La Distinction_[20] relèvent d'une démarche structuraliste, notamment le fondement même de toute l'analyse qui tend à démontrer qu'exister symboliquement, c'est différer : « Il y avait dans _La Distinction_ une intention typiquement structuraliste qui consistait à dire que le sens, c'est la différence[21]. » Bourdieu affirme donc encore en 1988 avoir le même mode de pensée que Lévi-Strauss, et les différences perceptibles entre leurs travaux tiennent donc moins au cadre théorique qui leur est commun qu'au terrain, ethnologique pour l'un, sociologique pour l'autre. Bourdieu ayant à travailler sur une société différenciée, et devant prendre en compte les divers plans – symbolique, économique, social... –, les effets de la même méthode structurale donnent des résultats différents. Bourdieu aura donc construit longtemps son œuvre à l'intérieur du paradigme structural : « Il m'a fallu très longtemps pour rompre vraiment avec certains des présupposés fondamentaux du structuralisme. [...] Il a fallu que je sorte de l'ethnologie comme monde social, en devenant sociologue, pour que certaines mises en question impensables deviennent possibles[22]. »

Ces présupposés ont contribué à l'enfermement des objets d'analyse par Bourdieu dans un système de déterminations essentiellement statique, où l'événement, l'historicité sont réduits à l'insignifiance : « C'est typiquement un système pour lequel il n'y a pas d'événement[23]. » La volonté de faire prévaloir l'oppositivité dans un rapport relationnel inscrit dans un présent institué conduit à valoriser les déterminations topologiques, spatiales aux dépens d'autres considérations. Cette méthode permet de révéler certaines logiques, mais elle peut aussi aboutir à un réductionnisme, à force de vouloir désubstantialiser, vider de leur contenu les confrontations analysées et leur généalogie.

C'est dans une telle logique de désubstantialisation que Bourdieu présente la querelle Barthes/Picard de 1965 autour de l'œuvre

---

19. P. BOURDIEU, _Le Sens pratique, op. cit._, p. 11.
20. P. BOURDIEU, _La Distinction_, Minuit, 1979.
21. P. BOURDIEU, « Océaniques », FR3, 31 octobre 1988.
22. P. BOURDIEU, _Choses dites, op. cit._, p. 18.
23. Jacques Rancière, entretien avec l'auteur.

de Racine, dans *Homo academicus*[24]. Selon lui, la querelle des
anciens et des modernes est réductible à une complicité de fait des
deux protagonistes, à une circularité des arguments des adversaires,
à un simulacre de combat théorique : il y aurait simple couple
épistémologique « entre les oblats consacrés du grand sacerdoce et
les petits hérésiarques modernistes[25] », réunis en fait par une
complicité structurale. Il n'y aurait donc rien à chercher du côté
des arguments de chacun, dans la confrontation de leurs méthodes,
« dans le contenu même des prises de position respectives[26] » qui
ne seraient que la reproduction à l'identique de positions opposées
occupées dans le champ des études littéraires par la Sorbonne,
d'une part, et par les sciences sociales de l'EPHE, de l'autre. D'un
côté, Barthes et les marginaux de l'institution universitaire, et face
à eux les détenteurs de la légitimité, canonisés, défenseurs de la
tradition jusqu'à mordre, comme Deloffre en 1968 : les uns et les
autres n'auraient fait que répéter, cette fois avec un aspect de farce,
la bataille qui s'était menée à la fin du XIXᵉ siècle entre la nouvelle
Sorbonne d'Émile Durkheim, de Gustave Lanson, d'Ernest Lavisse
et la vieille Sorbonne des critiques mondains. Derrière Racine, pris
en otage, que l'on se dispute, se joue simplement une revendication
de pouvoir ; et le succès social du structuralisme ne serait expli-
cable que comme potion magique pour trouver des débouchés
institutionnels à toute une génération, de plus en plus nombreuse,
de professeurs et d'étudiants engagés dans des disciplines nouvelles, « en leur permettant de se rétablir sur le terrain de la
"science"[27] ».

Cette dimension mise en lumière par Bourdieu n'est pas fausse,
et il y a bien eu dans cette querelle un enjeu d'ordre institutionnel.
Mais il est particulièrement réducteur de confiner avec une telle
désinvolture, au nom d'une topologie sociale, la nature de la
confrontation à son aspect social, et d'éliminer du champ de
l'étude, comme insignifiants les arguments mis en avant par les
protagonistes. On aboutit alors à un simple jeu structural de différences de places, dans lequel ne peut que se dissoudre tout changement des règles du jeu, toute velléité de transformation historique irréversible. On retrouve bien ici à l'œuvre chez Bourdieu
les traits caractéristiques du structuralisme, appliqués au champ
sociologique, y compris pour nier toute pertinence, vider de leur
contenu les arguments des sémiologues des années soixante qui

---

24. P. BOURDIEU, *Homo academicus*, Minuit, 1984 ; sur le contenu de cette
querelle, voir le tome 1 : *Le Champ du signe*, pp. 276-282.
25. *Ibid.*, p. 149.
26. *Ibid.*, p. 151.
27. *Ibid.*, p. 161.

voulaient opérer une coupure épistémologique décisive grâce au structuralisme. Les agents sociaux, selon Bourdieu, même ceux qui se croient les plus libérés des déterminations sociales, sont animés par des forces qui les agissent sans qu'ils en soient conscients, qui les réifient. Et ce sont donc ces conditions objectives des pratiques discursives qu'il appartient au sociologue de restituer pour accéder à un niveau causal, dont les sujets sont absents, ou alors ne sont présents que par leurs illusions : selon Raymond Boudon, « il y a là exagération des contraintes et l'idée absurde que les contraintes viennent de la totalité sociale et des désirs qu'aurait cette totalité de se reproduire[28] ».

Par cette position, Bourdieu assume le paradoxe de la plupart des structuralistes, intellectuels de gauche qui œuvrent pour le changement, qui développent au plan théorique les armes de la critique dans une perspective progressiste, et qui sont en même temps séduits par un paradigme qui enferme toutes les velléités de changement et annonce ainsi la fin de l'histoire, mais qui offre en contrepartie des garanties de scientificité, une possible appréhension du social chosifié avec l'ambition de le saisir comme totalité : « Cette étape est celle du désespoir. Elle n'est pas sans beauté. Mais ce désespoir tient davantage à un défaut d'optimisme de la volonté qu'à un véritable pessimisme de la raison[29]. »

On retrouve donc la thématique de l'absence du sujet chez le premier Bourdieu, celui qui introduit le structuralisme en sociologie. Le sujet est agi, assujetti à son destin social hors duquel il ne fait que s'abuser de mots pour masquer ses ratages. La seule mécanique intelligible du système est celle des intérêts matériels positifs, qui relèvent d'un processus d'objectivation par lequel le sujet se révèle dans une vérité qui ne lui appartient pas.

Les schémas reproducteurs

L'ouvrage par lequel Bourdieu va immédiatement avoir une grande influence est d'ordre sociologique, même s'il l'a considéré en le travaillant comme une œuvre secondaire pour lui, comme l'expression d'une simple nécessité militante, alors que ses préoccupations plus fondamentales s'orientaient encore vers les systèmes de parenté, les systèmes rituels, soit le terrain ethnologique. Mais, souhaitant réagir à une idéologie montante qu'il considérait comme particulièrement fantaisiste, celle qui faisait du

---

28. Raymond Boudon, entretien avec l'auteur.
29. A. CAILLÉ, *Critique de Bourdieu*, Institut d'anthropologie et de sociologie, Université de Lausanne, 1987, p. 11.

milieu étudiant une classe sociale à part entière, il décide d'en donner en sociologue une vision plus scientifique, et publie avec Jean-Claude Passeron, en 1964, *Les Héritiers*. Bourdieu et Passeron s'en prennent à l'aspect mystificateur du discours égalitariste de Jules Ferry sur l'école pour tous, qui permettrait à chacun de réaliser ses potentialités, à égalité de chances. En ce sens, ce travail, qui s'inscrit pourtant dans une perspective structurale en montrant l'impossibilité de sortir de la logique implacable de reproduction du système, va servir d'arme essentielle de la critique du système scolaire au cœur du mouvement de mai 1968. Bourdieu et Passeron mettent en effet en évidence ce que l'institution dissimule derrière sa pseudo-neutralité, à savoir sa fonction reproductrice des rapports sociaux existants, et donc son rôle majeur de machine à trier. Or cette sélection, qui se fait au nom de critères purement scolaires, recouvre, occulte la véritable sélection qui est sociale : « Pour les classes les plus défavorisées, il s'agit purement et simplement d'éliminations[30]. » Quant à ceux qui parviennent au stade de l'université, les auteurs distinguent deux modes de rapport au savoir : celui des héritiers de la culture, qui entretiennent une relation distanciée au savoir scolaire, alors que les enfants de la petite bourgeoise « adhérent le plus fortement aux valeurs scolaires[31]. »

Là où le paradigme structuraliste imprime une certaine vision du monde scolaire, c'est dans le fait de trouver la vérité de celui-ci dans sa face cachée, mais aussi dans la négation de toute possibilité d'échapper à sa logique. Bourdieu et Passeron réduisent à néant tout effort ou pensée pédagogique, qui ne sert qu'à occulter la fonction reproductrice de l'enseignant : « Le professeur le plus routinier remplit malgré lui sa fonction objective[32]. » Il n'y a donc aucune liberté, aucune possibilité d'agir pour les agents du système, et les exclus n'auraient d'autre recours que de s'adresser au sociologue comme thérapeute, qui pourrait sinon les guérir, tout au moins leur expliquer leur cas : « Faute de changer le classement des mal-classés, il leur donnerait "la possibilité d'assumer leur habitus sans culpabilité ni souffrance"[33]. » Chacun à sa place, l'enseignant ou l'enseigné, quels que soient là encore le contenu de leur discours, la singularité de leur comportement, le rapport d'adhésion ou de contestation au savoir dominant, est implacablement récupéré par la machine reproductrice, et cette situation

---

30. P. BOURDIEU et J.-Cl. PASSERON, *Les Héritiers*, Minuit, 1964, p. 12.

31. *Ibid.*, p. 38.

32. *Ibid.*, p. 72.

33. J. RANCIÈRE, *Le Philosophe et ses pauvres*, Fayard, 1983, p. 259, citant Pierre BOURDIEU, *Questions de sociologie, op. cit.*, p. 42.

interdit toute échappatoire puisque les plus radicales contestations renforcent encore la capacité du système à classer : « Comment ne pas voir en effet que la révolte contre le système scolaire et l'évasion dans les enthousiasmes hétérodoxes réalisent, par les voies détournées, les fins ultimes que poursuit l'Université[34] ?» Toutes les issues sont donc verrouillées.

Cet ouvrage est remarquable par le paradoxe qu'il porte à son paroxysme et qui traduit bien la situation globale du structuralisme en ces années soixante : d'un côté, il permet de faire avancer la pensée critique, de lui fourbir des armes et, de l'autre, il désamorce celles-ci par sa négation principielle de toute transformation possible. La révolte contre la contrainte de la règle est ainsi présentée comme une des voies royales de l'intériorisation de celle-ci. En 1964, cette radioscopie structuraliste du monde scolaire et universitaire donne donc des arguments au futur mouvement de mai 1968, et pourtant elle ne nie par avance sinon la possibilité, tout au moins sa signification et sa portée. On retrouve la négation de l'événement, de l'histoire, dans cette prévalence accordée aux systèmes de classement dans leur statique.

Reste une importante avancée au plan théorique : la prise en compte sérieuse du champ du symbolique, et la sortie que réalise Bourdieu en tant que sociologue de l'économisme marxiste, de la vulgate mécaniste. En ce sens, son apport s'apparente au travail des althussériens dans l'importance nouvelle accordée aux superstructures : « Je me suis au début un peu engueulé là-dessus avec Bourdieu à Lille, lui reprochant d'accrocher trop d'importance au capital symbolique. Je dois reconnaître qu'il avait raison[35]. » Mais, à la manière des althussériens, pour le premier Bourdieu, on ne voit pas comment s'inscrit l'action du sujet individuel ni collectif dans ce réseau de règles et de déterminations implacables. Si les althussériens invoquent l'autonomie des instances du mode de production, Bourdieu parle lui pareillement de l'autonomie du champ de production culturelle, dont chacun des sous-ensembles est régi par ses propres règles de fonctionnement, induisant des luttes de classement internes à chacun des champs. Cette notion permet à Bourdieu d'échapper au mécanisme qui consiste à référer toute forme de discours à une position de classe tenue dans la société globale en postulant une autonomie du champ symbolique et de sa logique. Cependant, cette autonomisation est limitée et, si chez les althussériens l'économique reste déterminant en dernière instance, chez Bourdieu, une réduction à l'économique s'opère aussi, selon Alain Caillé, sur le mode analogique, avec la notion d'intérêt maté-

---

34. P. Bourdieu et J.-Cl. Passeron, *Les Héritiers, op. cit.*, p. 68.
35. André Nicolaï, entretien avec l'auteur.

riel, véritable matrice de sa théorie : « S'affiche ainsi un économisme généralisé qui n'est plus l'économisme substantialiste[36]. »

Bourdieu rejette l'économisme causal grossier et lui substitue l'idée d'un système global qui dépasse la dichotomie entre l'économique et le non-économique. Ainsi, les motivations fondées sur les intérêts matériels peuvent être saisies tout autant que celles qui fondent les activités apparemment les plus gratuites, les plus affranchies de l'économique. Par un raisonnement essentiellement analogique, Bourdieu construit donc son propre étagement d'une « économie politique généralisée[37] », fondée sur le capital économique, le capital social et le capital symbolique, inscrits chacun dans des rapports de complémentarité et d'autonomie. À la lutte des classes, moteur de l'histoire chez Marx, Bourdieu aura ainsi substitué la lutte des classements, moteurs de la logique de l'espace social. La dialectique historique se dissout dans la synchronie et l'invariance des stratifications des différents champs et du jeu des placements qu'ils permettent, selon la logique similaire des intérêts matériels : « Le même engendre toujours le même[38]. »

Le souci du style

Une autre caractéristique du travail de Bourdieu est son souci stylistique, qui révèle qu'il n'a pas fait son deuil de la littérature. S'il a choisi les sciences humaines pour s'exprimer, il se pense aussi comme un écrivain, participant ainsi pleinement à la manière dont les autres structuralistes se vivent : « Ce qui m'intéresse le plus chez Bourdieu, c'est le travail du texte, comment peu à peu il dévoile en cachant ou cache en dévoilant [...]. Il procède d'abord comme un romancier[39]. » Comme pour l'écrivain, ce qui fonde la pensée bourdieusienne, son opérateur essentiel, est l'analogie. À la manière du romancier, son regard sur la société engage davantage que ce que livre l'enquête sociologique à l'état brut, grâce à son propre commentaire. À ce titre, le discours scientifique lui sert de support pour se raconter en racontant l'autre, et son œuvre se livre alors dans ses non-dits, dans ses marges, dans ses notes, ses exergues : « Ses écrits évoquent irrésistiblement Balzac. Comment ne pas penser à Rastignac ou à Lucien de Rubempré en suivant les analyses qui montrent comment l'acquisition d'un fort capital

---

36. A. CAILLÉ, *Critique de Bourdieu, op. cit.*, p. 64.
37. *Ibid.*, p. 24.
38. *Ibid.*, p. 5.
39. P. ENCREVÉ, « Le bon plaisir », France-Culture, 23 juin 1990.

social et culturel peut opportunément pallier les déficiences du capital économique originel[40] ? »

Bourdieu invoque souvent un autre analyste subjectif de la société, ce grand écrivain dont l'immensité de l'œuvre en même temps que sa perfection tendent à dissuader toute vocation littéraire de rivaliser avec elle, et obligent donc à emprunter des chemins de traverse : Marcel Proust. Bourdieu place aussi souvent Flaubert, autre pourfendeur de la petite bourgeoisie, en exergue de ses écrits. Quant à Pierre Encrevé, il rapproche plutôt Bourdieu de Rousseau par sa situation de philosophe engagé, par sa volonté de libérer les gens de leurs chaînes.

Écrivain, sociologue qui déplace les lignes frontières entre économie, sociologie, ethnologie et philosophie, Bourdieu relève surtout de cette inclassable pensée critique française regroupée sous le sigle et la méthode de la pensée structuraliste, même si, comme nous le verrons, il prendra au cours des années soixante-dix et quatre-vingt une distance de plus en plus critique vis-à-vis de certaines orientations de ce mode de pensée.

---

40. A. Caillé, *Critique de Bourdieu, op. cit.*, p. 7.

7

1967-1968 : le bouillonnement éditorial

Si l'année 1966 avait été l'année-phare du structuralisme, immédiatement suivie d'une série de remises en question, le déclin n'en est pas pour autant perceptible, bien au contraire. C'est même en 1967-1968 que l'onde de choc embrase cette fois la sphère médiatique, qui offre à un public élargi les recettes structurales comme la découverte de la panacée. Le Tout-Paris devient alors structuraliste et découvre avec avidité un phénomène qui semble s'identifier à la pensée moderne et entraîner dans une belle unité la presque totalité des maîtres penseurs du moment. Il ne manque plus que les cabarets qui ont marqué l'ère existentialiste sur un air de jazz pour donner au phénomène sa dimension ludique, car on ne peut pas dire que le yé-yé et *Salut les copains* participent vraiment de la fête structurale.

Si l'on avait connu jusque-là le succès d'un Lévi-Strauss, d'un Foucault, d'un Lacan, d'un Barthes, d'un Althusser, c'est cette fois, transcendant la singularité et le talent de chacune de ces œuvres, le structuralisme qui s'impose aux yeux d'un public de lecteurs ébahis de n'avoir pas fait le lien entre tous ces auteurs.

Le structuralisme triomphe donc à un moment où les fondations de l'édifice se fissurent, où les volontés de débordement, de dépassement ou de radicalisation du phénomène sont déjà bien en place. Ce décalage traduit simplement les temporalités différentes entre la recherche, les colloques, les dossiers des revues spécialisées d'une part, et l'écho par la presse, de l'autre. Signe de la fin de l'ère héroïque et du début d'une nouvelle période, celle des rendements décroissants, on assiste à une multiplication des publications qui font le point sur le phénomène pour prendre son pouls, des compilations de contributions pour présenter ce qu'est le structuralisme dans un souci non plus théorique mais didactique, de diffusion, de divulgation. Ces ouvrages vont bien évidemment contribuer fortement au succès du structuralisme, mais en même temps, ils vont provoquer chez les auteurs de ce courant une méfiance grandissante face à ce qui risque de se transformer en mode passagère. Les uns et les autres n'auront de cesse désormais de refuser toute forme d'étiquetage structuraliste, pour éviter de se retrouver victime du repli de la vague, doublement prévisible : du fait du caractère éphémère de ce genre d'engouement collectif, et parce que des critiques de plus en plus radicales et nombreuses apparaissent au sein même du champ structuraliste.

Alice au pays du structuralisme

Du côté des éditeurs, la mobilisation bat son plein. Chez Seghers paraissent les *Clefs pour le structuralisme* de Jean-Marie Auzias en 1967, ouvrage qui fait le point sur les diverses composantes du mouvement, ouvrage didactique (« Ce livre s'adresse aux instituteurs[1] »), et péremptoire (« Le structuralisme n'est pas un impérialisme ! Il se veut scientifique : il l'est[2] »). C'est la ruée. À peine sorti, l'ouvrage est épuisé, même si François Châtelet, boudeur, préfère laisser ces clefs « sous le paillasson[3] ».

Chez Privat, c'est Jean-Baptiste Fagès qui publie *Comprendre le structuralisme* en 1967, et *Le Structuralisme en procès* en 1968. Aux PUF, on s'adresse au grand épistémologue et psychologue Jean Piaget pour écrire un *Que sais-je ?* sur le structuralisme. Jean Piaget découpe le phénomène selon les cadres disciplinaires qu'il recouvre, et il rappelle tout à la fois l'ancienneté de la notion de structure et son utilisation dans des champs aussi divers que les mathématiques, la physique, la biologie, la linguistique, la sociologie... La recension des divers usages de la notion de structure laisse apparaître toute une série d'avancées conceptuelles. Elle est un instrument manifeste de la scientificité, mais à condition, selon Piaget, de ne pas être exclusive d'autres méthodes, et de ne pas gommer certaines dimensions humaines et historiques. À ce titre, Piaget prend parti pour un structuralisme génétique, proche des positions de Lucien Goldmann. Ses propres études sur la psychologie de l'enfant sont une des illustrations possibles de cette réconciliation entre histoire et structure. Ce petit opuscule pédagogique, à usage universitaire, va très vite devenir l'ouvrage de référence sur le structuralisme, à tel point que beaucoup identifient encore aujourd'hui ce courant à Jean Piaget, alors que ce dernier est sur des positions critiques.

C'est en 1967 que Payot sort le fameux *Cours de linguistique*

---

1. J.-M. Auzias, *Clefs pour le structuralisme*, Seghers, 1967, p. 9.
2. *Ibid.*, p. 10.
3. F. Châtelet, *La Quinzaine littéraire*, 1-15 janvier 1968.

générale de Saussure dans une édition critique préparée par Tullio de Mauro, et traduite par Louis-Jean Calvet. Cet épais volume, plutôt aride, va s'arracher, et pas seulement par les linguistes. Le retour à Saussure, la rumeur de la découverte de la pierre philosophale dans le domaine des sciences humaines, vont assurer une audience extraordinaire en ces années 1967-1968 au linguiste André Martinet à la Sorbonne : « Il y avait dans l'amphi Descartes toutes sortes de gens. C'était l'attrait du nouveau. J'ai eu à l'époque Michèle Cotta, des cinéastes...[4]. »

Mais la grande entreprise éditoriale de 1968 vient d'un haut lieu de diffusion des idées structuralistes, les Éditions du Seuil, et d'un philosophe-éditeur : François Wahl. Le projet remonte à cette année miraculeuse pour le structuralisme que fut 1966. À ce moment, François Wahl, éditeur des *Écrits* de Lacan, de Barthes, et un peu plus tard de Derrida, soucieux de cohérence éditoriale et passionné par ce qui se passait dans le domaine des sciences humaines, regrettant même « de n'avoir pas eu l'occasion de publier Claude Lévi-Strauss[5] », décide de diriger un ouvrage collectif pour répondre à la question *Qu'est-ce que le structuralisme ?*, en philosophie et dans les sciences humaines portées par le phénomène de modernisation. François Wahl regroupe donc pour cette entreprise les contributions d'Oswald Ducrot pour la linguistique, de Dan Sperber pour l'anthropologie, de Tzvetan Todorov pour la poétique, de Moustapha Safouan pour la psychanalyse, et lui-même rédige la partie philosophique. Cet ouvrage connaît un tel succès qu'il sera republié en petits livres à partir de 1973, dans la collection de poche Points-Seuil[6].

La désignation du phénomène structuraliste ne relève donc pas, comme certains ont pu le dire, d'un niveau purement médiatique ou fantasmatique, elle se situe bien au cœur même de la production du phénomène. François Wahl, dans son introduction générale, traduit bien cette vision englobante : « Sous le nom de structuralisme se regroupent les sciences du signe, des systèmes de signes[7]. » Le phénomène habille donc large, et il permet de viser haut puisqu'il constitue, aux yeux de François Wahl, le modèle des modèles, celui

---

4. André Martinet, entretien avec l'auteur.

5. François Wahl, entretien avec l'auteur.

6. O. DUCROT, *Le Structuralisme en linguistique*, 1973, 39 000 exemplaires ; M. SAFOUAN, *Le Structuralisme en psychanalyse*, 49 000 exemplaires ; D. SPERBER, *Le Structuralisme en anthropologie*, 25 000 exemplaires ; F. WAHL, *Philosophie*, 36 000 exemplaires ; T. TODOROV, *Poétique*, 21 000 exemplaires, jusqu'en 1990.

7. F. WAHL, « Introduction générale », *Qu'est-ce que le structuralisme ?*, Points-Seuil, p. 12.

de l'accession à la sicentificité : « Quoi qu'il en soit, le structuralisme, on l'aura compris, est chose sérieuse : à tout ce qui doit au signe, il donne droit à la science[8]. » Ce volume traduit bien l'euphorie du moment, le bain scientiste que représentait cette sémiologie conquérante. François Wahl reconnaît aujourd'hui qu'il y avait là quelque « naïveté épistémologique dont on a pris progressivement la mesure [...]. Il y a eu un certain éblouissement avec la conviction que l'on était en train de trouver la clé[9] ».

L'en-deçà et l'au-delà du structuralisme

La contribution de François Wahl à l'ouvrage concerne le champ philosophique. Il y discerne un en-deçà du structuralisme avec Foucault et un au-delà avec Lacan et Derrida, l'entre-deux correspondant aux positions des althusséro-lacaniens. Par ce choix, François Wahl cède quelque peu à la mode puisqu'il n'a pas un mot pour le travail de Martial Guéroult et celui de Victor Goldschmidt, dont il considère pourtant aujourd'hui que leur lecture des *Dialogues* de Platon et de Descartes sont « historiquement indépassables, cela j'en suis absolument certain[10] ». Mais confinés au seul champ de la philosophie, fermés aux sciences sociales et méconnus du public, leur contribution au structuralisme philosophique n'est pas évoquée dans la contribution de François Wahl, qui accorde au contraire une grande place à Foucault en interrogeant sa notion d'épistémè. Si Wahl voit dans cette notion une trace des préoccupations structuralistes, il juge davantage Foucault comme relevant d'une philosophie nominaliste. Pour lui, Foucault n'a pas accompli la coupure qu'il proclame pourtant avec la phénoménologie, dont il serait resté prisonnier. Lorsqu'il recherche l'être du signe, défini comme essence par ses propriétés spécifiques, lorsqu'il essaie de le ressaisir dans sa présence originaire, il reste dans la filiation de Merleau-Ponty : « Chercher en phénoménologue, c'est-à-dire en deçà du structuralisme, l'être du langage défini par le structuralisme est un projet contradictoire, qui ne peut assigner à l'être d'autre statut que celui qui reste[11]. » Certes, Wahl reconnaît à Foucault de rechercher une organisation du voir, mais au ras du voir, en nominaliste porteur d'un projet impossible qui essaie de concilier deux modèles incompatibles, le modèle phénoménologique et

---

8. *Ibid.*, p. 13.
9. François Wahl, entretien avec l'auteur.
10. *Ibid.*
11. F. WAHL, *Qu'est-ce que le structuralisme ? Philosophie* (1968), Points-Seuil, 1973, p. 37.

le modèle structuraliste : « Nous sommes ici en deçà du signe, en deçà du discours, en deçà de la structure[12]. » Foucault aurait mené son lecteur au bord du Rubicon sans le passer, pour pêcher à la ligne : « Existe-t-il une épistémè du structuralisme ? Et d'où vient que *Les Mots et les Choses* là-dessus balancent à se prononcer[13] ? » Et Wahl invoque la nécessaire coupure pour que cette épistémè existe. Cette césure décisive, il la situe alors à l'intérieur de l'œuvre d'Althusser, dans son projet explicitement scientifique : « Une réflexion sur le structuralisme est inséparable d'une réflexion sur la science[14]. »

Foucault, qui plus tard récusera fermement l'étiquette de structuraliste, se situait à l'époque pleinement dans cette mouvance, jusqu'à se présenter comme le philosophe de ces grandes ruptures dans les socles épistémiques, depuis la publication de son ouvrage *Les Mots et les Choses*. Il n'a donc pas du tout apprécié cette mise à distance de son projet philosophique par rapport au projet structuraliste : « Il en a été très en colère, et je puis même vous dire qu'il en a été furieux sur le moment[15]. » Wahl privilégie plutôt dans sa présentation du structuralisme philosophique les constructions lacano-althusériennes, notamment celles d'Alain Badiou et de Jacques-Alain Miller[16].

Il réunit par ailleurs les deux Jacques (Derrida et Lacan) dans un au-delà du structuralisme, les deux frères ennemis qui se détestaient cordialement en cette année 1968 et que Wahl, leur éditeur, pour ne pas les confondre, appelait l'un, Jacques, et l'autre, Jacquot. D'un côté, Lacan permet la réintroduction d'une réflexion sur le sujet qui avait été jusque-là neutralisée, mais celui-ci n'en recouvre pas pour autant sa plénitude : c'est d'un sujet assujetti qu'il est question, dans l'incapacité de reprendre place comme fondement, toujours décalé par rapport à lui-même. Un double mouvement bloque le retour du sujet maître de lui-même : la subordination de la structuration du sujet aux structures du langage, et celle de la structuration du langage à l'intérieur des structures du signifiant : « La lettre précède le sujet [...] la lettre précède le sens[17]. » Quant à Derrida, son au-delà du structuralisme tient au débordement qu'il réalise du discours philosophique par son Autre,

12. *Ibid.*, p. 73.
13. *Ibid.*, p. 109.
14. *Ibid.*, p. 109.
15. François Wahl, entretien avec l'auteur.
16. A. BADIOU, « Le (re) commencement du matérialisme dialectique », *Critique*, n° 240, mai 1967 ; J.-A. MILLER, « La suture », *Cahiers pour l'analyse*, n° 1, 1966, et « Action de la structure », *Cahiers pour l'analyse*, n° 9, 1968.
17. F. WAHL, *Qu'est-ce que le structuralisme ? Philosophie, op. cit.*, p. 133.

sa contestation des notions de limites et d'origines, grâce à sa notion de trace. Or, pour Wahl, le structuralisme se définit par cette coupure, cette délimitation même : « Le structuralisme commence quand le système des signes nous renvoie ailleurs[18]. »

L'un et le multiple du structuralisme

Dans les quelques réunions préparatoires à la sortie de cet ouvrage collectif, il n'y a pas vraiment eu d'élaboration théorique commune, d'autant que les points de vue étaient souvent divergents. Dan Sperber, qui revenait de Los Angeles où il avait assisté aux cours de Chomsky et qui avait été mis en rapport avec François Wahl par son ami Pierre Smith pour traduire les œuvres de Chomsky, a été chargé de la partie sur le structuralisme en anthropologie. Au cours des réunions préparatoires, « il n'y a pas eu tellement de discussions, mis à part le fait que j'ai insisté auprès de Ducrot pour qu'il parle de la grammaire générative qu'il n'avait pas l'intention de traiter[19] ». En effet, Oswald Ducrot, chargé de la partie linguistique, présente les grandes lignes du chomkysme aux côtés des autres courants de la linguistique structurale, mais sans prétendre à une position hégémonique ou de science pilote pour sa discipline, et si l'ouvrage commence par la partie linguistique, c'est un choix de François Wahl qui traduit bien le rôle d'impulsion joué par celle-ci dans le déploiement du paradigme structuraliste : « Je me rappelle avoir dit à Wahl que je ne voyais aucune raison pour qu'on commence par la linguistique. Pour lui, c'était une évidence, et tout autre choix lui aurait semblé scandaleux[20]. »

Dan Sperber, qui doit donc présenter le structuralisme dans le domaine anthropologique, a un morceau de choix en ayant à rendre compte de l'œuvre de Lévi-Strauss avec laquelle il entretient pourtant un rapport critique à partir de ses positions chomskyennes. Comme nous l'avons vu, il donne une lecture de Lévi-Strauss privilégiant tout ce qui relève des structures de l'esprit humain, des enceintes mentales, de ces structures profondes qui renvoient au modèle de compétence de Chomsky. Il reproche à Lévi-Strauss de n'avoir pas été assez loin dans ce sens, d'être resté dans une tension contradictoire entre son ambition ethnologique de faire un inventaire des variations culturelles d'une part, et l'ambition anthropologique de déterminer les capacités d'apprentissage spécifiques à l'espèce humaine qui orientent ces variations, d'autre part : « Per-

18. *Ibid.*, p. 189.
19. Dan Sperber, entretien avec l'auteur.
20. Oswald Ducrot, entretien avec l'auteur.

sonnellement, avec la grammaire générative, j'avais d'emblée des réserves sur le structuralisme linguistique et quand on m'a demandé de faire le chapitre sur le structuralisme en anthropologie, je ne l'ai pas conçu comme un manifeste pour le structuralisme, mais comme un chapitre qui se voulait en partie critique[21]. »

La partie psychanalytique, confiée à Moustapha Safouan, s'inscrit dans la stricte filiation lacanienne. Philosophe égyptien converti à la psychanalyse grâce à Lacan, Safouan fut en contrôle avec Lacan pendant plus de dix ans. Ce traducteur de Freud en arabe reprend dans sa contribution une série de thèmes abordés par Lacan au cours de ses séminaires de Sainte-Anne entre 1958 et 1963. Il en ressort une approche de l'inconscient moins génétique, moins historique qu'à l'accoutumée, plus spatiale et structurale : « En disant que l'inconscient est un lieu, nous ne faisons qu'entériner le fait que Freud présente sa doctrine sur ce sujet comme une doctrine "topique". Certes, il s'agit là d'une métaphore, mais qui signifie qu'au-delà de tout ce qui constitue notre rapport au monde, un Autre Lieu existe[22]. » La structure que la psychanalyse découvre ne se situe pas dans un quelconque sens caché, enfoui, à révéler à lui-même dans sa présence, mais elle se trouve là où le sujet ne savait pas, dans une coupure « que seule la Loi garde contre (et de) la tentation qui porte l'homme à retrouver – en vain – sa première fermeture[23] ».

Ces quatre contributions reprennent les divisions disciplinaires, représentant chacune un continent particulier du savoir reconnu et implanté institutionnellement. S'ajoute à celles-ci une longue contribution qui représente un champ à la fois nouveau et qui renoue avec l'origine historique du structuralisme, la poétique, confiée à Tzvetan Todorov, introducteur en France des formalistes russes. Il a donc pour objectif de montrer en quoi le champ littéraire peut être renouvelé en profondeur grâce à la méthode structuraliste. Il définit l'horizon de la poétique comme une approche à la fois abstraite et interne au champ littéraire, visant à restituer les lois générales sous-jacentes à chaque œuvre. Comme Gérard Genette, Tzvetan Todorov ne présente pas la poétique comme une activité exclusive de l'attitude interprétative, herméneutique ; elle en est son complément nécessaire : « Entre poétique et interprétation le rapport est par excellence celui de la complémentarité[24] », mais

---

21. Dan Sperber, entretien avec l'auteur.
22. M. SAFOUAN, *Qu'est-ce que le structuralisme ? Le structuralisme en psychanalyse*, Le Seuil (1968), Points-Seuil, 1973, p. 19.
23. *Ibid.*, p. 90.
24. T. TODOROV, *Qu'est-ce que le structuralisme ? Poétique*, Le Seuil (1968), Points-Seuil, 1973, p. 21.

seule la poétique participe du projet sémiotique qui a le signe pour
point d'ancrage. Elle se différencie cependant de l'analyse proprement linguistique, dont la restitution du processus de signification
souffre, selon Todorov, de deux limitations : elle délaisse le caractère ludique du langage, les problèmes de connotation, de méta-
phorisation et « ne dépasse guère les limites de la phrase, unité
linguistique fondamentale[25] ». Sur ces deux plans, Todorov ne vise
pas seulement la linguistique comme discipline, mais aussi le structuralisme de la première période, en lui opposant la pluralité, la
polyvalence.

On retrouve chez le Bulgare Tzvetan Todorov la même source
d'inspiration que chez sa compatriote Julia Kristeva : Mikhaïl
Bakhtine, dont l'influence va être tout aussi décisive pour lui dans
son cheminement personnel vis-à-vis du modèle structuraliste :
« C'est Bakhtine qui, le premier, a formulé une véritable théorie
de la polyvalence intertextuelle[26]. » Il en résulte tout un mode
d'analyse opératoire fondé sur la dialogique, notion d'origine littéraire qui permet de renouer avec l'impulsion initiale de Jakobson
lorsqu'il déclarait en 1919 : « L'objet de la science littéraire n'est
pas la littérature mais la littéralité, c'est-à-dire ce qui fait d'une
œuvre donnée une œuvre littéraire[27]. »

Même si chaque auteur de cet ouvrage collectif était animé par
des considérations propres à son domaine particulier de recherche,
on saisit bien les ponts possibles entre eux qui permettaient d'articuler un savoir global autour du paradigme structural. Il y avait
manifestement une ambition théorique qui animait l'ensemble du
projet et fondait l'engouement du moment pour la clé structuraliste.
En même temps, l'ouvrage traduit bien la situation d'une sémiologie générale parvenue à un tournant, traversée par des tentatives
diverses d'ouverture et de rupture qui vont travailler à l'intérieur
du paradigme, en assurant sa liquidation prochaine. Mais en attendant, aux yeux du public intellectuel, il n'y paraît rien et les contradictions internes à l'œuvre semblent au contraire comme autant de
raisons d'espérer dans la fécondité de cette pensée nouvelle.
Lorsque, sur le quai de la gare de Bourg-la-Reine, François Wahl
entend un professeur de philosophie du lycée Lakanal s'étonner
que son élève de terminale lise Freud et l'élève lui répondre que
c'est pour comprendre Lacan : « Là, je me suis dit : J'ai gagné[28] ! »
Sans en avoir vraiment conscience, cet élève procédait justement
au retour à Freud et réalisait par ce geste le souhait de Lacan et

25. *Ibid.*, p. 33.
26. *Ibid.*, p. 44.
27. R. Jakobson, cité par T. Todorov, *ibid.*, p. 106.
28. François Wahl, entretien avec l'auteur.

de son éditeur. Comment, dans de telles conditions, résister à l'euphorie collective du moment ?

Les quatre mousquetaires

En ces deux années 1967 et 1968, Lévi-Strauss poursuit la publication de ses monumentales *Mythologiques*[29]. Il reste le maître incontesté, le vrai patron de cette effervescence, même s'il se tient soigneusement à l'écart par rapport à tous les phénomènes d'extension de sa méthode. S'il se refuse à assumer une paternité quelconque qui deviendrait pesante et dangereuse, il n'est pourtant pas absent des multiples échos médiatiques. Il multiplie même les entretiens à la presse pour présenter ses ouvrages, mais c'est pour rester dans les strictes limites de son anthropologie structurale, ce qui est une manière de se tenir à l'écart du structuralisme spéculatif en plein essor. *Le Nouvel Observateur* joue alors un rôle majeur d'amplificateur de l'écho structural auprès d'un large public cultivé. Il consacre, le 25 janvier 1967, trois pages à Lévi-Strauss. À l'occasion de l'entretien avec Guy Dumur, Lévi-Strauss en profite pour donner une définition du structuralisme qui, implicitement, récuse certaines utilisations du paradigme : « Le structuralisme n'est pas une doctrine philosophique mais une méthode. Il prélève les faits sociaux dans l'expérience et les transporte au laboratoire. Là, il s'efforce de les représenter sous forme de modèles, prenant toujours en considération, non les termes, mais les relations entre les termes[30]. »

On aura compris qu'en limitant soigneusement le phénomène à une méthode, Lévi-Strauss s'en tient fermement à une démarche qu'il juge comme purement scientifique, et qui le différencie de certaines utilisations spéculatives et idéologiques, car il entend bien rapprocher son anthropologie des sciences physiques et naturelles. Lévi-Strauss est en passe de réussir son pari d'institutionnalisation de cette anthropologie sociale qui sort du néant, sans cursus universitaire spécifique. Le succès est tel que « nous sommes obligés de décourager les vocations[31] ». Et même si Lévi-Strauss se plaint d'un manque de crédits, le nombre de chaires d'anthropologie est passé en vingt ans de cinq à trente (en comptant l'EPHE), et la conquête des universités par l'ethnologie est bien avancée

---

29. Cl. LÉVI-STRAUSS, *Du miel aux cendres*, Plon, 1967 ; *L'Origine des manières de table*, Plon, 1968.
30. Cl. LÉVI-STRAUSS, *Le Nouvel Observateur*, 25 janvier 1967, p. 32.
31. *Ibid.*

puisqu'elle est enseignée dans cinq facultés de province : Lyon, Strasbourg, Grenoble, Bordeaux et Aix-en-Provence.

Au plan philosophique, en ces années 1967-1968, c'est Michel Foucault qui domine le champ, après la publication à succès des *Mots et les Choses* en 1966. S'il doit subir une violente attaque de la part de Sartre, puis des sartriens, avec la publication dans *Les Temps modernes* en 1967 de deux articles très critiques de Michel Amiot et de Sylvie Le Bon, il peut compter sur un renfort/réconfort de poids avec l'intervention d'un homme peu habitué à se lancer dans l'arène et qui jouit de la plus grande notoriété parmi les philosophes : Georges Canguilhem qui prend la plume pour défendre Foucault dans la revue *Critique*[32]. Il s'attaque avec humour à l'ébauche de ligue de défense des droits de l'homme qui semble se constituer pour faire barrage aux thèses de Foucault derrière la devise : « Humanistes de tous les partis, unissez-vous[33]. » Canguilhem insiste sur l'avancée majeure que permet Foucault, dont le travail évite l'écueil si fréquent d'anachronisme dans l'histoire des sciences, grâce à ses notions d'épistémè et d'archéologie. Il rend hommage à cette histoire autre qui a pour corpus les textes originaux de la période traitée, et dont les événements relatés « affectent des concepts et non pas des hommes[34] ». Plaçant Foucault dans le sillage de Jean Cavaillès, dans un déplacement similaire du point de vue de la conscience au point de vue du concept, il voit en lui le grand philosophe contemporain qui réalisera peut-être cette philosophie du concept qu'appelait de ses vœux Jean Cavaillès.

En cette année 1967, Foucault, un des quatre mousquetaires du dessin de Maurice Henry où l'on voit Lévi-Strauss, Barthes, Lacan et Foucault devisant ensemble, accroupis et en costume d'Indiens[35], est un structuraliste heureux. Il se reconnaît pleinement dans cette communauté de pensée où la presse le situe, ce qui explique son mouvement de mauvaise humeur lors de la parution de l'ouvrage de François Wahl où celui-ci le situait dans un ailleurs, un en-deçà, alors qu'il se définit à l'époque très explicitement lui-même comme structuraliste. Dans un entretien donné à un journal tunisien en 1967, il fait le partage entre deux formes de structuralisme : celui d'une méthode féconde qui s'applique à divers domaines particuliers du savoir, et un structuralisme « qui serait une activité par laquelle des théoriciens non spécialistes s'efforcent de définir les

32. G. CANGUILHEM, « Mort de l'homme ou épuisement du cogito », *Critique*, juillet 1967.

33. *Ibid.*, p. 600.

34. *Ibid.*, p. 607.

35. M. HENRY, dessin dans *La Quinzaine littéraire*, 1-15 juillet 1967, p. 19.

rapports actuels qui peuvent exister entre tel ou tel élément de notre culture, telle ou telle science, tel domaine pratique et tel domaine théorique, etc. Autrement dit, il s'agirait d'une sorte de structuralisme généralisé, et non plus limité à un domaine scientifique précis[36] ». Ce second structuralisme est bien sûr celui dans lequel se reconnaît pleinement Foucault : il permet en effet au philosophe de préserver sa spécificité par rapport à l'ensemble du champ en essor des sciences sociales, puisqu'il est le seul capable de confirmer ou d'invalider leurs conclusions « scientifiques », grâce à sa position de recul par rapport aux divers terrains d'investigation particuliers.

Autre mousquetaire qui en est à un moment tournant de son œuvre avec le retour qu'il réalise vers la littérature : Roland Barthes. Celui-ci se rapproche alors des notions de subjectivité et de dynamique historique, mais il n'en proclame pas moins en cette année 1968 son adhésion profonde aux principes de base de la démarche structuraliste. D'une part, il écrit un texte qui fera grand bruit et qui proclame la « mort de l'auteur », correspondant au plan littéraire de la « mort de l'homme » de Foucault au niveau philosophique. La notion d'auteur ne serait que'une notion récente, portée à la fin du Moyen Âge par l'idéologie capitaliste qui a dignifié la personne de l'auteur ; et cette figure mythique serait en passe de se dissoudre, car lorsque « l'auteur entre dans sa propre mort, l'écriture commence[37] ».

Ce mythe de l'auteur aurait commencé à être ébranlé par le surréalisme, mais c'est la linguistique qui en viendrait à bout en fournissant « à la destruction de l'Auteur un instrument analytique précieux, en montrant que l'énonciation dans son entier est un processus vide[38] ». À l'Auteur succède le scripteur, sorte d'être hors temps et hors espace, inscrit dans l'infini du déploiement du signifiant qui rend vaine toute tentative de déchiffrement du texte : « Donner un Auteur à un texte, c'est imposer un cran d'arrêt, c'est le pouvoir d'un signifié dernier, c'est fermer l'écriture[39]. » Et Barthes célèbre joyeusement la naissance du lecteur sur les cendres du cadavre encore fumant de l'Auteur.

L'autre front sur lequel Barthes réitère des positions structuralistes orthodoxes est celui du rapport à l'histoire : ou alors qu'il assimile par ailleurs la notion d'intertextualité qui lui permet de dynamiser la structure, il n'en accepte pas pour autant de retomber

---

36. M. FOUCAULT, *La Presse de Tunis*, 2 avril 1967.
37. R. BARTHES, « La mort de l'auteur », *Manteia*, 1968, repris dans *Le Bruissement de la langue*, Le Seuil, 1984, p. 61.
38. *Ibid.*, p. 63.
39. *Ibid.*, p. 65.

dans un historicisme. Ses deux articles de 1968 sur « L'effet de réel » et « L'écriture de l'événement » signifient tout à la fois un rapprochement avec l'idée de transformation, de dynamique, et cette réitération du rejet de l'historique[40]. Il évoque la complicité du positivisme littéraire et du règne de l'histoire dite objective, leur souci commun d'authentifier un « réel ». Or, le discours de l'historien serait fondé sur un mythe, une illusion qualifiée d'« illusion référentielle » : celle-ci proviendrait de la transformation du « réel » comme signifié de dénotation en signifié de connotation[41]. Si la désintégration du signe est une des tâches de la modernité et si elle est bien à l'œuvre dans l'écriture réaliste, elle se situe dans ce cas sur le mauvais versant, celui, régressif, qui « se fait au nom d'une plénitude référentielle[42] ».

Quant au quatrième mousquetaire du banquet structuraliste dessiné par Maurice Henry, Jacques Lacan, il s'étonne d'être en si bonne compagnie : « Je suis moi-même alloué au baquet dit structuraliste[43] », mais c'est pour lancer en 1968 une revue fondée sur le principe structuraliste de la mort de l'Auteur. Lacan invoque même les mathématiciens du groupe Bourbaki pour justifier le principe de la non-signature des articles de cette nouvelle revue, *Scilicet*. Cependant l'anonymat de l'écriture scientifique de la revue s'arrête devant le Nom-du-Père, celui de Lacan : « Notre nom propre, celui de Lacan, est, lui, inescamotable au programme[44]. » Nom ineffaçable, seul Lacan pourra signer ses articles dans la revue, et ceux qui n'auraient pas participé par une contribution à cette œuvre collective « ne sauraient être reconnus pour être de mes élèves[45] ». La sanction est donc claire pour les éventuels récalcitrants, et le projet est bien ficelé : une visibilité maximale pour le discours du Maître, et l'anonymat pour le reste, la masse qui doit payer dans la nasse, par un silence prolixe, la théorisation de la mort de l'Auteur par la disparition de la signature au nom d'un sur-moi scientifique incarné en Lacan qui est bien sûr l'Autre de Lacan...

Une entreprise plus sérieuse aboutit en 1967, avec la publication par les PUF du *Vocabulaire de la psychanalyse*, écrit par Jean Laplanche et Jean-Bertrand Pontalis. Cette analyse de l'ensemble

40. R. Barthes, « L'effet de réel » et « L'écriture de l'événement », *Communications*, 1968, *ibid.*
41. R. Barthes, « L'effet de réel », repris *ibid.*, p. 174.
42. *Ibid.*, p. 174.
43. J. Lacan, *Scilicet*, n° 1, Le Seuil, 1968, p. 4.
44. *Ibid.*, p. 7.
45. *Ibid.*, p. 11.

de l'appareil notionnel de la psychanalyse n'est pas seulement un outil précieux ; elle réalise aussi ce retour à Freud opéré par Lacan.

Le septième art

Le structuralisme conquérant vient même d'intégrer un nouveau champ dans son vaste empire avec le septième art. En cette année 1968 paraît en effet un ouvrage qui va faire éclore tout un nouveau courant dans la sémiologie, les *Essais sur la signification au cinéma*, de Christian Metz[46], qui était déjà intervenu dans le numéro programmatique de *Communications* en 1966[47]. Cet ouvrage regroupe les textes écrits par Christian Metz entre 1964 et 1968 et réalise l'extension de l'application des concepts linguistiques au plan de la critique filmique : « En somme, j'ai voulu venir à bout de la métaphore : "langage cinématographique", essayer de voir ce qu'elle cachait[48]. »

Depuis son adolescence, Christian Metz est un cinéphile passionné, mais pendant longtemps ce goût est resté sans prolongements, si ce n'est une activité d'animation de ciné-clubs. Par ailleurs, Christian Metz étudie la linguistique et « l'idée d'une sémiologie du cinéma m'est venue par la mise en contact de ces deux sources[49] ». Avec cette connexion, Metz passe de la cinéphilie à une nouvelle approche du cinéma, auquel il applique la grille conceptuelle qu'il met au point avec sa « grande syntagmatique » : « L'objet de ma passion intellectuelle était la machine linguistique elle-même[50]. »

Le premier écrit sémiologique de Metz en 1964 part d'une réaction contre la critique cinématographique qui ignore les renouvellements linguistiques, et qui reste à l'écart des avancées sémiologiques, tout en multipliant les invocations à un langage cinématographique particulier : « Je suis parti en cela de la notion saussurienne de langue. [...] Il me semblait que le cinéma pouvait être comparé au langage et non à la langue[51]. » S'occupant quasi exclusivement des films de fiction, Metz a cru ainsi trouver à l'époque un modèle applicable à tout le langage cinématogra-

46. C. Metz, *Essais sur la signification au cinéma*, Klincksieck, 1968.
47. C. Metz, « La grande syntagmatique du film narratif », *Communications*, n° 8, 1966.
48. C. Metz, entretien avec R. Bellour, *Semiotica*, IV, 1, 1971, repris dans R. Bellour, *Le Livre des autres*, 10/18, 1978, p. 240.
49. C. Metz, entretien avec Marc Vernet et Danie! Percheron, *Ça, Cinéma*, mai 1975, p. 24.
50. *Ibid.*, p. 26.
51. C. Metz, entretien avec R. Bellour, *op. cit.*, p. 242.

phique. Sa « grande syntagmatique » propose une division des films
en segments autonomes autour de grands types syntaxiques (il en
repère six en 1966, huit en 1968) : le plan autonome (plan unique
équivalent à une séquence), le syntagme parallèle (montage parallèle), le syntagme en accolade (évocations non datées), le syntagme
descriptif (simultanéités), le syntagme alterné, la scène proprement
dite (coïncidence de la consécution unique du signifiant : ce qui
se passe sur l'écran ; et consécution unique du signifié : la temporalité de la fiction), la séquence par épisodes (la discontinuité y est
érigée en principe de construction), la séquence ordinaire (disposition en ordre dispersé des ellipses). Ces huit types séquentiels
« sont chargés d'exprimer différentes sortes de relations spatio-
temporelles[52] », et la validité de ce code recouvre en fait le cinéma
classique, soit des années trente à la nouvelle vague des années
cinquante.

Cette formalisation extrême du langage cinématographique
trouve sa source linguistique essentiellement à l'intérieur de
l'œuvre de Hjelmslev, dont la définition de la notion d'expression
définit très bien, d'après Metz, l'unité de base du « langage » filmique, alors que la codification relève d'une approche purement
formelle, logique et relationnelle : « Au sens où l'entendait Hjelmslev (= forme de contenu + forme de l'expression), un code est un
champ de commutabilité, de différentialités signifiantes. Il peut
donc y avoir plusieurs codes dans un seul langage[53]. »

À la veille de Mai 1968, la France structuraliste ne s'ennuie pas :
entre les pavés parisiens pousse à chaque instant une théorie nouvelle qui refait le monde à partir d'une topique, à défaut d'une
utopie. Le bouillonnement structuraliste semble bien représenter la
grande fracture de la modernité jusqu'à ce qu'une autre fracture,
historique celle-là, vienne faire effraction et ébranler ses certitudes.

---

52. *Ibid.*, p. 256.
53. *Ibid.*, p. 266.

8

Structuralisme et/ou marxisme

La confrontation a bien eu lieu en ces années 1967-1968 entre les deux grandes philosophies qui se pensent comme globales et à vocation universelle : le structuralisme et le marxisme. Le déclin du marxisme semble bien alimenter le succès du structuralisme, mais en retour le marxisme de la fin des années soixante ne peut-il pas trouver un nouvel élan grâce au structuralisme ? Peut-il y avoir conciliation des deux démarches ou, au contraire, celles-ci sont-elles incommensurables ?

Les marxistes ne peuvent plus pratiquer l'esquive : l'intervention d'Althusser, et son retentissement, ne le permet plus et l'engouement spectaculaire pour le structuralisme rend nécessaire le débat théorique avec les positions structuralistes. Avant 1968, Lucien Sebag avait déjà initié ce débat en publiant chez Payot *Marxisme et structuralisme* (1964). Son ambition s'apparente à celle d'Althusser à la même époque : réconcilier le marxisme et la rationalité contemporaine, grâce aux acquis des sciences sociales.

Une tentative de conciliation : Lucien Sebag

Chercheur au CNRS, philosophe de formation, Lucien Sebag est de ceux qui sont passés, comme ses amis Alfred Adler, Pierre Clastres, Michel Cartry, à l'anthropologie et donc aux investigations de terrain. Élève de Lévi-Strauss, il part en 1961 pour neuf mois auprès des Indiens Euyaki du Paraguay et Ayoréo de Bolivie. Lucien Sebag se trouve à un point de confluence de toutes les sollicitations modernistes du moment. Structuraliste, il considère à la manière de son maître Lévi-Strauss l'idée de structure comme un concept purement méthodologique et non spéculatif. Intéressé par la psychanalyse, il est en analyse avec Lacan, lequel entretient des rapports privilégiés avec ce jeune philosophe qui semble à

même de jeter les bases de quelques ponts nouveaux pour la diffusion de ses thèses ; sémiologue, il suit le séminaire de Greimas
avec lequel il a un projet de travail pour ouvrir la sémantique
structurale à l'étude de l'inconscient ; marxiste, il est membre du
PCF, sur une position de plus en plus critique depuis 1956. La
rigueur des sciences humaines lui semble un bon contrepoint par
rapport à la vulgate diffusée par la direction du PCF. Il critique
notamment l'économicisme du marxisme dominant, le fait de
considérer la vie économique comme une réalité en soi, et de lui
conférer un rôle causal direct.

Sebag reconnaît au marxisme le mérite d'avoir substitué à l'idéalisme ambiant le souci d'étudier la réalité objective, notamment
économique. Mais, s'appuyant sur le tournant linguistique et les
thèses structuralistes, il lui reproche d'avoir quelque peu fétichisé
son objet privilégié, et d'avoir sous-estimé les principes sous-
jacents, immanents et organisateurs de cette réalité économique,
notamment tout ce qui permet de transcender ces différences entre
les sociétés, cette «création de la langue qui définit l'être même
de la culture[1]». Par rapport au structuralisme, Sebag défend des
positions humanistes qui l'amènent à considérer celui-ci comme
une anthropologie, et à se défier de certains prolongements spécu-
latifs : «L'homme est le producteur de tout ce qui est humain et
cette tautologie exclut qu'on fasse du structuralisme une théorie
extra-anthropologique de l'origine du sens[2].» Lucien Sebag a suscité beaucoup d'espérances chez ceux qui voyaient en lui le théoricien qui serait capable de moderniser un marxisme transformé
par ses rapports avec toutes les formes du structuralisme. Mais ce
livre annonciateur d'une union entre marxisme et structuralisme se
veut aussi celui qui pourra sceller une autre union, entre son auteur
et celle à qui le livre est dédié : Judith, la fille de Lacan. Mais le
drame survient, aussi brutal qu'intolérable, Lucien Sebag se suicide
en janvier 1965 en se tirant une balle de revolver dans le visage.
Si Lacan confie sa détresse à ses proches, pour l'éditeur de Sebag
chez Payot, Gérard Mendel, l'analyste a failli à sa tâche : «Pour
Sebag, cela a été tragique car Lacan mélangeait tout : le privé, le
public, le divan [...] et prenait n'importe qui en analyse, même les
plus grands déprimés[3].» Quant à Nicolas Ruwet, ami de Lucien
Sebag, intéressé jusque-là par les thèses de Lacan, il se détourne
de celui qui n'a pu sauver son ami du désespoir ultime[4].

---

1. L. SEBAG, *Marxisme et structuralisme,* Payot, 1964, p. 124.
2. *Ibid.,* p. 129.
3. Gérard Mendel, entretien avec l'auteur.
4. Position similaire à celle de Greimas, évoquée dans le tome 1, *Le Champ
du signe,* p. 262.

Le PCF engage le dialogue

Le projet de confrontation entre les paradigmes marxiste et structuraliste va être assez vite repris par la direction du PCF. Sans adopter les thèses althussériennes, à l'occasion de sa session de mars 1966 à Argenteuil, le Comité central n'en souligne pas moins l'importance de l'effervescence en cours dans les sciences humaines : « Il n'est plus possible de laisser vieillir nos outils d'expression face à la multiplication des questions nouvelles : les débats philosophiques se poursuivent de nos jours sur un terrain qui n'est plus seulement celui des principes mais aussi celui des savoirs précis (économie, psychologie, sociologie, ethnologie, linguistique)[5]. » Le PCF, grâce au Centre d'études et de recherches marxistes (CERM) et à deux de ses revues (son mensuel, *La Nouvelle Critique,* et son hebdomadaire culturel, *Les Lettres françaises*), va donc s'engager dans une politique d'ouverture au débat, afin d'asseoir son influence sur les intellectuels, pour enrayer l'hémorragie en cours depuis 1956.

Ainsi les intellectuels communistes seront à l'initiative de deux colloques portant sur les problèmes théoriques posés à la littérature, successivement en avril 1968 et en avril 1970 à Cluny. Ces deux initiatives, qui doivent sceller l'union « de la littérature et des professeurs[6] » et donner naissance à un structuralo-marxisme, sont organisées par *La Nouvelle Critique,* le CERM, le Groupe d'études et de recherches interdisciplinaires de Vaugirard et la revue *Tel Quel.*

Le groupe *Tel Quel* fait alors figure d'expression même de l'avant-garde, que beaucoup d'intellectuels communistes découvrent : « C'était extraordinaire, ce colloque de Cluny, Kristeva était la diva, les autres, à plat ventre ; c'était même intellectuellement pénible à voir ce rapport-là[7]. » Aux côtés de Julia Kristeva qui traite de l'analyse structurale des textes, Philippe Sollers fait un exposé sur « Les niveaux sémantiques d'un texte moderne », dans lequel il situe le point d'ancrage matérialiste du texte dans le corps, non celui qui relève de la simple description « anatomo-physique » de l'auteur, mais du corps morcelé, « d'un corps signifiant multiple[8] ». Reprenant implicitement la trilogie althussérienne des trois

5. *La Nouvelle Critique,* janvier 1967, « Questions nouvelles... Techniques nouvelles ».

6. J.-P. ARON, *Les Modernes,* Folio-Essais, Gallimard, 1984, p. 287.

7. J. VERDÈS-LEROUX, *Le Réveil des somnambules,* Fayard, 1987, p. 125, entretien 72.

8. Ph. SOLLERS, « Niveau sémantique d'un texte moderne », dans *Tel Quel, Théorie d'ensemble,* Le Seuil, 1968, Points-Seuil, 1980, p. 278.

généralités, Philippe Sollers discerne trois niveaux d'approche du texte, une couche profonde, une intermédiaire et une superficielle, qui forment à elles trois une matrice transformationnelle à triple fonction : translinguistique, gnoséologique et politique. Jean-Louis Baudry parle au colloque de la structuration de l'écriture, Marcelin Pleynet de la structure, et de la signification dans l'œuvre de Borges[9].

Le groupe *Tel Quel* est donc bien l'ordonnateur théorique de cette réflexion collective et, deux mois après le colloque, Philippe Sollers, dans l'euphorie que lui donne ce rôle avant-gardiste qu'il peut potentiellement jouer vis-à-vis du « parti de la classe ouvrière », crée un Groupe d'études théoriques qui se donne pour objectif d'édifier une théorie d'ensemble structuralo-marxiste, et qui se réunira une fois par semaine rue de Rennes avec la participation de Barthes, Derrida, Klossowski et beaucoup d'autres : « Lacan y fait une apparition[10]. »

Cette effervescence qui se déploie dans les sciences humaines provoque des ralliements dont le PCF va bénéficier. C'est le cas notamment de Catherine Clément, membre de l'organisation lacanienne (l'EFP), qui adhère au PCF à l'automne 1968. À *La Nouvelle Critique,* elle va être chargée de multiplier les rencontres sur le thème « psychanalyse et politique ».

Le structuralisme à l'épreuve du rationalisme

Au début de l'année 1968, c'est à l'initiative d'un autre lieu du marxisme, la revue *Raison présente,* dirigée par Victor Leduc, et sous les auspices de l'Union rationaliste, que sont organisées des journées d'études sur le thème « Les structures et les hommes », qui se déroulent à la Sorbonne et bénéficient d'une affluence très importante. Le contenu en est publié peu après, sous le titre *Structuralisme et marxisme*[11]. Le structuralisme apparaît aux yeux des organisateurs comme une idéologie tournée contre le marxisme et l'humanisme, mais les débats regroupent tout aussi bien les détracteurs de ce nouveau mode de pensée que ses laudateurs[12].

9. Informations reprises de É. ROUDINESCO, *Histoire de la psychanalyse,* t. 2, Le Seuil, 1986, p. 541.

10. *Ibid.,* p. 541.

11. *Structuralisme et marxisme,* 10/18, 1970.

12. 22 février 1968 : « Sciences de langage et sciences humaines », avec René Zazzo, François Bresson, Antoine Culioli, Henri Lefebvre, André Martinet ; 23 février : « Structure sociale et histoire », avec Ernest Labrousse, Lucien Goldmann, André Martinet, Albert Soboul, Pierre Vidal-Naquet, Madeleine Rébé-

Henri Lefebvre met en garde contre les extensions abusives du modèle linguistique et André Martinet rétorque qu'il n'y a pas de modèle unique, mais au contraire pluralité de modèles linguistiques. François Bresson se fait le défenseur du générativisme dans sa capacité à s'appliquer à d'autres activités que les langues naturelles. Victor Leduc expose le problème que ressentent les organisateurs du colloque, celui de savoir s'ils ont affaire à une simple mode parisienne ou à un nouveau type de rationalité.

L'enjeu majeur du débat se situe au niveau de la place respective de la structure et de l'initiative humaine : « À partir d'une certaine théorie de la structure, qui s'appliquerait à tous les niveaux du réel, y a-t-il encore une place pour l'initiative historique des hommes[13] ? » François Châtelet se fait l'avocat du structuralisme, même s'il récuse l'usage du substantif pour ne considérer comme fondée que l'épithète : « Ce qui caractérise, je crois, le structuralisme, c'est beaucoup plus un état d'esprit commun[14]. » Il voit surtout dans le phénomène une émancipation possible des sciences sociales, qui peuvent se constituer dans leur scientificité si elles réussissent la rupture avec la fétichisation de la notion de sujet, dominante depuis l'ère classique. Le structuraliste se caractérise donc avant tout par un refus : « Le refus de l'humanisme[15] », et son effort consiste à se débarrasser de l'idéologique pour libérer la théorie. Cette coupure radicale suppose l'élimination de l'homme : « Pour pouvoir aborder ces sciences sociales avec cette perspective d'objectivité, le tout est d'éliminer radicalement le concept d'homme[16]. » La positivité des sciences sociales doit s'affirmer sur la base de la disparition du sujet, à l'égal de la science physique qui ne s'est constituée qu'en rompant avec les illusions de la perception.

Olivier Revault d'Allonnes, le philosophe spécialiste d'esthétique, d'ailleurs grand ami de François Châtelet, ne partage pas son engouement pour le structuralisme. Certes, il considère la notion de structure comme essentielle aux sciences humaines, dans une perspective durkeimienne qui fut celle de son maître Charles Lalo en 1943-1944, professeur d'esthétique à la Sorbonne, petit-neveu du compositeur, dont il avait suivi le cours à l'époque, « Ana-

---

rioux ; 27 février : « Objectivité et historicité de la pensée scientifique », avec Yves Galifret, Georges Canguilhem, Ernest Kahane, Noël Mouland, Evry Schatzman, Jean-Pierre Vigier, Jacques Roger ; 28 février : « Système et liberté », avec Victor Leduc, Jean-Marie Auzias, François Châtelet, Mikel Dufrenne, Olivier Revault d'Allonnes, Jean-Pierre Vernant.

13. V. LEDUC, *in Structuralisme et marxisme, op. cit.*, p. 270.
14. F. CHÂTELET, *ibid.*, p. 272.
15. *Ibid.*, p. 272.
16. *Ibid.*, p. 275.

lyse structurale de la conscience esthétique » : « Charles Lalo nous
a montré que les réactions réputées comme purement affectives,
obscures, spontanées du sujet récepteur de l'œuvre d'art étaient en
réalité en relations constantes et structurées avec l'ensemble de la
vie psychique et de la société[17]. » Son travail sur l'esthétique l'a
donc porté très tôt à réagir contre le pathos en usage dans ce
domaine, pour faire prévaloir un structuralisme avant la lettre.
Cependant, cette orientation ne doit, selon lui, déboucher ni sur
des structures statiques, ni sur des structures sans les hommes.
Prenant l'exemple des structures musicales, il montre que tout système en ce domaine comprend des zones de déséquilibre avec lesquelles les compositeurs s'arrangent, les remaniant jusqu'à ce que
le système bascule irréversiblement vers une nouvelle structure.
C'est dans la recherche des limites de la structure que se situent
alors les voies possibles de la liberté : « Ce qui me passionne dans
Bach, c'est Debussy. [...] Ce qui me passionne dans Debussy, c'est
Schönberg, et dans Schönberg, c'est Xenakis[18]. » S'il est donc
indispensable de connaître les structures, c'est pour permettre de
redéployer les capacités humaines afin de les transformer. La création est à ce prix. À défaut d'un tel effort, la création signerait son
arrêt de mort à se conformer à des structures statiques.

Jean-Pierre Vernant ne partage pas non plus l'engouement de
François Châtelet pour le structuralisme, même si, nous l'avons
vu, il avait adapté le modèle de Lévi-Strauss à l'histoire de la Grèce
antique. Mais il rappelle opportunément à François Châtelet son
premier ouvrage sur *La Naissance de l'histoire*, dans lequel il avait
montré le rapport de complémentarité qui s'était institué entre la
prise en main par une collectivité de sa destinée politique, le *demos*,
et la naissance d'une conscience historique permise par cette
découverte que l'homme peut être un agent actif de l'histoire.
Serein, Jean-Pierre Vernant annonce avec lucidité : « Je n'ai pas
d'inquiétude pour l'homme, parce que, quand on le chasse par la
porte, il revient par la fenêtre. Il suffit d'examiner l'évolution
contemporaine de la linguistique pour s'en apercevoir[19]. » L'autre
interrogation de Vernant concerne le statut de l'histoire dans une
problématique structurale, qui convient mieux à ses yeux à la position de l'ethnologue, et qui risque de réduire l'événement à la
contingence irrationnelle, à la manière dont Lévi-Strauss a rendu
compte du « miracle grec » comme d'un phénomène purement fortuit, pouvant tout aussi bien se produire ailleurs.

Les historiens en général restent à l'écart de la fascination

17. Olivier Revault d'Allonnes, entretien avec l'auteur.
18. O. REVAULT D'ALLONNES, *in Structuralisme et marxisme, op. cit.*, p. 291.
19. J.-P. VERNANT, *ibid.*, p. 306.

qu'exerce la structure, même ceux qui, présents au colloque, s'occupent des soubassements de la trame événementielle. Ils insistent sur la nécessaire dialectique entre structure et dynamique pour faire une histoire définie par Ernest Labrousse comme science du changement : « Science du mouvement, l'histoire est aussi conscience du mouvement[20]. » Dans le même esprit, Albert Soboul définit la tâche de l'historien comme l'appréhension du jeu des forces de transformations endogènes à la structure. Il a donc pour objet privilégié l'étude des contradictions, alors que le structuraliste insistera plutôt sur les systèmes de complémentarité à l'œuvre dans la reproduction de la structure, « si bien que l'âme même de l'histoire est perdue[21] ».

Pourtant Pierre Vidal-Naquet montre, à propos du cas de la Sparte archaïque, tout l'intérêt que peut avoir la démarche structuraliste. La mise en lumière de couples d'oppositions, à condition d'être remis dans un cadre évolutif, peut permettre de mieux comprendre la société antique : « Dans le langage de Lévi-Strauss, je dirai donc que l'hoplite est du côté de la culture, du côté du cuit, et que le crypte est du côté de la nature, du côté du cru[22]. » Quant à Madeleine Rébérioux, elle met à l'actif du structuralisme d'avoir permis aux historiens d'échapper à leur européocentrisme, et d'avoir ainsi transformé l'enseignement de l'histoire dans le secondaire qui inclut désormais l'étude d'une civilisation, soit musulmane, soit extrême-orientale. Mais si Madeleine Rébérioux se félicite de cet acquis, elle n'en adhère pas pour autant à une vision discontinuiste de l'histoire.

Les mots contre les choses

Si le marxisme semble donc pouvoir s'accommoder d'une larme de structuralisme, le travail de Michel Foucault, qui incarne alors la dimension spéculative du phénomène, passe plus difficilement : il va être la cible de vives critiques du côté du courant marxiste, avec certaines nuances cependant. Pour Jacques Milhau, l'excommunication est totale : Foucault n'a-t-il pas commis le crime de renvoyer Marx au XIXᵉ siècle ? « Le préjugé anti-historique de Michel Foucault ne tient que sous-tendu par une idéologie néo-nietzschéenne qui sert trop bien, qu'il s'en rende compte ou non, les desseins d'une classe dont tout l'intérêt est de masquer les voies

---

20. E. LABROUSSE, *ibid.*, p. 153.
21. A. SOBOUL, *ibid.*, p. 172.
22. P. VIDAL-NAQUET, *ibid.*, p. 180.

objectives de l'avenir[23]. » Jeannette Colombel discerne dans l'ouvrage de Foucault un choix en trompe l'œil de l'auteur entre le désert et la folie, la « lucidité du désespoir, lucidité du rire. Made in USA[24] ». Cependant, en présentant les grandes lignes de la démonstration foucaldienne, elle insiste aussi sur ce qui en fait sa richesse et sa valeur. Deux études plus longues dépassent le statut du compte rendu d'ouvrage pour poser quelques problèmes de méthode.

En 1967, la revue *Raison présente* publie un article d'Olivier Revault d'Allonnes, qui sera repris à l'occasion de la publication de *Structuralisme et marxisme* en 1970 : « Michel Foucault. Les mots contre les choses ». Revault d'Allonnes dénonce dans l'ouvrage de Foucault une machine de guerre contre la démarche historienne, l'expression du technocratisme gestionnaire, le goût immodéré des mots qui permet le refoulement des choses, la prévalence accordée aux instantanés, une conception résolument relativiste et le discontinuisme de la démarche : « Ce qui m'a le plus surpris, presque stupéfié dans *Les Mots et les Choses*, c'est que Foucault que j'avais connu militant prétend alors que le sujet n'existe plus, que c'est une petite ride à la surface de l'eau. [...] Il nous donne des clichés remarquables, mais fixes ; il prend bien soin de ne pas s'attarder sur ce qui, à l'intérieur de ces espaces épistémiques, les remet déjà en question[25]. »

L'autre critique de fond vient de l'historien Pierre Vilar et paraît en juin 1967 dans *La Nouvelle Critique*[26]. Pour Pierre Vilar, Foucault, en choisissant comme unique objet de son analyse les formations discursives, écarte implicitement le référent, c'est-à-dire tout simplement la réalité historique qui contredit les conclusions qu'il tire. Là aussi, c'est cette subordination des choses aux mots qui est visée, et qui conduit Foucault à conclure un peu hâtivement qu'il n'y a pas d'économie politique au XVIe siècle. Pierre Vilar lui oppose que les éléments d'une macro-économie des comptes de la nation sont au contraire déjà en place dans l'Espagne du Siècle d'or, qui découvre alors l'importance de la notion de production. Le *contador* de Burgos, Luis Orty (1557), s'en prend même à l'oisiveté par des décisions politiques concrètes, qui contredisent la construction épistémique de Foucault pour lequel l'économie politique ne se fonde pas avant le XIXe siècle.

Les intellectuels marxistes ne sont pourtant pas massivement

23. J. MILHAU, *Cahiers du communisme*, février 1968.
24. J. COLOMBEL, *La Nouvelle Critique*, n° 4, mai 1967, p. 8-13.
25. Olivier Revault d'Allonnes, entretien avec l'auteur.
26. P. VILAR, « Pas d'économie politique à l'âge classique », *La Nouvelle Critique*, juin 1967.

hostiles aux thèses foucaldiennes, qui reçoivent un bon accueil notamment dans *Les Lettres françaises,* où Pierre Daix est en train de se convertir à un structuralisme enthousiaste qui aboutira en 1971 à la publication de *Structuralisme et révolution culturelle*[27]. Dans le journal de Pierre Daix, Raymond Bellour réalise le 15 juin 1967 un second entretien avec Michel Foucault, qui est l'occasion pour lui de s'expliquer sur certaines critiques.

Il n'a pas recherché de coupures absolues, de discontinuités radicales entre les épistémès, au contraire : « J'ai manifesté la forme même du passage d'un état à l'autre[28]. » En revanche, Foucault défend bien l'autonomie des discours, l'existence d'une organisation formelle des énoncés à restituer, tâche jusque-là négligée par les historiens. Il définit un horizon qui ne se réduit pas pour autant au formalisme, mais vise à mettre en rapport ce niveau discursif avec les pratiques, rapports sociaux et politiques sous-jacents : « C'est ce rapport qui m'a toujours hanté[29]. » En réponse aux critiques sur l'anhistoricisme, Raymond Bellour rappelle le dernier chapitre des *Mots et les Choses,* dans lequel Foucault accorde à l'histoire un statut privilégié ; ce que l'auteur confirme : « J'ai voulu faire un travail d'historien en montrant le fonctionnement simultané de ces discours et les transformations qui rendaient compte de leurs changements visibles[30] », sans accorder un privilège excessif à une histoire qui se donnerait comme langage des langages, philosophie des philosophies. Et Foucault oppose à la levée de boucliers qu'a suscitée *Les Mots et les Choses* au nom de l'histoire, le travail effectif des historiens de métier qui ont reconnu son œuvre comme pleinement historique, ceux de l'école des *Annales,* citant l'aventure nouvelle représentée par « les livres de Braudel, de Furet et de Richet, de Le Roy Ladurie[31] ».

Structuralisme et marxisme

La grande revue théorique mensuelle du PCF est aussi mobilisée dans cette confrontation au sommet : le numéro de *La Pensée* d'octobre 1967 est consacré au thème « Structuralisme et marxisme ». Une voix plus officielle s'y exprime, celle du philosophe Lucien Sève, pour donner le point de vue théorique du parti.

27. P. DAIX, *Structuralisme et révolution culturelle,* Casterman, 1971.
28. M. FOUCAULT, entretien avec R. Bellour, *Les Lettres françaises,* 15 juin 1967.
29. *Ibid.*
30. *Ibid.*
31. *Ibid.*

Celui-ci renvoie la méthode structurale à une épistémologie dépassée dont les racines se situent au début du siècle, à un moment de crise de l'évolutionnisme, avant que la pensée dialectique ne pénètre vraiment en France. Cette méthode qui implique une épistémologie du modèle, une ontologie de la structure comme infrastructure inconsciente, un antihumanisme théorique, le rejet de la conception de l'histoire comme progrès de l'humanité en lui substituant la diversité des faits humains, est donc en fait ancienne : elle trouve ses sources théoriques chez Saussure (1906-1911), l'école historico-culturelle allemande d'ethnologie (Gräbner et Bernhard Ankermann, 1905), la *Gestalt-theorie* (1880-1900) et la phénoménologie de Husserl (*Recherches logiques*, 1900).

On ne peut donc, selon Lucien Sève, se contenter d'un partage entre une méthode structurale (scientifique) et une idéologie structuraliste (à rejeter). Ceux qui font ce partage pour concilier dialectique et structure sont dans l'erreur, et Lucien Sève ne vise pas tant Althusser, dont les thèses ont été condamnées par la direction du PCF, que Maurice Godelier : « Le but de la recherche de M. Godelier [...] : une science structurale de la diachronie[32]. » Le prix à payer pour une telle conciliation est l'élimination par Godelier du rôle moteur, interne à la structure, de la lutte des classes dans la transformation dialectique. Pour Godelier, « la structure est interne, mais le moteur du développement est externe[33] ». Il passe donc à côté, selon Lucien Sève, de la nature même de la pensée dialectique, qui est de rendre compte de la logique du développement, en adoptant la méthode structurale. Pour Lucien Sève, il ne peut y avoir de construction théorique synthétisant la méthode structurale et la dialectique. S'il reconnaît à la méthode structurale un apport manifeste sur certains plans (« Un marxiste peut reconnaître la validité de la méthode structurale à côté de la méthode dialectique[34] »), il ouvre donc la voie étroite d'une union considérée comme un combat.

Mais il ne peut nier la fécondité d'un paradigme dont d'éminents représentants offrent leur contribution à ce dossier de *La Pensée*. Marcel Cohen présente un historique de l'usage de la notion de structure en linguistique, aussi bien dans l'école continentale qu'aux États-Unis. Jean Dubois y fait un véritable plaidoyer pour le structuralisme en linguistique, montrant qu'il a permis de se libérer des caractères les plus nocifs de la méthodologie antérieure,

32. L. Sève, « Méthode structurale et méthode dialectique » *La Pensée*, n° 135, octobre 1967, p. 69.

33. *Ibid.*, p. 72.

34. L. Sève, *ibid.*, Éd. sociales, 1984 (1967), repris dans *Structuralisme et dialectique*, p. 64.

« le psychologisme, le mentalisme outrancier[35] », et de constituer la linguistique comme science. Si Jean Dubois reconnaît que cette orientation s'est heurtée à deux problèmes, la créativité et l'histoire, en minimisant les implications du sujet, en considérant l'énoncé produit et non l'énonciation, il pense que Chomsky, avec son modèle de compétence et de performance, « facilite indirectement cette réintroduction du sujet[36] » qu'il perçoit comme nécessaire. Jean Deschamps fait une présentation des thèses structuralistes en psychanalyse, c'est-à-dire des thèses lacaniennes. Il expose les rôles respectifs des figures métonymiques et métaphoriques dans cette conception qui permet « une théorie cohérente du statut de l'inconscient[37] ». Mais Jean Deschamps reste critique par rapport à une approche qui évacue la dimension du vécu en la reléguant au rôle d'épiphénomène insignifiant : elle abandonnerait par là même la conception freudienne du refoulement comme phénomène dynamique, en séparant conscient et inconscient comme deux langages incompatibles. D'autres contributions mènent un dialogue, critique, avec les thèses de Lévi-Strauss. L'ensemble montre à quel point le PCF prend au sérieux le défi lancé par le structuralisme au marxisme, et entend y répondre.

L'échappée structuraliste à la crise du marxisme

En ces années 1967 et 1968, *La Nouvelle Critique* et *Les Lettres françaises* vont profiter de leur position quelque peu excentrée par rapport à la direction du PCF pour couvrir le plus largement possible l'événement structuraliste. En mars 1968, un débat animé par Christine Buci-Glucksmann avec Louis Guilbert et Jean Dubois s'ouvre dans *La Nouvelle Critique* pour se demander si l'on n'assiste pas à l'accomplissement d'une « deuxième révolution linguistique ». Pour Jean Dubois, Chomsky « semble réintroduire dans une structure morte un mouvement, une approche dynamique et non plus statique[38] ».

De son côté, Antoine Casanova ouvre *La Nouvelle Critique* aux méthodes nouvelles de l'école historique française des *Annales*. Cette réflexion sur les rapports entre l'histoire et les sciences

---

35. J. Dubois, « Structuralisme et linguistique », *La Pensée*, n° 135, oct. 1967, p. 25.

36. *Ibid.*, p. 28.

37. J. Deschamps, « Psychanalyse et structuralisme », *La Pensée*, n° 135, octobre 1967, p. 148.

38. J. Dubois, « Une deuxième révolution linguistique ? », *La Nouvelle Critique*, n° 12, mars 1968.

sociales permet l'intervention de nombreux historiens dans les colonnes de la revue, et débouchera sur la publication d'un ouvrage collectif, *Aujourd'hui l'histoire*[39]. L'école des *Annales* y apparaît clairement comme une voie médiane entre l'adoption du structuralisme et son rejet, permettant de préserver une dialectique historique, ayant cependant pour objectif majeur la recherche des soubassements, des structures ; elle permet donc d'ouvrir sur un horizon dans lequel structures et mouvements peuvent se concilier et se combiner.

Mais le structuralisme aura surtout emporté l'adhésion des *Lettres françaises*. Pierre Daix et Raymond Bellour s'y succèdent pour faire connaître les diverses avancées des sciences sociales. Benveniste, pourtant peu porté aux propos médiatiques, accorde un entretien à Pierre Daix le 24 juillet 1968. Il s'étonne de cet engouement pour une doctrine à la fois mal comprise et tardivement, puisqu'elle a quarante ans en linguistique, domaine dans lequel elle « est déjà pour certains quelque chose de dépassé[40] ». Pierre Daix était pourtant devenu le défenseur le plus résolu du structuralisme : lorsque Mikel Dufrenne avait publié *Pour l'Homme*[41], où le structuralisme faisait figure d'accusé, il était monté au créneau pour le défendre.

Mikel Dufrenne s'en prend dans ce livre à l'élimination de l'homme au profit du système. Il relie le structuralisme et le technocratisme, et voit dans ce mode de pensée une résurgence du scientisme du XIXᵉ siècle. Pour Foucault, écrit Dufrenne, « l'homme n'est que concept de l'homme, une figure évanouissante dans un système temporaire de concepts[42] ». Pierre Daix rétorque que ce décentrement n'est rien d'autre pour les structuralistes qu'une démystification. Dufrenne regroupe toutes les composantes du structuralisme qui ont en commun la même volonté de dissolution de l'homme : « Entre l'ontologie de Heidegger, le structuralisme de Lévi-Strauss, la psychanalyse de Lacan ou le marxisme d'Althusser, il y a bien une certaine thématique commune qui porte en bref sur la mise à l'écart du sens vécu et la dissolution de l'homme[43]. » Ce que revendique Mikel Dufrenne pour l'humanisme, selon Pierre Daix, renvoie à ce que les savants revendiquaient pour Dieu au XIXᵉ siècle, et le travail du structuralisme

39. *Aujourd'hui l'histoire*, Éditions sociales, 1974.
40. É. BENVENISTE, entretien avec P. Daix, *Les Lettres françaises*, 24-30 juillet 1968, repris dans *Problèmes de linguistique générale*, 2, *op. cit.*, 1985, p. 16.
41. M. DUFRENNE, *Pour l'Homme*, Le Seuil, 1967.
42. *Ibid.*, p. 42.
43. *Ibid.*, p. 10.

consiste tout au contraire à « substituer aux privilèges de l'homme la connaissance de sa condition, dans l'ensemble des sens que le mot condition possède[44] ».

Alors que le courant marxiste officiel, celui du PCF, essaie de constituer un môle de résistance au structuralisme, les fissures de ce courant se multiplient donc, avec ceux qui ont choisi de s'emparer de l'orientation structuraliste pour rénover le marxisme comme les althussériens et ceux qui vont adhérer au structuralisme pour sortir du marxisme. Cette confrontation, qui va faire apparaître nombre de points communs entre les deux démarches, va aussi lier leur sort : une destinée conquérante dans un premier temps, en ces années 1967-1968, mais qui va vite sombrer dans un déclin affectant aussi bien le structuralisme que le marxisme.

44. P. DAIX, *Les Lettres françaises*, 27 mars 1968.

9

Succès médiatique, feu nourri de critiques

Au moment même où le structuralisme a tendance à se fissurer au plan théorique, il triomphe dans les médias sous la forme d'un déjeuner sur l'herbe tout à fait convivial entre gentils membres, en habit traditionnel. Ces années 1967-1968 sont le moment d'une véritable « contagion structuraliste[1] », alors que le déjeuner structuraliste est terminé. Mais « a-t-il jamais eu lieu ? Les convives se défendent de l'avoir été[2] ».

Les deux grands hebdomadaires de cette période, *L'Express* et *Le Nouvel Observateur*, donnent au phénomène un retentissement maximal, même si cet écho est perçu d'un œil plus critique dans *L'Express*. Jean-François Kahn y décrit avec humour la minutieuse conquête d'un structuralisme qui a déjà son credo avec *Les Structures élémentaires de la parenté*, son mage avec Lévi-Strauss, son langage (horrible à souhait), son alphabet (celui de la linguistique), son livre à succès (*Les Mots et les Choses*) : « Le structuralisme, c'est le stade suprême de l'impérialisme du savoir[3]. »

Si François Châtelet de son côté dans *La Quinzaine littéraire* parle plutôt de pseudo-école, d'unité artificielle fondée par des adversaires sans scrupules, il n'en écrit pas moins un long article pour répondre à la question : « Où en est le structuralisme ? », illustré par le fameux dessin de Maurice Henry[4]. Il y passe en revue les diverses composantes du mouvement qualifié de structuraliste pour en déduire qu'on peut difficilement y voir un corps doctrinal

---

1. C. CLÉMENT, *Vies et légendes de Jacques Lacan*, Grasset (1981), Le Livre de Poche, 1985, p. 180.
2. A.-S. PERRIAUX, *Le Structuralisme en France : 1958-1968*, DEA sous la direction de J. Julliard, EHESS, septembre 1987.
3. J.-F. KAHN, « La minutieuse conquête du structuralisme », *L'Express*, 21 août 1967.
4. F. CHÂTELET, *La Quinzaine littéraire*, 1-15 juillet 1967.

homogène, « à peine peut-on parler d'une méthode[5] ». Il perçoit cependant un trait commun dans le refus de l'empirisme. Face à la crise des idéologies, tous ces auteurs ont cherché le remède, non dans la substitution du grand Sujet disparu de l'histoire (le prolétariat) par de petits faits relevant de la sociologie empirique, mais dans la définition des méthodes scientifiques d'investigation pour savoir « ce qu'on peut effectivement recevoir comme fait[6] ». Après avoir nié l'unité du structuralisme, François Châtelet reconnaît bien son existence par-delà les différences, puisqu'il y salue une pensée « française » qui est en train de retrouver, en ordre disparate, « la rigueur de la vocation théorique[7] ».

De son côté, *Le Nouvel Observateur* se fait le support médiatique particulièrement efficace de l'aventure structuraliste. Lévi-Strauss répond aux questions de Guy Dumur, et lorsque l'ORTF présente le 21 janvier 1968 l'émission réalisée par Michel Tréguer sur l'ethnologie, *Le Nouvel Observateur* reproduit les propos tenus par Lévi-Strauss ainsi que la définition que donne celui-ci du structuralisme. Benveniste lui aussi accorde un entretien à Guy Dumur à la fin de l'année 1968. Il y exprime son optimisme, constatant le développement de l'ensemble des sciences humaines. Il y perçoit les prémices d'une grande anthropologie, au sens d'une science générale de l'homme, qui se constitue[8]. Lorsque Foucault rend compte dans *Le Nouvel Observateur* des ouvrages d'Erwin Panofsky[9], la rédaction du journal présente ainsi son article : « Ce langage et ces méthodes ont séduit le structuraliste Michel Foucault[10]. »

Lorsque *Le Magazine littéraire* présente un grand article de Michel Le Bris en 1968 sous le titre : « Chef-d'œuvre. Saussure, le père du structuralisme », il illustre l'exposé des grandes orientations du saussurisme par une série de photographies réunissant les quatre mousquetaires du structuralisme, présentés comme « les héritiers de Saussure ».

La télévision n'est que de manière plus marginale de la fête, mais elle fait l'événement lorsque Gérard Chouchan et Michel Tréguer réunissent sur le plateau de l'ORTF François Jacob, Roman

5. *Ibid.*, p. 18.
6. *Ibid.*, p. 19.
7. *Ibid.*, p. 19.
8. É. BENVENISTE, entretien avec G. Dumur, *Le Nouvel Observateur*, 20 novembre 1968, repris dans *Problèmes de linguistique générale, 2, op. cit.*, p. 38.
9. E. PANOFSKY, *Essais d'iconographie*, Gallimard, 1967 ; *Architecture gothique et pensée scolastique*, Minuit, 1967.
10. Chapeau de l'article de M. FOUCAULT : « Les mots et les images », *Le Nouvel Observateur*, n° 154, 25 octobre 1967.

Jakobson, Claude Lévi-Strauss et Philippe L'Héritier pour un débat sur le thème « Vivre et parler », diffusé le 19 février 1968.

Le structuralisme, « religion des technocrates » ?

Mais cet envahissement du structuralisme, cette ronde du triomphe, qui, des laboratoires de recherches jusqu'aux salles de rédaction, semble réduire la pensée à sa seule forme d'expression structurale, va susciter aussi un certain nombre de réticences, sinon d'exaspérations, mélange de rejets théoriques et de mouvements d'humeur devant un discours qui, devenant dominant, n'hésite pas à passer du théoricisme à un certain terrorisme intellectuel, lorsqu'il considère que tout argument adverse relève de la simple imbécillité.

Parmi ceux qui vont exprimer une voix discordante dans ce concert de louanges, le philosophe, devenu chroniqueur à *L'Express*, et membre du cabinet fantôme de François Mitterrand, au poste de la culture : Jean-François Revel. Auteur en 1957 d'un essai polémique, *Pourquoi les philosophes ?*[11], Jean-François Revel avait déjà exprimé des critiques radicales par rapport à l'œuvre de Lévi-Strauss. Il s'en prenait à son formalisme, à un système trop abstrait qui procède par glissements successifs de considérations sociologiques en un discours de nature ethnologique, suggérant, derrière la description de comportements, l'existence « d'un système mental et sentimental qui ne s'y trouve pas[12] ». En 1967, lorsqu'il rend compte du second tome des *Mythologiques (Du miel aux cendres)*, Jean-François Revel qualifie Lévi-Strauss de platonicien dans le domaine sociologique. La clé de la méthode lévi-straussienne repose sur le postulat que ce qui est caché constitue la réalité, alors que ce qu'on entend communément par réalité constitue l'illusion dont il faut se défaire. Opposé au courant fonctionnaliste, Lévi-Strauss « formalise, géométrise, algébrise[13] ».

Peu après, Jean-François Revel rend compte de l'ouvrage du philosophe marxiste Henri Lefebvre qui s'en prend à l'idéologie structuraliste comme expression de l'avènement au pouvoir de la technocratie[14]. S'il ne partage pas les présupposés hégéliano-marxistes de la critique d'Henri Lefebvre, Jean-François Revel n'en juge pas moins pertinente l'analogie établie entre la pensée

11. J.-F. REVEL, *Pourquoi les philosophes ?*, Julliard, 1957.
12. *Ibid.*, édition 1964, p. 144.
13. J.-F. REVEL, « Le miel et le tabac », *L'Express*, 13-19 février 1967, p. 69
14. H. LEFEBVRE, *Position : contre les technocrates*, Gonthier, 1967.

structurale et la société que prépare la technocratie, et titre son article : « La religion des technocrates[15] ». La société de consommation passive, la communication sans dialogue de la modernité concentrent le pouvoir sur les lois de fonctionnement de la société entre les mains d'une machine qui échappe au contrôle des individus, et qui n'a d'autre finalité que de se reproduire : « La politique n'est plus un combat, mais un constat[16]. » Le structuralisme serait donc le prolongement au plan théorique de cette société technocratique, un véritable opium des cadres. On retrouve pareillement avec le structuralisme un individu qui échappe au sens de ses propres actes puisqu'il est déjà parlé avant d'être. La linguistique y fonctionne comme fondement de la science entière par la suppression qu'elle réalise de la fonction référentielle du langage.

Plus tard, Jean-François Revel déplore « la mort de la culture générale[17] ». Il salue le *take-off* réalisé par la linguistique au début du siècle grâce à Saussure, véritable « Galilée de cette métamorphose[18] », mais il regrette que l'émancipation des sciences humaines dissolve chaque fois un peu plus la notion de culture générale et que pour devenir sciences, celles-ci doivent cesser d'être humaines. Allant à contre-courant par rapport à ceux qui voient dans le structuralisme le basculement décisif vers la scientificité, Jean-François Revel y voit plutôt la tendance naturelle de toute doctrine philosophique, sa capacité à imprégner tous les champs d'activités d'une époque selon un certain langage qui devient vite « un espéranto dans lequel on traduit n'importe quelle discipline[19] ».

Claude Roy, de son côté, ne s'attaque pas dans *Le Nouvel Observateur* aux quatre mousquetaires du structuralisme, mais à l'usage déformé que l'on fait de leur pensée, à l'emploi de la « source structuraliste ou logique sur d'étranges salades[20] ». Il s'en prend aux faux lévi-straussiens et aux enfants dénaturés d'Althusser qui font courir un usage pour le moins curieux du structuralisme dans les rues du Quartier latin, notamment dans les *Cahiers marxistes-léninistes*. Ce qu'ils auraient retenu de la leçon structurale, c'est simplement le fait que seule la relation des termes importe, et non

---

15. J.-F. Revel, *L'Express*, 10-16 juillet 1967, p. 59.

16. *Ibid.*, p. 59.

17. J.-F. Revel, *L'Express*, 25-31 mars 1968, p. 123.

18. *Ibid.*, p. 123.

19. J.-F. Revel, « Structures à travers les âges », *L'Express*, 29 avril-5 mai 1968, p. 105.

20. Cl. Roy, « Alice au pays de la logique », *Le Nouvel Observateur*, 22 mars 1967.

simplement le fait que seule la relation des termes importe, et non les termes eux-mêmes. Limiter le structuralisme à ce postulat ouvre la porte à tous les délires, et permet entre autres de présenter les procès de Moscou comme un simple terme à opposer à un autre, celui de la dictature du prolétariat, sans être défini en tant que tel : « Alice au pays des merveilles demande constamment à ses interlocuteurs de définir le sens des termes qu'ils emploient. Ce n'est pas aujourd'hui le souci le mieux partagé du monde. Les délires du pseudo-structuralisme en critique littéraire et en théorie politique le font voir suffisamment[21]. »

Autre voix critique en cette année 1968, même s'il reconnaît une validité à la méthode structurale dans un champ circonscrit, Raymond Boudon, qui reprend les théories poppériennes sur la « falsifiabilité » comme critère indispensable de scientificité. Il passe donc en revue les divers usages de la notion de structure en jugeant de sa validité par sa capacité à être vérifiée. Il ne peut donc y avoir, selon Raymond Boudon, de méthode structuraliste générale, mais seulement des méthodologies particulières, à efficacité régionale. Raymond Boudon oppose donc ceux pour lesquels le structuralisme est simple méthode opérationnelle (Lévi-Strauss, Chomsky), et ceux pour lesquels le structuralisme est un simple fluide comme chez Barthes. Il insiste sur le « caractère polysémique de la même notion[22] », qui ne permet pas de justifier l'existence d'une doctrine unique. Véritable collection d'homonymes, la notion de structure est particulièrement obscure selon Raymond Boudon. Son usage dans le cas de constructions de systèmes hypothético-déductifs vérifiables est légitime ; c'est le cas de la théorie factorielle de C. Spearman, mais aussi de la phonologie chez Jakobson. De manière indirecte, cette dernière peut déduire l'ordre de complexité des phonèmes, mais « non la nécessité de la coïncidence entre cet ordre et l'ordre d'apparition des phonèmes chez l'enfant par exemple[23] ». Il n'y a donc pas de véritable spécificité d'une méthode structurale, mais simplement des objets différents auxquels on applique une méthode plus ou moins expérimentale, vérifiable. L'angle d'attaque de Raymond Boudon vise toute quête d'une essence derrière la structure, d'une quelconque révélation de la face cachée du monde visible. Mais ces critiques qui visent à endiguer le phénomène structuraliste, lui imposer quelques limites, ne sont pas vraiment entendues dans ce climat d'euphorie, où sont célébrées les ambitions indéfinies prêtées aux promoteurs de la pensée structuraliste.

---

21. *Ibid.*, p. 35.
22. R. BOUDON, *À quoi sert la notion de structure ?*, Gallimard, 1968, p. 12.
23. *Ibid.*, p. 98.

II

MAI 68 ET LE STRUCTURALISME, OU LE MALENTENDU

10

Nanterre-la-folie

On a pu parler de « pensée 68 » à propos des diverses formes du structuralisme, introduisant ainsi l'idée d'un rapport de parenté existant entre la pensée dominante du moment, le structuralisme et le mouvement de mai 1968. Certes, il est vrai que le structuralisme se présente comme une pensée critique, et on peut donc concevoir qu'il ait été à l'unisson de la contestation universitaire, puis sociale de mai 68. Mais est-ce si sûr ? Le paradoxe est en effet flagrant : quel peut être le lien entre une pensée qui fait prévaloir la reproduction des structures, le jeu des logiques formelles dans leur synchronie, et un événement qui fait effraction comme contestation radicale, rupture totale au sein d'une société de consommation en pleine croissance ?

Avant de tenter de répondre à cette question, il n'est sans doute pas inutile d'évoquer l'accueil fait au structuralisme dans ce haut lieu de la contestation universitaire que fut la faculté de Nanterre, à la veille de mai 1968. Les deux personnalités qui dominent alors l'idéologie nanterroise sont toutes deux connues pour leurs positions d'hostilité au structuralisme, sur des bases d'ailleurs différentes.

Touraine et Lefebvre, aux antipodes du structuralisme

Le département de sociologie est celui où la contestation est la plus vive, le malaise le plus profond. C'est là que l'on retrouve le leader historique du mouvement, Daniel Cohn-Bendit, et bon nombre de militants de groupes d'extrême gauche mobilisés contre la guerre américaine du Viêt-nam. À ce refus de plus en plus déterminé des bombardements du peuple vietnamien s'ajoute le rejet du rôle que ces étudiants sont appelés à jouer dans la société comme utilisateurs de tests pour recruter, encadrer les agents de maîtrise et les ouvriers des entreprises. Dans ce département à la fois pléthorique, et véritable abcès de fixation du malaise estudiantin, sans devenir socio-professionnel satisfaisant, la figure du professeur de sociologie Alain Touraine domine : « La tête professorale du mouvement a été Touraine qui a un sens inné de la foule et un talent oratoire indéniable[1]. »

Or, Touraine privilégie l'action, les possibles du changement, le rôle des individus en tant que catégories sociales dans ces transformations. Il établit alors un parallélisme entre le rôle des mouvements étudiants des années soixante et celui des mouvements ouvriers au XIXe siècle, valorisant ainsi l'institution universitaire comme lieu décisif du changement, à l'inverse des thèses bourdieusiennes. Sa sociologie n'a donc rien à voir avec le structuralisme, et sa critique de la société française au nom de la modernisation nécessaire se trouve en phase avec une bonne partie du mouvement étudiant, véritable mouvement social auquel il consacrera dès 1968 un ouvrage important, *Le Mouvement de mai ou le communisme utopique*[2]. Ce milieu étudiant en sociologie est moins friand des *Structures élémentaires de la parenté* de Lévi-Strauss que d'ouvrages comme celui de l'Internationale situationniste, *De la misère en milieu étudiant*, qui réalise une véritable percée avec 10 000 exemplaires vendus, ou encore *La Société du spectacle* de Guy Debord et le *Traité de savoir-vivre à l'usage des jeunes générations* de Raoul Vaneighem.

Quant à la seconde personnalité du campus nanterrois, une des figures tutélaires du mouvement de mai 68, il s'agit du philosophe Henri Lefebvre, tout aussi réfractaire au structuralisme. Il oppose la dialectique, le mouvement, à cette pensée statique qu'il considère comme négatrice de l'histoire dans sa recherche d'invariants atemporels. Comme on l'a vu, il établit même un lien entre ce mode de pensée et la technocratie montante qui affirmerait ainsi, avec son avènement au pouvoir, la fin de l'histoire. L'enseignement d'Henri Lefebvre à Nanterre est centré sur une critique de la société sous ses divers aspects. Son apport majeur aura été de dépasser le seul niveau économiciste pour inclure dans son analyse les divers aspects de la vie quotidienne de la population : « Tout passait à la moulinette critique[3]. »

Dans ses analyses, Henri Lefebvre faisait fonctionner les concepts de forme, de fonction et de structure sans privilégier aucun d'entre eux, et reprochait aux structuralistes de faire prévaloir la notion de structure au détriment des autres niveaux d'analyse. D'abord au CNRS, puis à la faculté de Strasbourg de 1958 à 1963, lieu de naissance du situationnisme et de l'opuscule *De la*

---

1. Joseph Sumpf, entretien avec l'auteur.
2. A. TOURAINE, *Le Mouvement de mai ou le communisme utopique*, Le Seuil, 1968.
3. Henri Lefebvre, entretien avec l'auteur.

misère en milieu étudiant, Henri Lefebvre est nommé à Nanterre lorsque cette université est créée, en 1964. Il compte parmi ses étudiants un certain Daniel Cohn-Bendit pendant deux ans : « Il était un peu plus âgé que les autres, très intelligent. Les grands connaisseurs d'une société sont toujours extérieurs à cette société. Il avait une influence extraordinaire. Je me souviens de sa première intervention lors d'une réunion de tous les étudiants s'intéressant aux sciences sociales, autour du 10 novembre 1967. Ils étaient très nombreux. Alain Touraine a fait un discours pour leur expliquer qu'il allait leur apprendre des choses très importantes. Cohn-Bendit s'est levé : "Monsieur Touraine, non seulement vous voulez fabriquer des wagons, mais vous voulez les mettre sur les rails" : fou rire général de 1 200 étudiants[4] ! »

Étranger à la réflexion en cours à partir de la linguistique, Henri Lefebvre ne se situe pas non plus dans l'orbe des positions du PCF, dont il a été exclu en 1956. Mais en tant que marxiste critique, il défend la pensée dialectique contre les diverses formes du structuralisme : celle de Bourdieu qu'il considère comme « un sociologue positiviste[5] », celle de Foucault « qui élimine de la pensée les aspects critiques[6] », celle d'Althusser qui « rendait le marxisme rigide et enlevait à la dialectique toute sa souplesse. [...] Althusser a le même rapport au marxisme que les thomistes par rapport à l'aristotélisme : une clarification, une systématisation, mais cela n'a plus aucun rapport avec la réalité[7] ».

Une fascination réelle

Le travail critique d'Henri Lefebvre était relayé à Nanterre par ses deux assistants : Jean Baudrillard et René Lourau. Ce dernier est à Nanterre depuis 1966 et s'il se rappelle que l'on parlait bien du structuralisme, c'était pour « l'enterrer joyeusement[8] ». Le structuralisme lui apparaissait comme antimoderne, refroidissant, non seulement du point de vue marxiste qui était le sien à l'époque, mais aussi par rapport au modernisme de Crozier ou de Touraine, « qui nous semblait plus dynamique, même si nous le critiquions[9] ».

René Lourau découvre le structuralisme en 1964. Il est alors professeur de lycée, et Georges Lapassade l'emmène au dernier

---

4. *Ibid.*
5. *Ibid.*
6. *Ibid.*
7. *Ibid.*
8. René Lourau, entretien avec l'auteur.
9. *Ibid.*

grand congrès historique de l'UNEF à Toulouse. C'est là qu'il
prend connaissance de l'article d'Althusser sur les problèmes de
l'Université paru dans *La Nouvelle Critique* : « Il y avait quelque
chose qui nous apparaissait comme complètement fou, un côté
garde-chiourme dans cette distinction entre la division technique
et la division sociale du travail. Il rétablissait en fait la pédagogie
autocratique traditionnelle que l'on commençait à combattre[10]. »
Deux ans plus tard, dans la propriété de Navarrenx d'Henri
Lefebvre, se réunit le groupe *Utopie* qui avait fondé une revue.
C'est au cours de ce séjour de travail d'une quinzaine de jours que
le groupe lit et commente *Les Mots et les Choses* de Michel Foucault, stupéfait de la relégation de Marx dans les obscurités du
XIXᵉ siècle : « Tant de désinvolture à éjecter le marxisme comme
un vieux machin de sorcellerie nous faisait pousser des hurle-
ments[11]. »

Si les premières réactions au structuralisme sont plutôt de rejet
pour le groupe des proches d'Henri Lefebvre, la réalité ultérieure
est toutefois plus complexe. Chacun est en effet attiré par tel ou
tel aspect des productions structuralistes, même s'il développe par
ailleurs une critique globale de ce qui est perçu comme une idéologie. Ainsi René Lourau est impressionné par l'apport linguistique
de Jakobson, séduit par l'œuvre de Barthes, il lit avec beaucoup
d'intérêt les ouvrages de Lévi-Strauss et se rend chaque semaine
avec tout un groupe d'étudiants en psychologie de la Sorbonne au
séminaire de Lacan... On ne peut donc parler d'un véritable affrontement entre les Nanterrois et les structuralistes (« Ce n'était pas
la bataille de Fontenoy[12] »), mais plutôt d'une réalité syncrétique
faite de convictions contradictoires, parfois vécues avec une certaine mauvaise conscience : « Disciple de Lefebvre, j'avais vaguement l'impression de le tromper. C'est un certain rapport au
père[13]. »

On retrouve ce syncrétisme chez Jean Baudrillard, assistant
d'Henri Lefebvre, mais inscrit en thèse de troisième cycle avec
Pierre Bourdieu en 1966-1967, et dont le travail critique se rapproche beaucoup de celui de Barthes. Dans la continuité du travail
inachevé de Barthes, celui des *Mythologies*, Jean Baudrillard
reprend ce décapage critique de l'idéologie de la société de
consommation, cette perspective socio-sémiologique, en publiant
en 1968 *Le Système des objets*[14], et en 1969 un article dans *Commu-*

10. *Ibid.*
11. *Ibid.*
12. *Ibid.*
13. *Ibid.*
14. J. BAUDRILLARD, *Le Système des objets*, Gallimard, 1968.

nications, critiquant la notion usuelle de besoin, de valeur d'usage, à propos des objets de consommation, pour lui substituer leur fonction de signe[15].

Le département de philosophie de Nanterre est lui aussi dominé par deux adversaires du structuralisme : Paul Ricœur et Emmanuel Lévinas, partisans d'une approche phénoménologique. Quant au département de psychologie, il est aussi éloigné que ceux de sociologie et de philosophie du paradigme structuraliste. Deux professeurs sur les quatre qui y enseignent, Didier Anzieu et Jean Maisonneuve, sont des praticiens de la psychologie sociale clinique, et sont entourés d'assistants ayant une expérience en dynamique de groupe, se référant à des théoriciens essentiellement américains : Jacob Levy Moreno, Kurt Lewin, Carl Rogers.

Didier Anzieu, qui publie alors sous le pseudonyme d'Épistémon, voit même dans la contestation grandissante à la faculté de Nanterre une extension de cette dynamique de groupe : « Ce que le psychologue social concevait comme la dynamique des groupes restreints devenait brusquement dynamique des groupes généralisés[16]. »

Le structuralisme, sans emporter l'adhésion des départements de sciences humaines de Nanterre, n'en aura pas moins exercé une fascination réelle et marqué des points plus décisifs en littérature, avec la présence de Jean Dubois et de Bernard Pottier, qui constituent autour d'eux tout un noyau de linguistique structurale. Lorsque éclatent les événements de mai 1968, Jean Dubois venait de publier chez Larousse sa grammaire transformationnelle de la langue française, et d'animer le premier colloque sur la grammaire générative. Cependant, cela ne suffit pas pour assimiler l'idéologie ambiante du campus nanterrois au structuralisme. Peu après, les murs vont d'ailleurs fleurir d'inscriptions... « Althusser à rien. »

15. J. BAUDRILLARD, « Fonction-signe et logique de classe », *Communications*, 13, 1969, repris dans *Pour une critique de l'économie politique du signe*, Gallimard, « Tel » (1972) 1982.

16. ÉPISTÉMON (D. Anzieu), *Ces idées qui ont ébranlé la France*, Fayard, 1968, p. 33.

11

La revanche de Jean-Paul Sartre

Il est cinq heures, Paris s'éveille au milieu des barricades, des arbres jonchant le bitume. La contestation est, au dire du général de Gaulle, insaisissable. Imprévisible, elle ébranle le pouvoir. Radicale, elle se répand sur tout l'Hexagone pour provoquer le plus grand mouvement social que la France ait connu : dix millions de grévistes. On croyait la France assoupie, endormie : quel réveil ! On enterrait joyeusement l'histoire, certains allaient en chercher les dernières traces dans la périphérie, celle des campagnes du tiers monde qui devaient encercler les villes, et voilà qu'elle frappe au cœur même de l'île de la Cité. Accès de fièvre existentiel de la part d'une jeunesse exigeante, ce mouvement représentait pour Sartre une revanche qu'il pouvait d'autant mieux savourer qu'on avait cru pouvoir l'enterrer deux années plus tôt lorsqu'en 1966, à l'apogée du structuralisme, Michel Foucault le présentait comme un bon philosophe du XIXᵉ siècle. Comme l'écrit Épistémon (Didier Anzieu) : « L'émeute étudiante de Mai a expérimenté pour son propre compte la vérité de la formule sartrienne : "Le groupe, c'est le commencement de l'humanité"[1]. » De fait, l'analyse sartrienne de l'aliénation des individus pris dans le pratico-inerte et valorisant leur capacité à imposer la liberté par l'engagement, se constituant en groupes en fusion dans une dialectique qui permette de sortir de la sérialisation, de l'atomisation, permet de mieux comprendre cette irruption du mouvement de mai 1968 que la conceptualisation structuraliste, valorisant le poids des chaînes structurales, le sujet assujetti et l'autorégulation du même.

Le mouvement de Mai ne s'y trompe pas, et le seul grand intellectuel admis à parler dans le grand amphithéâtre de la Sorbonne au cœur des événements est Jean-Paul Sartre, réconcilié avec la jeunesse, expliquant sur les ondes de la radio qu'il ne reste plus aux jeunes que la violence pour s'exprimer dans une société qui

---

1. ÉPISTÉMON, *Ces idées qui ont ébranlé la France, op. cit.*, p. 83.

refuse le dialogue avec ceux qui ne veulent pas du modèle adulte qu'on leur présente. À la veille du 10 mai 1968, juste avant la fameuse nuit des barricades, paraît dans *Le Monde* un texte signé par Jean-Paul Sartre, Maurice Blanchot, André Gorz, Pierre Klossowski, Jacques Lacan, Henri Lefebvre, Maurice Nadeau qui prend parti clairement pour le mouvement étudiant : « La solidarité que nous affirmons ici avec le mouvement des étudiants dans le monde – ce mouvement qui vient brusquement, en des heures éclatantes, d'ébranler la société dite de bien-être parfaitement incarnée dans le monde français –, est d'abord une réponse aux mensonges par lesquels toutes les institutions et les formations politiques (à peu d'exceptions près), tous les organes de presse et de communication (presque sans exception) cherchent depuis des mois à altérer ce mouvement, à en pervertir le sens ou même, à tenter de le rendre dérisoire[2]. »

La divine surprise

Pour tous ceux qui avaient été débordés par la vague structuraliste, c'est la divine surprise ! Eux sont en phase avec la jeunesse contestataire qui fait vibrer les cordes de l'histoire, et dément par l'action le statisme dans lequel on voulait l'enfermer. C'est le cas pour tout l'ancien groupe de la revue *Arguments*. Jean Duvignaud, qui enseigne alors à l'ancien Institut de philosophie de Tours, « monte » à Paris. Pour bien montrer qu'il s'agit avant tout d'une fête, c'est lui qui, avec Georges Lapassade, met un piano dans la cour de la Sorbonne. Il parcourt la Sorbonne « libérée » avec Jean Genet pendant une quinzaine de jours, et annonce tout de go devant un parterre médusé, dans le grand amphithéâtre, « la fin et la mort du structuralisme[3] ». Jean Genet le regarde alors d'un drôle d'œil : « Il s'en foutait éperdument, mais il en entendait tellement[4] ! » Puis, Jean Duvignaud participe avec des écrivains à la « prise » de l'hôtel de Massa : « Nathalie Sarraute me tenait le bras serré en me disant : "Vous croyez, Duvignaud, que ça ressemblait à ça, la prise de l'Institut Smolni ?"[5] » Puis à Censier, avec Michel Leiris, Jean Duvignaud lance un des slogans les plus connus de Mai 1968 : « Soyons réalistes, demandons l'impossible ! »

Quant à Edgar Morin, il sera tout autant que Jean Duvignaud comme un poisson dans l'eau au sein du mouvement de mai 1968.

---

2. *Le Monde*, 10 mai 1968.
3. Jean Duvignaud, entretien avec l'auteur.
4. *Ibid.*
5. *Ibid.*

Il écrira avec Claude Lefort et Jean-Marie Coudray (Cornélius Castoriadis), *Mai 68 : la brèche*[6], qui fait l'apologie de cette commune juvénile, de cette irruption de la jeunesse comme force politico-sociale, véritable révolution sans visage car à mille visages, qui se transcende en une lutte de classes d'un type nouveau dans sa mobilisation contre tous les appareils d'intégration et de manipulation mis en place par la technocratie montante.

L'histoire, à force d'avoir été niée, a nié sa propre négation, et Épistémon annonce que Mai 1968 « n'est pas seulement l'émeute étudiante à Paris, [...] c'est aussi l'acte de décès du structuralisme[7] ». En novembre, Mikel Dufrenne, ce philosophe qui avait écrit *Pour l'Homme*, confirme : « Mai a été la violence de l'histoire dans un temps qui se voulait "sans histoire"[8] ». Le gel du temps qu'Edgar Morin discernait comme triomphant lorsqu'il liquida sa propre revue *Arguments* en 1960 laisse la place au printemps, et sur les murs se multiplient les inscriptions qui font place à l'imagination, à la spontanéité, à l'expression des diverses formes du désir. La bouffée de respiration collective ne s'en prend pas seulement aux arbres du Quartier latin. Derrière les voitures renversées, ce sont les codes qui sont visés, pulvérisés. C'est le retour fracassant du refoulé ; le sujet, le vécu et cette parole, éliminée par le structuralo-épistémisme au profit de la langue, se déploie alors dans un flot indéfini.

Le désarroi des structuralistes

L'ébranlement que constitue Mai 68 pour le nouvel édifice structuraliste peut aussi se lire dans le désarroi que connaissent ses pères fondateurs, Algirdas-Julien Greimas rencontre au Collège de France, au cœur des événements, Lévi-Strauss qui ne cache pas son dépit : « C'est fini ! Tout projet scientifique est remis pour vingt ans[9]. » D'ailleurs, Lévi-Strauss, devant ce climat délétère, décide de manière très gaullienne de se retirer du Collège de France pour attendre d'être rappelé aux affaires : « Quand j'ai perçu des grincements, je me suis retiré chez moi sous divers prétextes et les ai livrés à eux-mêmes. Il y eut une huitaine de jours d'agitation interne, et puis on est venu me chercher[10]. » Pour le père du struc-

6. E. MORIN, J.-M. COUDRAY, *Mai 68 : la brèche*, Fayard, 1968.
7. ÉPISTÉMON, *Ces idées qui ont ébranlé la France*, *op. cit.*, p. 31.
8. M. DUFRENNE, *Le Monde*, 30 novembre 1968.
9. Propos de Cl. Lévi-Strauss rapportés par Algirdas-Julien Greimas, entretien avec l'auteur.
10. Cl. LÉVI-STRAUSS, *De près et de loin*, O. Jacob, 1988, p. 114.

turalisme, Mai 68 se présente comme une descente aux enfers, comme l'expression d'une dégradation universitaire, d'un déclin entamé depuis la nuit des temps, de génération en génération. Il n'en aura retiré que la confirmation de sa conception pessimiste d'une histoire qui n'est jamais que l'avancée d'un long déclin vers la disparition ultime.

Quant à Algirdas-Julien Greimas, grand maître de la sémiotique la plus scientifique, il s'apprête alors à connaître une période difficile. Il partage totalement l'appréciation de Lévi-Strauss selon laquelle le projet scientifique en prend pour vingt ans : « De 1968 à 1972, tout était remis en question. Je ne sais pas comment j'ai pu supporter mon propre séminaire, car faire un projet scientifique semblait dérisoire devant des gens qui exerçaient un terrorisme de la parole pour expliquer que tout est idéologique[11]. » Pendant trois ans, Greimas est réduit au silence dans son propre séminaire sur les sciences du langage, et connaît alors sa traversée du désert avec la dispersion du groupe qui s'était constitué autour de lui entre 1964 et 1968. Mai 1968 intervient donc pour lui comme une catastrophe.

Lévi-Strauss reconnaît cette date de mai 1968 comme charnière lorsque, à la remise très solennelle du prix Érasme qui lui est décerné en 1973, il déclare à Amsterdam que « le structuralisme, heureusement, n'est plus à la mode depuis 1968[12] ». Il s'en félicite, car pour lui le structuralisme reste une méthode scientifique qui se poursuit dans de meilleures conditions en ces années soixante-dix qu'au cœur de la tourmente, et non une philosophie, une spéculation. Or, son reflux a surtout affecté cette seconde composante du structuralisme avec laquelle il ne s'est jamais senti en véritable accord intellectuel.

Lévi-Strauss voit notamment d'un œil réprobateur toute l'évolution vers le déconstructionnisme et la pluralisation des codes, contemporaine de 1968. Il répond à *S/Z* par une lettre argumentée à Barthes dans laquelle il signale à celui-ci une autre clé de lecture possible de la nouvelle de Balzac : l'inceste. Barthes prend cette démonstration très au sérieux, et la qualifie d'« éblouissante et de convaincante[13] », alors qu'il s'agissait, au dire de Lévi-Strauss, d'une blague : « *S/Z* m'avait déplu. Les commentaires de Barthes ressemblaient par trop à ceux du professeur Libellule dans le *À la manière de Racine* de Muller et Reboux. Alors je lui ai envoyé quelques pages où j'en rajoutais, un peu par ironie[14]. »

---

11. A.-J. Greimas, entretien avec l'auteur.
12. Cl. Lévi-Strauss, *Le Monde*, 1ᵉʳ juin 1973.
13. R. Barthes, entretien avec R. Bellour (20 mai 1970), *op. cit.*, p. 79.
14. Cl. Lévi-Strauss, *De près et de loin, op. cit.*, p. 106.

Les structures ne descendent pas dans la rue

S'il y a donc une « pensée 68 », celle-ci ne se trouve pas vraiment chez les tenants du structuralisme, mais plutôt du côté de ses
adversaires : Jean-Paul Sartre, Edgar Morin, Jean Duvignaud,
Claude Lefort, Henri Lefebvre... et bien évidemment Cornélius
Castoriadis. Son courant *Socialisme ou barbarie* a toujours
dénoncé dans le structuralisme une idéologie pseudo-scientifique
de légitimation du système et défendu l'auto-institution, l'autonomie sociale qui permet de modifier la totalité du système hérité,
que ce soit le capitalisme ou la société bureaucratique : « Ce que
Mai 68 et les autres mouvements des années soixante ont montré
a été la persistance et la puissance de la visée d'autonomie[15]. »

L'ébranlement du structuralisme par Mai 68 est tel que *Le
Monde* publie en novembre de la même année un grand dossier
sur le thème : « Le structuralisme a-t-il été tué par Mai 68 ? » dans
lequel interviennent Épistémon (Didier Anzieu), Mikel Dufrenne
et Jean Pouillon, ce dernier jouant les casques bleus. Sous le titre
« Réconcilier Sartre et Lévi-Strauss », il accorde à chacun un territoire spécifique et bien délimité : une méthode ethnologique pour
l'un, une philosophie pour l'autre, qui, ne se situant pas sur le
même plan, ne peuvent se confronter ou s'opposer[16]. Mai 1968
marque donc pour certains la mort du structuralisme ou en tout cas
celle du « structuralisme triomphant[17] ». « Tout 68 dément le
monde structural, l'homme structural[18]. »

Personne n'est vraiment épargné, et si la contestation touche à
la racine de la théorie structurale, elle s'attaque aussi à certains de
ses représentants qui sont perçus comme des mandarins, même
s'ils n'ont jusque-là conquis de positions que périphériques : « Je
me souviens de réunions du Comité d'action sur les sciences du
langage, où les professeurs n'avaient pas le droit de parler. On
avait mis en commun les séminaires de Greimas et de Barthes. Ils
devaient être là, mais devaient se contenter de répondre aux questions[19]. » Un jour, Catherine Backès-Clément arrive d'une AG
(assemblée générale) de philosophie et lit une longue motion de
trois pages qui se terminait par : « Il est évident que les structures
ne descendent pas dans la rue. » Ce constat qui sonnait comme le
glas pour le structuralisme fut écrit au tableau noir, vivement et
largement commenté devant Greimas. Le lendemain matin,

15. C. Castoriadis, *Pouvoirs*, n° 39, 1986, p. 114.
16. J. Pouillon, *Le Monde*, 30 novembre 1968.
17. Michel Arrivé, entretien avec l'auteur.
18. Georges Balandier, entretien avec l'auteur.
19. Louis-Jean Calvet, entretien avec l'auteur.

Greimas, qui avait assisté à la naissance de la formule, trouve une grande affiche collée à la porte qui annonçait : « Barthes dit : les structures ne descendent pas dans la rue. Nous disons : Barthes non plus[20]. » En s'en prenant à Barthes, en lui attribuant ces propos alors qu'il était absent de la discussion, le mouvement s'attaquait au structuralisme en général qui commençait à être ressenti comme la science des nouveaux mandarins, ceux des lendemains. C'est d'ailleurs l'analyse qu'en fait Greimas pour lequel dans ce cas « Barthes n'est ici qu'un facteur métonymique d'un actant "ensemble des structuralistes"[21] ». Barthes semble cependant fortement affecté par la contestation de Mai 68. Il choisira même un exil temporaire pour s'éloigner du théâtre des opérations parisiennes. Lorsqu'un universitaire marocain, Zaghloul Morsy, lui suggère de venir enseigner à Rabat, « il saute sur l'occasion[22] ».

Quant à Althusser, on sait quel usage en fait le mouvement : « Althusser à rien » ; car l'explosion de Mai semble davantage illustrer les thèses du jeune Marx, celui qui dénonce l'aliénation dont souffre l'humanité. C'est donc contre l'orientation même de la pensée structuraliste et sa prévalence accordée aux déterminations de toutes sortes qui fonderaient la stabilité du système que s'inscrit un mouvement de Mai qui croit pouvoir se libérer des structures d'aliénation pour réaliser le grand saut dans la liberté : « Douce illusion bien sûr, mais nécessaire, car il fallait que ces changements s'opèrent[23]. » Même si sur le moment Roger-Pol Droit n'a pas vécu 68 comme une contestation des thèses structuralistes, bien au contraire, il lui semble, dans l'après-coup, que 68 « pourrait être lu en direction d'une sorte de protestation, de compensation, de ce qu'était l'enfermement conceptuel, de ce que j'appelle le grillager[24] ». Certes, cela était absent dans la conscience des acteurs de Mai 68, mais ce qui se passait mobilisait un type d'affect tout à fait contraire à la désincarnation théoriciste du structuralisme, et le déclin inexorable du paradigme aurait donc été la résultante de l'événement-68.

---

20. Anecdote racontée par L.-J. CALVET, *Roland Barthes*, Flammarion, 1990, p. 204.

21. A.-J. GREIMAS, « Sur l'histoire événementielle et l'histoire fondamentale », *Geschichte. Ereignis und Erzählung*, Munich, 1973.

22. L.-J. CALVET, *Roland Barthes, op. cit.*, p. 208.

23. Serge Martin, entretien avec l'auteur.

24. Roger-Pol Droit, entretien avec l'auteur.

L'éruption de l'événement : une leçon de modestie

Les effets multiples de 68 ont exhumé ce qui avait été refoulé par le structuralisme. En premier lieu, l'histoire est le nouveau sujet d'interrogation, y compris parmi les linguistes ; le numéro 15 de la revue *Langue française*, paru en 1972, préparé par Jean-Claude Chevalier et Pierre Kuentz, est ainsi consacré à « Linguistique et Histoire ». Certes, cette volonté de dynamiser les structures était, comme on l'a vu avec les thèses de Julia Kristeva dès 1966, antérieure à l'événement qui n'a fait que confirmer, accélérer et amplifier cette tendance. De la même manière, les événements de mai 68 assurent le succès, à partir de 1970, des interrogations sur le sujet, d'une linguistique de l'énonciation, donc des thèses de Benveniste. Même si le moi a quelque peu changé depuis la rupture psychanalytique, on le veut clivé, divisé à tel point que la formule passe-partout devient alors le fameux « ça me fait mal... quelque part ». Un moi, certes métamorphosé, est de retour comme religion nouvelle. En 1972, Jane Fonda et Yves Montand concluent le film de Godard *Tout va bien* par une aurore : celle de commencer à se penser historiquement, révélateur des tendances nouvelles de la période.

L'étude de la langue s'ouvre aussi largement sur sa dimension sociale, influencée par les thèses de Labov : on assiste à la naissance et au développement spectaculaire d'une « sociolinguistique », qui permet de réintroduire le référent dans le champ d'étude du linguiste. En sociologie s'affirme une sociologie alternative, fondée sur la dynamique de groupe qui exprime le mouvement de Mai, plutôt qu'une sociologie structurale. C'est dans ce sens que s'inscrivent les recherches de sociologie institutionnelle de Georges Lapassade qui induisent une implication du sociologue : « méthode par laquelle un groupe d'analystes, à la demande d'une organisation sociale, institue dans cette organisation un processus collectif d'auto-analyse[25] ». C'est toute une orientation de pédagogie non directive qui se développe alors dans le slogan de la contestation antimandarinale : « Le vieux rapport enseignant-enseigné est aboli[26]. »

Le scientisme revendiqué par les sciences sociales est mis à rude épreuve avec cet événement énigmatique qu'est Mai 68. Si la sociologie dont l'objet d'étude se situe dans l'analyse du mode de fonctionnement de la société n'a pu déceler aucun signe précurseur du tourbillon, elle prend une bonne leçon de modestie. Dans le dépar-

25. G. Lapassade, *Groupes, organisations et institutions*, Gauthier-Villars, 1970, p. 220.
26. *Ibid.*, p. 206.

tement de sociologie de la Sorbonne, Francine Le Bret participe en tant qu'étudiante en 1967-1968 à une enquête sur la participation des étudiants à la vie politique. Il en ressortait que contrairement à la pré-notion durkheimienne selon laquelle les étudiants seraient batailleurs, engagés, tout au contraire le milieu serait plutôt pantouflard : à la veille de Mai 68 ! « Il était évident que c'était n'importe quoi, qu'on ratait les bons indices[27]. »

Il résulte donc de ce type de décalage une déqualification des sciences sociales, de leurs méthodes de classement qui se sont révélées inadéquates, incapables de prévoir l'événement. Cet effet de Mai 68 est cependant contradictoire car s'il affecte les sciences sociales dont l'essor avait permis celui du structuralisme, le structuralisme avait déjà de longue date affirmé une position critique face aux méthodes en usage dans les sciences sociales. D'où d'ailleurs la récupération/critique des sciences sociales par un paradigme structuraliste qui s'en prenait à leur empirisme et qui déplaçait l'interrogation vers la question de savoir à quelles conditions on peut construire un objet scientifique dans le domaine des sciences humaines.

La satire

Une autre dimension de Mai 68 est celle de la dérision, du rire. Le structuralisme ne fut pas épargné lorsqu'un philosophe, Clément Rosset, publie en 1969, sous le pseudonyme de Roger Crémant, *Les Matinées structuralistes*[28]. C'est une satire qui fera grand bruit dans les milieux universitaires lors de sa parution. Le style ou ton structuraliste y est présenté comme un feu d'artifice dans lequel on peut dissocier deux temps : celui du pétillement et celui du relâchement. Une typologie des divers types de structuralisme est ébauchée : le structuralisme parvenu : Michel Foucault ; le structuralisme précieux : Roland Barthes, Jacques Lacan ; le structuralisme rustique : Michel Serres ; le structuralisme néo-positiviste : l'ENS, Louis Althusser.

Les avancées conceptuelles du structuralisme dans toutes ses variantes sont réduites à quelques truismes. Ainsi la grande découverte de Louis Althusser serait celle du décalage : « Il serait faux d'affirmer tout cru que la septième symphonie de Beethoven reproduit la structure économique de l'Allemagne au début du XIXe siècle. Certes, elle la reproduit ; mais pas complètement[29]. »

---

27. Francine Le Bret, entretien avec l'auteur.
28. R. CRÉMANT, *Les Matinées structuralistes*, Laffont, 1969.
29. *Ibid.*, p. 27.

Cette variante néo-positiviste du structuralisme qui n'avancerait qu'une série de banalités aurait toutefois le mérite de ne pas donner mal à la tête. Il en va ainsi, selon l'auteur, dans la lecture reposante de l'ouvrage de Pierre Macherey qui nous explique sur 300 pages que l'idée de littérature est un produit, comme les carottes, mais un produit un peu particulier.

Une telle lisibilité ne se retrouve pas chez Derrida dont le procédé est ainsi décrit : « J'écris une première phrase, mais je n'aurais au fond pas dû l'écrire, excusez-moi, j'efface tout et je recommence ; j'écris une seconde phrase, mais, réflexion faite, je n'aurais pas dû l'écrire non plus...[30] » Ce discours régressif n'est pas sans faire penser au sketch de Fernand Raynaud sur la vente des oranges pas chères qui se termine par la vente du poisson parce que cela sent...

L'auteur poursuit par une scène digne des *Précieuses ridicules* dans laquelle il théâtralise une réunion des *Cahiers pour l'analyse* de l'ENS autour de Louis Althusser, incarné par Louise, répétitrice en chef, fiévreusement entourée par ses fidèles disciples aux noms à peine transformés et dont les deux héros sont : Jacques-Alain Minet (J.-A. Miller) et Jean-Claude Miney (J.-Cl. Milner), totalement interchangeables et petits chouchous de Louise. Or, un des disciples, Michel Poutreux, ose faire un exposé qui ne reçoit que quolibets : il est tour à tour traité de menteur, de plagiaire... Au contraire, lorsque les Miney/Minet lisent leur contribution, celle-ci est applaudie et fait l'objet d'un éloge général. Cependant, il s'avère que le texte de Poutreux et celui des Miney/Minet est strictement le même. Réaction de Louise : « Il se pourrait que ceci ne soit qu'un hasard : la rencontre inattendue d'un insignifié signifiant avec un signifié insignifiant. On m'a déjà signalé de telles rencontres curieuses[31]. » Le langage codé, une certaine langue de bois, l'esprit de chapelle sont donc épinglés avec humour dans ce petit ouvrage qui retrouve la causticité de l'esprit de 68.

Le discrédit

Mai 68 a suscité assez vite certaines réorientations de la part des structuralistes, pris au dépourvu par cette irruption inopinée de l'événement historique. Althusser est notamment la cible de ses disciples émancipés, les maoïstes de la Gauche prolétarienne. Fin 1968, ceux-ci multiplient les manifestations d'une rupture irréversible : « Althusser à rien ! », « Althusser pas le peuple ! », « Si

---

30. *Ibid.*, p. 32.
31. *Ibid.*, p. 88.

Althusser est entré en sommeil, le mouvement de masse, lui, va bien ! »... Les althussériens passent alors une mauvais quart d'heure, ils sont autant de sujets d'opprobre. Il leur est reproché tout à la fois leur théoricisme et le fait de rester à l'intérieur du PCF, donc de cautionner le révisionnisme ennemi des groupes maos qui croient incarner le peuple en marche. Mai 68 est bien ressenti immédiatement comme un moment difficile pour les auteurs de *Lire le Capital* : « 68 est le moment où ont commencé à proliférer les écrits contre Althusser. Je me souviens des vitrines des librairies entièrement consacrées aux ouvrages et revues hostiles à Althusser. Cette période a été très dure, exactement l'inverse de la période précédente[32]. » Pierre Macherey, nommé à la Sorbonne en 1966 à la faveur du succès des thèses althussériennes, poursuit ses cours, mais dans des conditions difficiles. Quant à Étienne Balibar, qui ira à Vincennes en 1969 (Paris-VIII), il ne restera que quelques mois, ne pouvant résister longtemps devant les assauts répétés des maos, André Glucksmann en tête, qui multipliaient les expéditions commandos pour perturber ses cours en scandant : « Balibar-toi », vœu qui sera vite exaucé.

Si humainement la période post-68 est donc difficile à vivre pour les althussériens, ils doivent aussi au plan théorique réajuster le tir : « Ce que 68 nous a apporté, c'est l'idée qu'il y a autre chose à faire, que la philosophie, ce n'est pas seulement des textes à étudier. On a essayé de faire des choses moins abstraites, plus concrètes[33]. » L'aspect ambivalent de l'althussérisme se dénoue et éclate sur le roc de l'événement-68 entre sa composante théoriciste, scientiste, qui est restée dans la mouvance du PCF, et la tendance qui privilégiait la notion de rupture, l'attention à l'événement, nourrie de lacanisme : cette composante s'est fondue dans le mouvement, s'engageant dans un activisme politique débridé qui prit la forme du maoïsme. Seul un des auteurs de *Lire le Capital* se reconnut dans cette seconde composante, tout en restant à l'écart du lacanisme : c'est Jacques Rancière, pour lequel « il y avait grossièrement ceux pour qui c'était la théorie du savoir et ceux pour qui c'était une théorie de la vérité[34] ». Les althussériens ont donc quelques problèmes du côté de la praxis et des sujets du procès de l'histoire.

---

32. Pierre Macherey, entretien avec l'auteur.
33. *Ibid.*
34. Jacques Rancière, entretien avec l'auteur.

Foucault hors de la tourmente

Michel Foucault, pour sa part, se trouve en Tunisie, à Sidi-Bou-Saïd, lorsque Mai 68 éclate. Il y écrit *L'Archéologie du savoir*. Décalé par rapport à l'événement, il ne retourne à Paris que quelques jours fin mai, et confie au directeur du *Nouvel Observateur*, Jean Daniel, en voyant passer un cortège étudiant : « Ils ne font pas la révolution, ils sont la révolution[35]. »

Au printemps 1968, certains étudiants de l'université de Tunis sont arrêtés et torturés par le régime. Foucault intervient fermement pour les défendre auprès des autorités, aide activement à la mobilisation pour la libération des emprisonnés et met son jardin à la disposition des militants pour qu'ils puissent imprimer leurs tracts. Il sera même inquiété par la police en civil, frappé sur la route qui le conduit à Sidi-Bou-Saïd. Michel Foucault aura donc aussi vécu l'effervescence estudiantine, totalement impliqué dans l'action contre la répression. C'est, pour ce philosophe plutôt réformateur jusque-là, depuis sa rupture déjà ancienne avec le PCF, une mutation décisive : « Là, en Tunisie, j'ai été amené à apporter une aide concrète aux étudiants. [...] J'ai dû en quelque sorte entrer dans le débat politique[36]. »

En ce printemps 1968 naît donc un nouveau Michel Foucault, qui va incarner les espérances et combats d'une génération étudiante, celle de Mai 68. Ces événements incitent Foucault à réintroduire la pratique dans un horizon jusque-là purement discursif. Il sera désormais de tous les combats, de toutes les résistances contre les diverses formes d'exercice disciplinaire. Il lancera ainsi le 8 février 1971 une nouvelle organisation, le Groupe d'information sur les prisons (GIP), dont le manifeste est cosigné par Jean-Marie Domenach et Pierre Vidal-Naquet. Il va s'impliquer totalement (jusqu'à transformer son propre appartement en local pour cette organisation) dans ce combat contre les conditions de détention dans les prisons françaises, recevant les familles des prisonniers pour rendre publique, visible, cette face cachée du système démocratique. Foucault n'occupant aucun lieu de pouvoir en France en Mai 68, il aura échappé à la contestation antimandarinale, favorisant l'osmose heureuse qu'il va vivre avec le mouvement dès l'automne 1968, à son retour à Paris. Mais il est l'exception au cœur d'une période qui semble bien manifester vis-à-vis de l'ensemble des structuralistes une même réaction de rejet.

---

35. M. Foucault, propos rapportés par D. ÉRIBON, *Michel Foucault*, Flammarion, 1989, p. 204.
36. M. Foucault, *ibid.*, p. 207.

12

Lacan : « Ce sont les structures qui sont descendues dans la rue »

Véritable tourbillon aux effets contradictoires, Mai 68 aura para-doxalement, assuré le succès du structuralisme. La cible du mouvement se concentre sur la Sorbonne, fief des mandarins, de l'aca-démisme et de la tradition honnie. Il y a donc sur ce plan correspondance totale avec la critique structuraliste des humanités classiques.

Dans la querelle des anciens et des modernes, le mouvement de contestation se retrouve tout naturellement du côté des modernes, et assure par là même la victoire de ces derniers. Les prétendants au pouvoir vont sortir de l'anonymat, de la périphérie, pour prendre la place laissée vide d'une Sorbonne éclatée. L'université se moder-nise et le structuralisme a gagné la partie à la faveur d'une accé-lération de l'histoire en mai 1968 : paradoxe suprême d'un para-digme niant l'histoire, qui triomphe grâce à elle ! Cette situation contradictoire provoque des empoignades au style surréaliste, comme celle qui, le 22 février 1969, voit Lucien Goldmann apos-tropher Jacques Lacan, à l'occasion d'une conférence faite par Michel Foucault devant la Société française de philosophie : « Vous avez vu, en 68, vos structures. [...] Ce sont les gens qui étaient dans la rue ! » Et Lacan de lui rétorquer : « S'il y a quelque chose que démontrent les événements de Mai, c'est précisément la des-cente dans la rue des structures[1] ! » Dans la salle se trouvait René Lourau : « On était terrorisés par le culot de la formule. J'ai rac-compagné Lucien Goldmann chez lui en voiture. Il était comme un boxeur sonné[2]. »

Si les structures ne descendent pas dans la rue, elles prennent

1. J. LACAN, à l'occasion de la conférence de Foucault : « Qu'est-ce qu'un auteur ? », 22 février 1969, repris dans *Littoral*, n° 9, juin 1983, p. 31.

2. René Lourau, entretien avec l'auteur.

les chaires créées en masse dans une situation universitaire où le besoin de renouvellement passait aussi par la multiplication des travaux dirigés, la minoration de la place des cours magistraux. Cette conjonction de Mai 68 et du structuralisme dans une même contestation de la place accordée aux humanités classiques, aux disciplines traditionnelles comme la philosophie, l'histoire, les lettres, la psychologie, rendait quelque peu hâtives les proclamations de décès du structuralisme : « Je me suis trompé en annonçant la mort du structuralisme. Il n'a jamais été aussi fort qu'après Mai 68[3]. »

La contestation d'une hiérarchisation des disciplines, correspondant de la bataille anti-autoritaire, a notamment atteint de plein fouet la discipline qui se donnait comme la reine des sciences, la philosophie, qui est alors stipendiée comme une vieille chose obsolète. Elle doit laisser la place à des travaux plus sérieux d'anthropologie, de psychanalyse, de linguistique... « Je me souviens de Tresmontant, philosophe du teilhardisme, traversant le Luxembourg au sortir d'une réunion de philosophes à la Sorbonne en Mai ; à l'ordre du jour, la question de savoir s'il était licite de se poser la question de savoir s'il y avait des problèmes philosophiques...[4]. » Ce qui se joue donc, c'est cette émancipation des sciences humaines qui n'arrivait pas à s'accomplir pleinement, butant sur l'immobilisme d'un État bonapartiste, centraliste et d'une Sorbonne refermée sur la tradition : « Une révolution bavarde s'en prend au bavardage des philosophes et se légitime en se parant des vertus du concept[5]. »

Les lignes de clivage ne sont pourtant pas aussi nettes, puisque tout le travail des philosophes structuralistes avait consisté à se préparer à cet avènement des sciences sociales en se nourrissant de leur apport conceptuel, non pas pour s'aligner sur leurs modes de classement, mais pour renouveler et enrichir le territoire du philosophe. Ainsi, « on mise sur la raison épistémologique, on valorise les armes de la raison et on entame parallèlement le procès de la modernité et de la dialectique de la raison qui l'exprime[6] ». Le point de vue du philosophe est finalement préservé, dans une tension contradictoire à partir de laquelle il procède à la dénégation de ses objectifs. Les nouveaux objectifs s'énoncent alors en termes de rigueur, de théorie, de socle épistémique, conditions pour que la tâche philosophique puisse participer au New Deal en cours, à

3. Jean Duvignaud, entretien avec l'auteur.
4. M. PERROT, *in Mai 68 et les sciences sociales*, Cahiers IHTP, n° 11, avril 1989, p. 62.
5. O. MONGIN, *ibid.*, p. 22.
6. *Ibid.*, p. 23.

la redistribution des savoirs institués au sein de l'université : dans cette réorganisation, le philosophe doit s'attacher à un terrain d'investigation particulier, et d'éliminer son champ d'analyse de manière rigoureuse, à la manière du linguiste, de l'anthropologue. Une telle configuration de la division intellectuelle du travail rend définitivement archaïque l'image sartrienne du littérateur-philosophe, et la revanche apparente de Sartre en 1968 ne renverse donc pas fondalement la situation du champ philosophique construite au cours des années soixante, favorable au structuralisme.

Chez les apprentis philosophes de la période, Mai 68 ne signifie donc pas du tout, bien au contraire, l'extinction de la pensée structurale. Roger-Pol Droit, alors en khâgne au lycée Louis-le-Grand en 1968-1969 « avait appris à penser – du moins le croyait-il – chez Marx version Althusser. Il apprit à dépenser chez Freud version Lacan[7] ». Hors de l'althusséro-lacanisme maoïste, il n'y a pas de salut pour un philosophe « branché » en 1969. Le règne du structuralisme est alors sans partage, et ne pas appartenir à cette mouvance est se condamner à ne pas être. Le théoricisme se conjuguait avec le terrorisme verbal, dans sa version française : « Des grilles conceptuelles occupaient le devant de la scène. Il y grimpa, comme si tout ce qui avait précédé pourrissait déjà dans les poubelles de l'histoire. N'être pas althusséro-lacanien, c'était se révéler *Untermensch*. N'être pas lacanien, c'était s'exposer à n'être qu'un petit tas[8]. »

Les fondateurs de discursivité

Même si Mai 68 réintroduit une problématisation du sujet, le mouvement confirme la contestation de la notion d'auteur menée depuis un moment par les structuralistes lorsqu'il prend pour cible les mandarins universitaires et leur pathos psychologique qui relève, selon les contestataires de Mai, de la sphère idéologique, donc de la pire des infamies. Il peut donc y avoir correspondance sur ce plan aussi entre structuralisme et esprit de Mai, ce que comprend très bien Michel Foucault, dont la thématique de l'effacement du nom de l'auteur traverse toute l'œuvre. Il pose la question : « Qu'est-ce qu'un auteur ? » lors de la conférence prononcée devant la Société française de philosophie le 22 février 1969[9], déjà évoquée plus haut. La position de Foucault se situe dans la stricte

7. Roger-Pol Droit, « Curriculum vitae et cogitatorum », dans *La Liberté de l'esprit*, n° 17, hiver 1988, La Manufacture, p. 18.

8. *Ibid.*, p. 18.

9. M. Foucault, « Qu'est-ce qu'un auteur ? », *op. cit.*

orthodoxie structuraliste, et elle se fait même autocritique sur l'usage dans *Les Mots et les Choses* de noms d'auteur : « Il est question de l'ouverture d'un espace où le sujet écrivant ne cesse de disparaître[10]. » On retrouve la thématique d'une intertextualité qui ne doit pas s'arrêter à un signifié final que représenterait un nom propre. Dans un renversement rhétorique admirable, Foucault revisite la formule séculaire selon laquelle l'écriture serait le moyen d'accéder à l'immortalité pour la transformer en acte sacrificiel par son pouvoir de tuer son auteur : « La marque de l'écrivain n'est plus que la singularité de son absence ; il lui faut tenir le rôle du mort dans le jeu de l'écriture[11]. »

Michel Foucault relativise la fétichisation occidentale du nom de l'auteur littéraire. Avant le XVIIᵉ siècle, le discours littéraire circulait sans que soit valorisée cette notion, alors que les découvertes scientifiques portaient, elles, le sceau de leur auteur ; depuis, « l'anonymat littéraire ne nous est plus supportable[12] ». Foucault discerne néanmoins l'existence, non d'auteurs, mais de fondateurs de discursivité : Marx ou Freud « ont établi une possibilité indéfinie de discours[13] ». Ces fondations discursives impliquent la légitimité d'un mouvement de « retour à... », et ouvrent la porte à une démarche plus que jamais historienne vis-à-vis des formations discursives, afin de discerner les modalités mêmes de leur existence. Foucault annonce d'une certaine manière une saisie du sujet, non du sujet originaire, mais celle de ses points d'insertion, de sa dépendance et des conditions de son apparition. On comprend en quoi cette prise de position de Foucault permet de faire écho aux fameux « retours » du structuralisme : retour à Saussure des linguistes, retour à Marx d'Althusser, retour à Freud de Lacan. Ce dernier est d'ailleurs dans la salle, et cette conférence jouera un rôle important pour lui.

Lacan trouve en effet dans les propos de Foucault ce qui va contribuer à fonder sa théorie des quatre discours. Il prend part à la discussion et répond : « Ce retour à Freud, c'est quelque chose que j'ai pris comme une espèce de drapeau, dans un certain champ, et là, je ne peux que vous remercier, vous avez répondu tout à fait à mon attente[14]. » C'est la première fois que Lacan voit confirmer du point de vue philosophique la justesse de sa démarche de retour à Freud. Il va s'appuyer sur la position de Foucault à propos de la fonctionnalisation de la notion d'auteur, et reprendre l'offensive

10. *Ibid.*, p. 7.
11. *Ibid.*, p. 7.
12. *Ibid.*, p. 14.
13. *Ibid.*, p. 18.
14. J. LACAN, *ibid.*, p. 31.

dans le cadre d'une redéfinition du partage des savoirs par rapport à la philosophie.

Jean Allouch note la concordance chronologique entre la conférence de Foucault et la construction lacanienne des quatre discours. Dans le séminaire qui suit immédiatement les propos de Foucault, Lacan répète, cette fois devant son propre public, qu'il s'est senti convoqué par l'importance accordée à ce « retour à...[15] ». Un autre événement va venir accélérer cette évolution de Lacan vers la discursivité. Lacan rend publique le 26 juin 1969 la lettre d'exclusion qu'il a reçue depuis mars du directeur de l'ENS : Robert Flacelière. Celui-ci lui retire la salle Dussane où se tenait le fameux séminaire dans lequel se pressait le Tout-Paris. De nouveau Lacan est traité en proscrit ; il est banni une nouvelle fois d'une institution, universitaire dans ce cas, et d'un public privilégié : celui des philosophes. Il répond en premier lieu par la causticité en cette dernière séance de son séminaire, le 26 juin 1969 (« D'un Autre à l'autre »), en qualifiant Flacelière de « Flatulencière », « Cordelière », « ne tire pas trop sur la flacelière ». Les auditeurs du séminaire décident d'occuper le bureau du directeur : on y retrouve ensemble Jean-Jacques Lebel, Antoinette Fouque, Laurence Bataille, Philippe Sollers, Julia Kristeva...[16], qui sont évacués par les forces de l'ordre au bout de deux heures. Finalement Lacan pourra trouver refuge dans un lieu proche, afin de poursuivre son enseignement, près du Panthéon, dans un amphithéâtre de la faculté de droit.

Si la foule peut y être plus nombreuse, l'endroit est moins prestigieux, et l'isolement qu'a ressenti Lacan, aggravé par l'impression que Derrida et Althusser ne se sont pas vraiment mobilisés pour faire revenir Flacelière sur sa décision, le conforte dans l'idée d'un nouvel assaut nécessaire, théorique encore une fois, contre le discours universitaire et contre les prétentions de la philosophie. Il se trouve donc sur ce plan en correspondance avec les enfants de Mai 68. Lors de la première séance de son séminaire à la faculté de droit, le 26 novembre 1969, Lacan fait une première mention du « discours » au sens de ce que sera sa doctrine des quatre discours. Il définit l'existence d'un discours universitaire qui côtoie la position du « discours du maître et de l'hystérique[17] ». Aux côtés de ces trois discours – les discours universitaire, du maître, de l'hystérique –, seul le discours analytique sort de l'univers névrotique, et permet d'accéder à quelque vérité, ce qui légitime sa primauté. La construction théorique de Lacan s'inscrit dans une

---

15. J. LACAN, séminaire : « D'un Autre à l'autre », février 1969, cité par Jean ALLOUCH, « Les trois petits points du retour à... », *Littoral*, n° 9, juin 1983, p. 35.
16. É. ROUDINESCO, *Histoire de la psychanalyse*, t. 2, *op. cit.*, p. 543.
17. J. ALLOUCH, « Les trois petits points du retour à... », art. cité, p. 59.

logique d'hégémonisme du discours psychanalytique, et la démesure de cette ambition traduit bien les difficultés de la psychanalyse
lacanienne à s'instituer et à s'institutionnaliser. Mais Lacan gagne
chaque fois en audience ce qu'il perd par ailleurs en position de
pouvoir. Cette contestation traduisait bien l'état d'esprit des étudiants de 1968 : « Pour moi, c'était un mouvement contre l'Université. On tapait sur des professeurs qu'on trouvait débiles au nom
d'un autre savoir[18]. »

La vogue althusséro-lacanienne

Foucault cherche bien de son côté dans la bourrasque de 1968
à suturer ses positions à celles de l'althusséro-lacanisme en vogue
en cette période de contestation et de rupture avec la tradition. S'il
légitime les « retours à... », symptomatiques de la démarche structurale, il donne la primeur du travail qu'il achève en cet été 1968
aux *Cahiers pour l'analyse*. Sa « Réponse au Cercle d'épistémologie » est une préfiguration de l'ouvrage à paraître : *L'Archéologie
du savoir*[19]. Foucault, par ses positions, reprend à son compte le
défi de l'événement de Mai 68 pour déplacer la problématique des
grands socles épistémiques vers l'articulation de la sphère discursive aux pratiques qui la soutiennent. Il offre ainsi aux althussériens
un vaste chantier de recherches pour sortir de leur théoricisme et
décaler le travail philosophique vers le politique, vers l'étude des
points d'inscription du pouvoir.

Cette articulation théorie/pratique va donner parfois des résultats
surprenants. Ainsi Alain Badiou, ancien existentialiste, rallié
depuis 1967 aux positions althussériennes, considère en 1969 que
la lutte des classes dans la théorie passe par la contestation de
l'agrégation de philosophie et va tenter de persuader les agrégatifs
de ne pas passer l'agrégation : « C'est un cas, l'esprit sans doute
le plus brillant que j'ai connu, extraordinairement doué, une
connaissance réelle de la logique, des mathématiques et en même
temps un discours perverti, qui déraille quelque part[20] », selon
Jacques Bouveresse qui voit plus largement dans certaines thèses
défendues en cette période l'expression de ce qu'avait analysé
Wittgenstein en termes pathologiques. Ce n'est que dans l'après-
coup que certains se poseront la question : « Comment a-t-on pu
être fou de cette façon-là ? être structuraliste et être pour la révo-

18. É. Roudinesco, entretien avec l'auteur.
19. M. FOUCAULT, « Réponse au Cercle d'épistomologie », *Cahiers pour
l'analyse*, n° 9, été 1968.
20. Jacques Bouveresse, entretien avec l'auteur.

lution culturelle prolétarienne[21] ? » Mais ces tensions internes ne sont pas vécues comme contradictoires sur le moment, tout au contraire, elles permettent un essor sans précédent du structuralo-althussérisme dans l'après-Mai.

De la même manière, le mouvement vit une énorme contradiction en s'attaquant aux idoles et à la notion d'auteur, unanimement rejetée par les structuralistes de toutes obédiences, alors même que les théoriciens de cet enterrement se vivent et sont perçus eux-mêmes comme des héros. Compensant ainsi leur manque d'assise institutionnelle, les structuralistes ont dû multiplier leurs interventions devant un public qui les perçoit de plus en plus comme des maîtres penseurs, des modèles d'existence, des gourous. Toute une fétichisation entoure ces personnages en perte d'auteurs, devenus les véritables vedettes, les auteurs authentiques qui se font l'écho des inquiétudes intellectuelles de la période ; ils en sont les porte-parole alors que le discours des mandarins installés est vivement contesté. Des mandarins aux samouraïs, le culte de la personnalité et le halo de magie qui les entoure n'ont pas vraiment reculé, ils portent simplement une dimension tragique que n'avait pas la génération existentialiste.

Ce tragique tient à l'épuisement du modèle de l'intellectuel né au XVIIIe siècle avec Voltaire, et revivifié lors de l'affaire Dreyfus au XIXe siècle, fondé sur la coïncidence entre l'intervention de l'intellectuel et la nécessité historique contre les forces de l'irrationalité, du pouvoir et de l'argent. Cette adéquation, pour la génération structuraliste, s'est dissoute avec l'expérience stalinienne. Cette disparition éclaire le pessimisme radical qui se trouve à la base de la pensée structuraliste, y compris dans sa composante la plus militante. La résultante est un curieux mélange d'hédonisme, de libération des forces du désir qui se concilient avec le courant de pensée européenne le plus pessimiste du début du XXe siècle : « Cela aurait dû être l'eau et le feu[22]. »

Cette tension va se manifester le plus souvent par une démarche d'abjuration, favorisant l'essor structuraliste. Beaucoup mettaient leur foi passée dans le Sujet-Staline, leurs illusions dans la construction du modèle des modèles. Ils espèrent alors rompre avec leur propre position de donneurs de leçons en prenant un bain de structures, et du coup en en rajoutant sur leur poids. Ils trouvaient une échappatoire du côté de la science : « Il y a dans cette attitude tout un côté masochiste d'autopunition, un côté : je me suis fait piéger, mon devoir intellectuel est donc de dénoncer ce piège et

21. Bernard Sichère, entretien avec l'auteur.
22. Marcel Gauchet, entretien avec l'auteur.

de me dénoncer moi-même[23]. » Cette évolution est symptomatique
dans l'itinéraire d'un Pierre Daix, qui se convertit comme on l'a
vu au structuralisme après 1968, et publie un ouvrage à la gloire
de l'avènement de la science structurale en 1971 : « Pour la
recherche structurale, il y a un mouvement des sociétés humaines,
qui nous englobe, nous dépasse et dont le sens est à chercher hors
de nos représentations et de nos expériences immédiates[24]. »

La soif de science

Un des versants essentiels de la continuité qui relie 68 et le
structuralisme va donc se situer dans l'exigence scientifique des
enfants de Mai. Certains ont laissé croire à une révolution de zozos,
de cancres, mais tout au contraire les leaders du mouvement se
trouvent dans les plus hauts lieux de la culture, insatisfaits du savoir
transmis, ils aspirent à un changement radical tant du contenu que
des méthodes selon lesquelles il est enseigné. La conversion au
paradigme structural, avec son scientisme, s'est donc, sur ce plan,
réalisée pleinement, même si certains en ont rajouté au nom de la
science pour perturber les cours d'enseignants structuralistes
considérés comme encore trop imprégnés d'idéologie et confinés
dans la reproduction d'un rapport magistral au savoir. Aux côtés
de l'hédonisme du mouvement, il y a donc toute la dimension du
désir de rigueur scientifique qui va assurer des lendemains heureux
au structuralisme après 68.

À une échelle plus large que les conflits internes au monde universitaire, ce qui se joue, c'est la réaction des intellectuels d'Ulm
et des universitaires littéraires face à un processus de technocrati-
sation qui a tendance à les reléguer à un rôle second, derrière les
énarques et les ingénieurs. Il y a alors dans la soif scientifique des
littéraires quelque chose de l'énergie du désespoir pour refuser
cette relève des technocrates : « J'ai été frappé, au lendemain de
68, par la vague de rationalisme qui précipitait des masses d'étudiants à des cours de logique[25]. » On ne parle plus alors que d'épistémologie, de théorie des sciences, qui connaissent un succès
d'autant plus surprenant qu'il s'agit d'un domaine particulièrement
hermétique. De son côté, la linguistique est massivement reconnue
comme discipline opératoire, scientifique et permet d'échanger « le
titre symboliquement peu valué de grammairien contre... le titre de

---

23. Alain Touraine, entretien avec l'auteur.
24. P. Daix, *Structuralisme et révolution culturelle, op. cit.*
25. H. Le Bras, *Le Débat*, mai-août 1988, p. 63.

linguiste[26] », grâce au mouvement de mai 1968 et au succès tout à fait conjoint d'un structuralisme généralisé.

L'immédiat après-68 est une période où la flambée scientiste a atteint son degré paroxystique. La branche la plus formelle de la linguistique, la sémiotique, en est un des vecteurs essentiels. C'est en 1969 que se crée la revue internationale *Semiotica,* animée par Thomas A. Sebeok et l'université de Bloomington, son secrétariat à Paris étant placé sous la responsabilité de Josette Rey-Debove et de Julia Kristeva. La linguistique continue sa course en tête comme fédératrice des sciences humaines, science pilote pourvoyeuse de modèles aux autres disciplines, ce qui justifie, même si ce n'est pas l'intention des auteurs, la publication au Seuil d'un *Dictionnaire des sciences du langage* en 1972, réalisé par Oswald Ducrot et Tzvetan Todorov. Ce besoin général de rigueur conforte le nombre et la force des passerelles entre les diverses disciplines, et assure le succès de l'interdisciplinarité, autour d'un modèle, assurant à celui-ci un pouvoir d'attraction maximal.

Ainsi, Jean-David Nasio, analyste argentin d'obédience kleinienne, se convertit en 1969 au lacanisme. Il travaille à la traduction espagnole des *Écrits* et, à cette occasion, il rencontre souvent Lacan dont il adopte les thèses, à partir de positions althussériennes : « J'étais marxiste-léniniste, militant politique et c'est en lisant Althusser que j'ai voulu critiquer Mélanie Klein à partir d'Althusser[27]. » La socialisation ou démocratisation de l'enseignement des sciences humaines, leur implantation massive et leur pouvoir idéologique assurent alors conjointement le succès du paradigme structuraliste. Celui-ci apporte en effet la garantie d'une scientificité, nécessaire pour s'imposer dans le champ universitaire où les positions sont à conquérir pour transformer les succès successifs dans les revues savantes, les médias, le public intellectuel, en implantation institutionnelle.

La nouvelle architecture des savoirs présuppose donc cet engouement collectif pour la science. Ce besoin de rigueur est ressenti très fortement dans la jeune génération qui quitte le lycée pour les classes préparatoires et l'université juste après 68. Marc Abélès, qui deviendra anthropologue, formé à l'école de Lévi-Strauss, trouve alors chez Maurice Godelier l'élaboration d'une démarche scientifique qui comble son besoin de rigueur, non sans rapports avec des considérations politiques qui résultent d'une déception par rapport aux hommes et forces politiques en place : « On se disait : Ce sont des nuls, et dans ces travaux théoriques,

26. J.-Cl. CHEVALIER et P. ENCREVÉ, *Langue française,* septembre 1984, p. 101.

27. Jean-David Nasio, entretien avec l'auteur.

on cherchait peut-être, derrière leur rigueur, à réagir contre l'atonie de la politique politicienne, en partant d'un môle théorique dur[28]. »

Il y a aussi ceux qui ressentent le besoin de déserter les plates-bandes trop bien tracées des jardins à la française du savoir traditionnel, même rénovées, pour tenter l'aventure scientifique dans de nouveaux champs. C'est le cas de Marc Vernet, étudiant en lettres modernes, qui intègre l'ENSET en 1968-1969 : « J'aime le cinéma et je commence à lire Christian Metz. Je choisis la scientificité, et je me dis que c'est la sémiologie qui va tout expliquer : je saute dessus.[29] » Marc Vernet ne terminera pas son cursus à l'ENSET, malgré d'excellents enseignants qui, tout en préparant au concours, intégraient les acquis de la linguistique : Pierre Kuentz, Antoine Culioli... « Je me disais : les lettres, c'est complètement vieillot. [...] J'avais l'impression d'être sur la vague qui allait tout submerger[30]. » Il passe donc à l'EPHE pour faire une thèse avec Christian Metz, sur « Les phénomènes de suspension de sens dans les films policiers américains des années quarante », donc sur le « suspense ». Ce choix l'amène à découvrir tout le champ des recherches structuralistes dans les diverses disciplines. Lorsque Marc Vernet décide de se consacrer à la sémiologie du cinéma, il ne connaît pas encore l'œuvre de Lévi-Strauss. Un ami, Daniel Percheron, lui conseille la lecture de l'œuvre de l'anthropologue qu'il découvre avec passion, mais qui n'a pas, dans un premier temps, de retentissement sur son propre travail ; jusqu'au moment où il se pose la question de ce qu'est un personnage, qu'on a l'habitude d'opposer au narrateur du point de vue structural. Marc Vernet découvre le décrochage dans le texte de Lévi-Strauss « La structure et la forme », où il critique Vladimir Propp en proposant un traitement des personnages à partir de leurs attributs et non à partir de leurs fonctions : « Ce qui me fascine, c'est la capacité de Lévi-Strauss à réduire à des structures des ensembles de textes qui sont pluriels[31]. » Une telle démarche peut permettre de saisir scientifiquement l'impression purement intuitive que tous les films conçus aux États-Unis dans les années quarante se ressemblent. Bien évidemment, le travail des linguistes entre dans l'horizon théorique de Marc Vernet : à partir de sa problématisation de la position du personnage dans le récit cinématographique, il découvre la réflexion déjà menée par Philippe Hamon sur le per-

---

28. Marc Abélès, entretien avec l'auteur.
29. Marc Vernet, entretien avec l'auteur.
30. *Ibid.*
31. *Ibid.*

sonnage en littérature[32]. Dans la boîte à outils de la sémiologie du cinéma, il faut aussi compter avec Lacan, d'autant qu'en ces années soixante-dix, le maître, Christian Metz, connaît une inflexion de son travail vers les rapports cinéma/psychanalyse. Marc Vernet lit donc tout Lacan et son attention est surtout retenue par « Du regard comme objet a[33] », « parce qu'il est question de vision, de fétichisme et de voyeurisme[34] ». Toute une recherche animée par le souci de la rigueur scientifique fonde donc le succès du structuralisme dans l'après-68.

Panser les plaies de l'échec

Il est aussi une autre dimension qui permet de comprendre l'engouement pour le discours analytique, la forme de « psychanalysme » – comme l'a qualifiée de manière critique Robert Castel – en vogue dans cette période postérieure à 1968, et qui assure une audience croissante à Lacan. Certes, celui-ci sera aussi chahuté par le mouvement de Mai, notamment lorsqu'il fera son apparition sur le campus vincennois. Mais si on conteste celui qui, à la manière de De Gaulle, incarne le père, dont on dénonce l'embourgeoisement, il est aussi le père-recours, le père-secours dans la période de reflux du mouvement. Lorsque la mobilisation revient à l'étiage, que le cours du temps regagne son lit après la crue, Lacan est celui qui peut panser les plaies de l'échec, des illusions perdues d'une rupture totale souhaitée avec le monde ancien. À défaut de pouvoir changer le monde, on peut encore se changer soi-même. Et nombreux sont ceux qui, comme Roland Castro, ancien du Mouvement du 22 mars, défilent sur le divan de Lacan pour comprendre les difficultés inhérentes à la transgression de la Loi, et les illusions propres à l'idée de révolution (revenir au même point, en son sens étymologique) : « Les gens qui sont venus après 68 en analyse ont vécu cela comme une roue de secours à un moment où le maoïsme était déclinant : Roland Castro, Catherine Clément, Jacques-Alain Miller...[35]. »

La structure triomphe alors de l'événement lorsque celui-ci reflue et se trouve repris par l'ancien. L'échec est ressenti comme

---

32. Ph. HAMON, « Pour un statut sémiologique du personnage », *Littérature*, n° 6, mai 1972.

33. J. LACAN, « Du regard comme objet a », dans *Le Séminaire, Livre XI : Les quatre concepts fondamentaux de la psychanalyse (1963-1964)*, Le Seuil, 1973.

34. Marc Vernet, entretien avec l'auteur.

35. Jean Clavreul, entretien avec l'auteur.

l'expression de la force inexpugnable de la structure, et l'option structuraliste se trouve donc doublement alimentée par l'explosion de Mai et par son « échec », tout au moins comme rupture globale et radicale. Lacan incarne alors le recours, il fait signe à l'heure de la révolution impossible. Et en mai 1970, il peut opposer une résistance opiniâtre à ses ouailles de la Gauche prolétarienne lorsque, ayant besoin de remplir leurs caisses, dont s'occupe Roland Castro, elles dépêchent une délégation qui argumente sans succès pendant quatre heures dans le cabinet de Lacan pour s'entendre répliquer : « Pourquoi vous donnerais-je mon fric ? La révolution, c'est moi[36]. »

Triomphe de l'ultra-structuralisme

L'effet de Mai 68 sur le structuralisme est donc contradictoire : ancien et nouveau se mêlent, rationalisme scientiste et antirationalisme sont liés, y compris dans la pensée des mêmes auteurs. En tout cas, l'événement-68 n'aura pas été sans effets au plan théorique ; s'il n'aura été le déclencheur ni d'une extinction du structuralisme ni d'un triomphe de celui-ci, Mai 68 aura en fait déplacé les lignes, accéléré des évolutions en cours depuis 1966-1967.

Ce que Mai va surtout favoriser, c'est le succès de ce qu'on a appelé l'ultra-structuralisme : celui-ci reprend l'essentiel des orientations structuralistes pour les ouvrir vers la pluralisation, vers des concepts indéterminés, « nomades », qui deviennent les catégories de pensée dominantes de l'après-Mai. Tout ce qui harcelait de l'intérieur le structuralisme avant 1968 pour en assurer le dépassement, que ce soit le générativisme, les théories de l'énonciation, l'intertextualité, la critique du logocentrisme : c'est le triomphe de tout cela que Mai 68 assure, en accélérant le processus de débordement, et que Manfred Frank appelle le « néo-structuralisme ».

Toutes les catégories globalisantes sont alors soumises à une critique déconstructrice, elles sont systématiquement pluralisées. On remet en cause l'idée de causalité, en lui substituant celle de périphérie et de schémas relationnels aux multiples ramifications, sans centre organisateur. Le structuralisme de la première période s'était déjà attaqué à la notion de causalité, avait déjà privilégié une pensée du relationnel ; l'ultra-structuralisme accentue encore cette rupture, il la poursuit et l'infléchit en basculant de plus en plus du côté du désir contre la norme, du multiple contre l'Un, du

---

36. J. LACAN, cité par H. HAMON, et P. ROTMAN, *Génération, II,* Le Seuil, 1988, p. 182.

signifiant contre le signifié, de l'Autre contre le Même, des différences contre l'Universel.

Mai 68 fait surtout éclater la notion de clôture de la structure. Le verrou saute, et le point se transforme alors en nœud : « La structure des néo-structuralistes ne connaît plus de limites assignables, elle est ouverte, susceptible d'infinies transformations[37]. » Cette ouverture/pluralisation, le structuralisme d'après 68 va surtout la trouver du côté d'une historicisation, non au sens du retour à un quelconque sens de l'histoire, à une philosophie de l'histoire, mais au sens de sa déconstruction nietzschéo-heideggérienne : le structuralisme, atteint par l'histoire, la retrouve pour la déconstruire.

À plus long terme, tous les germes qui travaillent à l'intérieur du structuralisme et dont 68 permet l'éclosion vont représenter autant de forces déstabilisatrices du paradigme structural lui-même, ils vont en assurer le déclin inexorable au cours des années soixante-dix. Le générativisme, la prise en compte de l'énonciation, l'intertextualité, le déconstructionnisme... assurent tout à la fois l'adaptation nécessaire du structuralisme et sa dissolution, sa propre rature.

Un autre facteur, plus... structurel, jouera paradoxalement dans le même sens : c'est le triomphe institutionnel des structuralistes, qui investissent en force l'Université à partir de 1968.

---

37. M. Frank, *Qu'est-ce que le néo-structuralisme ?*, *op. cit.*, p. 28.

13

L'institutionnalisation :
la conquête de l'Université

Les structuralistes étaient pour la plupart des marginaux jusqu'en 1968. La contestation étudiante de Mai, la modernisation de l'Université, l'éclatement de la Sorbonne vont leur permettre de réaliser la percée souhaitée dans un monde universitaire dans lequel ils font leur entrée massive. C'est enfin la conquête de la capitale et l'implantation spectaculaire, par le nombre de chaires créées pour les jeunes enseignants de la nouvelle génération, ainsi que par la création de nombreux départements d'enseignement consacrés à un savoir structuralisé.

S'il y a ambiguïté sur les conséquences de l'événement-68 au plan théorique, ce n'est pas le cas au plan institutionnel : le structuralisme est le grand bénéficiaire du mouvement de contestation. Le développement des thèses structuralistes par cercles concentriques aura donc enlevé, à la faveur d'une « révolution », le môle de résistance de la Sorbonne, faute de pouvoir le transformer par réformes progressives. Le phénomène le plus spectaculaire est bien évidemment la création dans les universités de départements de linguistique générale qui n'existaient pas jusqu'alors. Certes, il y avait déjà des linguistes en place mais, confinés à l'intérieur de départements de langue, ils n'avaient pas d'existence autonome. Peu nombreux, ils servaient d'auxiliaires à l'acquisition des langues étrangères ou de la grammaire française.

Au ministère, juste après Mai 68, on met en place une commission pour redéfinir les nouveaux cursus de la licence de lettres, le tout en quarante-huit heures. Une dizaine de professeurs sont réunis là, dont Jean Dubois, André Martinet, Algirdas-Julien Greimas. André Martinet voulait la mise en place d'unités de valeur de linguistique générale, et Jean Dubois était plutôt partisan d'unités de valeur de linguistique française : « J'étais assis aux côtés de la secrétaire qui faisait le procès-verbal, c'était assez confus. On mettait les propositions au tableau. [...] La secrétaire me demande ce qu'il en est. Je lui dis : "Linguistique française." C'est parti comme cela au ministère et le décret a été entériné[1]. » À la Sorbonne, André Martinet reçoit, à la faveur de 1968, le renfort de jeunes assistants qui, comme Louis-Jean Calvet, sont nommés dès 1969.

La prise du pouvoir à Nanterre

À Nanterre, où se trouvent déjà Jean Dubois et Bernard Pottier, la création d'un département de linguistique se fait par la force : « En 68, à Nanterre, avec les assistants que j'avais avec moi, on s'est séparés des littéraires, *manu militari*. On les a expulsés du secrétariat et ils se sont battus[2]. » Le mouvement de Mai permet à de jeunes enseignants de réaliser une carrière qui brûle toutes les étapes. Le besoin de recrutement provoque un rajeunissement spectaculaire du corps enseignant et ouvre aux perspectives de modernisation les plus audacieuses. La linguiste Claudine Normand, professeur au lycée en 1968, est contactée après Mai par Louis Guilbert, qui lui propose un poste d'assistante à l'université de Rouen, et ne lui laisse que vingt-quatre heures de réflexion pour accepter : « L'année d'après, je me suis retrouvée à Nanterre, à partir d'octobre 1969[3]. » Le département de linguistique y est animé par des membres du PCF, même s'il est ouvert à tous les courants de la linguistique selon le vœu de Jean Dubois, qui n'a jamais été sectaire, et n'a donc pas fermé le recrutement aux seuls communistes. Ce qui caractérise surtout ce département de linguistique de Nanterre, c'est son énorme dimension : en 1969, il a déjà vingt-deux titulaires (on en comptera vingt-sept plus tard).

Le travail des Nanterrois s'est orienté surtout vers une sociolinguistique fondée sur l'analyse du discours, sur la lexicologie. Les recherches de Jean Dubois, de Jean-Baptiste Marcellesi, de Denise Maldidier, de Françoise Gadet... permirent ainsi de poser les jalons de recherches interdisciplinaires, et de réaliser des travaux en commun avec certains historiens de Nanterre comme Régine Robin ou Antoine Prost. Cette orientation lexicologique n'était pas sans poursuivre une orientation critique de l'idéologie dominante, et son horizon était donc tout à la fois théorique et politique. Dans la filiation du structuralisme, ces linguistes cherchaient néanmoins une connexion entre le langage et le social, absente dans le saussurisme classique, en établissant des relations

---

1. Jean Dubois, entretien avec l'auteur.
2. *Ibid.*
3. Claudine Normand, entretien avec l'auteur.

de cause à effet entre ces deux niveaux. Ce travail critique s'applique à l'idéologie à l'œuvre dans le discours historique et politique ; il s'inspire pour l'essentiel de la méthode distributionnelle de Harris, mais aussi d'une tradition plus française, la lexicologie. C'est la thèse de Jean-Baptiste Marcellesi sur *Le Congrès de Tours*[4] qui va servir de modèle à de nombreuses études de cas. Dans cet ouvrage, Marcellesi avait confronté le discours des majoritaires favorables à l'adhésion aux vingt et une conditions de l'Internationale communiste, et celui des minoritaires qui souhaitaient, avec Léon Blum, garder la vieille maison. Il en conclut qu'il n'y a pas encore en 1920 de clivage sociolinguistique perceptible entre les deux courants, sinon au niveau du contenu.

Il y avait eu, juste avant le mouvement de Mai, en avril 1968, un colloque de lexicologie politique à Saint-Cloud, au cours duquel Annie Kriegel avait analysé le vocabulaire « unitaire » des communistes lors du Front populaire. Denise Maldidier avait fait l'étude, à partir de six quotidiens, du vocabulaire politique pendant la guerre d'Algérie. Antoine Prost confrontait le vocabulaire des familles politiques en France à la fin du XIXᵉ siècle, lors des élections de 1881. Tout se chantier lexicologique va se développer autour de Nanterre après Mai 68, et permettre la publication en 1971 d'un numéro de *Langue française* consacré à « Linguistique et société »[5], et de *Langages* consacré à l'étude du « discours politique »[6].

Cette perspective permet de prendre en compte le distinguo entre énoncé (le contenu du discours) et énonciation (les éléments appartenant au code de la langue et dont le sens dépend) défini par Jean Dubois et Uriel Weinreich à partir de quatre concepts : *distance* du sujet par rapport à son énoncé, *modalisation* (marque que le sujet donne à son énoncé), *tension* (qui définit le rapport entre le sujet et son interlocuteur), et enfin *transparence/opacité* du discours. Sur cette base, Lucile Courdesses procède à l'analyse comparée des discours de Léon Blum et de Maurice Thorez en mai 1936[7]. Elle y discerne une opposition marquée entre un discours didactique, distancié, dans lequel l'énonciation est à peine marquée (celui de Maurice Thorez qui s'exprime au nom d'un groupe homogène, celui des communistes dans lequel les états d'âme individuels n'existent pas), et celui de Léon Blum qui fait référence

4. J.-B. MARCELLESI, *Le Congrès de Tours*, Le Pavillon/Roger Maria éditeur, 1971.

5. *Langue française*, n° 9, février 1971, « Linguistique et société ».

6. *Langages*, n° 23, septembre 1971, « Le discours politique ».

7. L. COURDESSES, *Langue française*, n° 9, février 1971, « Linguistique et société ».

aux actants et contient une tension maximale vers un but politique concret. Sur une autre période, celle de la Révolution française, l'historienne Régine Robin et le linguiste Denis Slakta prennent pour objet d'étude les cahiers de doléances de 1789[8] : d'un côté, l'histoire sociale, celle de la thèse de Régine Robin sur le bailliage de Semur-en-Auxois, est appelée à collaborer avec la linguistique ; et, de l'autre, la pragmatique pénètre dans le travail linguistique puisque Denis Slakta s'interroge sur la potentialité illocutionnaire[9] de l'acte de demander. Françoise Gadet s'interroge de son côté sur les variations sociales de la langue[10].

Ces analyses de discours ne s'arrêtent pas aux études quantitatives lexicales sur la fréquence de l'usage des mots ; elles cherchent à établir un rapport entre les comportements et leurs manifestations verbales. Il en est ainsi dans l'analyse du discours politique de la guerre d'Algérie réalisée par Denise Maldidier[11]. Cette perspective permet d'adapter la méthode structuraliste au haut degré de conscience politique de ces années soixante-dix, et parvient parfois à des résultats : ainsi lorsque Antoine Prost analyse les déclarations de candidature aux élections des années 1880 pour en déduire que des candidats de gauche parlaient comme les candidats de droite à l'intérieur des circonscriptions de droite, mais parfois aussi à l'intérieur des circonscriptions de gauche[12]. Mais trop souvent, les conclusions tirées de ces études lexicologiques sont décevantes et n'aboutissent, au terme de longs examens qualitatifs et quantitatifs, qu'à vérifier les intuitions initiales du chercheur.

L'éclatement de la Sorbonne

La linguistique structurale fait aussi son entrée en force dans l'université nouvelle, produit de Mai 68, qu'est Paris-VII (Jussieu), créée en 1970, à vocation scientifique et interdisciplinaire. La plupart des littéraires qui se bagarraient avec les mandarins de la Sorbonne, et qui n'ont pas participé à l'expérience vincennoise, vien-

8. R. Robin et D. Slakta, *ibid.*

9. Distinction introduite par J.L. Austin dans sa définition des actes de parole qui sont triplement constitués de l'acte locutoire (combinaison de sons), de l'acte illocutoire (soit l'acte que représente l'énonciation de la phrase) et l'acte perlocutoire (les fins plus lointaines de l'énonciation).

10. F. Gadet, *ibid.*

11. D. Maldidier, *Langages*, n° 23, septembre 1971.

12. A. Prost, *Vocabulaire des proclamations électorales de 1881, 1885 et 1889*, PUF, 1974.

nent alors enseigner à Paris-VII pour substituer à la critique lan-
sonienne, la critique structuraliste. Ce sont surtout de jeunes
assistants d'une trentaine d'années, mais aussi des spécialistes plus
confirmés comme Antoine Culioli, qui choisit cette université
ouverte sur les sciences exactes pour y créer un département de
linguistique.

La vocation pluridisciplinaire de Paris-VII se retrouve dans le
département intitulé : « Histoire, géographie, sciences de la
société » : « Est-ce que cela venait du structuralisme ? Oui, car ce
qui séduisait beaucoup dans le structuralisme et dans l'œuvre de
Lévi-Strauss, c'était cette fantastique possibilité d'aller des Bam-
bara à Chomsky, aux mathématiques, à l'ethnologie...[13]. » Il y avait
le désir de remettre en cause les frontières disciplinaires pour que
se côtoient dans un même projet d'enseignement des spécialistes
de disciplines différentes, notamment des sociologues comme
Pierre Ansart ou Henri Moniot, et des historiens comme Michelle
Perrot ou Jean Chesneaux. L'état d'esprit de cette équipe n'est
cependant pas celui de l'adoption des orientations théoriques du
structuralisme, si ce n'est dans ce qu'il a provoqué comme volonté
de dépasser les clivages traditionnels entre disciplines.

Mai 68 permet également, bien que de manière encore purement
parisienne, et uniquement dans quelques lieux limités, la pénétra-
tion de la psychanalyse à l'Université en liaison avec d'autres
sciences sociales. Au-delà des querelles d'écoles, c'est le point
d'aboutissement de la participation active du courant lacanien au
structuralisme des années soixante, aux côtés des littéraires, des
anthropologues, des philosophes. Jusque-là, la psychanalyse
s'enseignait à l'université des lettres, sous couvert d'un enseignement de la psychologie, dans la voie tracée par Daniel Lagache
dont la chaire de psychologie avait été créée pour lui à la Sorbonne,
en 1955[14]. Il y avait bien eu quelques francs-tireurs comme Didier
Anzieu à Nanterre, ou Juliette Favez-Boutonier à Censier, qui y
avait installé son Laboratoire de psychologie clinique en 1966 ;
mais la situation de cette dernière restait très précaire, n'assurant
aucun cursus autonome : « Ou la clinique est psychologique et elle
doit disparaître, ou elle est médicale et elle doit être rattachée à la
médecine[15]. » Cependant, elle réussit à créer une enclave, en
regroupant autour d'elle quatre assistants : Claude Prévost, Jacques
Gagey, Pierre Fédida et Anne-Marie Rocheblave. Elle avait
commencé à prendre les inscriptions des étudiants malgré l'absence
de toute caution accordée à cette formation de psychologie cli-

---

13. Pierre Ansart, entretien avec l'auteur.
14. É. ROUDINESCO, *Histoire de la psychanalyse*, t. 2, *op. cit.*, p. 552.
15. *Ibid.*, p. 553.

nique. Grâce à la contestation de Mai se constitue, à partir de ce noyau et d'un autre groupe, une UER de sciences humaines cliniques à Censier, qui se rattache à Paris-VII.

Il y a d'autres projets, dont celui d'une « université expérimentale » axée sur les mathématiques et les sciences humaines, venant du linguiste Antoine Culioli et du psychanalyste Jean Laplanche : « L'idée était d'un retour aux sciences fondamentales. [...] Plutôt que de trouver des points de chute dans l'éternelle psychologie, on le cherchait dans une faculté expérimentale[16]. » Ce projet n'aboutira pas, et Jean Laplanche participera à l'UER de sciences humaines cliniques, qui comptera vite plusieurs centaines d'étudiants. Il crée un peu plus tard, en 1969-1970, un Laboratoire de psychanalyse et de psychopathologie, cette fois orienté exclusivement sur le commentaire de l'œuvre de Freud.

Cette percée au centre d'une université de lettres, à Censier, n'a été possible que grâce au déplacement de la position de la psychanalyse réalisé par Lacan, grâce à sa démédicalisation et aux points de suturation trouvés du côté de la linguistique. Le mouvement de Mai aura ensuite permis l'accomplissement institutionnel d'un tel déplacement, ce qu'illustrera de façon spectaculaire la création du département de psychanalyse de l'université de Vincennes, que nous analyserons plus longuement dans le chapitre suivant.

À la conquête du Collège de France... et de l'Amérique

L'autre signe de l'institutionnalisation du structuralisme est le succès remporté par Michel Foucault contre Paul Ricœur dans un duel qui les a opposés pour entrer au Collège de France, fin 1969. Le projet d'une candidature de Foucault remonte au succès des *Mots et les Choses*, et a été activement mis en œuvre par Jean Hyppolite, qui commence à réunir les supporters de Foucault : Georges Dumézil, Jules Vuillemin, Fernand Braudel. Mais la mort de Jean Hyppolite le 27 octobre 1968 fait différer le projet, repris par Jules Vuillemin puisqu'il faut pourvoir désormais à une chaire laissée vacante[17]. À la chaire de philosophie se présentent trois candidats : Paul Ricœur, Yvon Belaval et Michel Foucault. Celui-ci propose d'intituler la chaire qu'il pourrait occuper d'« Histoire des systèmes de pensée », et il en présente ainsi le programme : « Entre les sciences déjà constituées (dont on a fait l'histoire) et les phénomènes d'opinion (que les historiens savent traiter), il faudrait

---

16. Jean Laplanche, entretien avec l'auteur.
17. Informations tirées de D. Éribon, *Michel Foucault*, Flammarion, 1989, p. 227-231.

entreprendre l'histoire des systèmes de pensée » pour « réinterroger la connaissance, ses conditions et le statut du sujet qui connaît.[18] »

Outre ce projet, les professeurs du Collège de France ont la possibilité de choisir une chaire de philosophie de l'action destinée à Paul Ricœur, ou une chaire d'histoire de la pensée rationnelle destinée à Yvon Belaval. Sur 46 votants, le projet de Foucault l'emporte au second tour avec 25 voix contre 10 pour celui de Ricœur et 9 pour Belaval[19]. L'entrée de Foucault le 2 décembre 1970 au sein de cette institution canonique au rituel intangible, d'un Foucault hérétique qui sent encore le soufre des grenades lacrymogènes reçues sur le campus vincennois, n'est pensable que si l'on resitue le travail de Foucault à l'intérieur de la mouvance structuraliste : elle lui permet de rejoindre Georges Dumézil et Claude Lévi-Strauss dans la légitimation et la consécration de la pensée structurale.

Le banquet des quatre mousquetaires pourrait d'ailleurs quelques années plus tard se dérouler au Collège de France, à l'exception de Jacques Lacan. En 1975, Roland Barthes rejoint Foucault – et grâce à lui – dans la consécration suprême, lors de son élection au sein de la vénérable institution. C'est Foucault qui va défendre sa candidature. Elle provoque quelques réticences sur le caractère trop mondain du postulant : « Ces voix, ces quelques voix qu'on entend et qu'on écoute actuellement un peu au-delà de l'Université, croyez-vous qu'elles ne font pas partie de notre histoire d'aujourd'hui ; et qu'elles n'ont pas à faire partie des nôtres[20] ? » Michel Foucault emporte la décision et Roland Barthes appartient alors à la même institution que lui, Claude Lévi-Strauss, Georges Dumézil, Émile Benveniste et bientôt Pierre Bourdieu. Le Collège de France consacre ainsi le structuralisme comme moment intense et fécond de la pensée française.

Ces succès remportés par les structuralistes dans la fin des années soixante sont tels qu'ils fascinent outre-Atlantique. Un professeur de Berkeley, Bertrand Augst, très francophile, veut faire profiter les Américains de cette effervescence intellectuelle ; il crée au cœur de Paris, à l'Odéon, un Centre de formation pour étudiants américains recrutés pour passer leur année universitaire à Paris. À partir du début des années soixante-dix, ce centre permet à une trentaine d'étudiants américains de Californie, puis de l'ensemble des États-Unis, de venir se familiariser avec la sémiologie structurale. Spé-

---

18. M. FOUCAULT, *Titres et Travaux*, plaquette éditée pour la candidature au Collège de France, 1969, p. 9.

19. D. ÉRIBON, *Michel Foucault, op. cit.*, p. 232.

20. M. FOUCAULT, texte inédit cité par D. ÉRIBON, *Michel Foucault, op. cit.*, p. 104.

cialisé au départ dans la sémiologie du cinéma, le centre de l'Odéon diversifiera ses activités en s'ouvrant à l'ensemble des sciences sociales ; Michel Marie servait de relais à Paris pour que ces étudiants américains deviennent les ambassadeurs des méthodes nouvelles aux États-Unis.

Sur le continent américain, l'œuvre de Foucault connaît une très large diffusion, notamment sur la côte Ouest, en Californie. Quant à Derrida, il avait déjà conquis les Américains avec son intervention, en 1966 à l'occasion du symposium organisé par l'université John Hopkins de Baltimore, « Structure, sign and play in the discourse of the human sciences ». Son œuvre se diffuse alors, au point qu'il anime chaque année à partir de 1973 un séminaire à l'université de Yale, devant un auditoire exceptionnellement nombreux.

Les effets pervers du succès

Le structuralisme qui s'installe dans les institutions poursuit aussi sa conquête des médias. Il parvient dans ce domaine aussi à la consécration lorsque Roger-Pol Droit devient le responsable de la rubrique « Sciences humaines » au *Monde des livres*, en 1972. Althusséro-lacanien, il se fait l'écho des diverses avancées d'un structuralisme de plus en plus éclaté en ces années soixante-dix, mais qui reste la pensée forte du moment : « Je suis arrivé à un moment où le règne structuraliste était en plein dans sa force[21]. » Il quittera en 1977 cette responsabilité, à un moment où la vague structuraliste reflue de partout, avant de reprendre cette charge à la fin des années quatre-vingt. « Tout cela se termine autour de 1975 dans la cléricature et la caricature d'un monde épuisé[22]. »

La force institutionnelle du structuralisme après 1968 a en effet pour fâcheuse conséquence, selon Alain Touraine, de vider 68 de son contenu, de son vécu en accentuant la coupure entre le monde universitaire et le monde social « Le discours-68 s'empare de l'Université tandis que le vécu-68, chassé de l'Université, se retrouve chez les femmes, les travailleurs immigrés, les homos qui, eux, changent la société[23]. »

Cette fermeture et cette évacuation du vécu correspondent bien d'ailleurs aux principes structuralistes, qui invitent à une coupure épistémologique, théorique, scientifique avec l'objet d'étude, et permettent ainsi la théorisation de ce qui est en train de se dérouler.

---

21. Roger-Pol Droit, entretien avec l'auteur.
22. Alain Touraine, entretien avec l'auteur.
23. *Ibid.*

D'où le grand renfermement du monde universitaire sur lui-même, après l'échec de ses tentatives de connexion avec le monde social.

Des conquêtes sociales sont pourtant à mettre à l'actif du structuralisme, notamment dans sa version psychanalytique, comme le souligne le psychanalyste (freudien) Gérard Mendel : « Le succès de Lacan a correspondu à un moment où il y avait tout un prolétariat intellectuel (travailleurs sociaux, éducateurs...) pour lequel la voie noble de la psychanalyste avait été fermée[24]. » L'orientation suivie par Lacan permet d'ouvrir largement la profession d'analyste hors du cursus médical classique, et de nouvelles couches sociales peuvent s'engouffrer dans la brèche, notamment grâce à la multiplication des instituts médico-pédagogiques. Cette extension permet une socialisation plus large de la psychanalyse, et cette démocratisation fut indiscutablement accélérée par 68.

Mais en même temps que le structuralisme conquiert le pouvoir, s'institutionnalise grâce à la contestation de 68, il se banalise et perd de sa force critique corrosive. On peut donc aussi entrevoir derrière ce triomphe le signe de l'éclatement à venir au cours duquel chacun, dans sa discipline, va retracer une logique spécifique, puisqu'il n'y a plus de combat commun à mener, d'adversaire désigné, de cible visible. La phrase militante se clôt avec le triomphe institutionnel. Elle ouvre la période de l'éclatement et de la dissolution, que nous analyserons en détail par la suite.

De cette évolution, rien ne témoigne mieux que l'histoire flamboyante de l'université de Vincennes.

---

24. Gérard Mendel, entretien avec l'auteur.

14

Vincennes-la-structuraliste

En plein bois de Vincennes, à côté d'un champ de tir, le ministère de la Défense rétrocède pour un temps limité à la Ville de Paris un terrain pour y bâtir en toute hâte une université expérimentale, ouverte dès la rentrée universitaire 1968-1969. Cette université nouvelle, Paris-VIII, doit être l'anti-Sorbonne, un véritable concentré de modernité ; sa vocation est d'ouvrir des perspectives originales de recherches, de sortir des sentiers battus. L'université de Vincennes fait de la pluridisciplinarité sa religion, récuse au départ les cursus traditionnels de préparation aux concours nationaux pour permettre l'épanouissement de ses capacités de recherche. Le cours magistral est, à quelques exceptions près, proscrit, et la parole doit circuler dans les petits groupes des « unités de valeur » qui travaillent dans de petites salles de cours. L'académisme et la tradition sorbonnarde doivent rester à la porte de cette université qui se veut résolument contemporaine, moderne, ouverte aux technologies les plus sophistiquées et aux méthodes les plus scientifiques des sciences de l'homme pour assurer la rénovation des anciennes humanités.

Puisque la modernisation s'est identifiée au structuralisme, Vincennes sera structuraliste. Elle symbolise même le triomphe institutionnel de ce courant de pensée jusque-là marginal, qui fait ici son entrée par la grande porte dans une université parisienne. L'aménagement intérieur de la faculté est fabuleux, c'est un véritable joyau de la couronne d'un régime gaulliste usé qui s'offre là un joujou, une vitrine : de la moquette partout, chaque petite salle de cours est équipée de son téléviseur relié à une régie centrale, le décor est signé Knoll, le tout dans un cadre verdoyant, sans les bruits de la ville, troublé seulement par les tirs lointains des entraînements des conscrits.

Les plus contestataires du mouvement de Mai trouvent refuge à Vincennes. On y voit beaucoup de maoïstes, en mal de gardes rouges, qui ont tendance à considérer ce microcosme comme le milieu du monde ou à limiter le monde au territoire de l'université. Les forces vives de la contestation de 68 se sont donné rendez-vous là, piégées dans cet univers confiné, ouaté, où l'agitation peut s'épanouir à l'abri de la société, en toute liberté, car ses échos arrivent émoussés à ses destinataires, trop heureux d'avoir circonscrit le mal au milieu d'une forêt qui en constitue le cordon sanitaire. Une génération sera néanmoins passée par là pour y acquérir les armes de la critique, et le pouvoir finira par exorciser le danger de ce brasier en rasant le tout à coups de bulldozers pour réinstaller Paris-VIII sur la plaine Saint-Denis. Très vite d'ailleurs le projet de modernisation et de faculté-vitrine tombera en déshérence, le pouvoir laissant Vincennes asphyxiée par la pénurie et survivre aux limites de la clochardisation. Privée de moyens matériels suffisants, objet de détériorations quotidiennes, en proie à un afflux d'inscriptions excédant largement sa capacité d'accueil[1], le Centre de Vincennes, dont les plafonds sont vite défoncés par des étudiants cherchant si la police n'y aurait pas installé des micro-émetteurs, deviendra vite un terrain vague. Mais il sera toujours animé par le désir de tous ses membres de poursuivre l'expérience, tous jalousement attachés à préserver les libertés conquises, la qualité des échanges, et cette parole libérée qui est un acquis fondamental de Mai. Derrière la vitrine, derrière l'agitation des militants affairés, d'un côté, et l'hédonisme affiché des autres, il y a les travaux et les jours, le labeur souterrain qui se veut le plus moderne, le plus scientifique de toutes les universités de lettres de l'Hexagone, et au rayonnement international. Si Paris n'est pas la France, Vincennes pourrait être le monde.

Harvard à Paris ?

Expression de la modernité, de la pensée épistémologique ou structuraliste, trois chauves devisent ensemble sur le campus de Vincennes, prenant un malin plaisir à se promener tous trois autour du bassin central sous le regard ébahi des étudiants : le philosophe Michel Foucault, le linguiste Jean-Claude Chevalier et le littéraire Pierre Kuentz qui ont en commun d'avoir un crâne parfaitement lisse. Ils incarnaient de plus, avec d'autres, le succès du structuralisme, l'aboutissement d'un long combat qui, grâce aux barricades, débouchait sur la réalisation d'un rêve impossible : une université

---

1. Créé pour 7 500 étudiants avec une superficie prévue de 30 000 m², le Centre en accueille 8 200 dès 1969-1970, sur 16 000 m² (soit 2 m² par étudiant).

littéraire réconciliée avec la science dans laquelle la pensée structurale a la part belle.

Le professeur contacté par le ministre de l'Éducation nationale Edgar Faure pour devenir le doyen de Vincennes n'est autre que Jean Dubois, maître d'œuvre à Nanterre et chez Larousse du programme structuraliste en linguistique, et membre du PCF, connu pour son absence de sectarisme. S'il accepte de s'occuper de la mise en place d'un département de linguistique, Jean Dubois se rétracte pour le reste : « J'ai hésité pendant huit jours : mission impossible. J'étais avant tout un homme d'ordre [...]. J'ai visité les locaux qui étaient splendides, mais dès les premiers jours on avait déjà déménagé par camions entiers les fauteuils...[2]. » C'est le doyen de la Sorbonne, l'angliciste Raymond Las Vergnas, qui s'occupe donc de l'installation de cette nouvelle université. En octobre 1968, une commission d'orientation d'une vingtaine de personnalités se réunit sous sa présidence, parmi lesquelles Roland Barthes, Jacques Derrida, Jean-Pierre Vernant, Georges Canguilhem, Emmanuel Le Roy Ladurie... Très vite, une douzaine de personnes sont désignées pour former le noyau cooptant qui devra se charger de la nomination de l'ensemble du corps enseignant : professeurs, maîtres-assistants et assistants de la faculté.

Une certaine cohérence dans les nominations sera respectée dans la mesure du possible, et celle-ci va privilégier le courant structuraliste. En sociologie, les deux membres du noyau cooptant son Jean-Claude Passeron et Robert Castel, soit les deux branches du structuralisme sociologique : bourdieusienne avec Passeron et foucaldienne avec Castel. Lorsque le sociologue Georges Lapassade rencontre à l'occasion d'une assemblée générale à la Sorbonne en novembre 1968 Robert Castel, il lui fait part de son désir d'enseigner à Vincennes, mais il s'entend répondre que les sociologues forment une équipe qui a besoin de maintenir sa cohérence épistémologique : « Plus tard, Jean-Marie Vincent et Serge Mallet, tous deux sociologues, se sont également heurtés à une espèce de "veto" du même département[3]. »

Dans le département de philosophie, c'est Michel Foucault qui s'occupe des nominations ; en littérature française, c'est Jean-Pierre Richard ; en linguistique : Jean Dubois, Jean-Claude Chevalier et Maurice Gross. Et, grande première, l'université compte un département de psychanalyse dont doit s'occuper le second de l'organisation lacanienne : Serge Leclaire.

---

2. Jean Dubois, entretien avec l'auteur.

3. G. LAPASSADE, dans *L'Université ouverte : Les dossiers de Vincennes*, présenté par Michel DEBEAUVAIS, Presses universitaires, dossiers de Grenoble, 1976, p. 219.

Le grand projet est de faire de Vincennes un petit MIT, une université à l'américaine, un modèle de modernité, une enclave au rayonnement international dont l'ambition affichée est celle de l'interdisciplinarité. En fait, la réalisation est loin du modèle, faute de moyens matériels certes, mais surtout parce que l'investissement des enseignants à l'intérieur de l'université n'est pas du tout le même en France et aux États-Unis : « Dans les universités américaines, les professeurs sont toujours là ; ils travaillent avec leurs étudiants, ils ont des contacts constants entre eux, des programmes de recherche en commun, encadrés administrativement[4]. » Rien de tel à Vincennes, même si les professeurs y passent plus de temps qu'ailleurs puisque la réunionite fut la maladie infantile de cette université. Mais c'est surtout dans les AG, les Comités d'action que les professeurs les plus actifs sont présents, et finalement les contacts transversaux entre disciplines, entre spécialistes seront assez peu nombreux, malgré quelques tentatives. Quant aux échanges avec les étudiants, certes écoutés dans les unités de valeur, ce qui est déjà exceptionnel, ils se font surtout à la cafétéria : « Très vite, qu'est-ce qui est resté du modèle américain à Vincennes ? L'aspect salonnard, la multiplication des auditeurs libres, des gens qui se baladaient dans les UV, très peu de liens. On n'a pas vraiment appliqué le modèle américain[5]. »

On mesure cet aspect dilettante par le nombre d'étudiants qui sont venus à Vincennes en quittant leur université d'origine, insatisfaits du savoir qui leur était enseigné. Ils arrivent boulimiques dans cet univers de rêve, où ils peuvent passer d'un département à l'autre sans cloison à traverser : « Après 68, je m'inscris à Vincennes. L'avantage était de suivre ce qu'on voulait. J'assiste aux cours de Ruwet pendant trois mois, je m'en vais. Je suis alors les cours de Deleuze, Todorov. [...] Je reste en lettres où il y avait des professeurs excellents comme Pierre Kuentz, marqués par l'aventure structuraliste. C'était une bouffée d'air frais. Le cours de Deleuze, c'était paradisiaque, j'allais aussi au département de psychanalyse. C'était l'aurore[6] ! »

Pour d'autres, les étudiants salariés, les non-bacheliers de Vincennes, c'est plus prosaïquement la possibilité d'envisager un cursus universitaire en nocturne car la faculté fonctionne jusqu'à 22 heures pour leur permettre de suivre les enseignements. Pour eux, c'est la nuit. Ils seront la légende et la fierté de cette université hors du commun, comme ce chauffeur-livreur qui profite de ses

4. Bernard Laks, entretien avec l'auteur.
5. *Ibid.*
6. Élisabeth Roudinesco, entretien avec l'auteur.

arrêts à la faculté pour s'inscrire au département d'histoire, y suivre le cursus et décrocher l'agrégation[7].

Si le modèle de Vincennes est américain, l'aile la plus militante de Vincennes pense surtout à Pékin et aux gardes rouges de la « révolution culturelle ». Les maos dominent à tel point l'idéologie ambiante que la cellule des trotskistes de la Ligue communiste, où se retrouvaient certains des grands ténors nationaux (comme Henri Weber ou Michel Récanati), prit le nom de « cellule Mao Tsé-toung » par dérision.

L'université du générativisme

L'américanisation est surtout sensible dans la science pilote qu'est la linguistique. Dans ce nouveau département se réalise l'alliance entre les francistes comme Jean Dubois et Jean-Claude Chevalier, et l'influence américaine : Nicolas Ruwet, ferme partisan de la grammaire générative de Chomsky, et Maurice Gross reviennent tous deux des États-Unis, du MIT, où Maurice Gross, polytechnicien qui aurait dû devenir ingénieur de l'armement, opte définitivement pour la linguistique, grâce aux possibilités offertes par l'informatique.

Ce qui va dominer l'orientation du département de linguistique de Vincennes est le générativisme, même si Maurice Gross est plus harrissien que chomskyen. C'est le modèle que l'on vient de découvrir, notamment grâce à Nicolas Ruwet, qui est bien évidemment pressenti pour faire partie de l'équipe enseignante. Au moment où se met en place Vincennes, Nicolas Ruwet revient du MIT. À son retour à l'automne 1968, il monte en grade au FNRS en Belgique, et sort donc de la situation précaire dans laquelle il se trouvait jusque-là. Il s'apprêtait à quitter définitivement Paris où plus rien ne l'attachait, pour la Belgique, lorsqu'un matin de septembre, il se rend chez Todorov. Lui aussi se plaignait de l'air du temps, car il revenait de Yale et ne vivait que de bourses, de manière précaire. Le téléphone sonne : c'est Derrida qui appelle, l'un des membres du noyau fondateur de Vincennes. Il demande à Todorov s'il accepte d'enseigner dans cette nouvelle université, dont il brosse un tableau idyllique. Todorov répond qu'il est intéressé et Derrida l'invite à contacter d'autres personnes compétentes et à les avertir d'une réunion au cours de l'après-midi chez Hélène Cixous, près de la Contrescarpe. Todorov et Ruwet y retrouvent Maurice Gross, qui lui aussi avait une position institutionnelle précaire. Polytechnicien reconverti tardivement, il n'avait pas suivi de cursus litté-

---

7. Cas rapporté à l'auteur par Jean Bouvier.

raire et n'était que maître de conférences associé à l'université
d'Aix, poste renouvelable chaque année ; comme il était par ailleurs
en conflit avec André Martinet, la carrière linguistique lui était
fermée en France, et il s'apprêtait à faire ses bagages pour le Texas.
Il y avait aussi chez Hélène Cixous, Gérard Genette, présent surtout
pour sa femme. Jacques Derrida était le monsieur bons offices et
Hélène Cixous présenta le projet de Vincennes pendant une bonne
heure : « On s'est dit : On est dans une maison de fous ! C'est
tellement étrange par rapport à ce que l'on sait de l'Université en
général. On demande si un département de linguistique est possible
à Vincennes. On nous répond que c'est évident, que la linguistique
est le moteur de tout...[8]. »

C'est Jean Dubois qui prend alors les choses en main pour la
mise en place de ce département de linguistique, qui permet à
Nicolas Ruwet de devenir professeur de première classe associé.
La linguistique se voit d'emblée dotée à Vincennes de onze postes :
« Ce qui était presque triste, car il n'y avait pas onze linguistes en
France parmi ceux que l'on aurait voulu avoir[9]. » L'année suivante,
le département obtient un poste supplémentaire et Nicolas Ruwet
sollicite un jeune chercheur de 24 ans qu'il avait connu au MIT.
La liberté d'organiser le programme d'enseignement était totale :
« On faisait de la grammaire générative surtout, version Gross ou
version Chomsky ; et avec Chevalier, il y avait aussi l'histoire de
la grammaire[10]. »

Le rayonnement de la linguistique est alors à son zénith, et les
enseignants ont de nombreux étudiants pour un savoir particulièrement difficile et technique : « Au début, je faisais des cours
devant une centaine d'étudiants[11]. » Ceux-ci sont avides de modernité, et le générativisme fait figure de dernier cri de l'innovation
scientifique. C'est cette scientificité qui oriente le choix de la nouvelle génération soixante-huitarde. Bernard Laks est en hypo-
khâgne au lycée Lamartine en 1968-1969 ; son professeur de
philosophie, Jean-Toussaint Desanti, le sensibilise tôt à l'épistémologie, aux sciences mathématiques. En lettres, Lucette Finas
dispense un enseignement en rupture avec l'institution, se désintéresse de la préparation au concours pour étudier Todorov, Barthes, Foucault, Bataille. Après les vacances de février 1969, Lucette
Finas s'adresse à ses khâgneux : « Le monde a changé, je m'en
vais. Je pars pour le seul lieu qui soit intéressant aujourd'hui :
Vincennes. Qui m'aime me suive. L'esprit ne souffle pas ici, je

8. Nicolas Ruwet, entretien avec l'auteur.
9. *Ibid.*
10. *Ibid.*
11. *Ibid.*

vais là où souffle l'esprit[12]. » Bernard Laks va suivre Lucette Finas
et arrive donc en pleine année universitaire sur le campus vincennois où il entame une triple licence, lettres, linguistique, informatique : « Au bout d'un an, je me suis plutôt centré sur la linguistique car là était la science[13]. »

Cette fascination pour la démarche scientifique, pour l'axiomatique, se conjuguait alors très bien avec un engagement marxiste,
car le marxisme était vécu comme la science de l'action politique.
Une des orientations qui va caractériser ce département est la sociolinguistique, qui connaît un essor spectaculaire dans l'après-68. Le
spécialiste de ce domaine est Pierre Encrevé, recruté par Maurice
Gross pour enseigner la phonologie et la sociolinguistique. Assistant de Martinet, Pierre Encrevé va confier à Gross qu'il s'est
brouillé avec lui, critère suffisant pour être embauché : « Gross lui
dit : "Je n'ai pas besoin de savoir si vous êtes un bon phonologue
ou pas, je vous engage."... Car Vincennes sera une machine de
guerre contre la Sorbonne, Censier et Martinet[14]. »

Le modèle de cette sociolinguistique est aussi américain, ce sont
les travaux de Labov. Pour Pierre Encrevé, il ne s'agit pas d'un
sous-domaine de la linguistique qui aurait un champ délimité
comme celui de l'étude des dialectes ou des covariances sociales,
mais d'une linguistique à part entière qui a l'ensemble de la langue
pour objet, et un générativisme variationniste pour paradigme
d'étude. C'est donc une orientation différente de celle des Nanterrois et de la linguistique sociale de Marcellesi, et de bien d'autres
branches d'une discipline alors en plein développement puisque,
en la seule année 1968, il a été produit plus de travaux dans ce
domaine qu'au cours des sept années précédentes ; Bernard Laks
ne distingue d'ailleurs pas moins de quatorze pôles différents dans
cette branche[15].

Le département des littéraires, en principe moins « scientifique »,
se trouve d'emblée dévalué au regard des linguistes, mais il participe quand même pleinement à la modernité structuraliste. Il est
animé par les partisans de la nouvelle critique, qui envisagent
l'étude de la littérature à partir du paradigme structural et des techniques linguistiques. On y retrouve ceux qui ont participé au milieu
des années soixante aux grandes rencontres de Strasbourg, de
Besançon... L'interdisciplinarité et la modernité sont les deux
mamelles de ce nouveau département, animé par Henri Mitterand,

12. Lucette Finas, propos rapportés par Bernard Laks, entretien avec l'auteur.
13. Bernard Laks, entretien avec l'auteur.
14. *Ibid.*
15. Bernard LAKS, « Le champ de la sociolinguistique française de 1968 à
1983 », *Langue française*, n° 63, septembre 1984.

Jean-Pierre Richard, Claude Duchet, Jean Levaillant, Pierre Kuentz, Jean Bellemin-Noël, Lucette Finas... Soucieux de ne pas se limiter au champ traditionnel de la littérature, les littéraires de Vincennes s'ouvrent largement à une approche interdisciplinaire, notamment en direction des psychanalystes et des historiens, selon les deux modèles d'analyse freudien et marxiste, revisités par le structuralisme, auxquels adhèrent la plupart des enseignants du département : « Le champ de ces études n'est pas limité par principe à la littérature française ni même à l'expression "littéraire"[16]. »

Foucault met en place un dispositif lacano-althussérien

La nouvelle la plus spectaculaire est incontestablement la nomination à la tête du département de philosophie d'une des étoiles du structuralisme : Michel Foucault. Responsable des nominations, il sollicite d'abord son ami Gilles Deleuze qui, trop malade, ne rejoindra Vincennes que deux ans plus tard. Michel Serres, lui, accepte tout de suite de suivre Foucault dans l'aventure vincennoise. À l'automne 1968, Foucault s'adresse à Ulm par l'intermédiaire des *Cahiers pour l'analyse* dans un but précis : celui de recruter parmi les althusséro-lacaniens pour Vincennes. C'est ainsi qu'il réussit à convaincre la fille de Lacan, Judith Miller, Alain Badiou, Jacques Rancière, François Regnault, Jean-François Lyotard... La tonalité dominante sera donc structuralo-maoïste, même si quelques autres nominations permettent de ne pas être exclusivement sous la coupe des « maos » : celles d'Henri Weber de la Ligue communiste et d'Étienne Balibar, althussérien, mais membre du PCF. Pour permettre à l'ensemble de fonctionner sans heurts, Foucault sollicite un homme de la concorde : François Châtelet, récemment converti à la cause structuraliste.

Foucault intervient dans la mise en place du Centre expérimental au-delà du seul département de philosophie. Il souhaite surtout écarter les psychologues au profit des seuls psychanalystes, qui pourraient ainsi fonder à eux seuls un département, disposant de tous les crédits et nominations de celui-ci : « Il n'a pu éviter que le PCF impose un département de psychologie, si bien que, le nombre de postes étant réduit, il y a eu partage des postes dans un département de philosophie/psychanalyse[17]. » L'idée d'un tel département, mis en place par Foucault, vient en fait de Jacques Derrida. C'est Serge Leclaire qui va en prendre la direction, avec l'aval de Lacan. Mais la brouille a déjà éclaté entre ce dernier et

---

16. *L'Université ouverte : Les dossiers de Vincennes, op. cit.*, p. 116.
17. Serge Leclaire, entretien avec l'auteur.

Derrida, qui empêchera l'autre étoile du structuralisme, Lacan, de trouver enfin un débouché institutionnel solide en entrant au Centre de Vincennes : « Alors que Foucault prenait le département de philosophie, il était normal que Lacan dirige le département de psychanalyse, ce que ne voulait pas Derrida[18]. »

Si Lacan n'est pas à Vincennes, le lacanisme s'y introduit massivement et avec lui la psychanalyse fait son entrée officielle au sein d'une université littéraire : tous les enseignants sont membres de l'École freudienne de Paris (EFP), et n'animent pas moins de seize séminaires. On y retrouve avec Serge Leclaire, Michèle Montrelay, François Baudry, René Tostain, Jacques Nassif, Jean Clavreul, Claude Rabant, Luce Irigaray, Claude Dumézil, Michel de Certeau et le mari de la fille de Lacan, Jacques-Alain Miller. Le poumon de l'université de Vincennes est là, et pas uniquement parce que ce département constitue l'innovation la plus marquante de cette période. La Gauche prolétarienne règne en effet en maître sur le campus, et c'est la famille Miller qui en assure la direction locale : Jacques-Alain, sa femme Judith, qui enseigne en philosophie, et son frère Gérard, qui s'occupe de l'organisation politique. Gérard Miller fait face à la concurrence acharnée d'un autre mouvement maoïste, qualifié de mao-spontex par la Ligue communiste : le Comité de base pour l'abolition du salariat et la destitution de l'université, animé par Jean-Marc Salmon, un orateur hors pair capable de monopoliser la parole pendant des heures entières en captant l'attention et l'adhésion de tout l'amphi 1, et par André Glucksmann, qui multiplie les interventions terrorisantes pour chasser les « révisos » et assimilés...

Le rayonnement de ce département de psychanalyse est tel qu'il siège en forum permanent. Inscrits ou pas, nombreux sont ceux qui viennent le visiter pour la beauté du spectacle, car il se passe tous les jours quelque chose de nouveau : « Il y eut des séances mémorables. Je me souviens d'un cours (faut-il appeler cela un cours ?), d'une violence assez sympathique, dans un amphi, devant au moins 800 personnes. On entendait hurler de tous les coins de l'amphi, je me rappelle notamment d'une intervention particulièrement virulente de Badiou[19]. » « Nous avions des séminaires qui ont horrifié Jacques-Alain Miller et Gérard Miller, car ils venaient et ne trouvaient pas cela assez sérieux. On s'autorisait des discussions à bâtons rompus devant un public très intéressant qui n'était pas composé d'analystes, mais très politisé et qui venait bouffer de l'analyste. Cela nous amusait et nous stimulait[20]. »

---

18. *Ibid.*
19. *Ibid.*
20. Claude Dumézil, entretien avec l'auteur.

Le sommet du spectacle sera atteint lorsque Lacan, invité par le département de philosophie, se rend à Vincennes, le 3 décembre 1969, pour y tenir une séance de son séminaire dans l'amphi 1 où se pressent les plus contestataires du campus, ravis à l'avance de pouvoir se payer «le» Lacan. La confrontation est surréaliste, digne de Dali : «– J. Lacan (*un chien passant en l'estrade qu'il occupe*) : Je parlerai de mon égérie qui est de cette sorte. C'est la seule personne que je connaisse qui sache ce qu'elle parle – Je ne dis pas ce qu'elle dit – car ce n'est pas qu'elle ne dise rien : elle ne le dit pas en paroles. Elle dit quelque chose quand elle a de l'angoisse – ça arrive – elle pose sa tête sur mes genoux. Elle sait que je vais mourir, ce qu'un certain nombre de gens savent aussi. Elle s'appelle Justine... – *Intervention* : Hé, ça va pas ? Il nous parle de son chien ! – J. Lacan : C'est ma chienne, elle est très belle et vous l'auriez entendue parler. [...] La seule chose qui lui manque par rapport à celui qui se promène, c'est de n'être pas allée à l'université...[21].» Le maître n'est en effet plus seul sur l'estrade, un contestataire monte, et commence à se déshabiller. Lacan l'encourage à aller jusqu'au bout : «Écoutez, mon vieux, j'ai déjà vu ça hier soir, j'étais à l'Open-Theater, il y a un type qui faisait ça, mais il avait un peu plus de culot que vous, il se foutait à poil complètement. Allez-y, mais allez-y bien, continuez, merde[22].»

L'assistance exige du maître une critique de la psychanalyse, du discours universitaire, et une autocritique en règle, à la Mao. Mais Lacan répond aux contestataires que l'opération révolutionnaire ne peut qu'aboutir au discours du maître : «Ce à quoi vous aspirez comme révolutionnaires, c'est à un Maître. Vous l'aurez. [...] Vous jouez la fonction des ilotes de ce régime. Vous ne savez plus ce que ça veut dire ? Le régime vous montre. Il dit : "Regardez-les jouir."... Bien. Voilà. Au revoir pour aujourd'hui. Bye. C'est terminé[23].»

L'heure du maître va d'ailleurs bientôt sonner, car celui-ci supporte de moins en moins bien l'autonomie et le pouvoir qu'a gagné Serge Leclaire à Vincennes, dont il se sent exclu. Serge Leclaire, qui souhaitait faire du département de psychanalyse un département à part entière, libéré de la tutelle des philosophes, et assurant la délivrance de ses unités de valeur, est alors attaqué de toutes parts : mis en cause par Alain Badiou qui l'accuse d'être un agent

---

21. Séminaire de J. LACAN, 3 décembre 1969, Vincennes, extraits d'un compte rendu fait par Bernard Mérigot, dans *L'Université ouverte : Les dossiers de Vincennes, op. cit.*, p. 267.

22. Cité par É. ROUDINESCO, *Histoire de la psychanalyse*, t. 2, *op. cit.*, p. 561.

23. Séminaire de J. LACAN, 3 décembre 1969, *op. cit.*, p. 271.

de la contre-révolution, il est désavoué par l'EFP, dont des membres débarquent sur le campus pour dénoncer l'hérésie. Lacan de son côté attise le feu, encourageant à abandonner Serge Leclaire : « Étions-nous manipulés dans l'ombre par Lacan ? Ce n'est pas exclu. En tout cas, nous avons fait un rejet de Leclaire et pendant trois ans nous avons fonctionné sans directeur[24]. » Jean Clavreul succède à Serge Leclaire à la tête du département, mais il se contente d'expédier les affaires courantes, en laissant à chacun le champ libre.

Quelques petites années et le second acte intervient, celui de la normalisation, de la mise au pas du département sous la férule de la direction de l'EFP, donc de Lacan, par gendre interposé. En 1974, en effet, Jacques-Alain Miller se voit confier la direction des enseignants de psychanalyse de Vincennes : « L'arrivée de Miller à la tête du département, c'est la remise au pas. Lacan nous a intimé l'ordre de nous plier à sa volonté. On s'est retirés en bon ordre[25]. »

Roger-Pol Droit ébruite l'affaire de cette prise de pouvoir dans *Le Monde* : « J'ai joué là un petit rôle lorsque j'ai signé un papier pour informer de la préparation d'un putsch. Or, ils avaient besoin, comme dans tout putsch, que cela ne se sache pas trop. Cette publication, huit jours avant, a provoqué la tenue d'une AG, la sortie de tracts...[26] » Roger-Pol Droit qualifie la reprise en main d'épuration, et dénonce l'esprit vichyssois de l'entreprise[27]. Le putsch fait effectivement quelques vagues, et l'on peut en juger au contenu d'un tract signé par Gilles Deleuze et Jean-François Lyotard qui dénonce une « opération stalinienne », véritable première en matière universitaire puisque la tradition interdit à des personnes privées d'intervenir directement dans l'Université pour y procéder à des destitutions et nominations : « Tout terrorisme s'accompagne de lavage : le lavage d'inconscient ne semble pas moins terrible et autoritaire que le lavage de cerveau[28]. » Désormais normalisé par le Husak local, Jacques-Alain Miller, le département de psychanalyse de Vincennes roule pour Lacan dans une stricte orthodoxie. En 1969, Lacan avait prévenu : « Vous trouverez votre maître » ; les étudiants croyaient naïvement qu'il pensait à Pompidou, mais il s'agissait bien de lui. La psychanalyse vincennoise

24. Claude Dumézil, entretien avec l'auteur.
25. *Ibid.*
26. Roger-Pol Droit, entretien avec l'auteur.
27. Roger-Pol Droit, *Le Monde*, 15 novembre 1974.
28. G. Deleuze, J.-F. Lyotard, tract diffusé en décembre 1974, repris dans *L'Université ouverte : Les dossiers de Vincennes, op cit.*, p. 272.

redevient alors une structure d'ordre qui aura eu raison de l'agitation pour restaurer la hiérarchie.

L'interdisciplinarité

Les conflits de pouvoir sont moins aigus dans les autres départements de Vincennes, même si cela n'exclut pas des confrontations que l'on espère mener dans la pluridisciplinarité. C'est l'objectif affiché du département d'histoire qui vise à détruire l'illusion selon laquelle il existerait une science historique acquise, et entend donc s'interroger sur l'objet même de cette discipline, notamment en confrontant ses méthodes avec celles des autres disciplines des sciences sociales.

Cette pluridisciplinarité est également à la base d'un département nouveau dans une université littéraire, celui d'économie politique. Le projet a été préparé par André Nicolaï, qui pourtant n'enseignera pas à Vincennes car le département n'assure finalement que les deux premières années, et ne va donc pas jusqu'à la licence : « C'étaient les littéraires purs qui dominaient et ce qu'ils voulaient, c'était chercher avec l'enseignement de l'économie un alibi de scientificité[29]. » Au moment où triomphe l'économétrie, la mathématisation du langage économique, ce département d'économie politique fait figure d'exception. Il est largement ouvert à une réflexion d'ordre historique, sociologique, philosophique et anthropologique, partant du postulat selon lequel il n'y a pas d'économie pure. Michel Beaud, qui va diriger ce département, estime renouer ainsi avec la tradition de l'économie politique du XVIIIe siècle : « Je pense que l'on a raison et que l'on est en avance sur les autres[30]. » Il garde le souvenir d'un moment de riche bouillonnement de pensée, grâce aux étudiants venus glaner quelques bribes de savoir économique, alors qu'ils étaient inscrits en licence dans d'autres départements : « Ils balançaient des objections venant de Deleuze, Foucault, Poulantzas ou d'autres, et nous obligeaient à lire et à réfléchir[31]. »

L'autre grande novation à succès à Vincennes est la création d'un département de cinéma, qui connaît une affluence spectaculaire : 1 200 étudiants, dont plus de 500 en dominante. S'il assure un apprentissage technique à la manière de l'IDHEC, ce département s'inscrit essentiellement dans une perspective critique, et permet l'épanouissement de la sémiologie naissante du cinéma.

---

29. André Nicolaï, entretien avec l'auteur.
30. Michel Beaud, entretien avec l'auteur.
31. *Ibid.*

L'œuvre de Christian Metz devient la source d'inspiration essentielle du travail théorique de Paris-VIII. Michel Marie appliqua notamment au film de Resnais *Muriel* la méthode du découpage en unités discrètes, les plus fines possible : l'analyse textuelle permettait la quête des unités pertinentes, minimales, du langage cinématographique. Pour Marc Vernet, cette volonté ou fantasme de maîtrise totale du film à partir de sa numérotation en phases-séquences paraît « une idée historiquement valable à l'époque, parce que l'on n'avait pas les films, donc il fallait photographier le maximum de choses, et avoir un découpage précis. On n'avait à l'époque ni les copies ni les cassettes vidéo[32] ».

Vincennes-la-folie

Le discours scientifique côté pile, le discours délirant côté face, parfois portés successivement par les mêmes : c'est la double réalité vincennoise, qu'illustre bien le moment de délire particulier atteint dans les années soixante-dix avec le groupe Foudre, patronné par Alain Badiou, et animé par Bernard Sichère. Ce groupe maoïste se veut un noyau d'intervention culturelle, et ne recule pas devant la manière terroriste : il inscrit notamment à son actif l'interdiction de la projection sur le campus du film de Liliana Cavani, *Portier de nuit*. Mais sa cible privilégiée est une enseignante, pourtant grande admiratrice de la Chine, Maria-Antonietta Macciocchi.

Macciocchi travaille alors en collectif sur le fascisme : elle se voit accusée de fascisme, de vouloir transformer son unité de valeur en officine de propagande, pour avoir notamment projeté *Le Juif Suss*. Le sommet du délire est atteint en mars 1976, lorque le groupe Foudre diffuse un tract intitulé « Boules qui roulent n'émoussent pas masses » : « Hélas ! Nous ne reverrons plus l'illustre Pythonisse du Monde Occidental, celle qui nous faisait tant rire ! [...] Un jour, elle crut trouver sa solution – pourquoi chercher dans la réalité alors qu'elle avait une boule de verre ! Excellente chiromancienne, selon qu'elle penchait sa boule vers l'Orient ou vers l'Occident, elle voyait apparaître des moustaches, sans très bien savoir si elles étaient de Staline ou d'Hitler, mais qui se terminaient toutes en queue de ces poissons qui croisent, disait-elle, dans l'archipel du Goulag. Un jour, elle crut voir passer en rêve un Vaisseau Fantôme et sentit les galons du commandant Sollers lui pousser la tête, elle se regarda sérieusement dans la glace et elle se trouva belle. Ce fut la fin, elle devint bègue et confondit tout, le marxisme et la

psychanalyse, les assassins et les étudiants, la paranoïa et la paranoïa, l'encre et le foutre, les barricades et le divan de M. Dadoun,
le marquis de Sade et les camps de concentration, le fascisme et
les groupes marxistes-léninistes[33]. »

Vincennes-la-folie ? Au-delà du folklore et du défoulement délirant d'un désir impuissant à incarner un peuple absent, ce fut surtout Vincennes-la-structuraliste...

---

33. Tract diffusé en mars 1976, signé : PCC. Jacques Prévert, Groupe Foudre
d'intervention culturelle, 4 mars 1976, dans *L'Université ouverte : Les dossiers
de Vincennes, op. cit.*, p. 275-276.

15

Le revuisme prospère toujours

L'événement-68 a eu aussi pour effet de favoriser la constitution de collectifs de travail regroupés dans de nouvelles revues et de dynamiser les revues existantes. Cette activité, dont nous avons noté l'importance dans la phase ascendante du paradigme structural, se poursuit et entretient l'effervescence théorique de la fin des années soixante et du début des années soixante-dix.

L'avant-garde : littéraires et linguistes

La grande aventure sémiologique se caractérise toujours par une intense activité linguistique et de critique littéraire. Elle s'internationalise avec la revue *Semiotica*, fondée comme on l'a vu en 1969, dirigée par Thomas A. Sebeok et qui se dote de deux rédactrices adjointes à Paris : Josette Rey-Debove et Julia Kristeva. Son comité de rédaction est composé de personnalités très connues qui couvrent sept pays[1]. *Semiotica* devient l'organe de l'Association internationale de sémiotique, présidée par Émile Benveniste, avec un secrétariat général assuré par Julia Kristeva. Elle a pour objet de diffuser les résultats des recherches sémiotiques dans les domaines les plus divers, partout où la notion de signe est reconnue et discutée.

Dans la filiation de la revue *Langages* et chez le même éditeur, Larousse, les linguistes francistes, sous la direction de Jean-Claude Chevalier, lancent une nouvelle revue, *Langue française*, dont le premier numéro paraît en février 1969 avec un tirage de 5 000 exemplaires[2]. La création de *Langue française* est l'initiative conjointe de l'équipe de la Société d'études de la langue française

---

1. Comité de rédaction de *Sémiotica* : R. Barthes (France), U. Eco (Italie), J.-M. Lotman (URSS), J. Pelc (Pologne), N. Ruwet (Belgique), M. Schapiro (États-Unis), H. Sailu (RFA).

2. *Langue française*, n° 1, février 1969, Larousse : secrétaire général :

(SELF) et du département de linguistique générale de Vincennes :
« Selon le jargon de l'époque, nous voulions joindre théorie et
pratique. [...] Les quatre premiers numéros (syntaxe, lexique,
sémantique, stylistique) marquaient le désir d'instruire[3]. »

En 1968, Todorov avait défini la poétique comme une des
composantes du structuralisme dans sa contribution à l'ouvrage
collectif *Qu'est-ce que le structuralisme ?* Cette voie sera systématiquement explorée par une revue fondée en 1970 au Seuil par
Gérard Genette, Tzvetan Todorov et Hélène Cixous, revue de
théorie et d'analyse littéraires, *Poétique*. Ses présupposés théoriques se situent dans la stricte filiation structuraliste et formaliste.
La revue doit servir de machine de guerre contre la théorie psy-
chologisante, et elle est animée par des littéraires rompus aux techniques linguistiques, proches de Barthes, mais séparés momentanément de ce dernier en ce début des années soixante-dix du fait
du rapprochement de celui-ci avec le groupe *Tel Quel* et de l'idéologie textualiste qui en a résulté : « Barthes a participé à cette idée
d'un Texte avec un T majuscule qui impliquait un peu une métaphysique du Texte, alors que Genette et moi étions des esprits
beaucoup plus empiriques[4]. » L'orientation de *Poétique* est par
ailleurs strictement littéraire, il n'est pas question de soumettre la
réflexion à quelque modèle venu du marxisme ou du freudisme.
Les présupposés formalistes impliquent une étude autonome du
langage littéraire par rapport au référent, qu'il soit social ou subjectif. On reste donc fidèle dans ce cas à l'orientation des formalistes russes du début du siècle.

La perspective se veut scientifique, et lorsque Philippe Hamon
aborde le problème du personnage en littérature, il le perçoit
comme un ensemble de signes sur une page : « On en remettait
dans ce sens-là. C'est un de mes articles les plus terroristes[5]. »
Parallèlement à cette revue, Le Seuil lance sous la responsabilité
conjointe de Gérard Genette et de Tzvetan Todorov une collection,
« Poétique », qui publiera des ouvrages majeurs[6]. Les rapports entre

J.-Cl. Chevalier ; conseil de direction : M. Arrivé, J.-Cl. Chevalier, J. Dubois,
L. Guilbert, P. Kuentz, R. Lagane, A. Lerond, H. Meschonnic, H. Mitterand,
Ch. Muller, J. Peytard, J. Pinchon, A. Rey, auxquels se joignent dès le second
numéro M. Gross et N. Ruwet.

3. J.-Cl. Chevalier et P. Encrevé, *Langue française*, n° 63, septembre 1984,
p. 98.

4. Tzvetan Todorov, entretien avec l'auteur.

5. Philippe Hamon, entretien avec l'auteur.

6. Collection « Poétique » : *Formes simples* d'A. Jolles, *Questions de poétique* de R. Jakobson, *Introduction à la littérature fantastique* de Todorov...

linguistique et littérature sont alors au cœur de nombreux débats et études[7].

Du côté de Vincennes, une revue émanant du département littéraire, *Littérature*, naît en 1971, publiée par Larousse, soit peu après *Poétique*[8]. Elle est la tentative d'exploration d'une autre voie que celle, formaliste, de *Poétique*. L'équipe des francisants n'est pas vraiment homogène, et a décidé de juxtaposer les divers points de vue possibles pour enrichir l'analyse littéraire : « Le noyau commun était vaguement marxiste, sociologisant, [...] avec des gens à la fois poéticiens passionnés par l'étude des formes mais en même temps passionnés par l'idéologie. Les deux maîtres étant d'un côté Benveniste et de l'autre Althusser[9]. » La revue exprime bien les inflexions nouvelles du paradigme structural que l'on cherche alors à connecter au Sujet, à l'histoire, ce qui d'ailleurs fera la matière d'un numéro entier consacré à cette ébauche de réconciliation[10]. La revue doit exprimer l'interdisciplinarité militante qui est celle du département des littéraires de Vincennes, non pas tant par la mise en œuvre de véritables programmes de recherche communs que par la variété des centres d'intérêt de chacun des participants de la revue. Certains, comme Henri Mitterand et Pierre Kuentz, étaient davantage portés vers l'apport de la linguistique structurale, d'autres comme Claude Duchet étaient plutôt tournés vers la socio-critique. Jean Bellemin-Noël, quant à lui, a ouvert le travail critique à une approche analytique, non au sens de la recherche de l'inconscient de l'auteur, mais du miroitement des fantasmes qui surgissent du côté du lecteur à la lecture du texte, ce qu'il qualifie d'inconscient du texte qui renvoie à l'inconscient du lecteur. Il y a donc tout un jeu de production/réception que Jean Bellemin-Noël qualifie de textes-analyses, et qui ouvre l'étude littéraire sur le champ freudien, dont on peut dire que c'est un des axes majeurs du travail de *Littérature*, conjugué à une perspective marxisante althussérienne.

---

7. *Langue française*, n° 3, Larousse, « La stylistique », 1969 ; « La description linguistique des textes littéraires », septembre 1970 ; *Langages*, n° 12, Larousse : « Linguistique et littérature » (articles de R. Barthes, G. Genette, N. Ruwet, T. Todorov, J. Kristeva), 1969 ; n° 13 : « Linguistique du discours », 1969.

8. *Littérature*, n° 1, Larousse, comité de rédaction : J. Bellemin-Noël, Cl. Duchet, P. Kuentz, J. Levaillant, H. Mitterand ; secrétaire général : J. Levaillant.

9. Henri Mitterand, entretien avec l'auteur.

10. « Histoire/Sujet », *Littérature*, Larousse, n° 13, février 1974, avec des articles de D. Sallenave, A. Roche et G. Delfau, É. Balibar et P. Macherey, F. Sfez, J. Jaffré, G. Benrekassa, M. Marini, P. Albouy et J. Levaillant.

L'écriture et la révolution

La réorientation ou refonte du structuralisme à l'œuvre dès 1967, accentuée et confortée par la contestation de 68, trouve dans la revue avant-gardiste *Tel Quel* un lieu privilégié d'expression. C'est là que les thèses derridiennes de la déconstruction reçoivent le maximum d'audience. Ami de Derrida, Philippe Sollers reprend les diverses expressions du structuralisme dans les domaines les plus différents pour ébaucher ce qu'il intitule un « Programme » à l'automne 1967, qu'Élisabeth Roudinesco qualifiera plus tard de « flamboyant manifeste de terrorisme intellectuel[11] ». Ce programme définit la voie révolutionnaire, et considère le bouleversement de l'écriture comme préalable à la réalisation de la révolution. Avant-garde littéraire, *Tel Quel* se présente comme l'avant-garde de la révolution prolétarienne à venir et, à la manière léniniste, la revue se doit d'avoir un programme, « scientifique » bien sûr. Visant à faire bouger les masses, ce cocktail Molotov destiné à exploser est un savant mélange de thèses derridiennes, foucaldiennes, lacaniennes et althussériennes.

Tel Quel se sent porteur de tout l'acquis moderniste de ces sciences humaines rénovées par le paradigme structuraliste, et assez fort pour présenter en 1968 au Seuil, dans sa collection, une *Théorie d'ensemble*[12]. Celle-ci se situe dans une perspective scientifique : « Nous pensons que ce qui a été appelé "littérature" appartient à une époque close laissant place à une science naissante, celle de l'écriture[13]. » Au matérialisme historique, Philippe Sollers ajoute un matérialisme sémantique qui mobilise les notions d'architraces chez Jacques Derrida, de coupures épistémiques chez Michel Foucault, de coupures épistémologiques chez Louis Althusser et de sujet clivé chez Jacques Lacan.

Tel Quel réalise au plan symbolique cette position de fédérateur de la modernisation en cours dans les sciences sociales, d'autant que la revue a réussi à devenir le partenaire privilégié des intellectuels du PCF, de *La Nouvelle Critique*. La théorie d'ensemble a donc pour vocation, d'après ses auteurs, d'embraser l'ensemble de la société française. La perspective de *Tel Quel* reste néanmoins avant tout littéraire. En 1968, année de la publication de *Logiques* de Philippe Sollers[14], ce qui est interrogé, ce sont les textes limites qui permettent de subvertir la linéarité historique, la notion même de vérité, de sujet. C'est dans cet esprit que Sollers problématise

---

11. E. ROUDINESCO, *Histoire de la psychanalyse*, t. 2, *op. cit.*, p. 533.
12. *Tel Quel : Théorie d'ensemble*, Le Seuil, 1968.
13. Ph. SOLLERS, « Écriture et révolution », *ibid.*, p. 72.
14. Ph. SOLLERS, *Logiques*, Le Seuil, 1968.

les œuvres de Dante, Sade, Mallarmé et Bataille, comme autant de rupture textuelles révolutionnaires, non pas vraiment tournées vers un dépassement dialectique, mais vers leur propre nature, selon un processus de consumation déjà à l'œuvre dans *Nombres* et *Drame*. Le texte « brûle à tous les niveaux, il n'apparaît que pour s'effacer[15] », selon la figure rhétorique de suspens du sens et de l'histoire : celle de l'oxymore.

Tel Quel se veut alors porteur d'un « Front rouge de l'art », pour lequel littérature et révolution « font cause commune[16] ». Ce Front, qui porte haut le drapeau du signifiant enfin libéré du signifié, trouve un point d'appui concret, structuré, dans ses rapports avec le PCF. Au plan théorique, il est l'organe du déconstructivisme derridien. Répondant aux critiques de Bernard Pingaud, Philippe Sollers rappelle qu'un texte éclaire et modifie radicalement la pensée de ces dernières années, *De la grammatologie* de Derrida : « Aucune pensée ne peut plus ne pas se situer par rapport à cet événement[17]. »

Pingaud se demandait : « Où va *Tel Quel* ?[18] » C'est l'occasion pour Sollers de resituer un certain nombre d'inflexions qui balisent le parcours sinueux de la revue depuis sa naissance. La fondation de 1960 est considérée en 1968 par Sollers comme fondamentalement ambiguë sur le plan esthétique, mais juste par la priorité accordée à une pratique immanente du texte. Mais cette position est encore trop engluée dans une métaphysique qui perçoit le texte comme expression, et trop portée à prendre au sérieux le positivisme du nouveau roman qui est alors, et jusqu'en 1962, la forme d'écriture soutenue par la revue. À cette date commence, grâce à l'apport de la linguistique, une remise en question du statut de l'écriture : « À ce moment, en effet, la linguistique est pour nous d'un puissant secours[19]. »

En 1964, *Tel Quel* se définit comme revue d'avant-garde et prône une écriture de rupture, celle de Bataille, d'Artaud, de Sade, écriture à scansion, non métaphorique. Les catégories d'œuvres, d'auteurs sont remises en cause, et l'interrogation se porte de plus en plus sur la notion même d'écriture à partir des thèses de Derrida et d'Althusser : remise en question de la notion de signe, prise en compte de la littérature en tant que production.

---

15. Ph. SOLLERS, *Tel Quel : Théorie d'ensemble*, Le Seuil (1968), « Écriture et révolution », 1980, p. 75.

16. *Ibid.*, p. 81.

17. *Ibid.*, « Le réflexe de réduction », p. 303.

18. « Où va *Tel Quel* ? », *La Quinzaine littéraire*, janvier 1968.

19. Ph. SOLLERS, *Tel Quel : Théorie d'ensemble*, « Le réflexe de réduction », *op. cit.*, p. 298.

Alors que Sollers fait le point sur l'orientation de la revue, celle-ci est à la veille d'un virage radical qui va la faire passer d'un marxisme tendance russe à un marxisme tendance chinoise. Effet de Mai 68 et des succès de la Gauche prolétarienne, le tournant est pris en un temps record. En septembre 1968 encore, *Tel Quel* consacre son trente-cinquième numéro à la sémiologie contemporaine en URSS, présentée par Julia Kristeva. Au début de l'année 1969, *Tel Quel* vire à l'Orient rouge du « grand timonier » et à un marxisme-léninisme stalinien purifié par le président Mao, même si, après de vifs accrochages, la revue décide de participer encore à un colloque avec *La Nouvelle Critique* en 1970 à Cluny, sur le thème « Littérature et idéologie ». Lorsque est fondé le « Mouvement de juin 71 » à *Tel Quel*, il n'y a plus de compromis possible : les ponts sont définitivement rompus avec ceux qui sont qualifiés de « révisos », de « nouveaux tsars ».

Tel Quel devient alors l'expression de la fascination qu'exerce la Chine sur les intellectuels, et une équipe de la revue en est remerciée lorsque Marcelin Pleynet, Philippe Sollers, Julia Kristeva et Roland Barthes sont invités en Chine : « Nous sommes les premiers écrivains à aller en Chine, avec une revue qui tire à 5 000 exemplaires (le numéro sur la Chine allant jusqu'à 25 000 exemplaires). Nous sommes invités par un peuple de près de un milliard d'individus, grâce à ce petit appareil qu'est *Tel Quel*. On revient, et toute la presse est couverte de nos positions. C'est tout simplement très efficace[20]. » Ce voyage en Chine en 1974 est fondé sur l'idée d'un dépassement possible, grâce à la « révolution culturelle », alors que celle-ci est terminée depuis 1969 et que le PCC exerce de nouveau pleinement son pouvoir sur la société chinoise. Il y a donc loin entre la Chine imaginaire des participants du voyage et la réalité stalinienne de la Chine d'alors. Julia Kristeva avouera d'ailleurs... mais en 1988 : « La Chine contemporaine m'a déçue. On n'a pas vu la libération que l'on espérait, mais beaucoup de contraintes qui allaient jusqu'aux sévices, aux meurtres des esprits plus ou moins libres[21]. »

La revue est en fait enfermée dans la langue de bois chinoise et exerce un terrorisme intellectuel décuplé par le fait de se présenter comme l'organe de cet horizon oriental mal connu, et représentant une partie aussi importante de l'humanité. *Tel Quel* souhaite incarner le bouleversement non plus seulement de la société française, mais de l'humanité entière qui va des campagnes déferler vers les villes. La revue est alors rejointe par une nouvelle génération maoïste. Bernard Sichère adhère ainsi en même temps au

20. Marcelin Pleynet, entretien avec l'auteur.
21. J. KRISTEVA, « Le bon plaisir », émission citée.

maoïsme et à *Tel Quel* en 1971, sur une rupture avec l'institution scolaire significative de la période : « Je suis venu à la revue à partir d'un conflit provoqué avec certains parents d'élèves du lycée où j'enseignais, et où j'avais introduit des textes de Sade dans mes cours, donc sur une histoire à la fois politique et littéraire[22]. » La rencontre se fait à cette occasion avec *Tel Quel*, qui se donnait comme l'endroit même de la contestation la plus radicale à tous les niveaux, politique, théorique et littéraire : « À l'époque, il y avait un excès complet de la pratique sur la théorie qui traduisait un excès des forces subjectives sur la volonté de théorisation, et qui a produit du terrorisme intellectuel dans le camp analytique, à *Tel Quel*, dans les groupes politiques[23]. »

Cet excès peut être analysé dans le microcosme telquélien comme celui d'une littérature n'arrivant pas à se trouver ; il emprunte des voies de traverse pour faire valoir une esthétique qui ne peut avouer son nom, en cette période de crise du roman et d'intense activité de critique idéologique. Cet excès de subjectivité provoque dissensions et ruptures, d'autant plus violentes qu'elles sont chargées de passion et d'affectivité derrière le discours théoricien qui les enrobe. Chaque tournant de la revue suscite ainsi un renouvellement des hommes autour du noyau fondateur de *Tel Quel*, mais aussi des proscrits parmi les compagnons d'infortune.

En 1967 s'était déjà ouverte une lutte fratricide entre *Tel Quel* et Jean-Pierre Faye : « Un jour de confidences, j'ai raconté deux ou trois choses sur la position très droitière de *Tel Quel* au moment de la guerre d'Algérie, et cela a fait beaucoup d'éclats, une véritable explosion de fureur[24]. » Le tournant maoïste de *Tel Quel* ne fera qu'envenimer une polémique virulente entre les deux parties, d'autant que Jean-Pierre Faye quitte *Tel Quel* pour fonder une nouvelle revue, *Change*, chez le même éditeur, au Seuil, dont le noyau se constitue à l'automne 1967 et le premier numéro paraît en 1968[25]. Le titre évoque le vacillement, l'entre-deux, cette valse hésitation entre science et littérature, théorie formelle et critique idéologique. L'équipe a pour projet de travailler sur le montage du récit pour mieux en discerner les effets dans le jeu des formes : « C'est là, dans cet intervalle – entre échafaudage et démontage – que se déplace la critique[26]. » Ayant l'écriture pour objet, *Change* se pose d'emblée comme concurrent direct de *Tel Quel*.

---

22. Bernard Sichère, entretien avec l'auteur.
23. *Ibid.*
24. Jean-Pierre Faye, entretien avec l'auteur.
25. *Change*, n° 1, 1968 ; collectif : J.-P. Faye, J.-Cl. Montel, J. Paris, L. Robel, M. Roche, J. Roubaud, N.-N. Vuarnet.
26. *Change*, « Liminaire », n° 1, 1968.

La revue de Jean-Pierre Faye s'inscrit dans la filiation du Cercle de Prague, auquel un numéro entier est d'ailleurs consacré, et cherche à réintroduire l'historicité, la dynamique, dans le modèle structural, en s'appuyant sur la grammaire générative de Chomsky, même si tel n'était pas le sens de l'entreprise chomskyenne. C'est en tout cas ainsi qu'elle est perçue et utilisée par Jean-Pierre Faye, qui met en avant la notion de transformation syntaxique permettant le passage entre structure profonde (modèle de compétence) et structure de surface (modèle de performance). Le titre de la revue évoque d'ailleurs la notion de bougé des structures ; il est né d'un poème de Jean-Pierre Faye, « écrit aux Açores, dans un archipel qui se trouve au fond de l'Atlantique, en son milieu, presque à mi-chemin entre Lisbonne et le Brésil. [...] Cette sorte de plaque tournante de l'archipel, c'était pour moi le signe du change des formes[27] ». Cette idée du « change des formes », Jean-Pierre Faye la retrouve ensuite chez Marx, dans un texte censuré par son auteur pour clarifier l'exposé qu'il faisait aux lecteurs français, mais où il était question de l'objet marchand qui entre dans le procès d'échange et change ainsi de forme, en changeant de main ; il devient valeur : « C'est ce change de forme qui conditionne et médiatise le changement de valeur, formule extraordinaire qui renverse complètement la vulgate, avec ses infrastructures en béton[28]. » Puis, Jean-Pierre Faye retrouve la même idée chez Hölderlin, dans un long écrit de trois pages qui se réduit à une seule et même phrase où il établit la même relation entre change de forme et change de matière.

Le groupe initial sera rejoint par Mitsou Ronat, dont le travail sur le *rule changing* de la langue poétique recoupe l'orientation de la revue. Dans la prose mallarméenne, il s'attache à repérer les règles syntaxiques comme règles de déviance, de dissidence par rapport à la grammaire transformationnelle française, tout en ayant leur propre rigueur : « C'était un besoin de change de langue[29]. » Un troisième temps dans l'histoire de la revue privilégie dans ce rapport au change la relation à ce qui est rapporté, l'acte même de relater un message, qui permet d'intégrer une réflexion sur l'histoire et sur l'énonciation que mène par ailleurs Jean-Pierre Faye dans sa thèse qui paraît en 1972[30] : « Ce qui m'a paru le moment crucial de l'analyse du langage, point de vue commun au philo-

---

27. Jean-Pierre Faye, entretien avec l'auteur.
28. *Ibid.*
29. Jean-Pierre Faye, entretien avec l'auteur.
30. J.-P. FAYE, *Langages totalitaires*, Hermann, 1972.

sophe et à l'historien, c'est cette façon dont le langage retourne à son réel en le faisant autre[31]. »

Hauts lieux de confrontations

Foyers de recherches, lieux de consensus régionaux et de dissensus porteurs de ruptures, les revues sont toujours en cette période le moyen privilégié des confrontations théoriques. La revue *Esprit*, qui avait déjà mené en 1963 un dialogue avec Lévi-Strauss, s'adresse en 1968 à Michel Foucault qui répond à une question formulée par l'équipe d'*Esprit* : « Une pensée qui introduit la contrainte du système et la discontinuité dans l'histoire de l'esprit n'ôte-t-elle pas tout fondement à une intervention politique progressiste[32] ? » La réponse de Foucault passera sur le moment quelque peu inaperçue, car elle paraît en plein mois de mai 68 ; elle est pourtant d'une actualité brûlante. Foucault revient sur cette notion d'épistémè, qui décidément fait problème, pour déplacer la définition qui semblait établie dans *Les Mots et les Choses* d'une grande théorie sous-jacente, et lui substitue celle d'un espace de dispersion qui rend possible une pluralité d'analyses toujours différenciées. Il semble bien que la notion derridienne de différance ait eu une influence majeure sur les positions de Foucault, pour lequel « l'épistémè n'est pas un stade général de la raison, c'est un rapport complexe de décalages successifs[33] ». Ainsi Foucault répond à l'accusation de prévalence accordée aux contraintes dans son système philosophique. Il s'est surtout efforcé de pluraliser, de remplacer les relations causales qui rassemblent tous les phénomènes pour les référer à une cause unique par le « faisceau polymorphe des corrélations[34] ».

Le travail archivistique qu'il définit et qui est un prélude à l'ouvrage en préparation, *L'Archéologie du savoir*, ne se donne pas pour but de recueillir des textes, mais de délimiter leurs règles d'apparition, leurs conditions de lisibilité, leurs transformations. Ce n'est pas le contenu dans ses lois internes de construction qui intéresse Foucault, à la différence de la linguistique structurale, mais les conditions d'existence des énoncés. Et à ce propos il prend ses distances avec l'étiquette structuraliste : « Est-il nécessaire de préciser encore que je ne suis pas ce qu'on appelle "structura-

---

31. Jean-Pierre Faye, entretien avec l'auteur.
32. *Esprit*, mai 1968, p. 850-874.
33. M. Foucault, « Réponse à une question », *ibid.*, p. 854.
34. *Ibid.*, p. 858.

liste"[35] ? » Quant aux rapports entre sa pensée et la pratique politique, soit la question du progressisme, Foucault répond sur le caractère critique de son travail : « Une politique progressiste est une politique qui reconnaît les conditions historiques et les règles spécifiées d'une pratique[36]. »

La Nouvelle Critique poursuit après 68 sa politique d'ouverture, de diffusion des thèses structuralistes et de relations privilégiées avec l'équipe de *Tel Quel*, jusqu'en 1970. En avril 1970, on l'a vu, un colloque animé par les deux groupes se tient à Cluny, consacré aux relations entre littérature et idéologies, et dont les actes seront publiés dans *La Nouvelle Critique*. Mais le colloque se déroule dans une atmosphère de crise, car l'Orient est de plus en plus rouge et, vu de Pékin, le PCF apparaît d'un rose pâlichon aux yeux des telquéliens.

En octobre 1970, Catherine Backès-Clément fait paraître dans *La Nouvelle Critique* un dossier sur « Marxisme et psychanalyse » avec des contributions d'Antoine Casanova, André Green, Serge Leclaire, Bernard Müldworf et Lucien Sève ; l'objectif étant de trouver une articulation entre les deux « sciences ». Julia Kristeva, qui avait ébloui les intellectuels du PCF lors du premier colloque en commun organisé avec *La Nouvelle Critique*, se voit ouvrir toutes grandes les colonnes du journal et s'entretient en 1970 avec Christine Buci-Glucksmann et Jean Peytard sur les thèses de son ouvrage, *Recherches pour une sémanalyse*[37].

La Nouvelle Critique répercute aussi et analyse l'œuvre de Lévi-Strauss. C'est Catherine Backès-Clément qui, ayant déjà mené une réflexion sur les *Mythologiques* dès 1969, s'entretient avec lui en 1973 dans les colonnes du journal. Lévi-Strauss y tient des propos rassurants pour le courant marxiste : « Je suis profondément convaincu que l'infrastructure commande les superstructures[38] », et annonce les combats futurs, essentiellement écologiques. Il est temps à ses yeux de revoir à la baisse la notion de progrès industriel pour préserver l'environnement, dont la pollution devient un problème qui prend le pas sur celui des rapports entre les groupes humains.

Dans le champ de la psychanalyse, la création déjà évoquée de *Scilicet* à l'automne 1968 est la réponse, dogmatique, de Lacan à la création par Piera Aulagnier, Conrad Stein et Jean Clavreul de la revue *L'Inconscient*, qui a eu huit numéros : « Lacan nous a

35. *Ibid.*, p. 860.
36. *Ibid.*, p. 871.
37. *La Nouvelle Critique*, n° 38, 1970 : « Littérature, sémiotique, marxisme ».
38. Cl. LÉVI-SRAUSS, *La Nouvelle Critique*, n° 61, février 1973, entretien avec C. Backès-Clément, p. 27-36.

beaucoup reproché d'avoir pris Stein, alors qu'il envoyait sa fille en analyse chez lui. On a donc fait cette revue qui a mis Lacan hors de lui[39]. » Jean Clavreul devra rentrer dans le rang, et en 1973, c'est René Major qui réagit face au compartimentage entre écoles en lançant d'abord un séminaire qui deviendra vite une revue portant le nom significatif de *Confrontation*. Il s'agit pour René Major de permettre de renouer le dialogue théorique entre les quatre groupes existants : « J'ai tenté de décloisonner en essayant de confronter les théories entre elles[40]. » Serge Leclaire donne l'aval du courant lacanien à cette intiative lancée par un membre de l'Institut : « Bientôt la foule se presse, les verrous sautent, les orthodoxies de tous bords sont contestées[41]. » Le public s'élargit à des écrivains, des philosophes et des relations de grande proximité se nouent entre René Major et Jacques Derrida, qui voit de son côté d'un bon œil l'effet *Confrontation* dans la déconstruction de l'école lacanienne et dans le laminage du pouvoir absolu qu'y exerce Lacan. Celui-ci réagit d'ailleurs avec célérité : le directeur de l'École, Denis Vasse, est démis de ses fonctions pour avoir assisté à une réunion du séminaire *Confrontation*. Simple mesure de maintien de l'ordre, puisque Lacan téléphone à Major pour lui signifier : « Major, ne vous inquiétez pas, c'est seulement une question de politique interne[42]. »

Les revues favorisent ces confrontations entre disciplines, entre spécialistes de diverses origines, et permettent l'éclosion d'une réflexion commune sur l'écriture. Recentrées dans un premier temps, avant 1967, autour de la notion de structure, elles cherchent davantage la pluralisation et la dynamisation de celle-ci dans ce second temps du moment structuraliste.

---

39. Jean Clavreul, entretien avec l'auteur.
40. René Major, entretien avec l'auteur.
41. É. ROUDINESCO, *Histoire de la psychanalyse*, t. 2, *op. cit.*, p. 607.
42. J. Lacan, propos rapportés à l'auteur par René Major.

16

La grille althussérienne s'impose

Le mouvement de Mai a ébranlé les thèses althussériennes et provoqué un mutisme de ce courant dans l'immédiat après-Mai. Cependant la contestation soixante-huitarde emprunte un discours marxiste pour s'exprimer, et trouve dans l'althussérisme le moyen de réconcilier son adhésion au marxisme et son désir de rigueur structurale. Toute une génération, celle de 68, va donc utiliser les catégories de l'althussérisme dans tous les domaines du savoir, et souvent sans bien connaître les ouvrages décisifs de 1965, *Pour Marx* et *Lire le Capital*. Cependant, en 1968, les Éditions Maspero publient dans leur collection de poche, la PCM, *Lire le Capital*, qui connaîtra un écho spectaculaire avec 78 000 exemplaires vendus (en PCM, de 1968 à 1990). On faisait alors de l'althussérisme sans le savoir, car il participait à l'air du temps. Toute une génération découvre paradoxalement dans sa pratique politique un Marx revisité par Althusser, lequel fonde pourtant la fameuse coupure épistémologique le plus loin possible de l'action, de la praxis, au seul niveau théorique.

Le retour à... Althusser

Effet de Mai 1968, l'apprenti philosophe André Comte-Sponville, alors jeune lycéen de 18 ans, perd la foi, quitte la JEC et adhère au « parti de la classe ouvrière ». Avant d'entrer en khâgne, il lit Althusser pendant la période de vacances, ce qui va bouleverser « et pour longtemps, mon rapport à la philosophie » : « Ces deux livres (*Pour Marx* et *Lire le Capital*) [...] me firent l'effet d'une révélation fulgurante, qui m'ouvrait comme un nouveau monde[1]. » André Comte-Sponville devient donc, comme beaucoup de sa génération, marxiste d'obédience althussérienne, et c'est

---

1. A. COMTE-SPONVILLE, « Une éducation philosophique », dans *La Liberté de l'esprit*, n° 17, hiver 1988, La Manufacture, p. 174.

notamment la rigueur d'Althusser dans sa dimension tragique, quasi janséniste, qui retient l'adhésien du jeune philosophe : « Il était mon maître, et l'est resté[2]. »

Pendant que la jeunesse estudiantine se nourrit des thèses althussériennes, Althusser et les siens restent pourtant discrets, et il faut attendre les années 1972 et 1973 pour les voir revenir sur le devant de la scène éditoriale, soit au moment où la gauche classique se recompose autour du Programme commun et où le gauchisme politique reflue dans les marges. Ce retour en force s'effectue avec la publication rapprochée de la *Réponse à John Lewis* en 1972 (Maspero), *Philosophie et philosophie spontanée des savants* en 1973 (Maspero) et *Éléments d'autocritique* en 1973 (Hachette). Le phénomène éditorial est remarqué au point que le philosophe iconoclaste au sein de son propre parti, le PCF, se voit enfin officiellement reconnu en 1976, lorsque paraît, aux Éditions sociales, *Positions*. Cet ouvrage reprend plusieurs articles publiés par Althusser entre 1964 et 1975. Cette consécration au sein du PCF fait d'ailleurs suite à celle, au sein de l'Université, du nouveau professeur Althusser qui vient de soutenir en juin 1975 sa thèse d'État à Amiens, thèse sur travaux, faute d'avoir mené à bien son premier projet, présenté en 1949-1950 à Jankélévitch et Hyppolite, d'une thèse sur « Politique et philosophie au XVIIIe siècle ». Althusser restera néanmoins jusqu'au bout caïman à l'ENS d'Ulm, malgré sa consécration universitaire tardive.

Le second souffle du marxisme parmi les intellectuels dans l'après-68 provoque un regain d'intérêt pour les thèses althussériennes. À la collection « Théorie » chez Maspero s'ajoute en 1973 une nouvelle collection, « Analyse », cette fois chez Hachette, également dirigée par Althusser. Après avoir lu et relu Marx, à partir des catégories althussériennes, on s'apprête à lire Althusser avec le livre que lui consacre Saül Karsz en 1974[3], qui est en même temps qu'une introduction à la lecture du maître, une défense et illustration de ses thèses dont l'auteur montre la cohérence interne, en le disculpant d'avance des critiques dont il est déjà l'objet. En 1976, la revue *Dialectiques* consacre à Althusser un de ses numéros, dans lequel Régine Robin et Jacques Guilhaumou expriment leur dette affective et intellectuelle : « C'était pour moi le moment de la respiration. [...] Pour tous les deux, tout simplement la possibilité de faire de l'histoire. [...] Althusser nous obligeait à relire les textes[4]. » Il représente pour ces historiens la brèche qui

2. *Ibid.*, p. 177.

3. S. Karsz, *Théorie et politique : Louis Althusser,* Fayard, 1974.

4. R. Robin et J. Guilhaumou, « L'identité retrouvée », *Dialectiques,* n°s 15-16, 1976, p. 38.

permet de casser la gangue stalinienne, de renverser les tabous de la vulgate marxiste mécaniste, un possible déblocage discursif.

Le rayonnement des thèses althussériennes dépassa largement l'étroit cadre hexagonal. L'althussérisme eut même longtemps une terre d'élection en Amérique latine, où la contestation des PC officiels liés à Moscou se fit le plus souvent en son nom, en particulier en Argentine. La *Réponse à John Lewis,* publiée en 1972, fut une réflexion prenant pour prétexte une polémique avec les positions du philosophe marxiste anglais John Lewis, exprimées dans la revue du PC britannique *Marxism Today* au printemps 1972. Elle suscita un vif intérêt en Angleterre dans les milieux marxistes, au point que le groupe de philosophes du PC anglais décida de consacrer une conférence de deux jours sur les textes d'Althusser. Peu avant et hors des sphères du PC officiel, une nouvelle revue de philosophie naissait en Angleterre en 1971, *Theorical Practice,* sur des positions althussériennes.

Les AIE

Cet althussérisme triomphant des années soixante-dix n'est pourtant pas le même que celui des ouvrages du milieu des années soixante. Il fait écho à l'événement-68 et à son défi (« Althusser-à-rien ») en se déplaçant de la théorie vers l'analyse, comme l'indique le nom même de la nouvelle collection créée chez Hachette. Althusser signifie par ce glissement le passage d'un point de vue purement théorique, spéculatif, à une prise en compte de « l'analyse concrète d'une situation concrète », sans pour autant se condamner à l'empirisme, en partant de catégories conceptuelles. La conjoncture, le terrain précis d'investigation doivent désormais être étudiés à partir de la théorie marxiste, et les althussériens sortent donc de leur tour d'ivoire, de la simple exégèse des textes de Marx pour se confronter au réel.

C'est dans cette perspective, en 1970, qu'Althusser définit un vaste programme de recherche avec son fameux article sur les AIE, « Idéologie et appareils idéologiques d'État[5] ». Il différencie les appareils répressifs d'État, qui s'appuient sur la violence pour assurer la domination, des appareils idéologiques d'État qui fonctionnent à l'idéologie. C'est grâce à ces derniers, qui incluent la famille, les partis, les syndicats, l'information, la culture, les institutions scolaires ou les Églises, que se perpétue l'assujettissement à l'idéologie dominante, la soumission à l'ordre établi. Althusser

---

5. L. ALTHUSSER, « Idéologie et appareils idéologiques d'État », *La Pensée,* n° 151, juin 1970, repris dans *Positions,* Éditions sociales, 1976, p. 67-125.

assigne à l'école une position stratégique centrale dans la mise en place du dispositif hégémonique de la société capitaliste moderne, comme l'avait déjà suggéré Gramsci : « C'est l'appareil scolaire, qui a, en fait, remplacé dans ses fonctions l'ancien appareil idéologique d'État dominant, à savoir l'Église[6]. »

Althusser incite ainsi à s'occuper du champ d'investigation privilégié que constitue l'univers scolaire. Il déplace donc l'étude de l'idéologie comme simple discours, à l'idéologie comme pratique, ce qui rapproche ses positions de celles défendues par Michel Foucault en 1969, lorsque ce dernier invoque la nécessaire ouverture du discursif sur les pratiques non discursives, et leur articulation réciproque. L'idéologie recouvre donc pour l'un et l'autre une existence matérielle. Elle s'incarne dans des lieux institutionnels, dans une pratique.

Althusser fonde même sa démarche sur une ontologisation de l'idéologie, considérée comme catégorie ahistorique : « L'idéologie n'a pas d'histoire[7]. » Renversant les positions de la vulgate qui voyait en l'idéologie une simple excroissance déformante du réel, Althusser la considère comme une structure essentielle, véritable essence qui exprime le rapport des hommes à leur monde : « Je reprendrai mot pour mot l'expression de Freud et j'écrirai : l'idéologie est éternelle, tout comme l'inconscient[8]. »

Althusser ouvre un vaste chantier au courant qu'il représente. Dès 1971, Christian Baudelot et Roger Establet analysent le mode de sélection à l'œuvre dans l'institution scolaire, avec la publication de *L'École capitaliste en France* (Maspero). Roger Establet, l'un des auteurs de *Lire le Capital*, s'est, au contraire du groupe de philosophes ulmiens, très vite tourné vers la sociologie, apprenant la statistique au plan professionnel. Suivant la double impulsion donnée par Althusser et par Bourdieu (avec *Les Héritiers*), Roger Establet teste donc avec Christian Baudelot l'hypothèse des appareils idéologiques d'État pour en mesurer la validité statistique dans l'univers scolaire. Les auteurs différencient très clairement deux cycles, un court et un long, qui permettent la reproduction de la division sociale du travail au sein du mode de production capitaliste : « Ce qu'on a fait avec ce travail, c'est, en même temps que l'on a appliqué ce modèle des AIE à la réalité statistique, d'essayer de voir ce qui était vrai, vérifiable, de ce modèle dans le système scolaire[9]. »

Un plus vaste projet englobait cette étude dans un ensemble qui

6. *Ibid., Positions,* p. 93.
7. *Ibid.,* p. 98.
8. *Ibid.,* p. 101.
9. Roger Establet, entretien avec l'auteur.

devait restituer une histoire des idées pédagogiques. C'est dans ce cadre que la mère d'Étienne Balibar, Renée Balibar, et Dominique Laporte font paraître en 1973 *Le Français national* (Hachette) et Renée Balibar seule, *Les Français fictifs* (Hachette); ces livres étayent la thèse selon laquelle l'école bourgeoise a mis au point un système de langue enseignée tout à fait spécifique, qui revêt son historicité propre depuis la Révolution française. Avec sa définition des appareils idéologiques d'État, Althusser permettait donc des chantiers d'investigation plus précis, ouverts sur une élucidation du social. Certes, ce concept a donné lieu à de nombreuses applications mécanistes; mais dans la conception d'Althusser, les AIE ne sont, en dépit du terme d'appareil, en aucune manière l'expression d'un lieu, d'un instrument quelconque : « Althusser a essayé de faire référence à un certain nombre de processus en interaction[10]. » Il y a donc bien inflexion de l'œuvre althussérienne vers l'étude des pratiques institutionnelles, volonté de passage du théorique à la praxis.

L'anthropologie structuralo-althussérienne

La grille althussérienne va surtout générer une tentative de conciliation du marxisme et du structuralisme du côté de l'anthropologie. Avant Mai 68 existait déjà un courant actif d'anthropologues marxistes : Claude Meillassoux, Maurice Godelier, Emmanuel Terray, Pierre-Philippe Rey... Pour la plupart d'entre eux, Althusser va représenter le cadre théorique au sein duquel peuvent s'insérer les études de terrain. Dans un premier temps, avant 1968, se multiplient les confrontations conceptuelles qui dominent les discussions, débats, colloques. Mais très vite, et notamment dans l'après-Mai 68, l'inflexion vers les études de terrain, vers la praxis, se révèle une nécessité pour aller de l'avant : « Vient alors le sentiment que si nous continuons à discuter sur une base aussi étroite, nous n'avancerons guère, et d'une certaine façon, on décide tous de partir sur le terrain et d'accroître notre expérience[11]. »

Emmanuel Terray, dont on se souvient qu'il avait découvert en 1957 avec enchantement les *Structures élémentaires de la parenté* de Lévi-Strauss, désire conjuguer cette rigueur scientifique avec son engagement politique et avec son adhésion au marxisme, hors de la vulgate officielle dans les années soixante. Cette tentative de conciliation est de l'ordre du possible, selon Terray, qui repère trois limites que n'arrive pas à dépasser la pensée structuraliste, et

---

10. George-Élia Sarfati, entretien avec l'auteur.
11. Emmanuel Terray, entretien avec l'auteur.

qu'il serait possible de surmonter grâce au marxisme[12]. D'une part, le structuralisme ne permet pas de faire l'économie d'une philosophie, et celle qui sous-tend le travail de Lévi-Strauss, un kantisme sans sujet transcendantal qui réfère les oppositions binaires repérées aux structures du cerveau humain, ce kantisme « ne me souriait guère[13] ». En second lieu, le modèle phonologique fonctionnait bien chez Lévi-Strauss parce qu'il établissait, selon Terray, un trait d'équivalence entre la société et ce qui relève de la représentation du langage : « J'ai pu ainsi écrire qu'il aurait dû appeler en 1949 son livre : Les structures élémentaires du discours sur la parenté[14]. » De ce fait, le structuralisme lévi-straussien s'interdit de penser l'action, la praxis. En troisième lieu, Lévi-Strauss, définissant la société comme échange de mots, de biens et de femmes, écarte de sa perspective deux domaines qui sont restés les points aveugles de la démarche structurale : la production (ramenée à la seule étude de l'échange), et l'ensemble des phénomènes de pouvoir. « Or, ce sont deux points à partir desquels le changement s'opère selon Marx, ce qui me ramène donc au marxisme. D'où l'idée d'organiser une coexistence pacifique, une coopération-collaboration[15]. »

Emmanuel Terray veut réconcilier le marxisme avec la rationalité contemporaine en utilisant la méthode structurale, et inversement « dynamiser et non dynamiter l'appareil structuraliste par le marxisme[16] ». Il mobilise dans ce but l'étude de terrain de Claude Meillassoux, *Anthropologie économique des Gouro de Côte-d'Ivoire* (Mouton, 1964), pour la revisiter à partir des catégories althussériennes, et notamment des concepts fondamentaux du matérialisme historique tels que les définit Balibar dans *Lire le Capital*. Le livre de Claude Meillassoux est présenté par Terray comme « un tournant dans l'histoire de l'anthropologie[17] ». Claude Meillassoux s'était assigné un double projet dans son ouvrage : celui de décrire le mode de production d'autosubsistance des sociétés lignagères et segmentaires de la société Gouro, et, en un second temps, d'étudier le passage à l'agriculture commerciale. À partir de l'analyse des instruments de travail, des techniques de production, de la force de travail utilisée, Meillassoux reconstituait

12. Emmanuel Terray, *Séminaire de Michel Izard*, Laboratoire d'anthropologie sociale, 5 janvier 1989.

13. *Ibid.*

14. *Ibid.*

15. *Ibid.*

16. *Ibid.*

17. E. Terray, *Le Marxisme devant les sociétés primitives*, Maspero, 1979 (1969), p. 95.

le procès de travail et les rapports de production dans lesquels il
s'accomplissait. Il peut alors définir, selon Terray, deux formes de
coopération : celle qui résulte de la chasse au filet, qui détermine
une coopération complexe, et d'autre part une coopération simple
fondée sur l'agriculture. Au premier rapport correspond le système
tribal-villageois, et au second le système lignager.

En termes althussériens, Terray distingue donc dans la formation
économico-sociale étudiée par Meillassoux deux modes de production en étroite combinaison. D'une part, la coopération complexe
qui se réalise dans le système tribal-villageois, fondé sur la propriété collective des moyens de production, sur des règles de distribution égalitaires, et sur un pouvoir juridico-politique faible,
alterné, occasionnel. De l'autre, la coopération simple se réalise
dans le système lignager ; la propriété y est aussi collective, mais
un individu peut être dépositaire du groupe, la répartition de la
production se fait à partir d'une redistribution de celle-ci, et le
pouvoir y est plus solide, durable, ses détenteurs en sont les aînés.
Contre l'idée d'une prévalence absolue en tous lieux des rapports
de parenté dans les sociétés primitives, Terray estime donc que
leur position dominante éventuelle dépend de leur rôle comme
rapports de production : « Nous remarquons simplement que la
suprématie des rapports de parenté dans l'ensemble de l'organisation sociale n'est nullement un trait commun à toutes les formations économico-sociales primitives : elle est liée à la présence
de certains modes de production déterminés[18]. »

Terray retrouve ainsi chez Meillassoux une illustration de la
thèse althussérienne de l'autonomie des instances, et des décalages
possibles entre dominance d'une instance et détermination en dernière instance de l'économique. Cette approche permet aussi de
porter un regard sur les deux horizons aveugles du structuralisme :
la production et le politique.

Claude Meillassoux n'avait pourtant pas étudié le terrain à partir
des catégories althussériennes ; son premier article théorique sur
l'interprétation des phénomènes économiques dans les sociétés traditionnelles est d'ailleurs de 1960, donc bien antérieur aux premières publications althussériennes. Il reçoit bien évidemment la
lecture que fait Terray de son ouvrage avec satisfaction, mais non
sans quelque réserve : « J'étais bien sûr content que Terray donne
tant d'importance à mon travail, mais il en a fait une lecture althussérienne qui jusqu'à un certain point oblitérait une partie de ce que
j'avais essayé de montrer, en particulier la partie historique et la
partie dialectique[19]. » Il reconnaît néanmoins que Terray a mis en

18. *Ibid.*, p. 135.
19. Claude Meillassoux, entretien avec l'auteur.

évidence un point central de son approche : la dissociation à réaliser entre l'organisation sociale dite de parenté et le schéma consanguin, ainsi que la recomposition du système de parenté en fonction des exigences de l'organisation du travail et de la production.

Parti lui aussi vers les rivages africains, en l'occurence celui des Alladian de Côte-d'Ivoire, en 1965, Marc Augé s'inscrit également dans la mouvance althussérienne. Il confronte sa grille d'analyse au terrain, espérant concilier le structuralisme lévi-straussien, sa formation d'africaniste acquise chez Georges Balandier et son adhésion au marxisme althussérien. Il va de la même manière dynamiser les structures en mettant en garde contre toute oblitération de la dimension historique. Contre l'engouement pour l'exotisme que représente alors l'image de l'Autre, exutoire des illusions perdues, Marc Augé rappelle que « le discours anthropologique est d'autant moins innocent qu'il est dans l'histoire, dans l'histoire des autres bien sûr[20] ». Certes, l'althussérisme de Marc Augé est fortement adouci par sa formation littéraire, et la confrontation des catégories conceptuelles à la réalité du terrain est renvoyée dans les notes de bas de page. L'anthropologie que défend Marc Augé est celle de la réconciliation des notions, jusque-là opposées, de sens et de fonction, de symbole et d'histoire : « La révision anthropologique ne nous paraît pouvoir s'effectuer qu'à partir des deux points forts de la plus récente anthropologie française : le structuralisme et le marxisme[21]. »

De son côté, Maurice Godelier chemine dans une perspective de recherche proche de celle des anthropologues althussériens, même s'il ne participe pas au groupe d'Althusser, ayant d'ailleurs entamé comme Claude Meillassoux une lecture marxiste de la rationalité économique avant *Lire le Capital*. On retrouve plus encore chez Godelier que chez les autres anthropologues marxistes le souci de réaliser une symbiose entre marxisme et structuralisme : « Nous reprenons pour notre compte la méthode structurale lorsqu'il faut avancer dans des domaines que n'a pas abordés Lévi-Strauss[22]. » Comme pour les althussériens, la relecture de Marx est à la base du travail de Godelier, à cette différence qu'il relit Marx à la lumière de Lévi-Strauss. On retrouve chez lui le même antihégélianisme que chez Althusser, les mêmes références à la notion de coupure empruntée à Bachelard, nécessaire pour dépasser l'empirisme afin d'accéder à la logique cachée du social. Cette coupure est pareillement repérée à l'intérieur de l'œuvre de Marx : « La

20. M. Augé, *Symbole, fonction, histoire*, Hachette, 1979, p. 18.
21. *Ibid.*, p. 206.
22. M. Godelier, *L'Idéel et le Matériel*, Fayard, 1984, p. 35.

science économique se sépare radicalement de toute idéologie et Marx n'a plus rien à voir avec le jeune Marx[23]. » La publication en 1973 chez Maspero d'un gros recueil des articles de Godelier parus depuis 1966, sous le titre *Horizon : trajets marxistes en anthropologie,* témoigne de la vitalité de ce courant marxiste en anthropologie : l'ouvrage est vendu à 4 950 exemplaires, avant de passer en poche, dans la PCM, en 1977, pour un tirage de 10 000 exemplaires. Godelier prend d'ailleurs la responsabilité de diriger chez Maspero une collection, « Bibliothèque d'anthropologie », aux côtés de la collection « Théorie » que dirige Louis Althusser.

Godelier est amené à ferrailler avec les positions officielles du PCF, notamment contre Lucien Sève, qui oppose en 1967 la méthode structurale et la pensée dialectique. En 1970, Godelier répond dans la même revue, *La Pensée,* à ces critiques. D'un autre côté, sa perspective de conciliation des approches structurale et dialectique ne l'empêche pas de critiquer s'il le faut les thèses structuralistes : « L'analyse structurale – bien qu'elle ne nie pas l'histoire – ne peut la rejoindre parce qu'elle a, dès le départ, séparé l'analyse de la "forme" des rapports de parenté de l'analyse de leurs "fonctions"[24]. »

La grande question que pose le travail théorique de Godelier, et qui rejoint celle des althussériens, est le fondement de la causalité structurale, à savoir la compréhension du rôle dominant de la parenté au sein des sociétés traditionnelles, combinée avec la détermination dernière de l'instance économique. Sur ce plan, Godelier déplace la vision habituelle de l'emboîtement infra/superstructure, et considère qu'il n'y a pas extériorité dans les sociétés primitives entre les rapports économiques et les rapports de parenté. Ce qui spécifie au contraire ces sociétés réside dans le fait que « les rapports de parenté fonctionnent comme rapports de production, rapport politique, schème idéologique. La parenté est donc ici à la fois infrastructure et superstructure[25] ». Godelier étaye cette thèse à partir de l'exemple de la société des chasseurs pygmées de la forêt congolaise : les M'Buti. Il repère dans ce groupe qui pratique la chasse et la cueillette l'existence de trois contraintes internes à leur mode de production : la dispersion des groupes, la nécessaire coopération des individus, et une certaine fluidité entre les bandes

23. M. GODELIER, « Système, structure et contradiction dans *Le Capital* », *Les Temps modernes,* novembre 1966, repris dans *Horizon : trajets marxistes en anthropologie,* t. 2, Maspero (1973), 1977, p. 97.

24. M. GODELIER, *Horizon : trajets marxistes en anthropologie, op. cit.,* t. 1, p. 111.

25. *Ibid.,* t. 2, p. 51.

constituées pour assurer une répartition harmonieuse des hommes et des ressources. Le mode de production des M'Buti détermine donc tout un système de contraintes, dont les articulations forment « la structure générale de la société[26] ».

Godelier défend des positions très proches de celles d'Althusser, même s'il se dissocie de certaines orientations de l'althussérisme : « Bien des disciples d'Althusser interprètent sa théorie des instances comme une hiérarchie d'institutions [et non de fonctions] et retombent dans l'erreur positiviste qu'ils prétendent à jamais dépasser théoriquement[27]. » La combinaison réalisée entre le marxisme et le structuralisme amène Godelier à distinguer chez Marx l'usage de deux formes de contradiction, de nature différente : l'une, interne à la structure même des rapports de production, est conçue comme contradiction originelle ; l'autre est celle qui oppose deux types de structures, les rapports de production et les forces productives. Ce distinguo lui permet d'ajuster la démarche marxiste à l'étude des sociétés traditionnelles, et d'éclairer les processus de transition en leur sein : « L'analyse de la nature des contradictions induite par celle de la causalité structurale doit se prolonger en une véritable théorie du lieu de déplacement des contradictions au cours des transformations d'un mode de production[28]. » En ce sens Godelier se dissocie de Lévi-Strauss, dont il conteste la réduction de l'historicité à la simple contingence, comme lors d'un débat avec Lévi-Strauss et Marc Augé organisé par la revue *L'Homme* en 1975 : « Je critique en fait l'hommage que vous avez rendu dans *Du miel aux cendres* à l'histoire comme contingence irréductible ; je pense que c'était un hommage en définitive négatif, un hommage qui se retournait contre l'histoire[29]. »

La sociologie althussérienne

Parmi les sociologues aussi, les thèses althussériennes connaissent après Mai 1968 un succès extraordinaire. Un renouveau de la pensée sur le politique, sur les représentations dans le champ politique va s'appuyer sur la notion des appareils idéologiques d'État : « Cet article fut ma croix pendant longtemps, se souvient Pierre Ansart. Ces fameux AIE, il y en avait partout ! Je n'arrive toujours pas à comprendre comment ces idées ont pu avoir un tel pouvoir

26. *Ibid.*, t. 1, p. 120.

27. *Ibid.*, t. 1, p. 160, note 30.

28. P. BONTE, *La Pensée*, n° 187, juin 1976, p. 85.

29. M. GODELIER, « Anthropologie-Histoire-Idéologie », *L'Homme*, juillet-décembre 1975, p. 180.

de séduction[30]. » Pierre Ansart est alors submergé, et tente vainement de résister à l'engouement en pratiquant une critique systématique de l'article d'Althusser à Paris-VII ; mais cela déplaisait fortement à un public d'étudiants qui le suspectait de ne pas être marxiste. Pierre Ansart contestait le schéma de reproduction qui descend de manière fonctionnelle de l'État jusqu'aux unités les plus restreintes comme la famille, et insistait au contraire sur les notions de contradiction, d'opposition dans le phénomène de réception de l'idéologie, sur sa diversité : « Le schéma d'Althusser me torpillait ce que je voulais faire. J'avais donc toutes les raisons de l'attaquer, mais je parlais dans le désert[31]. »

L'influence althussérienne en sociologie politique passe surtout par l'œuvre de Nicos Poulantzas, qui publie en 1968 *Pouvoir politique et classes sociales* (Maspero). Professeur en sociologie à Paris-VII (Vincennes) après 1968, Poulantzas propose une approche très conceptuelle de la sociologie pour la sortir des ornières empiriques, et la constituer en théorie scientifique : « Le mode de production constitue un objet abstrait-formel qui n'existe pas au sens fort, dans la réalité...[32]. » Dans une stricte orthodoxie althussérienne, quelque peu empreinte de gramscisme dans sa définition de l'État comme porteur d'une fonction globale, Poulantzas renvoie dos à dos deux lectures déformantes de Marx : la lecture historiciste et la lecture économiste.

L'historicisme s'exprime selon lui sous deux formes : un courant hégélien, qui place la classe sociale en position de sujet de l'histoire, représenté par Georges Lukács, Lucien Goldmann, Herbert Marcuse ; et un second courant qui s'appuierait sur une interprétation fonctionnaliste de Marx et aurait pour représentant en France Pierre Bourdieu. Cette conception aurait pour effet pervers de dissocier en théorie la notion de classe en soi, définie par sa place dans le mode de production, et celle de classe pour soi, consciente de ses intérêts de classe. Poulantzas oppose à cette orientation historiciste le même argument qu'Althusser vis-à-vis de l'humanisme, en considérant les agents de la production comme de simples « supports ou les porteurs d'un ensemble de structures[33] ».

L'autre lecture déformante de Marx selon Poulantzas est l'économisme, qui réduit l'existence des classes sociales à leur seule réalité à l'intérieur des rapports de production. C'est la vulgate officielle qui est ici visée, et sa théorie du reflet : « Les pouvoirs

---

30. Pierre Ansart, entretien avec l'auteur.

31. *Ibid.*

32. N. POULANTZAS, *Pouvoir politique et classe sociales*, Maspero, 1968, p. 11.

33. *Ibid.*, p. 63.

politique ou idéologique ne sont pas la simple expression du pouvoir économique[34].» Poulantzas lui oppose le concept d'hégémonie, emprunté à Gramsci, pour restituer la complexité de l'appareil juridico-politique d'État et son autonomie relative. Comme chez Althusser, l'instance idéologique joue chez Poulantzas un rôle majeur, qui ne se réduit pas à masquer la domination économique ; elle a pour fonction de construire un discours positif cohérent au regard du vécu des agents, et d'occulter non seulement l'économique mais surtout l'instance qui se trouve en situation de dominance.

Poulantzas aura eu le mérite d'ouvrir à une réflexion neuve sur le pouvoir, conçu de manière beaucoup plus complexe que l'habituelle référence à un État-instrument de classe. Le pouvoir y est analysé comme large champ stratégique englobant, dans une démarche assez proche de celle de Michel Foucault, sans remettre en cause pour autant la notion de centre dans le fonctionnement du pouvoir. Le travail de Poulantzas connaît dans ce début des années soixante-dix un énorme retentissement dans le domaine fort prisé de la sociopolitique, à tel point qu'il est le sociologue le plus représenté dans l'ouvrage qui paraît en 1971 chez Seghers, *Clés pour la sociologie,* écrit par René Lourau et Georges Lapassade : «On nous a reproché aux quatre coins du monde d'avoir fait une place gigantesque à Poulantzas dans cet ouvrage, mais pour nous cela semblait naturel à l'époque[35].» Les tirages de *Pouvoir politique et classes sociales* attestent l'appréciation de René Lourau, puisque l'ouvrage sera tiré à 8 200 exemplaires, avant d'atteindre un tirage cumulé de 40 000 exemplaires en PCM.

Une épistémologie althussérienne

La matérialisme historique, dans sa version althussérienne, ne s'est pas limité au champ des sciences humaines. Dans son ambition à se réconcilier avec la rationalité contemporaine, il a développé toute une réflexion sur les sciences dites dures. Le cadre essentiel en aura été encore l'ENS d'Ulm où se tenait un «cours de philosophie pour scientifiques». Les cours de 1967-1968 vont donner lieu à une publication qui va devenir le bréviaire des althussériens engagés dans la recherche scientifique, *Sur l'histoire des sciences*[36]. Michel Pêcheux, que nous avons déjà vu définir l'analyse du discours à partir des concepts althussériens, s'interroge

---

34. *Ibid.,* p. 121.
35. René Lourau, entretien avec l'auteur.
36. M. Fichant et M. Pêcheux, *Sur l'histoire des sciences,* Maspero, 1969.

dans cet ouvrage sur cette fameuse notion de coupure. Prenant
modèle sur le distinguo établi dans l'œuvre de Marx par Althusser
autour de la fameuse coupure épistémologique, Pêcheux étudie les
effets de la coupure galiléenne en physique et en biologie. Il entend
faire la part entre l'idéologique et le scientifique pour montrer que
les conceptions du monde (l'idéologique) sont tout simplement à
mettre hors jeu « pour chaque branche de la physique, au niveau
spécifique de la coupure[37] ». Quant à Michel Fichant, il problémá-
tise l'idée même d'une histoire des sciences ; « L'histoire des
sciences ne va pas de soi[38]. » Il reprend une question très foucaldienne qui revient à situer le lieu du discours théorique tenu, le
public auquel il est destiné, la place reconnue par ce discours.
Michel Fichant consacre une bonne partie de l'ouvrage à une critique des obstacles qui s'opposent à la construction du concept
d'histoire des sciences et qui relèvent de l'idéologie : le fait de
considérer la science comme unicité, celui de percevoir son devenir
dans une téléologie continue et l'empirisme induit par ces conceptions. Au contraire de ces présupposés, il préconise une « épistémologie de la récurrence[39] ». Cette notion de récurrence doit constituer la rupture majeure avec le rapport traditionnel entretenu par
le savant avec sa pratique scientifique. Mais selon les présupposés
althussériens, cette récurrence n'est pas une simple analyse régres-
sive, théologique, présupposant un continuum historique, elle doit
distinguer les propriétés du réel de celles de la connaissance.

Dans cette perspective ouverte par l'école française d'épistémologie : Cavaillès, Bachelard, Canguilhem..., les althussériens
s'ouvrent le champ de la réflexion épistémologique. C'est dans ce
cadre que Dominique Lecourt publie en 1972 *Pour une critique
de l'épistémologie*[40]. Ce travail porte cependant la trace de
l'après-68 et réintroduit, à l'occasion d'une délimitation de la
portée de l'intervention foucaldienne, le primat de la notion de
pratique. Certes, Foucault mentionne bien la pertinence de pratiques discursives dans *L'Archéologie du savoir,* mais selon Dominique Lecourt, il ne va pas assez loin. Les pratiques expérimentales
propres à l'activité scientifique ne peuvent se réduire à l'étude des
pratiques du discours. Par ailleurs, l'étude des conditions de possibilité d'un discours ne permet pas de se passer d'une étude systématique des conditions de production de celui-ci. Cette proximité
et ce dialogue parfois conflictuels entre l'œuvre foucaldienne et

37. M. PÊCHEUX, *ibid.,* p. 30.
38. M. FICHANT, *ibid.,* p. 54.
39. *Ibid.,* p. 101.
40. D. LECOURT, *Pour une critique de l'épistémologie,* Maspero, 1972.

althussérienne sont, comme nous le verrons, majeurs dans l'inflexion épistémologique des uns et des autres.

Pierre Raymond, althussérien et mathématicien, publie de son côté une série d'ouvrages de réflexion sur les conditions de possibilité d'une histoire des sciences au milieu des années soixante-dix[41]. Il interroge aussi le rapport qu'entretient la philosophie avec la production scientifique. Il situe celui-ci au plan de la forme de son fonctionnement qui doit être distinguée et connectée avec « la distribution sociale des forces scientifiques[42] ». On retrouve chez Pierre Raymond la même tentative que celle déjà énoncée par Michel Fichant en 1969, soit celle de la construction d'une histoire des sciences qui pose la question préalable de la production scientifique : « C'est précisément le problème d'une histoire des sciences que de concevoir la distribution sociale des forces productives scientifiques et les rapports (philosophiques) de production[43]. » À la manière althussérienne, Pierre Raymond divise son objet mathématique en deux. Il distingue un niveau qui joue le rôle de théorie : le mathématique et celui qui représente la réalité, le mathématisé, dont les frontières sont en constant déplacement ; cette distinction étant purement fonctionnelle. Ce partage doit permettre le renouvellement de l'approche historique du mathématisé et de son accès au continent mathématique. Tout un horizon théorique fondé sur l'efficace de la rupture aura ainsi généré une riche réflexion épistémologique dans la perspective ouverte par Althusser.

Un désir de totalisation

C'est tout le champ des sciences humaines qui semble donc adopter le discours althussérien en ce début des années soixante-dix. Il apparaît comme le moyen de réaliser cette fédération de toutes les disciplines, de tous les savoirs régionaux, autour d'une ambition théorique ouvrant sur une possible totalisation conceptuelle, une grille d'analyse capable de rendre compte de la diversité du réel par-delà les compartimentages habituels.

41. P. RAYMOND, *Le Passage au matérialisme,* Maspero, 1973 ; *De la combinatoire aux probabilités,* Maspero, 1975 ; *L'Histoire et les Sciences,* Maspero, 1975 ; *Matérialisme dialectique et Logique,* Maspero, 1977. Il dirigera, par ailleurs, une collection, « Algorithme », chez François Maspero qui accueillera, entre autres ouvrages, *La Théorie des jeux : une politique imaginaire,* de Michel Plon, 1976.

42. P. RAYMOND, *L'Histoire et les Sciences,* Maspero, 1975, PCM, 1978, p. 11.

43. *Ibid.,* p. 53.

Cette adoption des concepts althussériens comme grille d'analyse du réel est manifeste dans la revue *Tel Quel*, qui se donne justement fin 1968 pour ambition, comme on l'a vu, de construire une « théorie d'ensemble ». Au découplage arbitraire entre deux genres, « roman » et « poésie », Marcelin Pleynet oppose une nouvelle approche du parcours textuel qui s'inspire directement des trois « généralités » exposées par Althusser : « Généralité 1 (généralité abstraite, travaillée), la langue ; généralité 2 (généralité qui travaille, théorie), archi-écriture ; généralité 3 (produit du travail), le texte[44]. » La dialectisation de la théorie et de la pratique à l'œuvre chez les telquéliens se réfère non à une réduction d'un des termes à l'autre, mais à la définition que donne Althusser de la théorie comme forme spécifique de la pratique, approche qui permet d'augurer une science nouvelle : l'écriture. « Le texte est à la fois un processus de transformation surdéterminé par l'économie scripturale et, selon la formule d'Althusser, une "structure à contradictions multiples et inégales"[45]. »

Toujours dans le champ littéraire, la revue *Littérature* est fortement marquée par les positions althussériennes et, lorsqu'il est question de réfléchir les deux angles morts du structuralisme en 1974 dans un numéro consacré à « Histoire/Sujet », Danièle Sallenave définit des règles d'intervention(s) qui s'appuient essentiellement sur les thèses de Lacan et d'Althusser. Examinant le fonctionnement de la triade conceptuelle servant à l'analyse littéraire (formalisme/marxisme/psychanalyse), elle conçoit la littérature comme un objet idéologique et considère donc comme indispensable une intégration de ces trois approches pour accéder à la scientificité : « L'entrée du matérialisme historique (M.H.) et de l'analyse des formations de l'inconscient (A.F.I.) dans la théorie des formes littéraires permettrait la prise en charge théorique de la question du réel, [...] de la question du sujet[46]. » Elle voit dans le matérialisme dialectique et historique la base même de la construction d'une théorie générale comme théorie de la production du symbolique. C'est à cette condition que l'on pourra inscrire les pratiques artistiques à l'intérieur de la question « du mode de symboliser[47] ». Reprenant les termes mêmes d'Althusser, Danièle Sallenave s'appuie sur sa définition d'un concept marxiste du temps historique, d'avant le sujet, c'est-à-dire d'un procès sans sujet, préalable à une orientation matérialiste.

44. M. PLEYNET, *Tel Quel, Théorie d'ensemble, op. cit.*, p. 102.

45. Ph. SOLLERS, « Écriture et révolution », *ibid.*, p. 78.

46. D. SALLENAVE, « Règles d'intervention(s) », *Littérature*, n° 13, février 1974, p. 7.

47. *Ibid.*, p. 12.

Ce souci de totalisation va également emporter l'adhésion de certains historiens, moins nombreux toutefois. Régine Robin, historienne ouverte au dialogue interdisciplinaire avec la linguistique, se souvient avec quel enthousiasme elle découvre les articles d'Althusser au milieu des années soixante. Elle était alors jeune professeur au lycée de Dijon : « J'ai eu le sentiment que quelque chose de neuf passait et que non seulement on pouvait prendre le marxisme au sérieux, mais qu'il y avait une conceptualisation pensable[48]. » Mais rares furent les historiens à s'engager ainsi dans ce chemin périlleux, où ils se sentaient par formation mal à l'aise face au théoricisme et au haut degré d'abstraction en usage chez les althussériens. Dans ce champ par définition complexe et hybride, la grille conceptuelle althussérienne ne pouvait en effet s'appliquer qu'au prix de l'élimination de pans entiers de la réalité, sacrifiés pour étayer la validité de la théorie : « Nous, les historiens, on était perçus comme de mauvais sujets car on ramenait toujours à l'incomplétude des concepts[49]. » Certes, Pierre Vilar, professeur à l'ENS d'Ulm, avait un rapport de proximité professionnelle et amicale avec Althusser, partageant en outre avec lui une même adhésion à un marxisme rigoureux ; il est d'ailleurs invité à prendre la parole en tant qu'historien au séminaire d'Althusser. Mais ces rapports n'iront pas très loin, si ce n'est un dialogue critique avec certaines thèses althussériennes que mène Pierre Vilar dans la contribution qu'il donne à Pierre Nora pour la publication de *Faire de l'histoire*[50]. Il y est surtout question de deux points de vue incommensurables l'un à l'autre : celui de l'historien et celui du philosophe.

Le désir de totalisation, on le retrouve aussi dans le groupe qui crée en 1973 la revue *Dialectiques*[51]. Le noyau fondateur de cette revue se situe dans la double filiation de Jean-Toussaint Desanti, par son désir d'explorer concrètement les divers champs de scientificité, et d'Althusser, par sa volonté de totalisation, d'articulation des divers niveaux du savoir. *Dialectiques* tient son originalité de son haut niveau de conceptualisation, de son indépendance militante, et de son refus de toute inféodation. La revue connaîtra un

48. R. ROBIN, entretien avec *Espaces Temps*, « Fabrique des sciences sociales », n° 47-48, 1991.

49. *Ibid.*

50. P. VILAR, « Histoire marxiste, histoire en construction », dans *Faire de l'histoire*, sous la direction de J. LE GOFF et de P. NORA, Gallimard, 1974, t. 1, p. 169-209.

51. *Dialectiques*, n° 1-2, 1973, directeur de publication : D. Kaisergruber, collaborateurs : B. Avakian-Ryng, M. Abélès, D. Kaisergruber, J.-Cl. Chaumette, Y. Mancel, D. Kaisergruber, S. Ouvrard, Ch.-A. Ryng, J.-L. Piel.

vif succès et, sans support éditorial, elle construira un efficace réseau de distribution, qui lui permettra de dépasser parfois les 10 000 exemplaires. Le projet est né dans l'immédiat après-68 à Saint-Cloud, où se réunit un petit groupe de normaliens : Pierre Jacob, David Kaisergruber et Marc Abélès, tous trois membres à l'époque du PCF. Ils auront d'ailleurs immédiatement des ennuis avec la direction du parti qui les convoque à sa plus haute instance, le Bureau politique, pour s'expliquer sur la ligne de leur revue : « Simplement parce qu'on avait publié un article de Desanti sur les mathématiques chez Hegel. L'article n'avait ni de près ni de loin à voir avec la politique, mais comme Desanti avait été l'idéologue du parti, cela a inquiété[52]. » Parmi les collaborateurs occasionnels de la revue, on retrouve la linguiste Claudine Normand, qui découvre Althusser en 1969-1970 : tout son travail sur la coupure saussurienne se situe dans la perspective d'une vérification de l'hypothèse althussérienne de la coupure appliquée au champ linguistique. Régine Robin interviendra également souvent en tant qu'historienne/linguiste dans la revue, sur des positions althussériennes.

Toute une effervescence théorique semble donc placer l'althussérisme comme le fédérateur des sciences humaines, môle dur de scientificité par sa capacité à conjuguer structuralisme et marxisme. Mais ce temps du triomphe sera aussi fugitif que spectaculaire, car la pluralisation de la contradiction, la substitution au jeu binaire de la dialectique d'une complexe combinatoire d'instances vont bientôt relativiser et minorer le pouvoir du schème d'explication marxiste, même enrichi par Althusser.

---

52. Marc Abélès, entretien avec l'auteur.

17

La grille althussérienne implose

Effet contradictoire de Mai 68, l'althussérisme se porte bien, mais les althussériens vont mal. Ils sont bien conscients que l'événement vient buter sur leur schéma explicatif et qu'ils doivent réorienter la perspective de leurs recherches vers la praxis, vers le terrain, pour en tester la fécondité. Althusser entame alors un long processus de rectification, d'autocritique.

Les autocritiques

De 1968, à l'occasion d'une nouvelle édition de *Lire le Capital* dans la « Petite collection Maspero », Althusser prend ses distances critiques par rapport à ce qu'il qualifie de « tendance théoriciste certaine » qui fut la sienne dans son rapport à la philosophie[1]. Ce théoricisme s'est manifesté à ses yeux par un rapprochement trop poussé entre le marxisme, revisité autour de la notion de coupure, et le structuralisme, source de confusion : « La terminologie que nous avons employée était sous divers aspects trop voisine de la terminologie "structuraliste" pour ne pas donner lieu à une équivoque[2]. »

Ce qui n'est encore discrètement qu'une mise à distance du structuralisme dont tout le monde se réclamait hier va devenir rapidement l'aspect majeur d'une autocritique en règle, comme le révèle le titre même de l'ouvrage d'Althusser paru en 1974, *Éléments d'autocritique* (Hachette). Il est question alors de véritable déviation, et non plus d'une simple erreur ponctuelle ; on sait ce que le terme de déviationnisme recouvre dans le courant marxiste, l'idée d'un péché irrémissible, qui rend nécessaire l'autoflagellation. La

1. L. ALTHUSSER avait déjà entamé ce processus d'autocritique dans la préface à l'édition italienne de *Lire le Capital*, parue en 1967.
2. L. ALTHUSSER, *Lire le Capital*, Maspero, PCM, t. 1, 1968, p. 5.

déviation théoriciste a eu pour effet de présenter la fameuse coupure sous les formes d'une opposition qui se jouerait « entre *LA*
science et *L'*idéologie[3] ». Une telle scénographie déplace les enjeux
sur le strict plan du rationalisme, en opposant l'idéologie qui se
voit assigner la place de l'erreur et la science marxiste qui occupe
celle de la vérité. Cette position impliquait de penser la problématisation philosophique et politique sur le mode de l'histoire des
sciences, et l'emprunt à Bachelard joue ici non plus seulement sur
le plan métaphorique mais au plan heuristique. Cette erreur de
perspective, ce théoricisme se seraient incarnés en trois figures :
une théorie de la différence entre la science et l'idéologie en tant
que termes généraux, le concept de pratique théorique, et enfin la
thèse selon laquelle la philosophie est le lieu de la théorie de la
pratique théorique. Althusser revient sur la lecture du *Capital* entreprise en 1965 en dénonçant : « Notre "flirt" avec la terminologie
structuraliste a certainement passé la mesure permise[4]. »

Lorsque Althusser incrimine simplement le langage employé au
milieu des années soixante, il minore bien évidemment ce qui relevait en fait davantage d'une stratégie tout à fait consciente de satu-
ration entre divers savoirs autour d'un objectif commun, tant institutionnel que théorique. En 1974, il perçoit le structuralisme
comme une spécialité bien française et une idéologie philosophique
de savants : la tendance générale du structuralisme définit ce courant de pensée comme « rationaliste, mécaniste, mais par-dessus
tout formaliste[5] ». Et il ne voit aucun rapport entre l'évacuation des
réalités concrètes que suppose l'idée/idéal structuraliste d'une production du réel qui résulterait d'une combinatoire d'éléments quel-
conques, et le marxisme dont les concepts, tout en se définissant
comme des abstractions, visent à éclairer la réalité sociale dans ses
enjeux les plus concrets. Marx « n'est pas un structuraliste car il
n'est pas un formaliste[6] ».

On sait néanmoins qu'une telle appréciation est mal fondée car
le structuralisme ne s'est jamais défini, tout du moins dans son
acception levi-straussienne, comme un formalisme. La critique de
Vladimir Propp par Lévi-Strauss atteste d'ailleurs du distinguo
nécessaire entre ces deux courants, délibérément confondus par
Althusser. La définition que donne ce dernier du structuralisme,
tout à la fois simplificatrice et à côté de la nature du courant de
pensée en question, a surtout une visée stratégique de dépréciation
d'un paradigme qui a perdu de sa vitalité unificatrice, et permet

---

3. L. ALTHUSSER, *Éléments d'autocritique*, Hachette, 1974, p. 41.
4. *Ibid.*, p. 57.
5. *Ibid.*, p. 61.
6. *Ibid.*, p. 63.

en outre de se disculper d'avoir jamais été structuraliste : « Si nous n'avons pas été des structuralistes, [...] nous avons été coupables d'une passion autrement plus forte et compromettante : nous avons été spinozistes[7]. »

Un an avant cette autocritique, en 1973, Althusser avait déjà reconnu, à l'occasion de la polémique qui l'a opposé au marxiste anglais John Lewis, la déviation du théoricisme. Il était resté cependant alors solidement campé sur ses positions hostiles à l'humanisme dit bourgeois, auquel il opposait l'antihumanisme théorique du Marx de la maturité : « L'histoire est un processus, et un processus sans sujet[8] », conception déjà énoncée en 1968[9]. Althusser n'en reconnaissait pas moins devoir faire son autocritique sur un point essentiel, celui de la coupure épistémologique dans l'œuvre de Marx, et selon laquelle les catégories philosophiques hégéliennes d'aliénation, de négation de la négation, auraient totalement disparu après la coupure au profit de catégories proprement scientifiques : « J. Lewis me répond que ce n'est pas vrai. Et il a raison[10]. » Cette cécité s'expliquerait par la déviation théoriciste dans laquelle Althusser reconnaît s'être fourvoyé en assimilant la révolution philosophique de Marx au mode de révolution en usage dans les sciences qui se traduit par une réelle coupure épistémologique : « J'ai donc pensé la philosophie sur le modèle de "la" science[11]. »

Outre cet aspect autocritique, la *Réponse à John Lewis* est considérée comme un événement politique majeur et célébrée comme tel par Emmanuel Terray. Celui-ci perçoit la mise en pratique de la thèse de tous les grands philosophes selon laquelle faire de la philosophie consiste à faire de la politique dans la théorie. Le livre répond incontestablement à une attente, dont atteste le tirage, exceptionnel pour ce genre d'ouvrage, de 25 000 exemplaires. La philosophie serait par essence politique, elle aurait pour fondement essentiel de poursuivre l'œuvre politique par d'autres moyens. Althusser « parle, à visage découvert, de politique et son intervention porte sur un problème dont la solution est à bien des égards décisive pour l'avenir du mouvement ouvrier français et international : comment procéder à une analyse marxiste de la période

7. *Ibid.*, p. 65.

8. L. ALTHUSSER, *Réponse à John Lewis*, Maspero, 1973, p. 31.

9. L. ALTHUSSER, « Marx et Lénine devant Hegel », 1968, publié dans *Lénine et la philosophie*, Maspero, 1969, (le tirage de ce livre atteindra 25 000 exemplaires auxquels il faut ajouter 13 000 exemplaires de la collection PCM à partir de 1972).

10. L. ALTHUSSER, *Réponse à John Lewis, op. cit.*, p. 51.

11. *Ibid.*, p. 55.

stalienne[12] ? » Althusser s'en prend à la courte explication officielle
des erreurs du stalinisme donnée à la tribune du XXᵉ congrès du
PCUS par Khrouchtchev, selon laquelle le dérapage résulterait simplement du culte de la personnalité. Cette explication purement
juridique et humaniste serait le pendant de l'économisme en usage
en URSS pendant et après Staline.

Althusser voit dans le stalinisme et la déviation qu'il représente
« comme une forme de revanche posthume de la IIᵉ internationale :
comme une résurgence de sa tendance principale[13] », qui s'incarne
dans la double figure complémentaire, selon Althusser, de l'humanisme et de l'économisme. À cela, il oppose la catégorie de « procès
sans Sujet ni Fin », qui peut aussi prendre la forme de « procès
sans Sujet ni Objet[14] », considérant que la catégorie du sujet relève
simplement de la philosophie bourgeoise, et a été inventée à des
fins stratégiques précises de domination idéologique. On notera
dans cette position de négation du sujet plus qu'une affinité ter-
minologique avec le structuralisme, une grande proximité paradigmatique.

Mais le processus d'autocritique ne fait que commencer. Peu
après, en 1976, Étienne Balibar prend connaissance d'un texte
inédit que lui communique Althusser. C'est à cette date qu'il prend
conscience qu'Althusser est animé par une force indicible qui le
conduit à défaire, détruire tout ce qu'il avait bâti jusque-là, jusqu'à
se contraindre au silence dans lequel s'enfermera ensuite cet
homme enterré de son vivant (et qui confiera à Balibar en août
1980 : « Je ne me suiciderai pas, je ferai pire. Je détruirai ce que
j'ai fait, ce que je suis pour les autres et pour moi...[15] »). Étienne
Balibar émet plusieurs hypothèses pour expliquer ce mécanisme
de destruction de plus en plus probant chez Althusser de ses
positions antérieures ; ces tentatives explicatives sont d'ailleurs
cumulables. Il y a les raisons d'ordre psychologique : on sait
qu'Althusser avait une santé psychologique fragile, qu'il ne passait
pas une année d'enseignement à Ulm sans séjour prolongé à
l'hôpital psychiatrique. À cela s'ajoutent des raisons d'ordre politique, tenant à la crise conjuguée du marxisme, du monde communiste et du PCF, qu'Althusser aurait essayé en vain d'enrayer, sans
pouvoir apporter de remède satisfaisant. Il reste une autre explication que développe Balibar, très intéressante, c'est l'explication
d'ordre philosophique invoquant la thématique derridienne de la

12. E. TERRAY, *Le Monde*, 17 août 1973.

13. L. ALTHUSSER, *Réponse à John Lewis, op. cit.*, p. 93.

14. *Ibid.*, p. 72.

15. É. BALIBAR, « Tais-toi encore, Althusser ! », *Les Temps modernes*,
décembre 1988, p. 3 ; repris dans *Écrits pour Althusser*, La Découverte, 1991.

déconstruction ; Balibar montre en quoi Althusser déconstruit lui-même son propre système philosophique par la nature même des concepts qu'il met en avant. « Ce qu'Althusser avait à dire ne pouvait l'être que sous la forme d'une dénégation, d'un discours assorti après coup de son annulation. Il lui fallait, en somme, mettre en pratique ce que Heidegger et Derrida ont théoriquement décrit : l'unité contradictoire, dans le temps, des mots et de leur rature[16]. » Balibar souligne le caractère déjà autocritique des concepts avancés par Althusser, qui contiennent leur propre négation dans leur tension interne, cas par exemple du concept d'antihumanisme théorique. Le projet essentiel d'Althusser, celui de construire une science échappant à l'idéologie, implique le retour toujours possible du refoulé idéologique dans le champ même de la science. Il n'y a donc pas de repos possible dans cette bataille incessante, dans ce conflit interne au sein d'une science qu'il faut promouvoir, mais dont on sait qu'elle contient en elle la non-science, son propre évanouissement, sa propre rature.

La leçon d'Althusser

Cette autocritique d'Althusser ne suffit pas à un des auteurs de *Lire le Capital*, Jacques Rancière, qui publie en 1974 chez Gallimard un ouvrage dans lequel il répudie radicalement l'enseignement du maître, *La Leçon d'Althusser*. Sa contribution de 1965 à *Lire le Capital* avait été supprimée, comme celle de Roger Establet et de Pierre Macherey, de la réédition allégée de 1968 en « Petite Collection Maspero ». Devant le succès du livre, les éditions Maspero décident de ressortir l'intégralité des contributions en 1973. Jacques Rancière en est donc avisé et invité à reprendre son texte, « Le concept de critique et la critique de l'économie politique. Des manuscrits de 1844 au *Capital* », pour faire parvenir ses éventuelles corrections. Mais Jacques Rancière ne pouvait et ne voulait pas se contenter de retouches de détail : le mouvement de 1968 l'avait en effet rendu très critique à propos des positions althussériennes. La rupture est consommée dès 1968-1969, au moment de la création de Vincennes, où Rancière enseigne dans le département de philosophie. Il exerce alors une critique acerbe des compromis du passé, au nom de son adhésion au mouvement maoïste, opposant la dynamique de la « révolution culturelle » à la restauration d'un académisme épistémologique, fût-il althussérien. Ayant l'impression d'être sollicité en 1973 pour donner l'illusion d'une permanence des positions du groupe de travail de 1965,

---

16. *Ibid.*, p. 9.

Rancière propose de présenter sa contribution en la faisant précéder d'une longue préface explicative pour resituer à la fois ses positions de 1965 dans leur contexte, et la distance critique qui est la sienne en 1973 : « J'avais l'impression que quelque chose se remettait en route comme si rien ne s'était passé et qu'il fallait marquer un certain écart par rapport à cette reprise du discours althussérien. Mais ce texte a été censuré[17]. » L'éditeur décide finalement de rééditer en 1975 *Lire le Capital* sans aucune modification, selon les termes du contrat signé en 1965[18].

Jacques Rancière réagit doublement à cette situation : en publiant dès novembre 1973, dans *Les Temps modernes*[19], la préface qui lui a été refusée chez Maspero et en sortant chez Gallimard, en 1974, *La Leçon d'Althusser*. Le bilan qu'il dresse de l'althussérisme est très négatif, et l'originalité réside dans le fait qu'il émane d'un althussérien de la première heure et du premier cercle : « En tant qu'instrument d'interprétation des sociétés et des mouvements historiques, l'althussérisme n'a rien produit d'intéressant. [...] Il a plutôt été un cache-misère qu'un enrichissement, laissant tomber un véritable couvercle sur ce qui a pu exister depuis le début du siècle dans la pensée marxiste en Allemagne, Italie, Angleterre, États-Unis. Tout cela s'évanouissait et il ne restait que les grands auteurs, le PCF et nous, soit une conception radicalement provinciale[20]. » Lorsque Rancière écrit *La Leçon d'Althusser*, l'autocritique d'Althusser n'est pas encore parue ; mais elle ne satisfera pas Rancière qui la considérera comme une parade destinée à répondre aux critiques qui se multiplient, afin de rendre ainsi possible la poursuite d'un néo-althussérisme à peine rénové.

La critique de Rancière est au contraire radicale, elle procède par ruptures et rejet : « L'althussérisme était mort sur les barricades de Mai avec bien d'autres idées du passé[21]. » Certes, Rancière admet que l'althussérisme a eu un effet positif au plan subjectif pour toute une génération en tant que phénomène de mise en circulation, de mise en communication de certains savoirs : c'est en effet autour d'Althusser que s'est constituée la tentative de synthèse d'une mouvance critique par rapport aux savoirs institués, ainsi qu'un nouveau rapport au politique. Mais il est très critique,

---

17. Jacques Rancière, entretien avec l'auteur.

18. Maspero, 4 vol. de la PCM : *Lire le Capital*, t. 1 : L. ALTHUSSER, É. BALIBAR ; t. 2 : L. ALTHUSSER, É. BALIBAR ; t. 3 : J. RANCIÈRE ; t. 4 : R. ESTABLET, P. MACHEREY.

19. J. RANCIÈRE, « Mode d'emploi pour une réédition de *Lire le Capital* », *Les Temps modernes*, novembre 1973, p. 788-807.

20. Jacques Rancière, entretien avec l'auteur.

21. J. RANCIÈRE, *La Leçon d'Althusser*, Gallimard, 1974, p. 10.

à propos de la négation de toute pensée du sujet, présenté par l'althussérisme comme l'épouvantail à moineaux : « Cela fait déjà un certain temps qu'on nous entretient de la descente du sujet aux enfers[22]. » Rancière rappelle qu'en 1973, c'est l'Université dans son entier qui proclame haut et fort, sur tous les tons, la liquidation du sujet : « Quant à l'homme, il n'est pas aujourd'hui un hypo-khâgneux qui ne rougirait de l'invoquer dans ses dissertations[23]. » L'autre angle d'attaque, cette fois étayé par ses positions maoïstes du moment, consiste à rappeler le fondement de la dialectique : Un se divise en Deux. Et il reproche à Althusser ce qu'il considère comme une adhésion/trahison à la sociologie durkheimienne lorsqu'il présente l'idéologie comme un phénomène en soi, une donnée immuable, anhistorique, un invariant, alors que pour Rancière toute idéologie est inéluctablement prise dans les enjeux entre classes, et ne peut donc être appréhendée que comme idéologie de classe.

Le nœud de l'opposition se trouve donc dans la théorie althussérienne de l'idéologie, davantage que dans les accusations de récupération ou d'offensive antigauchiste pour défendre l'appareil du PCF et le savoir académique : « L'idéologie pourrait bien occuper chez Althusser le statut que confère à l'État la réflexion métaphysique classique. [...] Ainsi l'idéologie ne sera pas posée comme le lieu d'une division mais comme une totalité unifiée par son rapport à son référent (le tout social)[24]. » Althusser aurait ainsi rassemblé deux en un et fait disparaître par un tour de passe-passe le concept de contradiction, ce qui aux yeux de Rancière, à l'époque, n'est autre que la démarche classique du révisionnisme. De la même manière, on assiste à une ontologisation de la notion essentielle de rapports de production, qui « apparaissent retirés dans l'au-delà de la structure[25] ».

La rupture est donc radicale entre Rancière et Althusser. Et lorsque Terray vantera dans *Le Monde* le mérite de *Réponse à J. Lewis*, perçue comme une véritable bombe politique, Rancière répondra dans le même journal qu'Althusser énonce en fait les limites de la nouvelle orthodoxie, conciliable au sein de l'appareil du PCF[26]. Il récuse ce qu'il considère comme « un effort de replâtrage, d'assimilation de ce qui s'est passé entre-temps, de demi-confessions qui permettent de continuer à laisser croire que l'on

---

22. *Ibid.*, p. 43.
23. *Ibid.*, p. 159.
24. *Ibid.*, p. 237-238.
25. *Ibid.*, p. 235.
26. J. RANCIÈRE, *Le Monde*, 12 septembre 1973.

dit la même chose[27] ». Cet acte de rupture va avoir un vaste écho
médiatique, car il représente un symptôme décisif de la crise que
connaît l'althussérisme depuis 1968 malgré l'engouement qu'il
suscite par ailleurs. Il va bien évidemment être très mal perçu et
vécu, non seulement par Althusser, mais par ses proches qui reconnaissent cependant le caractère « brillant » du livre de Rancière[28].

Pour Étienne Balibar, cet ouvrage apparaît aujourd'hui comme
l'expression d'un contexte, celui des maoïstes qui expliquaient
dans leur presse, *La Cause du peuple*, que la bourgeoisie était au
bord de l'effondrement, que le pouvoir était à ramasser et que le
seul rempart qui la maintenait au pouvoir était le PCF. Comme les
travailleurs ne pouvaient qu'aimer Mao selon ceux qui s'appelaient
les marxistes-léninistes, il fallait bien qu'à l'intérieur du PCF il y
ait quelqu'un qui s'inspire de Mao pour tromper la vigilance de la
classe ouvrière, et cela ne pouvait être qu'Althusser, présenté
comme le porte-plume et le grand manipulateur : « Or, Rancière
savait qu'il interprétait à l'envers les formules d'Althusser comme
celle de "pratique théorique", qui est une façon d'expliquer que la
théorie est elle-même pratique, sans pour autant conférer un privilège absolu à la théorie, contrairement à ce que dit Rancière[29]. »
Pierre Macherey fut encore plus atteint sur le plan affectif par ce
qu'il estime être un « reniement au sens de l'Évangile, un acte
religieux, demandant pardon pour ses fautes. [...] Le principe de
la chose m'a profondément révulsé[30] ».

Un tir de barrage contre Althusser

En ce milieu des années soixante-dix, c'est un véritable tir
groupé qui se déclenche contre le retour en force des althussériens.
Les critiques viennent de tous les horizons politiques et théoriques.
Ancien collaborateur d'*Arguments*, sociologue marxiste, Pierre
Fougeyrollas publie en 1976 un ouvrage fortement polémique,
Contre Lévi-Strauss, Lacan et Althusser (Savelli). Ayant passé dix
ans hors de France, à l'université de Dakar entre 1961 et 1971,
Pierre Fougeyrollas se trouve quelque peu à l'écart de l'effervescence qui règne à Paris, même s'il se tient au courant de ce qui se
publie. Lorsqu'il revient, il est sollicité par Louis-Vincent Thomas
pour siéger dans des jurys de thèses à Paris-V : « Le premier choc

27. Jacques Rancière, entretien avec l'auteur.

28. Qualificatif énoncé tout à la fois par Pierre Macherey et par Étienne
Balibar, entretiens avec l'auteur.

29. Étienne Balibar, entretien avec l'auteur.

30. Pierre Macherey, entretien avec l'auteur.

a été l'althussérisme. Tous les candidats me parlaient de trois instances, de la lecture symptomale. [...] Entre ce qu'ils racontaient et ce que je pensais du marxisme, il y avait un hiatus énorme ! J'ai donc eu une première réaction contre l'althussérisme[31]. » Pour Fougeyrollas, l'althussérisme est un résultat direct du XXe congrès du PCUS s'inscrivant dans les limites strictement imparties et étroites d'une critique du dogmatisme sans bouleversement de l'appareil, démarche qui induit un retour aux sources, aux pères fondateurs : Lénine et Marx. Dans un tel contexte, l'althussérisme joue le rôle « d'un euphorisant idéologique ou d'un lénifiant spéculatif[32] ». Fougeyrollas s'en prend à l'idéalisme althussérien qui déplace le marxisme du champ de la praxis à la théorie, et qui transforme ainsi la perspective marxienne de changement du monde en transformation de la philosophie. Par ailleurs, il pointe les emprunts faits aux diverses sciences humaines, et plus particulièrement à la psychanalyse, qui conduisent à faire du marxisme une variante du structuralisme, substituant à la dialectique « une manière de topique structurale[33] ». Le jeu des instances qui se substitue à la dialectique historique nécessite un autre emprunt à la psychanalyse avec le concept de surdétermination, et la pratique envisagée comme pratique théorique conduit à s'enfermer dans la sphère du discursif et de sa lecture symptomale.

À l'occasion de la sortie de la *Réponse à John Lewis*, Daniel Bensaïd, dirigeant de la Ligue communiste qui venait d'être dissoute par le gouvernement, en 1973, fait une critique au vitriol d'Althusser. Il s'en prend surtout à la notion de « déviation » stalinienne définie de manière beaucoup trop timorée par Althusser : « En fait, Althusser a toutes les ficelles d'un charlatan, de l'abracadabra magique aux postiches de savant. Il fait mine de survoler l'histoire, alors qu'il s'accroche piteusement à sa traîne[34] », et Daniel Bensaïd en conclut que renvoyer le fondement de la « déviation » stalinienne à une origine purement théorique, c'est-à-dire à l'influence de l'économisme de la IIe Internationale, permet d'occulter facilement quarante ans d'histoire du mouvement ouvrier. L'ennemi n'étant donc qu'un tigre en papier, une simple figure rhétorique (le couple économisme-humanisme), il suffirait d'une simple correction de la « déviation » de la ligne stalinienne pour retrouver la bonne voie.

Toujours au sein du courant marxiste révolutionnaire, trotskiste,

31. Pierre Fougeyrollas, entretien avec l'auteur.

32. P. Fougeyrollas, *Contre Lévi-Strauss, Lacan et Althusser*, Savelli, 1976, p. 141.

33. *Ibid.*, p. 155.

34. D. Bensaïd, *Rouge*, août 1973, repris dans *Le Monde*, 17 août 1973.

les critiques abondent, alors même qu'en 1976 le PCF semble intro-
niser Althusser en le publiant aux Éditions sociales. Déjà en 1970,
Ernest Mandel, économiste marxiste membre de la section belge
de la IVᵉ Internationale, avait fait une longue étude sur la manière
dont « Althusser corrige Marx[35] », à l'occasion de la sortie en 1969
chez Garnier-Flammarion du Livre 1 du *Capital* de Marx, précédé
d'un « Avertissement » écrit par Althusser. Outre les quelques
conseils pédagogiques que Mandel juge utiles, le reste relève à ses
yeux d'une analyse erronée des intentions et des concepts mis en
avant par Marx.

De son côté, Michaël Lowy répond à Althusser sur le plan philosophique en défendant l'humanisme de Marx : « Que l'humanisme avant Marx ait été abstrait, bourgeois, etc., ne signifie nullement qu'il faille renoncer à tout humanisme[36]. » Si Michaël Lowy
juge déjà infondé le postulat antihumaniste dans la lecture du Marx
de la maturation, celui de *L'Idéologie allemande* ou du *18 Bru-
maire*, il en va de même pour le Marx du *Capital*, pourtant érigé
par Althusser au statut de paradis scientifique. Les trois temps de
l'humanisme marxiste se déploient dans *Le Capital*, selon Michaël
Lowy, sur le mode du dévoilement des rapports entre les hommes
derrière les catégories réifiées de l'économie capitaliste, dans la
critique de l'inhumanité du capitalisme, et enfin dans la perspective
d'une société socialiste comme société d'une possible maîtrise
rationnelle des forces de production par les hommes. Dans sa définition des deux concepts majeurs que sont les forces productives
et les rapports de production, Marx fait encore intervenir le concept
d'homme. Les rapports de production sont analysés comme « des
rapports sociaux déterminés entre les hommes eux-mêmes, qui
assument pour eux la forme fantasmagorique d'un rapport entre
les choses[37] ». En second lieu, Michaël Lowy se refuse à séparer
Marx de considérations éthiques, d'une ambition morale dans sa
critique du capitalisme. Il distingue en effet deux risques : celui
qui consiste à ne voir dans *Le Capital* qu'un « cri éthique contre
le capitalisme (tendance représentée par M. Rubel)[38] », et la symé-
trique qui nie toute dimension morale pour ne voir dans *Le Capital*
qu'une œuvre scientifique. « La question qui se pose est celle-ci :
au nom de quelles valeurs morales Marx critique-t-il le capitalis-

35. E. MANDEL, « Althusser corrige Marx », *La Quatrième Internationale*,
janvier 1970.

36. M. LOWY, « L'humanisme historiciste de Marx ou relire *Le Capital* »,
L'Homme et la Société, juillet 1970, p. 112.

37. K. MARX, « Das Kapital I », in *Werke 23*, Dietz Verlag, Berlin, 1968,
p. 181, 186.

38. M. LOWY, *L'Homme et la Société*, juillet 1970, p. 117.

me[39] ? » Quant au socialisme à venir, il n'est pas question de perpétuer l'idée d'un homme éternel, d'une essence transhistorique,
mais d'avérer un homme nouveau : en ce sens le marxisme s'apparente bien à un humanisme, même s'il se différencie de l'humanisme classique.

D'un autre horizon de la pensée, celui de la revue *Esprit* dont
on a vu que la prise en compte d'un débat avec la pensée structurale
a été constante, et a toujours suscité une argumentation théorique
de haut niveau, Jean-Marie Domenach répond à la réponse
d'Althusser à John Lewis en 1974 sous le titre évocateur « Un
marxisme sous vide[40] ». Il perçoit Althusser comme le défenseur
d'une scolastique qui, faute de correspondre au réel, trouve une
échappatoire avec la théorie abstraite, la notion de coupure,
l'absence de sujet... afin d'éviter d'éventuels démentis que pourraient représenter les simples observations de la réalité empirique.

Jean-Marie Domenach voit dans la lecture d'Althusser une réinterprétation structuraliste de Marx et non pas seulement quelques
emprunts de vocabulaire : « En réalité, ce qui compte ici, ce n'est
plus Marx, c'est l'idée qu'Althusser se fait de Marx à travers un
certain structuralisme[41]. » Domenach conteste la vision d'un antihumanisme théorique chez Marx : « C'est bien de l'homme que
Marx est parti, et c'est vers une idée de l'homme qu'il se dirige.
Certes, il ne s'agit pas de l'essence abstraite de l'humanité telle
que la distillent certains penseurs libéraux, mais d'un homme
"générique" saisi dans ses conditions d'existence[42]. » Dans une telle
approche déterministe, close sur elle-même, Domenach se
demande ce que deviennent les masses, prises dans la nasse des
rouages inexorables de l'énorme machine structurale. Elles semblent bien confinées à un simple rôle de figuration, et la critique
qu'il adresse ici à Althusser rejoint celle, plus globale, qu'il avait
faite à Lévi-Strauss en 1963, puis à Foucault en 1968, en invoquant
la place et le statut de la liberté dans le champ contraignant de la
nécessité. Certes, Althusser aura réussi à sauvegarder quelque
temps la doctrine dans la mesure où elle « s'y conserve sous vide,
mais que devient la praxis[43] ? »

À force de complexification de l'œuvre de Marx, au prix de la
construction d'un système de pensée rigoureux, synthétique, à
vocation totalisante, Althusser aura retardé le moment du déclin

39. *Ibid.*, p. 117.

40. J.-M. DOMENACH, « Un marxisme sous vide », *Esprit*, janvier 1974, p. 111-
125.

41. *Ibid.*, p. 112.

42. *Ibid.*, p. 118.

43. *Ibid.*, p. 124.

du marxisme. Étincelle fugitive à l'horizon d'un siècle dans lequel
le marxisme va se perdre dans son destin funeste, dans la tragédie
du totalitarisme. L'effort d'Althusser dans ce contexte ne pouvait
être qu'emporté par la vague de fond du reflux du marxisme, qui
allait revenir frapper en boomerang la théorie avant même d'avoir
épuisé son pouvoir à réduire à la déshérence les sociétés qui se
réclamaient de ses principes.

La tentative althussérienne aura été la plus globalisante et la plus
ambitieuse du structuralisme spéculatif. Son implosion n'affecte
pas encore la poursuite des recherches selon la grille structurale
dans d'autres champs, plus spécifiques, du savoir, notamment dans
le domaine des sciences du texte. Par ailleurs, au plan philosophique, l'implosion de l'althussérisme prépare la voie à un structuralisme historicisé, incarné entre autres par Michel Foucault.

III
LE STRUCTURALISME
ENTRE SCIENTISME,
ESTHÉTIQUE ET HISTOIRE

18

Le mirage de la formalisation

La contestation ou le débordement du paradigme structural va provoquer un mouvement de recul par rapport au qualificatif de structuraliste. Chacun se défend ardemment d'avoir un jour participé au banquet, et présente son œuvre comme d'autant plus singulière qu'hier encore on cherchait au contraire par tous les moyens à situer ses travaux au sein du courant collectif de rénovation structuraliste. Certains emprunteront la voie d'une formalisation encore plus poussée pour accéder à l'essence même de la structure, alors que d'autres s'engageront plutôt vers la déconstruction de celle-ci, pour laisser libre cours à une inspiration de plus en plus littéraire qui s'éloigne toujours davantage des ambitions premières de codification.

L'École de Paris

La première réponse, celle de la formalisation, est perceptible dans le champ de la linguistique avec la fondation de l'École de Paris. Celle-ci n'est pas sans faire penser à son ancêtre, l'École de Prague, et se situe d'ailleurs dans cette filiation historique : « École de Paris et non École française de sémiotique, car Paris est un lieu de rassemblement de nombreux chercheurs étrangers qui se reconnaissent un certain nombre de points communs[1]. » L'École de Paris est issue de l'Association internationale de sémiotique, dont l'idée revient à Jakobson et à Benveniste. S'appuyant sur la tradition des formalistes russes, sur les travaux des écoles de Prague, de Copenhague, de Genève, l'Association est essentiellement issue d'une linguistique européenne, malgré l'engagement du patron de la sémiotique américaine, Thomas A. Sebeok.

Une des ambitions de l'Association est de permettre à des cher-

---

1. Jean-Claude Coquet, entretien avec l'auteur.

cheurs des pays d'Europe de l'Est de sortir de la vulgate marxiste
en usage de l'autre côté du rideau de fer, de recréer l'effervescence
intellectuelle des années trente en Europe centrale et orientale. Le
lieu même du second symposium de l'Association est à cet égard
symbolique puisqu'il se tient à Varsovie, et les Polonais y jouent
un rôle décisif. Cette réunion sonne toutefois comme un défi impossible puisqu'elle se tient en l'été 1968, au moment même où les
chars soviétiques envahissent la Tchécoslovaquie, moment peu
propice à l'établissement de liens féconds entre Est et Ouest. Le
linguiste américain Sebeok, d'origine hongroise, jugera d'ailleurs
la situation suffisamment dangereuse pour ne pas faire le voyage.

C'est l'année suivante que se constitue le Cercle sémiotique de
Paris, en 1969 : « On a discuté chez Lévi-Strauss pour savoir qui
pourrait constituer le noyau de l'Association française de sémiotique, et finalement il a été constitué de Benveniste, Barthes, Lévi-
Strauss et moi. Quant à Lacan, il n'était pas assez sérieux pour
Lévi-Strauss, et Foucault apparaissait comme un fantaisiste[2]. »
Malheureusement Benveniste, nommé président du Cercle, n'aura
pas l'occasion de peser sur sa direction de recherche car il est
frappé peu après par une crise d'hémiplégie. La disparition intellectuelle de Benveniste, le désintérêt grandissant manifesté pour la
sémiotique par Barthes, qui choisit de plus en plus clairement la
littérature, vont faire dépendre les activités de ce Cercle de Paris
du seul séminaire de Greimas qui se trouvait installé au Laboratoire
d'anthropologie sociale du Collège de France, abrité par Lévi-
Strauss : « Si Benveniste avait vécu intellectuellement plus longtemps, les équilibres auraient été différents[3]. » C'est donc
l'approche la plus formaliste, hjelmslévienne, qui prédominera à
Paris. Rappelons enfin que la même année, l'association se dote
d'une nouvelle revue, *Semiotica*, dont Julia Kristeva devient, avec
Josette Rey-Debove, la secrétaire : « Benveniste et Jakobson
avaient besoin de quelqu'un de jeune et dynamique et ils m'ont
demandé d'assumer les tâches du secrétariat général[4]. »

Dans le premier numéro de la revue, Benveniste rappelle l'origine historique du concept de sémiotique emprunté à Locke, et
surtout au philosophe américain Charles Sanders Peirce (1839-
1914), qui avait eu pour objectif de construire une « algèbre universelle des relations[5] ». Mais Benveniste ne reprend pas pour
autant la conception de Peirce à son compte. Tout au contraire, il
se démarque de sa conception trop lâche selon laquelle la langue

2. Algirdas-Julien Greimas, entretien avec l'auteur.
3. Jean-Claude Coquet, entretien avec l'auteur.
4. Julia Kristeva, entretien avec l'auteur.
5. Ch. S. Peirce, *Selected Writings*, éd. Philip. P. Wiener, 1958, p. 389.

est à la fois partout et nulle part, ce qui risque fort, selon Benveniste, d'abolir toute recherche de signifiance dans les abîmes de l'infini, et il lui oppose l'héritage saussurien : « Il faut que quelque part l'univers admette une différence entre le signe et le signifié. Il faut donc que tout signe soit pris et compris dans un système de signes. Là est la condition de la signifiance[6]. » L'École de Paris emprunte donc le concept de sémiotique à Peirce, tout en restant fidèle à l'héritage méthodologique saussurien. Simplement, la différenciation opérée entre un niveau d'interprétation sémantique et un niveau sémiotique vise à élargir le champ d'analyse de la vie des signes à l'ensemble de la vie sociale. Il s'agit de systématiser la voie saussurienne consistant, à partir du langage, à étudier les autres systèmes de signes : « C'est la langue qui contient la société. Ainsi la relation d'interprétance, qui est sémiotique, va à l'inverse de la relation d'emboîtement qui est sociologique[7]. » Ce sera donc la langue qui occupera la fonction d'interprétant de la société, selon deux principes qui permettent de mettre en relation des systèmes sémiotiques différents : le principe de non-redondance entre systèmes, et le fait qu'« il n'y a pas de signe trans-systématique[8] ».

Cette orientation sémiotique ne recouvre pas encore la signification que lui donnera Julia Kristeva en distinguant un niveau symbolique, celui de la langue au sens des linguistes comme structure homogène et articulée, et un niveau sémiotique entendu comme celui d'un processus pulsionnel inconscient à saisir dans les interstices du langage comme autant de marques de l'indécidable, de l'hétérogène.

Le Cercle sémiotique de Paris se présente au départ comme la réunion privilégiée de l'anthropologie structurale et de la sémiologie héritée de Saussure. Lévi-Strauss en est partie prenante et abrite dans son propre Laboratoire d'anthropologie sociale ses partenaires sémioticiens. Mais très vite il va les congédier, et « Greimas a été obligé de quitter le bureau qu'il avait au laboratoire du Collège de France[9] ». Il n'a certainement pas supporté que Greimas ait l'intention de réaliser mieux que lui la symbiose entre l'héritage linguistique du saussurisme et l'étude sémiotique des mythes : « Cette domination de la linguistique qui était acceptable par beaucoup, dont les anthropologues, dans la mesure où elle restait discrète et fournissait des outils conceptuels, devenait insup-

6. É. BENVENISTE, « Sémiologie de la langue », *Semiotica*, Mouton, 1969, 1 et 2, repris dans *Problèmes de linguistique générale*, 2, *op. cit.*, 1985, p. 45.

7. *Ibid.*, p. 61.

8. *Ibid.*, p. 53.

9. Jean-Claude Coquet, entretien avec l'auteur.

portable lorsque cela devenait une entreprise sémiotique ayant la
prétention de couvrir des champs multiples[10]. »

Cette nouvelle rupture va accentuer encore le poids de Greimas
dans cette école qui va s'enfermer dans une formalisation de plus
en plus rigoureuse, mais hermétique, dont le modèle est plus que
jamais celui des sciences exactes, des mathématiques. Depuis la
publication de *Sémantique structurale*, Greimas est convaincu de
pouvoir accéder au sens total, à la signification intégrale de la
structure. Le signe devient alors dans une telle configuration « le
lieu transcendantal de la condition de possibilité du sens ; de la
signification et de la référence[11] ».

Selon Greimas, ce lieu peut être restitué grâce au carré sémiotique, véritable sésame de tout système de signes. Ce rêve de formalisation fait sien l'emblème du structuralisme, le cristal dont la
basse température empêche la dispersion des molécules, et qui
permet ainsi d'espérer qu'en réduisant l'humanité à un degré zéro
on atteindra la clé transcendantale de ses conditions de possibilité :
« Le rêve structuraliste serait la mort par frigorification[12]. » Cette
école va produire nombre d'études sémiotiques sur l'objet littéraire, comme celle d'Algirdas-Julien Greimas sur Maupassant[13], de
Jacques Geninasca sur Gérard de Nerval[14], de Michel Arrivé sur
Alfred Jarry[15], ou à portée générale avec Jean-Claude Coquet[16].
Mais pour le sémioticien, la littérature n'est pas autre chose qu'une
pratique signifiante à l'égal de toute autre pratique, sans valorisation particulière : « La littérature en tant que discours autonome
comportant en lui-même ses propres lois et sa spécificité intrinsèque est presque unanimement contestée[17] » ; « Pour la sémiotique, la littérature n'existe pas[18] ».

Dans cette perspective, Philippe Hamon s'interroge sur le statut
du personnage romanesque, en le pulvérisant à partir d'un point
de vue sémiologique. Il élabore à cet effet une grille d'analyse
critique par rapport à ce qu'il estime être la trace manifeste de
l'idéologie humaniste. Sa dissolution de la notion de héros passe

10. *Ibid.*

11. M. FRANK, *Qu'est-ce que le néo-structuralisme ?*, *op. cit.*, p. 168-169.

12. *Ibid.*, p. 49.

13. A.-J. GREIMAS, *Maupassant : la sémiotique du texte*, Le Seuil, 1975.

14. J. GENINASCA, *Les Chimères de Nerval, discours critique et discours poétique*, Larousse, 1973.

15. M. ARRIVÉ, *Les Langages de Jarry. Essai de sémiotique littéraire*, Klinksieck, 1972.

16. J.-C. COQUET, *Sémiotique littéraire*, Mame, 1973.

17. A.-J. GREIMAS, *Essais de sémiotique poétique*, Larousse, 1971, p. 6.

18. J. KRISTEVA, *Séméiotiké*, *op. cit.*, p. 41.

par l'application d'un certain nombre de concepts qui permettent de fonder une théorie générale qui spécifie une sémiologie du personnage et « de distinguer celle-ci de l'approche historique, psychologique, psychanalytique ou sociologique[19] ». Philippe Hamon définit le personnage comme une sorte de morphème, doublement articulé par un signifiant discontinu (Je/me/moi... il/Julien Sorel/le jeune homme/notre héros/...) et un signifié, lui aussi discontinu (allomorphes, amalgame, discontinuité, redondance...). Quant à la signification du personnage, elle n'apparaît que différentiellement, par son rapport aux autres personnages de l'énoncé, et non par simple accumulation de traits. L'étude devra donc définir les axes sémantiques pertinents et tenter une hiérarchisation de ceux-ci : « On verrait ainsi se former des classes de personnages types, définies par le même nombre d'axes sémantiques[20]. » Ce vaste chantier d'étude présuppose une approche immanente du texte littéraire, conçu comme un construit, et non comme un donné. On étudie alors les récits littéraires dans leur littérarité, en les coupant des déterminations exogènes, en les confinant dans leur logique interne, et en étayant l'analyse sur un certain nombre de catégories sémantiques, comme celle d'isotopie : « Par isotopie nous entendons un ensemble redondant de catégories sémantiques qui rend possible la lecture uniforme du récit[21]. »

L'évolution sensible sur le plan des analyses de sémiotique littéraire entre les années soixante et les années soixante-dix rejoint, selon Philippe Hamon, l'évolution de la linguistique dans la même période, où l'on passe d'une « linguistique des états à une linguistique des opérations[22] ». Ce déplacement a permis de passer d'une conception close, s'attachant à repérer la spécificité des systèmes achevés, à une démarche plus ouverte de repérage des contraintes propres à telle ou telle situation de communication. Comme on a pu le voir, cette évolution induit une prise en compte de l'énonciation, des diverses situations interlocutives. Mais l'autre aspect caractéristique de la période est l'élargissement du champ d'analyse de la sémiotique qui déborde le terrain littéraire pour s'approprier des textes de toutes natures : juridiques, bibliques, politiques, musicaux, publicitaires[23].

La sémiotique a notamment exercé une influence particulière-

19. Philippe HAMON, « Pour un statut sémiologique du personnage », *op. cit.*, p. 110.

20. *Ibid.*, p. 100.

21. A.-J. GREIMAS, *Du Sens. Essais sémiotiques*, Le Seuil, 1970, p. 188.

22. Ph. HAMON, « Littérature », dans *Les Sciences du langage en France au XXe siècle*, sous la direction de B. POTTIER, SELAF, 1980, p. 302.

23. Sous la direction de A.-J. GREIMAS, *Analyse sémiotique d'un discours*

ment forte dans l'exégèse biblique, et la fécondité des travaux dans ce domaine a sans doute permis de résister au reflux généralisé du structuralisme dans la fin des années soixante-dix. Un des domaines privilégiés de l'application de la démarche sémiotique est aussi le langage musical : « La musique à elle seule aurait pu justifier l'hypothèse du travail structuraliste[24]. » Roland Barthes a notamment écrit un article sur les *Kreisleriana* de Robert Schumann[25], dans lequel il opère une distinction entre une sémiologie première qui correspond au niveau purement formel, et une sémiologie seconde qui se situe au plan plus affectif de la signifiance ; celle-ci se révélant, selon Barthes, dans la mise en relation des sons immédiats entre eux : consonances, dissonances...

Dans une approche plus hjelmslévienne, Serge Martin, auteur d'un ouvrage sur la sémiotique musicale[26], considère, à la différence de Barthes, que la production de la signifiance est à rechercher dans le système lui-même, en confrontant le mode majeur et le mode mineur, et non pas au niveau de la forme externe : celle de la gamme et de ses intervalles : « Pour moi, le système représente ce qu'on pourrait appeler, dans une référence heideggérienne, l'être-au-monde, c'est un schématisme qui a des racines affectives très profondes. [...] Ce que dit Heidegger du schématisme kantien correspond tout à fait au système musical, c'est-à-dire que le système est une structure au sens logique. Mais au fond cette structure renvoie à une relation affective profonde au monde, et c'est la raison pour laquelle la musique en est l'expression[27]. » C'est donc cette structure absente, à la fois essentielle et échappant à tout dévoilement dans l'étant, que la sémiotique espère restituer dans sa signifiance. La mise en évidence de la prééminence de la structure est même très précisément situable avec la rupture que constitue l'école viennoise dans laquelle on ne retrouve plus de polarisation tonale : « Contrairement à ce que signifiait la musique

juridique, 1971 ; F. RASTIER, *Idéologie et théorie des signes*, Mouton, 1972 ; N. RUWET, *Langage, Musique, Poésie*, Le Seuil, 1972 ; R. BARTHES, *Système de la mode*, Le Seuil, 1967 ; C. METZ, *Langage et cinéma*, Larousse, 1971 ; *Langages*, n° 22 : « Sémiotique narrative, récits bibliques », 1971 ; L. MARIN, *Sémiotique de la passion*, Aubier, 1971 ; L. MARIN, *Analyse structurale et exégèse biblique*, Neufchâtel, 1972 ; *Revue de science religieuse*, n° spécial, « Analyses linguistiques en théologie », janvier-mars 1973 ; *Esprit*, n° spécial, « Lire l'Écriture », 1973...

24. Serge Martin, entretien avec l'auteur.

25. R. BARTHES, « *Rash* », dans *Langue, discours, société, Hommage à Benveniste*, Le Seuil, 1975.

26. S. MARTIN, *Le Langage musical. Sémiotique des systèmes*, Klinksieck, 1975.

27. Serge Martin, entretien avec l'auteur.

tonale, c'est donc le langage musical qui se donne ici comme premier, avec ses règles formelles de transformation[28]. » Cette esquisse de théorie du langage musical transporte dans le champ musical les trois axiomes essentiels de la sémiotique de Hjelmslev.

Le mathème

C'est en 1970 que le terme de sémiotique supplante celui de sémiologie ou de structuralisme. C'est aussi au début des années soixante-dix que Lacan se dissocie de la linguistique structurale pour s'orienter vers une formalisation plus poussée de sa pensée, avec les figures topologiques et le mathème : « Il paraîtra, je pense, ici que l'imputation de structuralisme à entendre comme compréhension du monde, une de plus, au guignol sous lequel nous est représentée l'histoire littéraire, c'est de cela qu'il s'agit. Mais malgré la gonfle qu'elle m'a apportée, et sous la forme la plus plaisante puisque j'y étais en la meilleure compagnie, n'est peut-être pas ce dont j'ai lieu d'être satisfait[29]. »

À la manière des autres convives du banquet structural, dont il reconnaît qu'ils appartiennent à la bonne société, Lacan, qui ne souhaite pas se prendre les pieds dans le baquet, s'éloigne d'une étiquette contestée, et cherche dans la mathématique des voies d'accès supérieures à la linguistique saussurienne, qui se révèle un support fragile. Lacan réalise alors la symbiose entre le concept de mythème lévi-straussien, le mot grec *mathèma* (qui signifie connaissance) et la racine de la notion de mathème qui renvoie aux mathématiques. Lacan espère ainsi sortir définitivement du caractère encore trop descriptif de ce qu'il qualifiera désormais de linguisterie, et accéder par la formalisation totale à ce Signifiant pur, à cette béance initiale à partir de laquelle viennent se former les nœuds qualifiés à partir de 1972 de borroméens. C'est l'échappée vers les sciences exactes, après avoir suturé temporairement le sort de la psychanalyse à celui des sciences sociales : « Seule demeurait, unique aliment de l'ermite au désert, la mathématique[30]. »

Il multiplie alors dans ses séminaires les figures topologiques : les graphes, les tores, et manipule sur l'estrade des ronds de ficelle, des rubans de papier qu'il coupe et découpe pour montrer qu'il n'y a ni extériorité ni intériorité dans ces nœuds borroméens. Le monde est fantasme pour Lacan, il siège hors de la réalité intra-

28. S. MARTIN, *Le Langage musical. Sémiotique des systèmes, op. cit.*, p. 26.
29. J. LACAN, *Scilicet*, n° 4, 1973, p. 40, n. 1.
30. C. CLÉMENT, *Vies et légendes de Lacan*, Le Livre de Poche, 1986 (1981), p. 35.

mondaine, et son unité n'est accessible qu'à partir de ce que le discours manque. « La mathématisation seule atteint à un réel, un réel qui n'a rien à faire avec ce que la connaissance traditionnelle a supporté, qui n'est pas ce qu'elle croit, non la réalité, mais bien fantasme[31]. » Tentant de penser la totalité et l'intériorité du manque à ce qui est, Lacan pense à l'intérieur d'un espace qui élimine les catégories de dedans et de dehors, de l'intérieur et de l'extérieur, et de toute topologie sphérique. Il va chercher au contraire son modèle dans le schéma de la torsion, du nœud qui brise toute tentative de centration. Plongé dans un univers de pure logique qui se déploie à partir de la prévalence assignée à un symbolique vide, « Lacan prétend échapper à la substantification par le recours à la topologie[32] ». Avec la quête du mathème, le système de règles, la combinatoire propre à un système de logique pure, permet davantage encore qu'avec la linguistique de tenir à distance le référent, l'affect, le vécu.

Certains ne voient au contraire dans ce recours aux figures topologiques par Lacan qu'un souci pédagogique, la recherche d'un moyen de transmettre la psychanalyse : « Le mathème concernait l'idée de la transmission, et il ne s'agissait pas de faire de la psychanalyse une physique[33]. » Mais au-delà du possible intérêt didactique de cette phase topologique qui en a pourtant découragé plus d'un, on peut penser qu'arrivé à une butée avec le support qu'était pour lui la linguistique, Lacan s'est refusé à disséminer totalement, à la manière de Derrida, sa lecture de l'inconscient : cela aurait entraîné la psychanalyse vers un indéfini interprétatif dans lequel elle se serait perdue. Il a préféré proposer une autre direction, avec celle du mathème et des nœuds borroméens, qui devait métaphoriser au contraire le recours à une structure fondamentale à découvrir : « L'interprétation n'est pas ouverte à tout sens[34]. » Se rapprochant de la notion de structure telle que l'entendent les mathématiciens, Lacan fait encore un pas vers l'abstraction, vers l'idée d'un objet dégagé lié à une opération d'idéation particulière, par laquelle on peut déduire les propriétés générales d'un ensemble d'opérations, et définir le domaine dans lequel les énoncés démontrables engendrent les propriétés de ces opérations.

---

31. J. LACAN, *Le Séminaire, Livre XX, Encore (1973-1974)*, Le Seuil, 1975, p. 118.

32. F. ROUSTANG, *Lacan*, Minuit, 1986, p. 92.

33. Paul Henry, entretien avec l'auteur.

34. J. LACAN, *Le Séminaire. Les quatre concepts fondamentaux de la psychanalyse, op. cit.*, p. 226.

La modélisation

Le recours aux mathématiques, à la modélisation, relève-t-il de la simple métaphore ou au contraire d'un emprunt à vocation heuristique et opérationnelle ? André Régnier s'interroge sur le passage de la théorie des groupes à *La Pensée sauvage*[35]. Il analyse l'usage que fait Lévi-Strauss des notions de symétrie, d'inversion, d'équivalence, d'homologie, d'isomorphisme dans les *Mythologiques*. Ces emprunts relèvent de la sphère logico-mathématique du savoir, et si l'usage de telles métaphores ne revêt aucun danger, il n'est pas de même lorsque ces notions, comme celle de groupe de transformation, occupent une place centrale dans le dispositif à découvrir chez Lévi-Strauss : « Le totémisme pose une équivalence logique entre une société d'espèces naturelles et un univers de groupes sociaux[36]. »

Outre le fait que Lévi-Strauss part d'une acception très large de la classe de transformation, il manie celle-ci avec beaucoup de liberté et se trouve amené à privilégier tantôt telle relation dans la chaîne syntagmatique, tantôt telle autre au gré d'un certain arbitraire de la démonstration. Lévi-Strauss réclame ainsi « le droit de choisir nos mythes à droite et à gauche, d'éclairer un mythe du Chaco par une variante guyanaise, un mythe gê par son analogue colombien[37] ». André Régnier conteste donc le caractère scientifique de la démonstration, qui nécessiterait d'adopter des codes non arbitraires, et de justifier les correspondances observées : « Comprendre pourquoi, si un être est un signe, pourquoi ce signe a tel sens et non tel autre. [...] Finalement, les "logiques" en question ont une existence plutôt évanescente : ce sont des règles imposées aux liaisons, mais on ne les connaît pas[38]. » Il y aurait donc dans la formalisation en sciences humaines une illusion scientiste dont Lévi-Strauss participerait aussi.

Gilles Gaston-Granger reconnaît cependant une réussite partielle de cet usage de la formalisation lorsque Lévi-Strauss analyse les rapports de parenté. Son modèle fonctionne de manière pertinente et nous permet alors de connaître le mode de structuration des alliances, des prescriptions et proscriptions. Mais « ce que je reprocherais à Lévi-Strauss, c'est d'essayer de nous montrer que les transformations de la pensée mythique établissent une relation du

---

35. A. Régnier, *L'Homme et la Société*, n° 7, Anthropos, mars 1968, p. 201-213.

36. Cl. Lévi-Strauss, *La Pensée sauvage*, Plon, 1962, p. 138.

37. Cl. Lévi-Strauss, *Le Cru et le Cuit*, Plon, 1964, p. 16.

38. A. Régnier, *L'Homme et la Société*, n° 7, *op. cit.*, p. 212-213.

même type qu'au sens des algébristes. Cela, je n'y crois pas[39] ».
La modélisation reste pourtant ardemment défendue par Lévi-
Strauss. De la mathématique de la parenté au traitement logico-
mathématique des unités constitutives des mythes, il réitère sa
confiance – à l'occasion du dernier volume des *Mythologiques* :
L'Homme nu – dans « le structuralisme [qui] propose aux sciences
humaines un modèle épistémologique d'une puissance incompa-
rable à celle dont elles disposaient précédemment[40] ».

Cette modélisation va trouver dans le champ d'investigation des
rapports de parenté un second souffle avec la thèse de Françoise
Héritier, disciple de Lévi-Strauss : « Ma chance fut de trouver
Claude Lévi-Strauss, directeur du Laboratoire d'anthropologie
sociale[41]. » Elle a pu exploiter tout un matériel recueilli sur les faits
de parenté en Haute-Volta, et elle a reconstitué les généalogies des
habitants de trois villages en pays Samo. La modélisation et l'informatique lui ont permis de déboucher sur des généralisations théoriques à partir du matériau ethnographique : « L'ordinateur est
devenu le moyen indispensable pour atteindre les réalités du fonctionnement matrimonial des sociétés[42]. » À l'aide de l'informatique, Françoise Héritier a pu reconstituer comment fonctionne une
société ayant des structures semi-complexes de parenté et
d'alliance, appelé le système Crow-Omaha : « Confirmant l'intuition de Lévi-Strauss, il apparaît qu'un système semi-complexe, de
type Omaha, fonctionne de façon endogame comme un super-
système Aranda, qui relève des structures élémentaires de
l'alliance. Le choix des partenaires se fait de façon privilégiée à
la quatrième génération qui suit celle où est situé l'ancêtre commun
à deux lignes de descendance parmi l'ensemble des consan-
guins[43]. » Avec cette thèse et les avancées qu'elle permet en passant
de l'étude des structures élémentaires aux structures semi-
complexes de parenté, Françoise Héritier démontre la fécondité du
paradigme structuraliste dans un champ délimité des sciences
humaines, et prouve par là même qu'au-delà des variations des
modes intellectuelles, il y a bien avec le structuralisme une avancée
conceptuelle, même si celle-ci s'est souvent parée du mirage de la
formalisation la plus pure, celle du langage mathématique.

39. Gilles Gaston-Granger, entretien avec l'auteur.
40. Cl. LÉVI-STRAUSS, *L'Homme nu*, Plon, 1971, p. 614.
41. F. HÉRITIER-AUGÉ, *L'Exercice de la parenté*, Gallimard-Le Seuil, 1981,
p. 8.
42. *Ibid.*, p. 9.
43. *Ibid.*, p. 122.

19

Du deuil éclatant de la littérature
au plaisir du texte

D'un côté le structuralisme a puisé sa source d'inspiration dans les modèles les plus formalisés des sciences exactes, mais de l'autre il a accompagné une nouvelle sensibilité littéraire à un moment-tournant, au cours duquel le récit romanesque traditionnel connaît une crise spectaculaire. La crise du genre romanesque comme mode d'expression intangible va donner lieu à un rapprochement entre théorie littéraire et littérature, notamment autour de la notion de nouveau roman. À la nouvelle critique va vite correspondre une avant-garde littéraire qui devient le critère de la modernité. Les frontières vont s'estomper entre l'activité critique et créative, pour laisser place à ce qui est considéré comme le véritable sujet, soit l'écriture elle-même, la textualité dans son déploiement indéfini. Comme l'écrit Philippe Hamon : « Interroger le concept de littérature entre 1960 et 1975, c'est faire l'histoire d'une dissolution[1]. » L'appareil théorique structuraliste, et notamment l'approche linguistique, va pleinement participer à la nouvelle aventure littéraire qui se présente comme une réappropriation du langage dans son être propre, au-delà des frontières imparties entre genres.

La symbiose nouvelle critique/nouveau roman

On retrouve bien la thématique structurale à l'œuvre dans les principes fondateurs du nouveau roman : la même mise à l'écart du sujet, avec l'exclusion du personnage romanesque classique, le même privilège accordé à l'espace qui se déploie au travers des diverses configurations des choses repérées par le regard du romancier, la même défiance vis-à-vis de la temporalité dans sa dialec-

1. Ph. HAMON, « Littérature », *op. cit.*, p. 307.

tique, à laquelle on substitue un temps suspendu, un présent étale qui se dissout en se dévoilant.

Dès 1950, Nathalie Sarraute écrit un article dans *Les Temps modernes* dont elle reprendra le titre pour la publication d'un ouvrage majeur qui paraît en 1956 chez Gallimard, *L'Ère du soupçon*. Ce titre exprime au mieux l'état d'esprit commun à la nouvelle critique littéraire et aux littérateurs. Plus globalement, il correspond au progrès du paradigme critique qui anime toute la pensée structurale en sciences humaines. Nathalie Sarraute fait le constat de la crise du roman, du vacillement de la crédibilité des personnages qui portaient la trame romanesque. À la conception classique du simulacre que représente la peinture de personnages, voulus ressemblants et vraisemblables dans leur épaisseur supposée, par un auteur inspiré, elle oppose le travail artisanal fondé sur le document vécu, tel que le préconise Michel Tournier, à la manière de l'ethnologie, la création comme bricolage.

L'ouvrage de Nathalie Sarraute va vite symboliser la rupture nécessaire avec le roman classique, et le soupçon va permettre un rapport renouvelé avec les diverses formes d'écriture en ces temps critiques. Cependant, Nathalie Sarraute ne rompt pas aussi radicalement qu'il y paraît avec la perspective psychologique du roman. Elle déplace simplement son attention en déconstruisant les archétypes des caractères et personnages, pour en mieux saisir le fourmillement intime, sous-jacent, notamment au travers de la sous-conversation des tropismes conçus comme des mouvements indéfinissables derrière l'apparent fil directeur anecdotique, réduit au statut de prétexte pour accéder, grâce à un rapport d'immédiateté psychologique, à l'infiniment ténu de l'ego. Ouverture vers le nouveau roman, *L'Ère du soupçon* s'inscrit encore dans la lignée du renouvellement de l'écriture romanesque de Dostoïevski, Proust et Joyce.

Le nouveau roman se tourne en tout cas vers les sciences sociales en s'inspirant de leur décentrement du sujet, de leur contestation de l'européocentrisme, d'une configuration dans laquelle la figure de l'Autre s'est substituée à la quête du Même. Inversement, les chercheurs structuralistes investis dans leur champ disciplinaire particulier vont se servir de leurs découvertes et de leur terrain d'exploration pour faire œuvre littéraire. C'est toute une nouvelle sensibilité qui conduit à l'époque à penser que la vérité se tient hors de soi, et qu'il faut donc pour y accéder abattre ce qui se donnait comme leviers essentiels de la connaissance : la psychologie et la temporalité qui sont désormais considérées comme barrages à celle-ci. Le structuralisme sert alors de nouvelle esthétique : Mondrian sur le plan pictural, Pierre Boulez dans le domaine musical, Michel Butor en littérature... la structure s'érige en méthode créative, en levain de la modernité. Extérieure à la création au départ, la structure pénètre peu à peu des arcanes considérées jusque-là comme insondables. Les tenants de la nouvelle critique structurale vont d'ailleurs se référer à cette nouvelle esthétique, et trouver chez Mallarmé et Valéry les antécédents à leurs recherches contemporaines par leur souci commun des conditions verbales de la création littéraire : « La littérature est et ne peut être autre chose qu'une sorte d'extension et d'application de certaines propriétés du langage[2]. »

Toute une effervescence littéraire se diffuse à partir de quelques pôles comme les Éditions de Minuit – qui publient Michel Butor, Alain Robbe-Grillet, Marguerite Duras, Claude Simon, Robert Pinget... et le groupe *Tel Quel* – où l'on retrouve, aux côtés de Philippe Sollers, Daniel Roche, Jean-Pierre Faye, le théoricien du nouveau roman, Jean Ricardou. C'est au moment même où Lévi-Strauss triomphe avec *Tristes Tropiques* en 1955 que le nouveau roman est consacré par la critique et par les prix littéraires. Alain Robbe-Grillet reçoit le prix de la critique en cette même année 1955 avec *Le Voyeur*, et deux ans plus tard c'est Michel Butor qui se voit décerner le prix Renaudot avec *La Modification*. Il réussit à atteindre le grand public avec plus de 100 000 exemplaires vendus. En 1958, c'est Claude Ollier qui reçoit le prix Médicis avec *La Mise en scène,* et la même année, la revue *Esprit* consacre un numéro spécial au nouveau roman. Bien évidemment, chacun de ces auteurs a son style propre, mais ils traduisent tous le désir d'une nouvelle écriture romanesque, le rejet des formes traditionnelles du roman et la gageure que représente pour des écrivains le fait de devoir aller au-delà de Proust, Joyce ou Kafka, qui apparaissent comme autant de monuments indépassables. Il faut donc trouver une autre voie pour la nouvelle génération, ancrée dans la modernité.

Le nouveau roman exprime à la fois un profond malaise, celui d'avoir à écrire après *À la recherche du temps perdu*, et la quête d'une issue dans la mise en abîme de la création littéraire, dans un appel à un rapport participatif du lecteur, confronté à la projection explicite de la subjectivité de l'écrivain. Cette perspective critique qui se donne comme avant-garde, encore informelle dans l'article de Nathalie Sarraute de 1950, est revendiquée par elle comme un manifeste collectif lors de la réédition en poche de *L'Ère du soupçon* en 1964 : « Ces articles constituent certaines bases essentielles de ce qu'on nomme aujourd'hui le Nouveau Roman[3]. »

---

2. P. VALÉRY, *Œuvres*, Pléiade, Gallimard, t. 1, p. 1440.
3. N. SARRAUTE, *L'Ère du soupçon*, rééd. Gallimard, coll. « Idées », 1964, préface.

En 1957, le photographe Mario Dondero fige sur sa pellicule devant les Éditions de Minuit un groupe débonnaire en pleine discussion qui représente pour les lecteurs le nouveau roman réuni. On rassemble pour l'occasion : Alain Robbe-Grillet, Claude Simon, Claude Mauriac, l'éditeur Jérôme Lindon, Robert Pinget, Samuel Beckett, Nathalie Sarraute et Claude Ollier. Le personnage classique disparaît du nouvel horizon romanesque, et l'attention de l'auteur se déplace à l'intérieur de la seule sphère discursive ; son regard émerge d'un rapport immanent à la langue. La réalité n'est plus considérée dans un rapport d'extériorité au langage, mais comme intérieure à celui-ci. Du mode descriptif, du romanesque balzacien au rapport d'étrangeté, de distance chez Albert Camus, on passe à la dissolution de la réalité, conçue comme donné, et à sa réduction au discours tenu par l'écrivain sur lui. Dans ce mouvement par lequel « l'essentiel n'est pas hors du langage : l'essentiel c'est le langage même[4] », une symbiose se réalise au cours des années soixante et soixante-dix, avec l'orientation structuraliste qui a pour modèle d'analyse la phonologie et a trouvé dans la linguistique sa science pilote.

Alain Robbe-Grillet est assez tôt conscient de cette rencontre entre l'activité littéraire et l'évolution de la pensée, du passage en cours d'une approche phénoménologique à une approche structuraliste. Il reprend à son compte le projet que Borges définissait comme l'exercice problématique de la littérature : « Je suis de plus en plus persuadé que la philosophie et la littérature ont les mêmes objectifs[5]. » En 1963, Alain Robbe-Grillet publie un recueil de ses articles écrits depuis 1955 et qui se donne comme un manifeste, *Pour un nouveau roman*[6]. Il y énonce les principes qu'en tant qu'auteur il applique dans ses propres romans, *Les Gommes* en 1953, *Le Voyeur* en 1955, et fait prévaloir depuis cette date en tant que conseiller littéraire aux Éditions de Minuit. Il annonce cette réconciliation entre la critique et la création littéraire qui, pour accéder à la modernité, doit se nourrir des savoir nouveaux : « Les soucis critiques, loin de stériliser la création, pourront au contraire lui servir de moteur[7]. » Le nouveau roman y est présenté tout à la fois comme une école du regard, et comme celle du roman objectif. Il promeut un réalisme d'un genre nouveau, rompant les chaînes qui l'attachaient à l'œuvre balzacienne. Il est bien question aussi d'une passion de décrire, mais en évacuant de la description les

---

4. J. Ricardou, *Que peut la littérature ?*, L'Herne, 1965, p. 52.

5. A. Robbe-Grillet, *Les Enjeux philosophiques des années cinquante*, C. G.-Pompidou, 1989, p. 28.

6. A. Robbe-Grillet, *Pour un nouveau roman*, Minuit, 1963.

7. *Ibid.*, p. 11.

éléments d'intentionnalité, ceux qui font que le monde n'existe que par la médiation des personnages : dans la nouvelle écriture, « gestes et objets sont là avant d'être quelque chose[8] ». À la manière dont Lacan a mis l'accent sur l'importance de ce qui affleure de la parole, de la chaîne signifiante, Robbe-Grillet s'en prend au mythe de la profondeur pour lui opposer le niveau plus essentiel de la surface des choses. Il en résulte toute l'importance accordée au mode descriptif, et le même rejet structuraliste de la démarche herméneutique, la même distinction établie entre sens et signification.

La révolution romanesque se détourne du personnage, perçu comme une survivance désuète de l'ordre bourgeois. La naturalisation de celui-ci par l'époque antérieure qui marqua l'apogée de l'individu est désormais considérée comme révolue, puisqu'elle a laissé place à l'ère « du numéro matricule[9] ». Dans cette désertification, on retrouve l'expression de la désespérance d'une période où l'on doit continuer à penser et écrire après Auschwitz, le désir de désengagement du monde de l'étant, la critique de la modernité technologique. L'espérance se reporte alors du côté de l'univers des formes, d'où l'homme se trouve dé-centré, simple incarnation passagère du jeu indéfini des plis langagiers. L'écrivain n'a plus à porter des valeurs, puisqu'« il n'y a de valeurs que du passé[10] », mais à participer à un présent étale sans mémoire, à la manière des personnages de *L'Année dernière à Marienbad* dont l'univers se déroule dans un monde sans passé, dans lequel chaque geste, chaque parole, contient son propre effacement. On retrouve, dans cet exercice problématique de la littérature, la thématique structurale niant toute recherche de genèse, d'origine, au profit d'une approche purement synchronique qui s'inscrit dans un espace dont il faut restituer la logique interne : « Dans le récit moderne, on dirait que le temps se trouve coupé de sa temporalité. [...] L'instant nie la continuité[11]. »

Roland Barthes réalise immédiatement que cette nouvelle littérature, qualifiée de littérale, rejoint les principes de la nouvelle critique qu'il veut promouvoir, et, dès 1955, il publie une étude très laudative sur *Le Voyeur* de Robbe-Grillet[12]. Barthes va s'appuyer systématiquement sur l'œuvre de Robbe-Grillet en littérature, et sur le théâtre de Brecht, pour promouvoir le « décon-

8. *Ibid.*, p. 20.
9. *Ibid.*, p. 28.
10. *Ibid.*, p. 123.
11. *Ibid.*, p. 133.
12. R. BARTHES, « Littérature littérale », *Critique*, 1955, repris dans *Essais critiques*, Le Seuil (1964), Points-Seuil, 1971.

ditionnement du lecteur par rapport à l'art essentialiste du roman bourgeois[13] ». *Le Voyeur* réalise ce degré zéro de l'écriture et de l'histoire que souhaitait Barthes dès 1953. Il laisse apparaître un monde d'objets suspendus au seul regard, constitutifs d'un univers désocialisé et démoralisé qui procède de la part de Robbe-Grillet d'un « formalisme radical[14] ». Ce rapprochement de la création littéraire et de la réflexion scientifique sur le langage produit un type bâtard, que Barthes qualifie d'écrivain-écrivant[15] : ce type nouveau conjugue les tâches de l'écrivain (qui doit s'appliquer à absorber le monde dans le comment écrire), et celles de l'écrivant, qui se doit d'expliquer, et pour qui la parole n'est que le support transitif pour démontrer.

Barthes déplace ainsi les frontières traditionnelles et situe nouveau roman et nouvelle critique du même côté, celui de l'écrivain, donc du côté de la création. Ce nouveau partage permet de conceptualiser la nouvelle alliance en cours : celle du critique et de l'écrivain, tous deux rassemblés dans une problématisation du phénomène de l'écriture et des divers dispositifs langagiers. On assiste ainsi à une interaction constante entre la théorie littéraire structurale et la pratique du nouveau roman, qui se nourrissent l'une l'autre dans une mise à l'écart similaire du référent et des diverses figures de l'humanisme classique. Le nouveau roman délaisse la vraisemblance sociologique du récit pour s'attacher à délimiter les variations des récits possibles.

Cette symbiose entre une nouvelle écriture littéraire, le nouveau roman, et une nouvelle critique littéraire, structuraliste, va toutefois évoluer, dans le cas des rapports entre Barthes et Robbe-Grillet, dans le sens d'une distance croissante par rapport à la volonté de formalisation et de construction d'un réalisme objectif, d'une littérature littérale. De la même manière que Barthes s'oriente à partir de 1967 vers le plaisir du texte, les biographèmes et la pluralisation des codes, Robbe-Grillet passe d'un réalisme objectif à un réalisme subjectif et donne une importance grandissante dans son écriture à l'expression de sa subjectivité[16]. Lui aussi pratique la pluralisation, le jeu indéfini des miroirs, la mise en abîme des personnages, des intrigues, la mise en scène de thèmes autobiographiques, le mélange des registres. Robbe-Grillet fait même grief à Barthes d'avoir mal interprété son œuvre en 1955, et revendique au

13. *Ibid.*, 1971, p. 70.

14. *Ibid.*, p. 69.

15. R. BARTHES, « Écrivains et Écrivants », *Arguments*, 1960, repris *ibid.*, p. 153.

16. A. ROBBE-GRILLET, *Le Miroir qui revient*, Minuit, 1984 ; *Angélique*, Minuit, 1987.

contraire un subjectivisme total : « Je n'ai jamais parlé d'autre chose que de moi[17]. » Barthes, selon Alain Robbe-Grillet, cherchait désespérément un degré zéro de l'écriture et a trouvé en son œuvre sa réalisation supposée : « Ma prétendue blancheur – qui arrive à point nommé pour alimenter son discours. Je me suis donc vu sacré "romancier objectif", ou pire encore : qui essayait de l'être[18]. »

De la même manière que Lévi-Strauss considère le mythe comme constitué par l'ensemble de ses variantes, le nouveau roman va procéder par répétitions et variations à partir desquelles jouent les diverses lois de la série, toujours perturbées par l'intervention de l'aléatoire qui fait rebondir le récit à partir d'une structure ouverte. Cette nouvelle perspective assigne une autonomie à la littérature, qui n'a plus à démontrer, à s'engager, à refléter, mais qui vaut par elle-même dans sa propre trame. En même temps, elle peut, selon Barthes, répondre à une interrogation philosophique qui se serait déplacée, en ne se posant plus la question de savoir si le monde a un sens, mais celle-ci : « Voici le monde : y a-t-il du sens en lui ? [...] Entreprise qu'aucune philosophie, peut-être, n'a réussie, et qui appartiendrait alors, véritablement, à la littérature[19]. » La littérature tiendrait donc lieu et place de la philosophie, elle serait la conscience même de l'irréalité du langage, véritable système de sens, une fois opéré son dégagement de toute instrumentalisation.

Cette conjonction entre théorie et pratique est particulièrement évidente dans l'itinéraire d'un Michel Butor, qui participa activement aux interrogations d'ordre épistémologique des années cinquante avant d'écrire son premier roman, en 1954[20]. Licencié de philosophie, Michel Butor prépare en 1948 un diplôme d'études supérieures sous la direction de Gaston Bachelard, sur « Les mathématiques et l'idée de nécessité ». Il dépose ensuite un sujet de doctorat sous la direction de Jean Wahl sur « Les aspects de l'ambiguïté en littérature et l'idée de signification ». Lorsqu'il se lance dans l'écriture romanesque, il n'en délaisse pas pour autant l'horizon théorique, philosophique, et conçoit le roman comme une recherche, un essai de problématisation. Il en est ainsi de son premier roman, *Passage de Milan,* dans lequel il problématise l'espace à partir d'un immeuble parisien de sept étages, puis dans son second roman, *L'Emploi du temps,* dans lequel c'est le temps qui est le personnage central. En 1960, il revient explicitement à la

17. A. ROBBE-GRILLET, *Le Miroir qui revient, op. cit.,* p. 10.
18. *Ibid.,* p. 38.
19. R. BARTHES, « La littérature aujourd'hui », *Tel Quel,* 1961, repris dans *Essais critiques, op. cit.,* p. 160.
20. M. BUTOR, *Passage de Milan,* Minuit, 1954.

théorie littéraire, avec *Essais sur le roman*[21]. À partir de 1962, avec
la publication de *Mobile*[22], il oriente sa déconstruction du roman
classique en introduisant dans un même récit des stylistiques différentes qui jouent de la juxtaposition de phrases, de citations,
d'extraits de presse, de collages, d'effets de montage, de capitales
dispersées à la surface de la page... Là encore, Barthes applaudit
à cette révolution qui s'en prend à l'idée même de livre, après avoir
déconstruit la narration du roman classique. Michel Butor, selon
Barthes, touche alors à l'essentiel en s'en prenant aux normes typo-
graphiques : « Attenter à la régularité matérielle de l'œuvre, c'est
viser l'idée même de littérature[23]. »

Avec *Mobile,* Michel Butor propose une nouvelle esthétique,
celle qui, à la manière de la crue d'un fleuve, déborde le lit dans
lequel on souhaite voir couler le récit, hors du développement
linéaire qui lui donne un débit toujours plus important, mais sans
surprise, simple variation quantitative ; à cela il oppose une esthétique de la discontinuité, de la juxtaposition des différences.

Les deux mouvements, structuralisme et nouveau roman, se
rejoignent donc dans leur commune attention à l'écriture en tant
que telle, considérée comme moyen de développer les armes de la
critique, à tel point que Jean Ricardou propose le terme de « scrip-
turalisme[24] » qui permettrait de désigner ce surgissement de la textualité comme horizon commun aux sciences sociales et à la littérature.

Le roman des sciences humaines

Les structuralistes engagés dans les sciences humaines ont vécu
ce rapprochement avec la littérature au point de concevoir leur
œuvre comme création, donc portée par un vif souci stylistique.
Les grands romans de la période ont été pour l'essentiel les
ouvrages des sciences humaines. On se souvient que *Tristes Tropiques* était au départ un projet romanesque, et Lévi-Strauss a
constamment manifesté une grande attention à la construction formelle de son œuvre, conçue comme œuvre musicale ou picturale.
Ainsi, les *Mythologiques* sont articulées à la manière d'une composition musicale. Les modulations différentes des motifs invoqués

21. M. Butor, « Essais sur le roman », dans *Répertoire I,* Minuit, 1960.

22. M. Butor, *Mobile,* Gallimard, 1962.

23. R. Barthes, « Littérature et discontinu », *Critique,* 1962, repris dans
Essais critiques, op. cit., p. 176.

24. J. Ricardou, « Textes mis en scène », *La Quinzaine littéraire,* 1er-
15 novembre 1967.

sont fortement inspirées par ce qu'on appelle développement en musique.

Le style baroque de Lacan est fortement marqué par sa collaboration dans l'entre-deux-guerres à une revue d'art surréaliste, *Le Minotaure,* qui lui a fait côtoyer Éluard, Reverdy, Picasso, Masson, Dali... Puis, il sera fasciné par l'œuvre de Georges Bataille, dont il épousera la femme, Sylvia. On retrouve dans cette écriture des limites, dans le maniement de l'étrangeté à peine communicable, cette volonté libératoire de Georges Bataille, cette transgression sans cesse renouvelée des tabous de la société rationnelle, l'irruption de la figure de l'Autre, maudit de la Raison, qui se révèle dans l'effacement de soi et de ses leurres. L'importance de Bataille est aussi présente dans le cheminement de Michel Foucault, aux côtés d'autres auteurs qui ont influé sur sa stylistique : « Blanchot, Artaud, Bataille furent très importants pour ma génération[25]. » Ces auteurs ont montré, au plan littéraire, le chemin à parcourir pour déplacer les lignes frontières de la pensée, franchir les limites, et déstabiliser les croyances communes, en chercher les points de rupture. Interroger la Raison à partir de la folie, la médecine à partir de la mort, la Loi à partir du crime, le Code pénal du point de vue de la prison ; ce renversement de perspective fut en partie réalisé sous l'impulsion d'une littérature en rupture, et notamment pour Michel Foucault, grâce à l'œuvre de Maurice Blanchot. Dès 1955, Blanchot définissait *L'Espace littéraire*[26] comme un espace indéfini dans lequel l'œuvre est solitaire, existant en soi. Elle ne révèle rien sinon qu'elle est, tout simplement. Maurice Blanchot récuse, tout autant que le nouveau roman, l'idée d'un rapport dialectique au temps : « Le temps de l'absence de temps n'est pas dialectique. En lui ce qui apparaît, c'est le fait que rien n'apparaît[27]. »

Michel Foucault rend hommage à l'œuvre de Maurice Blanchot en 1966[28]. Il voit en lui un littérature de l'impersonnel dans laquelle il se reconnaît totalement ainsi que le courant de pensée structural qui défend la littérarité : « La percée vers un langage d'où le sujet est exclu, [...] c'est aujourd'hui une expérience qui s'annonce en des points bien différents de la culture[29]. » Blanchot réalise au plan littéraire, avec son écriture du dehors qui replace le lecteur devant une béance initiale, ce que souhaite poursuivre Foucault au plan

25. M. FOUCAULT, entretien de Louvain, 7 mai 1981, « Océaniques », FR3, diffusion 13 novembre 1988.
26. M. BLANCHOT, *L'Espace littéraire*, Gallimard, 1955.
27. *Ibid.*, Folio, p. 26.
28. M. FOUCAULT, « La pensée du dehors », *Critique*, juin 1966, p. 523-546.
29. *Ibid.*

philosophique ; non pas user dialectiquement de la négation, mais faire passer l'objet du discours hors de soi-même, de l'autre côté du regard, en son envers, dans « le ruissellement et la détresse d'un langage qui a toujours déjà commencé[30] ». Cette activité critique commune à Blanchot et à Foucault se déploie sous la forme d'une positivité retournée, d'un sens suspendu, absent de sa présence, perceptible par son manque. Il ne s'agit plus de rechercher un sens ultime et profond. La figure rhétorique de l'oxymore, dont l'effet est autant critique qu'esthétique, est abondamment utilisée tant par Blanchot que par Foucault. On y retrouve les présupposés structuralistes, formalistes, du refus de tout langage instrumentalisé, usuel. Au contraire, l'œuvre doit chercher « à s'accomplir dans une expérience propre[31] », en rejetant les notions de valeurs, les signifiés véhiculés par la société, pour atteindre un niveau où l'histoire s'abolit, et fait place au seul temps présent.

On perçoit les traces de nietzschéisme, dont se réclament Blanchot et Foucault, dans leur rejet commun des valeurs dominantes, et leur crainte d'une récupération quelconque qui interviendrait dans le sens d'un dépassement possible de celles-ci. Il en résulte une double négation : négation des valeurs, et négation de la négation, qui donne lieu à un usage fréquent de la figure de l'oxymore : « plénitude vide » ; « un espace sans lieu » ; « l'accomplissement inaccompli[32] »... Le textualisme dégagé des valeurs, commun à l'entreprise du nouveau roman et du structuralisme, trouve là une source d'inspiration, une esthétique particulière. Comme l'avant-garde littéraire, la pratique formaliste de la philosophie peut se prévaloir de n'avoir aucune finalité externe, et peut donc se présenter comme un discours permettant de réconcilier logique et esthétique. Il peut alors déplacer les lignes frontières entre littérature et pensée rationnelle.

Lorsque « l'être de la littérature n'est rien d'autre que sa technique[33] », comme l'écrit Roland Barthes, plus rien ne sépare l'activité critique du structuraliste et l'activité créatrice de l'écrivain. C'est à partir de cette rencontre que l'on peut saisir comment les œuvres structuralistes peuvent être lues, malgré les dénégations de leurs auteurs, comme des entreprises romanesques. Mais elle permet aussi de comprendre comment certains structuralistes, déçus ou fatigués par la recherche de la structure fondamentale, du code ultime ont dérivé, notamment après 1968, vers une plu-

---

30. *Ibid.*
31. M. BLANCHOT, *Le Livre à venir*, Gallimard, 1959, p. 247.
32. *Ibid.*, p. 16, 100, 176.
33. R. BARTHES, « La réponse de Kafka », *France-Observateur*, 1960, repris dans *Essais critiques, op. cit.*, p. 140.

ralisation de celle-ci, et ont donné de plus en plus libre cours à leur inspiration littéraire.

La dissémination du discours philosophique

On a déjà vu que Jacques Derrida avait fortement remis en cause les lignes frontières séparant philosophie et fiction : son activité déconstructrice vise à révéler la polysémie du texte, l'équivocité du dire, à partir des indécidables qui font sauter les digues frontières, et permettent la dissémination d'une écriture libérée. Il ouvre ainsi le discours philosophique à une attention privilégiée à la langue et l'oriente vers une esthétisation de plus en plus affirmée.

La première perspective de Derrida dans les années soixante, qui a été de traquer les traces de logocentrisme, de phonologisme, notamment parmi ceux qui se réclamaient du structuralisme, laisse place au fil des années à une esthétisation de plus en plus affirmée et animée par le plaisir d'écrire : « J'essaie de trouver une certaine économie de plaisir dans ce qu'on appelle la philosophie[34]. » Ce plaisir est celui de l'inventivité littéraire et se situe au cœur des lignes de traverse, dans la transgression même des limites. Dès 1972, Derrida situait son travail textuel hors des cadres disciplinaires établis : « Je dirai que mes textes n'appartiennent ni au registre "philo" ni au registre "littéraire"[35]. »

Cette dissémination du discours philosophique émergeant à peine de l'écriture littéraire est particulièrement sensible dans l'ouvrage que fait paraître Derrida en 1974, *Glas* (Galilée). On y retrouve la même perspective déconstructrice du livre en tant qu'unité close que chez Michel Butor, par la juxtaposition de typographies différentes, de colonnes conjointes mais qui diffèrent par leur contenu. Sans début, sans fin, sans histoire, sans personnages, *Glas* relève pour l'essentiel d'une recherche formelle qui participe de l'aventure du nouveau roman : « La pluie a dispersé les spectateurs qui courent dans tous les sens. De quoi s'agit-il en somme ? De citer, de réciter le genêt à longueur de pages ? De l'interpréter, de l'exécuter comme un morceau de musique ? De qui se moque-t-on[36] ?... » Derrida œuvre à une ouverture du texte de Genet[37] en poussant au plus loin la confrontation entre philosophie et littérature, dans une mosaïque de textes séparés les uns des autres, de

34. J. DERRIDA, entretien avec D. Cahen, *op. cit.*, p. 14-27.

35. J. DERRIDA, *Positions*, *op. cit.*, p. 95.

36. J. DERRIDA, *Glas*, *op. cit.*, p. 135.

37. J. GENET, « Ce qui est resté d'un Rembrandt déchiré en petits carrés bien réguliers, et foutu aux chiottes », *Tel Quel*, n° 29, 1967.

mots hachés, démantelés en un véritable puzzle, qui coupe par
exemple le mot *gla* – de sa suite, deux pages plus loin – *viaux*[38].
Derrida multiplie la juxtaposition de considérations spéculatives,
de notions scientifiques et de « fragments autobiographiques[39] »
dans une sorte d'auto-analyse qui prend le texte pour prétexte, afin
de déstabiliser les oppositions majeures de la pensée occidentale :
« La signature ne garde rien du tout qu'elle signe. Plante là le genêt,
l'inscription cavalière en tombe, le monument funéraire est une
plante à genêt : qui écrit, c'est-à-dire parle sans accent... – Ton
nom ? – Genêt. – Plantagenet ? – Genet, je vous dis. – Et si je veux
dire Plantagenet, moi ? ça te dérange ?...[40]. »

Dans cette nouvelle économie discursive, la structure est une
structure ouverte, plurielle, éclatée. La notion de la différence, de
l'Autre, qui a été à la racine du premier structuralisme et des
recherches de l'anthropologie structurale, va désormais œuvrer
dans le sens de la dissémination de l'idée même de structure.

Cette évolution est particulièrement sensible chez Gilles
Deleuze, qui fait jouer la notion de différence contre l'unité hégélienne, et lui oppose aussi la voie de l'esthétisation : « Il nous
semble que l'histoire de la philosophie doit jouer le rôle assez
analogue à celui d'un collage dans une peinture[41]. » La différence
et la répétition se substituent à l'identique et au négatif de l'hégélianisme, et révèlent, selon Deleuze, l'avènement du monde
moderne, celui du simulacre, celui d'un néo-baroque plus attentif
aux inventions de formes qu'aux variations de contenu. Toute une
rhétorique de la jouissance en résulte, et Deleuze n'aura de cesse
de créer toujours du nouveau, à la manière de l'écrivain, en
faisant jouer de nouvelles notions érigées en concepts dans sa lecture du
monde. Deleuze a surtout voulu échapper à l'histoire de la philosophie, et en ce sens il participe à la sensibilité structuraliste. Il
dénonce en elle une fonction éminemment répressive qui brime
toute créativité, et la qualifie d'« Œdipe proprement philosophique
[...] une sorte d'enculage ou, ce qui revient au même, d'immaculée
conception[42] ».

À l'hégélianisme honni, Gille Deleuze oppose aussi la pluralisation, la multiplicité qui doit parcourir l'écriture, la réflexion sur
des intensités variables que l'on peut découper en tous sens. Avec

38. J. DERRIDA, *Glas, op. cit.*, p. 166 et 168.

39. P. BOUGON, « Genet recomposé », dans *Magazine littéraire*, mars 1991,
p. 47.

40. J. DERRIDA, *Glas, op. cit.*, p. 48-49.

41. G. DELEUZE, *Différence et Répétition*, PUF, 1969, p. 4.

42. G. DELEUZE, *in* M. CRESSOLE, *Deleuze*, Éd. universitaires, 1973, repris
dans G. DELEUZE, *Pourparlers*, Minuit, 1990, p. 14.

Différence et Répétition, Deleuze veut aussi, dans l'après-68, s'orienter vers un bougé de la structure : « Traiter l'écriture comme un flux, pas comme un code[43]. » Incontestablement, le choc de Mai 68 a beaucoup compté dans cette volonté de pluralisation pour faire place aux machines désirantes par rapport à l'Un, à la pensée établie. On retrouve le même privilège accordé aux improbables, aux incertains que chez Derrida, avec plus de radicalité encore dans la revendication du flux désirant : « Écrire, c'est un flux parmi d'autres, et qui n'a aucun privilège par rapport aux autres, et qui entre dans des rapports de courant, de contre-courant, de remous avec d'autres flux, flux de merde, de sperme, de parole, d'action, d'érotisme, de monnaie, de politique, etc.[44] » À partir de ces flux se révèle paradoxalement un aspect majeur du paradigme structuraliste, car on n'y trouve pas trace du sujet. C'est l'idée de machine qui fonctionne et le « Je » laisse la place au « ça » de la machine désirante, couplée, connectée en tout point. Les codifications et décodifications se font et se défont sans foi ni loi, polymorphiques, elles ne sont que simple figures sans racines, monades insaisissables.

L'idée de clôture, d'interprétation est violemment prise à partie en 1972 lorsque Gilles Deleuze publie, avec Félix Guattari, *Capitalisme et Schizophrénie,* t. 1 : *L'Anti-Œdipe* (Minuit). Cet ouvrage va vite faire figure de machine de guerre antistructuraliste et contribuer à l'accélération de la déconstruction en cours du paradigme. Son succès est immédiat et impressionnant ; il est le symptôme de la mutation qui s'opère et le signe du déclin à venir. *L'Anti-Œdipe* est en premier lieu le retour violent du refoulé du lacanisme. Le retour à Freud réalisé par Lacan avait privilégié le Signifiant, le Symbolique, la conception d'un inconscient vidé de ses affects. Cette approche se voit radicalement contestée par Deleuze et Guattari qui opposent à la Loi du Maître, chère à Lacan, la nécessaire libération de la production désirante. Néanmoins, l'œuvre de Lacan n'est pas sans mérites et les auteurs de *L'Anti-Œdipe* lui reconnaissent d'avoir justement montré en quoi l'inconscient est tissé d'une multiplicité de chaînes signifiantes. À cet égard, ils reconnaissent une ouverture lacanienne qui fait passer un flux schizophrénique capable de subvertir le champ de la psychanalyse, notamment grâce à l'objet *a* : « L'objet *a* fait irruption au sein de l'équilibre structural à la façon d'une machine infernale, la machine désirante[45]. » L'ouvrage ne s'en prend pas tant à Lacan qu'à ses disciples et à la psychanalyse en général. Sur ce plan, Deleuze et

---

43. *Ibid.,* p. 16.
44. *Ibid.,* p. 17.
45. G. DELEUZE, F. GUATTARI, *L'Anti-Œdipe,* Minuit, 1972, p. 99.

Guattari partagent les sarcasmes de Michel Foucault à l'encontre de cette discipline. Ils s'appuient sur l'*Histoire de la folie à l'âge classique* pour établir un lien de continuité entre la psychanalyse et la psychiatrie du XIXe siècle dans leur commune réduction de la folie à un « complexe parental », dans l'importance de la figure de l'aveu de culpabilité qui résulte de l'Œdipe : « Alors, au lieu de participer à une entreprise de libération effective, la psychanalyse prend part à l'œuvre de répression bourgeoise la plus générale, celle qui a consisté à maintenir l'humanité européenne sous le joug de papa-maman, et à ne pas en finir avec ce problème-là[46]. »

La psychanalyse, selon Deleuze, procède par réductions et rabat systématiquement le désir à un système clos de représentations : « La psychanalyse ne fait qu'élever Œdipe au carré, Œdipe de transfert, Œdipe d'Œdipe [...]. C'est l'invariant d'un détournement des forces de l'inconscient[47]. » Deleuze et Guattari établissent une coupure entre le capitalisme qui a partie liée avec la psychanalyse, et les mouvements révolutionnaires, qui cheminent du côté de la schizo-analyse. Pour eux, comme pour le structuralisme, il n'y a pas de Sujet Signifiant, pas de lieu assignable par une quelconque transcendance, il n'y a que des processus ; et ils traduisent métaphoriquement cette opposition en confrontant l'arbre au rhizome, dont le caractère polymorphique peut représenter un mode de pensée différent, un concept opérationnel pour promouvoir une nouvelle écriture philosophique foisonnante et en rupture avec toute codification. Dans une telle approche, le recours à la logique n'a plus de sens et, bien évidemment, une telle écriture s'éloigne des considérations épistémo-logiciennes du premier structuralisme pour laisser libre cours à une pensée disruptive, sans articulation possible, au gré de l'inspiration poétique.

Deleuze et Guattari critiquent surtout le père du structuralisme, Claude Lévi-Strauss, dont nous avons vu l'importance dans la définition même que donne Lacan de l'inconscient (tome 1 : *Le Champ du signe*). Ils opposent deux logiques divergentes incarnées l'une par la machine désirante et l'autre par la structure anorexique : « Que fait-on de l'inconscient lui-même, sinon le réduire explicitement à une forme vide, d'où le désir lui-même est absent et expulsé ? Une telle forme peut définir un préconscient, sûrement pas l'inconscient[48]. » En revanche, Lévi-Strauss retrouve grâce aux yeux des auteurs pour leur définition de la schizo-analyse, lorsqu'il est question de minorer la place d'Œdipe. Ils s'appuient alors sur

46. *Ibid.*, p. 59.
47. G. DELEUZE, « Entretien sur *L'Anti-Œdipe* », avec C. Backès-Clément, *L'Arc*, n° 49, 1972, repris dans *Pourparlers, op. cit.*, p. 29.
48. G. DELEUZE, F. GUATTARI, *L'Anti-Œdipe, op. cit.*, p. 220.

le mythe de référence du premier volume des *Mythologiques, Le Cru et le Cuit,* pour suivre la démonstration de Lévi-Strauss selon laquelle le véritable coupable de l'histoire de l'inceste du fils avec la mère est en fait le père dans la mesure où il a voulu se venger. Il en sera puni et tué : « Œdipe est d'abord une idée de paranoïaque adulte, avant d'être un sentiment infantile de névrosé[49] », en déduisent Deleuze et Guattari.

L'altérité érigée en mode de pensée retrouve l'inspiration antihistorique du structuralisme, et substitue à l'histoire une attention toute particulière à l'espace, à une véritable cartographie de la structure comme système ouvert : « Chaque chose a sa géographie, sa cartographie, son diagramme[50]. » Alors que le temps ne peut être homogène, et renvoie à un émiettement inéluctable car il est pris dans des processus discontinus qui fondent ses déchirures contingentes : « Les pensées de la différence rejettent l'histoire du côté d'un simple effet de surface[51]. » L'évolution des études sémiotiques au début des années soixante-dix vers la textualité, vers le concept d'écriture, permet là aussi de donner libre cours à l'inspiration poétique, créative, libérée d'un modèle unique au moment où se confrontent tout à la fois saussurisme, chomskysme, pragmatique...

La pluralisation en cours dans le champ philosophique est en effet contemporaine de la multiplication des modèles et des concepts dont se dotent les projets sémiotiques. La relativisation qui en résulte, la perspective sans arrêt repoussée d'arriver à la clé ultime vont conforter ceux qui ont choisi la bifurcation esthétique. Celle-ci se nourrit d'une crise perceptible depuis les années soixante : « Une "ère du soupçon" des sémioticiens rejoint et redouble celle des romanciers eux-mêmes[52]. » Cette crise ouvre largement le champ de l'écriture à tous ceux qui substituent le plaisir du texte au désir de codifier le texte.

Une philosophie du désir

C'est cette philosophie du désir que va adopter celui dont la tension a toujours été grande entre le souci du théorique et l'expression de l'affect, Roland Barthes. Il avait déjà amorcé, on l'a vu, avec *S/Z* et *L'Empire des signes* une pluralisation des codes, et

---

49. *Ibid.*, p. 325.

50. G. Deleuze, entretien avec Ch. Descamps, D. Éribon, R. Maggiori, *Libération,* 23 octobre 1989, repris dans *Pourparlers, op. cit.,* p. 50.

51. Ch. Ruby, *Les Archipels de la différence, op. cit.,* p. 107.

52. Ph. Hamon, « Littérature », *op. cit.,* p. 297.

laissé libre cours à une intuition libérée, dans un système ouvert. Il confirme cette nouvelle orientation et revendique cette fois explicitement la voie de l'esthétique, avec la publication en 1973 d'un ouvrage dont le titre révèle à tous qu'une page est tournée. *Le Plaisir du texte* tourne le dos à *L'Aventure sémiologique*. L'écrivain Roland Barthes peut alors se libérer de l'écrivant Barthes, et dévoiler davantage son goût pour la stylistique. Il peut se révéler à lui-même sans avoir à masquer son dire derrière le support d'un discours théoriciste.

L'écriture est alors revendiquée comme espace de jouissance, preuve de désir, de plaisir. Barthes assume pleinement la subjectivité, tant dans l'acte d'écrire selon son propre système de goûts/dégoûts, que dans celui des réactions du lecteur dont le jugement dépend du plaisir tout à fait personnel qu'a provoqué en lui le texte lu. Le libre cours donné au plaisir est le moyen ultime d'évacuation de ce que Barthes ne cesse de traquer depuis le début de ses recherches, le signifié : « Ce que le plaisir suspend, c'est la valeur signifiée : la (bonne) cause[53]. » Certes Barthes reste fidèle à certaines de ses positions théoriques majeures et il répète que l'auteur, l'écrivain n'existe pas : « L'auteur est mort[54]. » L'auteur n'a pas d'autre fonction que celle d'un jouet, simple réceptacle, degré zéro, il joue la place du mort du bridge. On retrouve aussi dans cet ouvrage l'usage de la binarité pour opposer ce que Barthes qualifie de textes de plaisir qu'il confronte aux textes de jouissance. L'un emplit, est dicible : le texte de plaisir ; l'autre est l'expérience de la perte, fait vaciller, est indicible : le texte de jouissance. La grande référence philosophique de Barthes dans cet ouvrage est la même que celle de Deleuze : Nietzsche, qui est le point d'appui pour faire éclater les vérités constituées à partir des stéréotypes et des vieilles métaphores ainsi que pour libérer le nouveau, le singulier.

Barthes renvoie dos à dos la forclusion du plaisir opérée par deux morales, celle, petite-bourgeoise, de la platitude des stéréotypes, et celle, groupusculaire, de la rigueur : « Notre société paraît à la fois rassise et violente ; de toute manière : frigide[55]. » Le plaisir du texte ouvre sur l'indéfini, sur la trame, sur les entrelacs incessants d'une ouverture créatrice dans laquelle le sujet se défait en se révélant : « Le Texte veut dire Tissu[56] », non au sens où il faudrait chercher la vérité en son envers, mais comme texture dont il est fait, et qui en résume le sens. En 1975, répondant aux questions de Jacques Chancel dans sa fameuse émission de France-

53. R. BARTHES, *Le Plaisir du texte*, Le Seuil, 1973, Points-Seuil, p. 103.
54. *Ibid.*, p. 45.
55. *Ibid.*, p. 75.
56. *Ibid.*, p. 100.

Inter, « Radioscopie », Barthes retrace son itinéraire en rappelant qu'il a d'abord écrit en pensant participer à un combat, mais que la vérité de l'acte d'écrire s'est peu à peu révélée dans sa nudité : « On écrit parce qu'au fond on aime cela, que cela fait plaisir. C'est donc finalement pour un motif de jouissance qu'on écrit[57]. »

Le sémiologue Barthes n'est pourtant pas absent de cette manifestation d'hédonisme. Il poursuit sa réflexion sur la textualité, mais l'option esthétique revendiquée exprime bien une discontinuité majeure entre le Barthes de l'euphorie théorique de 1966 et le Barthes de 1973. Plus qu'un itinéraire singulier, cette rupture manifeste l'essoufflement du programme structuraliste, la crise des années 1967-1968 et la recherche de solutions. La bifurcation qu'emprunte Barthes annonce un certain nombre de retours qui vont surtout resurgir à partir de 1975. En attendant, à l'égal de l'ancien Grec décrit par Hegel qui interroge sans relâche le bruissement des feuillages, le frisson de la nature, Barthes interroge le frisson du sens « en écoutant le bruissement du langage, de ce langage qui est ma nature à moi, homme moderne[58] ».

---

57. R. Barthes, « Radioscopie », 17 février 1975, France-Inter, cité dans Louis-Jean Calvet, *Roland Barthes*, Flammarion, 1990, p. 251.

58. R. Barthes, « Vers une esthétique sans entraves » (1975), repris dans *Le Bruissement de la langue*, Le Seuil, 1984, p. 96.

20

Philosophie et structure : la figure de l'Autre

La philosophie classique se porte mal en ces temps de turbulences structurales. Si l'on fait dans les années soixante-dix de la théorie, de l'épistémologie, on évite en revanche avec soin de se déclarer philosophe. La Raison occidentale a fait place à une quête de plus en plus passionnée des diverses figures de l'Autre. La philosophie n'est pas morte pour autant, elle occupe simplement de nouveaux champs d'investigation, ceux des sciences humaines pour découvrir l'Autre dans l'espace, grâce à l'anthropologie, l'Autre de soi, avec la psychanalyse, ou encore l'Autre dans le temps, avec l'anthropologie historique.

La génération d'après 68, comme celle des années cinquante, continue à se convertir à ces recherches nouvelles et prometteuses dont les succès semblent destituer la place centrale et dominante qu'occupait la philosophie dans les humanités classiques. La philosophie n'a pourtant rien abandonné de sa superbe, puisque ce sont pour l'essentiel des philosophes qui sont à la tête de cette réappropriation des positivités diverses des sciences de l'homme, tout en critiquant fermement les modes de classement et divisions disciplinaires en usage. Cependant, un certain discours philosophique se porte mal en cette conjoncture.

La dialectique du même et de l'autre

À cette époque, celle des années soixante-dix, Jacques Bouveresse déplore : « La vérité n'avait plus d'intérêt, il fallait remplacer la question du vrai par la question du juste, comme disait Althusser[1]. » Il n'en poursuit pas moins sa réflexion philosophique à contre-courant, et n'hésite pas à pousser la provocation jusqu'à ignorer les références philosophiques obligées du moment, Michel

---

1. Jacques Bouveresse, entretien avec l'auteur.

Foucault ou Jacques Derrida, pour leur préférer Rudolf Carnap, Gottlob Frege, Ludwig Wittgenstein, Bertrand Russell, Willard Van Orman Quine... En 1973, il publie *Wittgenstein : la rime et la raison* (Minuit) qui est une réflexion sur les rapports entre science, éthique et esthétique : « C'était une provocation délibérée puisque c'était l'époque où il était à peu près interdit ou tout à fait incongru de parler d'éthique. Il ne pouvait y avoir de problèmes que politiques ou psychanalytiques[2]. » Jacques Bouveresse se situe ailleurs, pour échapper au théoricisme/terrorisme consistant à traquer le discours philosophique à partir de deux machines de guerre, la psychanalyse et le marxisme : « À une objection, on ne vous répondait jamais sur le fond ; on faisait la psychanalyse de l'objecteur ou bien on proposait une analyse de votre position de classe[3]. »

La triade Nietzsche/Freud/Marx sert de grille de lecture, et tous trois sont mobilisés pour cette quête de l'Autre comme envers de la Raison occidentale. À ce môle philosophique de l'avant-garde s'ajoute une logique disciplinaire pour la psychanalyse ou l'anthropologie, qui poursuivent leur vieille rivalité avec la philosophie sur le mode de l'émancipation, pour conforter leur implantation, leur institutionnalisation. L'adversaire désigné est l'herméneutique et sa démarche interprétative qui serait sous-tendue par une vérité ultime du texte à restituer. Après avoir opposé à cette démarche philosophique la logique structurale comme système de relations autonomisé par rapport à son contenu, on en vient de plus en plus à préconiser l'indéfini interprétatif.

Adorno et Horkheimer avaient déjà dans l'après-guerre entamé la réflexion sur le rapport conflictuel et dialectique entretenu entre la raison et son autre, le mythe. La raison a dû, pour se constituer, s'arracher à la terreur ancestrale du mythe, et c'est sa progressive maîtrise qui a constitué l'ordre de la raison. Mais ce combat se poursuit et la raison est continuellement confrontée à son autre : « Il s'agit donc d'une sorte de vipère élevée au sein[4]. » Mais Vincent Descombes souligne la confusion faite dans la notion d'Autre entre ses deux sens : celui de l'autre comme autre : *aliud*, et l'autre comme *alter ego*. De cette confusion naît une stratégie du soupçon qui atteint la raison elle-même, prise comme un enjeu dans un conflit généralisé entre diverses forces dont elle ne serait momentanément que la plus puissante : « Pour reconnaître la gravité des conflits modernes, nous finissons par soupçonner que la raison a trop facilement gagné son procès : personne n'a raison, il n'y a plus de

---

2. *Ibid.*
3. *Ibid.*
4. Jacques Hoarau, entretien avec l'auteur.

raison nulle part, seulement des puissances engagées dans un rapport de force[5]. »

Une telle déconstruction permet de célébrer les morts successives de Dieu, de l'homme, de la métaphysique, et d'opposer à la démarche dialectique du dépassement, celle, nihiliste, du débordement, jusque dans une stylistique de rupture avec l'académisme en usage dans l'argumentation philosophique. Le philosophe doit laisser sa place à la foule de gens qui expérimentent la découverte de l'Autre, et qui ne se réduit pas aux spécialistes des sciences humaines : « Voici les hommes de surcroît, des maîtres d'aujourd'hui : marginaux, peintres expérimentaux, pop, hippies et yuppies, parasites, fous, internés. Il y a plus d'intensité et moins d'intention dans une heure de leur vie que dans trois cent mille mots d'un philosophe professionnel. Plus nietzschéens que les lecteurs de Nietzsche[6]. » C'est bien la dialectique du même et de l'autre qui se joue dans toutes ces sphères d'activité. Et c'est le moment où l'on a tendance à affecter la figure du même de tous les maux de l'attitude parano-répressive, alors que la créativité et la libération se trouveraient sur l'autre versant.

Ce jeu de forces reproduit en partie la crise de légitimité de la philosphie devant l'émancipation revendiquée par les chercheurs des sciences sociales. Raymond Aron reproche ainsi à Lévi-Strauss ses rapports ambivalents avec la philosophie, qui l'amènent à insister sur le caractère scientifique de sa démarche lorsqu'il est accusé par les ethnologues empiristes de faire de la philosophie, mais sans fonder la scientificité de son analyse structurale : « La réponse exigerait l'élaboration du statut épistémologique de l'analyse structurale – élaboration à laquelle il se refuse[7]. »

Quant à Paul Ricœur, en cette même année 1970, il répond au défi lancé par les structuralistes en admettant la fécondité de cette démarche explicative, mais en considérant qu'elle n'est qu'une étape dans les processus d'élucidation : « Le modèle explicatif appelé structural n'épuise pas le champ des attitudes possibles à l'égard d'un texte[8]. » Paul Ricœur présente comme complémentaires l'attitude explicative qui aura pour instrument la linguistique, et l'ouverture nécessaire du texte permettant d'atteindre au stade supérieur de l'interprétation grâce à une réappropriation par le sujet du sens du texte. Il y a donc acte, effectuation du sens par rapport

5. V. DESCOMBES, *La Philosophie par gros temps*, Minuit, 1989, p. 139.

6. J.-F. LYOTARD, « Notes sur le retour et le Kapital », dans *Nietzsche aujourd'hui ?*, exposé au Colloque de Cerisy, 10/18, t. 1, 1973, p. 157.

7. R. ARON, « Le paradoxe du même et de l'autre », dans *Mélanges offerts à Claude Lévi-Strauss*, Mouton, 1970, p. 952.

8. P. RICŒUR, *Du texte à l'action* (1970), Le Seuil, 1986, p. 147.

à soi dans le caractère actuel de l'interprétation : « Le texte avait seulement un sens ; c'est-à-dire des relations internes, une structure ; il a maintenant une signification[9]. » Mais ces tentatives de conciliation ne seront pas entendues au moment où le cordon ombilical qui retenait encore les diverses positivités sociales avec la philosophie est brutalement coupé.

L'autre dans l'espace

Une bonne partie de la jeune génération continue à quitter la philosophie pour se lancer dans l'aventure des sciences humaines et de la confrontation qu'elles permettaient d'espérer avec le terrain. Philippe Descola est à l'ENS de Saint-Cloud en 1970, avec l'idée de faire de l'anthropologie. Il considère alors la formation qu'il reçoit en philosophie comme une simple propédeutique, au point que ses camarades de l'École normale « s'en rendaient compte et m'appelaient l'emplumé[10] ». Il découvre avec intérêt l'ouvrage de Maurice Godelier, *Rationalité et irrationalité en économie*, et lorsque ce dernier vient faire un cycle de conférences en tant qu'ancien élève de l'École, il lui apparaît que l'anthropologie est la bonne voie pour analyser scientifiquement les réalités sociales. Reçu à l'écrit de l'agrégation, Philippe Descola est collé à l'oral et l'idée de recommencer le décourage : « Je suis allé voir Claude Lévi-Strauss et suis parti sur le terrain après un an de stage[11]. »

Sylvain Auroux, lui aussi normalien à Saint-Cloud, va choisir d'investir un autre continent du savoir en professionnel, la linguistique, ce qui exige de dériver par rapport au parcours classique du philosophe. Il intègre l'École en 1967 et anime un groupe de sciences humaines qui invite des conférenciers. C'est à cette occasion que Sylvain Auroux fait la connaissance d'Oswald Ducrot et découvre la pragmatique. S'il ne partage pas le scientisme du structuralisme de l'époque et son exclusion du sujet, il juge néanmoins que cette idéologie scientiste a permis deux avancées décisives et positives : « D'une part, cela mettait en l'air le sujet transcendantal au niveau philosophique. Je pense que c'est définitif, et en second lieu, cela amenait une fois pour toutes à poser que les sciences humaines ne se construisent pas au niveau du vécu[12]. » Une fois passée l'agrégation, Sylvain Auroux se retrouve au lycée de Vernon

9. *Ibid.*, p. 153.
10. Philippe Descola, entretien avec l'auteur.
11. *Ibid.*
12. Sylvain Auroux, entretien avec l'auteur.

(Eure) à enseigner la philosophie, dans les années 1972-1974. Il est alors insatisfait par un savoir philosophique qui ne permet pas d'articuler celui-ci aux problèmes que se pose la société, dans la mesure où c'est un savoir « totalement abstrait, restreint à des micro-problèmes d'interprétation historique. Lorsque mes élèves venaient me demander ce que je pensais de l'avortement, je leur répondais que ce n'était pas un problème philosophique. On refusait d'aborder ces questions théoriquement[13] ». Ce décalage conforte Sylvain Auroux dans l'idée qu'il faut sortir des sentiers balisés du parcours philosophique classique, pour se lancer dans une science humaine particulière, la linguistique, dont il deviendra un des éminents spécialistes.

La figure de l'Autre de la philosophie comme altérité observable dans l'espace, hors de l'Europe, portée par le savoir anthropologique, continue en ces années soixante-dix de représenter un défi majeur au continent philosophique. Lévi-Strauss déclarait en 1967 : « Il faut bien que les philosophes, qui ont si longtemps joui d'une sorte de privilège parce qu'on leur reconnaissait le droit de parler de tout et à tout propos, commencent à se résigner à ce que beaucoup de recherches échappent à la philosophie[14]. »

En 1973, il est élu à l'Académie française au fauteuil d'Henry de Montherlant. Cette élection est la manifestation éclatante de l'ascension irrésistible du structuralisme, et face à cette candidature, le pauvre prince Charles Dedeyan, symbole personnifié de l'histoire littéraire la plus classique, qui avait l'intention de se présenter, décide sagement de se retirer de la compétition. Seul candidat, Lévi-Strauss n'aura pourtant pas une élection si facile. Certes, il sera élu au premier tour, mais il ne l'est qu'à une faible majorité : seize voix, alors que le minimum requis est de quatorze. Cependant l'entrée du spécialiste des Bororo et Nambikwara à l'Académie française suffit à mesurer le chemin parcouru par Lévi-Strauss entre ses débuts à São Paulo dans les années trente, et la consécration qu'il reçoit en 1974 en entrant sous la Coupole : « En m'accueillant aujourd'hui, vous admettez pour la première fois chez vous un ethnologue[15]. »

Lévi-Strauss continue alors de contourner la philosophie à partir de deux terrains. Celui de l'art, d'abord, qu'il évoque en ces termes lors de son élection à l'Académie française : « Il y a en moi un peintre et un bricoleur qui se relaient. [...] Prenez *Tristes Tropiques*.

---

13. *Ibid.*

14. Cl. Lévi-Strauss, entretien avec R. Bellour, *Les Lettres françaises*, n° 1165, 12 janvier 1967, repris dans *Le Livre des autres, op. cit.*, p. 44.

15. Cl. Lévi-Strauss, « Le discours du récipiendaire », *Le Monde*, 28 juin 1974.

[...] En l'écrivant, j'avais le sentiment de le composer comme un opéra. Les passages de l'autobiographie à l'ethnologie y correspondent à l'opposition entre les récitatifs et les arias[16]. » En même temps, il joue la carte scientifique, en publiant en cette même année d'élection, en 1973, un second recueil d'articles, *Anthropologie structurale deux* (Plon), qui couvre une longue période puisqu'il y reprend son fameux texte de 1952, « Race et Histoire », jusqu'à ses dernières contributions de 1973.

Dans cet ouvrage, Lévi-Strauss fait prévaloir la capacité scientifique du structuralisme, en reprenant ses deux terrains de chasse privilégiés, les structures de parenté et les mythes. Lévi-Strauss y définit une nouvelle fois les critères scientifiques dans les sciences humaines et affirme que le linguiste et l'ethnologue ont plus à échanger avec « le spécialiste de neurologie cérébrale ou d'éthologie animale[17] » qu'avec les juristes, économistes ou autres politistes. La métamorphose est donc davantage attendue du côté des sciences dures. Lévi-Strauss rend hommage dans ce volume à ses prédécesseurs dans la constitution d'une ethnologie rigoureuse – Jean-Jacques Rousseau, Marcel Mauss, Émile Durkheim –, et il en appelle à un humanisme généralisé que seule l'ethnologie contemporaine peut porter, grâce à la réconciliation qu'elle prône entre le règne de l'homme et celui de la nature : « L'ethnologie fait parcourir à l'humanisme sa troisième étape[18]. »

L'ethnologie structurale s'offre donc comme un dépassement possible de la philosophie, comme le stade ultime, démocratique, universel qui permet de renvoyer au passé l'humanisme philosophique, que ce soit l'humanisme aristocratique et restreint de la Renaissance ou l'humanisme bourgeois et purement marchand du XIXe siècle. Mais ce dépassement ne peut s'opérer qu'au prix d'un dé-centrement de l'homme dans la nature et d'un terme mis à son volontarisme historique, que Lévi-Strauss perçoit comme le prolongement de cet humanisme passé et porteur de toutes les grandes catastrophes du XIXe et du XXe siècle : « Toutes les tragédies que nous avons vécues, d'abord avec le colonialisme, puis avec le fascisme, enfin les camps d'extermination, cela s'inscrit non en opposition ou en contradiction avec le prétendu humanisme sous la

---

16. Cl. Lévi-Strauss, entretien avec J.-L. de Rambures, *Le Monde*, 21 juin 1974.

17. Cl. Lévi-Strauss, « Critères scientifiques dans les disciplines sociales et humaines », *Revue internationale des sciences sociales*, n° 4, vol. XVI, 1964, p. 579-597, repris dans *Anthropologie structurale deux*, Plon, 1973, p. 359.

18. Cl. Lévi-Strauss, *Anthropologie structurale deux, op. cit.*, p. 320.

forme où nous le pratiquons depuis plusieurs siècles, mais,
dirais-je, presque dans son prolongement naturel[19]. »

Le succès de Lévi-Strauss en cette année 1973 permet de relativiser la portée des critiques de plus en plus sévères qui s'expriment alors sur son œuvre. Ainsi la même année, Raoul et Laura
Makarius rassemblent aussi leurs articles parus depuis 1967 en un
volume au titre délibérément provocateur, *Structuralisme ou ethnologie* (Anthropos). Pour les auteurs, le structuralisme fut la bouée
de sauvetage dont se sont emparés les ethnologues pour échapper
au déclin du fonctionnalisme qui avait lié son sort au colonialisme
défunt. Ils critiquent la négation de la réalité des phénomènes au
profit de l'efficience des modèles qui fonctionnent comme trans-
cendances. Le structuralisme déboucherait donc sur un idéalisme :
« Dans le structuralisme, la recherche de l'explication est éliminée
par l'élimination de tout ce qui tient au caractère concret, empirique, des faits[20]. » Le couple Makarius établit ainsi une corrélation
entre rapports de parenté, l'origine de l'exogamie et le changement
de mode de production, au cours du passage de la cueillette à la
chasse : d'où une critique sévère du point de vue structural dans
la mesure où il présente comme invariant intemporel le mode de
rapports de parenté. On retrouve dans cette critique de l'évacuation
du vécu par le structuralisme la position déjà connue d'Edmund
Leach par rapport à Lévi-Strauss. Pour Leach, c'est « l'absence de
structure qui caractérise normalement tout ensemble de données
empiriques directement observées[21] ».

Des signes de craquements et de diversification des paradigmes
utilisés en anthropologie se font donc sentir en France dès ces
années soixante-dix. Ils sont perceptibles au point qu'à l'heure
même de l'élection de Lévi-Strauss à l'Académie française, Christian Delacampagne écrit dans *Le Monde* : « On pourrait alléguer
aussi que le structuralisme avait besoin de cette consécration officielle. L'étonnant, en tout cas, est qu'il l'ait obtenue au moment
où il est de plus en plus, de toutes parts, contesté. » La critique de
ce détachement de l'objet au nom d'une radicalisation des techniques structurales se poursuivra, s'amplifiera dans les années
quatre-vingt. Thomas Pavel perçoit ainsi dans cette démarche un
simple retour à des pratiques préspinoziennes, à des techniques
d'exégèse précritiques qui représentent donc une régression, y
compris par rapport à la philologie humaniste du XVIIᵉ siècle qui

---

19. Cl. LÉVI-STRAUSS, entretien avec J.-M. Benoist, *Le Monde*, 21 janvier
1979.

20. R. et L. MAKARIUS, *Structuralisme ou ethnologie*, Anthropos, 1973, p. 11.

21. E. LEACH, *Les Systèmes politiques des hautes terres de Birmanie* (1964,
éd. anglaise), Maspero, 1972, p. XIII.

avait dissocié la lecture mystique de l'exégèse historique. On en reviendrait aux principes de la lecture de la Torah par les cabalistes, selon la permutation à volonté des unités phonologiques ou lexicales : « Comme chez Lévi-Strauss, le texte perceptible gèle dans un mystérieux désordre des courants de signification légitimés à un tout autre niveau[22]. »

L'autre en soi

Interpellé par l'Autre de la société primitive, le philosophe est aussi contesté par l'Autre de soi-même, par la psychanalyse lacanienne. Dès 1970, Lacan, qui vient d'être exclu d'Ulm, donc du cénacle de l'élite philosophique, énonce sa riposte théorique aux philosophes qui ont osé le rejeter, répétant ainsi le geste de l'IPA d'hier qui avait déjà fait de Lacan un rebelle. Il fait valoir que le lieu de la vérité ne se trouve que dans un seul des quatre discours possibles[23], le discours analytique, à partir duquel dérivent les trois autres discours : « L'inconscient est le savoir, et par définition un savoir qui ne sait pas. Seul le discours peut énoncer l'inconscient[24]. » On a déjà vu que cette notion de discours, Lacan l'emprunte à Michel Foucault, mais pour la retourner contre la philosophie. Le premier discours, celui du maître, qui se réalise notamment au plan politique, ferme l'accès à la sublimation, confronte directement à la mort, et ne retient de la Chose que l'objet (a), tout en se donnant l'illusion de l'action. Le discours qui cristallise la contestation de Lacan est le discours de l'Université, lequel se situe au plan de la morale, et vise à acquérir une maîtrise. Ce discours « est la béance où s'engouffre le sujet de devoir supposer un auteur au savoir[25] ». Le troisième discours est celui de l'hystérique qui est celui du scientifique : « La science prend son élan du discours de l'hystérique[26]. »

Dans ces conditions, seul le quatrième discours, le discours analytique, échappe au désir de maîtrise et permet de faire venir à la place de la vérité, le savoir inconscient, seul savoir signifiant : « Lacan est conduit finalement à identifier discours philosophique et discours métaphysique[27]. » Lacan situe ainsi le discours analytique comme le discours des discours, le lieu de vérité de ceux-ci.

22. Th. PAVEL, *Le Mirage linguistique*, *op. cit.*, p. 58.

23. J. LACAN, « Radiophonie », *Scilicet*, nᵒˢ 2/3, Le Seuil, 1970.

24. A. JURANVILLE, *Lacan et la philosophie*, PUF (1984), 1988, p. 341.

25. J. LACAN, « Radiophonie », art. cité, p. 97.

26. *Ibid.*, p. 88.

27. A. JURANVILLE, *Lacan et la philosophie, op. cit.*, p. 356.

En cette année 1970, une commande de François Wahl a failli donner naissance à un nouveau dictionnaire raisonné et critique de la psychanalyse, œuvre et instrument de combat de la seule École freudienne de Lacan, sous l'égide de Charles Melman : « Je voyais bien que la tâche serait ingrate. Mon idée était très simple, c'est que je savais qu'au cas où il n'y aurait pas un ouvrage collectif de l'École freudienne engageant chacun des auteurs, il n'y aurait plus d'École freudienne. Mon idée était de forcer le destin, car l'École était une nébuleuse, une juxtaposition de plusieurs galaxies[28]. » Le concurrent du Laplanche-Pontalis des PUF ne verra cependant jamais le jour. Lacan jouait des deux tableaux, à la manière de Lévi-Strauss et de Barthes, dans des registres différents. D'un côté, il ne pense pas que la psychanalyse puisse se transmettre par l'enseignement comme la science, ce qui fait de lui un homme de la parole et non de l'écrit, quelqu'un qui s'implique subjectivement constamment dans son dire, et ne dissocie pas la littérature de son discours analytique. D'un autre côté, plus sa parole est subjective, plus il multiplie les mathèmes, les nœuds borroméens, les tores pour se déprendre de son pathos, et le situer à l'intérieur d'une perspective scientifique transmise par transfert de travail : « Les séminaires étaient un investissement vital pour Lacan parce qu'il n'y a pas de savoir sans mécanisme de transfert[29]. »

On a vu à quel point ce discours analytique qui se donnait comme lieu de la vérité a suscité un engouement collectif chez de nombreux philosophes, notamment althussériens, qui ont choisi l'aventure psychanalytique. Cet effet d'entraînement a même touché le champ des économistes, pourtant bien éloigné de ces préoccupations, avec l'adhésion à l'École freudienne en 1972 d'Hubert Brochier : « Lacan a apporté beaucoup de choses intéressantes à la psychanalyse en France, une écoute de l'inconscient, une façon de manipuler, au sens noble, les gens par la profondeur[30]. » Cependant Hubert Brochier, en spécialiste d'une science, l'économie, qui a choisi la voie de la formalisation mathématique la plus extrême, juge négativement la formalisation lacanienne, si ce n'est au plan pédagogique. De la même manière que la science économique, celle-ci relèverait d'un souci de respectabilité académique, mais qui n'apporte rien sur le plan des connaissances tangibles. Pour lui, la bande de Mœbius, la bouteille de Klein, les nœuds borroméens et toutes les manipulations topologiques que Lacan déploie avec toujours plus d'art et d'insistance au tableau de son séminaire n'apportent pas plus à la connaissance de l'inconscient

---

28. Charles Melman, entretien avec l'auteur.
29. Bernard Sichère, entretien avec l'auteur.
30. Hubert Brochier, entretien avec l'auteur.

que la théorie de l'équilibre général de Walras à la connaissance du fonctionnement d'une économie concrète : « On ne sait toujours pas à quoi elle sert et quand on discute avec ses tenants, ils vous disent qu'elle a une valeur purement pédagogique[31]. » Il est en tout cas symptomatique que certains économistes aient senti le besoin de confronter leurs propres concepts à ceux de la psychanalyse. Le rayonnement du lacanisme qui a placé la psychanalyse au cœur de la rationalité en sciences humaines y est pour beaucoup.

L'autre dans le temps

Une troisième figure de l'Autre devient l'objet privilégié des recherches en ces années soixante-dix et représente un troisième défi au philosophe : c'est l'Autre dans le temps. Cette quête implique aussi de sortir d'un certain nombre de catégories philosophiques atemporelles pour se confronter cette fois à l'histoire, à partir d'une démarche de type anthropologique. C'est ce que réalise Jean-Pierre Vernant. Lui aussi vient de la philosophie ; en 1948, il est même rattaché à la commission de philosophie du CNRS, et s'intéresse à la catégorie du travail dans le système platonicien. Engagé dans cette perspective, il découvre la relativité du mode de problématisation que l'on a l'habitude de projeter en partant d'une réalité contemporaine : on transpose trop souvent dans le passé un outillage mental anachronique. Jean-Pierre Vernant s'aperçoit en effet qu'il n'y a pas chez Platon de mot pour exprimer la notion de travail. Ce manque le conduit à historiciser sa démarche, et à découvrir que l'on passe du VIIIᵉ au VIᵉ siècle av. J.-C. d'un univers mental à un autre, ce qu'il étudie dans son premier ouvrage[32].

Parti en quête de la notion de travail, Jean-Pierre Vernant trouve surtout l'omniprésence du phénomène religieux. Helléniste, il devient l'élève et le disciple de Louis Gernet qui avait écrit une anthropologie du monde grec et dont l'aspect globalisant de la démarche, dans la lignée de Marcel Mauss et de son « fait social total », va représenter l'ambition théorique toujours présente dans les travaux de Jean-Pierre Vernant. L'autre influence majeure que reçoit Vernant en ce début des années cinquante est celle du professeur de psychologie historique Ignace Meyerson, qu'il connaît depuis 1940, et qui va orienter la réflexion de Vernant vers l'homme grec, vers ses catégories de pensée, ses émotions, son « outillage mental », pour reprendre une catégorie chère à Lucien

31. *Ibid.*
32. J.-P. Vernant, *Les Origines de la pensée grecque*, PUF, 1962.

Febvre. À la fin des années cinquante, comme nous l'avons déjà vu, après avoir historicisé son objet, Vernant le structuralise avec sa lecture du mythe hésiodique des races.

À ce stade, en 1958, Vernant analyse les mythes grecs « sur le modèle que proposent Lévi-Strauss et Dumézil. J'ai donc procédé en structuraliste conscient et volontaire[33] ». Ce premier travail structuraliste sur le mythe des races a débuté à partir d'une note sur la Grèce dans laquelle Dumézil posait le problème de la tri-fonctionnalité. Cette filiation dumézilienne est importante pour Vernant, qui entre à la Ve section de l'EPHE en 1963 grâce à Georges Dumézil, quittant ainsi la VIe section où il était depuis 1958. Il entretient avec Georges Dumézil des échanges fréquents sur ces questions. C'est à l'occasion d'une de ces visites que Jean-Pierre Vernant, ayant déjà descendu l'escalier à mi-étage, se voit rappelé par Georges Dumézil qui l'avait accompagné sur le pas de la porte : « Il m'a dit : "Monsieur Vernant, pouvez-vous remonter ? [...] Avez-vous pensé au Collège de France ? Vous feriez bien d'y penser et d'aller voir Lévi-Strauss, car nous sommes quelques-uns à penser à vous." J'ai donc été voir Lévi-Strauss qui m'a dit : "Pas de problèmes, je vous présente."[34] »

En 1975, présenté par Lévi-Strauss, Jean-Pierre Vernant fait donc son entrée au Collège de France, et avec lui une branche du structuralisme, l'anthropologie historique, se trouve donc au sommet de la légitimation. Mais avec Vernant, Clio n'est pas en exil, bien au contraire : ce qui le passionne, c'est le mouvement, le passage d'un stade à un autre, et la psychologie/anthropologie historique qu'il prône relève d'une science du mouvement, et non de la volonté d'enfermer l'histoire dans un quelconque statisme. À ce titre, une de ses autres références majeures est Marx, qu'il considère comme le véritable ancêtre du structuralisme, mais pas le Marx d'Althusser, celui de l'après-coupure épistémologique, du procès sans sujet, alors que le sujet est justement l'objet privilégié de l'attention de Vernant : « Je n'ai jamais tant ri que quand j'ai lu la *Réponse à John Lewis* d'Althusser. Expliquer les crimes de Staline par le fait que l'humanisme avait continué à exercer ses ravages ! C'était dingue[35] !»

Par ailleurs, Vernant englobe tous les aspects de la vie des Grecs pour les penser ensemble, au contraire d'une tendance à dégager du réel une certaine catégorie de phénomènes pour en examiner la logique interne et immanente. Héritier d'une ambition globalisante, celle de Louis Gernet, il n'envisage pas son domaine de recherche

---

33. J.-P. VERNANT, entretien avec Judith Miller, *L'Âne*, janvier/mars 1987.
34. Jean-Pierre Vernant, entretien avec l'auteur.
35. *Ibid.*

de prédilection, la religion, comme une entité séparée, tout au contraire. C'est ainsi qu'il analyse une instance peu présente dans les études structurales, l'organisation politique, dont il étudie l'avènement grâce aux réformes de Clisthène à Athènes. À l'organisation gentilice se substitue le principe territorial dans la nouvelle organisation de la Cité : « Le centre traduit dans l'espace les aspects d'homogénéité et d'égalité, non plus ceux de différenciation et de hiérarchie[36]. » À ce nouvel espace qui instaure la *polis* correspond un autre rapport à la temporalité, et la création d'un temps civique. Ce double travail d'homogénéisation pour aller à l'encontre des divisions, factions et clientèles rivales qui affaiblissent la Cité est bien sûr à la base d'un basculement complet des catégories mentales de l'homme grec. L'avènement de la philosophie grecque, de la raison, ne résulte donc pas, comme le pense Lévi-Strauss, de purs phénomènes contingents, elle est bien « fille de la Cité[37] ».

En mai 1973, un colloque organisé en Italie (à Urbino) sur le mythe grec, dans l'idée de confronter le structuralisme français à d'autres courants d'interprétation des mythes, avait permis à Jean-Pierre Vernant de préciser sa vision du structuralisme. L'école sémiotique de Paris y est fortement représentée, avec notamment Joseph Courtès et Paolo Fabbri. Jean-Pierre Vernant est présent ainsi que son école d'anthropologie historique : Marcel Detienne y fait une communication sur « Mythe grec et analyse structurale : controverses et problèmes », Jean-Louis Durand sur « Le rituel du meurtre laboureur et les mythes du premier sacrifice », et Jean-Pierre Vernant lui-même sur « Le mythe prométhéen chez Hésiode ». C'est l'occasion d'une confrontation au sommet notamment avec l'école italienne d'Angelo Brelich et le courant empiriste britannique de Geoffrey Stephen Kirk. Dans son intervention finale, Jean-Pierre Vernant revendique fermement la cohérence de la démarche de son école et, après avoir affirmé que les études de cas présentées ont dû rassurer les inquiétudes exprimées quant à la tendance à l'évacuation de l'histoire, il poursuit en revendiquant hautement le programme structural : « Le structuralisme n'est pas pour nous une théorie toute faite, une vérité déjà constituée et que nous irions chercher ailleurs pour l'appliquer ensuite aux faits grecs. Nous tenons compte certes des changements de perspective que les études mythologiques comme celles de Claude Lévi-Strauss ont apportés dans les dernières années, nous en testons la validité dans notre domaine, mais sans jamais perdre de vue ce que le

36. J.-P. VERNANT, *Mythe et pensée chez les Grecs*, Maspero (1965), PCM, 1971, t. 1, p. 209.

37. *Ibid.*, t. 2, p. 124.

matériel sur lequel nous travaillons comporte de spécifique[38]. »
Face aux critiques sévères adressées contre la communication de
Marcel Detienne, lui opposant que le sacrifice grec résultait des
rituels de la chasse, et considérant le mythe d'Adonis comme issu
d'une ancienne civilisation de cueillette autrefois en Grèce, Jean-
Pierre Vernant oppose la défense ardente de l'approche structurale : « Je voudrais poser à Kirk une question : Suffit-il de baptiser
Histoire une reconstruction dont le moins que l'on puisse dire est
qu'elle est purement hypothétique, pour se trouver du coup rassemblés dans le camp des prudents, des positifs ? Situer des mythes
du sacrifice dans l'ensemble du contexte religieux grec, comparer
des versions multiples de diverses époques au sein d'une même
culture pour tenter de dégager des modèles généraux, de mettre en
lumière un ordre systématique : est-ce plus aventureux que de cheminer allégrement du Néolithique à la Grèce du ve siècle ? [...] À
mes yeux, cette histoire-là relève au mieux de la science-fiction,
au pire du roman d'imagination[39]. »

Jean-Pierre Vernant fait donc école, et tout un groupe de chercheurs, où se retrouvent Pierre Vidal-Naquet, Marcel Detienne,
Nicole Loraux, François Hartog, inscrivent leurs travaux dans son
sillage. Cette recherche anthropologique sur le matériau historique
débouchera notamment sur une œuvre collective en 1979, dirigée
par Marcel Detienne et Jean-Pierre Vernant, *La Cuisine du sacrifice en pays grec* (Gallimard). Les auteurs interrogent alors la vie
quotidienne des Grecs, leurs pratiques culinaires, à la manière de
Lévi-Strauss, non pas par exotisme, mais pour mieux percevoir le
mode de fonctionnement de la société grecque pour laquelle le
sacrifice est œuvre de pacification, de domestication de la violence.
Dans cette société démocratique, le sacrifice est œuvre de tous,
mais dans les limites de la citoyenneté qui s'arrête à la gent masculine. Les femmes sont exclues de ce rite comme la condition
de citoyen. Si elles s'emparent des instruments sacrificiels, c'est
pour les transformer en armes meurtrières, castratrices. La découpe
de la viande consommée revient donc à l'homme qui sert les morceaux à son épouse. La signification du sacrifice offre ainsi un
accès privilégié à la société grecque dans son intériorité, et Lévi-
Strauss perçoit dans ces travaux une grande analogie avec ses
propres constatations sur les mythes américains : « Les travaux de
Jean-Pierre Vernant, Pierre Vidal-Naquet, Marcel Detienne semblent montrer qu'il y a dans la mythologie grecque certains niveaux

---

38. J.-P. VERNANT, *Il Mito greco*, Atti del convegno internazionale, Edizioni
de l'Ateneo Bizoni, 1973, « Intervento conclusivo », p. 397-400.

39. *Ibid.*

où on se retrouve presque de plain-pied avec la pensée américaine[40]. »

La découverte passionnée des diverses figures de l'altérité, de l'Autre, permet cette symbiose des trois modes d'approche que sont l'anthropologie structurale, l'anthropologie historique et la psychanalyse dans cette investigation de l'envers de la Raison occidentale, et elle représente un défi majeur pour le philosophe.

---

40. Cl. LÉVI-STRAUSS, entretien avec R. BELLOUR, 1972, repris dans *Claude Lévi-Strauss*, Idées-Gallimard, 1979, p. 174-175.

21

Histoire et structure : la réconciliation

Fernand Braudel avait déjà réagi en 1958 au défi structuraliste en infléchissant le discours historien vers une histoire presque immobile, celle de la longue durée, opposant à Lévi-Strauss l'héritage des *Annales* de Marc Bloch et Lucien Febvre. Les historiens de l'école des Annales ne sont donc pas restés étrangers à l'effervescence structuraliste, d'autant que l'événement-rupture de Mai 68 a quelque peu ébranlé l'antihistoricisme du structuralisme des débuts, ouvrant largement le chantier des investigations possibles à une histoire déjà rénovée par les *Annales*, mais réconciliée avec le point de vue structural, plus attentive aux permanences qu'aux mutations, plus anthropologique que factuelle. Les historiens, exclus dans les années soixante d'une actualité intellectuelle qui portait davantage à s'intéresser aux avancées des linguistes, des anthropologues et des psychanalystes, prennent alors leur revanche.

C'est le début d'un véritable âge d'or auprès d'un public qui assure le succès des publications d'anthropologie historique. Cette récupération et adaptation au discours historien du paradigme structural sera notamment orchestrée par la nouvelle direction de la revue des *Annales*, où Braudel passe la main en 1969 à une génération plus jeune d'historiens (André Burguière, Marc Ferro, Jacques Le Goff, Emmanuel Le Roy Ladurie et Jacques Revel), qui délaissent les horizons de l'histoire économique au profit d'une histoire davantage tournée vers l'étude des mentalités.

La nouvelle alliance

En 1971, cette nouvelle équipe fait paraître un numéro spécial de la revue consacré à « Histoire et Structure[1] ». Il traduit bien cette réconciliation souhaitée entre ces deux termes qui se donnaient

---

1. *Annales*, n°s 3-4, mai-août 1971, « Histoire et Structure ».

comme antinomiques, comme le mariage du feu et de l'eau. La participation auprès des historiens de Claude Lévi-Strauss, Maurice Godelier, Dan Sperber, Michel Pêcheux, Christian Metz montre que le temps des combats est révolu, et qu'au contraire l'on assiste à une concertation, à une collaboration étroite entre historiens, anthropologues et sémiologues. Une vaste alliance se crée ainsi, porteuse d'un ambitieux programme de recherches communes en ce début des années soixante-dix, et qui sera en effet d'une grande fécondité tout au long de la décennie. André Burguière, qui présente le numéro, perçoit bien le mouvement de reflux du structuralisme, affecté par le grand chambardement de 1967-1968, et l'opportunité que doivent saisir les historiens pour ramasser la mise. Il défend pour les historiens le programme d'un structuralisme ouvert, bien tempéré, capable de faire la démonstration que les historiens ne se contentent pas de percevoir le niveau manifeste de la réalité, comme le disait Lévi-Strauss en 1958, mais s'interrogent aussi sur le sens caché, sur l'inconscient des pratiques collectives, au même titre que les anthropologues.

Fernand Braudel avait déjà proposé la longue durée comme moyen d'accès à la structure pour la discipline historique et comme langage commun à toutes les sciences sociales. André Burguière va plus loin en traçant les lignes d'un programme d'histoire culturelle, d'anthropologie historique, qui doit permettre cette fois de s'installer sur le terrain même des études structurales, celui du symbolique. C'est dans ce domaine privilégié que l'efficace de la méthode structurale pourra se déployer le plus facilement. C'est donc un structuralisme pour historiens que défendent les *Annales* en 1971. André Burguière brandit même haut et fort l'étendard : « Un peu de structuralisme éloigne de l'histoire, beaucoup de structuralisme y ramène[2]. » Les anthropologues avaient bien lancé un défi aux historiens, mais l'entente cordiale semble manifeste en ce début des années soixante-dix, grâce à l'anthropologisation du discours historique. Lévi-Strauss, invité en 1971 à l'émission des *Annales* sur France-Culture, « Les lundis de l'histoire », reconnaît, à l'occasion d'un débat avec Fernand Braudel, Raymond Aron et Emmanuel Le Roy Ladurie : « J'ai le sentiment que nous faisons la même chose : le grand livre d'histoire est un essai ethnographique sur les sociétés passées[3]. »

Les historiens vont se plonger dans les délices de l'histoire froide, celle des permanences, et l'historiographie privilégie à son tour la figure de l'Autre par rapport à l'image rassurante du même.

2. A. Burguière, *ibid.*, p. VII.
3. Cl. Lévi-Strauss, « Les lundis de l'histoire », France-Culture, 25 janvier 1971.

Les historiens des *Annales*, en prônant une histoire structuralisée, se donnent pour ambition de réussir cette fédération des sciences humaines que souhaitait réaliser au profit des sociologues Émile Durkheim, en captant le modèle structural et en faisant de l'histoire une discipline nomothétique et non plus idiographique.

Le premier effet de cette fécondation structurale du discours historien est bien évidemment un ralentissement de la temporalité, qui devient quasi stationnaire. On rejette l'événementiel, considéré comme relevant de l'épiphénomène ou du feuilleton, pour se pencher exclusivement sur ce qui se répète, ce qui se reproduit : « Quant à l'événementiel, une harmonisation des enseignements de Braudel et de Labrousse conduit à le repousser à la marge, voire à ne pas s'y intéresser du tout[4]. » L'approche de la temporalité va privilégier davantage les longues plages immobiles, et lorsque Emmanuel Le Roy Ladurie prend la succession de Braudel au Collège de France, il intitule sa leçon inaugurale : « L'histoire immobile[5] ». L'historien, selon Le Roy Ladurie, fait du structuralisme consciemment, ou sans le savoir comme Monsieur Jourdain : « Depuis près d'un demi-siècle, de Marc Bloch à Pierre Goubert, les meilleurs historiens français, systématiquement systématiseurs, ont fait du structuralisme en connaissance de cause, ou quelquefois sans le savoir, mais trop souvent sans que ça se sache[6]. » Le Roy Ladurie affirme en cette occasion solennelle l'admiration qu'il éprouve pour les méthodes structuralistes appliquées aux règles de parenté et aux mythologies du Nouveau Monde par Lévi-Strauss. Mais s'il circonscrit l'efficacité de celles-ci à d'autres cieux, il retient surtout pour l'historien l'idée qu'il faut appréhender la réalité à partir d'un petit nombre de variables, en construisant des modèles d'analyse. Reprenant l'expression de Roland Barthes, Le Roy Ladurie présente les historiens comme « l'arrière-garde de l'avant-garde[7] », les spécialistes de la récupération des avancées réalisées par les autres sciences sociales pilotes qu'ils « pillent sans vergogne[8] ». Ce constat est tout à fait juste, et décrit bien ce second souffle d'un structuralisme transformé et récupéré par les historiens. Dans le programme d'enseignement que Le Roy Ladurie définit, on retrouve la même perspective scientiste que le structuralisme, afin de poser l'histoire comme discipline, nomothétique.

---

4. K. POMIAN, *La Nouvelle Histoire*, Encyclopédie Retz, 1978, p. 543-544.

5. E. LE ROY LADURIE, « L'histoire immobile », leçon inaugurale au Collège de France, 30 novembre 1973, reprise dans *Le Territoire de l'historien*, t. 2, Gallimard, 1978, p. 7-34.

6. *Ibid.*, p. 11.

7. *Ibid.*, p. 13.

8. *Ibid.*, p. 13.

Celle-ci révèle une longue plage immobile qui s'étend de la fin du Moyen Âge jusqu'au début du XVIIIᵉ siècle, de 1300 à 1700, selon un cycle écodémographique dont l'équilibre reste invariant autour de vingt millions d'habitants sur le territoire français.

Le Roy Ladurie trouve lui aussi le degré zéro de l'histoire après le degré zéro de la phonologie découvert par Jakobson, le degré zéro de la parenté de Lévi-Strauss ou le degré zéro de l'écriture de Barthes : cette « croissance démographique zéro[9] » permet à l'historien d'accéder aux grands équilibres stables. Sa nouvelle tâche ne consistera donc plus à mettre l'accent sur les accélérations et mutations de l'histoire, mais sur les agents de la régulation qui permettent la reproduction à l'identique des équilibres existants. C'est ainsi que les agents microbiens vont apparaître sur l'avant-scène comme explicatifs, comme facteurs décisifs de stabilisation de l'écosystème. C'est « plus profondément encore dans les faits biologiques, beaucoup plus que dans la lutte des classes, qu'il faut chercher le moteur de l'histoire massive, du moins pendant la période que j'étudie[10] ».

L'homme se trouve ainsi tout autant décentré que dans la perspective structurale, il est pris dans une nasse, et ne peut que se donner l'illusion du changement. Tout ce qui relève des grandes cassures de l'histoire est donc à minorer au profit des grands *trends*, même s'ils relèvent d'une histoire sans les hommes[11]. Le Roy Ladurie termine sa leçon inaugurale sur une note optimiste pour la discipline historique qu'il voit de nouveau conquérante : « L'histoire, qui fut pendant quelques décennies de semi-disgrâce la petite Cendrillon des sciences sociales, retrouve désormais la place éminente qui lui revient. [...] Elle était simplement passée de l'autre côté du miroir pour y traquer l'Autre à la place du Même[12]. » À l'école de l'histoire froide, certains, comme François Furet, avaient d'ailleurs déjà trouvé l'antidote nécessaire pour se libérer de leur engagement communiste. La structuralisation de l'histoire et du mouvement devient dans ce cas le levier capable de sortir du marxisme, de la dialectique, pour leur substituer la scientificité ; « L'histoire des inerties n'est pas seulement une bonne discipline, mais c'est aussi une bonne thérapeutique contre une vision de l'historicité héritée de la philosophie des Lumières[13]. »

La naturalisation d'une histoire de sociétés devenues statiques

---

9. *Ibid.*, p. 16.

10. *Ibid.*, p. 9.

11. Voir F. Dosse, *L'Histoire en miettes*, La Découverte, 1987.

12. E. Le Roy Ladurie, « L'histoire immobile », *op. cit.*, p. 34.

13. F. Furet, *L'Historien entre l'ethnologue et le futurologue*, Colloque international de Venise, Mouton, 1971.

à l'égal des sociétés froides de Lévi-Strauss, simples machines à reproduire, reprend le programme structural contre le volontarisme historique dominant au XIXᵉ siècle. Devant l'effondrement de l'horizon révolutionnaire et des tentations restauratrices, l'histoire reflue dans l'immobile, un présent étale coupé de l'avant et de l'après pour juxtaposer dans l'espace le Même et l'Autre. Cette immobilisation de la temporalité peut s'accompagner chez certains d'une position politique vidée de tout projet, simplement conservatoire : « Ce type d'histoire (celle des temps longs, de l'homme moyen), au fond, est une histoire dont je reconnais volontiers qu'elle a une vocation conservatrice[14]. »

Georges Duby et la tripartition

Mais cette utilisation de l'histoire refroidie comme antidote à la philosophie des Lumières est surtout le fait de ceux qui ont utilisé le marxisme comme machine de guerre militant sur le mode de la vulgate stalinienne en usage dans les années cinquante et soixante. Il en va autrement pour les historiens qui sont restés à l'écart de cet engagement politique et qui n'ont pas besoin d'exorciser les démons du passé. Ceux-là n'en sont pas moins séduits par le structuralisme, sans pour autant qu'il leur apparaisse comme alternatif au marxisme, au contraire.

C'est le cas de Georges Duby, qui découvre le marxisme en 1937 dès sa classe de philosophie, et pour lequel il ne sera jamais qu'un instrument analytique, un outil heuristique, dont il rappelle, encore en 1980, l'importance dans son itinéraire et ses travaux : « Dans mon évolution, l'influence du marxisme a été profonde. Je réagis très violemment contre ceux qui prétendent aujourd'hui, selon une mode parisienne, que le marxisme n'a pas compté pour les historiens de ma génération. Il a compté fortement pour moi et je tiens à ce qu'on le dise[15]. » Conciliant marxisme et structuralisme, Georges Duby a pu proposer une lecture attentive aux phénomènes structuraux réconciliés avec la diachronie. Il est attentif aux travaux des althussériens : « Un moment important est celui où j'ai lu Althusser, Balibar, ce qui m'a conduit à voir plus clairement que, dans l'époque dont je suis spécialiste, la détermination par l'économique peut être seconde par rapport à d'autres déter-

---

14. *Ibid.*, p. 61.
15. Georges Duby, entretien avec l'auteur, publié dans *Vendredi*, 4 janvier 1980.

minations. Je le pressentais[16]. » Il a donc perçu l'althussérisme comme une possible complexification du marxisme.

En même temps, Georges Duby a vivement ressenti avec sa génération le défi lancé par les anthropologues aux historiens. Celui-ci lui permit de passer des interrogations d'ordre économique, comme dans sa thèse sur le Mâconnais aux XIe-XIIe siècles[17], dans laquelle il étudie la révolution seigneuriale en cours dans la région qui entoure le monastère de Cluny, aux interrogations sur l'imaginaire, sur le symbolique, sans jamais dissocier ou jouer l'une contre l'autre ces deux approches : « J'essaie d'évacuer une mécanique de la causalité. Je parle plutôt de corrélations et non de causes et d'effets. Cela m'amène à penser que tout est déterminé par tout et que tout détermine tout. Cette notion de globalité indispensable me fait penser à cela[18]. » Contre la vulgate mécaniste du reflet, Georges Duby oppose la coalescence des niveaux d'une société dans ses diverses manifestations matérielles et mentales. Et il propose aux historiens un nouveau programme, celui d'une histoire des mentalités conçue, non pas comme un moyen pour se débarrasser de l'histoire sociale, mais comme la fine pointe de celle-ci.

L'ouvrage le plus structuraliste de Georges Duby, qui peut être lu comme l'illustration la plus réussie de l'adaptation de cette méthode à l'histoire, est *Les Trois Ordres ou l'Imaginaire du féodalisme*[19]. Ce livre important est le seul à avoir été écrit sans commande, et porte l'empreinte de Georges Dumézil : « Je dois énormément à Georges Dumézil. Ce livre n'aurait pas été écrit sans lui, mais il n'est pas historien, c'est un linguiste, il s'occupe de structure. En tant qu'historien de la société, j'ai voulu saisir cette image dans ses opérations et articulations avec le concret[20]. » Georges Duby reprend donc le schéma trifonctionnel de Georges Dumézil (souveraineté, guerre, fécondité), mais il renverse sa proposition selon laquelle ce schème serait une structure mentale propre aux Indo-Européens. Au commencement était le mythe pour Dumézil, alors que Duby considère que la structure propose et l'histoire dispose. Il déplace le regard vers l'émergence du mythe dans le tissu historique, sa plus ou moins grande prégnance, et sa signifiance dans les pratiques sociales où il est utilisé. Or, la société

16. G. DUBY, *Dialogues*, avec G. Lardreau, Flammarion, 1980, p. 119.

17. G. DUBY, *La Société aux XIe et XIIe siècles dans la région mâconnaise*, A. Colin, 1953.

18. Georges Duby, entretien avec l'auteur, *op. cit.*

19. G. DUBY, *Les Trois Ordres ou l'Imaginaire du féodalisme*, Gallimard, 1978.

20. Georges Duby, entretien avec l'auteur, *op. cit.*

qu'il étudie est traversée par des zones conflictuelles, qui se déplacent et engendrent des représentations du monde dont la forme ou la nature s'adaptent à la nécessité de juguler les conflits. Dans ce cadre, l'idéologique joue un tout autre rôle qu'un simple reflet de la domination économique. Il produit du sens, donc du réel, du social, et joue même, selon la terminologie althussérienne, un rôle dominant dans la société féodale, une fonction d'organisation des rapports de production. La sphère idéologique joue dans ce cas le rôle du lieu de l'absence, le modèle parfait de l'imparfait.

Georges Duby restitue l'émergence du schéma trifonctionnel en Europe occidentale comme la résultante de la révolution féodale. Au IXe siècle, l'Empire carolingien s'étant dilaté et faisant l'objet d'une pression extérieure, on assiste à un retournement des valeurs idéologiques. Le système militaire, installé sur les marches de la frontière, passe au centre du corps social, il se dilue vers l'intérieur. Le roi n'incarne plus le pouvoir de faire la guerre, mais celui de préserver la paix. Le pouvoir politique change d'objet, car il doit être le protecteur des turbulences internes, le défenseur des lieux saints, des églises et monastères. Mais dans le même temps l'autorité monarchique s'effondre et se dissout en de multiples comtés et principautés. Le pouvoir temporel ayant failli, il était tentant pour le pouvoir spirituel, celui des moines et des clercs, de le ramasser. La frontière sociale se déplace, et oppose désormais ceux qui portent les armes et les autres. La résignation de ceux qui supportent le poids d'une société militarisée passe par la réalisation d'un consensus idéologique qui reste à trouver.

La révolution féodale a donc besoin d'un système de légitimation, d'un modèle, lui aussi parfait, de représentation de la distribution du travail social, de la soumission acceptée du plus grand nombre. Or, c'est à ce moment, vers 1025, que l'on trouve chez deux évêques, Gérard de Cambrai et Aldabéron de Laon, l'expression d'un schéma trifonctionnel de la société : « Les uns prient, les autres combattent, les autres encore travaillent » *(Oratores, Bellatores, Laboratores)*. En l'absence de pouvoir politique, ce sont donc les clercs qui tentent de restaurer l'équilibre social, et la figure ternaire se présente comme le répondant terrestre des distinctions célestes. Duby montre explicitement que ce modèle imaginaire permet de justifier le monopole du pouvoir économique et politique d'une petite minorité privilégiée, et d'occulter dans une structure tripartite le dualisme sous-jacent qui peut faire basculer le système. Le schéma trifonctionnel assure non seulement la complicité des deux premiers ordres, mais aussi la primauté des clercs sur les laïcs dans la joute engagée pour occuper la place du manque, celle du pouvoir monarchique. Si un tel schéma reste parole de clercs sans écho jusqu'à la fin du XIIe siècle, dans une période de latence, il s'impose alors pour les seigneurs et chevaliers afin de mettre en place la distinction irréductible entre les trois ordres constitutifs de la société française face à l'ascension de la bourgeoisie urbaine.

Cette structuration des trois ordres passe alors de l'idéologique au social, par effet de retour, d'où son pouvoir créateur. Et lorsque Philippe le Bel en appelle au début du XIVe siècle à la réunion des états généraux, l'ordre céleste s'est transformé en ordre socioprofessionnel : le clergé, la noblesse et le tiers état, partage qui subsiste jusqu'en 1789. Par cette plongée dans l'efficace d'une structure symbolique, Duby montre à la fois comment on ne peut penser une société à partir d'une simple mécanique du reflet, et en même temps qu'une structure symbolique doit être étudiée dans son processus d'historicisation : « Le modèle parfait des trois ordres, relié à l'idéal monarchique, et plaçant au-dessus des autres les chefs des armées, est une arme dans une polémique contre les tenants d'un ordre nouveau qui étaient d'une part les hérétiques et d'autre part les moines de Cluny[21]. »

Restituée dans la conflictualité qui en a vu l'émergence, la structure ne correspond pas dans ce cas, bien au contraire, à une arme contre l'histoire ; elle est l'objet d'une réconciliation possible entre les deux démarches qui se donnaient au départ comme antagoniques.

---

21. G. DUBY, *Dialectiques*, n°s 10-11, 1975, p. 122.

22

Foucault et la déconstruction de l'histoire (1)
L'Archéologie du savoir

Lorsque Michel Foucault écrit *L'Archéologie du savoir* en 1968 en Tunisie, il tente de répondre aux multiples objections opposées aux thèses de son grand succès, *Les Mots et les Choses*, et notamment aux questions posées par le Cercle d'épistémologie de la rue d'Ulm, donc par la nouvelle génération althussérienne qui vient de choisir la pratique politique, l'engagement et la rupture avec l'appareil du PC. Le grand chambardement qui précède Mai 68 et se poursuit au-delà favorise l'éclatement du structuralisme. Michel Foucault cherche avec cet ouvrage à la fois le moyen de conceptualiser sa démarche et de prendre ses distances avec ses positions structuralistes d'hier. Il s'engage alors dans une voie singulière, en suggérant une nouvelle alliance surprenante avec les historiens, ceux de la nouvelle histoire, avec les héritiers des *Annales*. Par ce rapprochement, Foucault va désormais s'installer sur le territoire des historiens, et travailler avec eux. Mais cette orientation sera source de nombreux malentendus, car Foucault s'engage dans la discipline historique comme Canguilhem traitait la psychologie, c'est-à-dire pour la déconstruire de l'intérieur, à la manière de Nietzsche.

L'historicisation du structuralisme

Foucault expose lui-même ce qui le sépare de ses travaux antérieurs, les flexions de sa pensée. L'*Histoire de la folie* privilégiait à l'excès le « sujet anonyme de l'histoire » ; *Naissance de la clinique*, dont le recours « à l'analyse structurale menaçait d'esquiver la spécificité du problème posé[1] » ; puis *Les Mots et les Choses*, auxquels le manque de cadre méthodologique explicite a pu laisser

---

1. M. FOUCAULT, *L'Archéologie du savoir, op. cit.*, p. 27.

penser à des analyses en termes de totalités culturelles. Ce cadre méthodologique manquant à ses travaux, c'est justement l'objet de *L'Archéologie du savoir*, dont la forme première fut celle d'une préface pour *Les Mots et les Choses* : « C'est Canguilhem et Hyppolite qui ont dit à Foucault : ne le mettez pas en préface, vous le développerez ensuite[2]. » Il y a donc bien encore la marque du structuralisme triomphant de 1966 dans cet ouvrage, mais entre la première version et la publication en 1969, de multiples remaniements, inflexions sont intervenus dans la pensée de Foucault et dans la conjoncture intellectuelle. Le plus spectaculaire est l'abandon du concept qui semblait organiser les coupures à l'œuvre dans *Les Mots et les Choses*, la notion d'épistémè, qui disparaît de *L'Archéologie du savoir*. Il est symptomatique que Foucault emploie une terminologie proche de l'histoire pour caractériser sa démarche, sans pour autant se poser comme historien. Il se définit comme archéologue, parle de généalogie, et tourne donc autour de la discipline historique, mais c'est pour se situer dans un en-dehors de l'histoire, ce qui explique les rapports pour le moins ambigus, et souvent conflictuels, avec la corporation historienne.

Les interlocuteurs privilégiés auxquels s'adresse Foucault en 1968-1969 sont en fait les althussériens de la seconde génération, ceux qui n'ont pas participé à *Lire le Capital* et sont plus intéressés par la dimension politique de l'engagement philosophique que par la définition d'un cadre méthodologique commun à la rationalité contemporaine. Cette génération (Dominique Lecourt, Benny et Tony Lévy, Robert Linhart...) est en rupture avec le premier althussérisme : « Nous considérions l'équipe qui a participé à *Lire le Capital* comme contaminée par le structuralisme, et nous regardions cela d'un très mauvais œil[3]. » Pour ces militants qui ont fait le pas de l'engagement politique – souvent maoïste –, il reste un problème en suspens, celui de la praxis, de la pratique. Or, la novation majeure de *L'Archéologie du savoir* est justement de prendre en considération ce niveau de la pratique à partir de la notion de pratique discursive. C'est l'innovation capitale de Foucault qui lui permet d'infléchir le paradigme structural hors de la seule sphère du discours, en le rapprochant ainsi du marxisme. Cette notion de pratique « établit une ligne de partage décisive entre *L'Archéologie du savoir* et *Les Mots et les Choses*[4] ». La rupture essentielle avec le structuralisme se situe en effet dans cette affirmation nouvelle selon laquelle « les relations discursives ne

---

2. Dominique Lecourt, entretien avec l'auteur.

3. *Ibid.*

4. D. Lecourt, *Pour une critique de l'épistémologie, op. cit.*, p. 110.

sont pas internes au discours[5] ». Cette position ne signifie pas pour autant que Foucault quitte le champ discursif. Celui-ci reste l'objet privilégié, mais il est envisagé comme pratique discursive, dans les limites de son existence qu'il ne faut pourtant pas rechercher dans une extériorité du discours : « Ce ne sont pas pourtant des relations extérieures du discours qui le limiteraient. [...] Elles sont [les relations discursives] en quelque sorte à la limite du discours[6]. »

Foucault justifie cette historicisation du paradigme structural en s'appuyant sur le parcours réalisé par les historiens des *Annales* qui ont abattu radicalement leurs trois idoles traditionnelles : le biographique, l'événementiel et l'histoire politique. Son *Archéologie du savoir* commence par l'intérêt majeur qu'il ressent pour l'orientation nouvelle des historiens : « Voilà des dizaines d'années maintenant que l'attention des historiens s'est portée, de préférence, sur les longues périodes comme si, au-dessous des péripéties politiques et de leurs épisodes, ils entreprenaient de mettre au jour les équilibres stables et difficiles à rompre[7]. » Cette histoire presque immobile retient l'attention de Foucault, qui place donc en exergue de son travail théorique le tournant épistémologique entrepris par les *Annales* en 1929.

On peut s'étonner de ce mariage entre une histoire à pente faible, celle des grands socles immobiles, et le mutationnisme de Foucault qui privilégie au contraire le discontinuisme, la force des grandes ruptures énigmatiques, dans la lignée de l'épistémologie des sciences de Bachelard et de Canguilhem. Il y a à là une sorte de paradoxe à étayer la notion de seuils épistémologiques sur une histoire refroidie. Mais cette tension interne n'est qu'apparente. Foucault perçoit une évolution convergente entre d'une part l'histoire de la pensée, la nouvelle critique littéraire, l'histoire des sciences qui multiplient les ruptures, le repérage des discontinuités, et d'autre part la discipline historique qui fait refluer l'événementiel sous le poids des structures : « En fait ce sont les mêmes problèmes qui se sont posés ici et là, mais qui ont provoqué en surface des effets inverses. Ces problèmes, on peut les résumer d'un mot : la mise en question du document[8]. »

À la base, il y a une même transformation du document qui était considéré par l'histoire traditionnelle comme un donné, et qui est devenu du créé pour la nouvelle histoire. Celle-ci l'organise, le détourne, le distribue et le met en séries. Le document change de statut ; alors que l'historien d'hier transformait les monuments en

5. M. FOUCAULT, *L'Archéologie du savoir, op. cit.*, p. 62.
6. *Ibid.*, p. 62.
7. *Ibid.*, p. 9.
8. *Ibid.*, p. 13.

documents, l'histoire nouvelle « transforme les documents en monuments[9] ». Une telle évolution tend à transformer l'historien en archéologue, et à rencontrer le projet de Foucault d'archéologie du savoir à partir d'une mise en séries construites des connaissances, d'une description intrinsèque à l'intérieur de ces séries. Ce qui fait dire à Emmanuel Le Roy Ladurie que « l'introduction à *L'Archéologie du savoir* est la première définition de l'histoire sérielle[10] ». En effet, Foucault énonce bien en ces termes le programme de l'archéologue du savoir : « Désormais le problème est de constituer des séries[11]. » L'opposition apparente entre le discontinuisme à l'œuvre dans l'histoire des sciences, ou la nouvelle critique littéraire, et la prévalence accordée aux longues plages du temps immobile chez les historiens est donc superficielle. Elle cache une communauté de pensée et de démarche, qui a d'ailleurs conduit les historiens sérialistes à privilégier des discontinuités : « La notion de discontinuité prend une place majeure dans les disciplines historiques[12]. » L'historien qui avait pour tâche de combler les trous, de colmater les ruptures pour les resituer dans des continuités, attribue désormais une valeur heuristique à ces discontinuités, qui relèvent d'une opération volontaire pour définir le niveau d'analyse. La discontinuité permet de cerner les limites de l'objet d'étude, et de décrire celui-ci à partir de ses seuils, de ses points de rupture. Elle est enfin un moyen de construire, non plus une histoire resserrée autour d'un centre, une histoire globale, mais « ce qu'on pourrait appeler une histoire générale[13] », qui se définit au contraire comme l'espace d'une dispersion.

La filiation des *Annales* est explicitement revendiquée par Foucault pour définir la nouvelle tâche de l'archéologue du savoir : « Ce que Bloch, Febvre et Braudel ont montré pour l'histoire tout court, on peut le montrer, je crois, pour l'histoire des idées[14]. » Cette nouvelle alliance permet à Foucault de dépasser l'alternative entre méthode structurale et devenir historique, en présentant la nouvelle histoire comme une des figures possibles dans les études structuralistes. Le champ de l'histoire selon Foucault recoupe les problèmes que l'on retrouve en linguistique, en économie, en ethnologie, en analyse littéraire : « À ces problèmes on peut bien donner si on veut le sigle du structuralisme[15]. » Foucault considère

---

9. *Ibid.*, p. 15.
10. E. Le Roy Ladurie, France-Culture, 10 juillet 1969.
11. M. Foucault, *L'Archéologie du savoir, op. cit.*, p. 15.
12. *Ibid.*, p. 16.
13. *Ibid.*, p. 17.
14. M. Foucault, *Le Monde*, 3 mai 1969.
15. M. Foucault, *L'Archéologie du savoir, op. cit.*, p. 20.

la nouvelle histoire comme le terrain privilégié pour mettre en œuvre un structuralisme ouvert, historicisé ; ce que les Américains appelleront le post-structuralisme.

Cette historicisation du structuralisme constitue bien un second temps de l'histoire structuraliste depuis 1967 : « L'archéologie foucaldienne se distingue très clairement du structuralisme taxinomique comme celui de Lévi-Strauss[16]. » À la réflexion sur la structure et le signe, Foucault substitue l'étude de la série et de l'événement. Mais ce déplacement vers l'histoire, perçu comme un ralliement avec armes et bagages par les nouveaux historiens des *Annales*, qui vont voir en Foucault celui qui est à même de conceptualiser leur pratique, est en fait une adhésion en trompe l'œil. Car le regard de Foucault reste celui du philosophe qui, dans une filiation nietzschéo-heideggérienne, décide de déconstruire le territoire de l'historien. C'est la sphère discursive qui intéresse Foucault et non le référent, qui reste l'objet privilégié de l'historien.

En aucun cas Foucault ne s'est voulu le défenseur d'une quelconque positivité de la science historique, fût-elle nouvelle. Ce qui l'intéresse, c'est d'ouvrir les structures à des discontinuités temporelles, à des basculements qui règlent les déplacements d'un jeu incessant des pratiques discursives. La déconstruction de la discipline historique, il est vrai déjà à l'œuvre chez les nouveaux historiens, passe notamment par la renonciation aux recherches de continuités et aux tentatives de synthèses à réaliser entre les éléments hétérogènes du réel. Elle offre tout au contraire une perspective de pluralisation et d'atomisation. Comme l'écrit Habermas, dans cette configuration du savoir, l'herméneutique est congédiée puisque la compréhension n'est plus l'horizon théorique d'une telle démarche : « L'archéologue fera en sorte que les documents parlants redeviennent des documents muets, des objets devant être libérés de leur contexte afin d'être à la portée d'une description de type structuraliste[17]. » Ce qui va être considéré par les nouveaux historiens comme le meilleur support théorique pour asseoir leur pratique est en fait une entreprise systématique de destruction de la discipline historique. Un véritable quiproquo va être à la base de tous les malentendus dans les débats difficiles entre le philosophe et les historiens de métier.

L'espace de dispersion de l'archéologie foucaldienne s'inscrit en fait dans une perspective similaire au premier structuralisme, dans sa contestation de l'usage des causalités trop simples, remplacées par un réseau relationnel tous azimuts entre les diverses pratiques discursives. Elle se veut le dépassement possible de

16. M. FRANK, *Qu'est-ce que le néo-structuralisme ?, op. cit.*, p. 126.

17. J. HABERMAS, *Le Discours philosophique de la modernité, op. cit.*, p. 296.

l'impasse que représenterait l'entreprise de réunir ces pratiques en un ensemble cohérent et causal. L'archéologue sera donc aussi un relativiste, puisqu'il est impossible de fonder quoi que ce soit. En ce sens, Foucault rompt avec le scientisme d'Althusser, dont l'horizon théorique est resté le matérialisme historique comme science, débarrassé de sa gangue idéologique. En bon nietzschéen, Foucault sape les croyances qui semblent les plus établies et les sciences qui apparaissent comme les plus légitimes, à partir du point de vue que rien ne peut être fondé.

En s'attaquant à l'histoire, après avoir étudié dans *Les Mots et les Choses* le cas de la philologie, de l'économie politique et de la biologie, Foucault s'en prend à un savoir ancestral majeur, et il reste bien fidèle à une filiation structuraliste de destruction de l'histoire. Mais au déplacement près qui consiste, non à réfuter son existence, mais à pratiquer un entrisme pour la déconstruire de l'intérieur, tâche qui sera réalisée au-delà de toute espérance en cette heure nietzschéenne du début des années soixante-dix. À défaut de pouvoir fonder le savoir ou d'en chercher l'origine, la perspective reste donc essentiellement descriptive, et Foucault revendique le titre infamant pour tous ceux qui parlent au nom d'une science constituée, celui de positiviste : « Je suis un positiviste heureux[18]. » Sa méthode pratiquera l'évitement de tout système interprétatif, et laissera jouer les pratiques discursives dans leur dit et leur non-dit, dans leur positivité : « Il est exact que je n'ai jamais présenté l'archéologie comme une science, ni même comme les premiers fondements d'une science future[19]. » L'archéologue procède à la manière du géologue, il se contente de faire affleurer au niveau du savoir les différentes strates cumulées, juxtaposées par le temps, et de repérer les discontinuités et ruptures qui ont affecté leur sédimentation.

Foucault vise la philosophie analytique

L'objet premier de *L'Archéologie du savoir* n'était pourtant pas la réalisation d'une nouvelle alliance avec les historiens des *Annales*, mais la critique de la philosophie analytique, dominante dans le monde anglo-saxon. Au moment de la rédaction, Foucault discute très assidûment avec le directeur de la section de philosophie de la faculté de Tunis qui l'a fait venir enseigner en Tunisie à partir de septembre 1966, le Français Gérard Deledalle, spécialiste de la philosophie anglo-saxonne. Cet objectif polémique qui

---

18. M. FOUCAULT, *L'Archéologie du savoir, op. cit.*, p. 164-165.
19. *Ibid.*, p. 269.

consistait à étayer les positions de l'ouvrage *Les Mots et les Choses* d'une critique en règle de la philosophie du langage n'est pourtant pas explicite à la première lecture, et lorsque Dominique Lecourt fera un article dans *La Pensée* sur *L'Archéologie du savoir*[20], Michel Foucault le remerciera, mais lui laissera entendre que quelque chose d'essentiel lui a échappé : « Il m'a dit : "Tu sais, il y a quelque chose que tu n'as pas saisi", sans en dire davantage. Maintenant je comprends ce qu'il voulait dire : c'était la position de force qu'il essayait d'imposer par rapport à la philosophie analytique[21]. » *L'Archéologie du savoir* aurait-elle donc été une machine de guerre contre la philosophie analytique ? C'est une hypothèse que l'on peut formuler sur la base des relations entretenues par Foucault avec Gérard Deledalle et du témoignage de Dominique Lecourt. On peut néanmoins considérer que « cette résistance à l'intentionnalisme, au sens et au référent concerne plus certainement davantage la phénoménologie dont Foucault connaît la tradition, ou plus simplement l'herméneutique hostile au structuralisme[22] ».

On comprend bien en tout cas le lien indissociable entre *Les Mots et les Choses* et *L'Archéologie du savoir*. La filiation structuraliste reste dominante dans les deux ouvrages, qui s'en prennent tout autant à une théorie du sujet, même s'il y a inflexion de la réflexion foucaldienne dans le sens d'une historicisation. Ce qui est fondamentalement en jeu, comme à la première heure du structuralisme, c'est le sujet dont il s'agit d'assurer, à la manière heideggérienne, le décentrement : « Ce qu'on pleure si fort, ce n'est pas la disparition de l'histoire, c'est l'effacement de cette forme d'histoire qui était en secret, mais tout entière référée à l'activité synthétique du sujet. [...] Ce qu'on pleure, c'est cet usage idéologique de l'histoire par lequel on essaie de restituer à l'homme tout ce qui, depuis plus d'un siècle, n'a cessé de lui échapper[23]. »

Dans la même perspective que *Les Mots et les Choses*, Foucault s'en prend à celui qui a été érigé en roi de la création : l'homme. L'archéologie des sciences humaines nous révèle la multiplication des blessures narcissiques qui ont été faites à l'homme. De Copernic à Freud en passant par Darwin, l'homme est peu à peu dépossédé de sa souveraineté illusoire, et l'archéologue doit prendre au sérieux cette évolution. Il ne doit pas restaurer une anthropologie humaniste, puisque « l'homme est en train de dis-

20. D. Lecourt, « Sur *L'Archéologie du savoir* », dans *La Pensée*, n° 152, août 1970, repris dans *Pour une critique de l'épistémologie, op. cit.*.

21. Dominique Lecourt, entretien avec l'auteur.

22. Jean-Michel Besnier, remarque critique à l'auteur.

23. M. Foucault, *L'Archéologie du savoir, op. cit.*, p. 24.

paraître[24] ». Face à la philosophie analytique et à ses études prag-
matiques, Foucault oppose une autonomisation de la sphère discursive qui renvoie à l'insignifiance la compréhension des actes
de langage, pour se concentrer sur le seul jeu des énoncés qui se
déploient à l'intérieur des formations discursives : « L'étude des
formations discursives nécessite une réduction de deux ordres. Non
seulement l'archéologue doit faire abstraction de la vérité, [...] mais
il doit aussi faire abstraction de leur prétention au sens[25]. »

On retrouve la désormais classique normalisation du signifié et
du sujet, propre à la linguistique structurale, qui apparaît comme
la condition à réaliser pour aborder la langue d'un point de vue
strictement descriptif. Cette description des énoncés et de la fonction énonciative implique une neutralité absolue selon Foucault,
qui se situe dans une position d'extériorité par rapport à l'énonciation en tant qu'acte, contrairement à la philosophie analytique
qui va en chercher le sens et l'efficace. L'archéologue se limite à
une tâche descriptive des énoncés existants : « L'archéologue ne
prend pas les énoncés au sérieux[26]. »

Il n'essaie surtout pas d'encadrer les logiques discursives à
l'intérieur de fausses continuités sur le modèle des biographies,
mais de repérer les coupures archéologiques, les basculements
d'une formation discursive à une autre, les décalages ou discordances. Il s'efforce de « décrire la dispersion des discontinuités
elles-mêmes[27] ». Ce souci du descriptif à l'intérieur d'une sphère
discursive autonome s'inscrit bien dans la filiation de la linguistique structurale et de sa mise à l'écart du sens et du référent :
« L'archéologue affirme qu'il parle en dehors d'un horizon d'intelligibilité[28]. » Il n'y a donc pas d'ailleurs signifiant pour Foucault,
que ce soit l'intentionnalité du locuteur, le cadre référentiel ou
quelque signification occulte ; il part de l'énoncé et revient à
l'énoncé comme moment à exhumer dans son atemporalité.

Le décentrement du sujet, réalisé par l'archéologue, conduit
Thomas Pavel à établir un parallèle entre le dispositif conceptuel
de Foucault et celui des distributionnalistes comme Harris et ses
disciples : « Les ressemblances portent notamment sur le rejet des
notions mentalistes. [...] Les notions intentionnelles contre lesquelles Foucault dirige sa critique comprennent la tradition, les

---

24. *Ibid.*, p. 397.

25. H.-L. Dreyfus et P. Rabinow, *Foucault, un parcours philosophique*,
Gallimard, 1984, p. 77-78.

26. *Ibid.*, p. 107.

27. M. Foucault, *L'Archéologie du savoir, op. cit.*, p. 228.

28. H.-L. Dreyfus et P. Rabinow, *Foucault, un parcours philosophique, op.
cit.*, p. 128.

disciplines, l'influence, l'évolution, la mentalité, bref toutes les formes historiques de la cohérence et de la continuité[29].» On comprend mieux le dialogue de sourds qui va s'engager entre Foucault et les historiens : ceux-ci critiquent la validité historique de ses thèses, l'accusant de manier des énoncés hors de leur contexte et de leurs enjeux historiques précis. Mais pour Foucault, la notion d'énoncé ou de formation discursive ne relève pas de concepts à contenu empirique. Son approche se situe dans les limites du discours pour se concentrer sur ses conditions de possibilité, et non au niveau du contenu ou du sens de l'échange discursif, dans ses propositions concrètes étudiées par une philosophie analytique que Foucault juge insignifiante.

L'archéologie : une troisième voie

Même si Foucault concentre toute son attention sur les formations discursives, il n'en épouse pas pour autant les méthodes linguistiques de description de la langue. La voie qu'il définit, celle de l'archéologie, se présente comme une troisième voie possible entre les techniques de la formalisation linguistique : la sémiotique d'une part, et l'interprétation philosophique, l'herméneutique, de l'autre. La voie archéologique se situe aussi à mi-chemin entre le structuralisme, dont elle est l'encadrement théorique, et le matérialisme historique. Gilles Deleuze applique a Foucault le jugement musical porté sur l'univers de Webern : «Il a créé une nouvelle dimension, que nous pourrions appeler dimension diagonale[30].»

Foucault résiste à toute réduction, et pour échapper à celle-ci, sa pensée se situe systématiquement sur les lignes frontières, dans les limites, les interstices entre les genres. Le concept central de *L'Archéologie du savoir*, le discours, se trouve entre la structure et l'événement ; il contient les règles de la langue qui constituent l'objet privilégié du linguiste, mais il ne s'y confine pas, car il englobe aussi ce qui est dit. Le discours, au sens de Foucault, signifie donc tout à la fois la dimension structurelle et événementielle : «Tantôt domaine général de tous les énoncés, tantôt groupe individualisable d'énoncés, tantôt pratique réglée rendant compte d'un certain nombre d'énoncés[31].» Foucault occupe une position de tension constante dans la mesure où il récuse tout autant la clôture du discours sur lui-même que son élucidation par des éléments extérieurs au langage.

29. Th. PAVEL, *Le Mirage linguistique, op. cit.,* p. 131.
30. G. DELEUZE, *Un nouvel archiviste,* Scholies, Fata Morgana, 1972, p. 48.
31. M. FOUCAULT, *L'Archéologie du savoir, op. cit.,* p. 106.

Le discours ne renvoyant pas à un autre ordre des choses, Foucault met en avant le concept de pratique discursive qui permet de contourner la notion de signe. Mais il n'en abandonne pas pour autant une conception fondée sur l'autonomisation de la sphère discursive : « Ce sont quand même les relations discursives qui sont déterminantes[32]. » Foucault reste donc à l'intérieur d'une conception structuraliste fondée sur la coupure principielle entre la langue et son référent ; il partage par ailleurs avec le structuralisme l'idée d'une prévalence accordée au discours, qu'il n'étudie pourtant pas à partir d'une technique linguistique, mais en philosophe. Il tient les discours à distance, les déplace, les retourne, les étudie à un autre niveau que celui auquel ils se donnent. Sous la surface discursive, mais en partant de celle-ci, Foucault fait jouer les discours par leur ailleurs, pour en saisir d'autres organisations possibles. Sous le jeu des simulacres, Foucault entend bien décrire les règles propres aux pratiques discursives en desserrant les liens entre les mots et les choses, en évitant de renvoyer au contexte circonstanciel dans lequel le discours se déploie. L'horizon foucaldien reste de ce point de vue interne à la sphère discursive. L'archéologue n'a pas pour fonction de définir les pensées ou représentations sous les discours, « mais les discours eux-mêmes, ces discours en tant que pratiques obéissant à des règles[33] ».

L'archéologie, contrairement à la philosophie analytique, ne croit pas à la signifiance des actes du langage et à la référence à un sujet. Mais, contrairement au linguiste qui va poser l'itérabilité de schémas relevant d'un système de langue, Foucault prend les énoncés dans leur positivité et leur labilité par rapport au temps. L'archéologue doit mesurer le degré de validité d'un corpus mouvant qui se déplace et évolue à chaque instant selon sa position dans l'espace discursif et le moment précis de l'énonciation. Ces déplacements, ces connexions entre sphères différentes du discours conduisent à problématiser et à remettre en cause les découpages en sciences, disciplines, savoirs constitués et fermés sur leur corpus et système de règles spécifiques. L'archéologue permet le repérage de la dominance d'un certain mode discursif transversal sur tous les modes de savoir à une époque donnée.

L'unité de base de l'archéologue est l'énoncé, pris dans sa matérialité, sa positivité. Cet énoncé est une véritable chose située dans un entre-deux, avec d'un côté la langue comme système de règles, et de l'autre le corpus comme discours effectivement prononcé. L'énoncé n'est donc pas l'énonciation de la philosophie analytique,

32. H.-L. Dreyfus et P. Rabinow, *Foucault, un parcours philosophique, op. cit.*, p. 96.

33. M. Foucault, *L'Archéologie du savoir, op. cit.*, p. 182-183.

et pourtant il n'est pas fermé sur lui-même puisqu'« il faut qu'un énoncé ait une substance, un support, un lieu, une date[34] ». À partir de la matérialité énonciative, Foucault n'entend pas tracer une synthèse autour d'un sujet, mais au contraire un espace de dispersion à partir de la multiplicité des modalités de la fonction énonciative. Ce qui fonde et unifie l'énoncé, ce n'est plus l'unité interne de celui-ci, mais une loi de répartition, des règles constitutives spécifiques où l'essentiel se situe au niveau de la relation : « J'ai donc entrepris de décrire des relations entre des énoncés[35]. »

Le niveau descriptif reste la tâche première de l'archéologue qui n'a pas à établir un système de causalité entre mots et choses. Les règles énonciatives sont tout aussi inconscientes que les épistémès, mais leur positivité est plus historicisée ; elle se réfère à un espace, un temps donné, une aire sociale, géographique, économique ou linguistique. La pratique discursive s'inscrit davantage à l'intérieur des réalités sociales par son rapport organique à l'institution qui la constitue et la délimite en même temps. L'archéologue doit donc repérer l'ensemble des énoncés en tant qu'ils relèvent de la même formation discursive. L'espace énonciatif selon Foucault suppose un certain nombre de règles, et Gilles Deleuze distingue la succession de trois cercles autour de l'énoncé : un espace collatéral, adjacent, un espace corrélatif qui organise en marquant lieux et points de vue, et enfin un espace complémentaire, celui des pratiques non discursives : les institutions, événements politiques et processus économiques[36]. Ce troisième espace, qui ne constitue en aucune manière un niveau causal chez Foucault, représente la flexion essentielle pour sortir d'un certain structuralisme fermé sur une conception close du discours.

C'est aussi l'inflexion majeure de Foucault par rapport à lui-même et à son œuvre antérieure. Il a déjà substitué aux épistémès la notion de pratique discursive, il va plus loin vers une approche matérialiste en intégrant dans son horizon de recherche les rapports entre pratiques discursives et pratiques non discursives, même s'il ne s'agit que d'un troisième cercle qui n'est conçu que comme point de limite du regard. L'objectif de l'archéologue consistera à repérer, à partir de ces trois cercles qui constituent l'énoncé, les conditions de l'itération de celui-ci : « Il faut qu'il y ait même espace de distribution, même répartition de singularités, même ordre de lieux et de places, même rapport avec le milieu institué : tout cela constitue, pour l'énoncé, une "matérialité" qui le rend

---

34. *Ibid.*, p. 133.
35. *Ibid.*, p. 44.
36. G. Deleuze, *Un nouvel archiviste, op. cit.*, p. 16-20.

répétable[37]. » Mais ces fonctions discursives ne sont que des figures transitoires, des langages mortels, et non le lieu d'universaux. Foucault déjoue ainsi toute tentative de reprise de sa perspective sous les formes d'un historicisme ou d'un humanisme. Sa conception renvoie au fugitif et au multiple. La pratique discursive ne renvoie pas à l'activité d'un sujet, mais aux règles auxquelles le sujet est assujetti. Comme le dit Gilles Deleuze, la démarche sera donc essentiellement «topologique », et non typologique.

Il s'agit de repérer les divers statuts, emplacements, positions occupés par celui qui tient un discours dont la signifiance est à référer à un point particulier de l'espace. Foucault pose précisément la question de la place du locuteur : « Qui parle ? Qui, dans l'ensemble de tous les individus parlants, est fondé de tenir cette sorte de langage ? Qui en est titulaire[38] ? » Ainsi le savoir médical ne fonctionne pas n'importe comment et ne se réfère pas seulement à sa logique interne. Le statut du médecin comporte des critères de compétence. L'acte médical vaut par celui qui l'a accompli, par sa qualité socialement reconnue, par sa place dans l'institution. Professeur ou généraliste, interne ou externe, docteur ou officier de santé : chaque statut correspond à l'assimilation d'un savoir ou savoir-faire particulier dans une hiérarchie médicale qui est en même temps une hiérarchie sociale : « La parole médicale ne peut pas venir de n'importe qui[39]. » La pratique discursive se situe bien à l'intérieur des pratiques non discursives qui doivent donc être réintégrées dans l'horizon d'étude de l'archéologue.

Lorsque Dominique Lecourt rend compte de *L'Archéologie du savoir* dans *La Pensée* en août 1970, c'est cet aspect qui retient avant tout son attention, et qu'il considère à partir de ses positions marxistes comme une avancée décisive et un point de rupture avec *Les Mots et les Choses*. Ce concept de pratique, la constitution d'une théorie de l'instance discursive structurée par des rapports investis dans les institutions ne sont pas sans faire penser à Althusser et à l'évolution de son courant vers la pratique. L'objectif de Dominique Lecourt, en accordant une grande place à l'ouvrage de Foucault dans *La Pensée*, était de faire connaître sérieusement la pensée de Foucault dans un organe théorique important du PCF pour aller à l'encontre du rejet dont il faisait l'objet à l'intérieur du parti : « J'aimais beaucoup Foucault à titre personnel et comme philosophe. Cet article était une tentative pour traduire ce que Foucault disait avec ses termes propres dans le vocabulaire qui était le nôtre : les idéologies, les appareils idéologiques d'État, et de

---

37. *Ibid.*, p. 22-23.
38. M. FOUCAULT, *L'Archéologie du savoir, op. cit.*, p. 68.
39. *Ibid.*, p. 69.

dire que l'on pouvait aller plus loin, comme il était d'usage à l'époque[40]. »

Dominique Lecourt se félicite donc de l'abandon de ce qui avait été la pierre angulaire des *Mots et les Choses*, la notion d'épistémè (« C'est des aspects structuralistes de l'épistémè que Foucault veut ici se débarrasser[41] »), et de l'orientation de Foucault vers la notion de pratique discursive qui renoue ainsi avec le matérialisme. Cette conception, fondée sur la matérialité du régime discursif, renvoie aux institutions et donc aux appareils idéologiques d'État althussériens. Cependant, Dominique Lecourt considère qu'il y a un point de fuite lorsque Foucault limite la tâche de l'archéologue au strict niveau de la description, renonçant à toute esquisse de théorisation. À cet égard, il estime que Foucault s'est arrêté en bon chemin alors qu'il avait permis, avec sa notion de formation discursive, d'avancer sur la voie d'une théorie matérialiste de la formation des objets idéologiques. Il ne va pas jusqu'à définir les rapports entre pratiques discursives et pratiques non discursives : « Lorsque surgit la difficulté essentielle du "lien" entre l'idéologie et les rapports de production, il reste sans voix[42]. » Foucault, selon la critique althussérienne de Dominique Lecourt, échoue dans sa tentative en manquant le mode d'articulation, l'embrayage entre deux instances que sont la formation idéologique et les rapports sociaux. Ce niveau reste l'impensé foucaldien et renvoie nécessairement, selon Dominique Lecourt, à la perspective formulée par Althusser de repenser la distinction entre science et idéologie.

L'Archéologie du savoir se situe, en 1969, à un moment tournant où le paradigme structural s'infléchit, et elle participe à cette adaptation des positions antihumanistes théoriques au nouveau contexte intellectuel. L'accueil qui est fait à cet ouvrage, très attendu après *Les Mots et les Choses*, est positif et permet de dépasser les 10 000 exemplaires dès 1969 (11 000 exemplaires la première année, 45 000 exemplaires au total en 1987), ce qui est un franc succès pour un livre particulièrement théorique. Jean-Michel Palmier décrit, sous le titre « Le glas de la réflexion historique : la mort du roi », dans *Le Monde*[43], l'itinéraire théorique de Foucault : celui-ci a déconstruit le beau rêve philosophique qui prétendait dire l'essentiel sur le monde, la vie, la morale, Dieu et l'histoire, en lui opposant la lecture minutieuse du passé à travers son archéologie. François Châtelet salue dans *La Quinzaine littéraire* la démolition

40. Dominique Lecourt, entretien avec l'auteur.
41. D. LECOURT, *La Pensée, op. cit.*, p. 101.
42. *Ibid.*, p. 125.
43. J.-M. PALMIER, *Le Monde*, 3 mai 1969.

de l'histoire traditionnelle des idées par Foucault[44]. Régine Robin reconnaît une grande dette vis-à-vis de Foucault lorsqu'il pose le rapport nécessaire entre pratique discursive et non discursive, auquel elle est particulièrement sensible en tant qu'historienne ouverte à la linguistique et préconisant une politique de rapprochement entre les deux disciplines[45]. Mais cette dette des historiens est limitée car Foucault n'articule jamais le niveau discursif à l'ensemble articulé de la formation sociale, et la critique que formule Régine Robin rejoint celle de Dominique Lecourt et du courant althussérien. Les propos sont plus sévères sous la plume de Jean Duvignaud, qui insiste davantage sur les éléments de continuité entre *L'Archéologie du savoir* et le structuralisme, Foucault voulant « dissoudre la conscience de soi dans le discours-objet[46] », ce qui parle en nous, pour nous, mais sans nous, et ouvre sur un univers déshumanisé.

Certes, Foucault reste en 1969 fidèle à ses positions antihumanistes ; l'objectif majeur reste de dé-centrer l'homme, l'auteur, le sujet, le locuteur et, en le plongeant dans les régularités discursives, d'annoncer une ère nouvelle, celle au cours de laquelle l'on pourra écrire en évitant d'avoir un visage, celle du plein exercice de la liberté d'écriture : « Plus d'un, comme moi sans doute, écrivent pour n'avoir plus de visage. Ne me demandez pas qui je suis et ne me dites pas de rester le même : c'est une morale d'état civil ; elle régit nos papiers. Qu'elle nous laisse libres quand il s'agit d'écrire[47]. » C'est une manière de dire en 1969 que s'il continue à batailler contre l'humanisme et toute théorie du sujet, Foucault récuse la récupération structuraliste. À un moment de crise du paradigme structural, il cherche les moyens de se déprendre de lui-même et de son œuvre antérieure en traçant une troisième voie néo-structurale ouvrant sur de nouveaux chantiers.

44. F. Châtelet, *La Quinzaine littéraire*, n° 72, 1er-5 mai 1969.
45. R. Robin, *Histoire et linguistique*, A. Colin, 1973.
46. J. Duvignaud, *Le Nouvel Observateur*, 20 avril 1969.
47. M. Foucault, *L'Archéologie du savoir, op. cit.*, p. 28.

23

Foucault et la déconstruction de l'histoire (2)
Surveiller et punir

La déconstruction nietzschéenne va vite prévaloir pour Foucault, qui n'a procédé à un rapprochement avec certaines thèses althussériennes que très temporairement. Théorisant l'échec de la rupture frontale de Mai 1968, Foucault déplace son intérêt vers la périphérie, la marge du système. Cette nouvelle inflexion lui permet de réinvestir sa pratique politique dans les extrémités, le plus souvent oubliées, du système social. Au schéma de la révolution, il oppose, en pratique et en théorie, celui de la révolte. L'influence de Nietzsche est de plus en plus omniprésente et, à la dialectique discours/pouvoir de ses ouvrages antérieurs, Foucault ajoute un troisième terme, le corps. Cette trilogie fonctionne alors en ses extrémités : corps et pouvoir se renvoient comme l'Être et le Non-Être. La liberté fait face à la contrainte, le désir à la loi, la révolte à l'État, le multiple au rassemblé, le schizophrène au paranoïaque. L'assujettissement du sujet passe par un tiers terme. La discursivité appartient au champ du pouvoir puisque le savoir lui est consubstantiel.

De *L'Archéologie* à la généalogie

Le tournant généalogique se manifeste en 1970-1971 d'une triple manière. D'abord à l'occasion d'un hommage à Jean Hyppolite, Foucault fait une communication essentielle sur l'histoire comme généalogie, comme carnaval concerté, à partir des rapports de Nietzsche avec l'histoire[1]. La généalogie se trouve selon Foucault au centre de l'articulation entre le corps et l'histoire, et il se pro-

---

1. M. FOUCAULT, « Nietzsche, la généalogie, l'histoire », dans *Hommage à Hyppolite*, PUF, 1971.

pose donc de concentrer son attention sur ce corps, oublié de l'histoire et pourtant base de celle-ci : « Le corps : surface d'inscription des événements (alors que le langage les marque et les idées les dissolvent)[2]. » Ainsi Foucault va-t-il dresser une véritable économie politique du corps, traquer les diverses formes d'assujettissement, dévoiler ses modes de visibilité.

Ces corps oubliés, refoulés, enfermés, Foucault ira les chercher pour leur redonner la parole en cette même année 1971, en créant avec d'autres le Groupe d'information sur les prisons (le GIP), articulant concrètement ses positions théoriques et sa pratique politique. Mais en ce début de la décennie, Foucault doit aussi définir un programme d'enseignement à l'occasion de son entrée au Collège de France. C'est l'objet de sa leçon inaugurale du 2 décembre 1970, qui sera publiée sous le titre *L'Ordre du discours*[3]. Il y définit un programme hybride constitué des règles énoncées dans *L'Archéologie du savoir*, mais dans une nouvelle perspective généalogique qui constitue un sensible déplacement par rapport à la vocation de l'archéologue. Il n'est notamment plus question du rapport entre pratiques discursives et pratiques non discursives. Foucault privilégie de nouveau le seul niveau du discours, en l'articulant cette fois au corps. Son programme généalogique est toujours situé sur le terrain de l'histoire, qui va être l'objet privilégié de son analyse critique. C'est exclusivement à l'intérieur de la sphère discursive que se situe alors clairement Foucault pour lequel il faut « restituer au discours son caractère d'événement[4] », remettre en question la quête occidentale de vérité et renoncer à la souveraineté du signifiant. On retrouve les règles de la méthode déjà définies dans *L'Archéologie du savoir*, avec la mise en série des discours, l'observation de leur régularité et de leurs conditions de possibilité. C'est un moment charnière pour Foucault qui présente son programme comme programme critique, dans la filiation de l'*Archéologie*, et d'autre part annonce ses travaux généalogiques futurs. Les deux perspectives cohabitent mais l'une va prendre le pas sur l'autre au cours de la décennie.

L'orientation généalogique va en effet inspirer les publications du milieu des années soixante-dix : *Surveiller et punir* et *La Volonté de savoir* (1975 et 1976) : « Le généalogiste est un diagnosticien qui examine les rapports entre le pouvoir, le savoir et le corps dans la société moderne[5]. » Foucault enrichit la perspective structurale

2. *Ibid.*, p. 154.
3. M. FOUCAULT, *L'Ordre du discours*, Gallimard, 1971.
4. *Ibid.*, p. 53.
5. H.-L. DREYFUS et P. RABINOW, *Foucault, un parcours philosophique, op. cit.*, p. 157.

290 Histoire du structuralisme

de départ grâce à la dimension corporelle, à la confrontation du désir et de la loi avec les systèmes disciplinaires, mais il reste fidèle à son orientation de négation de toute continuité historique et de toute validité d'un sujet dans un jeu où s'opposent des stratégies anonymes de domination qui ont le corps pour point d'application. Le sujet, dans le cadre de la généalogie, n'est pertinent ni au plan individuel ni au plan collectif. Il ne peut être que l'objet des multiples dispositifs de forces répartis, sans centre, dans l'espace social. La localisation du pouvoir/savoir va se situer de manière privilégiée dans une technologie politique du corps, ce que Dreyfus et Rabinow qualifient de « bio-pouvoir[6] ». Du point de vue de la généalogie, le savoir n'a pas de fondement objectif ou subjectif, et l'on doit interroger la science pour se demander comment les effets de vérité de celle-ci sont pour l'essentiel des effets de pouvoir.

Tracer les positivités occidentales par leur envers, par la figure de l'Autre refoulée, tel est le programme généalogique qui va se déployer en exhumant les procédures disciplinaires qu'occulte le discours libérateur des Lumières, la terreur qui se love sous l'humanisme, le pouvoir à l'intérieur de la science. Foucault reste donc dans la perspective d'une critique acerbe de la modernité occidentale, du règne de la raison auquel il oppose le carnaval de l'histoire. À ce titre, la notion de pouvoir, omniprésente, dispersée, diluée, partout résurgente va servir d'instrument pour déconstruire les catégories de la raison occidentale : « Dans la généalogie de Foucault, le "pouvoir" est d'abord synonyme d'une pure fonction structuraliste ; il occupe la même place que la "différance" chez Derrida[7]. » Selon Habermas, Foucault oppose à l'idéalisme kantien une temporalisation de l'*a priori*, celle du pouvoir qui est utilisée sous sa forme inversée. Le pouvoir n'est plus sous la dépendance de la vérité, c'est la vérité qui se trouve sous la domination du pouvoir, lequel occupe la place d'une catégorie fondatrice, et ne peut donc avoir de sujet. Le pouvoir a une double acception qui est à la base de tous les malentendus avec les historiens ; il est à la fois un instrument descriptif pour rendre compte des diverses techniques utilisées pour assujettir les corps, et il occupe en même temps la place d'une catégorie *a priori* qui permet de déployer une critique de la raison. En ce sens, on retrouve bien dans la notion de pouvoir de Foucault une catégorie structuraliste, l'ontologisation d'une structure non réductible à une réalité empirique : « Quand je dis le pouvoir : il ne s'agit pas de repérer une instance qui étendrait son

---

6. *Ibid.*, p. 186.
7. J. Habermas, *Le Discours philosophique de la modernité, op. cit.*, p. 302.

réseau de manière fatale, un réseau serré sur les individus. Le pouvoir, c'est une relation, ce n'est pas une chose[8]. »

Une problématisation du pouvoir

Le point d'inflexion majeur de ces années soixante-dix est l'implication subjective de Michel Foucault à l'intérieur de son objet théorique d'étude. C'est une évolution similaire à celle que nous avons constatée au même moment chez Barthes, dans un autre registre. Cette implication est particulièrement sensible avec l'ouvrage que Foucault fait paraître en 1975, *Surveiller et punir*. Certes, comme le fait remarquer Daniel Defert[9], une note de bas de page de l'*Histoire de la folie* annonçait déjà en 1961 un travail sur les prisons. Mais cet ouvrage est surtout la résultante de l'engagement de Foucault dans ce qu'on appelait dans les années soixante-dix les fronts secondaires, les combats périphériques, à défaut d'avoir pu faire basculer le centre.

En février 1971, Daniel Defert et ses camarades maoïstes viennent proposer à Foucault de créer une commission d'enquête sur la condition pénitentiaire. Non seulement Foucault donne son accord, mais il s'engage sans compter dans cette initiative militante. Il prend lui-même la tête du Groupe d'information sur les prisons (le GIP) en 1971, avec l'helléniste Pierre Vidal-Naquet et Jean-Marie Domenach, directeur de la revue *Esprit*. L'adresse du GIP n'est autre que celle de Foucault, qui reçoit les familles des prisonniers chez lui, recueille leur témoignage tous les samedis à partir de 16 heures, après les visites dans les prisons. Son investissement et son dévouement pour la cause des prisonniers ont été totaux, au point de différer l'élaboration de son projet théorique qui ne sera publié qu'après cette phase militante : « L'idée de Foucault était de faire s'exprimer les détenus. Il en a fait beaucoup plus que moi. Il y avait ce mélange tout à fait curieux dans ce point de rencontre entre le structuralisme foucaldien, un postmarxisme soixante-huitard à la recherche de forces révolutionnaires, et un christianisme évangélique qui a fourni les grosses troupes avec les maoïstes au GIP[10]. » Dans ce climat de discussion d'une réforme du système pénal, puis de contestation à l'intérieur des prisons dans lesquelles se multiplient les mutineries, le GIP va jouer un rôle important. Il sera rejoint par de nombreux intellectuels, les Vincennois comme Jean-Claude Passeron, Robert Castel, Gilles

8. M. FOUCAULT, « Océaniques », entretien à Louvain, émission citée.
9. Daniel DEFERT, France-Culture, 7 juillet 1988.
10. Jean-Marie Domenach, entretien avec l'auteur.

Deleuze, Jacques Rancière..., et une recrue inattendue mais qui va
nouer des liens d'amitié profonds avec Foucault et s'engager aussi
pleinement dans ce combat, le fils de François Mauriac, alors jour-
naliste au *Figaro*, Claude Mauriac. De 1971 à 1974, Foucault est
de toutes les mobilisations sur les prisons et le GIP multiplie toutes
les modalités d'action : les manifestations, la circulation de l'information, des témoignages, une réflexion critique sur les pratiques
répressives du pouvoir.

Ce n'est qu'après cette phase d'actif militantisme, mais nourri
par celle-ci, que paraît, en 1975, *Surveiller et punir*. Cet ouvrage
se situe à la croisée de plusieurs cheminements. Il illustre bien la
volonté, exprimée dans *L'Archéologie du savoir*, de débordement
du champ de la discursivité pour faire le lien entre pratiques discursives et pratiques non discursives. Mais en même temps, il est
l'expression du programme généalogique de recherche des points
d'application du pouvoir sur le corps et de repérage du mode de
problématisation de la prison à un moment très précis de l'histoire
occidentale. Foucault prend pour objet particulier d'étude la prison
comme modalité parmi d'autres d'exercice du pouvoir.

Son approche du pouvoir rompt avec la conception instrumen-
taliste du marxisme-léninisme, et procède à sa pluralisation. Le
pouvoir n'a plus de centre, il circule, il est le schème relationnel
majeur : « À l'époque du structuralisme, on était entre *L'État et la
Révolution* de Lénine et le Foucault de la réflexion sur le pouvoir[11]. » Foucault fait refluer le politique à partir de son élargissement de la définition du champ du pouvoir, de son extension dans
ses marges les plus extrêmes, et l'État disparaît comme centre nerveux qui irradie le corps social. Sa démarche se présente comme
l'antithèse de celle de Hobbes au XVIIe siècle, qui considérait l'État
comme l'épicentre avec le *Léviathan*. Au contraire, Foucault veut
restituer la réalité de ses corps périphériques, négligés jusque-là,
considérés comme des épiphénomènes. Cette démarche a pour
avantage de découvrir derrière l'inorganique et le désordonné,
l'ordonnancement et la hiérarchisation d'un ordre.

Mais la notion de pouvoir chez Foucault dilue la dimension politique en la dispersant à l'infini. Il n'est plus assignable à une classe
qui le détiendrait. Il circule à partir d'un réseau entre les individus,
fonctionne en chaînes, transite par chacun, avant de se rassembler
en un tout. S'il n'y a pas de lieu nodal du pouvoir, il ne peut y
avoir de lieu d'une résistance à ce pouvoir. Omniprésent, il ne peut
basculer, il est en chacun, tout est pouvoir, partout, il est donc nulle
part. La résistance à son exercice n'a donc plus d'objet. L'analyse
de Foucault a l'immense mérite d'inviter à ne pas confondre dans

---

11. Daniel Becquemont, entretien avec l'auteur.

une même réalité le pouvoir et l'État, mais c'est souvent au prix de la négation de l'existence d'un État, au profit d'un regard exclusif qui se porte sur le corps.

Le corps du condamné se trouve pris entre des signifiances diverses des dispositifs du pouvoir. De l'expiation de son crime au temps du châtiment-spectacle avec ses supplices publics, jusqu'à la correction par la peine de prison du condamné placé au centre du panoptique, le processus reste circulaire entre la majoration du savoir qu'incarnent les Lumières et la majoration du pouvoir par l'extension des champs disciplinaires. Foucault procède à l'historicisation de la procédure carcérale, en étudiant les conditions d'apparition de la prison. Mais au-delà de celle-ci, il vise un système d'enfermement qui inscrit sa positivité à tous les niveaux de la réalité sociale, à l'école comme à l'usine, comme à la caserne : un nouvel espace de visibilité naît à la fin du XVIIIe siècle. C'est un système global qui se met en place et s'inscrit dans le réel des rapports concrets, mais Foucault ne l'assigne jamais à un sujet décideur, à un quelconque système de causalités.

La pratique de l'enfermement semble s'imposer de l'extérieur et ne trouver de justification que postérieure, elle est à l'intersection d'un ordre de discours particulier, et d'un retournement du regard, d'un autre monde de visibilité. L'avènement de la société moderne est fondé, comme le suggérait déjà Max Weber, sur l'autodiscipline du sujet, et Foucault traque les conditions de celle-ci dans la multiplication et l'extension des pouvoirs de normalisation qui touchent l'individu dans tous les espaces du système social. On passe d'une société juridico-discursive où la règle, la loi énoncée par le pouvoir qui fonctionne de manière uniforme, à une société fondée sur la discipline et sur les normes disciplinaires. Le crime, dans la société absolutiste, était une atteinte au souverain en tant que personne. Le corps du criminel subit alors des supplices pour rétablir le pouvoir du Prince momentanément atteint. Le supplice a alors une fonction plus politique que judiciaire. Le corps est au centre du dispositif du pouvoir : « Le corps interrogé dans le supplice constitue le point d'application du châtiment et le lieu d'extorsion de la vérité[12]. » Le corps du condamné est en effet la pièce maîtresse du cérémonial du châtiment public. L'exécution renvoie à la nature du crime : on perce la langue des blasphémateurs, on brûle les impurs, on coupe le poing qui a tué. La justice répète donc le crime commis, et exorcise celui-ci par l'éclat du supplice et la mort du coupable. Ce cérémonial permet de recons-

---

12. *Ibid.*, p. 46.

tituer la souveraineté un instant atteinte du souverain : « Le supplice ne rétablissait pas la justice ; il réactivait le pouvoir[13]. »

Avec la crise de la souveraineté royale, le droit de punir devient
autre ; il n'est plus le moyen de réactiver la figure du Prince, mais
de défendre la société. Cette approche nouvelle correspond au
moment où l'illégalisme passe du crime contre le corps au détournement des biens. On découvre alors un système judiciaire dans
lequel le pouvoir disciplinaire tend à se rendre invisible. Le corps
social quant à lui doit devenir transparent, accessible au regard
dans ses moindres recoins pour y être surveillé. C'est la mise en
place d'un système disciplinaire avec la multiplication des prisons,
des collèges ou encore des casernes : « Ce qui se dessine, c'est [...]
un quadrillage pénal plus serré du corps social[14]. » L'omniprésence
du pouvoir qui peut à tout moment punir n'importe quelle infrac-
tion se substitue à un pouvoir impuissant qui manifestait par l'éclat
des supplices corporels sa volonté de puissance : « Le droit de
punir a été déplacé de la vengeance du souverain à la défense de
la société[15]. » La modernité porte alors en elle le contrôle des populations à partir d'institutions particulières conçues pour être plus
efficaces. C'est le temps du grand renfermement selon Foucault.
Celui-ci affecte d'abord les couches sociales marginales : vaga-
bonds, mendiants, fous ; mais elle concerne aussi les enfants entrant
au collège où le modèle du couvent s'impose, et les soldats qui
passent du vagabondage à la sédentarisation dans les casernes.

Tout un système social bascule selon un nouveau schéma de
visibilité. Le modèle de cette nouvelle société disciplinaire nous
est donné par Bentham et son panoptique, devenu dans les années
1830-1840 le modèle de construction des prisons : « Il est polyva-
lent dans ses applications, il sert à amender les prisonniers, mais
aussi à soigner les malades, à instruire les écoliers, à garder les
fous, à surveiller les ouvriers, à faire travailler les mendiants et les
oisifs. C'est un type d'implantation des corps dans l'espace[16]. »
Avec la mise en place de cette société disciplinaire, on assiste selon
Foucault à un glissement de l'axe d'individualisation vers le bas
du corps social. Dans la société médiévale, l'individualisation était
maximale au sommet, là où s'exerçait le pouvoir, dans le corps
même du souverain ; au contraire dans la société disciplinaire, la
visibilité devant permettre la connaissance des faits et gestes de
toute une population, l'individualisation est alors descendante, le
pouvoir devenant anonyme, simple machine fonctionnelle.

---

13. *Ibid.*, p. 52.
14. *Ibid.*, p. 80.
15. *Ibid.*, p. 93.
16. *Ibid.*, p. 207.

Foucault renverse ainsi doublement la perspective : d'abord, il ne perçoit plus le pouvoir d'un point de vue négatif, mais dans sa positivité (« En fait, le pouvoir produit ; il produit du réel[17] ») ; et surtout, il fait basculer la vision progressiste de l'histoire qui voit dans les Lumières un moment majeur de libération et d'émancipation qui s'est avéré avec la modernité. Il saisit derrière cette émancipation, derrière le règne des libertés, la progression du contrôle des corps, l'extension des pratiques disciplinaires, le renforcement d'une société répressive : « Le songe d'une société parfaite, les historiens des idées le prêtent volontiers aux philosophes et aux juristes du XVIIIᵉ siècle ; mais il y a eu aussi un rêve militaire de la société[18]. » C'est donc à un véritable renversement de perspective historique qu'invite Foucault, dont l'objet central de sa généalogie est le corps, et la méthode d'approche, les inflexions du regard, les modalités de visibilité. À ce niveau, Foucault reste en totale continuité avec la manière dont il décrivait les conditions qui ont permis la naissance de la clinique, au moment où son inspiration était avant tout structuraliste. Mais dans cette étude de la raison punitive, son grand mérite aura été de se confronter à l'archive historique elle-même, aux projets réformateurs, à la littérature policière, constituant ainsi un corpus d'analyse spécifique, contournant les textes canoniques de l'histoire de la philosophie. Il situe ainsi son angle d'analyse au ras du discours et du voir pour mieux comprendre les enjeux effectifs des dispositifs du pouvoir.

Son ouvrage va connaître un retentissement spectaculaire. Plus que l'*Histoire de la folie* qui a connu deux moments distincts de son succès, *Surveiller et punir* correspond parfaitement à l'état d'esprit d'une génération qui cherche à « chasser le flic de sa tête », « le petit chef », et qui voit le pouvoir partout. C'est au point que les thèses foucaldiennes vont vite se transformer, au-delà des vœux de l'auteur, en vulgate pour ceux qui luttent contre les diverses formes du quadrillage social. Véritable arme de la critique contre les pratiques disciplinaires, les thèses de Foucault vont servir d'instruments pour les diverses luttes sectorielles, les multiples fronts secondaires qui s'ouvrent et se referment. Jamais le philosophe n'aura été autant l'écho des idéaux et déconvenues d'une génération, celle de 68. *Surveiller et punir* fait aussi écho aux mutineries qui se multiplient dans les prisons, et offre un cadre théorique d'analyse à cet envers de la société moderne. Comme l'écrivent Jean-Michel Besnier et Jean-Paul Thomas : « Tirer les leçons de 68, dans les années soixante-dix, c'était renoncer à la belle simplicité de la lutte contre le pouvoir d'État sans encore faire son

---

17. *Ibid.*, p. 196.
18. *Ibid.*, p. 171.

deuil de pratiques et d'analyses résolument révolutionnaires[19]. » Il n'est donc pas étonnant que ce livre, éblouissant par son style, fasse une belle carrière commerciale avec 8 000 exemplaires vendus en 1975 et jusqu'à 70 000 en 1987[20].

Foucault, historien ?

Foucault a largement labouré le territoire de l'historien en philosophe, mais il a aussi dialogué avec la corporation des historiens et même réalisé des travaux en commun avec certains d'entre eux, notamment deux historiennes, Michelle Perrot et Arlette Farge, dont l'objet historique privilégié était aussi celui des exclus de l'histoire traditionnelle, les femmes et les marginaux.

Dès sa première parution, celle de sa thèse sur l'histoire de la folie, Foucault a rencontré, sans le vouloir, les historiens de métier. C'est un franc-tireur isolé de l'histoire des mentalités, défenseur improbable de Foucault compte tenu de sa formation idéologique de droite, ultra-conservatrice, royaliste, qui soutient le manuscrit pour parution chez Plon en 1961 : Philippe Ariès. L'ouvrage bénéficie d'un accueil enthousiaste, surtout du côté des historiens : Robert Mandrou et Fernand Braudel saluent la naissance d'un grand historien. Mais dès le départ, le rapport avec les historiens se construit autour d'un malentendu puisque ce que l'on célèbre, c'est un ouvrage de psychologie sociale qui illustre magnifiquement le concept d'histoire des mentalités des *Annales*, ce que l'*Histoire de la folie* n'est d'aucune manière. Les historiens auront ensuite l'impression de perdre un des meilleurs d'entre eux, alors que son projet n'était pas de s'installer sur le territoire de l'historien en spécialiste de l'histoire sociale, fût-elle rénovée, mais de problématiser en philosophe nietzschéen ce qu'il considérait comme le carnaval de l'histoire. Avec ses ouvrages d'épistémologie, un certain mur d'incompréhension s'est hissé entre Foucault et les historiens : « Foucault en a été parfois amer. Il l'a ressenti à son égard comme un rejet. Avant qu'il soit au Collège de France, une de ses ambitions aurait été d'être à l'École des hautes études. Je ne crois pas qu'il ait posé sa candidature, mais il attendait qu'on le lui demande. On ne lui a jamais demandé[21]. »

Michelle Perrot, au contraire, adhère avec enthousiasme à l'œuvre de Foucault. Historienne formée à l'école labroussienne à

---

19. J.-M. Besnier, J.-P. Thomas, *Chronique des idées d'aujourd'hui*, PUF, 1987, p. 46.

20. Informations communiquées par Pierre Nora.

21. Michelle Perrot, entretien avec l'auteur.

l'attention aux séries longues de l'histoire, Michelle Perrot est une grande spécialiste de l'histoire des ouvriers au XIXᵉ siècle, avant d'être une historienne féministe, très ouverte à l'interdisciplinarité dans son université de Paris-VII où elle a animé au début des années soixante-dix une UV (unité de valeur) sur le thème de « L'histoire et la littérature » avec Gérard Delfau. Engagée dans un groupe féministe en 1972-1973, elle anime un cours à Paris-VII en 1973-1974, dont le thème est de savoir si les femmes ont une histoire[22]. À cette occasion, elle invite des sociologues pour parler de la condition féminine dans le présent : Madeleine Guilbert, Évelyne Sullerot... En ces premiers temps de l'histoire des femmes du début des années soixante-dix, il était surtout question d'exhumer une réalité occultée, de faire l'histoire des oubliés, de rendre visible le refoulé de l'histoire. On comprend en quoi la rencontre entre Foucault, qui travaillait à redonner voix aux prisonniers, et Michelle Perrot, aux femmes, ne pouvait être que féconde. Lorque *Surveiller et punir* paraît, Michelle Perrot s'intéresse justement à l'histoire de la prison au XIXᵉ siècle : « J'ai trouvé ce livre formidable[23]. »

À partir d'un texte de l'historien Jean Léonard, « L'historien et le philosophe », très critique sur la méthode foucaldienne, et de la réponse de Foucault, « La poussière et le nuage », Michelle Perrot organise avec François Ewald une table ronde autour de ces deux textes contradictoires entre des historiens et Foucault : « Les historiens, sauf Jacques Revel qui connaissait très bien l'œuvre de Foucault et Arlette Farge qui travaillait avec lui, posaient des questions à côté de la pensée de Foucault qui essayait de répondre. Mais on a eu deux discours parallèles et lorsqu'on s'est retrouvés avec François Ewald devant l'enregistrement, on s'est dit que ce n'était pas publiable tel quel[24]. » La solution choisie fut de donner la priorité aux propos de Foucault en réduisant les diverses interventions des historiens à un historien anonyme dans un dialogue qui suit les deux textes initiaux. L'ensemble constituera la matière de la publication, en 1980, de *L'Impossible Prison*[25], « mais le dialogue n'a pas vraiment eu lieu[26] ».

Foucault expose à l'occasion de cette confrontation sa démarche,

22. C'est ce travail collectif qui sera à l'origine de la publication, sous la direction de Michelle PERROT et Georges DUBY, de *Histoire des femmes*, Plon, 1991.

23. Michelle Perrot, entretien avec l'auteur.

24. *Ibid.*

25. *L'Impossible Prison*, recherches sur le système pénitentiaire au XIXᵉ siècle, réunies par M. PERROT, Le Seuil, 1980.

26. Michelle Perrot, entretien avec l'auteur.

et ne cache pas qu'elle est fondamentalement différente de l'approche historienne. Son objectif n'est pas de procéder à une analyse globale de la société : « Mon projet était, d'entrée de jeu, différent de celui des historiens. [...] Mon thème général, ce n'est pas la société, c'est le discours Vrai/Faux[27]. » Il répète qu'il travaille dans le sens d'une événementialisation, mais que son objet n'est pas le champ de l'histoire sociale. Sa grille d'analyse se situe à un autre niveau, celui des pratiques discursives. C'est ce que lui reproche l'historien Jean Léonard, qui relève dans l'étude de Foucault un usage abondant de verbes pronominaux et du pronom personnel « on ». Il est question de pouvoir, de stratégie, de technique, de tactique... « mais on ne sait pas quels sont les acteurs : pouvoir de qui ? stratégie de qui[28] ? » Foucault délaisse le rôle des diverses institutions dans l'entreprise de dressage des corps et de conditionnement. Quant aux diverses catégories sociales, elles sont laissées au vestiaire. Jean Léonard fait le reproche à Foucault de plonger son lecteur dans un univers kafkaïen : « Le vocabulaire de la géométrie désertifie la société des hommes ; il n'est question que d'espaces, de lignes, de cadres, de segments, de dispositions...[29]. » Mais Foucault répond à ce réquisitoire que là n'est pas son sujet. Il ne s'agit ni d'une étude sur la société française aux XVIIIe et XIXe siècles, ni d'une histoire des prisons entre 1760 et 1840, mais « d'un chapitre dans l'histoire de la raison punitive[30] ». Le dialogue ne peut être qu'un dialogue de sourds car Foucault ne fait que traverser quelques chantiers d'histoire en philosophe, dont l'objet premier est de montrer que l'instance globale du réel, chère aux historiens, est un leurre qu'il faut démystifier.

Foucault portait l'histoire en berne, s'interrogeant comme toute sa génération structuraliste pour savoir comment, dans le berceau même de la civilisation occidentale, elle avait pu donner naissance au monstre nazi et au totalitarisme stalinien. Au cœur de son rapport à l'histoire, il y a incontestablement ce traumatisme qui le conduit à ne pas se contenter de faux-semblants, à révéler l'envers, et à saisir derrière les proclamations des Lumières la mise en place des dispositifs d'assujettissement ; derrière la liberté, le grand renfermement ; derrière l'égalité, l'esclavage des corps ; derrière la fraternité, l'exclusion. C'est une vision sombre de l'histoire que porte Foucault, une critique radicale de la modernité. Sa déconstruction historique n'en a pas moins apporté à certains historiens une attention particulière à la conceptualisation, à la problémati-

27. M. FOUCAULT, *L'Impossible Prison, op. cit.*, p. 55.
28. J. LÉONARD, *ibid.*, p. 14.
29. *Ibid.*, p. 15.
30. M. FOUCAULT, *ibid.*, p. 33.

sation de leur objet : « Pour moi, cela a été tout à fait considérable. Il n'a cessé de me donner des lignes de réflexion. Dans *Surveiller et punir*, tout ce qu'il dit sur la notion de discipline m'a aidé à comprendre tout ce que pouvait être la normalisation dans la société industrielle, à mieux saisir ce qu'on a appelé la formation de la classe ouvrière. Car ce qui est important dans ce que dit Foucault, c'est que la discipline n'est pas uniquement la répression, c'est aussi le consentement, l'intériorisation des valeurs[31]. »

Le goût de l'archive va conduire Foucault à présenter des dossiers historiques qui lui permettent de mettre en scène la manière dont un corps peut être pris comme enjeu de pouvoir dans l'entrelacement de multiples dispositifs discursifs qui se le disputent. L'appareil judiciaire et l'appareil médical se disputent le fou. Un criminel comme celui que découvre Foucault dans les *Annales d'hygiène politique et de médecine légale* (1836), Pierre Rivière, est ainsi à l'entrecroisement de multiples discours d'origine et de fonction différentes, qui s'affrontent sur lui comme prétexte pour gagner une position de pouvoir, une légitimation sur le caractère scientifique de leur prise de position. L'affaire Pierre Rivière, qui date de 1836, fait ainsi l'objet d'un dossier collectif réalisé par Foucault et les membres de son séminaire en 1973[32]. Dans ce dossier, Foucault a pu mettre en rapport les enjeux entre un mémoire écrit par Pierre Rivière lui-même, paysan d'une vingtaine d'années qui venait de tuer sa mère, sa sœur et son frère, avec un ensemble de pièces judiciaires et trois types de rapports médicaux : celui du médecin de campagne, celui d'un médecin de ville chargé d'un asile, et celui de grands noms de la psychiatrie et de la médecine légale. Cette confrontation sur un cas concret permet de découvrir les débuts de l'utilisation des concepts psychiatriques dans la justice pénale. L'accusé se trouve pris au cœur de tactiques diverses qui s'affrontent dans l'enceinte judiciaire.

La sensibilité de Foucault à l'archive, toute particulière pour un philosophe, va le conduire à publier quelques travaux avec des historiens. Après *Moi, Pierre Rivière...*, il publie une présentation du *Panoptique* de Bentham avec Michelle Perrot[33], et rencontre Arlette Farge, avec laquelle il va travailler sur les lettres de cachet de la Bastille : « Ma rencontre avec Foucault était improbable car on ne travaillait pas du tout dans les mêmes directions ; elle s'est

---

31. Michelle Perrot, entretien avec l'auteur.

32. M. FOUCAULT, *Moi, Pierre Rivière, ayant égorgé ma mère, ma sœur, mon frère...*, Gallimard-Julliard, 1973, dossier réalisé par : B. Barret-Kriegel, G. Burlet-Torvic, R. Castel, J. Favret, A. Fontana, M. Foucault, G. Legée, P. Moulin, J.-P. Peter, Ph. Riot, M. Saison.

33. J. BENTHAM, *Le Panoptique*, Belfond, 1977.

faite sur le matériau lui-même, et sur quelque chose que l'on ignore en général, sa sensibilité à l'archive. Il était très influencé par l'esthétique du document[34]. » Cette fascination vis-à-vis de l'archive va inverser le mode de rapport entre l'historienne et le philosophe, puisque c'est Arlette Farge qui réussit à convaincre Foucault qu'il est nécessaire de présenter ces documents alors que Foucault voulait publier ces lettres de cachet sans les alourdir de commentaires : « Le miracle, c'est qu'il ait pu être convaincu de cela et il m'a alors demandé de travailler avec lui sur ces textes[35]. »

Ces lettres de cachet étaient en fait une vieille découverte de Foucault qui remonte au moment où il écrivait *Naissance de la clinique*. Il s'était déjà dit à l'époque qu'il en ferait quelque chose. Il avait vis-à-vis de ce matériau un rapport affectif très fort : « Il est le seul qui m'ait dit que l'on peut aussi travailler avec l'émotion. Il a permis pour moi que l'émotion ne soit plus l'émotion au sens mièvre du terme, mais un outil intellectuel[36]. » C'est ainsi que Foucault va travailler deux années avec Arlette Farge, disciple de Mandrou, historienne des mentalités, qui n'a découvert l'œuvre de Foucault qu'avec *Surveiller et punir* en 1975. Elle s'attachait alors à étudier les phénomènes de déviance, de marginalité : « À cette époque, on disait qu'on allait donner la parole aux opprimés[37]. » Cette orientation la rapprochait de fait des centres d'intérêt et de l'engagement de Foucault, ce qui rendait donc cette rencontre moins improbable qu'elle ne le dit. Arlette Farge était aussi séduite par une pensée qui contestait la linéarité, qui privilégiait les lignes de rupture, problématisait les discontinuités, et permettait ainsi de rompre avec une conception de la culture populaire fonctionnant du haut vers le bas : « Il m'intéressait beaucoup à ce moment que ne soit posée que la question du comment, sans la question du pourquoi. Cela rejoignait une façon très artisanale que j'ai conservée de travailler, qui consistait à mettre à jour les fonctionnements les plus infimes dans ce magma que l'on appelle le social[38]. »

Cette rencontre fructueuse donne lieu à la publication en 1982 d'un ouvrage commun au philosophe et à l'historienne, *Le Désordre des familles*[39], qui montre que le symbole même de l'arbitraire royal, de l'absolutisme le plus honni, à partir duquel n'importe qui pouvait se retrouver embastillé sans autre forme de

34. Arlette Farge, entretien avec l'auteur.
35. *Ibid.*
36. *Ibid.*
37. *Ibid.*
38. *Ibid.*
39. A. Farge et M. Foucault, *Le Désordre des familles*, Gallimard, 1982.

que "Bibliothèque des histoires" correspondait tout à fait à ce que je voulais dire, à l'éclatement[1]. »

L'histoire s'écrit désormais au pluriel et sans majuscule ; elle renonce à réaliser un programme de synthèse pour mieux se redéployer vers les multiples objets qui s'offrent à son regard sans limites. Cette notion d'histoires, au pluriel, correspond tout à fait à la définition que donne Foucault de la pratique historienne dans l'introduction de *L'Archéologie du savoir*. Ce texte était d'autant mieux connu par Pierre Nora que Foucault le lui avait donné à lire : « Il m'avait fait relire ce premier chapitre en me demandant comment je réagissais en tant qu'historien, et en me disant que j'allais retrouver mes positions[2]. » Pierre Nora élabore un texte de présentation de la collection très marqué par la philosophie foucaldienne. Il reprend la notion de monument, et affirme pour s'en féliciter : « Nous vivons l'éclatement de l'Histoire. Des interrogations nouvelles, fécondées par les sciences sociales voisines, l'élargissement au monde entier d'une conscience historique longtemps demeurée le privilège de l'Europe ont prodigieusement enrichi le questionnaire qu'adressent au passé les historiens. [...] L'histoire a changé ses méthodes, ses découpages et ses objets... » La multiplication de ces objets nouveaux, la dilatation du territoire de l'historien semblent autant de signes d'un triomphe de l'histoire. Pierre Nora se souvient d'avoir beaucoup ri avec Foucault de ce petit manifeste sur l'éclatement de l'histoire, notamment en apprenant que Braudel avait explosé devant ce texte.

Pierre Nora voulait même faire précéder sa collection d'un livre-manifeste, d'un petit ouvrage synthétique qui condense les positions théoriques défendues par une nouvelle histoire à promouvoir. Il en parle à Michel Foucault, à François Furet et à Emmanuel Le Roy Ladurie : « On essaie alors ensemble de réfléchir sur ce qu'était en train de devenir l'histoire. Mon idée était de pointer les problèmes qui étaient en train de se manifester[3]. » Cette initiative va prendre une ampleur inattendue. Elle correspond à un moment où Jacques Le Goff se rapprochait de Gallimard. Pierre Nora ayant besoin d'être entouré a peu à peu délégué ce projet à Jacques Le Goff qui s'est engagé avec un tel enthousiasme dans cette entreprise qu'il a transformé l'idée d'un petit ouvrage-manifeste en trois gros volumes de la collection « Bibliothèque des histoires », *Faire de l'histoire,* dirigés conjointement par Jacques Le Goff et Pierre Nora ; ce dernier les terminera à peu près seul car, à compter du moment où Le Goff sera, en 1972, élu président de la VIᵉ section

---

1. Pierre Nora, entretien avec l'auteur.
2. *Ibid.*
3. *Ibid.*

de l'EPHE, il ne voudra plus avoir de rapports organiques avec les éditions Gallimard.

C'est donc une énorme somme qui paraît en 1974, une charte pour la nouvelle histoire[4]. C'est le moment de la contre-offensive, et les historiens, après avoir fait le gros dos durant la période où les jeunes pousses des nouvelles sciences humaines monopolisaient l'attention, ont désormais l'intention de s'accaparer les orientations fécondes des francs-tireurs ; ils absorbent leurs méthodes, afin de parfaire la rénovation d'une histoire qui doit payer le prix du renoncement à son unité pour réaliser la plus grande dilatation possible de son champ d'expérimentation. Les historiens répondent ici à un défi qui leur est lancé par les sciences sociales en général et le structuralisme de la seconde génération, le déconstructionnisme : « Le champ qu'elle occupait seule comme système d'explication des sociétés par le temps est envahi par d'autres sciences aux frontières mal définies qui risquent de l'aspirer et de la dissoudre[5]. » L'histoire doit se sauver, pour les auteurs de cette trilogie, en renonçant à sa vocation à la globalité afin de promouvoir ce que Foucault appelle une histoire générale, celle d'un espace de dispersion.

Cet éclatement implique la mise en cause de l'édifice hégélien qui sous-tendait le plus souvent le discours historien, et le décentrement de ce qui unifiait le champ, l'homme comme sujet de cette histoire en tant qu'individu ou collectif. Cet excentrement de l'homme rejoint la thématique d'une écriture structuraliste proclamant la mort de l'homme, l'insignifiance du sujet. Il permet à l'historien, comme au linguiste ou à l'anthropologue, de promouvoir un discours qui se donne comme scientifique dans la mesure où il marginalise sa variable la moins maniable pour une histoire quantitative. C'est ainsi qu'Emmanuel Le Roy Ladurie intitule la quatrième partie de son *Territoire de l'historien I* : « L'histoire sans les hommes[6] ». Au contraire de la première génération des *Annales* qui ne concevait d'histoire qu'humaine et anthropologique, Le Roy Ladurie considère à partir d'une étude historique concrète, celle du climat depuis l'an 1000, que « c'est mutiler l'historien que d'en faire seulement un spécialiste en humanité[7] ». Ce décentrement est tout à fait essentiel, au-delà de cette étude ponctuelle, et Le Roy Ladurie le qualifie de véritable révolution copernicienne dans la science historique. L'historien juge alors la

4. *Faire de l'histoire*, 3 tomes : *Nouveaux problèmes, Nouvelles approches, Nouveaux objets, op. cit.*

5. J. Le Goff et P. Nora, *ibid.*, t. 1, p. XI.

6. E. Le Roy Ladurie, *Territoire de l'historien I,* Gallimard, 1973, p. 423.

7. E. Le Roy Ladurie, *Histoire du climat depuis l'an 1000,* Flammarion, 1967.

richesse de son point de vue à proportion de cet excentrement, qui lui permet d'affirmer sa vocation scientifique.

Un certain positivisme prévaut alors, rejoignant la position de Foucault qui consiste à saisir le comment davantage que le pourquoi, dans une perspective avant tout descriptive de l'archive. Cette proximité avec les thèses de Foucault ne signifie pourtant pas des relations de confiance entre le philosophe et les historiens : « Foucault se passionnait pour l'histoire, et en même temps il considérait les historiens comme des imbéciles qui ne s'interrogent pas assez sur ce qu'ils font[8] ». Un incident va d'ailleurs éclater à propos de la contribution de Pierre Vilar à *Faire de l'histoire*, où il s'attaque avec violence à l'ouvrage *Les Mots et les Choses* : « Foucault a généralisé dans de grands ouvrages une méthode qui laisse mieux voir ses vices et moins ses vertus. Au départ, des hypothèses autoritaires. Vient la démonstration, et, sur les points où l'on a quelques clartés, voici qu'on découvre les dates mêlées, les textes sollicités, les ignorances si grosses qu'il faut les croire voulues, les contresens historiques multipliés[9]. » Pierre Vilar, évoquant les propos d'Althusser à propos de Michelet et ses « délires », considère qu'à tout prendre, l'historien entre deux délires doit préférer celui de Michelet. On le voit, la charge est sévère, et la réaction de Foucault ne se fait pas attendre : « Ne me doutant de rien, je décroche mon téléphone et j'entends la voix glaciale de Foucault à qui j'avais envoyé *Faire de l'histoire*. Il explose en me disant : "Je croyais qu'on était sur la même longueur d'onde et la première chose que vous signez est une injure à ce que je fais, une déclaration de guerre. Je ne comprends pas dans ce cas pourquoi vous êtes mon éditeur..." J'ouvre alors le livre, les mains tremblantes, et je découvre cette page qui me laisse sans voix, et qui nous avait échappé à Le Goff et à moi[10]. » Foucault exige que cette page disparaisse de la seconde édition, et menace en cas contraire de quitter Gallimard. Pierre Nova se rend alors chez Pierre Vilar : « Nora est venu me trouver. Il était complètement effondré. [...] Foucault est un grand écrivain, un homme de grand talent, mais je lui dénie tout sérieux au point de vue de la reconstitution historique[11]. » L'affaire se compliquait encore car Pierre Vilar devait faire entrer Pierre Nora aux Hautes Études, et au moment de l'édition suivante, la femme de Vilar était mourante. Pierre Nora renonce à le déranger et l'affaire en reste là. La version initiale sera

---

8. Pierre Nora, entretien avec l'auteur.

9. P. VILAR, « Histoire marxiste, histoire en construction », *Faire de l'histoire*, t. 1, *op. cit.*, p. 188.

10. Pierre Nora, entretien avec l'auteur.

11. Pierre Vilar, entretien avec l'auteur.

conservée, d'autant que le recul du temps aura calmé la colère de
Foucault.

Mais cet accrochage révèle les rapports difficiles de Foucault
avec la corporation historienne qui pourtant reprenait largement
ses thèses à son compte. Dans la même perspective, déconstructrice, il n'est plus question de connecter dans un ensemble rationnel
les multiples objets de l'histoire. Définissant l'opération historique,
Michel de Certeau considère que l'histoire a perdu la place centrale
qui était la sienne au XIXᵉ siècle et « n'a plus la fonction totalisante
qui consistait à relayer la philosophie dans son rôle de dire le
sens[12] ». Pierre Nora, présentant les trois volumes de *Faire de l'histoire* dans *Le Nouvel Observateur,* admet une discontinuité entre
l'horizon de la discipline historique à l'époque de Bloch, Febvre,
Braudel et celui des années soixante-dix : « C'est cette notion d'histoire totale qui me paraît faire problème aujourd'hui. [...] Nous
vivons une histoire en miettes, éclectique, dilatée vers des
curiosités auxquelles il ne faut pas se refuser[13]. » La pluralisation
de temporalités hétérogènes sous-tendue par l'approche sérielle des
temporalités refoule vers un passé métaphysique l'idée de globalité : « Le temps n'est plus homogène et n'a plus de signification
globale[14]. » L'histoire n'a pas à porter le deuil de l'histoire totale
selon Jacques Revel, qui voit dans la fragmentation du savoir historique l'indice d'un nouvel espace scientifique : « L'horizon n'est
plus celui d'une histoire totale mais celui de la construction totalement articulée d'objets[15]. »

La construction de l'empire historien passe par la déconstruction
de la pratique historienne. C'est le moment où l'on pense qu'avec
l'ordinateur l'historien va pouvoir accéder à la scientificité. Il
compte ainsi tous les objets possibles de l'histoire économique,
sociale ou culturelle : des quantités de blé produites, le nombre de
naissances, de mariages, de décès, le nombre d'invocations de la
Vierge dans les testaments, le nombre de vols commis en tel lieu...
Il trace des courbes, repère des limites, les points d'inflexion : « À
la limite [...] il n'est d'histoire scientifique que quantifiable[16]. »

L'année même du lancement de la « Bibliothèque des histoires »
paraît au Seuil un ouvrage de réflexion sur le discours historien
qui s'inscrit dans la même perspective déconstructrice, *Comment*

---

12. M. de CERTEAU, « L'opération historique », *Faire de l'histoire,* t. 1, *op.
cit.,* p. 28.

13. P. NORA, *Le Nouvel Observateur,* 7 mai 1974.

14. K. POMIAN, *L'Ordre du temps,* Gallimard, 1984, p. 94.

15. J. REVEL, entretien avec *Espaces Temps,* nᵒˢ 34-35, « Braudel dans tous
ses états », décembre 1986.

16. E. LE ROY LADURIE, *Territoire de l'historien,* t. 1, *op. cit.,* p. 20.

on écrit l'histoire de Paul Veyne. Également très inspiré par les thèses foucaldiennes, il y renvoie les modèles conscients, les illusions de globalité à la métaphysique. L'histoire appartient pour lui, dans une conception aristotélicienne, au monde sublunaire du désordre, du hasard, et ne peut donc s'assigner des ambitions nomothétiques. Elle ne peut restituer que le comment, la description de ce qui s'est passé, et non l'explication du pourquoi. Son champ n'a pas de limites : « Tout est historique, mais il n'y a que des histoires partielles[17]. » L'historien ne peut qu'être un positiviste car sa discipline relève de l'idiographie. Tout le reste n'existe que par de fausses continuités et des reconstitutions fallacieuses : « L'histoire avec une majuscule n'existe pas – il n'existe que des "histoires de..."[18]. » La proximité avec les thèses foucaldiennes est telle que Paul Veyne ajoute lors de la réédition de son ouvrage en 1978, en livre de poche, un important additif : « Foucault révolutionne l'histoire. » Il montre en historien l'utilité pratique de la méthode foucaldienne : « Foucault, c'est l'historien achevé, l'achèvement de l'histoire. Ce philosophe est un des très grands historiens de notre époque. [...] Il est le premier historien complètement positiviste[19]. »

Paul Veyne, spécialiste de l'histoire antique, prend l'exemple de la cessation des combats de gladiateurs au siècle des empereurs chrétiens : il conteste la validité des explications qui renvoient à l'humanisation du pouvoir, aux effets de la christianisation, pour opposer à ce mode d'approche celle qui se situe, comme le préconise Foucault, au niveau même de la pratique du pouvoir politique. Or, les empereurs ont adopté une autre pratique du pouvoir, qui, devenant paternelle, était incompatible avec l'existence de gladiateurs. C'est donc dans la description même des pratiques que l'on peut trouver des sources d'explication : « Foucault n'a pas découvert une nouvelle instance, appelée "pratique", qui était inconnue jusqu'à ce jour : il fait l'effort de voir la pratique des gens telle qu'elle est réellement ; il ne parle pas d'autre chose que de ce dont parle tout historien, à savoir ce que les gens font[20]. » Le grand mérite de Foucault, selon Paul Veyne, est de nous montrer que les mots abusent, qu'ils font croire à la naturalité des choses. Il reprend l'utilisation d'invariants comme Nietzsche pour dissoudre les rationalismes et leur substituer une généalogie : « Il demeure qu'en ce qui concerne la sexualité, le Pouvoir, l'État, la folie et mainte autre

17. P. VEYNE, *Comment on écrit l'histoire*, Le Seuil, 1971.

18. *Ibid.*

19. P. VEYNE, « Foucault révolutionne l'histoire », *Comment on écrit l'histoire*, Points-Seuil, 1978, p. 203-204.

20. *Ibid.*, p. 213-214.

chose, il ne saurait y avoir de vérité non plus que d'erreur, puisqu'ils n'existent pas ; il n'y a pas de vérité ni d'erreur sur la digestion et la reproduction du centaure[21]. » Ce qui séduit surtout Paul Veyne, c'est l'orientation structuraliste de Foucault, sensible à l'autonomisation du discours qui ne révèle pas le réel, et qui se tient à l'écart du référent. Dans ce dispositif théorique, ce qui prévaut, c'est le noyau même de la pensée structurale, le schème relationnel : « La philosophie de Foucault n'est pas une philosophie du discours, mais une philosophie de la relation. Car "relation" est le nom de ce qu'on a désigné comme "structure"[22]. » Paul Veyne termine sa défense de la méthode foucaldienne en considérant comme infondée la question de savoir si Foucault est ou n'est pas historien, car l'histoire est pour lui un faux objet naturel.

Le relais pris par les historiens

L'explosion de l'histoire nouvelle est spectaculaire, à partir du tournant de 1968-1969, et prend le relais des publications psychanalytiques et anthropologiques. Si la production historique n'a pas attendu ce moment pour être publiée, elle va surtout être massivement diffusée auprès d'un public élargi à partir de cette date. Le bilan de l'édition en 1968-1969 est édifiant à cet égard. Fayard lance la collection « Histoire sans frontières » sous la direction de François Furet et Denis Richet. Flammarion lance simultanément trois nouvelles collections : la « Bibliothèque scientifique » de Fernand Braudel ; une collection « Sciences » qui édite les thèses allégées de leur appareil critique. Elle permet la parution de celle de Pierre Goubert sur le Beauvaisis (1968), de Jean Bouvier sur le Crédit Lyonnais, d'Emmanuel Le Roy Ladurie sur le Languedoc (1969). Enfin une collection dirigée par Marc Ferro, « Questions d'histoire », permet de poser un problème historique non délimité dans une chronologie, mais par des problématiques du temps présent. Chez Albin Michel, on reprend les grands textes classiques dans « L'évolution de l'humanité », comme *La Société féodale* de Marc Bloch ou *Le Problème de l'incroyance au XVIe siècle* de Lucien Febvre. Les pères fondateurs des *Annales* deviennent donc accessibles à un large public. Plon lance une collection dirigée par Philippe Ariès et Robert Mandrou, « Civilisations et mentalités ». Chez Gallimard, on l'a vu, Pierre Nora lance sa « Bibliothèque des histoires » en 1971, qui va être un des creusets essentiels de la nouvelle écriture historique. En 1974, le nombre de volumes

21. *Ibid.*, p. 235.
22. *Ibid.*, p. 236.

consacrés à l'histoire est six fois ce qu'il était en 1964 ; les positions clés laissent apparaître une prépondérance des *Annales,* notamment avec un trio de tête qui orchestre le succès de l'école : Gallimard, Le Seuil, Flammarion.

Cet engouement pour l'histoire dans les années soixante-dix s'inscrit dans une certaine continuité avec l'intérêt suscité par l'anthropologie dans les années soixante. Il s'agit toujours de découvrir la figure de l'Autre, non en des lieux lointains, mais l'altérité à l'intérieur même de la civilisation occidentale, dans les profondeurs du passé. La sensibilité historique de cette période se porte vers l'histoire culturelle, vers l'étude des mentalités. Elle évacue l'irruption de l'événement pour la permanence, le calendrier répété de la geste quotidienne de l'humanité dont les pulsations sont réduites aux manifestations biologiques ou familiales de son existence : la naissance, le baptême, le mariage, la mort. Le succès le plus spectaculaire de cette histoire savante et anthropologisée est l'ouvrage d'Emmanuel Le Roy Ladurie, *Montaillou, village occitan* qui, paru en 1975, atteint le tirage peu habituel pour un historien universitaire de 300 000 exemplaires. La revue des *Annales* consacre dans cette période une part croissante de ses articles à l'histoire des mentalités[23]. Cette anthropologisation du discours historique, qui fait abandonner les études sociographiques, et fait passer de la cave au grenier, assure le succès des ouvrages sur la sexualité (Jean-Louis Flandrin, Jean-Paul Aron), sur la mort (Michel Vovelle, Philippe Ariès, Pierre Chaunu), sur la famille (Jean-Louis Flandrin, Philippe Ariès), sur la peur (Jean Delumeau)... Ce niveau des mentalités a tendance à recouvrir tout le champ social, qu'il intègre et organise autour de la notion de permanence de la nature humaine. Il est la dernière manifestation de la vitalité d'un paradigme structural qui va désormais connaître un déclin inexorable, et tout aussi spectaculaire que son succès.

---

23. F. DOSSE, *L'Histoire en miettes, op. cit.* : pour la période 1969-1976, la revue passe à 32,8 % d'articles consacrés à l'histoire culturelle contre 22,4 % dans la période 1957-1969.

IV

LE DÉCLIN
DU PARADIGME STRUCTURALISTE

25

Les illusions perdues/I. L'effet Goulag

Au milieu de la décennie des années soixante-dix, la situation bascule, et le structuralisme qui venait de subir depuis 1967 de multiples tentatives de pluralisation, d'ouverture, de débordement est emporté par la vague. L'heure est cette fois au reflux inexorable, ce qui ne signifie nullement un retour au point de départ car une bonne partie du programme a tout simplement été assimilée en profondeur et n'a plus besoin de relais médiatiques pour se faire connaître. La conjonction de plusieurs chocs, pour l'essentiel externes à la pensée structurale elle-même, a provoqué ce déclin. Le premier, le plus spectaculaire, est d'ordre politique, c'est l'onde de choc occasionnée par les révélations de Soljénitsyne. Certes, les informations sur la réalité totalitaire du monde soviétique ne datent pas de Soljénitsyne. Dès les années vingt, Trotski avait déjà dénoncé la dictature stalinienne, et nombreux furent ensuite les témoignages qui ont révélé les procès, les camps, jusqu'aux *Récits de Kolyma* de Varlam Chalamov, dont la première édition – tronquée – est parue en France en 1969.

Mais une cécité particulière conjuguée à un effort parallèle – incarné notamment par Althusser – pour penser la théorie du socialisme sans tenir compte de sa réalité, ont permis d'occulter une véritable réflexion sur les enseignements historiques à tirer de la funeste expérience soviétique. La révolte de Mai 68 et son discours largement emprunté au marxisme le plus pur ne permettaient pas de tirer toutes les conséquences de la connaissance de la réalité totalitaire, pourtant spectaculairement affirmée une nouvelle fois en août 1968 lors de l'invasion de la Tchécoslovaquie.

La réconciliation avec les valeurs démocratiques

Lorsque paraît la traduction française de *L'Archipel du Goulag*,
la situation est déjà différente, et c'est un moment opportun pour
que l'ouvrage ait le maximum de retentissement. En 1974 en effet,
le gauchisme est en pleine déroute, la gauche classique française
progresse, mais dans le cadre d'un système politique avec lequel
elle s'est réconciliée en signant le Programme commun en 1972.
Les premiers effets de la crise économique ne vont pas tarder à
démentir ceux qui voient la fin du tunnel pour le lendemain. Ils
révèlent au contraire un retournement majeur de la conjoncture :
la fin des « Trente Glorieuses », et le début d'une longue phase de
« stagflation », de récession et de restructuration. Plus de grand soir
révolutionnaire, plus de petit matin enchanteur de sortie de crise à
attendre. Au moment où le chômage progresse, où les espérances
révolutionnaires s'éloignent, où le Club de Rome évoque la « croissance zéro », l'« effet Goulag » va être décisif. Il montre notamment que si l'on ne peut imputer à Marx la responsabilité du Goulag
comme certains s'empresseront de le faire (il faudrait alors
condamner Jésus pour les excès de l'Inquisition), on ne peut
néanmoins penser le marxisme sans le cortège funeste de ses effets
concrets dans l'histoire de l'humanité. La crise est profonde et l'on
ne peut se contenter d'invoquer un simple dérapage, les excès du
culte de la personnalité, ou un simple trop-plein de bureaucrates...
pour sauver le système.

Par ailleurs, la fin en 1975 de la guerre du Viêt-nam, qui avait
radicalisé toute une partie de la jeunesse mondiale, va offrir un
contexte favorable à une réévaluation des valeurs portées par les
démocraties européennes ; une nouvelle logique binaire tend à
s'imposer, qui oppose de plus en plus la démocratie au totalitarisme. C'est dans ce cadre que l'effet Goulag va être décisif et
reconnu comme tel, y compris par ceux qui n'ont pas attendu 1974
pour s'émouvoir et s'engager contre ce système ; il en est ainsi
pour Claude Lefort et son groupe *Socialisme ou barbarie* : « Un
livre tel que celui-là, [...] nous sommes un petit nombre qui
l'attendions depuis longtemps[1]. »

Peu à peu, les combats menés vont prendre pour cible la défense
des droits de l'homme que l'on avait tendance, avant cette période,
à qualifier de formels. L'énorme somme de la mémoire collective
recueillie par Soljénitsyne de 1958 à 1967 ne permet plus ce genre
de subterfuge. Et l'Occident qui reçoit l'auteur de l'*Archipel*, banni
d'URSS en février 1974, se place alors à l'écoute des voix qui lui

---

1. Cl. LEFORT, « Soljénitsyne », *Textures*, 13, 1975, article repris dans *Un
homme en trop. Essai sur L'Archipel du Goulag*, Le Seuil, 1975.

parviennent encore difficilement de l'autre côté du rideau de fer, des dissidents qui se retrouvent en hôpital psychiatrique pour avoir réclamé le respect des droits de l'homme : Vladimir Boukovski, Léonid Pliouchtch... Le marxisme reflue au rythme de l'arrivée de ces dissidents et de l'horreur qu'ils ont vécue. En 1977, la révélation de ce que vient de réaliser la révolution cambodgienne de Pol Pot ne va pas contribuer à un sursaut d'une pensée de la table rase : c'est en son nom qu'ont été exterminés systématiquement deux millions d'hommes et de femmes sur une population de neuf millions !

« On sort alors de la conscience critique lorsqu'on n'a plus l'idée d'un dépassement[2]. » Avec le reflux du marxisme, c'est la disparition de l'instrument d'analyse globale de la société et de l'histoire qui s'effondre. Le structuralisme n'est pas indemne dans ce séisme car, outre le cheminement structuralo-marxiste de certains, il s'offrait comme l'expression même de la pensée et du paradigme critique. Il avait depuis longtemps récusé la validité scientifique de l'observation du visible, de l'explicite pour mieux percevoir les logiques cachées, occultes et globales. Or, ce que révèle l'effet Goulag, c'est qu'il suffit d'entendre, de lire, de voir pour comprendre, à l'inverse d'une certaine spéculation conceptuelle à prétention scientifique qui avait joué le rôle d'écran de fumée, et empêché de saisir les vrais enjeux de la tragédie en cours, et la complicité objective de ceux qui soutenaient les tortionnaires.

Cette évolution va aussi être fatale pour l'idéologie structuraliste dans la mesure où le message des dissidents est celui de la défense des droits de l'homme, d'un certain humanisme : autant de valeurs tenues à l'écart par la méthode structuraliste, dont le point de vue principiel visait justement à penser sans le Sujet, pour accéder à la Science. Le retour du refoulé s'est effectué dans ce cas par l'Est. Il contraint les plus radicaux à se poser publiquement quelques questions : « Je me souviens de Derrida, rue d'Ulm, après qu'il eut été arrêté en Tchécoslovaquie. Lors de son séminaire, il disait être très ennuyé, car après avoir passé sa vie de philosophe à déconstruire l'humanisme, à dire que l'idée d'auteur, de responsabilité n'existe pas, il se retrouve en Tchécoslovaquie à poil dans un commissariat de police, et reconnaît être obligé de considérer que c'est une grave atteinte aux droits de l'homme. Ce jour-là, Derrida faisait preuve d'une grande lucidité en disant être dans une situation intellectuelle très bizarre. Il proposait alors la catégorie de baroque intellectuel, car selon lui les deux plans ne se recoupaient pas. Mais on ne peut rester dans le baroque éternellement[3]. »

2. Marcel Gauchet, entretien avec l'auteur.
3. Alain Renaut, entretien avec l'auteur.

Symptôme de la nouvelle situation des intellectuels, cette situation paradoxale va conduire nombre d'entre eux à trancher le nœud
gordien pour faire face aux exigences nouvelles de la réalité politique, notamment à l'Est. Cette évolution s'amplifie tout au long
de cette décennie qui se termine par les succès du syndicat Solidarité en Pologne (août 1980) et l'état de guerre de Jaruzelski
(décembre 1981). De ce nouveau front de combats, menés au nom
des valeurs du droit et de la démocratie, beaucoup concluent qu'il
est impossible de tenir deux discours contradictoires.

Progressivement, les intellectuels vont se réconcilier avec un
certain nombre de valeurs occidentales considérées jusque-là
comme mystificatrices, purement idéologiques. L'ironisation des
valeurs démocratiques devient plus difficile et la déconstruction de
tous les appareils de cette démocratie doit être réévaluée au regard
de leur positivité. L'intellectuel organique était déjà mort depuis
longtemps, c'est alors l'intellectuel hyper-critique qui connaît une
crise de langueur. Et il n'est pas étonnant que l'on ait pu parler
ensuite du « silence des intellectuels », accentué encore après 1981.

Cette fracture des années soixante-dix provoquera des réactions
différentes. Certains vont en devenir passagèrement aphasiques.
C'est le cas, spectaculaire, du responsable des pages de sciences
humaines dans Le Monde, Roger-Pol Droit, qui prend alors la clé
des champs. Du jour au lendemain, il quitte toutes ses fonctions.
En 1977, il « est parti. "Il" s'est dissous[4] ». Roger-Pol Droit quitte
Le Monde et abandonne la collection qu'il avait lancée chez Flammarion, « Dialogue », qui comptait déjà à son actif trois projets
d'ouvrages avec Roman Jakobson, avec Noam Chomsky et avec
Gilles Deleuze. Il laisse en plan celui qu'il avait en préparation
avec Foucault : « J'ai tout plaqué[5]. » Roger-Pol Droit rejoint alors
les travaux et les jours au lycée de Berck-sur-Mer, où il se trouve
plongé dans l'enseignement avec des terminales. Pendant sept ans,
c'est la cure radicale : plus une ligne à paraître, des lectures
d'ouvrages tous antérieurs à Shakespeare : « J'avais vécu cette
période des années soixante et soixante-dix comme quelque chose
de terrorisant. J'ai mis du temps à comprendre (il a fallu que je
parte pour cela) que la pensée pouvait être quelque chose d'extrêmement joyeux, ludique, tonique, rieur, alors que ce que j'avais
pu retirer de mes biberons structuraux, c'était qu'il fallait que ce
soit très solide, rigoureux, abstrait, froid, que tout ce qui pouvait
être charnel n'était pas pensable[6]. » Roger-Pol Droit retrouvera,
d'abord à distance, puis régulièrement, les chemins du Monde, mais

4. Roger-Pol DROIT, dans La Liberté de l'esprit, op. cit., p. 24.
5. Roger-Pol Droit, entretien avec l'auteur.
6. Ibid.

transformé. Il s'interroge depuis sur l'exclusion de l'Orient par la pensée occidentale.

Les « nouveaux » philosophes

Ce n'est pas le chemin de la fuite et de la méditation solitaire qu'ont choisi les «nouveaux philosophes». Ils vont au contraire utiliser massivement le dispositif médiatique pour jouer devant le plus large des publics une pièce qui relève de l'exorcisme, celui, pour la plupart, de leur engagement maoïste dans la Gauche pro- latérienne (la «GP»). L'eschatologie révolutionnaire étant mori- bonde, c'est le moment où toute une génération rejette son passé soixante-huitard et dans un élan collectif passe au confessionnal pour soulager ses péchés : «Ces enfants gâtés, ces grands gosses attardés voulaient la révolution tout de suite, non ! Elle n'est pas venue, alors ils tapent du pied. [...] Pauvres chatons égarés[7] », s'api- toie Pierre Viansson-Ponté. Les adorateurs de Mao : André Glucks- mann, Christian Jambet, Guy Lardreau, Bernard-Henri Lévy, Jean- Paul Dollé..., champions de l'adhésion mystique au « grand timo- nier » et terrorisant tous les tièdes, découvrent alors les charmes discrets du libéralisme. Plus qu'un bruit, c'est un vacarme qui se répand partout, mais là encore il fait signe, et au-delà de la critique qu'il suscite très tôt – comme celle de Gilles Deleuze, de François Aubral et de Xavier Delcourt[8] –, ils sont bien le symptôme déchi- rant de l'agonie d'une espérance, celle qui a porté leur génération. L'effet Goulag est ici immédiat. Dès 1975, André Glucksmann écrit *La Cuisinière et le Mangeur d'hommes*[9]. On y apprend que le Goulag était dans Platon. En 1976, *Les Nouvelles littéraires* confient à Bernard-Henri Lévy un dossier sur la « nouvelle philo- sophie » dont la réalisation confirme le caractère collectif du mou- vement, et sa volonté de s'ériger en nouvelle vulgate. Le filon éditorial est doublement exploité par les essais comme *La Barbarie à visage humain* de Bernard-Henri Lévy[10], qui devient vite un best- seller, et par l'expression romanesque, ainsi *Les Déclassés* ou *Les Années blanches* de Jean-François Bizot[11].

---

7. P. Viansson-Ponté, dans *Génération perdue*, Paugam, R. Laffont, 1977, p. 15-16.

8. F. Aubral et X. Delcourt, *Contre la nouvelle philosophie*, Gallimard, 1977 : et G. Deleuze, *À propos des nouveaux philosophes*, Minuit, 1977.

9. A. Glucksmann, *La Cuisinière et le Mangeur d'hommes*, Le Seuil, 1975.

10. B.-H. Lévy, *La Barbarie à visage humain*, Grasset, 1977.

11. J.-F. Bizot, *Les Déclassés*, Grasset, 1976 : *Les Années blanches*, Grasset, 1979.

Ce nouveau discours philosophique dénonce Mai 68, devenu image du Mal cachant le Maître. Jean-Pierre Le Dantec avait oublié la lotion et met désormais en garde contre *Les Dangers du soleil*[12], il s'en prend à « la gangrène » qui se situe non seulement chez Marx, mais dans l'idée même de révolution et de sa « propension congénitale à la terreur[13] ». Michel Le Bris, autre militant défroqué du maoïsme, choisit l'autoflagellation : « Qu'est-ce que dans le fond Mai 68 ? Une insurrection de fils à papa[14]. » Bernard-Henri Lévy voit dans le mouvement de Mai 68 le crépuscule blême et plat de notre XX\ e siècle : « Nous vivons la fin de l'histoire parce que nous vivons dans l'orbe du capitalisme continué[15]. » Une génération orpheline clame son désarroi, mais elle prépare aussi sa réconciliation avec les valeurs de sa société d'origine. Elle exprime avec une acuité particulière la rupture de faille qui s'est opérée avec l'effet Goulag. On retrouve néanmoins, dans cette façon tout aussi violente de penser, la même propension à tordre le bâton dans l'autre sens, comme le conseillait Althusser, pour se faire entendre. Sur ce plan, des éléments de continuité subsistent avec le passé structuraliste abandonné dans le caniveau. On utilise avec encore plus de diligence le débat public, l'audimat comme légitimation de la justesse de ses thèses, et l'on se retire tout autant du réel. Celui-ci ayant déçu, il ne reste que le discours et encore, pas n'importe lequel : le discours du Maître.

Quant aux contradicteurs, ils sont accusés de tous les maux du totalitarisme avec d'autant plus d'ardeur que peu de temps avant, la pensée-Mao était le prêt-à-penser imposé par la force : « Toute critique de la nouvelle philosophie était une apologie de la censure et du goulag intellectuel[16]. » Jacques Bouveresse voit une continuité entre l'époque triomphante du structuralisme et celle des nouveaux philosophes dans l'usage d'un terrorisme intellectuel similaire, d'un même sectarisme, et dans l'utilisation cynique de la presse et des opérations publicitaires. Contrairement au discours commun, qui a fait des médias les responsables de cette évolution, Jacques Bouveresse considère que c'est l'évolution même du discours philosophique qui est au fondement de cette utilisation des médias, et non de simples raisons d'ordre sociologique. Cela tient, selon lui, au fait que les philosophes ont encouragé, dans les années soixante, « la tendance à raisonner en termes de pouvoir, de domination, de rapports de force, de luttes d'influence, de stra-

---

12. J.-P. Le Dantec, *Les Dangers du soleil*, Presses d'aujourd'hui, 1978.
13. *Ibid.*, p. 279.
14. M. Le Bris, dans *Génération perdue*, Paugam, R. Laffont, 1977, p. 81.
15. B.-H. Lévy, *op. cit.*, p. 170.
16. J. Bouveresse, *Le Philosophe chez les autophages*, Minuit, 1984, p. 44.

tégie, d'opportunité et d'efficacité, et surtout pas de vérité et de fausseté[17] ».

Au-delà des vecteurs du message des nouveaux philosophes, on retrouve le refuge dans le discours, mais en abandonnant la perspective scientiste au passage : « Je dis : le réel n'est rien que discours[18]. » Après la mystique maoïste, on se réconcilie avec la métaphysique, mais une religion sans Dieu, une croyance sans objet à adorer si ce n'est le manque à être ou celui qui en tient lieu, LACAN : « Le siècle EST lacanien[19]. » Il fallait, disent les auteurs de *L'Ange,* trancher dans le vif entre Jeanne d'Arc et Staline : ils ont choisi Jeanne d'Arc et reçu ainsi la bénédiction de Maurice Clavel. Les horreurs du monde les ont déçus et les ont incités au détachement chrétien. La foi continue à guider leurs pas, mais dans quelle voie ? François Maspero, peu tendre pour ces transports passionnels, répond : « Voilà la nouvelle droite. Il y a dix ans, ils étaient les enfants de Marx et de Coca-Cola. Aujourd'hui, il ne reste que Coca-Cola[20]. » La nouvelle philosophie est en effet souvent une pensée courte, une pensée-clip sous forme de slogans, du type : « Sans Marx, pas de révolution, sans le marxisme, pas de camps[21]. » ; « Le Goulag est né en 1844[22]. » On ne peut en effet réduire l'histoire à la seule production des idées, sauf à relire l'histoire de l'humanité de la manière la plus réductrice et simplificatrice possible. Mais l'*hubris* (la « démesure ») qu'aura révélée cette vision du monde et son action récurrente, décapante, aura accompagné et accéléré un phénomène plus profond de prise en compte sérieuse des basculements augurés dans les pays de l'Est, au prix fort d'une véritable destruction de tous les modèles d'analyse. On est passé sans transition de la déconstruction à la dissolution.

17. *Ibid.,* p. 89.
18. G. Lardeau, C. Jambet, *L'Ange,* Grasset, 1976, p. 18.
19. *Ibid.,* p. 71.
20. F. Maspero, *Le Nouvel Observateur,* 27 septembre 1976.
21. B.-H. Lévy, *Le Nouvel Observateur,* 30 juin 1975.
22. M. Clavel, *Le Nouvel Observateur,* 23 mars 1975.

26

Les illusions perdues/II. Le scientisme exténué

Alors qu'en 1975 paraît un panorama du structuralisme dans toutes ses composantes qui célèbre les fastes de *La Révolution structurale*[1], présentée comme l'aurore de la modernité, l'heure est en fait celle du crépuscule d'une pensée inexorablement entraînée vers un enterrement de première classe, notamment dans son ambition à constituer une unité de toutes les sciences humaines autour d'une méthode commune. Le repli est général, et la dispersion se déroule dans un tel désordre qu'il ne peut générer qu'éclectisme sur fond de désillusion. Est-ce l'expression de l'échec d'une philosophie, d'une méthode scientifique ou plutôt la fin du mouvement d'intense socialisation des sciences humaines dont la vogue reflue au niveau des enjeux idéologiques, pour mieux asseoir ses positions scientifiques ?

La mort subite de l'althussérisme

La tentative la plus avancée dans le sens de la mise en place d'une philosophie englobant les sciences humaines aura été l'althussérisme. Au nom du matérialisme historique, Althusser avait eu pour ambition de revisiter les diverses positivités des sciences sociales pour juger de leur validité. Or l'althussérisme ne connaît pas un véritable déclin, mais la mort subite, aussi spectaculaire et foudroyante que son succès. En Mai 68, le secrétaire général de la CGT, Georges Séguy, avait lancé un fameux : « Cohn-Bendit ? Qui est-ce ? » ; bientôt les étudiants, après 1975, pourront reprendre la formule à propos d'Althusser, alors que jusque-là les travaux de recherche étaient dominés par les orientations althussériennes. À Paris-VII, Pierre Ansart dirige la thèse de Saül Kartz sur Althusser : « Seul travail vraiment sérieux que j'ai eu à suivre

---

1. J.-M. BENOIST, *La Révolution structurale, op. cit.*

sur la question. Mais quand il a fallu constituer un jury, il n'y avait plus personne. Pendant deux à trois ans, on ne parlait que d'AIE et la quatrième année, c'était totalement terminé[2] ! »

À Nanterre, en sciences économiques, André Nicolaï confirme le basculement de 1975 comme décisif. C'est à ce moment que toute la réflexion struturalo-marxiste, pour l'essentiel althussé- rienne, est emportée par le repli vers la micro-économie, le retour des néo-classiques et du marginalisme : « Nanterre est resté très perturbé jusqu'en 1975 et à partir de là, il y a eu un ras-le-bol affectif face aux perturbations étudiantes, et un ras-le-bol intellec- tuel face au dogmatisme althussérien. [...] En 1975, c'est donc terminé[3]. »

Le bilan que tire Emmanuel Terray du structuralo-marxisme althussérien en anthropologie est « globalement médiocre[4] ». En premier lieu, l'horizon scientifique n'a plus le prestige qu'il avait dans les années soixante, et les résultats obtenus sont restés modestes. Certes, les structuralistes marxistes ont permis, comme Godelier, de transformer quelques concepts de l'anthropologie éco- nomique, dépassant le vieil antagonisme entre formalistes et subs- tantialistes, mais l'anthropologie n'en a été affectée que partielle- ment, et les concepts centraux comme ceux de mode de production, qui auraient dû permettre d'avancer des modèles d'analyse des sociétés primitives, se sont révélés décevants, ne servant que comme moyens de classement par typologiser la diversité sociale observée : « Nous sommes restés tributaires de l'explication fonc- tionnaliste, notamment à propos des rapports entre infra et super- structures[5]. » En second lieu, les anthropologues althussériens espé- raient fonder la liaison entre théorie et pratique politique. Or, cette fusion entre l'engagement politique et la pratique professionnelle de terrain est vite apparue comme un leurre. Avec le reflux de la vogue althussérienne, c'est l'espérance d'une science de l'homme unitaire qui disparaît autour de 1975.

Cette ambition globalisante à l'agonie correspond aussi à un moment de fermeture universitaire, de repli des disciplines sur elles-mêmes, sur leurs traditions spécifiques. L'innovation théo- rique, la transdisciplinarité se portait bien dans le cadre universi- taire d'après 1968, au temps où l'on recrutait de jeunes enseignants sur la base de profils de carrière novateurs, en rupture ; au contraire, au milieu des années soixante-dix, l'Université ne renouvelle plus

2. Pierre Ansart, entretien avec l'auteur.

3. André Nicolaï, entretien avec l'auteur.

4. E. TERRAY, *Séminaire de Michel Izard*, Laboratoire d'anthropologie sociale, Collège de France, 12 janvier 1989.

5. *Ibid.*

ses cadres après sa cure de rajeunissement de 1968. On entre dans une période d'austérité, de restriction des nominations de postes, de rationalisation dans la gestion des budgets. Ce resserrement des postes va accompagner et accélérer le phénomène de repli frileux au plan théorique.

Ceux qui voudront alors prendre place au sein de l'Université devront adopter un profil de carrière bien calé à l'intérieur des canons disciplinaires, et choisir des sujets de thèse les plus consensuels possible : « J'ai vu alors de jeunes chercheurs se lancer sur les pistes de sujets inodores, incolores et sans saveur pour ne pas faire de vagues, pour éviter toute implication idéologique ou historique[6]. » Si la capacité à innover a pu être un atout pour se faire une place à l'Université dans les années soixante, à partir de 1975, c'est la capacité à être dans les normes qui devient le critère de recrutement. Ceux qui avaient fait le dos rond au moment de la vague structuraliste peuvent enfin redresser la tête en considérant que la parenthèse est enfin refermée et qu'ils peuvent désormais en revenir sans honte aux valeurs canonisées de leur discipline qui avaient été momentanément oubliées.

Victoire de l'éclectisme

Par ailleurs, l'éclectisme se substitue à la volonté globalisante, dans une société de plus en plus médiatisée où les événements doivent céder la place aux « nouvelles ». Tout un langage, qui vise le plus grand nombre et se confine donc par principe dans des stéréotypes reconnus de tous, inonde les puissants moyens de communication et accentue la sérialisation de la société en individus de plus en plus isolés les uns des autres, « sans appartenance », comme le dit le psychanalyste Gérard Mendel. Cette évolution rend illusoire toute tentative de globalisation d'un univers et d'appareils de communication qui échappent au contrôle des intellectuels : « Un discours freudien ne passerait pas dans les médias, mais ce qui peut passer, c'est ce que peut programmer une intelligence freudienne[7]. »

Le retournement de la conjoncture intellectuelle est particulièrement bien perçu par Pierre Nora qui a pourtant eu chez Gallimard un rôle séminal dans l'essor structuraliste. Mais il est alors conscient que la page est tournée. Prenant acte de l'échec des visées globalisantes, il lance une nouvelle revue qui fait figure de véritable événement dans la vie intellectuelle française en 1980, *Le*

---

6. Philippe Hamon, entretien avec l'auteur.
7. Marcelin Pleynet, entretien avec l'auteur.

Débat. La revue ne prétend plus être le support d'un système de pensée, d'une méthode à vocation unitaire, mais plus simplement un lieu de dialogue, un carrefour des idées : «*Le Débat* n'a pas de système à imposer, pas de message à délivrer, ni d'explications ultimes à fournir[8].» *Le Débat* se place dans une perspective d'ouverture, et prend donc ses distances avec la conjoncture structuraliste pour lui substituer l'éclectisme, la juxtaposition la plus vaste des points de vue, sans accorder de prévalence à telle ou telle méthode d'analyse.

Pierre Nora, se posant la question : «Que peuvent les intellectuels ?», constate que le déplacement du centre de gravité de la littérature vers les sciences humaines est peut-être en train de s'inverser. Certes, les sciences sociales ont permis de comprendre que l'on parle un langage autre que celui que l'on croit parler, de savoir que l'on ignore les motifs pour lesquels on agit, et que le point d'aboutissement, les résultats échappent au projet initial. Si sur ce plan, le bilan est positif, la conjoncture impose un nouveau rapport au savoir car «c'est à l'abri de la fonction critique que fonctionne à plein l'irresponsabilité politique des intellectuels[9]».

Cette nouvelle orientation qui rompt radicalement avec le paradigme structuraliste dans sa vocation à être une grille d'analyse critique se double d'une mise à distance des rapports privilégiés qu'entretenaient jusque-là Pierre Nora et Michel Foucault. Le structuralisme aura surtout généré des personnalités perçues comme des gourous, comme des maîtres penseurs, mais pas de véritable école de pensée : «Nora voyait bien que Foucault, en dehors de ses propres livres, n'avait pas d'école [...]. Chez Gallimard, Foucault considérait qu'on se foutait de lui, et cela ne visait pas spécialement Nora, mais le fait qu'on ne lui demandait rien, alors qu'il avait plein de projets et aurait aimé s'occuper activement d'édition et d'administration[10].» Le choix par Pierre Nora de Marcel Gauchet pour diriger la rédaction de la revue ne pouvait qu'accentuer la distance avec Michel Foucault, vu les positions très critiques de Marcel Gauchet vis-à-vis de l'œuvre foucaldienne.

La création du *Débat* révèle la réconciliation des intellectuels avec les valeurs de la société occidentale, une réévaluation de la démocratie, des Lumières et une conversion progressive à l'aronisme. La revue constate l'épuisement des modèles de dépassement, que ce soit dans la relation à un avenir désormais forclos, en deuil d'avenir progressiste ou révolutionnaire ou au plan scien-

8. *Le Débat*, n° 1, éditorial, mai 1980, directeur : P. Nora.

9. P. Nora, «Que peuvent les intellectuels ?», *Le Débat*, mai 1980, n° 1, p. 17.

10. François Ewald, entretien avec l'auteur.

tifique d'une rigueur débarrassée du parasitage idéologique. Le
temps est à une pensée molle, mobile, labile qui révèle les illusions
perdues du scientisme des années soixante. Il est encore symptomatique que le sous-titre du *Débat* mette en avant : « Histoire,
politique, société », car en 1980 les disciplines qui ont eu un rôle
pilote pendant l'heure de gloire du structuralisme : l'anthropologie,
la linguistique, la psychanalyse, sont toutes dans une situation de
crise, de reflux, d'éclatement et de désarroi théorique.

De l'autre au même : de l'inconscient au conscient

L'anthropologie qui s'interrogeait sur la figure de l'Autre ne
répond plus à la demande d'une société occidentale qui s'interroge
désormais davantage sur la figure du Même, sur son passé et ses
valeurs. Par ailleurs, importatrice de ses propres modes de démonstration empruntés à d'autres disciplines (à la biologie au XIXᵉ siècle
lorsqu'elle concevait la société comme un organisme, puis à la
linguistique structurale au XXᵉ siècle), l'anthropologie se trouve en
panne de modèles au moment du reflux du structuralisme. Et elle
fait apparaître des horizons laissés en friche lors de la période
structurale, comme celui du politique, qui révèle la non-réalisation
de l'ambition globalisante de départ : pour Marc Abélès, « c'est la
revanche du quotidien[11] ».

De nouvelles questions se posent aux anthropologues sur la
domination des aînés sur les cadets, les rapports entre les sexes,
l'esclavage, les mécanismes du pouvoir politique dans leur double
réalité institutionnelle et symbolique. Conscients de ces nouveaux
défis, les anthropologues connaissent alors une grave crise conceptuelle, avant de s'orienter vers de nouveaux modèles comme la
topologie ou la théorie des catastrophes. En attendant, l'ethnologie
a tendance à redevenir ethnographie, simple descriptif du terrain
sans grille catégorielle cohérente : « L'anthropologie vit par impor-
tations successives de modèles. Ceux-ci guident les recherches, au
sens bachelardien du terme, sont féconds pendant un certain temps,
puis il faut les remplacer. Nous sommes dans une crise de ce
type[12]. »

À chaque étape, les modélisations utilisées permettent cependant
d'avancer vers des découvertes nouvelles. Les tentatives pour
fonder l'anthropologie comme science ne sont donc pas vaines et
laissent en se retirant des acquis incontournables, sans toutefois

---

11. M. Abélès, « L'anthropologie dans le désert », *Politique-Hebdo*, nº 286,
24 octobre 1977.

12. Emmanuel Terray, entretien avec l'auteur.

réussir à transformer de manière irréversible l'anthropologie en science dure, peut-être parce que, « au-delà des combinatoires et des formalismes, l'Homme n'était pas au rendez-vous[13] ». Par ailleurs, l'anthropologie structurale va se voir reprocher son relativisme culturel, qui devient un obstacle à la réconciliation en cours des intellectuels avec les valeurs propres de leur société.

Le « psychanalysme » que dénonce un proche de Michel Foucault, Robert Castel, en 1973[14], reflue aussi au milieu des années soixante-dix. Les disciples de Lacan sont de plus en plus nombreux à quitter le Maître et ses figures topologiques, avant même que celui-ci ne prononce la dissolution de son École.

Le reflux conjoint de l'anthropologie et de la psychanalyse révèle le désir de problématiser à nouveau les modèles conscients, et à ne plus valoriser exclusivement comme lieu de vérité le seul niveau de l'inconscient, que ce soit à l'échelle individuelle ou à celui des pratiques sociales collectives.

La linguistique ne joue plus, de son côté, ce rôle de moteur des sciences sociales qui fut le sien pendant la belle époque du structuralisme ; elle entame un repli sur des positions institutionnelles acquises. La revue *Langages* dont la vitesse de croisière se situait à 3 000-3 500 exemplaires voit ses chiffres de vente baisser sensiblement dans les années quatre-vingt à 1 800-2 000, et Jean Dubois aurait même souhaité en arrêter la parution en 1986. Ce reflux au niveau éditorial et au plan du rayonnement intellectuel sur l'ensemble du champ des sciences sociales se double d'un déplacement de l'efficacité du modèle linguistique vers les structures industrielles, vers les « industries de la langue ».

La linguistique n'a donc pas perdu son pouvoir, celui-ci est simplement déplacé, s'intégrant à l'intérieur de la société industrielle, répondant à sa demande de logiciels, de parole synthétique : « La linguistique a un pouvoir infiniment supérieur à celui qu'elle avait, mais ce n'est plus un pouvoir dans l'édition, il se situe sur le plan industriel[15]. » Cette linguistique d'ingénieurs dans de gros laboratoires de recherches scientifiques, comme celui dirigé par Maurice Gross où travaille Jean Dubois, implique un autre rapport entre la subjectivité, l'originalité et la réalisation des programmes, rapport inversé comparativement à la situation antérieure. « Maintenant, je ne peux pas travailler, et personne ne le peut, pas même le directeur du laboratoire, sans admettre la méthode d'analyse de l'ensemble du laboratoire. C'est un vrai laboratoire de science, et l'on doit obéir à une méthodologie qui ne permet plus d'être tout à fait

---

13. M. Abélès, « L'anthropologie dans le désert », art. cité.
14. R. Castel, *Le Psychanalysme*, Maspero, 1973.
15. Jean Dubois, entretien avec l'auteur.

soi-même[16]. » Une certaine linguistique aura donc trouvé les chemins de l'opérationalité scientifique, mais aura renoncé à son rôle de plaque tournante modélisante au cœur du champ des sciences humaines. Ce repli accompagne le reflux général du paradigme structuraliste. Il débouche ainsi sur un nouveau paradoxe qui voit une linguistique moins soucieuse d'idéologie et plus de méthodologie opérationnelle à l'heure où le scientisme semble en voie d'exténuation, après en avoir nourri les ambitions les plus démesurées.

16. *Ibid.*

27

Les illusions perdues/III. Le retour de l'éthique

Le structuralisme avait été une tentative d'émancipation par rapport à la philosophie, dont on ne cessait de clamer la fin prochaine au nom de la Science, de la Théorie. Or, avec le reflux du structuralisme, la philosophie, que l'on avait crue destituée, retrouve sa place centrale antérieure. Le numéro de la revue *Critique* de 1978 s'intitule : « La philosophie malgré tout » et annonce « La fin de la fin de la philosophie[1] ». La pratique de l'évitement d'un certain nombre de questions proprement philosophiques, par le choix du terrain des sciences sociales, avait laissé croire que le structuralisme permettait de considérer comme définitivement obsolètes les interrogations sur l'éthique et sur la métaphysique. Or, avec le basculement en cours au milieu des années soixante-dix, ce sont justement ces questions qui vont désormais durablement dominer la vie intellectuelle française. Cette quête éthique est celle, entre autres, d'un philosophe resté fidèle à son matérialisme et à son adhésion première à Althusser : André Comte-Sponville s'oriente vers la recherche d'une sagesse, d'un art de vivre qu'il qualifie de matérialisme éthique. Réconciliant la pensée sans sujet d'un Althusser et d'un Lévi-Strauss avec l'*anatta* des bouddhistes, Compte-Sponville semble frayer les voies d'une éthique de soi sans ego, débarrassée de toute ambition démesurée à libérer l'humanité de ses chaînes.

L'éthique de la responsabilité

Que ce soit la prise de conscience des limites du scientisme en matière de sciences humaines ou le retour de la question des droits de l'homme, l'éthique redevient un problème majeur, et change de

---

1. *Critique*, numéro spécial, février 1978, avec J. Bouveresse, F. Châtelet, E. Martineau, V. Descombes, J. Rancière.

nature : « À travers la mort du structuralisme, ce qui se passe, c'est la naissance d'un nouveau type d'intellectuel dont l'éthique n'est plus, pour reprendre des catégories aroniennes, celle de la conviction, mais l'éthique de la responsabilité[2]. » Dès lors est réaffirmé l'impératif de « l'analyse concrète de la situation concrète », au risque de l'empirisme, mais qui permet au moins de confronter la fin aux moyens utilisés pour les atteindre, et d'évaluer la variabilité des situations dans le temps et dans l'espace avec plus de discernement. Ce que veulent éviter désormais les intellectuels, c'est de se laisser leurrer comme ce fut le cas à propos de l'URSS, qui incarna pour beaucoup l'avant-garde historique de l'humanité, puis des avant-gardes de substitution : la Chine, Cuba...

Le dernier sursaut public de l'éthique de conviction pourrait être daté de 1978 lorsque Michel Foucault, envoyé par *Le Nouvel Observateur* en Iran, décrit la révolution iranienne en marche. Impressionné par la contestation des valeurs occidentales modernes, il voit dans cette révolution un mouvement qui permet de renouer avec une spiritualité politique positive : « La situation en Iran semble être suspendue à une grande joute entre deux personnages aux blasons traditionnels : le roi et le saint, le souverain en armes et l'exilé démuni ; le despote avec en face de lui l'homme qui se dresse les mains nues, acclamé par un peuple[3]. » On sait aujourd'hui à quel point ce gouvernement islamique que Foucault présentait comme libérateur, véritable seuil d'une nouveauté, incarnation de la résistance à l'oppression, s'est transformé en une dictature encore plus brutale que le régime renversé. Ce genre d'errements, devenus exceptionnels et incongrus après 1975, largement partagés au contraire dans la période précédente, peut être lu comme le résultat d'une position hypercritique vis-à-vis de la démocratie et de ses institutions.

Si la fonction des intellectuels est dans l'exercice de cette critique, elle implique, pour éviter un certain nombre de délires politiques, de considérer que la démocratie ne va pas à ce point de soi qu'il faille en oublier les acquis pour mieux exalter un quelconque ailleurs : « Le problème n'est pas que l'on ait produit ce genre de discours critique contre la démocratie, mais que l'on n'ait pas pris la peine de l'assortir d'une déclaration de solidarité[4]. »

La philosophie du soupçon avait voulu éroder les bases de la démocratie en dénonçant son envers, ses non-dits ; mais elle s'est vite retournée en son contraire et a fait place à une phrase d'œcu-

---

2. Alain Renaut, entretien avec l'auteur.

3. M. FOUCAULT, « À quoi rêvent les Iraniens ? », *Le Nouvel Observateur*, 16 octobre 1978.

4. Jacques Bouveresse, entretien avec l'auteur.

ménisme mou, de naïveté béate, dénuée de capacité critique. Le retournement des années soixante-dix fait place à une attitude inverse tout aussi insatisfaisante, car dans un cas comme dans l'autre la lucidité n'en sort pas gagnante.

Le retour du religieux

Avec l'émergence de la constellation que l'on a qualifiée de nouvelle philosophie, réunie et sanctifiée par Maurice Clavel, on assiste à une relégitimation du religieux que l'on avait cru historiquement dépassé, notamment dans les mouvements maoïstes où certains remplacent le « grand timonier » par Dieu. C'est le cas en 1975 de Philippe Némo[5], qui reprend les quatre discours tels que les avait définis Lacan lors de son séminaire de 1970, mais en déplaçant le sens, pour valoriser la position du discours du Maître. Si son propos se situe toujours dans une filiation lacanienne, c'est surtout pour en sortir, par le haut, vers la transcendance : « L'homme comme âme est le contemporain de la transcendance qui le traverse : il est fils de Dieu[6]. » Le titre même de l'ouvrage, *L'Homme structural*, révèle la volonté de réconciliation de son auteur entre une pensée de la structure et une pensée de la transcendance qui ne devrait plus être cherchée dans un ailleurs, mais à l'intérieur même de l'homme structural.

Dans l'après-guerre, Vladimir Jankélévitch avait posé l'obligation morale comme absolu au plan de la volonté rationnelle, dans un souci de la fonder dans son immanence et dans son universalité[7]. Ce philosophe inclassable, quelque peu ignoré au plus fort de la vague structuraliste et qui aura consacré sa vie à la quête morale et à la réflexion métaphysique, voit cet effort couronné de succès et son questionnement repris par l'ensemble du monde intellectuel au moment même où il disparaît, en 1985.

Un autre philosophe occupe alors le devant de la scène philosophique grâce à une philosophie fondée sur un souci majeur de l'éthique : Emmanuel Lévinas. Introducteur de Husserl en France dès les années trente, il restera aussi à l'écart de l'effervescence structuraliste pour revenir au centre des préoccupations avec le retour de la question du Sujet, et de la relation intersubjective. Emmanuel Lévinas s'interroge, comme les structuralistes, sur les fondements de l'obéissance à la Loi, mais il situe ceux-ci au niveau

---

5. Ph. NÉMO, *L'Homme structural*, Grasset, 1975.

6. *Ibid.*, p. 234.

7. V. JANKÉLÉVITCH, *L'Austérité et la Vie morale*, Flammarion, 1956 ; *Le Paradoxe de la vie morale*, Le Seuil, 1981.

de l'éthique : « Tout commence par le droit de l'autre et par mon obligation infinie à son égard[8]. » Lévinas s'appuie sur la phénoménologie pour situer l'altérité radicale qui sépare le Même de l'Autre, et fonde dans leur rapport la coprésence de l'éthique : « Ma manière de comprendre le sens de l'humain ne commence pas par penser au souci que les hommes prennent des lieux où ils tiennent à être-pour-être. Je pense avant tout au pour-l'autre[9]. »

C'est la découverte du fait concentrationnaire qui anime la pensée de Jankélévitch et de Lévinas. L'un et l'autre ont cherché à tracer la voie vers une morale provisoire, vers une pensée de la relation à l'Autre. Lévinas aura auguré la réflexion contemporaine sur la dialogique, étayée sur le concept d'interaction qui fait retour, au moment même de la crise des idéologies et de la prise de conscience des désastres historiques qu'a occasionnés la mise en place de systèmes fondés sur la globalité : « Penser une morale provisoire qui fut chez Descartes une tâche mineure dans le projet de maîtrise de la nature devient alors un enjeu majeur chez les contemporains qui transforment la morale provisoire auxiliaire en projet à part entière[10]. »

L'autre symptôme de l'importance nouvelle accordée à la dimension éthique est la reconnaissance, tardive mais spectaculaire, de l'œuvre majeure du philosophe Paul Ricœur. On se souvient qu'il avait été un des contradicteurs majeurs des thèses de Lévi-Strauss dans le cadre des débats de la revue *Esprit* dès 1963 : il opposait alors à la théorie générale des rapports de Lévi-Strauss une théorie générale de l'interprétation. Puis, il fut battu par Michel Foucault lors de sa candidature au Collège de France en 1969. Incarnant alors une herméneutique avec laquelle le structuralisme triomphant voulait assurer une rupture radicale, il était à ce moment un adversaire d'autant plus gênant qu'il assimilait et intégrait à l'intérieur de sa perspective philosophique tous les acquis des sciences humaines, grâce à une position intangible de dialogue et d'ouverture. En 1965, il publiait déjà un essai sur Freud *De l'interprétation*[11] : il tentait une reprise réflexive de l'œuvre de Freud en intégrant la perspective psychanalytique à l'intérieur d'une archéologie du sujet. En 1969, il rassemblait ses articles dans *Le Conflit des interprétations*[12], dont l'objet essentiel était une réflexion herméneutique sur le langage. Sans contester à l'approche sémiologique

8. E. Lévinas, *Du sacré au saint*, Minuit, 1977, p. 20.
9. E. Lévinas, « À quoi pensent les philosophes ? », *Autrement*, n° 102, novembre 1988, p. 58.
10. Georges-Élia Sarfaty, entretien avec l'auteur.
11. P. Ricœur, *De l'interprétation, op. cit.*
12. P. Ricœur, *Le Conflit des interprétations*, Le Seuil, 1969.

son fondement épistémologique, il déniait au modèle linguistique toute forme d'absolutisation, et envisageait déjà son dépassement en montrant qu'au-delà de la taxinomie le langage est un dire. Il poursuivra un travail sur la langue ainsi que cette confrontation avec les thèses structuralistes, notamment lorsqu'il critiquera l'axiome de l'immanence du langage dans *La Métaphore vive*[13].

Alors que la vague structuraliste reflue, l'on mesure mieux aujourd'hui le caractère fondamental des orientations de la philosophie de Paul Ricœur qui a su préserver, à contre-courant, les dimensions récusées du Sujet, de l'action, du référent, de l'éthique..., tout en s'imprégnant de ce qu'il y avait de positif dans l'effervescence sémiologique en cours. Récusant la fermeture du langage sur lui-même, il a toujours ajouté la dimension de l'agir humain, et présenté son travail dans un rapport de complémentarité avec la sémiologie[14]. Il est donc mieux placé que quiconque aujourd'hui pour résister à la vague qui emporte dans le néant toute la réflexion des années soixante, et pour permettre l'accomplissement du tournant en cours, en participant de manière centrale au retour actuel de l'éthique. C'est ce qu'il réalise en explorant les multiples dimensions du Sujet. Il élabore à cet égard une troisième voie entre l'idéalisme du *cogito* cartésien et les pratiques déconstructives, qui passe par une réinterprétation de la dialectique du Même et de l'Autre[15]. Après avoir été consacré à l'étranger : aux États-Unis où il enseigne (à Chicago), en Allemagne, en Italie, au Japon... Paul Ricœur se voit enfin reconnu et célébré en France. Un numéro spécial d'*Esprit* paraît en juillet-août 1991 sur son œuvre, un colloque lui est consacré à Cerisy[16], Le Seuil publie successivement sous le titre *Lectures* trois volumes qui reprennent ses écrits épars : préfaces, commentaires, articles..., et sa trilogie sur la temporalité paraît en 1991 en livre de poche[17]. Toutes ces interventions font de Paul Ricœur le grand philosophe contemporain au cœur de la cité.

Le retour à la philosophie

Autre symptôme – plus tardif – de ce retour de la philosophie et de l'éthique, l'itinéraire de Julien Freund – l'un des introducteurs

13. P. RICŒUR, *La Métaphore vive*, Le Seuil, 1975.

14. P. RICŒUR, *Du texte à l'action, op. cit.*

15. P. RICŒUR, *Soi-Même comme un Autre*, Le Seuil, 1990.

16. P. RICŒUR, *Les Métamorphoses de la raison herméneutique*, Cerf, 1991.

17. P. RICŒUR, *Temps et récit, I. Temps et récit* (1983), *II. La configuration dans le récit de fiction* (1984), *III. Le Temps raconté* (1985), Le Seuil.

en France de Max Weber – qui avait quitté le champ des interrogations proprement philosophiques pour mieux répondre aux
questions posées par les sciences sociales[18]. Or, Julien Freund
quitte ses investigations sociales pour en revenir à une *Philosophie
philosophique*[19], et en appelle à un ressaisissement de la philosophie comme discours spécifique qu'il estime être à l'agonie depuis
la critique nietzschéenne : »On pourrait donner à cet ouvrage le
titre de "Contre Nietzsche"[20]. » Il réagit aussi pour sauver la morale
qui fait naufrage à l'heure où semble triompher l'artifice du post-
modernisme. Julien Freund ne renie pas le détour qu'il a réalisé et
qui l'a mené sur le territoire des sciences sociales : « Ce long
périple à travers les sciences humaines a été bénéfique sous de
nombreux points de vue[21]. » Mais il constate simplement que
celles-ci ne peuvent se substituer à la philosophie, et il préconise
de revenir au partage récusé par le post-modernisme entre les
notions de vrai et de faux, de bien et de mal, jugeant donc l'interrogation métaphysique comme fondamentale : « La réflexion sur
l'essence n'est pas un jeu gratuit [...] puisqu'elle consiste en un
effort à la fois d'identification et de différenciation des notions,
sans quoi on s'abîmerait dans la confusion[22]. »

Le retour à la philosophie emprunte aussi la voie de l'ouverture
sur l'étranger, avec la philosophie analytique dont l'accès avait été
barré en France par l'effervescence structuraliste, qui ne permettait
pas d'inclure le Sujet dans le champ des problématisations. Cette
percée est bien évidemment facilitée par le reflux du structuralisme, mais aussi par la découverte de l'œuvre de Wittgenstein,
notamment grâce aux travaux de Jacques Bouveresse[23]. Au milieu
des années quatre-vingt, celui-ci dénonce la tendance des philosophes à se complaire dans la négation de leur identité[24]. Il oppose
la pratique de la philosophie dans le monde anglo-saxon comme
discipline argumentative, et le statut littéraire de celle-ci en France,
qui induit trop souvent une indifférence tant à son contenu qu'à
l'argumentation utilisée. Jacques Bouveresse oppose à la philosophie déconstructrice ou ultra-structuraliste l'exigence de clarté par

---

18. J. Freund, *Les Théories des sciences humaines*, PUF, 1973 ; *Qu'est-ce
que la politique ?*, Le Seuil, 1978 ; *La Sociologie de Max Weber*, PUF, 1983 ;
Sociologie du conflit, PUF, 1983.

19. J. Freund, *Philosophie philosophique*, La Découverte, 1990.

20. *Ibid.*, p. 12.

21. *Ibid.*, p. 53.

22. *Ibid.*, p. 108.

23. J. Bouveresse, *Wittgenstein : la rime et la raison, op. cit.* ; *Le Mythe de
l'infériorité, op. cit.*

24. J. Bouveresse, *Le Philosophe chez les autophages, op. cit.*

laquelle Wittgenstein définit la spécificité de la philosophie et la différencie de l'esprit de science et de sa contemporanéité : « Aujourd'hui, les nouveaux dionysiens vont répétant que nous devons absolument mettre fin au règne de la logique, de la raison et de la science[25]. » S'appuyant sur les positions de Frege et de Wittgenstein, Bouveresse pense lui aussi qu'on ne peut se dispenser d'un jugement moral, et nier la responsabilité humaine.

La négation de cette dimension relève de ce que Popper appelle le « monisme naïf » : « Le genre de révélation sur soi-même que l'individu doit aux découvertes les plus remarquables des sciences de l'homme ne résout aucun problème éthique ou politique[26]. » Ainsi la psychanalyse, qui a été au plus loin dans ce sens, ne guérit pas plus l'homme de la croyance religieuse que le marxisme. Or la période structuraliste s'est caractérisée par la prévalence accordée aux divers déterminismes psychologiques, sociologiques et culturels. Elle a eu tendance à remplacer l'homme rationnel par l'homme psychologique, créature à la fois plus riche, mais plus dangereuse et inconstante, selon Bouveresse pour lequel Wittgenstein représente la dernière figure des grands philosophes dont « le "réalisme" ascétique, distant et implicitement ironique évoque de près l'attitude de certains sages de l'Antiquité, [...] celle qui consiste à n'accepter que le minimum de dépendance et à essayer d'acquérir le maximum de liberté par rapport aux besoins et aux satisfactions imposés[27] ».

---

25. *Ibid.*, p. 71-72.
26. *Ibid.*, p. 96.
27. *Ibid.*, p. 166.

28

De la reproduction à la régulation

Les enfants de Keynes, d'Althusser et de la crise

Du côté des économistes, le basculement décisif date de 1973. Jusque-là, les « Trente Glorieuses », comme les appelle Jean Fourastier (les « trente honteuses », selon Jean Chesneaux), ont permis à l'Occident de connaître une croissance spectaculaire depuis l'après-guerre. Soudain, la crise renverse la situation, défait les prévisions optimistes des prospectivistes et déjoue les schémas classiques d'explication ainsi que les tentatives de sortie de crise dont l'efficacité se révèle douteuse.

La crise ébranle ainsi les schémas althussériens fondés sur la *reproduction* : manifestement, celle-ci connaît des dysfonctionnements trop importants pour être perçue sans y introduire du mouvement et des contradictions. De la même manière, la crise frappe les économistes néo-classiques ; ils sont contraints de remettre en cause leur conception du marché parfait qui semblait fonctionner sans trop de heurts et constituait leur paradigme central d'analyse depuis les années cinquante. Le présupposé d'un équilibre général se déconstruit, atteint par la crise, et oblige à s'ouvrir sur des éléments exogènes. Le courant structuraliste en économie va infléchir ses orientations et passer progressivement de la reproduction à la *régulation*.

Ce courant vient entre autres du keynésianisme : « Les keynésiens du Sud s'appellent des structuralistes. La CEPAL parle de l'analyse structuraliste de l'inflation, de l'analyse structuraliste du développement[1]. » La diffusion du keynésianisme en France a été facilitée par l'influence des thèses durkheimiennes chez les économistes. Elle passe donc par l'idée de la nécessité de construire

---

1. Alain Lipietz, entretien avec l'auteur.

son objet d'analyse, de bâtir des modèles purs pour analyser la réalité économique à partir de structures qui induisent le comportement de telle ou telle catégorie d'agents, et permettent donc leur formalisation.

Mais la grille structuraliste a surtout été importée dans les sciences économiques par l'althussérisme. L'école dite de la régulation (où se retrouvent notamment Michel Aglietta, Hugues Bertrand, Robert Boyer, Benjamin Coriat, Alain Lipietz, Jacques Mistral, Carlos Ominami...) est donc issue à la fois de ce courant de pensée structuralo-marxiste, et d'une mise à distance critique des thèses althussériennes : «Nous sommes nous, régulationnistes, en quelque sorte des fils rebelles d'Althusser[2].» Alain Lipietz découvre Marx grâce à Althusser et consacre son DES à ce dernier en 1972[3]. Confronté au milieu de la décennie des années soixante-dix à la crise, il doit rectifier certaines orientations initiales pour comprendre l'évolution de la situation économique. Il va alors, lui et ceux qui vont s'organiser dans ce qu'on appellera l'école de la régulation, insister sur le caractère contradictoire des rapports sociaux de production qui entrave les mécanismes simples de reproduction, et par ailleurs prendre conscience d'un horizon mort de l'althussérisme fondé sur un procès sans Sujet.

Les régulationnistes vont se trouver devant la nécessité impérieuse de réintroduire le Sujet, ses représentations, ses stratégies à l'intérieur des mécanismes mêmes de la reproduction, au travers des cadres institués. Alain Lipietz reconnaît cependant à l'althussérisme le mérite historique d'avoir porté un coup décisif au marxisme figé, d'avoir permis de renverser le «mythe de la contradiction unique, de l'attente messianique d'une révolution par l'implacable vertu de la contradiction entre forces productives et rapports de production, intériorisée en contradiction prolétariat/bourgeoisie[4]». Le déterminisme économiciste est bousculé par Althusser, et la mise en avant du concept de mode de production comme structure articulée de trois instances est un instrument qui permet de complexifier la grille d'analyse. À ce titre, il permet avantageusement de sortir de la vulgate en usage. Mais l'althussérisme ne répond plus à l'attente des régulationnistes lorsqu'il met en avant des concepts qui décrivent une réalité essentiellement

2. A. Lipietz, «De l'althussérisme à la théorie de la régulation», CEPREMAP, intervention au Forum : The Althusserian Legacy, Stony brook, SUNY, 23-24 septembre 1988.

3. A. Lipietz, *Sur les pratiques et les concepts prospectifs du matérialisme historique*, DES, Paris-I.

4. A. Lipietz, «De l'althussérisme à la théorie de la régulation», *op. cit.*, p. 12.

statique, et lorsqu'au nom du combat contre l'historicisme, contre l'évolutionnisme, il ne permet plus de rendre compte des modalités de passage, des changements.

Le mode de production se définit essentiellement chez les althussériens par sa topique, par la reproduction des places qu'il réalise à l'intérieur de la structure, non dans le temps, mais au niveau d'un plan et d'une logique de déplacement sur celui-ci. C'est essentiellement à partir d'une critique de ces limitations que la théorie de la régulation va se définir : « Rejet de la contradiction et du Sujet : ces deux censures semblent pour l'althussérisme classique la rançon de l'émergence du concept du Reproduction[5]. »

Le régulationnisme se présente alors comme le dépassement nécessaire de l'althussérisme pour penser la crise, pour montrer que la reproduction ne va pas de soi et que si elle peut perdurer pendant une longue période, comme celle des « Trente Glorieuses », elle n'en accumule pas moins un certain nombre de contradictions qui finissent par se combiner et déboucher sur une crise. Mais Lipietz rappelle sa dette vis-à-vis d'Althusser, trop souvent traité, comme jadis Hegel, en « chien crevé » : « Malheureusement ceux qui, aujourd'hui, "oublient" Althusser, "oublient" en fait Marx, l'existence de structures d'exploitation, la pesanteur des rapports sociaux[6]. »

Au début des années soixante-dix, Michel Aglietta part pour les États-Unis dans le but de s'interroger sur ce qui fonde l'efficacité de la croissance en cours. Il se demande notamment quel peut être le mode d'action de l'État pour juguler les facteurs de crise : « Pour cela, j'ai fait un déplacement de champ. Je suis allé aux États-Unis pour faire ce travail[7]. »

Michel Aglietta cherche alors à repérer, à partir de la réalité économique américaine, les modes de coordination intermédiaires qui permettent de comprendre que l'on ne peut se contenter de juxtaposer la logique de l'État et celle du marché pour faire apparaître une structure d'ensemble. Il se lance donc dans ce qui va constituer la grande originalité de l'école régulationniste, la recherche des formes de relations intermédiaires, institutionnelles. Celles-ci recouvrent une réalité qui était envisagée d'un point de vue strictement instrumental par le keynésianisme, et était refoulée au contraire par les tenants de l'équilibre général, comme représentative d'éléments exogènes non pertinents.

Michel Aglietta fait donc entrer ce niveau des institutions qui échappait à l'axiomatique initiale à l'intérieur de la cohérence de

5. *Ibid.*, p. 33.
6. *Ibid.*, p. 49.
7. Michel Aglietta, entretien avec l'auteur.

la structure économique et sociale : « C'était la première exigence. La deuxième consistait à dire qu'il y a une efficace des groupes sociaux et non pas seulement des individus[8]. » Il intègre dans l'horizon de la pensée économique les rationalités qui résultent du comportement des agents, conçues comme actions de groupes, et non comme actions d'individus atomisés. Ces logiques laissent apparaître des niveaux de coordination, mais aussi des contradictions et des conflits d'intérêts qui introduisent un bougé constant à l'intérieur de la structure. Michel Aglietta voit bien évidemment son objet d'étude se transformer avec la crise de 1973. Lorsque son étude paraît, elle prend en compte la double réalité de la croissance et de la crise[9]. Il concevait alors cette approche régulationniste dans une situation de proximité théorique avec l'althussérisme, et une fois le livre terminé, « [je l'ai] montré à Althusser et à Balibar. Ce fut quelque chose qu'ils avalisaient assez bien. Ils se reconnaissaient dans cette démarche[10] ». Comme Alain Lipietz, Michel Aglietta était imprégné du modèle épistémologique qu'offrait l'althussérisme. Il en retenait notamment l'idée de poser les problèmes en termes de surdétermination, le fait d'envisager les structures comme des totalités articulés. Avant son départ aux États-Unis, il avait d'ailleurs mené avec Philippe Herzog un travail de recherche sur les problématiques de croissance à partir de la grille de questionnement althussérienne, adaptant à l'économie l'idée de formes intermédiaires et d'emboîtements. Plus globalement, la conjoncture structuraliste de la fin des années soixante a influencé les orientations de travail de Michel Aglietta car son objectif était aussi de comprendre comment pouvait fonctionner la diversité dans un même cadre structurel, comment les processus de régulation peuvent être différents, complexes et pourtant s'inscrire à l'intérieur d'un même système capitaliste, ce qui permettait de poser le problème des voies nationales différentes : « Les références recherchées étaient celles qui essayaient de comprendre ce qui était commun à toutes ces sociétés. L'idée de formation sociale était donc essentielle, ainsi que ce qui était transversal entre elles[11]. »

Dans cette dialectisation du singulier et de l'universel, Michel Aglietta est très attentif à l'œuvre de Georges Dumézil « parce qu'il mettait en avant le rôle essentiel des représentations[12] », et permet-

8. *Ibid.*

9. M. AGLIETTA, *Régulation et crises du capitalisme. L'expérience des États-Unis*, Calmann-Lévy, 1976.

10. Michel Aglietta, entretien avec l'auteur.

11. *Ibid.*

12. *Ibid.*

tait ainsi de percevoir au-delà de systèmes aux doctrines différentes une même forme de légitimité, relevant de l'idéologique et représentant le fonds commun de ces sociétés. Foucault aussi influença Aglietta, « parce qu'il posait des questions sur les institutions et donnait des réponses[13] ». Ce qui le séduit notamment, c'est l'attention de Foucault aux micropouvoirs, son déplacement du centre vers les périphéries, sa pluralisation d'un pouvoir multiforme qui correspond bien à la volonté d'atteindre les corps institutionnels intermédiaires des régulationnistes. Foucault permettait en outre de prendre ses distances avec « la conception fondamentaliste du marxisme[14] », et de comprendre ce mode de croissance sans heurts reposant sur un système de conciliation, de concertation des intérêts présentés jusque-là dans leur irréductible antagonisme, entre capitalistes et salariés : « C'est ce que j'ai ensuite essayé de montrer sous la forme de la compatibilité de la progression du salaire réel et de l'emploi, avec la progression du taux de profit, au niveau global de la macro-économie[15]. »

Décidément à la confluence des divers pôles de la pensée structurale, Michel Aglietta est aussi influencé par Pierre Bourdieu dont il apprécie très tôt l'orientation, dès 1963, à l'occasion de quelques conférences à Polytechnique dans lesquelles Bourdieu développait sa démarche à l'état naissant. La dimension sociologique appartient de fait à l'horizon du travail sur la régulation, qui cherche à comprendre cette conciliation entre intérêts de classes *a priori* divergents : d'où l'intérêt de Michel Aglietta pour la restructuration des groupes sociaux par leur intégration dans le salariat, dans le cadre d'un État qui développe la protection sociale, le système éducatif, l'accès à la consommation, et remodèle ainsi ces groupes en les stratifiant à partir d'un déplacement du système de règles lui-même. Ces diverses influences qui ont généré le régulationnisme apparaissent comme disparates, mais en fait, elles convergent et font partie « de cette même famille d'idées qui se donnait pour but de regarder la société en y cherchant des structures fines[16] ».

Seule science sociale à avoir réussi une formalisation aussi poussée, l'économie avait servi de modèle au point de départ du paradigme structural ; on la retrouve au point d'arrivée, bénéficiant des retombées de l'effervescence épistémologique des années soixante qui permit de voir naître une école nouvelle et dynamique avec les régulationnistes. Ces derniers permettent l'assimilation

13. *Ibid.*
14. *Ibid.*
15. *Ibid.*
16. *Ibid.*

d'une bonne partie du programme structural, à certaines conditions cependant, comme celle de la dynamisation nécessaire des structures et la réintégration des agents de l'économie, les hommes.

La double injection de l'histoire et des agents

L'école de la régulation se trouve à la croisée de trois hétérodoxies : d'abord en tant qu'héritière d'un marxisme « althussérisé » ; deuxièmement, par sa filiation keynésienne, en considérant la demande effective, en défendant une conception de la monnaie comme institution, et une conception du travail comme rapport et non comme marché ; enfin comme héritière de l'institutionnalisme. Cette généalogie est bien mise en évidence par Robert Boyer, l'un des fondateurs de l'école de la régulation, dans un bref essai qu'il publie en 1986[17]. Cet ouvrage était devenu d'autant plus nécessaire que l'école régulationniste commençait à diffuser à l'échelle internationale, tout en recouvrant des divergences d'orientations grandissantes, notamment entre ce qu'on appelle l'école de Grenoble, animée par Gérard Destanne de Bernis et le GREEC[18], souvent proche des positions du PCF, et l'école de Paris autour du CEPREMAP[19]. Robert Boyer admet d'emblée le caractère « métissé » de la doctrine régulationniste, qui doit s'adapter à un contexte et à des problèmes nouveaux. Celle-ci se distingue des doctrines de l'autorégulation du marché par son ouverture sur le social et sur l'histoire.

Il s'agit de découvrir ce qui fonde des situations stabilisées par le temps. Les quatre traits majeurs que Robert Boyer met en avant pour définir l'approche régulationniste sont, d'abord, une certaine fidélité aux questions de l'analyse marxiste dans son souci d'étudier les rapports sociaux à partir d'une vision holiste ; ensuite la reconnaissance de lois tendancielles, impliquant une certaine critique des schémas structuralistes qui immobilisent le temps ou de ceux du capitalisme monopoliste d'État de Paul Boccara ; en troisième lieu, l'attention aux formes institutionnelles comme dérivant soit du rapport marchand, soit de la relation capital/travail ; enfin, l'intérêt pour la macro-économie kaleckienne qui s'inscrit à l'intérieur du procès d'accumulation du capital.

À partir de cinq institutions retenues comme critères privilégiés

---

17. R. BOYER, *La Théorie de la régulation : une analyse critique*, La Découverte, 1986.

18. GREEC, *Crise et Régulation*, PUG, Grenoble, 1981.

19. CEPREMAP : Centre d'études prospectives d'économie mathématique appliquées à la planification.

d'étude (la monnaie, les formes de la concurrence, le rapport salarial, l'État, le mode d'insertion dans l'économie mondiale), tous
aussi variables dans le temps et dans l'espace, les modes de régulation se combinent en régimes d'accumulation et définissent aussi
des modes de développement spécifiques.

La démarche est donc particulièrement ambitieuse dans sa
volonté de saisir le jeu d'interaction entre l'économique et le social,
en partant de situations concrètes, et en resituant ces dernières dans
une perspective dynamique, avec la volonté de réaliser « l'étude
de la transformation des rapports sociaux créant des formes nouvelles à la fois économiques et non économiques, formes organisées en structures et reproduisant une structure déterminante, le
mode de reproduction[20] ».

L'althussérisme de départ, et ses concepts de mode de production, d'instances, de surdétermination, est confronté à l'historicité,
à l'histoire de longue et moyenne durée, ce qui explique que la
sortie du structuralisme permette de privilégier un dialogue et un
intérêt pour les travaux des historiens, notamment pour Fernand
Braudel : « Les travaux de Braudel sont utiles aux économistes qui
posent que le matériau historique est fondamental pour développer
la science économique[21]. » C'est le cas pour l'école de la régulation
dont la conception holiste, anthropologique, des mécanismes économiques induit la prise en compte de l'historicité, tant au plan
heuristique qu'au niveau du matériau de départ de l'analyse
conceptuelle. Son souci consiste alors à casser les systèmes ossifiés
et mécaniques, comme celui des étapes prédéterminées de la vulgate marxiste qui ne s'appuie que sur le seul état des forces productives. Mais les régulationnistes s'en prennent aussi à l'idée de
permanence des mécanismes de reproduction sur laquelle s'étaye
une approche strictement structuraliste : « La référence à différents
régimes d'accumulation évite de faire des invariants, si souvent
invoqués dans la littérature marxiste d'inspiration structuraliste[22]. »

La seconde grande ouverture des régulationnistes se situe dans
la prise en compte de la distinction entre la logique sociale
d'ensemble et celle des stratégies que déploient des groupes
sociaux. Partant de l'idée d'une cohérence de l'ensemble, celle-ci
ne doit pas occulter « la nécessité d'expliciter les médiations à
travers lesquelles se déterminent les comportements collectifs et
individuels[23] ». Les régulationnistes ouvrent donc la porte au retour

---

20. M. AGLIETTA, *Régulation et crises du capitalisme..., op. cit.*, p. 14.

21. M. AGLIETTA, « Braudel dans tous ses états », *Espaces Temps*, nᵒˢ 34-35,
1987.

22. R. BOYER, *La Théorie de la régulation..., op. cit.*, p. 47.

23. *Ibid.*, p. 43.

du Sujet, sans pour autant se faire les apôtres d'un individualisme méthodologique qui est celui de la micro-économie, très étrangère à leurs préoccupations. Il ne s'agit pas là de formaliser, de mettre en équation le comportement individuel, mais de réintroduire des agents en tant que groupes, catégories sociales porteuses de stratégies institutionnelles ou comportementales plus ou moins conscientes. Ces agents, qui vont être au centre de l'analyse régulationniste, sont étudiés notamment au travers des inflexions du *rapport salarial,* devenu l'instance privilégiée dans les transformations du mode de développement sur une longue période.

C'est en effet le rapport salarial qui sous-tend les mécanismes de régulation, et c'est lui qui va permettre de repérer les nouvelles césures dans le régime d'accumulation. Michel Aglietta montre dès sa thèse, en 1974, comment la croissance américaine de l'après-guerre s'est appuyée sur une généralisation du système fordien, soit un régime d'accumulation intensif centré sur la production et la consommation de masse, sur l'accession des salariés à l'*American way of life*[24]. Au système tayloriste de l'entre-deux-guerres succède un régime mieux régulé : le fordisme, qui va à son tour subir une crise décisive dès la fin des années soixante, sensible par le ralentissement des gains de productivité.

L'ouvrage de Michel Aglietta va avoir un rôle séminal à un moment particulièrement opportun, en 1975, où le structuralo-marxisme althussérien en est à l'heure de l'essoufflement : « En 1975-1976, Aglietta organisa la discussion de sa thèse au cours d'un long séminaire qui allait inspirer les travaux d'une équipe du CEPREMAP[25]. » Les régulationnistes vont être les meilleurs éclaireurs dans l'analyse des facteurs de crise, par leur capacité à offrir une explication à la fois multidimensionnelle et centrée sur la crise du rapport salarial[26].

Le second champ revisité par les régulationnistes est celui de la monnaie. Michel Aglietta et Alain Lipietz critiquent la sous-estimation de l'importance de la monnaie dans le marxisme traditionnel, et la négation par l'althussérisme du caractère contradic-

---

24. M. AGLIETTA, *Accumulation et régulation du capitalisme en longue période. Exemple des États-Unis (1870-1970),* thèse, Paris-I.

25. A. LIPIETZ, « La trame, la chaîne, et la régulation : un outil pour les sciences sociales », CEPREMAP, Intervention au colloque international sur la théorie de la régulation, Barcelone, 16-17 juin 1988, p. 2. Le travail d'équipe évoqué par Alain Lipietz est paru en 1977 : *Approches de l'inflation : l'exemple français,* CEPREMAP, rapport au CORDES par J.-P. Benassy, R. Boyer, R-M. Gelpi, A. Lipietz, J. Mistral, J. Munoz, C. Ominami.

26. Voir notamment B. CORIAT, *L'Atelier et le chronomètre. Essai sur le taylorisme, le fordisme et la production de masse,* C. Bourgois, 1979.

toire du rapport marchand : « Dans l'échange marchand, dans le rapport salarial, c'est bien du temps de travail qu'il s'agit d'allouer, du surtravail qu'il s'agit d'arracher[27]. »

Michel Aglietta réalise un nouveau déplacement de la démarche pour saisir la monnaie non plus seulement comme un des modes de régulation parmi d'autres, mais comme un phénomène irréductible dont on ne peut se passer : « La science économique ne s'interroge pas sur la nature des phénomènes monétaires[28]. » Il s'en prend au postulat dont il estime qu'il occulte le vécu de désordre, de violence, d'arbitraire, de pouvoir et de compromis institué par la monnaie : celui de la théorie de la valeur, avec ses deux variantes, la valeur d'usage et la valeur d'échange. « On travaillait en aval, mais avec la monnaie je ne pouvais plus, car on était au cœur des choses dès lors que l'on définissait la monnaie comme l'institution de base de l'économie et que cette institution n'était pas pensable sur la base de la logique du marché. Cela m'a amené à poser le problème de la socialisation des rapports séparés à partir d'une autre logique que celle de la valeur, la monnaie devenant le rapport fondateur[29]. » Cette re-fondation du rôle de la monnaie implique une relecture critique de l'usage qu'en a fait le néo-keynésianisme de l'après-guerre, pour lequel l'État pouvait réguler à volonté les flux monétaires par un guidage central. Michel Aglietta et André Orléan récusent tout autant la tradition libérale d'une « monnaie silencieuse » – selon les termes de Jacques Rueff –, grande muette des lois endogènes du marché.

C'est à partir de cette double insatisfaction qu'ils ont ressenti la nécessité de construire « une théorie qualitative de la monnaie[30] ». S'offre alors la possibilité d'une démarche structuraliste, qualifiée de théorie du circuit monétaire ; les auteurs admettent le progrès qu'elle représente par rapport à un point de vue naturaliste, mais ils soulignent son inconvénient majeur, celui de postuler les institutions comme des données, et donc de ne se consacrer qu'à la description d'une reproduction immuable : « Pour le structuralisme, chaque mode d'organisation sociale est entièrement défini par ses règles. Il ne tend vers rien d'autre que sa propre conservation[31]. »

La monnaie permet, pour les auteurs régulationnistes, de saisir la tension entre les logiques d'affirmation individuelle, et celles de la coordination du système, grâce à sa dualité, à son ambivalence :

27. A. LIPIETZ, *Le Monde enchanté. De la valeur à l'envol inflationniste*, La Découverte, 1983, p. 14-15.

28. M. AGLIETTA, A. ORLÉAN, *La Violence de la monnaie*, PUF, 1982, p. 12.

29. Michel Aglietta, entretien avec l'auteur.

30. M. AGLIETTA, A. ORLÉAN, *La Violence de la monnaie, op. cit.*, p. 15.

31. *Ibid.*, p. 17.

« On peut dire que par là on échappe au structuralisme d'une certaine manière en tenant en quelque sorte comme irréductible cette tension[32]. » Sur le chemin de ce déplacement théorique, les auteurs trouvent l'œuvre de René Girard « qui permet de dégager le caractère général de la violence et ses fondements. Il s'en déduit certaines similitudes éclairantes entre l'ordre marchand et l'ordre sacrificiel[33] ». L'analyse de cet objet privilégié de la science économique qu'est la monnaie se trouve donc prise dans une perspective anthropologique globale qui voit en lui l'avoir comme métonymie de l'être ; dans une relation à trois termes qui met aux prises le sujet, l'objet et le rival, selon le schéma mimétique de René Girard, moyen pour Aglietta de réintroduire le caractère conflictuel, contradictoire à l'intérieur même du rapport marchand, sans pour autant adopter l'individualisme méthodologique.

Un renouveau venu de la haute administration, marginal à l'Université

La filiation althusséro-structuraliste qui a donné naissance à la théorie de la régulation revêt une particularité qui la différencie nettement des autres sciences humaines. Elle n'affecte que marginalement l'Université, alors qu'elle est massivement représentée au cœur même de la haute administration d'État. Prenant la relève des « développementistes » de l'après-guerre qui ont lancé la planification à la française dans un cadre comptable néo-keynésien, ces ingénieurs-économistes sortent des grandes écoles (Polytechnique essentiellement, les Mines, les Ponts...), et font le choix de servir l'administration publique plutôt que le privé : « J'ai dit que nous étions les fils rebelles d'Althusser, mais aussi de Pierre Massé, grand commissaire au Plan des années soixante[34]. » La plupart des régulationnistes sont des polytechniciens : Michel Aglietta, Hugues Bertrand, Robert Boyer, Alain Lipietz, Jacques Mistral. Ils travaillent dans l'administration, à l'INSEE, au commissariat au Plan, au CEPREMAP.

Cette situation d'excentrement par rapport aux pôles fondamentaux de la vie intellectuelle les coupe quelque peu de la pluridisciplinarité, du dialogue avec les autres disciplines, et l'ouverture vers celles-ci relève davantage d'une démarche volontariste d'autodidacte que de structures transversales. C'est ainsi que le polytechnicien qu'est Michel Aglietta découvre, à la quarantaine, l'œuvre

32. Michel Aglietta, entretien avec l'auteur.
33. M. Aglietta, A. Orléan, *La Violence de la monnaie, op. cit.,* p. 21.
34. Alain Lipietz, entretien avec l'auteur.

de René Girard qui lui permet de mettre en avant l'incorporation de la violence dans la monnaie. Marc Guillaume, sorti de Polytechnique, est resté insatisfait par le savoir qui lui a été transmis : « La formation d'un ingénieur en France est de bon niveau scientifique et technique, assez encyclopédique, mais c'est un bourrage de crâne vierge de tout savoir social. Sur ce plan, l'inculture y est totale[35]. » Marc Guillaume complète sa formation d'ingénieur avec une formation d'économiste, passe l'agrégation d'économie en 1968, et ne s'ouvre qu'à partir de cette date sur l'effervescence en cours autour des idées structuralistes, de l'école de Francfort, de Marcuse...

Dans les bureaux d'études se multiplient les contrats avec le CORDES[36]. Or, dans ces équipes, le marxisme althussérien est particulièrement présent, avec le désir de réconcilier Marx et Keynes, en travaillant sur des modèles économétriques. En plus, « l'althussérisme comme structuralisme, c'est l'idéal pour faire du marxisme qui soit admissible dans l'administration. C'est tellement policé, poli[37] ». C'est ainsi que Bernard Guibert, à l'INSEE, écrit sa fresque sur l'économie française, qui va devenir la ligne officielle pour toute une partie de l'administration[38]. C'est donc autour des nécessités du Plan, de la prospective, sous l'impulsion de l'État, que les réflexions sur les modes de régulation ont pris racine, à l'intérieur même de l'administration française : « Cela nous a menés dans les années 1966-1968 aux limites du modèle d'interprétation de ces pratiques[39] », car la juxtaposition de modèles économétriques importés du monde anglo-saxon conçus pour être opératoires au plan sectoriel, appliqués pour rendre compte de l'action de l'État en termes d'action sur les structures, est alors considérée comme insuffisante par des chercheurs comme Robert Boyer, Michel Aglietta ou Philippe Herzog. « De là est partie une réflexion qui a posé des problèmes de type structuraliste[40] », récusant la dichotomie traditionnelle entre un niveau souterrain propre au marché, et au-dessus le plan des actions étatiques appropriées aux grands flux. L'objectif était au contraire de saisir les interactions entre les niveaux. C'est donc au centre même des problématiques

---

35. Marc Guillaume, entretien avec l'auteur.

36. CORDES : Comité d'organisation des recherches appliquées sur le développement économique et social.

37. Alain Lipietz, entretien avec l'auteur.

38. B. GUIBERT, *La Mutation industrielle de la France, du traité de Rome à la crise pétrolière*, « Les collections de l'INSEE », novembre 1975, La Documentation française.

39. Michel Aglietta, entretien avec l'auteur.

40. *Ibid.*

posées dans l'administration qu'est né ce courant d'analyse, dernier rejeton de l'ouverture structuraliste.

L'attention des économistes à l'effervescence structuraliste ne vient donc pas de l'Université, où la reconnaissance tardive d'une identité à part entière des sciences économiques et la coupure avec les littéraires ont favorisé retards, pesanteurs, et parfois indigence au niveau de la pensée : « On ne commence à enseigner Keynes à l'Université que dans le début des années soixante. Il est encore inconnu dans les années cinquante[41]. » L'innovation et la modernité se trouvent alors hors des cadres universitaires et de leur orthodoxie, repliées chez quelques francs-tireurs comme François Perroux, à l'ISEA[42].

Il faut attendre la génération formée après 1968 pour avoir dans l'Université française des retombées du travail théorique mené ailleurs, et voir des universitaires acquérir une compétence technique leur permettant de rivaliser avec les formations anglo-saxonnes. Ce qui va accentuer la domination des marginalistes dans l'Université française ou, pour une petite minorité d'entre eux, venir féconder, grâce à une seconde génération, les travaux des régulationnistes.

Ce qui domine dans l'économie à l'Université, c'est le souci d'avoir une science dure, formalisable. Le critère de scientificité étant les mathématiques, il n'est pas vraiment valorisant de faire de l'interdisciplinarité. En outre, il n'y a pas en France, contrairement à la situation américaine, de liaisons entre les sciences économiques et politiques. Aux États-Unis, la science politique est une science importante qui étudie les stratégies de pouvoir sous une forme très théorisée et très étroitement liée à l'économie : « C'est aux États-Unis que se développent les notions de régimes politiques vus comme modes de régulation à partir de concepts venus de la science politique : ceux de compromis, de stragégie, de règles acceptées. [...] J'utilise beaucoup cette littérature[43]. »

Certains universitaires hétérodoxes vont pouvoir acquérir une certaine influence, certes marginale, mais très vite ils seront submergés par la vague de reflux général du structuralisme autour de 1975. Le néo-marginalisme l'emportera alors partout, en ne laissant que quelques miettes pour les autres courants.

Henri Brochier, pour lequel il ne peut y avoir en économie de séparation nette avec les autres sciences humaines, a été professeur à Dauphine en 1969. C'est à cette occasion qu'il a ouvert son

---

41. *Ibid.*

42. ISEA : Institut de science économique appliquée, créé par François Perroux en 1944.

43. Michel Aglietta, entretien avec l'auteur.

séminaire sur l'œuvre de Baudrillard, de Barthes. À partir de modèles économétriques, il pouvait confronter l'étude des coefficients de corrélation entre niveaux de revenus et types de consommation, niveaux des prix et consommation, et montrer la nécessité de prendre en considération les groupes et catégories sociales, ainsi que d'autres variables, comme l'habitat, l'idéologie... Mais très vite Hubert Brochier s'aperçoit qu'il s'est fourvoyé à Dauphine en pensant que cette université pourrait être une université de sciences sociales, alors qu'il s'agissait de réaliser une business-school performante, une grande école de praticiens : «Les grands dégagements idéologiques qui ont été le fait des années 1965-1975 sont retombés un peu. Alors je me suis tourné vers l'épistémologie de l'économie[44]. »

Autre pôle des économistes en rupture : le département d'économie politique de l'université de Vincennes, animé par Michel Beaud. Mais ce département, on l'a vu, ne délivre pas de licence, et sert donc davantage de complément de formation pour d'autres départements que de centre de formation d'économistes professionnels, ce qui limite d'emblée son rayonnement.

Ces quelques francs-tireurs isolés dans le système universitaire avaient d'ailleurs déjà parlé de régulation. C'est ainsi qu'Henri Bartoli subdivisait son cours «Systèmes et structures» en 1960-1961 en une première partie sur les structures, et une seconde sur les régulations. André Nicolaï, de son côté, fondateur du département d'économie politique à Vincennes, tout en restant à Nanterre, et qui avait le projet de fonder les bases d'une anthropologie économique générale, écrit en 1962 un article pour la *Revue économique* intitulé «L'inflation comme régulation[45] », dans lequel il montre comment des rôles se reproduisent à travers les processus inflationnistes. Cette approche lui vient directement du structuralisme en anthropologie, qui le conduit à se poser la question de la positivité du phénomène inflationniste en tant que machine à reproduire et non pas seulement comme simple expression des dysfonctionnements du système : «C'est sans doute là l'influence la plus forte de Lévi-Strauss sur mes travaux, dans cette reproduction des rôles au travers des processus de régulation[46] ». André Nicolaï voit les régulationnistes avec quelques regrets pour avoir exprimé une orientation similaire à la leur à un moment où elle ne pouvait être entendue : «Les régulationnistes sont un peu une revanche pos-

44. Hubert Brochier, entretien avec l'auteur.

45. A. NICOLAÏ, «L'inflation comme régulation», *Revue économique*, n° 4, juillet 1962, p. 522-547.

46. André Nicolaï, entretien avec l'auteur.

thume[47]. » Ce qu'il a vécu à l'Université après 1968, c'est plutôt le rejet de Keynes et de Marx, le retour dès cette date à l'économie pure, avec la domination sans partage du néo-marginalisme : « Tout aspect structurel a été jeté par-dessus bord, on supposait un marché parfait[48]. » André Nicolaï ne pouvait alors que prêcher dans le désert, pris entre les tenants du néo-classicisme, d'une économie formalisée et fermée sur elle-même d'un côté, et de l'autre un courant marxiste ultra-déterministe ; il n'y avait pas alors de place pour une troisième voie entre ces deux courants.

À partir de 1975, la théorie de l'équilibre général devient sans partage le paradigme central de la science économique universitaire, sur fond de reflux du structuralo-marxisme. Les hétérodoxes cherchent à s'exprimer hors des institutions traditionnelles. Un certain nombre d'entre eux se retrouvent au sein de la revue *Critiques de l'économie politique*, publiée par les éditions François Maspero (Alain Azouvi, Hugues Bertrand, Robert Boyer, Bernard Guibert, Pierre Salama, Bruno Théret, etc.). D'autres, un peu plus tard, collaboreront au *Bulletin du MAUSS*[49], dirigé par le sociologue Alain Caillé. C'est le cas notamment d'un économiste de Paris-I, Jérôme Lallement qui, après avoir défendu des thèses althussériennes, a considéré que celles-ci conduisaient à des impasses et sont finalement « tombées en poussière[50] ». Abandonnant le structuralo-marxisme, il s'est surtout inspiré, entre 1969 et 1974, de l'œuvre de Michel Foucault, *Les Mots et les Choses*, pour repenser l'évolution de la pensée économique en termes de simultanéité et d'épistémès : « Cette idée d'épistémè a été vraiment une source d'inspiration qui m'a fait beaucoup travailler[51]. » Jérôme Lallement opère une relecture de l'évolution de la science économique autour de la notion de signe, sur le modèle de Saussure. Il repère un basculement de l'économie politique, contemporain de Saussure et de Proust, qui fait entrer la pensée dans une nouvelle épistémè, telle que la définit Foucault : « Cette épistémè du signe fonctionne comme ce que fait Saussure à partir du découpage signifiant/signifié. En économie, le signifiant étant le prix et le signifié l'utilité, ou encore, le signifiant c'est le marché et le signifié l'individu[52]. » À partir des années 1870, l'économie politique bascule donc vers une économie du signe, se construit comme une sémiologie, et n'exprime plus la réalité elle-même, le référent. Jérôme Lalle-

---

47. *Ibid.*
48. *Ibid.*
49. MAUSS : Mouvement anti-utilitariste dans les sciences sociales.
50. Jérôme Lallement, entretien avec l'auteur.
51. *Ibid.*
52. *Ibid.*

ment conclut sa thèse en expliquant l'impuissance des économistes à saisir la réalité elle-même : celle-ci est toujours en dehors de leur domaine par définition même de l'épistémologie de leur savoir. Jérôme Lallement défend sa démarche archéologique contre les histoires traditionnelles de la pensée, et rapproche les positions de Foucault de celles de Thomas S. Kuhn : « Tous deux sont relativistes ; tous deux refusent l'idée d'une vérité immuable, définitive, qui attendrait silencieusement d'être peu à peu dévoilée[53] » ; mais il accorde sa préférence au paradigme foucaldien qui s'applique, lui, aux sciences humaines et, au contraire de Kuhn, ne s'arrête pas à une sociologie de la communauté scientifique, mais vise l'acte même de connaître.

Mais si un certain nombre de ces hétérodoxes sont à l'intérieur de l'Université, ils font figure de marginaux de plus en plus perdus au milieu des marginalistes.

---

53. J. Lallement, « Histoire de la pensée ou archéologie du savoir ? », dans *Modèle économique et science sociale*, Œconomia, Cahiers de l'ISEA, série : P.E, n° 2, 1984, p. 91.

29

Une voie médiane : l'habitus

En 1975, au moment même où le structuralisme semble se dissoudre dans l'air d'un temps nouveau, Pierre Bourdieu lance une nouvelle revue, les *Actes de la recherche en sciences sociales*, dont il est le directeur, et qui poursuit l'ambition scientifique du programme structuraliste : « Le discours de la science ne peut paraître désenchanteur qu'à ceux qui ont une vision enchantée du monde social[1]. » Si Bourdieu reprend à son compte l'héritage structuraliste qui anima ses travaux jusque-là, il entame néanmoins une inflexion de son approche et prend quelques distances avec le paradigme structuraliste. Il entame une critique acerbe du structuralo-marxisme althussérien en attaquant son aristocratisme philosophique et sa négation totale du rôle des agents sociaux, qui sont réduits à l'application des systèmes de règles : « Je voulais réintroduire en quelque sorte les agents, que Lévi-Strauss et les structuralistes, notamment Althusser, tendaient à abolir, en faisant d'eux de simples épiphénomènes de la structure[2]. »

Dans les *Actes*, dès 1975, c'est Étienne Balibar qui sert de cible à Bourdieu, et c'est bien évidemment avec tout le courant althussérien qu'il règle ses comptes. Son intervention s'inscrit en continuité avec sa position durkheimienne et son souci de réaliser l'unité des sciences humaines à partir d'une sociologie émancipée de la tutelle philosophique. Il attaque violemment l'ambition de Balibar de s'instituer « en gardien de l'authenticité du message » marxiste[3], et au-delà, la position maîtresse du philosophe qui pré-

---

1. P. BOURDIEU, *Actes de la recherche en sciences sociales*, janvier 1975, n° 1, p. 2.

2. P. BOURDIEU, *Choses dites, op. cit.*, p. 19.

3. P. BOURDIEU, « La lecture de Marx », *Actes de la recherche en sciences sociales*, novembre 1975, p. 69, à propos d'É. BALIBAR : « Sur la dialectique historique. Quelques remarques critiques à propos de *Lire le Capital* », La Pensée, n° 170, août 1973, p. 27-47.

tend parler au nom de la science en qualifiant sa pratique théorique
de pratique scientifique et en éliminant ainsi par annexion ou exclusion la concurrence des sciences sociales. Pour Bourdieu, cette
position n'exprime qu'une défense purement corporatiste des privilèges liés à la légitimation ancienne du discours philosophique,
lui permettant de continuer à s'ériger en juge des critères de scientificité et en gardien du temple pour dénoncer toute forme de déviation ou de rechute : « La prêtrise dresse des catalogues de péchés[4]. »
Bourdieu dénonce chez les althussériens un *a priori* quasi métaphysique, une prétention à déduire l'événement de l'essence, et
donc une vision ontologisée du monde social qui débouche sur la
construction d'une « théodicée du théologien[5] ». Quinze ans plus
tard, Étienne Balibar estime que la violence de cette polémique
illustre surtout les logiques propres au champ académique que
Bourdieu lui-même étudiera en détail dans *Homo academicus*[6] :
« Se rend-il compte à quel point cela s'applique à lui-même ?[7] »
Cette ambition durkheimienne de Bourdieu n'est d'ailleurs pas
nouvelle puisqu'elle remonte au début des années soixante.

Le structuralisme ou comment en sortir

Ce qui, en revanche, est symptomatique de l'épuisement du paradigme structuraliste, c'est l'inflexion critique des thèses bourdieusiennes par rapport au schéma de la reproduction structurale, et sa
volonté de faire place au sujet dans les limites étroites de ce qui
le conditionne. Il récuse la représentation althussérienne hiérar-
chisée des instances du mode de production s'organisant en infra
et superstructures, mais il se démarque aussi de Lévi-Strauss qui
a été l'inspirateur essentiel de sa démarche. Il met alors au point
tout un dispositif d'analyse qui s'organise notamment autour des
notions d'habitus, mais aussi de sens pratique et de stratégie, qui
ont pour finalité de montrer que l'action n'est pas la simple exécution automatique de la règle. Grâce à cette inflexion, Bourdieu
tente de sortir des impasses où conduit la tradition structuraliste :
« Lévi-Strauss, enfermé depuis toujours dans l'alternative du subjectivisme et de l'objectivisme, ne peut apercevoir les tentatives
pour dépasser cette alternative que comme une régression vers le
subjectivisme[8]. » Bourdieu étaye le déplacement de son paradigme

---

4. *Ibid.*, p. 70.
5. *Ibid.*, p. 73.
6. P. Bourdieu, *Homo academicus, op. cit.*
7. Étienne Balibar, entretien avec l'auteur.
8. P. Bourdieu, *Choses dites, op. cit*, p. 78.

sur l'évolution même de la linguistique depuis la fin des années soixante.

Toujours très attentif à ce qui se passe hors du champ propre à la sociologie, et fidèle en cela à l'ambition transversale et globalisante du structuralisme, Bourdieu reprend à son compte la rupture chomskyenne telle qu'elle est perçue en France, soit essentiellement à partir d'une certaine confusion entre ce qu'est la grammaire générative et l'idée génétique qui renvoie à un processus de transformation, à une genèse. C'est ainsi que le Bourdieu de cette période, définissant sa démarche, exprime sa volonté « d'élaborer un structuralisme génétique[9] », et fonde une « nouvelle » orientation, non sur celle déjà mise en œuvre aux premiers temps du structuralisme par des hommes comme Jean Piaget ou Lucien Goldmann, mais sur l'apport plus récent de Chomsky. Dès 1972, Bourdieu avait ouvert son *Esquisse d'une théorie de la pratique*[10] par une citation de Chomsky. Au plan de l'influence qu'exerce sur lui la linguistique, Pierre Encrevé, sociolinguiste chomskyen, joue un rôle majeur, et leur collaboration a abouti à un paradigme commun et complémentaire. Pierre Encrevé enrichit l'orientation chomskyenne grâce aux notions bourdieusiennes de champ et d'habitus, alors que de son côté Bourdieu espère bien sortir des apories du premier structuralisme saussurien en distinguant l'équivalent chomskyen des modèles de compétence et des modèles de performance, grâce à sa notion d'habitus qui désigne un système de dispositions acquises, inculquées par le système social. Elle est à la fois « matrice de perceptions, d'appréciations et d'actions[11] ». L'habitus permet donc de dialectiser compétence et performance en rendant possible l'extériorisation de l'intériorisation, de restituer les mécanismes de reproduction, mais aussi d'envisager des stratégies portées par les agents du système qui varient selon les lieux et le moment. L'habitus est générateur, comme le modèle de compétence, de pratiques, donc d'un système de performances : « Je voulais réagir contre l'orientation mécaniste de Saussure et du structuralisme. Très proche en cela de Chomsky, chez qui je retrouvais le même souci de donner une intention active, inventive, à la pratique...[12]. »

En sociologue, Bourdieu inscrit le niveau de compétences au plan des dispositions acquises par l'expérience sociale et non à celui d'un innéisme ontologique ou biologique. Sa structure reste

9. *Ibid.*, p. 24.

10. P. BOURDIEU, *Esquisse d'une théorie de la pratique*, précédée de *Trois études d'ethnologie kabyle*, Droz, 1972.

11. *Ibid.*, p. 178.

12. P. BOURDIEU, *Choses dites, op. cit.*, p. 23.

fondamentalement sociologique, en tant qu'ici et maintenant, incarnée, incorporée à l'intérieur d'une pratique et des représentations sociales. En ce sens, l'appropriation que fait Bourdieu de Chomsky s'appuie sur une lecture qui n'a pas grand-chose à voir avec l'orientation chomskyenne elle-même, caractérisée au contraire par son a-sociologisme[13].

L'autre influence qui va permettre à Bourdieu de tenter d'échapper à l'objectivisme du premier structuralisme est la philosophie analytique. Elle permet en effet d'attribuer une place au sujet qui ne soit pas celle de la tradition métaphysique, en réfléchissant sur les actes du langage, et non plus seulement sur les règles instituées de celui-ci : « Si on lisait vraiment Austin, qui est sans doute un des philosophes que j'admire le plus, on s'apercevrait que l'essentiel de ce que j'ai essayé de réintroduire dans le débat sur le performatif s'y trouvait déjà dit, ou suggéré[14]. » L'analyse des actes de langage permet à Bourdieu de réintroduire le référent, la situation sociale concrète, mis à l'écart par Saussure, ainsi que la parole évacuée au profit d'un souci exclusif des règles propres à la langue.

Wittgenstein aura aussi alimenté l'inflexion du paradigme bourdieusien par son attention à l'univers de la nécessité, au monde institué des règles. La réponse que donne Wittgenstein, selon laquelle la nécessité n'est pas fondée sur l'adéquation des règles instituées à une réalité naturelle, mais correspond au contraire à un ensemble de pratiques humaines et trouve donc son origine dans l'institution humaine elle-même, permet à Bourdieu de construire sa théorie de l'habitus. Celle-ci tente de répondre à la double exigence de penser la nécessité de la pratique du sujet en tant que telle, et comme ayant une origine qui lui soit extérieure. On retrouve chez Bourdieu l'interrogation de Wittgenstein sur la dimension pragmatique des activités humaines, sur la question de savoir ce qui se passe lorsque l'individu suit une règle. La notion de l'habitus se propose comme réponse à cette question fondamentale.

Il s'agit d'une notion ancienne venue d'Aristote, reprise par saint Thomas d'Aquin et par le courant sociologique de Weber à Durkheim. Mais Bourdieu lui donne un autre sens que celui de la tradition aristotélicienne, pour laquelle elle relevait de la conscience et était donc une notion variable, maniable, à l'échelle de la volonté humaine. Bourdieu, au contraire, redéfinit complètement l'habitus pour en faire un paradigme évitant le recours à l'opposition entre conscient et inconscient : il permet de parler de stratégies, mais

---

13. Voir, chap. 1, « Le chomskysme : nouvelle frontière ? », p. 12.
14. P. Bourdieu, *Choses dites, op. cit.*, p. 40.

dans le sens d'intentionnalités sans intentions. Bourdieu place donc son angle d'analyse au niveau des conditions de possibilité des pratiques davantage que sur l'étude des pratiques elles-mêmes, mais il n'en adhère pas pour autant à une démarche historienne : « Sans retomber dans l'anecdote sans queue ni tête de l'histoire événementielle[15]. » Il reste donc fidèle à l'orientation structuraliste initiale, à son synchronisme et à la prévalence accordée aux entités structurantes sur les pratiques, à sa vocation nomothétique. Dans une telle approche, et contrairement au reproche que fait Lévi-Strauss à Bourdieu de réintroduire le subjectivisme, l'irrationalisme, et donc de renoncer au programme scientifique que se donnait le structuralisme, le sujet qu'il réintroduit n'a pas le libre choix de sa stratégie, il n'a pas grand-chose à voir non plus avec le sujet cartésien. Il n'est qu'à la croisée de séries causales hétérogènes qui jouent de lui et sur lui : « Le sujet n'est pas l'ego instantané d'une sorte de cogito singulier, mais la trace individuelle de toute une histoire collective[16]. » Les structures objectives sont donc totalement indépendantes de la conscience des agents. Pourtant, elles sont intériorisées par ces derniers qui, en les extériorisant, leur donnent leur pleine efficace.

À l'inverse de la critique de subjectivisme adressée par Lévi-Strauss, Raymond Boudon reproche à Bourdieu de parachever, avec sa relecture de la notion d'habitus, une représentation purement fonctionnaliste et organiciste de la reproduction sociale. L'autonomie du sujet bourdieusien n'est, au regard de Raymond Boudon, qu'illusoire : « Donc, ce n'est pas une autonomie du tout, puisque l'individu n'a que l'autonomie de se créer des illusions[17]. » Bourdieu postule des contraintes, et, selon Raymond Boudon, « on retombe dans des raisonnements de type cercle vicieux. Il y a à la fois exagération des contraintes, et l'idée absurde qu'elles viennent de la totalité sociale et des désirs qu'aurait cette totalité de se reproduire. Tout cela n'est que pure fantasmagorie[18] ».

Bourdieu, en essayant d'échapper à l'objectivisme et au subjectivisme, se situe dans une perspective de tension constante entre ces deux écueils et s'expose au double rejet de la part des structuralistes comme Lévi-Strauss et des tenants de l'individualisme méthodologique comme Boudon. Sa marge de manœuvre pour concilier legs structuraliste et problématisation des pratiques des agents est donc particulièrement étroite : « Entre le système des régularités objectives et le système des conduites directement

15. *Ibid.*, p. 61.
16. *Ibid.*, p. 129.
17. Raymond Boudon, entretien avec l'auteur.
18. *Ibid.*

observables s'interpose toujours une médiation qui n'est que l'habitus, lieu géométrique des déterminismes et d'une détermination des probabilités et des espérances vécues, de l'avenir objectif et du projet subjectif[19]. » Bourdieu ne renonce pas à la notion d'un déterminisme méthodologique qu'il continue à ériger en principe même du *Métier de sociologue*[20], lequel nécessite de placer son périscope en amont des pratiques des agents. Mais il réintègre le vécu des perceptions et des stratégies à l'intérieur d'un modèle d'analyse qui les avait évacuées : « C'est le rôle dévolu au concept d'habitus que de venir apporter une réponse à ce problème du statut du sujet[21]. »

En 1982, Bourdieu rejoint le cénacle de légitimation suprême du Collège de France, décidément haut lieu d'aboutissement de l'innovation structuraliste, grâce à Benveniste, Dumézil, Lévi-Strauss, Barthes, Foucault, Duby, Vernant. « On ne devrait pouvoir prononcer une Leçon, même inaugurale, sans se demander de quel droit. L'institution est là pour écarter ces interrogations et l'angoisse liée à l'arbitraire des commencements. Rite d'agrégation et d'investure, la Leçon inaugurale réalise symboliquement l'acte de dénégation au terme duquel le nouveau maître est autorisé à parler un discours légitime prononcé par qui de droit[22]. » Bourdieu en profite donc pour poser la question de la position du savant, engagé par une logique qui le dépasse, et qui appartient pleinement à celle de l'institution. Il rejoint le type de problématisation de Foucault sur la liaison établie entre savoir et pouvoir, et sur la nécessité de situer les lieux du dispositif discursif.

Le sociologue et l'esthétique

Trois ans avant son entrée au Collège de France, et donc sa consécration, Bourdieu fait paraître une vaste étude de critique sociale du jugement avec *La Distinction*[23]. Il confirme, à partir de cette étude minutieuse des goûts et représentations culturelles, l'inflexion entamée depuis le milieu des années soixante-dix qui illustre ce que peut être concrètement l'habitus. Il y défend une conception plus active du rôle des agents sociaux que dans *La Reproduction*. Mais si le jeu de pluralisation des stratégies est plus

19. P. BOURDIEU, *Le Sens pratique, op. cit.*, p. 88-89.
20. P. BOURDIEU, J.-C. PASSERON, J.-C. CHAMBOREDON, *Le Métier de sociologue*, Mouton-Bordas (1968) 1983.
21. P. ANSART, *Les Sociologies contemporaines*, Points-Seuil, 1990, p. 241.
22. P. BOURDIEU, *Leçon sur la leçon*, Minuit, 1982.
23. P. BOURDIEU, *La Distinction, op. cit.*

complexe, Bourdieu s'en prend à cette occasion à un tabou autrement plus fort que celui de l'institution scolaire en s'aventurant dans un domaine qui relève avant tout de la sphère privée, « des goûts et des couleurs » qui ne se discutent pas, et de la création culturelle considérée comme un au-delà des déterminations sociologiques : « La sociologie est là sur le terrain, par excellence, de la dénégation du social[24]. » Or Bourdieu tente de montrer en quoi ce domaine des goûts culturels participe à la manière dont la classe dominante impose ses manières de voir et permet de fonder la légitimité de ses goûts au travers d'un savant dispositif de distinctions de ceux-ci. Tout le domaine culturel, au sens le plus large, ethnologique, du terme, englobant les us et coutumes de chacun, devient alors un enjeu de classe, un moyen d'affirmer un rapport de pouvoir, de domination sur l'autre, notamment lorsqu'il est dans une situation de contiguïté sociale. Bourdieu reprend la notion matricielle du marxisme qu'est la notion de capital, mais cette fois pour investir le champ culturel et symbolique, et non plus le seul terrain des activités économiques. La lutte des classes est reprise à son compte par Bourdieu comme lutte de classement. L'opérateur de celle-ci en est la distinction du jugement culturel entre les divers agents sociaux, en situation de concurrence pour l'obtention de biens rares.

Bourdieu procède donc à un classement minutieux et révélateur des hiérarchisations sociales des biens culturels, envisagés du point de vue de leur capacité à être « classants ». Il considère sa vaste étude sur les variations des goûts et dégoûts comme le révélateur des processus de légitimation de la domination de classe, apportant ainsi une réponse et une critique à la position kantienne sur l'esthétique, à la *Critique du jugement* de Kant. Bourdieu poursuit donc de manière explicite la confrontation du sociologue avec la philosophie. Il considère sa position comme davantage fondée que celle du philosophe, car elle s'appuie sur un matériau scientifique, statistique. Le sociologue-roi, pour reprendre une expression de Jacques Rancière, pense pouvoir dépasser l'approche traditionnelle de l'œuvre d'art comme invention proprement et purement esthétique. Selon Bourdieu, l'analyse fondée sur l'essence de la disposition esthétique « s'interdit de lui restituer sa seule raison d'être, c'est-à-dire la raison historique qui fonde la nécessité arbitraire de l'institution[25] ». Ne considérant l'œuvre d'art qu'au strict plan de sa fonction de classement, Bourdieu renvoie l'idée de beau à « l'expression naturelle de l'idéologie professionnelle de ceux qui

24. *Ibid.*, p. 9.
25. *Ibid.*, p. 29.

aiment à s'appeler "créateurs"[26] ». Toute caractérisation esthétique
des valeurs artistiques ne serait donc, d'après Bourdieu, qu'une
forme de dénégation du rapport social incorporé à l'intérieur du
mode de classement des goûts établi.

Bourdieu ne veut donc pas voir plus de valeur dans les chansons
de Pétula Clark que dans les œuvres de Stravinski, pas plus de
qualité esthétique dans *Hamlet* que dans une comédie de boule-
vard, dans les variations Goldberg de Bach que dans les chansons
de Sheila... Le seul critère distinctif est celui qui divise les habitus
de classe et permet aux uns de faire valoir un capital culturel légitimé socialement, donc supérieur, sans que des critères esthétiques
puissent venir étayer cette supériorité.

Le mérite de Bourdieu aura été d'élargir la notion de classe qui,
selon lui, ne se limite pas à la détention des moyens de production,
mais s'étend à l'univers symbolique où la violence de la domination s'exerce tout autant et même davantage : elle procède de
manière totalement invisible, par dénégation des processus de
conditionnement et facilite la domination de ces derniers.

Bourdieu ouvre donc à un structuralo-marxisme essoufflé les
portes jusque-là inexplorées du champ culturel grâce à sa notion
d'habitus comme principe générateur de pratiques objectivement
classables : « structure structurante qui organise les pratiques et la
perception des pratiques[27] ». Il distingue au sein de la classe dominante deux principes de hiérarchisation, selon la détention du
capital économique ou du capital culturel, qui organisent celle-ci
en deux structures inverses « selon une structure en chiasme[28] »,
divisant les fractions les plus riches en capital culturel et celles qui
détiennent un capital essentiellement économique, les intellectuels
à un pôle, et les patrons d'entreprise à l'autre. Cette situation induit
un rapport différent à la culture, deux habitus inversement propor-
tionnels en termes de capital culturel et économique. Les analyses
de Bourdieu sont à chaque fois étayées par un appareil statistique
minutieux, mais aussi par des descriptions d'ordre ethnologique de
la culture matérielle de la société française tout à fait pertinentes,
comme lorsqu'il oppose le franc-manger populaire à l'usage des
formes dans la bourgeoisie, l'ascétisme des professeurs aux goûts
de luxe des professions libérales, ou lorsqu'il compare l'usage,
pour se moucher, du kleenex dans les milieux urbains, qui requiert
de la délicatesse, à celui du mouchoir en tissu, rural, dans lequel
on souffle fort d'un coup et à grand bruit.

À un sens aigu de l'observation, Bourdieu ajoute un sens litté-

26. *Ibid.*, p. 574.
27. *Ibid.*, p. 191.
28. *Ibid.*, p. 130.

raire, une minutie quasi proustienne et une causticité lucide comme lorsqu'il considère que « le petit-bourgeois est un prolétaire qui se fait petit pour devenir bourgeois[29] ». Mais cette étude des conditions sociales du jugement n'en est pas moins fortement réductrice lorsqu'elle ampute la dimension de rupture des créations artistiques, les réduisant à leur seule fonction sociale de distinction.

En pratiquant cette réduction fonctionnelle du champ culturel, Bourdieu s'expose à de sévères critiques : « Il semble bien que, derrière ses finesses, s'agite encore le fantôme d'un jdanovisme new-look[30]. » L'élargissement de la définition de ce qu'est la classe sociale de l'être en soi à l'être perçu signifierait une réification de l'œuvre d'art, une réduction de celle-ci à un simple enjeu d'ordre idéologique. Il révélerait les limites auxquelles se heurte la tentative bourdieusienne pour sortir du paradigme structuraliste, dans la mesure où son analyse critique passe par la négation de ce qui fonde l'autonomie de l'esthétique pour pouvoir mettre en place son système de classement, et faire apparaître une hiérarchisation cohérente. À ce jeu synchronique de repérage des positions de chacune des catégories dans l'espace social, c'est là encore, dans une tradition très structuraliste, le référent, en l'occurrence l'art, qui se trouve principiellement nié dans sa spécificité.

Sur le plan stylistique, *La Distinction* rejoint aussi une recherche d'ordre littéraire, celle du nouveau roman, pour casser la linéarité du récit et lui substituer la pluralité des voix. Dans le domaine de la sociologie, Bourdieu bouleverse la forme traditionnelle du récit distancié du spécialiste. Il juxtapose des commentaires théoriques au style direct ou indirect du document brut des entretiens, des photographies, des tableaux statistiques. Tout ce matériel, hétérogène dans sa forme et situé sur des registres différents, s'interpénètre et s'organise selon une composition polyphonique très travaillée par Bourdieu qui y prête grand soin : « Pour moi, la chose la plus intéressante dans *La Distinction*, c'est le bouleversement de la forme. [...] C'est un livre stylistiquement d'avant-garde, c'est-à-dire que j'ai combiné cinq ou six langages normalement incompatibles[31]. » Cet entrelacement du vécu et du concept permet l'accomplissement d'une œuvre tout à la fois sociologique et littéraire. Elle révèle encore une fois le demi-deuil difficile de Bourdieu, et de toute cette génération structuraliste, vis-à-vis de la lit-

29. *Ibid.*, p. 390.

30. J.-P. ENTHOVEN, « La comédie humaine selon Bourdieu », *Le Nouvel Observateur*, 5 novembre 1979.

31. P. BOURDIEU, « Le bon plaisir », avec P. Casanova, France-Culture, 23 juin 1990.

térature, leur volonté de faire œuvre littéraire par le biais des sciences sociales.

Les références de Bourdieu à Gustave Flaubert ou à Marcel Proust sont d'ailleurs constantes, et elles brouillent les distinctions entre les genres en illustrant un des apports majeurs de la critique structurale selon lequel on ne peut dissocier le fond de la forme. L'écriture au sens stylistique est en ce cas l'instrument essentiel pour penser un réel construit.

À la sortie de l'ouvrage, en 1979, *Le Monde* donne à l'événement un vaste écho, sur deux pages. Thomas Ferenczi voit dans l'analyse de Bourdieu une « rupture décisive », et Pierre Encrevé « un effet libérateur » comparable à celui de Jean-Jacques Rousseau avec lequel il établit un parallèle en repérant une ambition similaire de philosophe engagé dans le souci de libérer l'humanité de ses chaînes : « C'est une manie commune aux philosophes de tous les âges, écrivait Rousseau, de nier ce qui est, et d'expliquer ce qui n'est pas. *La Distinction* est un livre construit contre cette entreprise de négation du réel[32]. » L'ensemble du dossier du *Monde* est donc particulièrement laudateur, mises à part deux contributions plus critiques, celle de Jacques Laurent : « Une société coupée de son histoire », et celle de François Châtelet qui se demande : « Où est-il question de l'art ? ». Châtelet fait le constat pertinent du manque qui subsiste après cet énorme travail sociologique : « C'est en amont, du côté de la compréhension philosophique et historienne, et non en aval, du côté des classifications sociologiques, qu'on peut reformuler les interrogations sur l'art[33]. ».

Bourdieu, malgré les limites que l'on peut trouver à son approche de l'esthétique, aura néanmoins poursuivi l'effort de complexification pour échapper à une philosophie mécaniste ou finaliste. Il lui aura opposé sa notion d'habitus, très différente de la notion d'appareil des althussériens qui, elle, renvoie à une conception verticale de l'infra et des superstructures. La notion de Bourdieu permet d'avoir accès à une réalité plus riche, faite d'habitudes, de besoins, de pratiques, d'inclinations, et néanmoins articulée dans un espace à trois dimensions : verticale avec l'évaluation du capital économique, scolaire, culturel... ; structurale avec ce qui oppose dans un même champ le capital économique et le capital culturel ; et enfin la dimension de la trajectoire qui permet de réintroduire un bougé dans la structure et de traduire l'ancienneté dans la possession de ce capital économique/culturel. C'est la coalescence de ces trois dimensions qui permet de définir un habitus.

---

32. P. ENCREVÉ, *Le Monde*, 12 octobre 1979.
33. F. CHÂTELET, *ibid.*

La pratique et son sens

Peu après la publication de l'étude empirique qu'était *La Distinction*, Bourdieu fait paraître ce qui en constitue le cadre théorique avec *Le Sens pratique*[34]. Il confirme au plan théorique sa critique du paradigme structuraliste, et notamment de l'autonomisation du discours par rapport à la situation dans laquelle il s'inscrit, de la mise à l'écart de la parole ou de sa réduction à une simple exécution de règles de la langue : « L'on n'aurait pas de peine à montrer que tous les présupposés – et toutes les difficultés consécutives – de tous les structuralismes découlent de cette sorte de division originaire entre la langue et sa réalisation dans la parole, c'est-à-dire dans la pratique[35]. » Cette position aboutit à considérer le savant dans une position de stricte extériorité par rapport à son objet, alors que pour Bourdieu l'analyste-sujet de la science fait organiquement partie de l'objet de celle-ci. Le classeur est classable ; il occupe une place qu'il est illusoire de nier au nom d'un modèle où il occuperait « la position d'un Dieu leibnizien possédant en acte le sens objectif des pratiques[36] ».

Bourdieu critique par ailleurs ceux qui ont dérivé du modèle structuraliste initial en l'enrichissant d'éléments nouveaux, en l'ouvrant au contexte pour rendre compte des variations observées, des exceptions à la règle comme il a pu lui-même les observer en Kabylie, mais qui ont ainsi « fait l'économie d'une mise en question radicale du mode de pensée objectiviste[37] ».

Bourdieu propose donc une critique radicale de ce point de vue pour éviter les errements d'une conception qui partirait d'un pur sujet éthéré, sans racines, déconnecté de tout système de conditionnement. Le concept de sens pratique s'oppose ainsi autant au panlogisme structuraliste qu'à l'intuitionnisme fondé sur le seul monde des représentations : « Cette théorie de la pratique ou, mieux, du sens pratique, se définit avant tout contre la philosophie du sujet et du monde comme représentation[38]. » Au terme de règle, Bourdieu substitue la notion de sens pratique, et les règles de parenté de Lévi-Strauss deviennent des stratégies matrimoniales et des usages sociaux de la parenté. Il y a bien une tentative d'introduire un rôle plus actif des agents sociaux, mais il conserve de la démarche structuraliste le postulat de l'arbitraire culturel, de l'univers symbolique qui lui permet de réaliser la réduction de cette

---

34. P. BOURDIEU, *Le Sens pratique*, *op. cit.*
35. *Ibid.*, p. 55.
36. *Ibid.*, p. 55.
37. *Ibid.*, p. 88.
38. P. BOURDIEU, *Le Monde*, 4 mai 1980.

dimension à son seul niveau social. La conception de l'esthétique dans une telle approche reste donc fondamentalement fidèle à une perspective structurale de transposition des goûts, indéfiniment renversés, inversés selon les divers modes de régulation des schémas distinctifs.

C'est la métaphore du jeu qui tient lieu pour Bourdieu d'instrument pour échapper à l'alternative entre subjectivisme et objectivisme et pour penser la pratique : « L'habitus comme sens du jeu est le jeu social incorporé, devenu nature[39]. » Faisant de nécessité vertu, l'habitus permet de rendre adéquat le nécessaire et le désirable, de faire le deuil de l'histoire collective et du rêve des grands soirs révolutionnaires. Il est « le véritable équivalent sociologique de l'Œdipe freudien[40] ».

Le sujet bourdieusien, produit de l'habitus, présuppose implicitement, selon Alain Caillé, un travail de deuil parfaitement proportionnel à l'incomplétude de la reconnaissance sociale sous la forme du double capital économique et culturel, donc « le sujet ne serait rien d'autre que la somme de ses renoncements[41] », soit un être totalement réduit aux contraintes externes qui jouent sur ses avoirs, image inversée du sujet sartrien. Par ailleurs, selon Jacques Rancière, les résultats de l'enquête menée pour *La Distinction* sont décevants car ils ne laissent apparaître que « ce que le sociologue savait déjà[42] », dans la mesure où l'univers esthétique se réduit à un problème de distance, en l'occurence au jugement en termes de goûts pour se distinguer de l'*éthos* populaire. Le sociologue conserverait une simple logique des places en pratiquant la réduction du contenu de l'esthétique comme du contenu des débats intellectuels dans *Homo academicus*[43]. Dans ce dernier ouvrage consacré à l'étude sociologique des universitaires, le champ est strictement circonscrit par autant de coupures avec son historicité, les contenus enseignés, l'environnement politique et social, pour permettre de distinguer des habitus différents, à la fois imbriqués et en situation conflictuelle.

C'est à l'intérieur des logiques du champ lui-même que se trouve le système des contraintes qui, selon Bourdieu, éclaire les prises de positions, l'itinéraire et l'œuvre de l'universitaire ainsi objectivés. Dans cette perspective, Bourdieu travaille à sa propre objectivation en tant que participant pleinement à cet univers académique. Sur ce terrain, il peut certainement avancer vers une

39. P. BOURDIEU, *Choses dites, op. cit.*, p. 80.
40. A. CAILLÉ, *Critique de Bourdieu, op. cit.*, p. 126.
41. *Ibid.*, p. 132.
42. J. RANCIÈRE, *Le Philosophe et ses pauvres, op. cit.*, p. 271.
43. Voir chap. 6, « Le second souffle des durkheimiens : Bourdieu », p. 115.

meilleure connaissance de lui-même, de ce qui le contraint, et problématiser son propre itinéraire. Mais lorsqu'il publie en 1989 une énorme somme de six cents pages sur *La Noblesse d'État*[44] pour démontrer savamment que les grandes écoles servent à reproduire les élites de la nation, on peut éprouver le sentiment d'un épuisement cette fois manifeste d'un paradigme qui a cependant le mérite de chercher une troisième voie entre objectivisme et subjectivisme, mais sans y parvenir. Il n'échappe pas en effet à la rechute dans les schémas reproducteurs au sein desquels les agents circulent, tels des fantômes hantant le bon fonctionnement des structures qu'ils servent.

44. P. Bourdieu, *La Noblesse d'État*, Minuit, 1989.

30

L'invitée de la dernière heure :
la géographie s'éveille à l'épistémologie

Dans les grands débats des années soixante autour du paradigme structuraliste, on peut chercher longtemps, mais en vain, une discipline qui a pourtant sa place bien établie au sein des sciences sociales. Elle a même eu son heure de gloire au début de ce siècle : la géographie. Cette absence est d'autant plus surprenante que nous avons pu mesurer à quel point le structuralisme a privilégié les notions de relations en termes d'espaces, aux dépens d'une analyse en termes de genèse. À la diachronie s'est substituée la synchronie ; après la recherche des origines, on a fait prévaloir un effort cartographique, l'attention s'est déplacée vers les différents renversements effectués par le regard et l'on ne peut donc qu'être très étonné de ne pas trouver la géographie au cœur de cette réflexion des années soixante.

Le long sommeil d'une discipline sans objet

La géographie est alors assoupie dans un long sommeil, sourde à une interrogation qui aurait dû la réveiller de sa torpeur, et muette dans des temps particulièrement bavards. Cette longue absence a quelques fondements. En premier lieu, la discipline géographique continue dans ces années soixante à se définir comme une science des relations entre la nature et la culture, entre les éléments de la géomorphologie, de la climatologie... et ceux qui relèvent de la mise en valeur humaine des conditions naturelles. À cet égard, l'ambition structuraliste de fonder les sciences de l'homme sur la seule culture, modélisée par les règles du langage, est plutôt ressentie comme quelque chose d'étranger à la préoccupation du géographe qui, au contraire, fonde l'unité de sa discipline sur la corrélation entre les deux niveaux de la nature et de la culture : « Les géographes ont donc vécu cela comme quelque chose qui ne les concernait pas[1]. »

On peut même considérer que les géographes se méfiaient d'un paradigme qui risquait d'ébranler leur discipline, car si ce n'est pas la seule science humaine à être tiraillée entre nature et culture (c'est le cas aussi de la psychologie ou de l'anthropologie), elle est la seule, à l'époque, à récuser une partition possible selon ces deux domaines de son savoir.

L'autre raison de l'absence de la géographie tient à l'histoire même de cette discipline, qui a tendance à vivre dans les années soixante sur les acquis de ses splendeurs passées avec une telle assurance qu'elle est de plus en plus déphasée. Certes, la géographie eut son heure de gloire, particulièrement brillante. Elle a répondu, après la défaite de 1870, aux nécessités de la reconquête de l'Alsace-Lorraine en liant son sort à l'histoire-batailles nationale d'Ernest Lavisse, dans la perspective de la légitimité des droits de la patrie française. Le *Tableau géographique de la France* de Paul Vidal de La Blache ouvre alors la grande *Histoire de France* d'Ernest Lavisse[2].

La guerre terminée et l'Alsace-Lorraine reconquise, la géographie vidalienne va faire école en se débarrassant de cette perspective patriotique, et en se dégageant de l'emprise de l'État. Elle quitte alors le et la politique et prend la clé des champs, se met au vert. Elle redécouvre avec bonheur une France des terroirs accueillante, chatoyante dans sa diversité régionale. Dans les années 1920-1930, la géographie vidalienne se lance dans des monographies régionales ; elle se fait historienne et l'historien se fait géographe. C'est l'âge d'or de l'école géographique française, dont le rayonnement touche tout le champ des sciences sociales, ainsi que la communauté des géographes à une échelle mondiale.

À l'occasion du Congrès international de géographie qui se tient à Paris en 1931, l'heure est au triomphalisme pour cette école française de géographie qui se voit consacrée dans sa prééminence par les géographes du monde entier. Lors de la séance inaugurale, le délégué du gouvernement italien, le général Vacchelli, peut alors déclarer : « Pour me borner à l'œuvre accomplie au cours des cinquante ou soixante dernières années, ce sont plus spécialement les géographes français qui ont fait pénétrer et progresser en Europe les idées modernes en fait de morphologie, et c'est en France sur-

---

1. Daniel Dory, entretien avec l'auteur.
2. P. VIDAL DE LA BLACHE, *Tableau géographique de la France*, Hachette, 1911.

tout que la géographie humaine a reçu des directives nouvelles[3]. »
Les patrons de cette école sont alors Albert Demangeon et Emmanuel de Martonne.

Mais les géographes vont se faire capter leurs succès par les
historiens. Lucien Febvre a tout de suite compris la force d'entraînement de ces monographies. Il a ardemment défendu Vidal de La
Blache contre l'école de géopolitique allemande de Ratzel et contre
le défi lancé par les sociologues durkheimiens en 1922[4]. Lorsqu'il
fonde avec Marc Bloch la revue des *Annales d'histoire économique
et sociale* en 1929, il prend Albert Demangeon au comité de la
revue. Quant à l'orientation de la nouvelle école historique française, elle reprend pour l'essentiel le paradigme vidalien[5]. Liant
leur sort à celui des nouveaux historiens, les géographes vont se
voir voler leur dynamisme propre, qui va tout entier bénéficier aux
seuls historiens.

Aux lendemains de la guerre et dans les années soixante, les
grandes monographies régionales sont celles des historiens :
Emmanuel Le Roy Ladurie, Pierre Goubert, Georges Duby...
Même si l'institutionnalisation de la discipline géographique progresse en ces années cinquante-soixante, elle reste liée structurellement à l'histoire et, dévitalisée, elle ne fait que gérer l'héritage
vidalien caractérisé par son naturalisme, la prévalence accordée
aux permanences, son caractère monographique et contingent, ainsi
que son souci de rester une écriture littéraire. Les deux orientations
majeures des études géographiques françaises restent situées dans
le cadre régional et privilégient l'étude des paysages. N'ayant pas
tiré toutes les conséquences de la disparition du déterminisme, les
géographes pratiquent alors essentiellement le plan à tiroirs et se
contentent de juxtaposer au nom d'une synthèse idéale les éléments
du relief, du climat, de la population, des réseaux urbains ; le tout
dans des monographies dont la visée essentielle n'est pas vraiment
problématique, mais vise seulement l'exhaustivité. Cette géographie traditionnelle va se concilier avec une approche marxienne
qui réalise une percée dans l'après-guerre, avec le rayonnement
que vont connaître un certain nombre de géographes communistes
Pierre George, Jean Dresch, élus à la Sorbonne, et Jean Tricart à
l'université de Strasbourg. Mais, marqués par la géographie traditionnelle et prisonniers de son empirisme, ces géographes ne réussiront pas à secouer leur discipline et à l'ouvrir à un questionnement épistémologique sur ses fondements ou à des dialogues

---

3. Général Vacchelli, cité par Ph. PINCHEMEL, *La Recherche géographique
française*, Comité national français de géographie, 1984, p. 11.

4. L. FEBVRE, *La Terre et l'évolution humaine*, A. Colin, 1922.

5. Voir F. DOSSE, *L'Histoire en miettes, op. cit.*

théoriques interdisciplinaires. D'autant que la conjoncture de la guerre froide et du stalinisme était peu propice au désenclavement de ces géographes communistes enfermés dans la tour d'ivoire de leur double certitude : celle d'un matérialisme historique d'un côté, et de l'autre un savoir empirique étayé sur les grandes œuvres du passé, sans compter quelques traditions jdanoviennes comme celle dans laquelle succomba le géographe Jean Tricart lorsqu'il opposait la géomorphologie marxiste à la géomorphologie bourgeoise de ses prédécesseurs[6].

Il y eut certes quelques timides tentatives de débats qui ont vite avorté, comme celle du colloque tenu par les géographes communistes à Ivry les 28 et 29 juin 1953[7], mais la révolution épistémologique souhaitée ne s'est pas produite. Quant à la génération formée par Pierre George, Bernard Kayser, Raymond Dugrand, elle n'a pas réussi non plus à soulever les montagnes et à désenclaver un savoir géographique resté très régional, périphérique, sinon méprisé dans l'univers universitaire et intellectuel des années soixante.

L'essoufflement de la géographie s'accélère alors d'autant plus vite qu'elle perd son objet privilégié avec cette France des terroirs qui se modernise à pas cadencés. Il faut trouver la voie du salut et certains géographes vont alors saisir dans l'ouverture sur l'étranger la possibilité du renouvellement de leur discipline : « Jusqu'en 1968, la plupart des collègues étaient sincèrement persuadés qu'il n'y avait pas hors de France de géographie digne de ce nom[8]. » Mais des contacts vont enfin se nouer entre la géographie française et l'anglo-saxonne, notamment grâce à des géographes francophones de Suisse, du Canada et de la Belgique. Dans cette diffusion de ce qu'on appellera la nouvelle géographie, Paul Claval va jouer un rôle important[9].

Cette nouvelle géographie rompt avec la description de la génération précédente. Elle ne se pense plus comme genre littéraire pour gagner ses galons comme science. Elle se tourne vers les disciplines économiques et sociales ayant avancé de leur côté sur la voie d'une conceptualisation de l'espace qui devient alors l'objet privilégié de la discipline. Dans le même souci de scientificité, les géographes veulent s'appuyer désormais sur un matériau quantifié,

6. J. TRICART, « Premier essai sur la géomorphologie et la pensée marxiste », *La Pensée*, n° 47, mars-avril 1953, p. 62-72.

7. Voir J. SURET-CANALE, « Géographe, marxiste », dans *Espaces Temps, Espace/Marxisme*, n°s 18-19-20, 1981, p. 15.

8. P. CLAVAL, « Contemporary Human Geography in France », *Progress in Geography*, n° 7, p. 250-279.

9. P. CLAVAL, *La Nouvelle Géographie*, « Que sais-je ? », n° 1693, PUF, 1977.

sur des sources statistiques solides, et ils espèrent beaucoup des techniques quantitatives pour le renouvellement de leur discipline : « Le néo-positivisme à la mode dans les sciences sociales remplace donc le positivisme du début du siècle[10]. » La géographie vida-lienne, essentiellement concentrée sur le monde rural, agricole, devient caduque par l'évolution même de la société. Les nouveaux géographes adaptent donc leurs méthodes d'approche à un monde devenu urbain, mobile, objet d'une transformation en accéléré. À la description, au sens du concret, du visible, les nouveaux géo-graphes opposent la nécessité de scruter le non-dit, l'implicite, le caché : « Aucun géographe ne se limite plus aux aspects visibles de la réalité[11]. »

C'est de cette nouvelle orientation de la géographie qui situe la discipline au cœur des sciences sociales, appartenance jusque-là récusée, que va venir le renouvellement progressif de la discipline dans les années soixante-dix. Certes, Pierre Gourou avait depuis 1960 participé en temps que géographe tropicaliste à l'aventure de l'anthropologie structurale, en participant avec Lévi-Strauss à la revue *L'Homme*. Mais il avait fait figure d'exception. Pour l'essen-tiel, la géographie était restée coupée des sciences sociales. Son objet, récupéré par la nouvelle histoire, avait disparu ; il ne restait plus qu'une institution disciplinaire déboussolée, et d'autant plus crispée sur elle-même que le moindre défi aurait provoqué sa dis-parition subite.

Un réveil tardif

Le réveil de la discipline géographique est progressif à partir du début de la décennie. L'ouverture sur les mathématiques va peu à peu susciter des interrogations d'ordre épistémologique. En 1971, de jeunes géographes du sud-est de la France décident, devant l'insuffisance de leur formation en mathématiques et en informa-tique, de mettre en commun leurs connaissances. Ils constituent un groupe de travail au patronyme bien français, le groupe Dupont, dont la notoriété n'atteindra certes jamais celle du groupe Bour-baki, mais dont le travail sur la quantification va vite déboucher sur une réflexion théorique en termes de formalisation mathéma-tique. Puis, « il s'est agi petit à petit d'épistémologie[12] ». Les

10. P. CLAVAL, « Mutations et permanences », *Espaces Temps*, n°s 40-41, « Géographie, état des lieux. Débat transatlantique », 1989.

11. R. BRUNET, 1972, cité par Ph. PINCHEMEL, *La Recherche géographique française*, Comité national français de géographie, 1984, p. 16.

12. Ch. GRATALOUP, *Espaces Temps*, n° 4, 1976, p. 49.

réunions du groupe dans la capitale du Comtat Venaissin firent de
ces géographes les Dupont d'Avignon. En 1972, outre la tenue à
Besançon du premier colloque de mathématiques appliquées à la
géographie, et la publication d'un ouvrage de réflexion sur la discipline[13], une nouvelle revue de géographie voit le jour avec
L'Espace géographique. Son titre révèle la vocation de la nouvelle
géographie à s'installer grâce au concept d'espace au cœur des
sciences sociales.

Signe révélateur de cette opinion tout à fait nouvelle, et qui
rompt avec cette indétermination de la géographie tiraillée entre
sciences de la nature et sciences humaines : lorsque le philosophe
François Châtelet publie en 1973 le dernier tome de son *Histoire
de la philosophie* consacré à *La Philosophie des sciences sociales*,
il fait appel à Yves Lacoste et accorde donc une place à la géographie auprès de la psychologie, de la sociologie, de l'ethnologie,
de l'histoire et de la linguistique. « Le désenclavement commence
avec l'excellent article de Lacoste paru dans l'encyclopédie de
Châtelet[14]. »

Yves Lacoste ne cache pas l'état de la crise que connaît le
discours géographique traditionnel, son inaptitude à la réflexion
théorique et son entêtement à soutenir fièrement un état d'esprit
volontairement terre à terre, en prenant soin d'éviter toute forme
d'abstraction. Lacoste constate que la pratique des géographes ne
correspond plus à leur projet unitaire dans la mesure où les uns se
spécialisent en géographie physique lorsque les autres s'engagent
dans la voie de la géographie humaine, sans pour autant s'interroger sur cette contradiction qui dévoile « le caractère fallacieux
du projet de géographie unitaire[15] ». Il ridiculise avec humour et
pertinence le caractère tristement énumératif, simple catalogue de
la Redoute débité selon un éternel plan à tiroirs, du savoir géographique, dit de synthèse. À l'interface de nombreuses disciplines,
le géographe est appelé à utiliser les données de celles-ci sans
s'interroger sur leur validité. L'état des lieux laisse apparaître un
tel vide théorique qu'on peut même s'interroger sur la disparition
possible d'une discipline qui a perdu son objet, et qui est dépourvue
de méthode : « La géographie est entrée dans le temps des craquements[16]. »

Lacoste considère que le sursaut ne peut provenir d'une simple

13. *La Pensée géographique contemporaine*. Mélanges offerts au professeur
A. MEYNIER, Presses Universitaires de Bretagne, 1972.

14. Jacques Lévy, entretien avec l'auteur.

15. Y. LACOSTE, « La géographie », dans F. CHÂTELET, *Histoire de la philosophie. La Philosophie des sciences sociales*, Hachette, 1973, p. 247.

16. A. MEYNIER, *Histoire de la pensée géographique en France*, PUF, 1969.

formalisation mathématique du savoir géographique et que les géographes ne pourront faire l'économie de la construction de leurs concepts sur le modèle épistémologique, préconisé par Bachelard : « Il faut réfléchir pour mesurer et non pas mesurer pour réfléchir[17]. » Lacoste entrevoit les portes du salut pour la géographie en replaçant l'étude méthodique des espaces au sein des fonctions qu'y exerce l'appareil d'État, et rappelle à cet égard le rôle des géographes allemands du XIXe siècle dans la mise en place d'une géopolitique dont l'utilisation fut portée à son paroxysme sous Hitler, ce qui a contribué au discrédit de cette option dans l'après-guerre. Il préconise la définition de différentes échelles de conceptualisation avant de penser à les articuler, de distinguer l'espace en tant qu'objet réel, et l'espace en tant qu'objet de connaissance. Sur ce point, comme sur celui de la liaison nécessaire entre théorie et pratique politique, la référence épistémologique essentielle de Lacoste est Althusser, cité explicitement[18], et qui sert manifestement de modèle épistémologique pour repenser ou penser l'espace. La géographie aura donc été le dernier continent à être influencé par l'althussérisme.

De son côté, poursuivant collectivement cette réflexion sur la géographie, le courant modernisateur, dénommé désormais « Géopoint », réunit son premier colloque en 1976 sur le thème : « Théories et géographie », accueilli par l'université de Genève[19]. Le milieu des géographes commence donc à s'agiter dans les années soixante-dix, même s'il ne faut pas croire que toute la discipline prend le chemin de la rénovation. Jacques Lévy se souvient du moment où, passant l'agrégation de géographie en 1974, il s'est entendu reprocher par le jury de ne pas avoir fait assez chanter la carte, de ne pas avoir été assez lyrique. Il n'entendra parler du terme de structure à un niveau institutionnel pour la première fois qu'après avoir passé son agrégation, en 1975, à l'occasion d'un séminaire réservé à des étudiants déjà bien avancés dans la maîtrise de leur discipline, animé par des universitaires en marge, et dans le cadre d'une université périphérique pour les géographes, Paris-VII : « L'intitulé du séminaire était : "Structures, systèmes et processus". On le surnommait : "Structures et machins" pour dire qu'il s'agissait de choses abstraites et incontrôlables. Il était animé par

---

17. G. BACHELARD, *La Formation de l'esprit scientifique*, PUF (1938), p. 213.

18. Y. LACOSTE, « La géographie », *op. cit.*, p. 282.

19. Ce colloque tourne autour de quatre communications : S. Gregory : « Théorie géographique et méthodologie statistique » ; C. Tricot : « Les mathématiques en géographie : recherche d'une structure descriptive cohérente » ; C. Raffestin : « Problématiques et explication en géographie » et J.-B. Racine : « Discours idéologique et discours géographique : un nouveau débat ».

François Durand-Dastès et Roger Brunet[20]. » Plus que le structuralisme qui était à ce moment en état de moribond, c'est le systémisme qui connaît alors une vogue certaine chez les géographes, notamment après la parution en France de la *Théorie générale des systèmes*[21].

On retrouve le principe d'immanence du structuralisme ainsi que l'idée de l'interdépendance des éléments, et leur nécessaire appréhension à partir d'une logique d'ensemble, globale. Mais, à la différence du structuralisme, le modèle vient ici des sciences de la nature et non plus des sciences humaines, de la linguistique. Il part du postulat de la complexité du réel et de l'impossibilité d'isoler un nombre restreint de variables, ce qui oblige à prendre en charge la totalité des mécanismes en relation, sur le modèle de lois proches de la thermodynamique. Le systémisme offre l'avantage d'un paradigme qui permet de chercher les interrelations, les actions et rétroactions, et donc de dépasser le descriptivisme ambiant de la corporation des géographes traditionnels. Il permet aussi de sauver le caractère unitaire de la géographie en présupposant que tout se tient. Entre autres prolongements, le systémisme aura des effets du côté de l'ouverture vers des préoccupations centrées sur l'écosystème, l'écologie : « Là, les géographes étaient tout à fait à l'aise, du moins pour ceux qui pensaient que la nature avait un rapport avec leur discipline[22]. » Cependant, construit sur le modèle de la cybernétique, le systémisme ne débouche pas plus que le structuralisme sur une analyse en termes de dynamique.

Hérodote

C'est dans ce climat de réceptivité qu'Yves Lacoste intervient doublement en 1976 et réalise une percée significative en posant de la dynamite sous les assises lézardées de la géographie traditionnelle, celle des professeurs. Il publie la même année, *La géographie, ça sert, d'abord, à faire la guerre*[23], et lance aux Éditions Maspero une nouvelle revue, *Hérodote*[24], au sous-titre significatif de la rupture qu'il réalise avec le passé de la discipline : « Straté-

---

20. Jacques Lévy, entretien avec l'auteur.

21. L. VON BERTALANFFY, *Théorie générale des systèmes*, Dunod (1954) 1973.

22. Daniel Dory, entretien avec l'auteur.

23. Y. LACOSTE, *La géographie, ça sert, d'abord, à faire la guerre*, PCM, Maspero, 1976.

24. HÉRODOTE ; directeur : Yves Lacoste ; secrétariat de rédaction : Michel Abhervé, Olivier Bernard, Jean-Michel Brabant, Béatrice Giblin, Maurice Ronai.

gies, géographies, idéologies ». Lacoste prend pour cible l'énumé-
ration descriptive de la géographie universitaire. Il lui oppose
l'usage efficace que font les pouvoirs tant sociaux que politico-
militaires de l'espace, et la manipulation exercée sur ceux qui se
trouvent pris dans des stratégies qu'ils subissent sans en connaître
les tenants et les aboutissants. Son dessein essentiel est de rendre
visible les stratégies occultées qui ont l'espace pour enjeu, de montrer en quoi il y a enchevêtrement de différents ensembles spatiaux
dans des cohérences non perçues.

Lacoste rappelle à cet égard l'origine militaire de l'utilisation
du savoir sur l'espace, les cartes d'état-major, et ouvre sur toute
une perspective fructueuse de réhabilitation de la géopolitique,
jusque-là discréditée. À partir d'une démarche essentiellement critique, il entreprend une démystification qui doit donner naissance
à un vrai savoir stratégique réapproprié par ceux qui subissent les
divers modes de domination de l'espace social. Cette dimension
politique, occultée traditionnellement dans la géographie vidalienne, doit redevenir l'horizon d'étude du géographe pour percevoir et analyser les zones de crise, de tension, et contribuer ainsi
à leur intelligibilité. À cet égard, Lacoste oppose à la prévalence
vidalienne pour les phénomènes de permanence, autour de la notion
de paysage hors du politique, la nécessité de comprendre les turbulences nées de la modernisation avec ses phénomènes d'accélération dans la transformation des divers espaces, en bref une géographie de la crise : celle qui traduit les dégradations de la
biosphère, la dégradation des potentialités vivrières, l'explosion
démographique, l'engorgement urbain, l'accentuation des inéga-
lités, l'affrontement des puissances.

L'analyse de tous ces phénomènes implique un regard différen-
tiel selon les échelles envisagées entre le local et le planétaire. Elle
ouvre sur une macro-géographie des territoires qui dépasse la tradition monographique régionale si puissante en France. Au cœur
de la question politique, *Hérodote* n'en ouvre pas moins sur les
diverses articulations de l'espace social. Lacoste entend retracer
les logiques d'espaces manipulées par les états-majors modernes
que sont les grandes firmes multinationales pour dresser la carte
de leurs réseaux, l'articulation entre leurs lieux d'assemblage,
l'emplacement de leurs divers centres de production en sous-trai-
tance afin de restituer les logiques sous-jacentes de l'exploitation
économique.

Il vise d'abord à redonner quelque vitalité à une géographie qui
semblait moribonde, et inscrit son projet dans le cadre plus global
d'une collaboration active avec d'autres sciences sociales appelées
à nourrir cette réflexion nouvelle sur l'espace. C'est ainsi que le
groupe de discussion d'*Hérodote* est composé de géographes, mais

aussi d'ethnologues, d'urbanistes, de philosophes, de journalistes. *Hérodote* reprend donc le projet critique du paradigme structuraliste sur le déclin, et les stratégies revisitées doivent permettre de décrypter le troisième terme du sous-titre de la revue : les idéologies.

On reconnaît là encore une influence althussérienne diffuse, point de passage vers une réflexion épistémologique sur ce qui fonde le discours géographique. Le premier numéro de la revue comprend même une contribution passionnante, nourrie de sémiotique, de références à Christian Metz, à Algirdas-Julien Greimas... sur la notion de paysage[25]. L'autre retombée du structuralisme sur la discipline géographique passe par l'influence qu'a exercée Foucault sur l'équipe d'*Hérodote*, qui perçoit bien dans l'œuvre du philosophe toute une réflexion sur le regard, sur les dispositifs et logiques déployés dans l'espace, et l'invite à répondre aux questions des géographes dans le numéro inaugural de l'aventure d'*Hérodote* : « Le travail que vous avez entrepris recoupe (et alimente) en grande partie la réflexion que nous avons engagée en géographie, et de façon plus générale sur les idéologies et stratégies de l'espace. En questionnant la géographie, nous avons rencontré un certain nombre de concepts : savoir, pouvoir, science, formation discursive, regard, épistémè, et votre archéologie a contribué à orienter notre réflexion[26]. »

Lacoste, qui appartient à cette génération de géographes formée par Pierre George, a pu sortir de l'économicisme teinté de marxisme d'une géographie essentiellement descriptive grâce au contexte collectif de l'université de Vincennes de l'après-68, grâce au bain structuralo-marxiste qui y régnait et qui permit d'ouvrir la géographie à un dialogue théorique avec François Châtelet, Michel Foucault et les althussériens en général des divers départements de Vincennes-la-structuraliste. Il était temps que la géographie bouge, avant que les bulldozers ne viennent raser les dernières traces de l'ébullition de cette période.

Espaces Temps

L'autre fait symptomatique du réveil de la géographie est la joute que va engager une poignée de jeunes géographes contestataires à la section d'histoire-géographie de l'ENSET[27] contre la

---

25. M. Ronai, « Paysages », *Hérodote*, n° 1, 1976.

26. « Questions à Michel Foucault sur la géographie », *Hérodote*, n° 1, 1976, p. 71.

27. ENSET : École normale supérieure de l'enseignement technique.

géographie traditionnelle. Ils vont rejouer, à partir d'un cadre plus étroit et plus périphérique, la bataille qui s'est produite à une plus large échelle chez leurs aînés dans les années 1966-1968 à la Sorbonne contre les humanités classiques, au nom de la science. Avec un temps de retard là encore, les géographes vont eux aussi vivre la contestation venue de jeunes chercheurs désireux, comme leurs aînés des années soixante, de plus de rigueur, et insatisfaits du savoir qu'on leur offrait. Rien ne prédestinait pourtant l'ENSET de Cachan de devenir un lieu d'agitation ou d'innovation, mais la somme de quelques hasards va en faire le foyer d'émergence d'une revue qui va vite se propulser comme le support d'une autre géographie, *Espaces Temps*.

Au point de départ, un modeste Bulletin de la section histoire-géographie de l'ENSET, simple expression de la convivialité chère aux géographes qui prennent le goût de vivre et de travailler ensemble à l'occasion des excursions sur le terrain. Mais ce bulletin trimestriel a tout de suite dépassé ce cadre très traditionnel pour manifester l'insatisfaction vis-à-vis du savoir géographique enseigné : « En passant l'agrégation avec Christian Grataloup, nous avons été dégoûtés de la géographie, et on cherchait une occasion de le manifester d'une manière ou d'une autre[28]. »

Le premier Bulletin de la section histoire-géographie va paraître en octobre 1975 sous le titre, *Espaces Temps*[29]. Il va bénéficier d'un écho qui dépasse la modestie du projet initial puisque Maurice Le Lannou lui consacre sa chronique dans *Le Monde* sous le titre provoquant : « Des géographes contre la géographie[30] ». Certes, ce n'est pas pour dresser un panégyrique des positions des jeunes iconoclastes, mais tout au contraire pour s'indigner de leurs « outrances », tout en leur reconnaissant « une part de vérité ».

Le responsable de la paisible section d'histoire-géographie de l'ENSET, Albert Plet, commence à prendre peur devant tant de bruit. Pour prévenir tout retour de bâton de la part de l'institution des géographes, il réagit vivement à la lecture du projet du second numéro d'*Espaces Temps*, notamment devant la virulence des critiques formulées contre le *Dictionnaire de géographie*, paru sous la direction de Pierre George. Albert Plet alerte la direction de l'ENSET et en définitive le numéro, déjà imprimé, n'est pas autorisé à sortir. L'article incriminé, signé par Jacques Lévy, « Le dictionnaire d'une géographie », prenait l'ouvrage dirigé par Pierre

---

28. Jacques Lévy, entretien avec l'auteur.

29. *Espaces Temps*, n° 1 ; comité de rédaction : J.-P. Burdy, A. Bidaud, Ch. Grataloup, M. Hours, B. Judic, J. Lévy, Y. Lévy-Piarroux, J.-L. Margolin, J.-F. Martini, C. Virole.

30. M. Le Lannou, *Le Monde*, 8-9 février 1976.

George comme symptôme de ce qu'était devenue la discipline géographique : un mélange savant d'anecdotes, d'érudition, d'empirisme et de vide théorique : « C'est par l'abondance de termes techniques ou étrangers que le *Dictionnaire* espère rattraper son indigence scientifique. On ne peut décemment en vouloir à un livre, à une matière qui vous aura au moins appris ce qu'est un "Miombo" et un "Igniambrite". Ainsi le bric-à-brac généralisé caractéristique de l'ouvrage doit-il être considéré comme un obstacle et un masque. [...] Comme les foules cachent souvent une infinité de solitudes, l'abondance des matériaux peut dissimuler leur néant intérieur[31]. »

Bloquée au niveau de l'ENSET, c'était le plus sûr tremplin pour la revue afin de sortir du cadre confidentiel d'un bulletin de section ; elle n'avait pas d'autre solution. Les membres de la revue battent campagne, recueillent de nombreuses signatures au bas d'une pétition de protestation, reçoivent des soutiens importants comme celui de Milton Santos. Au terme d'un compromis, *Espaces Temps* peut enfin reparaître ; ce n'est plus le Bulletin de la section de l'ENSET, mais une revue indépendante qui change donc de nature.

Une ligne d'intervention est alors définie et donne lieu à la publication d'un manifeste dans le numéro 4, en 1976 : « Penser la géographie ; réfléchir l'histoire ; intervenir sur l'enseignement ; interroger les sciences sociales[32] ». L'orientation est clairement de faire participer la géographie à l'aventure des sciences sociales au travers de l'approfondissement de la notion d'espace social, devenu pierre d'angle de l'entreprise : « Nous voulons que l'étude du temps social et de l'espace social participe, à sa place légitime, au mouvement contemporain des sciences humaines[33]. » Les auteurs de la revue ont donc l'intention de désenclaver le savoir géographique pour l'ouvrir aux avancées réalisées par les sciences sociales voisines. Ils veulent se situer à l'interface des diverses disciplines et pour ce faire, ils jugent indispensable un détour vers une réflexion d'ordre épistémologique, théorique : « Nous intéressant à la philosophie si éloignée jusqu'ici de la géographie, nous voulons savoir ce qu'est une science[34]. »

C'est à partir de ce détour jugé incontournable que l'on peut percevoir les échos à retardement des interrogations épistémologiques des années soixante et notamment à l'influence des thèses althussériennes. La référence d'*Espaces Temps* au marxisme est

---

31. J. Lévy, *Espaces Temps*, n° 2, 1976, p. 22.
32. Manifeste, *Espaces Temps*, n° 4, 1976, p. 3.
33. *Ibid.*, p. 5.
34. *Ibid.*, p. 7.

explicite comme « guide en somme pour la pratique scientifique[35] », et cette référence doit servir à libérer le savoir géographique de son contenu idéologique pour permettre l'ancrage solide de la discipline géographique comme science.

On reconnaît là, dans cette perspective re-fondatrice, le travail impulsé dans les années soixante par les althussériens dans le sens du déplacement des frontières disciplinaires et de critique des faux-semblants, afin de faire émerger la science, la théorie, après la réalisation de la coupure épistémologique, déjà repérée à l'intérieur de l'œuvre de Marx, et que les géographes d'*Espaces Temps* espèrent bien saisir aussi, mais à l'intérieur du savoir géographique. Althusser a donc beaucoup compté, là aussi, même si nous sommes à l'époque de l'autocritique de son théoricisme : « Pour moi, Althusser a été une médiation vers l'épistémologie française : Bachelard, Canghuilhem et même Durkheim[36]. » Cette dimension du détour nécessaire par rapport à l'objet, la nécessité de construire de manière rigoureuse a inspiré ces jeunes géographes qui se sont faits les partisans d'une interdisciplinarité dans laquelle leur discipline devait reprendre pied, mais non une interdisciplinarité molle, genre baquet, comme l'appelait Lacan, où chacun peut venir boire ou manger : « On a appliqué la formule de Jaurès à propos du patriotisme et de l'internationalisme. Un peu d'interdisciplinarité éloigne des disciplines ; beaucoup y ramène. L'intérêt de celle-ci est dans son caractère conflictuel[37]. » Ce qui néanmoins différencie *Espaces Temps* de l'inspiration althussérienne, c'est la volonté de ne pas se limiter à « penser la géographie », mais d'essayer de la faire, de se confronter au terrain, alors qu'Althusser se cantonnait à sa position de philosophe critique, au-dessus de la mêlée, n'assignant pas vraiment de place aux sciences sociales qui par principe, d'après lui, étaient incapables de réaliser une quelconque coupure épistémologique à l'intérieur de leur corpus de savoir. Mais la référence althussérienne, que ce soit par les textes d'Althusser, d'Étienne Balibar ou ceux de Michel Pêcheux, de Michel Fichant ou de Pierre Raymond[38], guide les pas théoriques de la revue *Espaces Temps* dans la quête difficile de l'objet propre de la géographie défini comme espace social qui doit devenir le creuset de toute étude dans une perspective qui se veut essentiellement « scientifique », à la différence d'*Hérodote* qui préfère à la catégorie de science celle de « savoir penser l'espace ».

35. *Ibid.*, p. 8.

36. Jacques Lévy, entretien avec l'auteur.

37. *Ibid.*

38. P. RAYMOND, *Le Passage au matérialisme, op. cit.* ; *Matérialisme dialectique et logique, op. cit.*

La formalisation graphique : la chorématique

Une autre filiation a renouvelé le savoir géographique et provient plus directement encore du bouillonnement structuraliste des années soixante, c'est la réflexion et la pratique sur l'usage de la graphique en géographie. Dans ce domaine, essentiel, de la cartographie, de la représentation des diverses formes du réel, l'initiateur a été Jacques Bertin, directeur du Laboratoire de graphique à l'EHESS. Il est donc plongé au cœur même des sciences humaines dans un haut lieu de la réflexion structurale sur les divers modes d'écriture en ces années soixante. Il publie en 1967 *Sémiologie graphique*[39]. Bertin considère dans cet ouvrage-manifeste la représentation graphique comme transcription de signes et en déduit que « la représentation graphique est une partie de la sémiologie, science qui traite de tous les systèmes de signes[40] ».

Tentant ainsi de faire participer à la géographie dès 1967 à l'ensemble de réflexions sémiologiques, Jacques Bertin ne sera pas vraiment entendu sur le moment, compte tenu de la situation d'enclavement de la discipline géographique. Il sera alors surtout utilisé par les historiens, comme Pierre Chaunu ou Fernand Braudel. Bertin préconise une formalisation du discours géographique qui passe donc par la strict séparation du contenu (l'information) et du contenant (les moyens du système graphique). À la manière des sémioticiens littéraires, Bertin délimite, comme Christian Metz pour sa grande syntagmatique du film narratif, un nombre limité de huit variables pertinentes situées sur deux plans distincts. Il envisage donc la graphique comme un langage, sur le modèle de la linguistique structurale.

L'image est conçue et construite comme une structure. De cette réflexion a émergé une pratique, celle d'une cartographie plus analytique que descriptive qui fonctionne à l'EHESS comme production de services rendus aux sciences sociales, mais qui n'est plus vraiment un lieu de production d'idées, de problématiques. Le processus technique a pris le pas sur la création, sur la théorie.

Bertin aura prêché dans un certain désert dans les années soixante, mais ses orientations ont été reprises et systématisées par Roger Brunet qui a fait rebondir cet axe réflexif en 1980[41], autour de la notion de chorème qui est le pendant géographique de la notion de phonème pour la linguistique structurale, comme la plus petite unité de valeur distinctive qui permet de décrire le langage

---

39. J. BERTIN, *Sémiologie graphique*, Mouton, 1967.

40. *Ibid.*, p. 8.

41. R. BRUNET, « La composition des modèles dans l'analyse spatiale », *L'Espace géographique*, 1980, n° 4.

graphique autour de structures spatiales élémentaires : « On a là, sans doute, le point d'aboutissement d'un long cheminement dans la géographie pour relier son versant idiographique (les espaces sociaux décrits) et sa pente nomothétique (produire des principes généraux d'organisation des espaces des sociétés)[42]. » Le vaste chantier des cartes chorématiques étant aussi indéfini que la grammaire du même nom, on mesure à quel point les géographes qui ont pris le chemin de la formalisation structurale sur le tard n'ont pas encore épuisé sa fécondité.

---

42. Ch. GRATALOUP, « L'explorateur et le missionnaire », *L'Homme et la Société*, nᵒˢ 95-96, 1960, p.14.

31

Le retour du refoulé : le sujet

Dialogique et pragmatique

Le sujet avait disparu de la problématisation des sciences humaines, entre autres sous l'impulsion d'un modèle linguistique qui en avait écarté la pertinence pour mieux fonder sa scientificité. Or, cette même linguistique s'oriente de plus en plus dans les années soixante-dix vers une réintroduction du refoulé de son champ d'investigation. Ce retour au sein même d'une discipline qui jouit encore d'un grand prestige va accélérer le processus au terme duquel le sujet, l'individu vont pouvoir être de nouveau problématisés. On se souvient que très tôt déjà, dès 1966, Julia Kristeva avait introduit dans le séminaire de Barthes l'idée d'intertextualité, de dialogique, en exposant l'œuvre de Mikhaïl Bakhtine.

Cette présentation de Bakhtine sera reprise plus tard par un autre sémiologue d'origine bulgare, Tzvetan Todorov, qui va infléchir radicalement ses positions dans la fin des années soixante-dix, à partir de la lecture systématique de toute l'œuvre de Bakhtine. L'occasion en est un projet d'étude pour restituer à l'œuvre de Bakhtine une cohérence que ne permettait pas jusque-là d'atteindre la dispersion de ses écrits, publiés dans des traductions disparates, ce qui donnait une impression floue à ses concepts en langue française. L'ouvrage paraît en 1981[1] : « J'ai eu l'ambition très humble de produire un texte auxiliaire, une sorte d'introduction à la pensée de Bakhtine, mais celle-ci, au fur et à mesure que je la connaissais mieux pour la présenter, m'influençait en profondeur[2]. » Il est étonnant de constater que le processus d'implication et de transformation du lecteur vécu par Bakhtine lorsqu'il a étudié l'œuvre de Dostoïevski s'est reproduit pour Todorov dans sa lecture de Bakhtine. C'est ce phénomène d'interaction entre l'objet d'étude et le

---

1. T. TODOROV, *M. Bakhtine, le principe dialogique*, Le Seuil, 1981.
2. Tzvetan Todorov, entretien avec l'auteur.

sujet de celle-ci qui donne lieu au concept de dialogique. Il provoque une rupture décisive avec la mise à distance et la normalisation de l'objet linguistique jusqu'alors en usage dans le structuralisme.

C'est désormais le dialogue entre le lecteur et l'auteur qui fait sens, et qui ouvre donc le champ de l'étude littéraire ou idéologique sur un horizon beaucoup plus vaste que le simple décryptage de la cohérence interne d'un texte. Todorov, s'appuyant sur Bakhtine, replace le projecteur sur le contenu du dire, sur la réception de celui-ci par le lecteur, et non plus exclusivement sur les diverses manières de produire du sens.

Ce sont les enjeux du sens qu'il faut discerner, et seule la dialogique peut en rendre compte. Ce qui va surtout déterminer chez Todorov une rupture avec le formalisme de la première période, et un souci de réintroduire une réflexion sur le sujet et le sens, c'est son cheminement politique. Sa fascination pour le formalisme dans les années soixante tenait pour l'essentiel à une réaction de rejet par rapport à ce qui se pratiquait dans son pays d'origine, la Bulgarie, à savoir l'histoire littéraire purement événementielle, totalement extérieure aux textes eux-mêmes : « Dans cette situation, j'éprouvais le besoin de compléter ce qui manquait le plus et d'insister sur le point aveugle des études littéraires[3]. » Par ailleurs, dans le contexte stalinien d'un dogmatisme idéologique implacable qui était la grille de lecture obligée de tout texte littéraire, il y avait chez Todorov la volonté de se soustraire à cette emprise pesante, en se réfugiant à l'intérieur du texte lui-même, de ses catégories grammaticales, de son rythme, à un niveau le plus éloigné possible de la chape de plomb idéologique qui pesait sur les études littéraires.

Ce désir d'échapper au politique et à l'idéologie a changé chez Todorov qui s'assimile vite à la France, prend la citoyenneté française, et adapte alors ses positions à une autre réalité, démocratique celle-là : « J'ai commencé à découvrir que l'on pouvait influencer le cours des choses autour des années 1978-1980, et cette découverte d'un autre rapport au politique m'a fait sentir qu'un changement de perspective s'imposait[4]. » Si Todorov ne renie pas alors les acquis importants d'une réflexion qui a permis de mieux lire un texte, d'en mieux saisir la construction, il prend ses distances par rapport à ce qu'il ne considère pas comme une fin en soi, mais un simple instrument pour avoir accès au contenu, à la signification elle-même.

Partant du principe que le chercheur en sciences humaines est

3. *Ibid.*
4. *Ibid.*

fondamentalement impliqué par son objet, c'est désormais de cette implication qu'il faut partir, selon Todorov. C'est ce qu'il réalise en orientant ses travaux, à partir de la fin des années soixante-dix, et sous l'influence des thèses bakhtiniennes de la dialogique, vers l'étude de la dialogique, vers l'étude de la pluralité des cultures, de l'unité de l'espèce humaine, de l'altérité.

Ce travail aboutit à deux œuvres, l'une en 1982 et l'autre en 1989[5], qui permettent à Todorov de mener un dialogue avec la tradition littéraire française dans sa perception de l'altérité, et de la même manière de revivre, en s'impliquant, la conquête de l'Amérique : « Je veux parler de la découverte que je fais de l'*autre*[6]. » Le sens de cette conquête n'est perceptible que comme réalité inter-subjective. Elle se dévoile dans cette incapacité des Occidentaux à découvrir les Américains sous l'Amérique ; ce qui relève tout à la fois d'une révélation et d'un refus de l'altérité. De leur côté, les Indiens, qui envisagent leur rapport au monde comme point d'abou-tissement de tout un système de signes et qui sont plus attentifs à une communication entre eux et le monde qu'à la dimension inter-humaine de ces rapports, ont un mode de communication « qui est responsable de l'image déformée qu'auront les Indiens des Espagnols[7] ». Si les Espagnols gagnent, c'est avant tout, selon Todorov, parce qu'ils privilégient cette communication inter-humaine qui fonde leur supériorité, mais cette victoire est amère car elle se paie au prix fort du sacrifice d'une dimension essentielle, celle du rapport au monde dans la civilisation occidentale : « En gagnant d'un côté, l'Européen perdait de l'autre ; en s'imposant sur toute la terre par ce qui était sa supériorité, il écrasait en lui-même sa capacité d'intégration au monde[8]. »

Todorov restitue cette stratégie minutieuse de conquête de Cortès, qui ne s'applique pas tant à prendre à l'autre qu'à comprendre l'autre pour mieux asseoir sa domination et mieux détruire ce qu'il représente. Cortès parvient ainsi à une bonne compréhension de la société aztèque et à une bonne maîtrise de son système de signes. C'est grâce à cette maîtrise qu'il assure, à la tête d'une poignée de conquistadores, le contrôle sur le plus grand empire d'Amérique centrale.

Todorov n'en revient pas pour autant à une histoire tradition-nelle, purement événementielle de la conquête. Il reste dans la perspective d'une étude des systèmes symboliques à partir d'une

---

5. T. TODOROV, *La Conquête de l'Amérique*, Le Seuil, 1982 ; *Nous et les autres*. Le Seuil, 1989.

6. T. TODOROV, *La Conquête de l'Amérique*, op. cit., p. 11.

7. *Ibid.*, p. 81.

8. *Ibid.*, p. 102.

réflexion sur le signe, sur la sémiotique, mais en replaçant celle-ci à l'intérieur de son cadre contextuel et dialogique : « Le sémiotique ne peut être pensé hors du rapport à l'autre[9]. » À l'horizon de cette réflexion, Todorov participe à une préoccupation éthique, dont les textes et l'histoire ne sont que les supports, pour faire advenir une ère nouvelle : celle d'une communication entre les hommes qui permettrait de dépasser l'antagonisme conflictuel entre le même et l'autre, vieux comme l'humanité, en fondant les bases d'une nouvelle harmonie : « Je suis à la recherche, même si cela peut paraître prétentieux et comique, d'une espèce de sagesse[10]. »

Pour cela, Todorov, en tant qu'individu, refuse désormais d'oblitérer la dimension du « Je » pour mieux s'immerger à l'intérieur des récits passés de l'histoire littéraire et idéologique, afin de mener avec eux ce dialogue qu'il espère générateur de l'harmonie souhaitée. Ce tournant radical de Todorov par rapport à sa première phase formaliste rejoint en fait en grande partie les positions de celui qui était pourtant présenté comme l'adversaire du structuralisme dans les années soixante, Paul Ricœur, et son herméneutique.

Le retour de la littérature sur la linguistique

Le concept de dialogique, né de la critique littéraire, va pénétrer le champ de la linguistique où il va être utilisé comme instrument opérationnel. Il est la manifestation éclatante du renversement en cours puisque jusque-là c'était la linguistique qui alimentait la réflexion de la nouvelle critique littéraire. Ainsi, dans le domaine linguistique, Oswald Ducrot va utiliser la notion de dialogique dans sa réflexion sur les actes de langage, à propos de la pragmatique : « On voit même s'opérer une espèce de symbiose entre le champ de la linguistique et le champ littéraire[11]. » Dans *Les Mots du discours*[12], Oswald Ducrot avait déjà analysé les connecteurs argumentatifs, le rôle des petites unités langagières qui induisent un certain nombre de positions argumentatives et font ainsi pression sur l'interlocuteur. Dans une perspective similaire, cette fois imprégnée par la notion de dialogique, Ducrot écrit *Le Dire et le Dit*[13], dans lequel il utilise les conceptions polyphoniques de Bakhtine

9. *Ibid.*, p. 163.
10. Tzvetan Todorov, entretien avec l'auteur.
11. Alain Boissinot, entretien avec l'auteur.
12. O. DUCROT, *Les Mots du discours*, Minuit, 1980.
13. O. DUCROT, *Le Dire et le Dit*, *op. cit.*

dans une optique cette fois proprement linguistique[14]. À la différence de Todorov cependant, Ducrot ne conçoit pas son approche
pragmatique du langage comme une rupture par rapport à ses
positions saussuriennes, structuralistes : « J'ai l'impression d'être
tout à fait structuraliste dans ce que je fais. [...] Quand je fais une
pragmatique intégrée, je voudrais qu'elle soit tout aussi structurale
que la syntaxe ou la phonologie qui se faisaient dans les années
cinquante[15]. » Dans ce cas, la pragmatique ouvre sur un horizon
d'étude ignoré jusque-là, le sujet, mais celui-ci reste par principe
une abstraction formelle interne aux conventions langagières.

La théorie de l'énonciation, dans la filiation de Benveniste, prend
son envol dans les années quatre-vingt. Elle restitue au sujet une
place majeure dans la réflexion linguistique. C'est ainsi que
Michelle Perrot, historienne à Paris-VII, siégeant dans un jury à
l'occasion d'une thèse de linguistique sur le langage des femmes,
soutenue par Marina Yaguello[16], sera très étonnée et captivée
devant l'évolution de la linguistique, notamment par sa prise en
compte de l'énonciation, à partir des questions de genre, et sur la
diversité des pratiques langagières : « Je me suis rendu compte
qu'il y avait une tout autre linguistique qui n'était plus du tout
celle que j'avais connue[17]. »

Des recherches très poussées dans le sens de la formalisation
comme celles de Maurice Gross révèlent, de leur côté, qu'à partir
de l'observation systématique des propriétés des verbes français,
par leur probabilité d'occurence dans tel ou tel contexte, on peut
déduire, tout en se limitant à une centaine de constructions possibles, qu'aucun des 8 000 verbes étudiés n'est comparable aux
autres : « On a donc une sorte de vertige quand on s'aperçoit que
notre cerveau est capable de faire fonctionner des milliers de verbes
appartenant à la même classe syntaxique, la classe des verbes, avec
des propriétés qui font que chaque verbe est, dans la pratique,
unique[18]. » Ce constat de Maurice Gross ébranle l'idée même de
structure avec ses notions de classe et de substitution dans un axe
paradigmatique. En partant de la comparaison des propriétés, on
se situe dans de l'hétérogène, et cette perspective met en cause le
généralisable.

Même le générativisme chomskyen s'interroge aujourd'hui, avec
Nicolas Ruwet, sur un statut indispensable à accorder au sujet, au

14. Notamment : O. Ducrot, « Esquisse d'une théorie polyphonique de
l'énonciation », *ibid.*, p. 171-233.
15. Oswald Ducrot, entretien avec l'auteur.
16. M. Yaguello, *Les Mots et les Femmes*, Payot (1978), 1987.
17. Michelle Perrot, entretien avec l'auteur.
18. Marina Yaguello, entretien avec l'auteur.

sens, dans le champ des études sur la syntaxe : « Chez Chomsky, il y a quelque chose qui me gêne depuis une dizaine d'années, c'est l'articulation entre la syntaxe formelle et les problèmes de sens[19]. » Nicolas Ruwet ne s'en tient donc plus aux processus innéistes des structures du cerveau pour régler les problèmes que pose la syntaxe : « On est confronté à des choses beaucoup plus subtiles qui font appel au sens et qui sont des questions de pragmatique[20]. »

Il travaille ainsi sur des problèmes où la question du sujet intervient au premier plan, comme sur la distinction entre le sujet de conscience et les différents sujets impliqués dans une proposition, celui qui parle et celui dont on parle. Il en est ainsi de l'usage du pronom « en » dans la proposition : « Pierre pense que Marie en est amoureuse », on ne peut pas dans ce cas renvoyer l'amour que porte Marie à Pierre : « Cela tient au fait que des éléments comme "en" ne peuvent pas renvoyer au sujet conscient, au sujet de la proposition où l'on trouve : "en", qui exprime un contenu de conscience [...]. On ne peut faire une grammaire de "en", sans tenir compte de cela. C'est une des grosses difficultés de la grammaire générative depuis une dizaine d'années[21]. »

Le succès des recherches sur l'énonciation est tel qu'il atteint également le noyau dur de la sémiotique de l'école greimassienne de Paris. Si elle n'ébranle pas Greimas lui-même, elle a provoqué ses foudres lorsqu'un de ses disciples fidèle, et organisateur depuis le premier jour de l'École de Paris, Jean-Claude Coquet, s'est rendu responsable d'un crime de lèse-majesté en publiant en 1987 un numéro des *Actes sémiotiques* où, tout en reconnaissant le mérite de Greimas pour avoir joué un rôle fondateur dans la création d'une sémiotique « objectale », il vante les mérites d'une autre sémiotique, « dans la lignée de Benveniste », qu'il qualifie de « subjectale[22] ». Greimas, directeur de la revue, préférera saborder celle-ci plutôt que de couvrir de son autorité une direction de recherche qu'il persiste à considérer comme relevant de la métaphysique. Le carré des sémioticiens greimassiens s'en trouvera réduit d'autant.

Dans ce numéro, Jean-Claude Coquet rappelait les bases de la sémiotique objective telle que l'avaient définie Algirdas-Julien Greimas et Joseph Courtès en 1979[23], incarnée par le « il » qui en

19. Nicolas Ruwet, entretien avec l'auteur.

20. *Ibid.*

21. *Ibid.*

22. J.-Cl. Coquet, « Linguistique et sémiologie », *Actes sémiotiques*, IX, 88, 1987.

23. A.-J. Greimas, J. Courtès, *Sémiotique. Dictionnaire raisonné de la théorie du langage*, Hachette, 1979.

est l'emblème. Elle devient, selon Greimas, « à côté du cheval, une des plus grandes conquêtes de l'homme[24] ». Le sujet n'a plus dans cette sémiotique de statut particulier. Il est réduit à figurer un opérateur de transformations. Alors que « dans une sémiotique "subjectale", chaque discours est centré[25] ». Le travail de Benveniste invite donc à revisiter le schéma actantiel de la sémiotique objectale si l'on admet que chaque discours est centré[26]. Jean-Claude Coquet réévalue totalement l'apport décisif de Benveniste pour le travail du sémioticien, grâce à la diversification et à la définition qu'il donne des instances de discours et à la réflexion très précoce, engagée dès l'après-guerre, sur ce qu'est un sujet, articulé à une action, notamment dans un ouvrage paru en 1948[27]. Coquet annonce donc, lui aussi, les termes d'un tournant majeur lorsqu'il conclut : « Hjelmslev et Greimas ont élaboré des esquisses de ce que pouvait être une théorie sémiotique générale. L'importance de leur œuvre a pendant un temps laissé dans l'ombre toutes les tentatives de mettre en place une sémiotique du discours. Avec Benveniste et la lente prise en compte de ses propositions par les chercheurs, surtout à partir de 1970, cette sémiotique "subjectale" pouvait, mieux, a pu se constituer[28]. »

L'intersubjectivité

La dimension de l'intersubjectivité, de la dialogique permet par ailleurs de saisir les limites de la démarche structurale de Martial Guéroult dans le domaine de l'histoire de la philosophie. Guéroult avait construit toute une méthode d'élucidation des textes philosophiques conçus comme autosuffisants, et coupés de leur contexte, de tout parasitage extérieur pour mieux faire valoir leur cohérence et architecture interne.

Or, cette approche, fondée sur ce type de réduction, peut aboutir à de graves erreurs d'interprétation. Il en est ainsi selon Alexis Philonenko à propos de l'analyse de la *Doctrine de la science* de Fichte[29]. Philonenko reproche à Guéroult de reconduire l'interpré-

24. A.-J. GREIMAS, cité dans « Biobibliographie », *Recueil d'hommages pour A.-J. Greimas*, Amsterdam, 1985, p. LXVIII.

25. J.-Cl. COQUET, « Linguistique et sémiologie », *loc. cit.*, p. 13.

26. J.-Cl. COQUET, *Le Discours et son sujet*, Klincksieck, 1984.

27. E. BENVENISTE, *Noms d'agent et noms d'action en indo-européen*, Maisonneuve, 1948.

28. J.-Cl. COQUET, « Linguistique et sémiologie », *loc. cit.*, p. 20.

29. M. GUÉROULT, *Études sur Fichte*, Aubier-Montaigne, 1977 ; A. PHILONENKO, *L'Œuvre de Fichte*, Vrin, 1984.

tation hégélienne de Fichte et de soutenir le caractère inconsistant de son idéalisme. Guéroult, qui conçoit cette œuvre fichtéenne dans sa clôture, perçoit une contradiction entre l'idéalisme ontologique affirmé par Fichte dans la première partie, théorique, de la *Doctrine de la science,* dans laquelle il réduirait le monde au moi, à la pensée, à la conscience toute-puissante, et une seconde partie, pratique, dans laquelle il saisirait le monde comme l'horizon de l'action, ce qui présuppose l'idée de la réalité du monde, et donc une conscience fondée sur son extériorité. Guéroult en conclut à l'incapacité structurelle de Fichte à fonder l'action de l'idéalisme pratique à partir de ses bases théoriques.

Or, Philonenko déplace l'angle de l'analyse de Guéroult en montrant que le premier principe de la *Doctrine de la science* n'est pas, selon Fichte, l'exposé de la vérité, mais en fait la vérité enveloppée dans l'erreur. Elle est la première illusion transcendantale que le philosophe doit justement déconstruire pour atteindre la vérité. Les divers états de conscience ne dérivent donc pas d'un moi au pouvoir illusoire selon Fichte, mais tout au contraire de la déconstruction de celui-ci. Si Philonenko peut ainsi percevoir différemment le propos de Fichte, c'est parce qu'il déroge au principe de clôture du texte sur lui-même postulé par Guéroult, ce qui lui permet d'éclairer la *Doctrine de la science* par d'autres textes de Fichte. Il procède ainsi à un élargissement du corpus pour y trouver une cohérence qui n'est plus alors celle de la composition strictement systématique telle que la conçoit Guéroult.

La différence d'interprétation vient donc fondamentalement de l'idée même de clôture du texte que défend Guéroult, pour lequel les objets philosophiques n'existent que par eux-mêmes, hors de toute sollicitation extérieure, alors que l'intelligibilité de la philosophie fichtéenne présuppose un rapport dialogique avec son œuvre. Or, c'est ce que postule Fichte comme base même de sa démarche : « Dans la préface à la *Doctrine de la science,* Fichte écrit que la compréhension de celle-ci suppose le libre pouvoir de l'intuition interne. On peut l'interpréter de différentes manières, mais cela veut d'abord dire que la lecture ne sera pas une lecture morte ou purement esthétique, et que l'on ne pourra pas suivre le processus décrit de validation, puis de déconstruction, et enfin de reconstruction de la vérité sans en même temps être changé soi-même[30]. » Cette vérité peu à peu dévoilée dans ce parcours philosophique doit donc être réappropriée par le lecteur, par l'historien de la philosophie. Elle est une conquête qui n'est jamais close et qui ouvre sur l'indéfini de l'interprétation et sur une relation de communauté, d'intersubjectivité.

---

30. Jean-Christophe Goddard, entretien avec l'auteur.

De son côté, Joëlle Proust, qui ne renie pas la fécondité de la méthode structurale, et notamment l'accent mis sur la rigueur, la littéralité, la textualité, et considère le discontinuisme mis en œuvre dans l'histoire de la philosophie et des sciences par Guéroult, Goldschmidt, Bachelard et Canguilhem comme pertinent et fructueux, n'en perçoit pas moins ses limites au niveau de l'articulation des systèmes entre eux : « Quand on veut comprendre ce qui fait qu'un philosophe s'intéresse à un autre philosophe, on est bien obligé de sortir un peu du fait que chaque système serait une entité fermée sur elle-même avec des significations à usage interne[31]. » Reposant le problème des filiations dans l'histoire de la logique, Joëlle Proust fait l'hypothèse qu'il y a d'autres types de structuration des textes que celle que l'on met en évidence au moyen de leur analyse structurale. Ce niveau d'articulation différent révèle des questions et des structurations transystématiques qui renvoient à une communication entre les systèmes.

Joëlle Proust rouvre donc le champ de l'analyse vers l'historicité des textes, qu'elle renvoie pour l'essentiel à une même réalité cognitive, fondement d'une espèce de réalité transtextuelle : « S'il fait sens de comparer le Beau chez Platon et le Beau chez quelque contemporain aujourd'hui, c'est bien qu'il y a une espèce de structure sous-jacente commune à ces deux concepts[32]. » Pour avoir accès à celle-ci, elle préconise de dépasser l'idée de clôture de Guéroult, et de discontinuisme de l'épistémologie des sciences, en introduisant un nouveau concept, celui de topique comparative. À une première étape de repérage de l'organisation formelle de l'œuvre philosophique doit donc succéder une seconde étape, celle de l'interprétation qui « consiste à s'attaquer aux conditions topiques de l'intertextualité[33] ». Cette perspective permet de faire dialoguer les textes et les systèmes entre eux pour mettre en valeur les singularités de chacun, ainsi que les invariants structuraux qu'ils véhiculent. Elle ouvre donc là aussi sur une dialogique en matière de recherche de vérité philosophique : « La topique comparative a l'ambition très lointaine de contribuer à rappeler que l'histoire de la philosophie n'est pas un mausolée[34]. »

---

31. Joëlle Proust, entretien avec l'auteur.

32. *Ibid.*

33. J. Proust, « Problèmes d'histoire de la philosophie : l'idée de topique comparative », dans le *Bulletin de la société française de philosophie*, juillet-septembre 1988, p. 92.

34. *Ibid.*, p. 98.

Roland Barthes : les plaisirs de soi

Le retour du sujet permet à Roland Barthes de se débarrasser de sa carapace théoricienne qui l'empêchait de laisser libre cours à son plaisir d'écriture. Il décide de trancher dans le vif à l'intérieur même de la tension qui le traversait jusque-là entre l'homme de science et l'écrivain, en choisissant cette fois clairement le second personnage. Après avoir défendu le plaisir du texte en 1973, il fait un pas de plus vers la subjectivation de son mode d'écriture en se prenant lui-même pour objet, dans une autobiographie toutefois non linéaire, faite d'une collecte d'informations partielles et éparses qui sort des canons habituels du genre. Il lui substitue des « biographèmes ». Mais si la forme reste fidèle à une certaine déconstruction, le retour sur soi, l'exposition de ses affects, de ses souvenirs, l'image de ses proches révèlent à quel point le retour du refoulé est spectaculaire : il touche en effet un auteur qui avait été un des plus farouches théoriciens de la non-pertinence de ce niveau d'analyse.

Ces « biographèmes » tracent aussi les lignes de fuite d'une écriture romanesque non encore pleinement assumée. À cet égard Barthes nous informe, en une autre occasion, sur le sens qu'a pour lui toute entreprise d'ordre biographique : « Toute biographie est un roman qui n'ose pas dire son nom[35]. » Lorsque paraît en 1975 son *Roland Barthes par Roland Barthes,* l'écrivant fait donc place à l'écrivain. Certes le sujet-Barthes s'expose à la troisième personne, sous la forme du « il » qui maintient une distance entre le scripteur et son objet. Mais il laisse apparaître des fragments essentiels de lui-même ; il se livre à ses lecteurs, à la communication intersubjective, source d'amour plus que de structure. D'ailleurs, « structuraliste, qui l'est encore[36] ? » se demande-t-il. Certes Barthes ne dévoile qu'une partie de lui-même : sa maladie, sa cure, le sana, sa scolarité. Le sujet qui doit transparaître se veut avant tout effet de langage, plus que référence à une nature extratextuelle. Il doit donner lieu à un effet Barthes, image mouvante, source polyphonique de multiples compositions et recompositions dont seules quelques indications sont données pour une partition qui se veut avant tout libre, ouverte sur l'indéfini des interprétations.

Le sujet Barthes se donne surtout à voir par l'exposition de son corps, sous forme de photographies mais aussi par l'exposé des manifestations de celui-ci, comme la migraine : « La division

---

35. R. BARTHES, *Tel Quel,* nº 47, 1971, p. 89.

36. R. BARTHES, *Roland Barthes par Roland Barthes,* Le Seuil, 1975, p. 121.

sociale passe par mon corps : mon corps lui-même est social[37]. » Le corps joue le rôle d'un « mot-mana », insaisissable, multiforme, polymorphe ; il est le signifiant qui occupe la place de tout signifié. Barthes rappelle à cette occasion qu'il y a corps dans corpus. Ce sujet qui fait retour grâce à l'écoute de ses manifestations corporelles manifeste une nouvelle phase dans l'itinéraire barthésien qu'il expose lui-même en différenciant quatre étapes dans son œuvre[38] : la mythologie sociale, la sémiologie, la textualité, qui font place en 1973-1975 à la moralité dont l'inspirateur est Nietzsche : « Toujours penser à Nietzsche[39]. »

Lorsque paraît l'ouvrage, Maurice Nadeau redouble l'effet de surimpression pour brouiller encore davantage les pistes esquissées par ces « biographèmes », en demandant à Barthes lui-même de rendre compte de son propre livre dans *La Quinzaine littéraire* sous le titre : « Barthes puissance trois[40] ». Cet ouvrage constitue un événement car il livre au public quelques traits significatifs de celui qui a été à la fois le plus adulé de la geste structuraliste, et le plus réservé de la tribu sur lui-même, mais il est aussi et surtout le symptôme du tournant radical qui, en cette année 1975, entraîne l'ensemble du monde intellectuel loin des rivages de la scientificité et le rapproche d'une quête de soi. C'est avant tout en ce sens que la publication de Barthes fait événement. *Le Monde* lui consacre deux pages et Jacques Bersani qui se demande : « Où en est Barthes ? » répond avec justesse : « À lui-même[41]. »

Ce passage à la littérature, à la revendication subjective qui s'écarte des ambitions de scientificité des sciences humaines, est enfin accompli, en 1977, lorsque Barthes publie *Fragments d'un discours amoureux*. Certes, l'ouvrage résulte encore d'un séminaire tenu à l'École des hautes études sur les diverses formes de discursivité autour du thème de l'amour, à partir d'un texte tuteur, archétype de l'amour-passion, le *Werther* de Goethe. Mais, au-delà de cette confrontation universitaire sur une durée de deux ans, c'est surtout la projection de sa propre subjectivité sur son objet, et l'effet de rétro-action de cet objet sur lui-même qui intéresse Barthes : « J'en arrivais même à mêler des figures qui venaient de ma vie aux figures de *Werther*[42]. » À partir de ce constat personnel et

---

37. *Ibid.*, p. 128.

38. *Ibid.*, p. 148.

39. *Ibid.*, p. 164.

40. R. BARTHES, « Barthes puissance trois », *La Quinzaine littéraire*, 1er-15 mars 1975.

41. J. BERSANI, *Le Monde*, 14 février 1975.

42. R. BARTHES, propos recueillis par J. HENRIC, *Art-Press*, mai 1977, repris dans *Le Grain de la voix, op. cit.*, p. 266.

qui rejoignait une tendance similaire chez tous les auditeurs du séminaire, Barthes renonce à l'idée de faire paraître un traité sur le discours amoureux, et décide d'écrire lui-même, en assumant la subjectivité du propos, un « discours d'un sujet amoureux. Il y a eu un renversement », et non un livre sur le discours amoureux[43]. Le sujet l'emporte donc, et il est explicitement question ici d'un sujet singulier qui n'est autre que Barthes lui-même. Il assume cette fois le « Je », même si celui-ci est bien évidemment une composition, un montage qui ne se livre pas comme l'expression du seul Roland Barthes, tout en portant fortement son empreinte, comme dans l'écriture romanesque, cette fois revendiquée par Barthes : « Le rapport entre l'auteur et le personnage qui est mis en scène est de type romanesque[44]. » Barthes reste cependant fidèle à son penchant pour une écriture fragmentée, et ne prétend nullement renouer avec l'ordre d'un récit linéaire racontant une histoire d'amour.

Ce tournant traduit le retour de Barthes à la littérature, qu'il confirme d'ailleurs lorsqu'il annonce ce que va devenir son enseignement : « Au niveau des cours, je vais revenir à des matériaux proprement littéraires[45]. » Avec ce nouveau mariage du sémiologue et de l'écrivain, c'est le succès public tant espéré, le sommet de l'histoire d'amour entre Barthes et ses lecteurs qui compense tous les diplômes du monde. Bien au-delà du cénacle des universitaires, Barthes touche cette fois un large lectorat, comme le montre le chiffre des ventes de l'ouvrage qui devient tout de suite un best-seller puisque les 15 000 exemplaires du tirage initial sont immédiatement épuisés. La seule année de la sortie nécessitera sept autres éditions, soit 79 000 exemplaires vendus[46], pour atteindre en 1989 le chiffre record de 177 000 exemplaires, chiffre peu habituel dans le domaine des sciences humaines pour un ouvrage qui n'est pas transformé en livre de poche, et qui confirme l'entrée de Barthes, après bien des détours, en littérature.

En cette année 1977, Barthes connaît donc une double consécration, littéraire et institutionnelle, avec son entrée au Collège de France. Il prononce sa leçon inaugurale le 7 janvier, devant une salle où le Tout-Paris se presse. C'est de ce haut lieu, et comme un rappel à lui-même, à l'impulsion critique de toute son œuvre théorique, à son horreur chaque fois réitérée devant les diverses formes de l'engluement social et de l'empoissement des clichés petits-bourgeois, et sans doute aussi pour se défendre en même

43. *Ibid.*, p. 266.
44. *Ibid.*, p. 267.
45. *Ibid.*, p. 270.
46. Données reprises de L.-J. CALVET, *Roland Barthes, op. cit.*, p. 266.

temps de toute identification à une institution, fût-elle prestigieuse, qu'il lance sa fameuse formule : « La langue, comme performance de tout langage, n'est ni réactionnaire ni progressiste ; elle est tout simplement fasciste ; car le fascisme, ce n'est pas empêcher de dire, c'est obliger à dire[47]. » On sent alors que Barthes est obligé d'inventer ce genre de formule choc pour faire passer le renoncement à l'ambition scientifique qu'il avait formulée dans les années soixante, en compensant cet abandon par une radicalisation de ses positions au plan idéologique ; mais son public n'en est pas moins ému, témoignant une véritable joie collective devant l'intronisation enfin conquise par celui qui avait jusque-là frayé dans les voies de la marginalité : « Dans la salle, où toutes ses "familles" sont représentées, plusieurs personnes ont les larmes aux yeux, ressentent le sentiment très vif d'assister à quelque chose d'extraordinaire, et l'émotion des amis témoigne ici des grandes qualités de cœur de cet homme, dont on partageait la joie sans même qu'il l'ait sollicité[48]. »

Ce choix de la littérature et du retour sur soi est un peu plus tardif chez celle qui a pourtant ouvert la première à Barthes la voie de l'intertextualité, Julia Kristeva. Elle publie en 1990 *Les Samouraïs*[49], son premier roman, témoignage sur l'aventure structuraliste des années soixante, vue par une de ses actrices principales. Le titre évoque bien sûr la génération existentialiste qui a précédé et la peinture qu'en a faite Simone de Beauvoir avec *Les Mandarins* en 1954. Il y a donc une filiation revendiquée entre ce que furent *Les Temps modernes* dans l'après-guerre et l'équipe de *Tel Quel*, mais aussi des différences notables entre la référence aux lettrés chinois et celle qui renvoie aux guerriers japonais ; une dramaturgie qui a perdu l'euphorie de l'engagement existentialiste, des intellectuels habités par une pulsion de combat pour le sens de la vie jusque dans la mort, une génération désillusionnée au regard froid sous la passion que ne pense plus que l'enfer, c'est les autres, mais que celui-ci se trouve logé en chaque individu.

Julia Kristeva avait déjà amorcé ce tournant biographique en 1983 dans *L'Infini*, revue dirigée par Philippe Sollers, en publiant « Mémoire » où elle faisait un retour sur elle-même depuis son arrivée à Paris en l'hiver 1965, et rendait un hommage à Simone de Beauvoir. Mais le sujet a changé depuis cette époque, et Julia Kristeva se dédouble dans son roman : elle est Olga Morena, dont le couple passionnel et problématique qu'elle forme avec Philippe Sollers n'est pas sans évoquer le couple Simone de Beauvoir et

---

47. R. Barthes, *Leçon inaugurale au Collège de France*, 7 janvier 1977.
48. L.-J. Calvet, *Roland Barthes, op. cit.*, p. 262.
49. J. Kristeva, *Les Samouraïs*, Fayard, 1990.

Jean-Paul Sartre, mais elle est aussi la psychanalyste Joëlle
Cabarus. Le sujet de retour n'est donc plus le même, il renonce à
la transparence à laquelle croyait parvenir l'existentialisme, c'est
un être clivé, étranger à lui-même, qui pense là où il n'est pas, et
se trouve là où il ne pense pas, un sujet transformé par la psychanalyse.

Les affects et les humeurs du corps

La prise en compte du corps dans ses manifestations s'exprime
aussi dans le champ de la psychanalyse lui-même. Au milieu des
années soixante-dix, André Green s'éloigne encore davantage des
positions lacaniennes qui furent les siennes. Il critique celles-ci au
nom d'une dimension essentielle de l'analyse, celle des affects.
André Green fait alors une rencontre qui va être importante pour
lui, celle du psychanalyste briannique Wilfried Bion, kleinien hétérodoxe, spécialiste des psychoses. Ce qui séduit Green chez Bion,
c'est le fait que ce ne soit plus le Signifiant mais l'expérience
émotionnelle qui se trouve au premier plan. Green conserve de
cette période structurale cet intérêt pour un dialogue pluridisciplinaire avec les anthropologues, les philosophes, les linguistes... mais
dans une nouvelle perspective d'articulation entre le corporel et le
textuel : « Ce qui m'intéresse aujourd'hui, ce sont des gens comme
Françoise Héritier-Augé ou les hellénistes Nicole Loraux, Marcel
Detienne parce que le corps revient en masse. Or, les fluides : le
sang, le sperme, il ne suffit pas de les coller sur un graphe. On
voit bien toutes les dimensions sémantiques qu'ils charrient[50]. »
Du côté de l'anthropologie aussi, on perçoit un dialogue fécond
avec la psychanalyse sur le plan de la représentation de la matérialité du corps, de ses humeurs, donc vers une connexion plus
grande avec la matérialité des choses, vers le référent corporel :
« Il y a là un dépassement possible du structuralisme vers davantage de matérialisme[51]. » Alors que le paradigme structuraliste avait
tendance à désubstantialiser, à évacuer le contenu au profit des
jeux formels, à éluder la dimension des affects, ceux-ci font retour
comme dimension majeure à élucider. Ce sont aujourd'hui des problèmes de contenu que beaucoup de chercheurs attendent un renouvellement, un rebondissement de la pensée anthropologique, qui
peut donc emprunter une voie différente de celle du cognitivisme :
« La réinsertion des problèmes de contenu au sein des problèmes

---

50. André Green, entretien avec l'auteur.
51. Marc Augé, entretien avec l'auteur.

de forme me paraît primordiale, et l'anthropologie n'est pas mal armée pour cela[52]. »

Toute cette dimension humorale du corps, évacuée au profit d'un Symbolique purifié, tend donc à redevenir une préoccupation essentielle, tant à l'échelle individuelle des recherches sur soi qu'au plan des disciplines des sciences de l'homme. Après la prévalence accordée aux logiques implicites et occultes du social, le regard s'attache plutôt aujourd'hui sur l'explicite, l'observation, l'expérience ethnographique elle-même dans sa singularité. Ce nouvel angle d'analyse n'implique pas de considérer comme antinomiques les modèles formels et les problèmes de contenu, d'autant que le structuralisme aura appris quelque chose qui reste indépassable, à savoir que l'on n'observe jamais des faits bruts : les faits sont toujours construits. Or, pour Marc Augé, il appartient à l'ethnologue de mettre en évidence l'anthropologie implicite des sociétés qu'il étudie, et dont la symbolisation première est le corps : « Tout part d'une représentation de l'homme, du corps humain. Ces sociétés ont un peu le même rapport avec leur anthropologie que nous avec notre médecine, une imprégnation similaire[53]. » Il appartient donc au chercheur de ne pas rabattre ses observations sur un système purement logique, mais d'être à l'écoute des propositions symboliques singulières de chaque société. Celles-ci révèlent quelque chose d'essentiel sur les solutions effectives que trouvent les sociétés observées dans la résolution des questions qu'elles se posent. Une telle orientation implique un autre rapport entre l'informateur et l'analyste, qui doit prendre au pied de la lettre ce qui lui est communiqué pour restituer la place de la transmission, de l'hérédité, des échanges, tels que les considèrent les systèmes symboliques étudiés.

Cette évolution vers la prise en compte de la subjectivation, vers une attention toujours plus poussée aux divers traitements réservés au corps humain, on la retrouve de manière manifeste dans l'œuvre foucaldienne.

---

52. *Ibid.*
53. *Ibid.*

32

Michel Foucault :
du biopouvoir à l'esthétique de soi

Au cours de ces années soixante-dix, la position de Michel Foucault sur le rôle de l'intellectuel va évoluer, en s'adaptant aux impératifs du présent. Il avait défini la modernité avec la figure nouvelle de « l'intellectuel spécifique », qui renonce à l'universel pour s'attacher à défendre les singularités et tout ce qui se situe en marge des systèmes, renonçant ainsi à s'ériger en conscience universelle, que ce soit au nom de l'homme et de ses droits, ou du prolétariat, pour parler au contraire en son nom propre. La création du GIP en 1971 répond à cette définition.

Mais peu à peu, sous l'influence d'une actualité en plein bouleversement, Michel Foucault va renouer dans la pratique avec la figure dont il s'était détaché, celle de l'intellectuel global qui se pose en défenseur des valeurs de la démocratie. Cette évolution permettra la réunion des deux figures jusque-là antithétiques dans leur engagement respectif, celles de Sartre et de Foucault. Certes, l'épisode iranien vient s'inscrire en faux par rapport à cette évolution, mais il est fugitif.

Le combat des droits de l'homme

En fait, le combat que mène Foucault en cette fin des années soixante-dix et au début des années quatre-vingt est celui des droits de l'homme. Le front qui s'est ouvert avec éclat se situe à l'Est, avec la résistance qu'offrent les intellectuels dissidents au pouvoir brejnévien. Lors de la visite officielle du numéro un soviétique en juin 1977 à Paris, c'est sous l'impulsion de Foucault que les intellectuels français se réunissent au même moment avec les dissidents soviétiques. C'est lui qui va organiser cette rencontre au théâtre Récamier et l'invitation est signée, entre autres, par Jean-Paul

Sartre, présent aux côtés de Foucault malgré la détérioration de son état physique. C'est l'occasion de rappeler à l'opinion publique internationale le viol des droits de l'homme en URSS, l'usage des hôpitaux psychiatriques à des fins politiques en réunissant les victimes de cette politique : Léonid Pliouchtch, André Siniavski, André Amalrik, Vladimir Boukovski...

Foucault se trouve aussi présent dans les combats menés en France contre les atteintes aux droits de l'homme, entre autres à l'occasion de l'extradition, en 1977, de l'avocat Klaus Croissant, proche de la Fraction armée rouge ouest-allemande. Là encore Foucault s'engagera totalement en se rendant immédiatement devant la prison de la Santé avec un petit groupe pour protester dès qu'il apprendra l'expulsion de l'avocat, et il en appellera à une manifestation avec plusieurs personnalités dont, une fois encore, Jean-Paul Sartre. L'affaire Croissant est un moment décisif, car Foucault se situe au strict plan du respect des droits de la défense de l'avocat Croissant, sans cautionner d'aucune manière les pratiques terroristes de la bande à Baader. Cette position révèle une mise à distance critique par rapport à ses engagements d'hier, une manifestation de solidarité avec les valeurs démocratiques au nom desquelles il se bat, alors qu'elles étaient présentées jusque-là comme l'expression même de la mystification.

Gilles Deleuze, l'ami de toujours, a bien compris le sens de ce tournant décisif : ils ne se reverront plus, jusqu'à la levée du corps de Michel Foucault à la Salpêtrière, en 1984, moment d'intense émotion au cours duquel Gilles Deleuze rendra un dernier hommage à son ami. Ce sont ces nouveaux combats qui sollicitent les interventions de Foucault, ceux dans lesquels l'implication présuppose une solidarité avec les principes universels des droits de l'homme.

En 1978, c'est dans l'aide aux *boat-people* qu'il s'engage aux côtés de Bernard Kouchner, et cette nouvelle bataille permet une nouvelle fois de réunir Foucault et Sartre à l'occasion de la conférence de presse donnée à l'hôtel Lutétia. Lorsqu'il se rend à Genève pour une nouvelle conférence de presse contre la piraterie, il lit une déclaration dont les termes situent la radicale conversion de Foucault à la notion d'universalité des droits de l'homme : « Il existe une citoyenneté internationale qui a ses droits, qui a ses devoirs et qui engage à s'élever contre tous les abus de pouvoir, quel qu'en soit l'auteur, quelles qu'en soient les victimes[1]. » L'humanisme pratique de Foucault le conduit en fait à se réconcilier fondamentalement avec la manière dont Sartre considérait l'engagement intellectuel. C'est encore évident lorsqu'en 1982

---

1. Texte publié dans *Libération*, 30 juin 1984.

Foucault se rend avec Simone Signoret et Bernard Kouchner en
Pologne pour y soutenir le combat clandestin de *Solidarnosc*, à un
moment où le terme même de solidarité était banni.

La réponse du philosophe au psychanalyste

Toujours très attentif à l'articulation de la pratique et de la
théorie à partir des sollicitations du présent, Michel Foucault ne
pouvait donc qu'infléchir ses positions philosophiques en fonction
de ses nouveaux engagements pratiques. Le mouvement de 68 avait
déjà permis un déplacement de son angle d'analyse des épistémès
vers les pratiques discursives. Cette fois, l'actualité l'incite à problématiser ce qu'il avait jusque-là contourné et minoré, au point
de le faire disparaître de son champ philosophique : le sujet. On
mesure alors le chemin parcouru par un Michel Foucault qui assi-
gnait au contraire dans les années soixante à trois sciences sociales
(la linguistique, l'anthropologie et la psychanalyse) la tâche
majeure de sortir de notre moyen âge et de nous faire entrer dans
la nouvelle ère structurale de la philosophie du concept en réalisant
la dissolution de ce même sujet. Non seulement il réintègre le sujet
à l'intérieur de son travail théorique, mais de plus il s'attaque à un
problème qui le préoccupe tout particulièrement, la sexualité. C'est
à un vaste chantier que Foucault se consacre à partir de 1976, en
publiant le premier volume de ce qui doit devenir une *Histoire de
la sexualité*, avec *La Volonté de savoir*. C'est non seulement le
retour du sujet, mais de l'individu Foucault au plus profond de
lui-même.

Sa volonté de savoir, qui va prendre une nouvelle fois le matériau historique pour objet, consiste à démontrer que l'on peut délier
le sujet de son désir et de son identité sexuelle, montrant par là
que l'on n'est pas ce qu'on désire : « Ce qui caractérise justement
l'homosexualité, c'est précisément cette désimbrication du sujet et
du désir et la construction d'une culture d'amitié[2]. » En prenant la
sexualité pour objet d'étude, Foucault retrouve sur son cheminement le continent psychanalytique qui l'a toujours fasciné, sans
jamais le retenir. Alors que dans *Les Mots et les Choses*, la psychanalyse est l'une des trois disciplines qui permet d'étayer la nouvelle épistémè de la modernité, avec *La Volonté de savoir*, Foucault prend la discipline psychanalytique comme objet, mais pour
la contrer dans son ambition hégémonique. Il établit une filiation
historique entre le confessionnal et le divan, se moquant de ceux
qui louent leurs oreilles. C'est par la dérision qu'il traite cette fois

---

2. François Ewald, entretien avec l'auteur.

de la psychanalyse, comme pour s'en défendre, et non plus comme d'une science potentielle. Avec cette *Histoire de la sexualité*, son projet est double : il est d'abord de réagir contre ce que Robert Castel, son disciple, appelle le « psychanalysme », qui s'empare de tous les domaines du savoir en ces années soixante-dix ; il s'oppose en philosophe à cet envahissement. En second lieu, il s'agit de libérer la société occidentale de son identification avec un certain sexualisme qu'entretient la psychanalyse, en lui substituant une stratégie qui doit faire valoir l'homosexualité comme le bon levier dans l'avènement d'une culture d'amitié.

Ce double projet implique bien évidemment de se confronter avec Lacan, qui représente avec ses quatre discours la prétention la plus achevée à l'hégémonie : « On ne saisit rien à l'*Histoire de la sexualité* si on n'y reconnaît pas chez Foucault non pas du tout une explication de Lacan, mais une explication avec Lacan[3]. » Même si Lacan n'est jamais cité, on se rappelle que c'est Foucault qui a permis l'existence d'un département de psychanalyse lacanien à Vincennes en 1969. En prenant l'objet privilégié de la psychanalyse, la sexualité, pour champ d'investigation, Foucault a besoin de frayer les voies d'un programme proprement philosophique qui démontre que l'on peut contourner la psychanalyse, y compris sur son terrain d'élection. L'éditeur de Foucault, Pierre Nora, confirme qu'il s'agit bien d'un défi lancé à Lacan : « Je me souviens de lui, tapant du pied dans mon bureau : "Je ne trouve pas une idée, cher Pierre, je n'ai pas d'idée. J'arrive sur la sexualité après la bataille, tout est dit." Un beau jour, il me rapporte le manuscrit en me disant : "Vous allez voir, la seule idée que j'ai eue est de taper contre Lacan en prenant le contre-pied de ce qui se dit."[4] » Si l'on reconnaît bien là Foucault dans sa stratégie constante de se déprendre de lui-même, de se situer là où on ne l'attend pas pour juger de la fidélité de ceux qui le suivent et de la constance de l'amour que lui porte son public, il y a manifestement dans cette confrontation autre chose que le simple jeu du chat et de la souris. Ce qui motive Foucault semble beaucoup plus profond.

L'opposition à Lacan, essentielle pour tracer la voie à un discours différent par rapport au discours analytique sur la sexualité, répond à un double enjeu existentiel et institutionnel. Pour François Ewald, le rapport de Foucault à Lacan n'est pas un rapport d'hostilité, et ce que dit Foucault à Nora relève de ses nombreuses boutades par lesquelles il se libère de son interlocuteur pour ne pas répondre à ses questions : « Le rapport à Lacan de Foucault

3. J.-A. Miller, dans *Michel Foucault philosophe*, Le Seuil, 1989, p. 81.
4. Pierre Nora, entretien avec l'auteur.

est moins polémique qu'on ne le croit. Il est très sensible à l'ascèse lacanienne qu'il considère comme parallèle plutôt que comme alternative à la sienne[5]. » Selon Ewald, ce n'est pas à Lacan que Foucault s'en prend, mais à la sexualisation de tout, à cette obsession des années soixante-dix qui identifie l'individu à sa sexualité. Il cherche à s'affranchir de la psychanalyse et à problématiser l'équation qu'elle établit entre l'identité et le désir : « Il rejoint même Lacan sur les problèmes de l'éthique, c'est-à-dire qu'il respecterait la psychanalyse dans la mesure où elle fonderait une éthique. Or, c'est ce que recherchait Lacan. Il le rejoignait aussi dans son souci de démédicaliser la psychanalyse[6]. »

Le biopouvoir

Foucault reformule l'hypothèse répressive sur la base de la seule sphère discursive qui retient cette fois exclusivement son attention pour repérer ses composantes historiques. Il s'écarte alors de la notion de pratique pour mieux se concentrer sur la profusion du dire dans le domaine de la sexualité : « L'histoire de la sexualité [...] doit se faire d'abord du point de vue d'une histoire des discours[7]. » Il prend à cet égard le contre-pied des thèses selon lesquelles la société est de plus en plus répressive depuis l'âge classique, et montre que l'on n'assiste nullement à une raréfaction progressive des discours sur le sexe, mais au contraire à une profusion grandissante de ceux-ci : « Depuis la fin du XVIᵉ siècle, la mise en discours du sexe, loin de subir un processus de restriction, a au contraire été soumise à un mécanisme d'incitation croissante[8]. »

L'Occident, pour Foucault, loin de réprimer la sexualité, l'a placée au centre d'un dispositif de production de vérité. Le sexe est devenu le point nodal de la transparence de l'Occident. Ce constat, qui renverse l'hypothèse répressive, n'est possible qu'en se situant « dans une économie générale des discours sur le sexe[9] ». Proche encore des thèses de *Surveiller et punir*, Foucault poursuit son analyse des modalités d'inscription des pouvoirs sur les corps, dans une analytique du « biopouvoir », mais il entame en même temps une histoire de la subjectivité qui se dissocie des termes de la Loi et du Pouvoir, annonçant un tournant encore à venir. Le

---

5. François Ewald, entretien avec l'auteur.
6. *Ibid.*
7. M. FOUCAULT, *La Volonté de savoir*, Gallimard, 1976, p. 92.
8. *Ibid.*, p. 21.
9. *Ibid.*, p. 19.

« biopouvoir », en tant que technologie cohérente du pouvoir, apparaît au XVIIᵉ siècle : « Foucault compare l'importance de cette nouvelle forme de rationalité politique à la révolution galiléenne en
sciences physiques[10]. » Ce « biopouvoir » se constitue autour de
deux pôles : la gestion politique de l'espèce humaine à partir de
nouvelles catégories scientifiques et non plus juridiques, et la mise
au point de technologies du corps, de pratiques disciplinaires, dont
la sexualité va devenir l'objet privilégié pour façonner des corps
dociles : « Le sexe devient l'édifice à travers lequel le pouvoir relie
la vitalité du corps à celle de l'espèce. La sexualité et les significations dont elle se trouve investie deviennent alors l'instrument
principal de l'expansion du biopouvoir[11]. »

La première cible de Michel Foucault est la psychanalyse en
tant qu'elle prend le relais du confessionnal, faisant désormais
passer le pécheur sur le divan. Elle serait le mode le plus raffiné
d'expression d'un pouvoir qui a changé de fonction. Alors qu'il
consistait à l'époque monarchique à donner la mort (lettres de
cachet, sceptre, supplices) et à laisser vivre, la modernité bourgeoise a donné au pouvoir une fonction nouvelle, celle de faire
vivre et de laisser mourir, il doit « gérer la vie[12] ». Loin de masquer
la sexualité, la bourgeoisie la porte en bandoulière ; c'est pour elle
l'équivalent symbolique du sang aristocratique pour affirmer sa
légitimité au pouvoir. Tout un discours sur le sexe devient donc
objet privilégié d'un pouvoir qui a charge de le gérer au nom de
la limitation des naissances, du contrôle de la sexualité des enfants
et adolescents, de la psychiatrisation de plaisirs pervers. La socialisation des conduites procréatives traduit un meilleur contrôle, une
plus grande maîtrise du pouvoir sur la population.

Tout un biopouvoir se met donc en place, qui permet le quadrillage de la société et qui « échappe à la représentation juridique du
pouvoir et avance sous couvert de la loi[13] ». Foucault cherche les
voies de sortie du structuralisme par un programme cette fois explicitement nietzschéen par son titre, *La Volonté de savoir*, et
qu'annonce Foucault au dos de la couverture, où sont prévus six
volumes à venir[14].

---

10. H.-L. DREYFUS, P. RABINOW, *Michel Foucault, un parcours philosophique, op. cit.*, p. 195.
11. *Ibid.*, p. 204.
12. M. FOUCAULT, *La Volonté de savoir, op. cit.*, p. 181.
13. H.-L. DREYFUS, P. RABINOW, *Michel Foucault, un parcours philosophique, op. cit.*, p. 266.
14. À paraître : 2 – *La Chair et le Corps* ; 3 – *La Croisade des enfants* ;
4 – *La Femme, la Mère et l'Hystérique* ; 5 – *Les Pervers* ; 6 – *Populations et
races.*

Résolument nominaliste, Foucault se détache de pratiques ou d'une approche institutionnelles du pouvoir. Il n'est pas question pour lui non plus de faire une sociologie historique d'un interdit, mais « l'histoire politique d'une production de "vérité"[15] ». Le pouvoir, déjà pluralisé dans *Surveiller et punir*, n'est plus perçu ici comme une machine d'enfermement, le lieu d'une stratégie répressive, mais au contraire comme le pôle d'impulsion d'une production de « vérité » dont le versant d'interdictions ne serait que l'expression de ses limites. Le tournant de Foucault, qui se défait d'une conception purement négative du pouvoir, est à mettre en relation avec un nouveau rapport au politique en ces temps où les perspectives d'une révolution s'éloignent. Ce n'est pas encore la réconciliation avec le pouvoir, mais un évitement de celui-ci, la quête d'une voie hors la loi, hors de cette pratique de l'aveu qui s'est généralisée.

Le livre est un grand succès public puisqu'en la seule année de sa sortie, 1976, il faut faire un tirage supplémentaire de 22 000 exemplaires qui vient s'ajouter aux 22 000 du tirage initial[16], pour atteindre près de 100 000 exemplaires en 1989, soit à peu près le chiffre des *Mots et les Choses*. La presse lui est favorable dans l'ensemble, mais l'accueil est plus réservé dans les milieux pourtant proches de Foucault pour lesquels le combat anti-répressif sur le front de la sexualité est décisif.

Il voulait surprendre et sur ce plan il a pleinement réussi, au-delà de son attente. Mais il se heurte à des critiques bien compréhensibles de la part des femmes en pleine lutte émancipatrice, des psychanalystes qui défendent la scientificité de leur discipline reléguée par Foucault au rôle régional et circonstanciel de prolongement de la pastorale chrétienne. De leur côté, les œuvres des historiens qui étudient alors les mentalités, les comportements vis-à-vis de la mort, du sexe, de la propreté... traduisent toutes la permanence des dispositif répressifs. Jean-Paul Aron et Roger Kempf sortent même en 1978 un contre-feu avec *Le Pénis ou la Démoralisation de l'Occident*. Ils perçoivent, au contraire de Foucault, les valeurs au nom desquelles la bourgeoisie a conquis le pouvoir comme hantées par l'ancien modèle aristocratique de la naissance et de l'honneur, filiation qui fonde pour la classe bourgeoise la défense d'une répression farouche : « Son honneur à elle,

15. M. Foucault, *Le Nouvel Observateur*, 12 mars 1977.

16. Données communiquées par Pierre Nora. Rappelons pour comparaison le tirage de l'année de parution pour *L'Archéologie du savoir* en 1969 : 11 000 et de *Surveiller et punir* en 1975 : 8 000 et 20 000 exemplaires.

ce sera la morale et la vertu[17]. » La bourgeoisie y est présentée comme réalisant la double accumulation du capital et du sperme qu'il faut éviter de jeter à tous vents ; d'où l'obsession de l'onanisme et de ses effets funestes, d'où la médicalisation à outrance de la sexualité.

Cet écart entre l'approche historienne et la thèse de Foucault tient en fait aux postulats mêmes de la démarche généalogique dont les limites se situent au seul niveau discursif. À ce dialogue impossible et à ces réactions d'hostilité, il faut ajouter un petit opuscule de Jean Baudrillard qui prétend aller encore plus loin dans la négation du référent en prétendant que le sexe comme l'homme, comme le social n'ont qu'un temps qui est en train de s'estomper ; le tableau, certes admirable, dressé par Foucault, est donc celui d'un monde, d'une époque qui s'achève. Le titre de Baudrillard est une provocation à lui seul puisqu'il forme le vœu d'*Oublier Foucault*[18]. Le sourire de Foucault se crispe : « Moi, mon problème, ce serait plutôt de me rappeler Baudrillard[19]. » Foucault, devant la multiplication des critiques et des réticences gênées de ses amis face à ses thèses sur la sexualité, est profondément fragilisé, au point d'abandonner tout ce programme de travail déjà prêt sur son bureau et de ne publier le second tome qu'en 1984, soit après sept ans de silence et sur des bases totatement renouvelées : « Foucault éprouve l'amer sentiment d'avoir été mal lu, mal compris. Mal aimé peut-être : « Vous savez pourquoi on écrit ? avait-il dit à Francine Pariente, lorsqu'elle était son assistante à Clermont-Ferrand. Pour être aimé[20]. »

C'est une véritable crise personnelle que connaît alors Michel Foucault, qui le poussera vers ce qui l'habite le plus profondément en se consacrant à une confrontation entre sexualité et éthique, et non plus entre sexualité et pouvoir. Cette crise l'oblige à accentuer encore le tournant amorcé vers la construction d'une ontologie historique du sujet dans ses rapports avec la morale, vers la réponse qu'il attend de son enquête historique aux questions qu'il se pose en tant qu'individu : Michel Foucault, par rapport à lui-même.

---

17. J.-P. Aron et R. Kempf, *Le Pénis ou la Démoralisation de l'Occident*, Grasset, 1977.

18. J. Baudrillard, *Oublier Foucault*, Galilée, 1977.

19. M. Foucault, cité par D. Éribon, *Michel Foucault, op. cit.*, p. 292.

20. *Ibid.*, p. 292-293.

Le gouvernement de soi

Peu à peu, délaissant son programme initial de travail, Foucault esquisse une inflexion de son regard. Il abandonne la perspective du biopouvoir, celle du sujet en tant qu'assujetti par les diverses modalités du pouvoir, pour lui substituer une problématisation du sujet lui-même, dans un premier temps, à partir de 1978, à l'intérieur d'une pensée de la gouvernementalité, puis du gouvernement de soi-même.

Il accentue donc ce mouvement de retour sur le sujet, dont témoigne la fascination qu'il éprouve alors pour le Japon, où il se rend avec Daniel Defert en 1978, similaire à celle qu'a pu éprouver Barthes. Séjournant dans un monastère zen, il s'adonne aux exercices spirituels « avec une grande tension, une grande intensité[21] ». Il est séduit, comme Barthes, par une culture et une religion qui évacuent le signifié, l'identification à un contenu, pour laisser libre cours au Signifiant et privilégier le faire sur l'être.

Les intitulés de ses cours au Collège de France révèlent la radicalité du tournant que Foucault accomplit, même si aucune parution ne vient l'étayer avant 1984. En 1980-1981, le cours est consacré à : « Subjectivité et vérité », l'année suivante : « L'herméneutique du sujet », puis en 1982-1983 : « Le gouvernement de soi et des autres ».

Ce retour sur lui-même semble bien résulter d'un double mouvement qui tient au nouveau rapport qu'il entretient avec le politique, mais aussi à une urgence personnelle car il se savait gravement atteint et condamné par sa maladie. Selon Paul Veyne, qui fut très proche de Foucault dans les dernières années et qui le guida dans son exploration du monde gréco-romain : « Il a su très tôt quelle maladie il avait et que cette maladie était absolument inéluctable [...]. Ses derniers livres sur l'éthique ont été des livres d'exercice spirituel au sens chrétien ou stoïcien du terme[22]. » Atteint par le sida, Foucault cachera son mal à ses amis et jusqu'à lui-même, notant dans son journal intime en novembre 1983, selon Paul Veyne, qu'il savait avoir le sida, mais que son hystérie lui permettait de l'oublier.

Foucault s'explique abondamment à l'occasion de la parution du second volume de l'*Histoire de la sexualité* sur ce qui a fondé son mutisme, et répond en même temps aux critiques qui lui ont été faites lors de la parution de *La Volonté de savoir*. Bien évidemment, il ne dévoile sa démarche que pour mieux voiler ce qui la motive au plus profond, ce qui n'enlève en rien à sa pertinence

---

21. Daniel Defert, France-Culture, 7 juillet 1988.
22. Paul Veyne, France-Culture, 2 juillet 1988.

au plan intellectuel. Son explication n'est qu'un mi-dire lorsqu'il relie ses dernières parutions à ce qui traverse toute son œuvre, soit la recherche tâtonnante d'une histoire de la vérité. Il considère alors que son projet de démonstration, énoncé dans *La Volonté de savoir* comme étude du biopouvoir au cours de la période du XVIᵉ au XIXᵉ siècle, a buté sur une aporie, et ne permettait pas de répondre à l'essentiel : « Je me suis aperçu que ça ne marchait pas ; il restait un problème important : pourquoi avions-nous fait de la sexualité une expérience morale[23] ? » Cette question impliquait un détour pour saisir les racines pré-chrétiennes d'une sexualité vécue comme expérience morale. La perspective se renverse alors et permet « de se déprendre de soi-même[24] ».

La problématisation du gouvernement des autres s'infléchit en problématisation du gouvernement de soi-même ; Foucault analyse les procédures à partir desquelles le sujet se constitue comme tel. Là où il y a bien continuité entre les deux derniers ouvrages et *La Volonté de savoir*, c'est dans le refus de prise en compte du matériau des pratiques et représentations historiques, des codes prescriptifs, des interdits : « Mon propos n'était pas de reconstituer une histoire des conduites et pratiques sexuelles[25]. »

Foucault juge donc une fois encore les critiques des historiens comme infondées car elles passent à côté de son projet, qui est de construire une herméneutique du désir, « une histoire de la pensée, par opposition à l'histoire des comportements ou des représentations[26] ». À ceux qui lui ont objecté la permanence et l'efficience des codes répressifs, il répond avoir été amené « à substituer à une histoire des systèmes de morale, qui serait faite à partir des interdits, une histoire des problématisations éthiques faite à partir des pratiques de soi[27] ». C'est cette perspective de problématisation qu'il définit comme révélant une cohérence de toute son œuvre, depuis son travail sur la folie jusqu'à celui sur l'éthique.

L'éthique de soi

Ce qui est cependant nouveau, c'est l'objet de cette problématisation, le sujet, dans son rapport à l'éthique. Dans ce domaine très classique de la philosophie, Foucault procède encore une fois à un renversement de l'optique traditionnelle, en dissociant la

23. M. FOUCAULT, *Les Nouvelles littéraires*, entretien, 8 juin 1984.
24. M. FOUCAULT, *L'Usage des plaisirs*, Gallimard, 1984, p. 14.
25. *Ibid.*, p. 9.
26. *Ibid.*, p. 16.
27. *Ibid.*, p. 19.

morale de l'éthique. Il ne s'agit plus de se situer au plan des systèmes prescriptifs de la morale imposés de l'extérieur et qui opposent un sujet-désir à un code répressif, mais de percevoir les modes de production du sujet au travers de la problématisation de sa propre existence dans une éthique et esthétique de soi. Foucault n'en défend pas pour autant une conception substantielle ou universelle du sujet, il le restitue dans la singularité de son expérience qui est « la problématisation elle-même. C'est le fait, à partir d'une matière vivante, celle des besoins et des désirs, de créer des formes à travers lesquelles cette matière va pouvoir être vécue, pensée, dominée bien entendu, mais cela ne veut plus dire opprimée[28] ».

Foucault, qui avait déjà renversé la perspective traditionnelle du pouvoir comme lieu de contrôle et de répression pour montrer en quoi il était en fait lieu de production, détache pareillement l'art de soi de tout système de législation morale. S'il postule une indépendance relative de ces deux niveaux, il ne faut donc plus espérer résoudre les questions éthiques par la révolte contre les codes de la morale et la levée de ses interdits. Il y a donc bien d'une certaine manière continuité par rapport au projet de recherche initial, qu'il révèle d'ailleurs lui-même en 1984 comme étant « une histoire des différents modes de subjectivation de l'être humain dans notre culture[29] ». Foucault n'a donc pris le pouvoir pour objet que pour mieux saisir les pratiques constitutives du sujet. De la même manière qu'il désirait être un philosophe du présent, de l'actualité où il puisait ses objets de problématisation, Foucault revendique dans les années quatre-vingt, de manière certes toujours voilée, un rapport autobiographique aux questions philosophiques qu'il se pose : « Chaque fois que j'ai essayé de faire un travail théorique, ça a été à partir d'éléments de ma propre expérience[30]. »

C'est en partant de la perception subjective des crises, des failles du système que le philosophe doit se situer et intervenir. Il ne s'agit nullement d'un repli sur soi, comme le montre Pierre Macherey[31], mais de penser les conditions de possibilité de l'exercice de la liberté à l'intérieur d'une structure. Penser consiste donc à se situer aux limites, sur les marches frontières des systèmes de pensée pour en déplacer les lignes. Cela nous ramène à la tragédie personnelle que vit Foucault, en proie aux ravages du travail de la mort en son propre corps : « Dans *L'Usage des plaisirs*, j'ai essayé de montrer

28. Christian JAMBET, France-Culture, 7 juillet 1988.
29. M. FOUCAULT, « 2 essais sur le sujet et le pouvoir », dans H.-L. DREYFUS et P. RABINOW, *Foucault, un parcours philosophique, op. cit.*, p. 297.
30. M. FOUCAULT, *Libération*, 30 mai 1981.
31. P. MACHEREY, « À quoi pensent les philosophes », *Autrement*, p. 92-103.

qu'il y a une tension croissante entre le plaisir et la santé[32]. » Ces propos de Foucault traduisent bien l'horizon autobiographique qui prend ici le détour de la problématisation philosophique pour permettre un travail de soi sur soi, de réagir contre la maladie qui l'affecte, et redouble de manière insupportable la marginalité dans laquelle est maintenue l'homosexualité, en préconisant une « morale postconventionnelle[33] ». Il va en chercher les fondements hors des impératifs de l'intériorisation de la pastorale chrétienne ou de la psychanalyse, dans l'éthique du monde antique perçue comme esthétique de l'existence, et donc leçon pour « faire de sa vie une œuvre[34] ».

Les aphrodisia

Dans ce voyage à l'intérieur de l'Antiquité, Foucault, qui a pour l'essentiel circulé jusque-là avec un monde d'archives dans lequel il délaissait volontiers les grands textes canoniques de l'histoire de la pensée pour leur préférer des manuscrits liés à une pratique sociale comme *Le Panoptique* de Bentham, s'attache cette fois aux grands auteurs dont les écrits délimitent l'archive sur laquelle il travaille. Il y a là encore un déplacement, un renoncement à saisir l'épistémè d'une époque à partir d'une archive moyenne, et sans doute l'expression du désir d'un rapport dialogique entre lui-même et les philosophes les plus connus de l'Antiquité.

Foucault prend à revers la vision d'une Antiquité païenne, dionysiaque, sans foi ni loi, sans tabous. Il lui substitue une Antiquité gréco-romaine où la pratique sexuelle s'insère dans une ascétique souvent très contraignante, prolégomènes de l'ascétique chrétienne. On ne peut néanmoins établir entre celles-ci un lien de continuité, car les thèmes que l'on peut retrouver dans l'un et l'autre cas ne recouvrent pas les mêmes valeurs. Alors que le code prescriptif chrétien revendique une dimension universelle, la morale antique ne se pose pas comme code à généraliser, pas même au sein de sa propre société. Pour les Grecs, l'opposition majeure entre les *aphrodisia* différencie les acteurs actifs et les acteurs passifs : les femmes, les garçons, les esclaves. L'homosexualité dans ce cas n'y est pas réprimée pour autant que l'on soit actif dans les relations avec l'autre.

Ce partage institue l'éthique d'une société fondée sur la virilité.

---

32. M. FOUCAULT, entretien, *Le Nouvel Observateur*, 1ᵉʳ juin 1984.

33. R. ROCHLITZ, « Esthétique de l'existence » dans *Foucault philosophe, op. cit.*, p. 296.

34. M. FOUCAULT, *L'Usage des plaisirs, op. cit.*, p. 16.

La conduite de vertu dans l'usage des plaisirs ne s'adresse qu'à une caste, celle des hommes libres. Elle implique une maîtrise de son corps, de ses pulsions. Le partage est ici entre la modération et l'incontinence, entre l'*hubris* (la «démesure») et la *diké* (l'«équilibre»), beaucoup plus qu'entre tel ou tel type de sexualité. Autre valeur virile que celle de la maîtrise de soi, «la tempérance est au sens plein une vertu d'homme[35]». Gommer ses plaisirs est un moyen de se constituer et de rester un homme libre, c'est éviter de devenir leur esclave. Le mariage en Grèce ne lie pas sexuellement les deux conjoints dans une relation monogame. La réflexion sur le mariage est liée à une réflexion sur la maisonnée : l'*oïkos*. On retrouve chez Xénophon les deux rôles complémentaires de l'homme qui travaille au-dehors et de la femme dont l'espace se déploie à l'intérieur de la maisonnée. La fidélité recommandée au mari ne relève pas de l'exigence d'une relation monogame. Quant à ce qui est souvent apparu comme un signe de débauche au niveau du code moral moderne, l'amour des garçons, il est au contraire l'objet central de la réflexion sur les *aphrodisia*. Au rebours de la vision la plus usuelle, «c'est à son propos qu'ils ont formulé l'exigence des austérités les plus rigoureuses[36]». L'activité sexuelle se trouve donc prise au centre d'une véritable esthétique de l'existence, certes réservée à une minorité privilégiée de la population grecque, les adultes masculins libres.

Cette vision qui privilégie le rapport à soi sera cependant critiquée par Pierre Hadot[37]. Il reprend les propos de Sénèque qui trouve la joie «dans la meilleure partie de soi», mais réfère celle-ci à une tension de soi vers la transcendance, vers le dépassement de sa singularité, et non dans une harmonie réduite à un processus d'individuation. Le sentiment d'appartenance à un Tout reste l'essentiel chez les stoïciens et platoniciens, et c'est le sens de ces exercices de maîtrise que de participer au Tout cosmique. Pierre Hadot juge bien fondée la description que donne Foucault des pratiques de soi, de ces pratiques d'arrachement à tout ce qui est extérieur au sujet pour lui assurer une maîtrise de lui-même, mais «ce mouvement d'intériorisation est inséparablement solidaire d'un autre mouvement, où l'on s'élève à un niveau psychique supérieur dans lequel on retrouve un autre type d'extériorisation[38]».

De son côté, l'historienne de l'Antiquité Maria Daraki considère que Foucault pratique l'amalgame entre deux modèles distincts :

35. *Ibid.*, p. 96.

36. *Ibid.*, p. 269.

37. P. HADOT, «Réflexions sur la notion de culture de soi», dans *Foucault philosophe, op. cit.*, p. 261-268.

38. *Ibid.*, p. 267.

celui du citoyen qui doit acquérir une maîtrise de soi car il est requis par la société isonomique, par sa participation aux formations d'hoplites pour défendre la Cité, et la seconde figure de l'Antiquité grecque qui est celle de l'homme pur, du renonçant qui est l'homme « divin » : « Retenant du tempérant le droit à l'usage des plaisirs, il y ajoute la supériorité dont seul jouit l'Abstinent[39]. »

Foucault, appliquant la méthode sérielle qu'il avait lui-même théorisée dans *L'Archéologie du savoir*, aurait selon Maria Daraki trop tendance à lire la Grèce antique sous le seul angle de l'*Homo sexualis* : il survalorise cette dimension et en fait la clé de l'intelligibilité de cette époque, alors que derrière les conduites sexuelles, ce qui est en jeu reste fondamentalement lié au religieux et au politique. Cette survalorisation est notamment manifeste lorsque Foucault attribue les raisons de l'inquiétude de l'époque hellénistique qui va conduire au repli sur soi, à une pathologisation de la sexualité. Maria Daraki constate le contraire dans les textes. Ce serait à l'inverse une des rares libérations qu'aurait suscitées l'effondrement de l'univers civique.

Une stylistique de soi

Avec le troisième tome de l'*Histoire de la sexualité : Le Souci de soi*, Foucault se situe au IIe siècle après J.-C. Il perçoit en cette nouvelle étape une inflexion manifeste de la réflexion éthique vers une intensification des codes, liée à une crise de la subjectivisation dans le monde romain. Celle-ci ne se trouve plus insérée à l'intérieur des finalités civiques comme au IVe siècle avant J.-C. Mais comme le titre le révèle, *Le Souci de soi*, la maîtrise de soi devient en elle-même sa propre finalité. Le sujet se constitue alors pleinement comme tel et l'on assiste à une « problématisation plus intense des *aphrodisia*[40] », qui se traduit par davantage de sophistication de toutes les procédures par lesquelles le sujet prend possession de lui-même, sur fond de méfiance grandissante vis-à-vis des dangers liés à l'usage des plaisirs.

Le mariage s'en trouve valorisé et lié cette fois à des obligations conjugales plus rigoureuses. Cette éthique plus austère ne prend pas sa source dans une intensification du code moral, mais dans l'attention croissante portée à soi-même, sans pour cela conduire à l'isolement. Ce souci de soi est ouvert sur des pratiques socialisantes. Cette éthique s'adresse à toute la classe dirigeante de Rome,

39. M. DARAKI, « Le voyage en Grèce de M. Foucault », *Esprit*, avril 1985, repris dans *Traversées du XXe siècle*, La Découverte, 1988, p. 280.

40. M. FOUCAULT, *Le Souci de soi*, Gallimard, 1984, p. 53.

qui doit se conformer à tout un rituel d'ascèse du corps et de l'esprit. Elle doit suivre un régime diététique très strict, des exercices physiques, consacrer des moments à la méditation, à la lecture, à la remémoration de ce qui a été acquis : « S'occuper de soi n'est pas une sinécure[41]. » Foucault s'attache à repérer au-delà des apparences, qui pourraient donner lieu à des comparaisons hâtives avec les pratiques chrétiennes, ce qui fonde la singularité du monde romain. Lorsqu'il évoque la pratique de l'examen de conscience, il prend soin de ne pas l'assimiler à une volonté de culpabilisation du sujet, mais réfère celle-ci à la quête de sagesse.

Dans *Le Souci de soi*, Foucault met davantage en rapport la problématisation de plus en plus anxieuse de soi avec le basculement en cours au plan politique et social dans l'Empire romain. Le déclin des Cités-États remplacées par les monarchies hellénistiques, puis par l'Empire romain, n'a pas éteint la vie politique locale. Cependant, les conditions d'exercices du pouvoir se sont complexifiées et l'administration est devenue omnipotente, à la dimension d'un empire très étendu. Les charges attribuées donnent un pouvoir certain, mais à la discrétion du Prince, elles sont révocables. Dans ce nouveau jeu politique, la situation de la classe dirigeante devient plus précaire. La marge de manœuvre entre l'exercice réel du pouvoir et son rôle en tant que courroie de transmission d'une machine administrative impulsée d'ailleurs devient difficile à définir : « La constitution de soi-même comme sujet éthique de ses propres actions devient plus problématique[42]. » Gouverner les autres passe ce se fait par le gouvernement de soi-même, comme l'explique Plutarque. La précarité des positions de pouvoir conduit à une déstabilisation de soi qui rend nécessaire un renforcement du code ascétique.

La nouvelle stylistique de l'existence se traduit surtout par une doctrine du monopole sexuel à l'intérieur du mariage et les relations sexuelles sont uniquement finalisées comme acte procréatif dans le cadre d'une éthique de l'existence purement conjugale. Dans ce renversement, l'amour des garçons se poursuit dans les faits, mais il recule dans l'intérêt qu'on lui porte au profit de la relation maritale : « L'attachement pédérastique se trouvera en fait disqualifié[43]. »

Foucault ne perçoit pas ce tournant éthique comme un simple reflet des changements sociaux et politiques, comme on l'a souvent compris, mais dans une élaboration du souci de soi qui induit de nouvelles pratiques lorsque le contexte devient problématique : « Il

---

41. *Ibid.*, p. 66.
42. *Ibid.*, p. 105.
43. *Ibid.*, p. 230.

faut plutôt penser à une crise du sujet ou plutôt de la subjectivation : à une difficulté dans la manière dont l'individu peut se constituer comme sujet moral de ses conduites, et à des efforts pour trouver dans l'application à soi ce qui peut lui permettre de s'assujettir à des règles et de finaliser son existence[44]. » C'est donc de l'intérieur du sujet que l'on peut saisir son rapport à lui-même et aux autres, et non comme simple réceptacle de transformations qui lui seraient extérieures. À partir de cette autonomisation qui a le mérite de rompre radicalement avec la théorie appauvrissante du reflet, Foucault veut surtout montrer en quoi tout système est arbitraire, que ce soit celui de la société grecque, romaine ou autre. Leur description sert non à en retracer l'historicité, mais de prétexte au véritable objectif qui sous-tend toute l'entreprise et qui est de délier le sujet de son désir, de le libérer, et de se libérer de toute forme de culpabilité dans ce domaine pour arriver à se réconcilier ainsi avec soi-même.

La pathologisation progressive des corps, la culpabilisation montante que va parachever la patristique chrétienne, la peur qui envahit des pratiques sexuelles refluant sur la monogamie : tout ce contexte de crise nous ramène à ce avec quoi se débat Foucault depuis le début de la découverte de son homosexualité. Ce détour par la Grèce et par Rome renvoie donc en grande partie au non-dit de l'individu Foucault, à sa quête éperdue et urgente d'une éthique, d'une ascèse spirituelle compensatoire d'un détachement proche de son corps, d'une libération de la culpabilité mortifère qui l'habite, et d'une réconciliation finale avec lui-même. Décidément, le sujet est de retour.

44. *Ibid.*, p. 117.

33

Un sujet autonome

Le cheminement de Barthes, Todorov, Foucault vers une problématisation du sujet à partir du milieu des années soixante-dix traduit un mouvement profond qui entraîne les sciences sociales loin des rivages où elles avaient cru ancrer leur scientificité, celui du système, de la structure. C'est le grand retour du refoulé, le sujet, que l'on avait cru pouvoir contourner. Sous des noms divers, portant des méthodologies tout aussi diverses, ce sont les individus, les agents, les acteurs qui retiennent l'attention au moment où les structures s'effacent de l'horizon théorique.

L'évolution la plus spectaculaire est celle de la sociologie dont l'acte de naissance en France correspond pourtant en partie à une réaction par rapport à la philosophie des Lumières. Pour Robert A. Nisbet[1], les vrais ancêtres de la sociologie ne sont pas Rousseau, Montesquieu ou Hobbes, mais Burke, Maistre et Bonald qui privilégiaient contre l'idéologie individualiste du Siècle des lumières, les structures élargies de socialité : la communauté villageoise et son système hiérarchique.

Auguste Comte et Durkheim discerneront l'objet même de la sociologie à partir d'un dépassement de la notion d'individu, qui relève pour eux de la métaphysique, et non de la science. Selon Auguste Comte, l'esprit positif ne vient au scientifique qu'à condition de se situer d'emblée au plan de la réalité sociale mue par des lois endogènes. L'individu est considéré comme l'obstacle par excellence à la construction de l'esprit positif. Chez le fondateur de cette nouvelle science sociologique en France, Durkheim, l'individu n'a pas d'existence sinon en tant que partie intégrante de l'Être social. Celui-ci relève d'une réalité indépendante, impossible à saisir au plan individuel.

---

1. R. A. NISBET, *La Tradition sociologique*, PUF, 1985.

L'individualisme méthodologique

C'est contre cette orientation holiste qui semblait constitutive des règles fondamentales de la méthode sociologique que se définit l'individualisme méthodologique, développé notamment en France par Raymond Boudon à partir du milieu des années soixante-dix. Ce courant va connaître un succès d'autant plus spectaculaire qu'il se fonde sur une critique radicale de deux paradigmes holistes en plein déclin : le marxisme et le structuralisme. La conjoncture lui est donc favorable, et Raymond Boudon exhume de la sociologie les ancêtres allemands du début du siècle. Il place en exergue de son *Dictionnaire critique de la sociologie* une citation de Max Weber : « La sociologie [...] ne peut procéder que des actions d'un, de quelques, ou de nombreux individus séparés. C'est pourquoi elle se doit d'adopter des méthodes strictement "individualistes"[2]. » Ce terme d'individualisme ne doit pas être entendu dans son sens éthique, ni même dans le sens usuel de l'autonomie accordée aux individus dans la société, mais au niveau méthodologique, s'opposant à la méthode alternative, holiste : « Pour expliquer un phénomène social quelconque, [...] il est indispensable de reconstruire les motivations des individus concernés [...], et d'appréhender ce phénomène comme le résultat de l'agrégation des comportements individuels dictés par ces motivations[3]. »

Le second ancêtre allemand de la méthode, plus récemment introduit par Raymond Boudon, est Georg Simmel, dont il a publié en 1982 *Sociologie et épistémologie* (PUF) et traduit *Les Problèmes de la philosophie de l'histoire*, en 1985 (PUF). Dans la polémique qui a vivement opposé Simmel à Durkheim, Raymond Boudon fait connaître les positions de celui dont les arguments n'ont été connus qu'au travers de la critique formulée par l'école française de sociologie, contre leur aspect essentiellement psychologiste. Simmel avait introduit un distinguo essentiel entre l'interprétation des données historiques qui intervient lorsqu'on décèle de grandes tendances, et l'explication qui renvoie ces données aux causes individuelles, situées cependant dans un cadre contextuel ne permettant que des conclusions partielles, et non des généralisations qui ne peuvent être qu'abusives. Simmel invite donc à

---

2. R. BOUDON et F. BOURRICAUD, *Dictionnaire critique de la sociologie*, PUF, 1982, p. v.

3. R. BOUDON, « Individualisme et holisme dans les sciences sociales », dans *Sur l'individualisme. Théories et méthodes*, sous la direction de P. BIRNBAUM et J. LECA, FNSP, 1986, p. 46.

considérer les motivations individuelles : « Pour une connaissance parfaite, il faut admettre qu'il n'existe rien que des individus[4]. »

L'individualisme méthodologique, comme l'y invitait Simmel, renonce à la recherche de lois générales à vocation universelle. Boudon s'en prend à toute perspective essentialiste qui accorderait une prévalence aux contraintes, aux déterminismes qui pèsent sur l'individu. Il lui oppose la démarche inverse qui part de l'étude des comportements individuels pour expliquer tout phénomène social. Mais une telle inversion de perspective ne règle pas le problème du passage incontournable du singulier au généralisable, de l'individuel au collectif.

L'individualisme méthodologique reprend à Simmel l'idée qu'un phénomène social ne peut être conçu que comme effet d'agrégation des intérêts et comportements individuels. Le sociologue ne peut donc se contenter d'un descriptivisme, mais doit aussi construire des « idéal-types » à partir d'une modélisation des agrégations possibles et réalisées entre individus. C'est dans la construction de l'objet que l'individualisme méthodologique « s'oppose radicalement à une inspiration structurale[5] ». En s'attachant aux comportements et aux actions individuelles, il interroge le choix des individus, formule des hypothèses sur ceux-ci en présupposant donc une large marge de liberté laissée aux agents/sujets sociaux.

Cette méthode individualiste fut surtout florissante aux États-Unis dans les années soixante-dix et quatre-vingt autour du paradigme de l'*Homo economicus*. Elle permet en outre au sociologue de s'identifier à l'économiste, de formaliser comme lui à partir d'idéal-types l'action rationnelle des agents sociaux. Mais pour Raymond Boudon, l'individualisme méthodologique se distingue cependant de cette orientation. Il fait sienne la critique de Pareto selon laquelle l'*Homo sociologicus* doit être considéré comme le dépassement de l'*Homo economicus*, sans reprendre pour autant le distinguo établi par Pareto entre actions logiques et actions non logiques.

Ce qui va permettre de restituer les pratiques sociales, c'est l'analyse du système d'interaction[6]. Cette méthode renvoie donc à « une sociologie du singulier[7] » qui privilégie les situations contextuelles dans lesquelles le sociologue analyse les logiques du social, en excluant les notions abstraites et holistes de « société », de « nation » et même celle de « classe ». Cette dernière notion n'est

---

4. G. SIMMEL, *Sociologie et épistémologie*, PUF, 1981.

5. P. ANSART, *Les Sociologies contemporaines*, op. cit., p. 89.

6. Voir E. GOFFMAN, *Les Rites d'interaction*, Minuit (1967), 1974.

7. P. ANSART, *Les Sociologies contemporaines*, op. cit., p. 285.

même pas retenue dans la liste des concepts du *Dictionnaire critique de la sociologie*. Le succès de ce paradigme n'est pas sans rapport avec l'évolution de la société elle-même, traversant une crise sans précédent des repères identitaires holistes, en pleine déroute, laissant les individus confrontés à eux-mêmes, sans appartenance. En second lieu, le regain d'intérêt pour les thèses libérales se retrouve dans l'horizon théorique d'une méthode qui postule la « supériorité de l'idéologie libérale[8] ».

Les jeux de l'ego

Au jeu des structures se sont substitués les jeux de l'ego. En toutes disciplines on scrute son insertion personnelle, son mode d'implication dans l'objet d'étude et parfois celui-ci n'est autre que le « Je » qui interroge « les émois du Je[9] ». Philippe Lejeune, linguiste structuraliste, s'intéresse à l'énonciation dans la lignée de Benveniste, définit le pacte autobiographique comme promesse de transparence. Il s'oriente donc vers le bon souvenir de l'ego et choisit de travailler sur l'autobiographie, celle des autres et la sienne : « On n'échappe pas à soi[10]. »

Ce nouvel exercice de retour de soi sur soi a même été entrepris par un des éminents représentants de l'anthropologie structuralo-marxiste althussérienne, Emmanuel Terray[11], qui éclaire son double engagement professionnel et militant comme la résultante d'une confrontation permanente depuis sa petite enfance avec la figure du traître incarnée par son père qui a rempli à Vichy de hautes fonctions administratives. Enfant de 11 ans, il ressent un profond malaise dans cette pension où ses parents l'ont placé en 1946 et où le climat patriotique battait son plein : « Je me sentais exclu de cet enthousiasme : y prendre part aurait été renier mon père[12]. » Terray, avec son scrupuleux sens, jamais démenti, de la probité, établit un lien de nécessité entre la manière dont il a considéré sa vie sur le modèle d'un livre rigoureux et clair, empli de sens, et sa propre angoisse existentielle qui le ramenait à un passé qu'il ne

8. R. BOUDON, *L'Idéologie ou l'Origine des idées reçues*, Fayard, 1986, p. 287.

9. Dossier « Je et Moi, Les émois du Je. Questions sur l'individualisme », *Espaces Temps*, n° 37, 1988.

10. Ph. LEJEUNE, *Moi aussi*, Le Seuil, 1986, p. 33. Voir aussi *Le Pacte autobiographique*, Le Seuil, 1975 ; *Je est un autre, l'autobiographie de la littérature aux médias*, Le Seuil, 1980.

11. E. TERRAY, *Lettres à la fugitive*, O. Jacob, 1988.

12. *Ibid.*, p. 19.

pouvait renier, moyen pour lui de « renoncer à m'affirmer dans ma singularité[13] ».

Terray ne reniera jamais ses enthousiasmes, même contradictoires : Sartre, Lévi-Strauss, Althusser. S'il doit se confronter à la figure du traître, jamais il ne sera un renégat à la cause qu'il a défendue. L'ethnologie fut pour lui le combat que n'a pas mené son père. Il s'y consacra avec ferveur, conjuguant études minutieuses sur le terrain, débats théoriques et combats militants anticolonialistes. S'il ne se fait pas aujourd'hui le chantre du retour à l'optimisme des Lumières, c'est que « celui-ci est mort dans les charniers d'Auschwitz et sous les ruines d'Hiroshima, et tout effort pour le ressusciter ne serait que dérision et insulte[14] ». Ce récit autobiographique nous révèle donc un itinéraire tissé par une historicité à la fois personnelle et collective, qui traduit quelques ressorts de la droiture de son auteur.

Ce retour sur soi devient un phénomène collectif et l'historien Pierre Nora l'expérimente sur la corporation des historiens. Il y voit même en 1985 l'émergence d'un genre nouveau pour un nouvel âge de la conscience historique : l'ego-histoire. L'historien assume alors pleinement sa situation de sujet investi dans le présent et ne s'efface plus derrière une neutralité dite scientifique : « Le dévoilement ou l'analyse de l'investissement existentiel, au lieu d'éloigner d'une investigation sereine, deviennent l'instrument et le levier de la compréhension[15]. » Les délices de l'ego donneront même lieu à un ouvrage présenté par Pierre Nora qui réunit à cette occasion les ego-histoires d'un certain nombre d'historiens, appliquant à eux-mêmes une méthode largement éprouvée sur les autres pour expliciter « en historien, le lien entre l'histoire qu'on a faite et l'histoire qui vous a fait[16] ». Ce souci de soi ne se transforme pas pour autant en « égoïstoire » et permet de mettre en relief les grands *topoï* de la conscience historique d'une génération. Ces récits sont donc ouverts et articulés sur l'appartenance à une communauté savante, à un mode de problématisation du temps. Ils permettent de saisir la diversité des réponses singulières qui sont données par des personnalités différentes à des situations similaires.

---

13. *Ibid.*, p. 33.
14. *Ibid.*, p. 182.
15. P. NORA, « L'ego-histoire », *Le Débat*, n° 37, novembre 1985, p. 118.
16. P. NORA, *Essais d'ego-histoire*, Gallimard, 1987, p. 7.

L'idole biographique

Le genre biographique que l'on avait cru enterré à jamais par l'école durkheimienne fait retour aussi en sociologie du côté de son aile « contestataire ». Celle-ci apparaît comme « l'effet mécanique de l'entrée en sociologie d'une génération de sociologues dont l'apprentissage devait autant à l'expérience militante qu'à l'enseignement universitaire[17] ». Or, ces nouveaux entrants arrivent dans le champ de la discipline sociologique à partir de la seconde moitié des années soixante-dix. La conjonction qu'offrent la conversion du gauchisme politique en gauchisme contre-culturel et le désenchantement qui résulte de l'inefficacité des modèles structuralo-marxistes va conduire sur les rives du vécu, des « histoires vraies », des « gens d'ici ». On met, comme on disait dans les années soixante-dix à *Libération*, ses tripes sur la table, et les collections se multiplient qui collectent les voix, les récits singuliers : « Témoigner », « Témoignages », « Témoins », « Elles-mêmes », « En direct »... « Je fais partie des sociologues qui travaillent à partir de récits de vie, c'est-à-dire qui écoutent des gens ordinaires leur raconter, bien sûr, à leur façon, l'histoire de leur vie...[18]. »

L'idole biographique est aussi de retour chez les historiens. Certes, elle n'avait pas disparu de certains récits historiques traditionnels qui avaient su conserver grâce à elle son grand public, mais, phénomène plus étonnant, elle séduit dans les années quatre-vingt l'école historique qui avait consacré et théorisé la mort de ce genre historique : l'école des *Annales*. Ce n'est donc pas sans surprise que l'on voit un des éminents représentants de cette école, Emmanuel Le Roy Ladurie, historien de « l'histoire immobile », faire un tour d'horizon des rois qui ont fait la maison France, à l'occasion de la parution de l'*Histoire de France* chez Hachette, fin 1987. Le psychologisme biographique prend le dessus et Le Roy Ladurie peut alors scruter « le fond du cœur » d'Henri II[19], et considérer comme globalement positif le bilan de ces héros de la nation qui n'ont pas démérité. Marc Ferro, autre membre du comité de direction de la revue des *Annales*, publie en 1987 une grande biographie de Pétain[20]. Fidèle des fidèles de Braudel, il lui dédie

17. G. MAUGER, « Mai 68 et les sciences sociales », *Les Cahiers de l'IHTP*, n° 11, avril 1989, CNRS, p. 91.

18. D. BERTAUX, « Je et Moi, les émois du Je... », *op. cit.*, p. 20. Auteur de *Histoires de vie ou Récits de pratiques ? Méthodologie de l'approche biographique en sociologie*, Convention CORDES, mars 1976.

19. E. LE ROY LADURIE, *Histoire de France*, t. 2, Hachette, 1987, p. 168.

20. M. FERRO, *Pétain*, Fayard, 1987.

ce livre où l'on ne trouve pourtant aucun des enseignements du maître. L'auteur ne nous épargne, au fil des documents qui constituent le tissu de son ouvrage, aucun des détails piquants sur les états d'âme du maréchal Pétain, et adhère ainsi totalement au genre traditionnel biographique. Ce n'est pas le cas pour toutes les biographies : ainsi celles de Georges Duby et d'Yves Sassier sont conçues comme de véritables radioscopies du monde médiéval[21].

Ce retournement est spectaculaire, et Ferro rappelle en 1989 qu'il y a encore peu de temps se tenait un grand colloque international sur la révolution de 1905 dans lequel aucun des trente participants ne proposa de faire une communication sur Nicolas II. Même cas de figure dans un colloque précédent portant sur le gouvernement de Vichy, sans qu'il soit question de Pétain : « Ces deux colloques avaient été organisés l'un par la Sorbonne, l'autre par la Fondation nationale des sciences politiques[22]. » Ces deux exemples montrent à quel point le genre biographique avait été banni de l'écriture historienne, au-delà des frontières de l'école des *Annales*, et relégué au rôle mineur de roman de gare. La tradition durkheimienne, reprise comme étendard par les *Annales*, aura ainsi réussi à placer la perspective biographique pendant longtemps dans le hors-champ de l'historien sérieux, scientifique. Mais Marc Ferro se fait aujourd'hui l'avocat du genre : « Délaisser ce pan de l'analyse historique est une solution de facilité[23]. »

La subjectivité fait aussi retour chez les ethnologues. Ainsi Marc Augé a lancé les bases d'un genre nouveau avec *La Traversée du Luxembourg*[24] : l'ethno-roman, à partir d'un renversement de la perspective au terme duquel l'ethnologue n'est plus le sujet du regard ethnologique, mais l'objet de celui-ci dans le récit d'une expérience quotidienne.

Dans une autre orientation, moins littéraire, inspirée au départ par le courant interactionniste dont témoigne l'œuvre d'Eving Goffman, un courant nouveau apparaît dans les années soixante aux États-Unis, et dans les années quatre-vingt en France : l'ethnométhodologie, dont le livre fondateur de Harold Garfinkel date de 1967[25]. L'objectif est d'analyser comment les acteurs sociaux produisent une situation sociale. Au cœur de ce paradigme se situe

21. G. Duby, *Guillaume le maréchal*, Fayard, 1984 ; Y. Sassier, *Hugues Capet*, Fayard, 1987.

22. M. Ferro, « La biographie, cette handicapée de l'histoire », *Magazine littéraire*, n° 264, avril 1989, p. 85.

23. *Ibid.*, p. 86.

24. M. Augé, *La Traversée du Luxembourg*, Hachette, 1985.

25. H. Garfinkel, *Studies in Ethnomethodology*, Englewood Cliffs, Prentice Hall, 1967.

donc l'activité communicative entre les acteurs sociaux. La notion de fait se trouve dynamisée dans un processus indéfini de prise en charge des comportements par les acteurs sociaux. L'ethno-socio-logue doit dans ce cas complètement s'impliquer dans ces pratiques sociales pour en restituer la dynamique : « C'est un renversement complet. Avec l'ethnométhodologie, il n'y a que des gens, des acteurs qui inventent leurs ethnométhodes tous les jours. Pour eux, c'est la subversion totale par l'invention du quotidien, en permanence[26]. » Georges Lapassade à Paris-VIII est, entre autres, un fervent partisan de cette nouvelle orientation de la recherche[27].

La géographie humaniste

Même en géographie, le retour du sujet est sensible dans un courant encore marginal, mais qui progresse et vient aussi des États-Unis, de la côte Ouest américaine. C'est ce que les Anglo-Saxons appellent la géographie humaniste. Ce courant de pensée est notamment représenté par quelques Suisses francophones ayant joué un rôle actif dans le renouveau du discours géographique, comme Claude Raffestin, professeur à l'université de Genève, ou Jean-Bernard Racine, professeur à l'université de Lausanne. Ils considèrent que le géographe doit avant tout s'attacher au domaine des représentations, considéré en fait comme l'objet propre de la science géographique, laquelle doit s'émanciper des sciences naturelles pour mieux cerner son objet, constitué des phénomènes affectifs, des valeurs qui organisent les faits humains.

Selon eux, la géographie a eu le tort de prendre dans les années soixante pour référentiel théorique majeur la science économique et de fonder ses modélisations à partir du seul *Homo economicus* : « L'espace qu'étudie le géographe ne traduit pas simplement le projet vital de toute société, subsister, se protéger, survivre, mais aussi ses aspirations, ses croyances, le plus intime de sa culture[28]. »

Au contraire des évolutions des autres disciplines qui se détournent alors des réflexions sémiologiques de la phase structuraliste, cette tard venue qu'est la géographie s'ouvre avec ce courant à une réflexion de cet ordre, et utilise Barthes dans cette valorisation de la sphère des représentations.

Reconnaissant la sémantisation de ses objets, cette géographie qui aime à se comparer à un palimpseste « est bien évidemment

---

26. René Lourau, entretien avec l'auteur.
27. Voir A. COULON, *L'Ethnométhodologie*, « Que sais-je ? », PUF, 1987.
28. J.-B. RACINE, « Géographie, état des lieux », *Espaces Temps*, nᵒˢ 40-41, 1989, p. 38.

aussi un sémantide, selon l'expression de Jacques Ruffié[29] ».
S'ouvre alors une vaste perspective de confrontation du sujet dans
son rapport à l'espace, celle d'une géographie de la forme, des
représentations articulées à une géographie relationnelle de l'expérience vécue. Claude Raffestin cherche même à donner à la géographie une ontologie pour éviter la dérive qu'elle connaît en tant
que discipline dépecée et réduite au rang d'auxiliaire. Il réagit en
proposant de réfléchir à une possible théorie de la « géographicité »
qui nécessite de changer de paradigme et de revisiter l'espace en
partant de celle-ci comme mode de l'existence humaine et de son
destin : « Mais on risque de tomber dans les mêmes errements si
l'on répugne à faire la dépense d'une ontologie de la géographie[30]. »

L'acteur social

Le retour de l'acteur auquel on assiste de tous côtés ne doit pas
faire oublier celui qui fut un initiateur dans le domaine de la sociologie à l'heure où ce n'était guère à la mode : Alain Touraine. Il
eut le courage d'énoncer des thèses faisant le plus grand cas de
l'acteur social à un moment où le structuralisme triomphait sur la
place de Paris, et où il était de bon ton de considérer ce niveau
d'analyse comme non pertinent, non scientifique. Dès le milieu
des années soixante, au cœur même de la ferveur structuraliste la
plus grande, Alain Touraine théorise ses premières études de cas[31],
pour définir l'objet de la sociologie en termes d'action sociale et
de mouvements sociaux : « Les progrès accomplis depuis un siècle
ont été directement liés à la découverte de l'objet propre de la
sociologie[32]. »

Le paradigme de Touraine s'articule sur les mutations que la
société connaît et qui la font basculer d'un état industriel à un état
post-industriel. Ce basculement est à la base du passage d'un paradigme d'ordre essentiellement économique à un paradigme socio-
culturel intégrant le sens que les acteurs sociaux donnent à leurs
pratiques. Ce dernier niveau spécifierait même l'objet propre de la
sociologie. Cette analyse intègre les acteurs à l'intérieur du champ
d'étude, et privilégie les dynamiques sociales, au contraire du sta-

---

29. *Ibid.*, p. 39.

30. Cl. RAFFESTIN, *ibid.*, p. 30.

31. A. TOURAINE, *L'Évolution du travail ouvrier aux usines Renault*, Éd. du
CNRS, 1955 ; *Ouvriers d'origine agricole*, Le Seuil, 1961, avec O. RAGAZZI.

32. A. TOURAINE, *Sociologie de l'action*, Le Seuil, 1965, p. 7.

tisme et des phénomènes de reproduction valorisés par le structuralisme.

Alors que l'approche structurale tendait à nier la pertinence de l'histoire et se rendait incapable de rendre compte des processus de transformation, Touraine va au contraire placer l'historicité au centre de son mode d'analyse, sans pour cela renouer avec une histoire téléologique. Il l'envisage comme un concept permettant de percevoir l'action de la société sur elle-même à partir de sa réalité conflictuelle. Il y a bien pour Touraine une opposition entre dominants et dominés dont l'historicité est l'enjeu. Cependant cet antagonisme ne se réduit pas, dans le cadre de la société post-industrielle, à la seule position des acteurs sociaux à l'intérieur des rapports de production.

La résistance essentielle à la domination technocratique s'exerce au plan culturel : c'est à ce niveau que la sociologie peut contribuer à devenir un môle de résistance contre les diverses formes de la dépossession et la passivité qui en résulte, et participer ainsi à la renaissance de l'acteur social[33].

Peu entendu à l'ère structuraliste, Touraine semble bien tenir une position médiane entre l'acteur et le système, récusant avec une égale fermeté l'absolutisation des structures et celle des sujets. Le combat entre holistes et individualistes lui semble artificiel et source de facilités car la véritable tâche se situe dans l'articulation de l'acteur et du système dans lequel il agit et est agi. Position médiane qui, comme trop souvent en France, a des difficultés à se faire entendre.

Humanisme et individualisme

L'approche spinoziste de la lecture des textes avait dominé l'ère structurale. Elle avait oblitéré le sujet et permis de s'installer dans un universel abstrait, dans une énonciation sans sujet. Ce n'était pas la vérité du texte qui était interrogée. Les chercheurs devaient restituer ce qu'il y avait dans le texte et rien d'autre : « Cette phase spinoziste est en train de se clore[34]. » Avec la réinflexion vers le sens, et le fait que l'on ne s'attache plus exclusivement aux instruments du sens depuis le milieu des années soixante-dix, le sujet retrouve une place centrale dans le dispositif réflexif. Le sens n'est plus alors réduit au signe, ni l'auteur au scripteur, sans pour autant en revenir au culte d'un Sujet suprême, trônant dans sa souverai-

---

33. A. TOURAINE, *Le Retour de l'acteur*, Fayard, 1984.
34. Tzvetan Todorov, entretien avec l'auteur.

neté absolue. Le mouvement actuel n'implique pourtant pas une divinisation de l'homme.

Le problème posé est de repenser le sujet après les découvertes de l'inconscient et des déterminations historiques et sociales, et non pas en faisant l'impasse sur celles-ci : « Plus personne ne poserait aujourd'hui un sujet nouménal, transcendant l'histoire, transparent à lui-même, ayant une parfaite maîtrise de ses pensées et de ses actions[35]. »

La critique derridienne de l'humanisme se fonde sur la conviction que cette pensée est une pensée de l'essence. À ce titre, elle aurait partie liée avec le nazisme dans la mesure où cette idéologie postulait à une essence de l'homme incarnée par l'Aryen : « Or, l'humanisme n'est pas nécessairement une pensée de l'essence. C'est un contresens absolu[36]. »

Les philosophes de l'humanisme, s'ils valorisent l'humanité de l'homme, affirment tout au contraire que s'il y a un propre de l'homme, à la différence de l'espèce animale ou des choses, c'est justement de ne pas avoir d'essence. On se rappelle la fameuse démonstration faite par Sartre dans *L'Être et le Néant* qui s'inscrit dans cette filiation lorsqu'il définit l'existentialisme comme un humanisme, et oppose le coupe-papier à l'homme, au garçon de café. Il démontre ainsi que l'existence précède l'essence. Sartre reprend ainsi à son compte la longue tradition de la philosophie humaniste : « Il y a une très belle phrase de Fichte : "L'animal est ce qu'il est, l'homme seul n'est rien." De même chez Kant : "L'homme ne devient homme que par l'éducation."[37] »

Alain Renaut, pour sa part, définit cet humanisme à partir d'une pensée du sujet qui valorise les notions d'autonomie et de responsabilité, et l'oppose à une pensée de l'individu qui se situe du côté de la valorisation de l'indépendance. L'individualisme ne constitue donc pas l'horizon de l'humanisme moderne, mais seulement un de ses moments historiques dans lequel il se dissout. Alors que l'on place en général ces deux concepts sur le même plan, l'individualisme, qui affirme la toute-puissance de l'ego, détruit en fait les bases de l'autonomie propre à l'humanisme. La lecture moderne de la pensée de l'individualisme prend naissance, selon Alain Renaut, chez Leibniz : « Le véritable moment inaugural et décisif se laisse situer sans équivoque dans la monadologie leibnizienne[38]. » À partir de ce moment décisif toute une philosophie de l'individu va s'épanouir et progressivement dissoudre le sujet et

35. Alain Renaut, entretien avec l'auteur.
36. *Ibid.*
37. *Ibid.*
38. A. RENAUT, *L'Ère de l'individu*, Gallimard, 1989, p. 31.

son autonomie. Hegel puis Heidegger reprennent ce basculement comme fondement de la philosophie moderne.

Quant à Nietzsche, il porte cette pensée à ses limites en pensant rompre avec l'ère des monadologies. Mais «il ne faisait pourtant qu'en révéler le véritable sens : avoir, dans l'exténuation du principe de subjectivité et des valeurs de l'autonomie, accompagné le profond déplacement survenu au cœur de la modernité[39]». Nietzsche amplifiait le mouvement qui portait l'individu à une indépendance totale, hors de toutes contraintes sociales. Cette quête conduit l'individu à briser l'idée d'une universalité du vrai, et à considérer le règne moderne de la raison comme un obstacle à l'affirmation de sa différence individuelle, de sa singularité. C'est au contraire à partir d'une articulation autour du principe d'autonomie qu'Alain Renaut considère que le sujet doit être repensé, ce qui n'implique «aucune régression par rapport aux principaux acquis de la pensée contemporaine[40]». Cet humanisme fondé sur un sujet autonome ne dénie pas l'altérité, la différence, sans pour cela exacerber celle-ci dans une absolutisation, ce qui reviendrait à «enfermer les gens dans leur culture[41]». Il vise à penser le statut des différences sur le fond d'identités à partir duquel elles se manifestent. Cet humanisme renoue donc avec l'ambition de la première génération structuraliste, celle incarnée par Lévi-Strauss qui avait pour objectif de retrouver le général derrière le singulier, la transparence de l'existence humaine non dérivée d'une essence postulée, mais derrière la diversité de ses modalités irréductibles.

C'est cette irréductibilité que souligne au contraire Louis Dumont comme fondement de l'opposition qu'il perçoit entre la société holiste indienne et la société individualiste occidentale. Ces deux idéologies constituent chez lui une opposition binaire, contradictoire, aux termes exclusifs. Il ne peut donc y avoir, sinon comme manifestation d'une pulsion de mort, de holisme dans la société individuelle et d'individualisme dans la société holiste. Louis Dumont a d'abord, depuis 1948, consacré son œuvre d'anthropologue à l'étude de la civilisation indienne qu'il a définie comme celle de l'*Homo hierarchicus*[42]. Idéologie holiste qui subordonne l'individu à la totalité sociale, elle correspond au principe d'une société hiérarchique fondée sur le renoncement au monde et sur une interdépendance entre les hommes incarnée par le système des castes.

---

39. *Ibid.*, p. 221.

40. *Ibid.*, p. 296.

41. Alain Renaut, entretien avec l'auteur.

42. L. DUMONT, *Homo hierarchicus. Le système des castes et ses implications*, Gallimard, 1967.

Dix ans plus tard, Louis Dumont, en 1977, attire l'attention sur l'envers du miroir indien que constitue la civilisation occidentale, comme idéologie opposable terme à terme aux valeurs indiennes. L'*Homo aequalis*[43] décrit l'invention moderne de l'individu dans la société occidentale, qui se défait de la primauté ontologique du social, de l'ordre collectif et de sa prégnance sur l'individu, sur sa singularité. Cette émancipation est le corollaire de la naissance de l'économique comme catégorie distincte des autres niveaux, politique et religieux. La sacralisation de la richesse mobilière va libérer des traditions ancestrales et permettre à l'individu de se définir comme le sujet de sa propre historicité, libéré des traditions, mais qui retrouve le social par l'idéal de l'égalitarisme.

La parution en 1977 de cet ouvrage, qui met l'accent sur les racines anthropologiques individualistes fondatrices de la singularité de la modernité occidentale, accompagne au plan théorique le mouvement en cours à l'intérieur de la société depuis 1975 : un mouvement de repli sur la sphère du privé, un reflux de toutes les eschatologies collectivistes et le triomphe de *L'Ère du vide*[44].

Dans le cas indien comme dans celui de l'Occident, la société est mue par une structure idéologique forte qui organise la cohérence sociale : en Occident celle de l'individu-dans-le-monde, et en Orient celle de l'individu-hors-du-monde. Le passage de l'un à l'autre est le fruit d'une longue genèse que dépeint Louis Dumont[45]. La phase stoïcienne de détachement du monde laisse place au dualisme propre du christianisme : celui-ci exalte la valeur infinie de l'individu en même temps qu'il dévalue le monde, permettant ainsi une relativisation de la négation du monde d'ici-bas et un «degré remarquable de latitude dans la plupart des affaires du monde[46]». La conversion de l'empereur Constantin au christianisme au IVe siècle, puis au VIIIe siècle le schisme de Byzance renforcent chaque fois l'engagement des chrétiens-dans-le-monde. La Réforme du XVIe siècle et notamment sa forme calviniste parachèvent ce processus par lequel le destin des individus n'est plus tributaire de l'Église puisque les Élus le sont de toute éternité dans un rapport direct avec un Dieu tout-puissant, non médiatisé par une institution quelconque : «Avec Calvin, l'Église englobant l'État a disparu comme institution holiste[47].» La pointe extrême de ce basculement idéologique qui fonde un ordre nouveau sur les

43. L. DUMONT, *Homo aequalis*, Gallimard, 1977.

44. G. LIPOVETSKY, *L'Ère du vide*, Gallimard, 1983.

45. L. DUMONT, *Essai sur l'individualisme : Une perspective anthropologique sur l'idéologie moderne*, Le Seuil, 1983.

46. *Ibid.*, p. 46.

47. *Ibid.*, p. 67.

valeurs individuelles est perçue dans la Déclaration des droits de l'homme de 1789, point d'orgue de ce long processus au terme duquel peut alors s'énoncer le projet prométhéen de l'individu maître de la nature.

Un sujet clivé et historiquement déterminé

Cet individualisme triomphant et triomphal trouve dans les années quatre-vingt son expression la plus extrême avec la pensée postmoderne. Celle-ci se réjouit de l'éphémère, et accentue encore le caractère monadologique de l'individu en le considérant comme simple particule liée à des réseaux, comme c'est le cas chez Baudrillard : « Il n'y a plus qu'une sorte de relais, de terminal. Mais l'individu n'existe pas. C'est une espèce de résurgence hallucinatoire, par compensation. Mais ça correspond peut-être réellement à un mécanisme de fonctionnement : les gens fonctionnent comme des atomes dans les molécules, comme des particules[48]. » Baudrillard décrit bien cette victoire de l'individu comme négation du sujet qui aurait perdu toute autonomie, toute responsabilité, et n'aurait plus de pertinence que par les réseaux qui l'animent. Simple lieu de synthèse, l'individu n'est plus alors qu'une prothèse autorégulée par un système fondé sur le simulacre : « On peut appeler cela une culture, mais ce n'est plus une culture de l'action. C'est une culture de l'opération[49]. »

La distinction établie par Alain Renaut entre sujet et individu permet de comprendre à quel point le postmodernisme s'inscrit dans la filiation d'une pensée de l'individualisme tout à fait contraire à une pensée du sujet. Cette dernière ne peut néanmoins faire l'impasse sur les diverses formes de conditionnement, d'assujettissement du sujet. Il y a notamment l'acquis du freudisme revisité par Lacan, et qui ne permet plus désormais de penser le sujet comme une unité indivisible et transparente à elle-même, mais au contraire comme une réalité clivée, opaque. Dans ce domaine, l'apport de Lacan reste fondamental : « Le problème du sujet est déjà au centre de sa dialectique du désir[50]. » On ne peut donc invoquer le sujet sans le fonder, en oubliant qu'il se porte au-delà de ses objets de désir, et qu'il est fondamentalement assujetti au Signifiant : « Tous ceux qui disent : Le Sujet ? le Sujet ? comme de Gaulle disait : L'Europe ! l'Europe ! en se moquant de Lecanuet,

---

48. J. Baudrillard, entretien avec F. Ewald, *Magazine littéraire*, n° 264, avril 1989, p. 19.

49. *Ibid.*, p. 20.

50. François Wahl, entretien avec l'auteur.

me paraissent dérisoires parce que c'est un propos totalement impensé[51]. » François Wahl vise ici tous ceux qui s'appuieraient dans leur retour au sujet sur la négation de sa division fondatrice, de sa structure clivée, au profit d'un sujet plein, d'une conception nouménale du sujet : « L'avenir du sujet n'est pas, comme on voudrait nous le faire (re)croire, au ministère de l'Intérieur[52]. »

Par ailleurs le sujet ne peut être pensé sans être référé au contexte historique qui le détermine comme le rappelle, à propos du monde hellénique, Jean-Pierre Vernant, dans sa polémique avec Didier Anzieu[53]. Vernant montre en effet que la matière de la tragédie n'est pas le rêve posé dans une relation d'extériorité par rapport à la réalité sociale, mais au contraire une émanation à la fois précise et polysémique de la pensée sociale de la cité grecque du ve siècle avant J.-C. L'helléniste ne reconnaît pas la relecture de toute la mythologie grecque que tente Anzieu à partir de la fantasmatique œdipienne comme reflet du sens de la tragédie grecque : « L'helléniste ne reconnaît plus les légendes qui lui sont familières. Elles ont perdu leur visage, leurs traits pertinents, leur caractère distinctif, leur domaine spécifique d'application[54]. »

Vernant ne nie pas pour autant que la lecture analytique permet d'élucider des choses, à condition de corréler celle-ci à une bonne connaissance d'helléniste : « Je dis simplement qu'il n'y a pas de lecture psychanalytique de la tragédie, comme je dis qu'il n'y a pas de lecture marxiste de la tragédie. La connaissance de celle-ci peut être facilitée ou oblitérée par les options intellectuelles[55]. »

La proximité du domaine d'investigation de Vernant avec le champ analytique ne pouvait que faire rebondir ce débat en suspens. La discussion est relancée en effet récemment, et de manière moins polémique, entre Vernant et un de ses anciens étudiants des années soixante à la Sorbonne : Pierre Kahn, devenu psychanalyste, et qui s'était tenu à l'écart de Vernant à l'époque de la guerre d'Algérie. C'était le moment où ce dernier était considéré comme pestiféré par le PCF, qui faisait donner sa jeune garde de militants : Philippe Robrieux, Jean Schalit, Pierre Kahn... pour le mettre en quarantaine et lui interdire la parole à la Sorbonne. Le temps des excommunications est révolu. Tous ont depuis longtemps quitté la

51. *Ibid.*

52. F. WAHL, *Le Nouvel Observateur*, 13 juin 1986.

53. D. ANZIEU, *Les Temps modernes*, n° 245, octobre 1966, p. 675-715 ; réponse de J.-P. VERNANT : « Œdipe sans complexe », *Raison présente*, 4, 1967, p. 3-20, repris dans *Œdipe et ses mythes*, Complexe (1967), p. 1-22, 1988.

54. J.-P. VERNANT, *Mythe et tragédie en Grèce ancienne*, t. 1, Maspero, 1972, La Découverte, 1986, *Œdipe et ses mythes, op. cit.*, p. 8.

55. Jean-Pierre Vernant, entretien avec l'auteur.

maison mère, lorsque Pierre Kahn découvre avec enthousiasme, en lisant l'ouvrage de Vernant, *La Mort dans les yeux*[56], que son auteur est dans une situation de proximité constante avec la psychanalyse. Il décide alors de lui écrire et lui demande d'expliciter en quoi il estime qu'il y a encore une distance entre l'approche d'anthropologie historique et l'approche psychanalytique. Vernant répond au questionnaire qui lui est soumis par Pierre Kahn[57].

Il rappelle à cette occasion que l'historien ne peut construire un modèle interprétatif à partir d'archétypes, mais doit adapter à chaque cas singulier un modèle construit à partir des divers éléments documentaires dont il dispose pour les articuler « en un ensemble significatif[58] ». Cette relativisation conduit notamment à ne pas partir d'une conception anachronique de l'individu, mais de celle de la civilisation étudiée. Or le sujet en Grèce ancienne n'est pas le sujet de la modernité : « L'expérience de soi n'est pas orientée vers le dedans, mais vers le dehors. L'individu se cherche et se trouve dans autrui[59]. » La conscience de soi ne passe pas à l'époque par une introspection, mais par le dehors du sujet : elle est appréhension d'un « Il » et pas encore d'un « Je ». L'approche du sujet ne peut donc être réalisée à partir de catégories transhistoriques, mais doit au contraire être chaque fois relativisée par la signifiance de celui-ci dans son contexte historique précis. L'œuvre de Vernant, comme celle de la période structurale en général, révèle le non-sens d'un retour pur et simple à un sujet nouménal qui oblitérerait le conditionnement historique de celui-ci.

Ludwig Wittgenstein peut aussi contribuer à utiliser une notion de sujet qui puisse se concilier avec les acquis des sciences humaines dans la mesure où il considère que « l'on n'est pas obligé, pour avoir le droit d'utiliser une notion de sujet, d'avoir une théorie philosophique qui la justifie[60] ». Wittgenstein, qui n'accorde pourtant aucun statut privilégié aux sciences sociales, peut permettre une conciliation avec leurs acquis lorsqu'il postule qu'il n'y a pas de problème proprement philosophique, mais seulement des difficultés philosophiques qui peuvent être dissoutes, notamment en levant les malentendus, les incompréhensions accumulées dans l'usage du langage ordinaire.

---

56. J.-P. VERNANT, *La Mort dans les yeux*, Hachette, 1985.

57. J.-P. VERNANT, « D'une illusion des illusions », *Espaces*, Journal des psychanalystes, printemps 1986, p. 75-83.

58. *Ibid.*, p. 79.

59. *Ibid.*, p. 82.

60. Jacques Bouveresse, entretien avec l'auteur.

34

Retour à l'historicité

Depuis le milieu des années soixante-dix l'historicisme n'est plus traqué comme un vice, ce qu'il fut à la plus belle heure du structuralisme. L'historien Pierre Vilar se rappelle encore Nicos Poulantzas lui reprochant de « tomber dans l'historicisme ». « Je lui ai dit : "Je n'ai pas besoin d'y tomber, j'y suis et j'accepte d'y être[1]." » Mais il faisait plutôt figure d'exception à l'époque en tant qu'historien acceptant le dialogue avec le structuralisme, sans rien céder sur la prévalence accordée aux transformations historiques. Ce qui est le plus spectaculaire, c'est surtout le retour de l'historicité au sein même de la discipline qui en avait écarté la pertinence : la linguistique, la sémiotique. Il est à cet égard significatif que l'ouvrage de Vladimir Propp qui a été le bréviaire de l'ambitieux programme structuraliste de *Communication 8* en 1966 n'ait donné lieu en France qu'à la traduction et publication de la seule première partie en 1965, sous le titre *Morphologie du conte*, et qu'il ait fallu attendre 1983 pour voir publier la seconde partie, au titre significatif, *Les Racines historiques du conte merveilleux*, pourtant parue en URSS dès 1946. Ce second volet, articulé sur la trame historique, a tout simplement été occulté par une période au cours de laquelle cette perspective était tout simplement récusée.

Cette oblitération de la dimension historique de l'œuvre de Propp est d'autant plus surprenante que cet ouvrage a été au cœur de nombreuses polémiques et fut la base de modélisation de l'étude du récit pour toute une génération. D'autre part, Propp envisageait sa morphologie comme le prélude du grand œuvre qui prend en compte la dimension temporelle de l'élaboration du conte russe. On peut même déceler une conception évolutionniste de l'histoire chez le Propp du second volume : « La thèse de Propp est surtout

---

1. Pierre Vilar, entretien avec l'auteur.

pénétrée du dogme évolutionniste[2]. » Quelles que soient les critiques que l'on peut adresser à ce second ouvrage de Propp, aux concessions qu'il a dû faire à la grille de lecture en usage en Union soviétique à l'époque, il est invraisemblable que la communauté intellectuelle française n'ait pu juger sur pièces de l'ensemble d'une œuvre aussi centrale et ait dû attendre une autre conjoncture, en 1983, pour se faire une opinion fondée.

Certes ce retour du point de vue historique ne renvoie pas à l'historicité d'avant la phase structuraliste. Comme pour le sujet qui ne peut plus être celui d'avant les découvertes de la pensée contemporaine, l'historicité dont il est question coïncide avec une crise du sens de l'histoire défini comme progrès. Depuis les conquêtes structuralistes, on ne peut plus penser l'humanité selon le schéma de l'antériorité, celui des stades qui conduisent celle-ci à un degré supérieur de sa réalisation. La pensée structurale a définitivement imposé l'idée de l'équivalence de l'espèce humaine depuis qu'elle existe. C'est un acquis à ce point assimilé qu'on ne le considère même plus. Mais le prix à payer a été de rompre radicalement avec toute idée d'historicité. C'est celle-ci qui revient comme horizon et qui relativise la portée des modélisations synchroniques.

Une soif d'historicité

Sylvain Auroux réintroduit ainsi la dimension diachronique, la recherche de filiations, combinée avec la définition d'un système. Lorsqu'il écrit *La Sémiotique des encyclopédistes*[3], il définit en introduction à son travail ce qu'il appelle le relativisme historique grâce auquel il peut se poser la question de savoir comment un système bouge. Sylvain Auroux s'engagera ensuite de plus en plus sur la voie d'un travail d'historien de la sémiotique, de la linguistique et des notions philosophiques.

De son côté, la linguiste Claudine Normand organise un colloque à Nanterre en 1980 sur l'histoire des sciences : « Les sciences humaines : quelle histoire ? » Elle ressentait tout à la fois la nécessité d'un bilan de l'effervescence passée, et celle d'une démarche historique. Ce besoin remonte là encore au milieu des années soixante-dix : « J'ai préparé ce colloque au nom d'un groupe de travail qui date de 1976, avec beaucoup de philosophes[4]. »

2. V. Propp, *Les Racines historiques du conte merveilleux*, Préface de D. Fabre et J.-C. Schmitt, Gallimard, 1983, p. XII.
3. S. Auroux, *La Sémiotique des encyclopédistes*, Payot, 1979.
4. Claudine Normand, entretien avec l'auteur.

Dans les années quatre-vingt se constituera une entreprise pluridisciplinaire, lancée par quelques sociologues de l'EHESS : Bernard-Pierre Lécuyer, Benjamin Matalon, avec la création de la Société française pour l'histoire des sciences de l'homme qui regroupe de nombreux représentants de toutes les disciplines de ce large champ de recherche des sciences sociales, regroupés sur la base d'une préoccupation historienne.

Le domaine de la poétique s'ouvre aussi à l'historicité. C'est le cas du travail de Philippe Hamon qui, sans rien céder de l'ambition structurale initiale, ouvre sur la nécessaire historicisation des techniques de description du récit. Il montre à cet égard que la description subit une contrainte structurale obligeant la mise en place d'un personnage observateur qui s'arrête et contemple le monde pour le décrire[5]. Philippe Hamon historicise son observation en la périodisant, et montre que certaines époques ont ignoré la description car celle-ci présuppose une certaine idée de la singularité de l'individu qui n'existait pas. Il retrouve par là les découvertes de l'histoire des mentalités, selon lesquelles le processus d'individuation ne s'affirme que lentement à partir de l'époque moderne pour s'épanouir au XIXe siècle, moment le plus prolixe de la technique descriptive, incarnée par le roman réaliste.

Toujours dans le domaine de la poétique, de la littéralité de la littérature, Gérard Genette ouvre aussi le texte à sa dimension historique en faisant sienne la notion de « transtextualité », définie comme tout ce qui met en relation, manifeste ou secrète, un texte avec d'autres textes[6]. Cette notion implique l'ouverture historique la plus large, même si elle se confine dans le champ de la littérature. Genette, définissant les types de relations transtextuelles, dépasse la notion d'intertextualité introduite dans les années soixante par Julia Kristeva, soit la coprésence de plusieurs textes dans un seul : il propose plusieurs autres types de relations, comme l'architextualité, qui relève du rapport le plus implicite, muet, entre un texte postérieur et un texte antérieur, nommé hypotexte. Cette dernière relation n'a même pas besoin d'être tangible, matérialisée sur le mode citationnel ou paratextuel, puisqu'elle définit le rapport entre l'ensemble des textes antérieurs qui ont pu contribuer à la genèse du nouveau texte. À ce titre, cette notion recouvre toute l'histoire littéraire qu'elle réintroduit de fait dans une position signifiante, après avoir été évacuée : « Il n'est pas d'œuvre littéraire qui, à quelque degré et selon les lectures, n'en évoque quelque autre et, en ce sens, toutes les œuvres sont hypertextuelles[7]. »

5. Ph. HAMON, *Analyse du descriptif*, Hachette, 1981.
6. G. GENETTE, *Palimpsestes*, Le Seuil, 1982, p. 7.
7. *Ibid.*, p. 16.

Avec l'architextualité, Gérard Genette ouvre un nouveau champ, tout à la fois héritage du structuralisme et déplacement de son orientation, en récupérant un certain nombre de catégories dont la pertinence avait été niée dans les années soixante[8]. L'architextualité se définit bien toujours comme l'expression de la littérarité de la littérature, mais elle ouvre le champ de la réflexion littéraire sur les types de discours, les modes d'énonciation, les genres littéraires dont relève chaque texte particulier. L'architextualité déplace donc le travail du critique du niveau de la description structurale vers la recherche de modèles, de types de discours, de types d'argumentation. Cette modélisation doit prendre en compte la variation des genres à l'intérieur d'une historicisation de ceux-ci, et implique donc une nouvelle connexion, forte, à l'histoire. Cette impulsion donnée récemment à une réflexion renouvelée sur la notion de genre passe par une redécouverte de la rhétorique classique. C'est ainsi que Gérard Genette s'appuie à plusieurs reprises sur Aristote pour définir ce nouveau champ d'investigation et inscrit ses recherches dans la filiation d'une poétique occidentale qui s'est efforcée depuis Platon et Aristote de constituer une série de catégories en un système unifié englobant l'ensemble du phénomène littéraire : « Platon et Aristote distinguaient déjà les trois genres fondamentaux selon leur "mode d'imitation"[9]. »

Cette ouverture sur le champ historique est encore plus radicale chez un autre poéticien, compagnon de Gérard Genette : Tzvetan Todorov qui non seulement ouvre sa perspective sur l'historique, mais déborde les limites littéraires pour envisager plus largement le domaine des idéologies. Todorov aussi se fait le défenseur d'une transtextualité qu'il reprend à Bakhtine. Cet emprunt lui sert de levier pour dépasser la conception des formalistes russes selon laquelle le langage poétique serait purement autotélique, c'est-à-dire autonome, coupé du langage pratique, et donc de toute autre justification qu'endogène, totalement abstrait de tout conditionnement historique. Au contraire, Todorov restitue à la littérature sa fonction de communication, et donc le fait qu'elle puisse être un des supports privilégiés pour faire partager des valeurs, des visions du monde : « Que la littérature ne soit pas le reflet d'une idéologie extérieure ne prouve pas qu'elle n'a aucun rapport avec l'idéologie : elle ne reflète pas l'idéologie, elle en est une[10]. »

---

8. G. GENETTE, *Introduction à l'architexte*, Le Seuil, 1979.

9. *Ibid.*, p. 9.

10. T. TODOROV, *Critique de la critique*, Le Seuil, 1984, p. 189.

La critique génétique

La dimension génétique mise en avant par ceux qui, comme Lucien Goldmann, refusaient d'abandonner la perspective historique, s'est finalement imposée tardivement au cours des années quatre-vingt, débouchant sur la création en 1982 de l'ITEM (Institut des textes et manuscrits modernes). Celui-ci accueille une équipe, de plus en plus étoffée, de spécialistes de la littérature, et se consacre à une critique, dite génétique, interne et externe, des textes littéraires.

À l'origine de cette institution se trouve un germaniste qui a participé activement à l'effervescence structuraliste en linguistique à l'université de Besançon dans les années soixante : Louis Hay. L'inflexion vers l'histoire a eu dans son cas une origine accidentelle : « Je faisais tout bêtement une thèse sur le poète allemand Heinrich Heine, lorsque j'ai eu la chance de retrouver la plupart de ses manuscrits éparpillés un peu partout à travers le monde[11]. » Louis Hay se tourne alors vers le gouvernement français et réussit à convaincre le général de Gaulle d'acheter ces documents. Lorsque ces derniers arrivent à la Bibliothèque nationale, il n'y a pas de conservateur germaniste capable de les classer, et Louis Hay se voit confier ce qui devient un travail à plein temps, nécessitant son détachement de la Sorbonne au CNRS en 1968.

C'est à partir de cette date et de la mise en place d'une petite équipe autour de lui qu'une nouvelle direction de recherche va prendre son essor. Elle résulte de la rencontre fascinée d'un historien de la littérature avec les trésors qu'il découvre à la BN, la confrontation avec les manuscrits eux-mêmes. Mais cette inflexion historienne tient aussi à la période au cours de laquelle on peut déjà constater « un certain épuisement du structuralisme purement formel[12] ». Ce courant de critique génétique s'inscrit tout à la fois en continuité et en rupture avec le structuralisme. Par sa prise en compte des transformations, des variations, de l'historicité, il offre une perspective différente du courant structural le plus clos et le plus formel. Mais il y a continuité par rapport à un autre aspect, majeur, du structuralisme qui a consisté à donner un statut plus objectif aux études littéraires, notamment en mettant en avant la notion de texte : « Remplacer l'homme et l'œuvre par l'étude du texte, ce dernier étant posé comme objet scientifique que l'on étudie en tant que tel : c'est de cette ambition que nous sommes sortis[13]. » Louis Hay a fait école et il est rejoint par ceux-là qui ont

---

11. Louis Hay, entretien avec l'auteur.
12. *Ibid.*
13. *Ibid.*

renouvelé les études littéraires dans les années soixante (on retrouve à l'ITEM, parmi d'autres : Jean Bellemin-Noël, Jean Levaillant, Henri Mitterand, Raymonde Debray-Genette...).

En 1974 se constituent deux groupes travaillant sur Proust et sur Zola qui forment le CAM (Centre d'analyse des manuscrits modernes) : « Ce fut un petit événement dans la mesure où germanistes et francisants se retrouvaient ensemble sur une problématique commune[14]. » D'autres groupes, spécialistes d'autres auteurs, rejoignent alors cette nouvelle institution qui travaille alors sur une demi-douzaine de corpus : Nerval, Flaubert, Zola, Valéry, Proust, Joyce, Sartre dont les œuvres sont étudiées à partir de leur genèse et de leur structure. En 1976, ces recherches attirent l'attention d'Aragon qui lègue ses manuscrits et ceux d'Elsa Triolet au CAM, devenu l'ITEM en 1982.

Cet institut du CNRS fonctionne alors comme une fusée à plusieurs étages. La génétique textuelle se donnant pour objectif de restituer une « troisième dimension » du texte imprimé, celle de son processus d'élaboration et de la dynamique propre à l'écriture. Elle implique une prise en charge des textes et avant-textes, brouillons, références, dans leur matérialité, de les classer à partir d'indices : c'est le niveau « codicologique » de l'analyse, celui de l'étude des supports et outils de l'écriture. On soumet les encres à un examen clinique et la bétaradiographie analyse les filigranes. L'informatique permet par ailleurs de traiter d'importants corpus et de structurer les déductions, de les formaliser. À l'étage supérieur de l'ITEM, on prépare des éditions critiques pour diffuser au public les découvertes. À un troisième niveau, on s'occupe du travail de renouvellement théorique des études littéraires et des problèmes théoriques de l'édition. Louis Hay publie en 1979 un ouvrage programmatique, *Essais de critique génétique*[15], dans lequel il fait converger autour du même objet, le manuscrit, toute une série de spécialistes : poéticiens, psychanalystes, socio-critiques. « Entre-temps, cela s'est un peu inversé dans la mesure où l'objet a commencé à produire une réflexion théorique autonome qui a eu des effets en retour sur d'autres disciplines et activités créatrices[16]. » Les recherches ont dépassé le cadre des études littéraires et se sont ouvertes à des interrogations sur le fait même de l'écriture qui en appellent au neurologue, au neuropsychologue, au cognitiviste, au paléographe... C'est un second aspect de la filiation de ces groupes de recherche avec la période structuraliste, avec cette volonté de désenclaver la critique littéraire, de la faire

---

14. *Ibid.*
15. L. Hay, *Essais de critique génétique*, Flammarion, 1979.
16. Louis Hay, entretien avec l'auteur.

communiquer avec d'autres disciplines, souvent imprévues : « On n'avait pas pensé une seconde à la neurologie quand on s'est mis à l'étude littéraire[17]. » Cette nouvelle critique, génétique, permet de renouveler la lecture des textes en restituant les processus par lesquels ils furent élaborés. Elle participe donc à ce basculement majeur qu'a provoqué la rupture structuraliste dans son effort pour restituer d'autres logiques en œuvre dans un texte que celle de la seule linéarité.

Le retour de l'histoire littéraire

La réintroduction d'une perspective historienne est partout perceptible chez les littéraires. Anne Roche et Gérard Delfau en ont défini le projet dès 1974[18]. Ils expriment alors leur insatisfaction, autant devant l'histoire littéraire classique, à la Gustave Lanson, que devant « la focalisation myope sur le texte seul », et se proposent de prendre « l'histoire pour fil à plomb[19] ». Ce retour de l'historicité n'est pas celui de la théorie du reflet à partir de laquelle l'histoire-et-littérature (discours) ne serait que le miroir à peine déformé de l'histoire (réel historique). Au contraire, les auteurs préconisent de construire une théorie des médiations, perspective que définit aussi quelques années plus tard Geneviève Idt[20]. Cette théorie implique de reprendre la notion linguistique de contexte situationnel, les conditions matérielles de production et de réception des discours, les institutions qui conditionnent les pratiques discursives, les interlocuteurs, le public du message littéraire : soit une articulation avec l'histoire sociale, mais aussi avec l'histoire culturelle en étudiant la hiérarchisation des codes du message de l'époque considérée, et leurs références implicites et explicites aux messages antérieurs. Il n'est donc pas question de rejeter les acquis de la période structuraliste, mais de les articuler au niveau historique, d'ouvrir la réflexion sur la forme à ses enjeux, à ses supports, à son contenu : « Notre hypothèse de base, toujours corrélée à l'histoire, paraîtra peut-être paradoxale, puisqu'elle insiste sur

---

17. *Ibid.*

18. A. ROCHE et G. DELFAU, « Histoire-et-littérature : un projet », *Littérature*, n° 13, février 1974.

19. *Ibid.*, p. 16.

20. G. IDT, « Pour une histoire littéraire tout de même », *Poétique*, n° 30, avril, 1977, p. 167-174.

l'importance des formes : or il est de tradition d'opposer démarche historique et démarche formaliste[21]. »

La critique littéraire retrouve aussi l'historicité en passant de l'autre côté du miroir de l'écriture, en incluant dans son champ d'investigation le domaine de la lecture. On s'interroge aujourd'hui de plus en plus sur l'esthétique de la réception littéraire. Dans une perspective toujours structuraliste et qui prolonge les directions de recherche définies en 1965 par Umberto Eco dans *L'Œuvre ouverte*, on s'intéresse à ce qui structure l'horizon d'attente du lecteur, ses hypothèses de lecture. Historiens et critiques littéraires peuvent ainsi cheminer de concert, que ce soit Roger Chartier d'un côté ou Philippe Lejeune de l'autre ; cette esthétique de la réception doit articuler les modélisations possibles de l'écriture/lecture à la configuration du champ hétérogène de l'histoire sociale.

La rupture, outre la prise en compte de la chronologie, se situe surtout dans la validité reconnue du référent qui avait été oblitéré lors de la constitution de la linguistique en tant que science du signe : « Il faut que se réalise le retour du référent[22]. » Ce référent a une double dimension : d'une part, sociologique qui est mesurable et, d'autre part, existentielle qui est ressentie. C'est cette double dimension, qui fut longtemps objet d'opprobre au profit de la notion d'immanence et de clôture du texte sur lui-même, qui revient avec la réhistoricisation en cours de la critique littéraire.

La manifestation la plus spectaculaire de ce retour de l'historicité dans l'approche de la littérature, et dont l'enjeu est majeur puisqu'il conditionne la manière dont la jeune génération aura accès à la littérature, est l'assaut lancé par de nouvelles entreprises éditoriales contre le règne sans partage dans l'enseignement du fameux Lagarde et Michard des éditions Bordas.

La recette de ce manuel, qui a bercé depuis 1948 la jeunesse scolarisée dans une familiarité quelque peu factice avec les « grandes » œuvres littéraires et les « grands » auteurs, est éprouvée : c'est la succession chronologique d'une sélection de morceaux choisis. Il a traversé les épreuves du temps sans trop de dommages, sinon une légère rénovation en 1985, et représentait encore en 1988 près de 60 % du marché[23]. Ce manuel canonique a pourtant connu des éclipses, notamment au plus fort de la vague structuraliste. Il fut le plus souvent à l'époque rangé au niveau des antiquités, puisque la révolte des années soixante, et le programme scientifique qu'elle portait, s'en prenait justement à la conception

21. A. ROCHE et G. DELFAU, « Histoire-et-littérature : un projet », *loc. cit.*, p. 21.
22. Pierre BARBÉRIS, *Le Débat*, mars 1985, pp. 184-186.
23. T. BILLARD, *Le Monde*, 8 septembre 1988.

de l'homme et de l'œuvre, et au principe d'étudier des morceaux choisis, tout ce qu'incarnait le Lagarde et Michard.

Le retour de ce vieux cheval sur l'avant-scène est donc symptomatique du reflux du paradigme structural et du retour de l'historicité. La modernisation de l'enseignement des lettres aurait-elle totalement avorté ? Si l'on examine les concurrents au Lagarde et Michard qui se pressent pour prendre sa place, le bilan est pourtant loin d'un simple retour à la case départ d'une histoire littéraire traditionnelle. Il y a bien retour à une histoire littéraire, mais largement fécondée par les avancées structuralistes des années soixante[24].

Incontestablement, les responsables de ces nouveaux venus sur le marché ont dû se délester d'une bonne partie de leurs positions théoriques parfois très tranchées, en particulier contre la notion même de morceaux choisis et la pertinence des présentations biographiques ou chronologiques. Magnard, qui avait tenté une approche par ordre alphabétique en 1983, en est revenu, constatant que la plupart des élèves « ne savaient pas situer dans le temps Corneille ou Racine[25] ». Quant au choix des œuvres, « il y a à peu près tous les grands textes que les professeurs attendent[26] ».

Seulement, on ne combat pas l'artillerie lourde de Lagarde et Michard avec une arbalète. À cet égard la palme revient au travail dirigé par Henri Mitterand chez Nathan dont les cinq volumes comptabilisent quelque 3 200 pages ! On se souvient qu'Henri Mitterand fut un des rénovateurs structuralistes des années soixante, et les ouvrages qu'il a dirigés en portent incontestablement la marque. Certes, le classicisme l'emporte, mais ponctué de modernité structurale, en premier lieu par le souci constant de faire dialoguer la tradition canonisée avec des textes restés marginaux : « On a essayé de montrer qu'à l'intérieur d'une période littéraire donnée, on peut distinguer des paliers, des registres différents[27]. » Par ailleurs, chaque chapitre s'achève par une page qui donne le point de vue de la nouvelle critique sur la question. On retrouve ainsi les manuels balisés par les textes de Barthes, Todorov, Greimas, Genette, Starobinski, Cixous... « Comme il y a 120 chapitres, on a 120 belles pages de critique et de théorie modernes[28]. »

24. *Textes et Contextes*, par C. Biet, J.-P. Brighelli et J.-L. Rispail, Magnard ; *Perspectives et Confrontations*, X. Darcos, B. Tartayre, B. Agard, M.-F. Boireau et A. Boissinot, Hachette ; *Littérature*, sous la direction d'H. Mitterand, Nathan ; *Itinéraires littéraires*, sous la direction de G. Décote, Hatier.
25. J.-P. Brighelli, cité par T. Billard, *Le Monde*, 8 septembre 1988.
26. Henri Mitterand, entretien avec l'auteur.
27. *Ibid.*
28. *Ibid.*

Quant à l'apport proprement linguistique, il est présent dans les appareils didactiques, où les problèmes d'ordre rhétorique sont très présents. Henri Mitterand voit aussi l'héritage structuraliste dans la conception d'ensemble, à structure pyramidale, de chacun des ouvrages : « C'est un structuralisme pédagogique[29]. » On peut cependant rester sceptique sur cette dernière appréciation, car si l'on ne doute pas que le directeur de cet ensemble de 3 200 pages possède cette vision globale, cela est sans doute plus difficile pour les potaches qui découvrent cette encyclopédie, même si elle est conçue comme une magnifique machine fonctionnelle.

La collaboration d'Alain Boissinot, membre de la très moderniste Association française des enseignants de français (l'AFEF) – née du rejet des manuels traditionnels dans la suite de la contestation de Mai 68 –, à l'entreprise de manuels dirigée par Xavier Darcos chez Hachette pour le dernier volume consacré au XXe siècle est également symptomatique de ce désir de réinvestir les avancées théoriques du structuralisme tout en répondant à la demande d'ouvrages plus classiques. Là aussi, modernité et tradition sont tour à tour utilisées dans une perspective avant tout méthodologique, et qui reprend la réflexion structuraliste pour mieux éclairer la différenciation par genres. On y retrouve le souci structural d'objectiver l'acte d'écriture : « Ne pas jouer sur la connivence culturelle, mais sur l'objectivation d'un savoir et sa diffusion : c'est l'objectif d'un enseignement démocratique[30]. »

Le retour de l'événement

Outre les sciences pilotes que furent la linguistique et l'approche de la littérature, ce sont toutes les sciences sociales qui, en cette période, redécouvrent l'historicité, l'importance de l'événement, le désordre derrière l'ordre. Les sciences de la nature, qui avaient servi de modèle au paradigme structural, jouent là encore par leurs découvertes un rôle majeur dans l'inflexion du paradigme des sciences humaines.

Le numéro de *Communications* de 1972 est consacré à l'événement, dont Edgar Morin perçoit le retour. Les découvertes scientifiques y invitent, comme celles de l'astronomie qui bouleversent la vision de l'histoire de l'univers en situant à quinze milliards d'années un événement originaire, le *big-bang*, à partir duquel s'est produite l'explosion génératrice d'un univers en constante évolution et expansion : « Le cosmos semble être à la fois univers et

29. *Ibid.*
30. Alain Boissinot, entretien avec l'auteur.

événement[31]. » L'histoire, qui avait été refoulée comme dimension ascientifique, revient paradoxalement par le biais des sciences dures, autour des notions d'irréversibilité, de rationalité possible du désordre, d'imprévisibilité. C'est dans le même sens que dans les années soixante-dix évoluent la génétique, la théorie de l'information, les techniques de l'intelligence artificielle, et certaines théories mathématiques comme celle de René Thom dont l'ouvrage majeur, *Stabilité structurelle et morphogénèse*[32], est d'abord passé inaperçu en France au moment de sa parution en 1972. Mais ses thèses commencent à être connues et à influencer le paradigme des sciences humaines lorsque paraît en 1974 *Modèles mathématiques de la morphogénèse* en livre de poche[33].

Les sciences humaines, dans un souci de modélisation scientifique, avaient écarté le désordre comme manifestation perturbante ; elles doivent désormais revisiter totalement leur postulat comtien devant l'évolution de la théorie mathématique élaborée par René Thom, dite des catastrophes. Les travaux en topologie différentielle ont amené René Thom à élaborer une mathématique des phénomènes critiques et une méthode qualitative pour interpréter les formes naturelles, appelée théorie des catastrophes. Celle-ci permit de rassembler dans un même cadre théorique une grande diversité de phénomènes observés en optique, en thermodynamique, en hydrodynamique. Outil de description des phénomènes imprévisibles, la théorie dite des catastrophes rencontre vite ses prolongements dans son application en sciences sociales. Cette théorie définit l'accident dans l'évolution d'un système comme le niveau le plus pertinent, dans la mesure où il invalide le mode de description du système qui était en vigueur jusque-là, et nécessite de le repenser.

Peu après, en 1979, l'ouvrage d'Ilya Prigogine et Isabelle Stengers, *La Nouvelle Alliance* (Gallimard), connaîtra un succès encore plus grand hors des milieux de spécialistes. Leur définition d'une thermodynamique des processus irréversibles amplifie le phénomène de réhabilitation du mouvement, des discontinuités, de l'historicité. Les sciences les plus modernes reconnaissant la portée fondamentale de l'événement, on ne pouvait concevoir que les sciences sociales l'ignorent plus longtemps, et ces découvertes portent donc en elles-mêmes l'extinction du paradigme structuraliste comme privilégiant la synchronie, la permanence, l'éviction de l'événementialité. L'historicité va donc réinvestir le champ des

---

31. E. Morin, *Communications*, n° 18, 1972, p. 6.

32. R. Thom, *Stabilité structurelle et morphogénèse*, Édiscience, 1972.

33. R. Thom, *Modèles mathématiques de la morphogénèse*, C. Bourgeois, 10/18, 1974.

sciences humaines, comme nous l'avons déjà vu à propos de l'école de la régulation pour une partie des économistes.

Marc Guillaume, économiste polytechnicien, écrit en 1978 un *Éloge du désordre*[34] : réagissant contre ce qu'il considérait comme un imaginaire de l'ordre chez Lévi-Strauss, il construit un modèle inspiré de l'idée de Georges Bataille selon laquelle le destin du monde est soumis au principe d'excès de la production d'énergie. Pour Bataille, les sociétés traditionnelles sont obligées de dissiper par petites quantités cet excès qui les menace, pour préserver leur ordre. Au contraire, la société moderne, selon Bataille, bascule et ne dissipe plus son excès d'énergie, mais l'accumule, la cristallise jusqu'à des crises de plus en plus violentes dans un destin tragique parsemé de guerres, de destructions de plus en plus dévastatrices : « À partir de cette vision apocalyptique, je me suis dit, travaillant sur la bureaucratie, que l'on pourrait voir le désordre comme un formidable moyen de dissiper et de retarder les échéances fatales. [...] Le désordre dans une telle perspective peut être perçu comme une transition positive.[35] »

Le retour au discours historien s'accompagne d'un choix stylistique, celui de la lisibilité d'un genre littéraire. Un des cas les plus spectaculaires de conversion est celui d'Élisabeth Roudinesco, connue jusque-là comme lacano-althussérienne particulièrement hermétique. Lorsqu'elle fait paraître *La Bataille de cent ans. Histoire de la psychanalyse en France*[36], c'est un double événement. D'une part, l'auteur rompt avec l'ahistoricisme de son maître Lacan : « Cette histoire était faite contre Lacan, pour montrer qu'une histoire était possible et qu'en même temps il était possible de restituer une histoire à Lacan, alors qu'il avait passé sa vie à se déshistoriciser. C'était le pari[37]. » Bien évidemment, cette histoire ne rejette pas le passé dans l'oubli. Elle fait la part belle à Lacan qui en est le véritable héros. Elle reprend beaucoup à Canguilhem et à Foucault : « Le premier volume, c'est l'histoire des sciences façon Canguilhem[38]. » D'autre part, le style s'est métamorphosé : l'auteur illustre une narration devenue classique de portraits hauts en couleur, quasi romanesques : « J'ai fait des portraits de personnages, et là j'ai emprunté à la littérature[39]. » Ce double emprunt à l'histoire des sciences et à la littérature illustre bien la tension

---

34. M. GUILLAUME, *Éloge du désordre*, Gallimard, 1978.
35. Marc Guillaume, entretien avec l'auteur.
36. É. ROUDINESCO, *La Bataille de cent ans. Histoire de la psychanalyse en France*, Ramsay, 1982.
37. Élisabeth Roudinesco, entretien avec l'auteur.
38. *Ibid.*
39. *Ibid.*

constante de l'appartenance des sciences humaines entre ces deux
pôles, mais ce qui est significatif de la période, c'est là encore le
plaisir d'écrire, le plaisir du texte d'Élisabeth Roudinesco, et son
souci d'historiciser un domaine qui semblait jusque-là échapper à
ce type de construction intellectuelle.

Dans un autre registre, mais sur le même terrain de la psychanalyse, Gérard Mendel revisite Freud en restituant ses propositions
théoriques dans le moment historique précis au cours duquel elles
sont nées. C'est ainsi que Mendel montre que les deux bases biologiques sur lesquelles Freud a entendu étayer la théorie psychanalytique – le postulat de l'hérédité des caractères psychiques
acquis et le postulat d'un chimisme sexuel manifeste dès la naissance – sont considérées aujourd'hui par la biologie comme des
aberrations et relèvent en fait d'une conception historiquement
dépassée : « La biologie freudienne conjugue ainsi deux anachro-
nismes : un néo-lamarckisme psychique, un néo-vitalisme
sexuel[40]. » Revisiter Freud ne signifie pas relativiser l'importance
de sa découverte, mais ouvrir le champ indéfini d'une re-fondation
en constante corrélation avec l'historicité de l'homme, du social et
des sciences.

Ce retour de l'historicité, de la réflexion sur la temporalité avec
ses divers rythmes, ses discontinuités, a assuré aussi, nous l'avons
vu (cf. *supra*, p. 302-309), l'âge d'or des historiens de l'école des
Annales. Mais dans le même temps, le retour de l'événement pro-
voquait la mise en crise du paradigme durkheimo-structuraliste de
cette école historique, jusqu'à remettre en cause ses orientations
fondatrices[41]. En reconnaissant que la relation histoire et sciences
sociales se trouve à « un tournant critique[42] », l'éditorial du numéro
des *Annales* consacré à ce thème sonne le glas du passé et révèle
une grave crise d'identité, malgré une fécondité spectaculaire.
L'immobilisation de la temporalité, la recherche des invariants ne
correspond plus à la sensibilité contemporaine, et Georges Duby
reconnaît en 1987 : « Nous sommes au bout de quelque chose. [...]
J'ai le sentiment d'un essoufflement[43]. » L'heure est à l'éclatement
pour les héritiers de Braudel. Certains choisissent le prêche domi-
nical annonçant l'apocalypse comme Pierre Chaunu, d'autres
comme François Furet scrutent les horizons de l'histoire conceptuelle et politique. De son côté, Pierre Nora interroge *Les Lieux de
mémoire*, les lieux de la représentation historique. Et d'autres
retrouvent les délices d'une *Histoire de France* (Hachette) où

40. G. MENDEL, *La Psychanalyse revisitée*, La Découverte, 1988, p. 10.
41. F. DOSSE, *L'Histoire en miettes, op. cit.*
42. *Annales*, ESC, mars-avril 1988.
43. G. DUBY, *Magazine littéraire*, n° 248, décembre 1987.

revient la maison France, victoire posthume du vieux maître Lavisse, pendant du Lagarde et Michard au plan historique. Devant un tel éclatement, l'école des *Annales*, nourrie par le paradigme structuraliste, s'interroge : « Aujourd'hui, l'attention portée à l'événement et la résurgence d'un certain historicisme signalent que l'intuition initiale est en passe d'épuiser ses effets[44]. » Les héritiers de la longue durée reconnaissent que celle-ci a pu faire oublier les processus par lesquels advient la nouveauté. Le reflux du paradigme structuraliste provoque donc une grave crise du discours historien lorsqu'il s'est nourri de son essor. Il provoque la fin de règne des historiens – qui avaient relayé les anthropologues sur la piste structurale –, à un moment paradoxal où l'histoire féconde à son tour le discours des autres sciences humaines : curieux chassé-croisé au cours duquel la solution de facilité consistant à revêtir les vieux habits de la tradition représente la même tentation pour les historiens que pour les littéraires.

44. *Annales*, ESC, novembre-décembre 1989, éditorial : « Histoire et sciences sociales. Tentons l'expérience », p. 1318.

35

L'extinction des maîtres penseurs

Le début des années quatre-vingt sonne également le glas des maîtres penseurs des années soixante. Adulés, souvent au faîte de la gloire, la mort vient surprendre plusieurs d'entre eux en plein chantier, laissant leur message inachevé. Une génération orpheline, qui avait déjà dû panser les plaies de ses illusions perdues, se trouve confrontée à un nécessaire travail de deuil vis-à-vis de ceux qui ont incarné la pensée dans ce qu'elle avait de plus exigeant. À l'ambitieux programme qui devait soulever les montagnes succède un véritable cortège funéraire qui accompagne les héros d'hier à leur dernière demeure.

Ce ne sont pourtant pas ces disparitions en chaîne qui vont provoquer l'évanouissement du paradigme structuraliste, car celui-ci était déjà dans une phase de déclin inexorable depuis 1975. Les héros de la geste structuraliste avaient connu depuis cette date une évolution qui les écartait toujours davantage des ambitions originaires du programme des années soixante. Leur disparition va cependant accélérer la mise à distance et l'éloignement de ce moment structuraliste.

La disparition de Barthes

Roland Barthes connaît le 25 octobre 1977 le drame tant redouté, celui du décès de sa mère, Henriette, la véritable compagne de son existence, qu'il n'a jamais quittée. Son ami Greimas s'inquiète, et lui répond à l'annonce de la nouvelle qu'il apprend alors qu'il se trouve à New York : « Roland, que deviendrez-vous maintenant[1] ? » Cette disparition est en effet pour lui une véritable catastrophe, qui sape brutalement son désir d'écrire et de vivre : « Ce que j'ai perdu, ce n'est pas une Figure (la Mère), mais un être ; et pas un être,

---

1. A.-J. GREIMAS, cité par L.-J. CALVET, *Roland Barthes, op. cit.*, p. 271.

mais une qualité (une âme) : non pas l'indispensable mais l'irremplaçable. Je pouvais vivre sans la Mère (nous le faisons tous, plus ou moins tard) ; mais la vie qui me restait serait à coup sûr et jusqu'à la fin inqualifiable (sans qualité)[2]. »

Barthes est confronté à une profonde crise existentielle du désir alors qu'il est, après le succès public de ses *Fragments du discours amoureux*, au sommet de sa notoriété. Il doit supporter, mais dans un climat moins favorable qu'à l'époque de la polémique avec Picard, un nouvel assaut de la Sorbonne avec la publication d'*Assez décodé* de René Pommier, au style particulièrement violent[3]. Barthes est au même moment le héros d'un pastiche, moins méchant que drôle, *Le Roland-Barthes sans peine*[4]. Les auteurs proposent un décryptage du discours barthésien, à la manière de l'acquisition d'une langue nouvelle dont le vocabulaire ne serait que partiellement d'origine française.

Dans le style d'un manuel, l'ouvrage propose quelques éléments de conversation, résumés, exercices, des règles, une gymnastique textuelle pour penser directement en R.-B. et le « traduire » en français : « 1 – Comment t'énonces-tu, toi ? Français : Quel est votre nom ? ; [...] 3 – Quelle "stipulation" verrouille, clôture, organise, agence l'économie de ta pragma comme l'occultation et/ou l'exploitation de ton ek-sistence ? Français : Que faites-vous dans la vie ? ; 4 – (J')expulse des petits bouts de code. Français : Je suis dactylo[5]. » On peut en rire et l'on en a ri de bon cœur, mais Barthes en a été profondément affecté. Non qu'il soit dénué de sens de l'humour, mais cette parodie tombe à un très mauvais moment. Durement éprouvé par la mort de sa mère, Barthes n'a pas le cœur à rire, et voit dans ces publications comme le signe d'un combat inachevé qu'il faut poursuivre alors qu'il n'en a plus le goût.

Il trouve cependant encore la ressource de se rendre chez Jean Daniel pour lui demander une chronique dans *Le Nouvel Observateur*, qui lui est tout de suite chaleureusement accordée et qu'il tiendra de décembre 1978 à mars 1979. Mais celle-ci déçoit son public pourtant fidèle. La critique corrosive des *Mythologies* n'est plus là, non pas tant que Barthes aurait perdu son talent, mais surtout parce que la période n'est plus la même et le paradigme critique reflue chaque année davantage. Dans un tel contexte de crise du désir, il n'y a plus qu'un seul véritable ressort à l'écriture que Barthes livre dans un entretien qu'il accorde quatre jours avant

2. R. BARTHES, *La Chambre claire*, Cahiers du cinéma-Le Seuil, 1980, p. 118.
3. R. POMMIER, *Assez décodé*, Éd. Roblot, 1978.
4. M.-A. BURNIER et P. RAMBAUD, *Le Roland-Barthes sans peine*, Balland, 1978.
5. *Ibid.*, p. 17-18.

l'accident fatal au *Nouvel Observateur*. À la question de savoir
qu'est-ce qui le pousse à écrire, il répond : «C'est une manière,
tout simplement, de lutter, de dominer le sentiment de la mort et
de l'abolissement intégral[6]. »

C'est à la sortie d'un repas autour de François Mitterrand, avec
Jack Lang, Jacques Berque, Danièle Delorme, Pierre Henry, Rolf
Liberman, que Barthes, traversant la rue des Écoles, est renversé
par un camion de blanchisserie. Aussitôt hospitalisé à la Salpêtrière, le communiqué de l'AFP est plutôt rassurant et indique que
l'état de l'écrivain ne suscite pas d'inquiétude. Pourtant, Barthes
semble avoir perdu l'énergie vitale pour gagner son dernier combat,
contre la mort : « Il n'avait pas grand-chose, un léger traumatisme
crânien et il s'est laissé mourir à l'hôpital[7]. » Le médecin légiste
qui constate la mort le 26 mars 1980 conclut que l'accident, sans
être la cause directe de la mort, a provoqué des complications
pulmonaires chez un sujet affaibli depuis longtemps sur ce plan.
Raison médicale ? Raison psychologique ? Nul ne le sait vraiment,
mais ces raisons ne permettent pas de combler le manque provoqué
par la disparition du héros le plus aimé de l'épopée structuraliste.
Il laisse de nombreux disciples, mais pas de véritable école. Le
« système Barthes », comme le qualifie Louis-Jean Calvet, relève
plus du regard que de la théorie. Le structuralisme fut davantage
traversé par Barthes pour défendre ses intuitions littéraires que
vécu comme finalité scientifique. C'est surtout l'homme, ses émotions, la singularité de son regard sur le monde dont la perte en
cette année 1980 est irremplaçable : « Une voix originale, la plus
susceptible d'apporter quelque chose que je n'aie jamais entendue,
s'était tue et le monde m'est apparu définitivement plat : il n'y
aurait plus jamais la parole de Barthes sur quelque sujet que ce
soit[8]. »

Lacan contesté

L'année 1980 est aussi celle de la disparition d'un autre grand
gourou de la période, Jacques Lacan. Mais dans ce cas, c'est une
discipline, la psychanalyse, et une école, celle fondée par le maître,
qui vont connaître de hautes turbulences. Après avoir étayé son
retour à Freud sur la linguistique saussurienne dans les années
cinquante, Lacan a accompagné le reflux du structuralisme en

---

6. R. BARTHES, entretien avec Ph. BROOKS, *Le Nouvel Observateur*,
14 avril 1980.

7. Louis-Jean Calvet, entretien avec l'auteur.

8. O. BURGELIN, cité par L.-J. CALVET, *Roland Barthes, op. cit.*, p. 315.

s'éloignant de ce point de suturation pour s'orienter toujours davantage vers la topologie, les nœuds, les tores...

En décembre 1972, consacrant son séminaire à Jakobson, il distingue alors ce qui relève de la discipline linguistique, domaine réservé des linguistes, et de la « linguisterie », dont le néologisme ne porte plus l'ambition de fonder la scientificité du discours analytique, comme à l'époque du discours de Rome : « Mon dire, que l'inconscient est structuré comme un langage, n'est pas du champ de la linguistique[9]. »

Cette échappée vers la topologie va dérouter plus d'un intellectuel jusque-là fasciné par un Lacan qui avait réussi à installer la psychanalyse au cœur des humanités, à l'intersection des grands débats théoriques, interpellant notamment la philosophie sur son propre terrain, celui de la réflexion sur le Sujet. La période qui débute au milieu des années soixante-dix, et qui voit décliner le structuralisme, représente aussi pour Lacan un moment où des contestations radicales vont se manifester et contribuer à ébranler son bel édifice. Certes, dès 1972, Gilles Deleuze et Félix Guattari avec *L'Anti-Œdipe*, puis Foucault, un peu plus tard en 1976, avec *La Volonté de savoir*, avaient déjà contesté les fondements du lacanisme, et ces événements éditoriaux avaient révélé une fracture grandissante avec les philosophes.

Mais la contestation va prendre un tour plus inquiétant quand elle viendra de l'école lacanienne elle-même, l'École freudienne de Paris (EFP). C'est le cas lorsque François Roustang publie, en 1976, *Un destin si funeste*. Il dénonce de manière radicale une psychanalyse « menacée de devenir une religion, la seule religion possible aujourd'hui à l'Ouest[10] ». En fait de construction scientifique, la trilogie Symbolique, Imaginaire et Réel renvoie, selon Roustang, à la théologie trinitaire, le Nom du Père au Christ, et le recours à l'Écriture à la tradition chrétienne. Cette religiosité en acte, Roustang la voit notamment à l'œuvre dans ce temps fort de l'analyse qu'est la relation transférentielle. Si le rapport analytique chez Freud est bien fondé sur le transfert, il se donne pour objectif de défaire celui-ci, alors que Lacan joua à la pérennisation du transfert. Il a ainsi pu retenir ses disciples dans un rapport de dépendance totale qu'évoque la théorisation du transfert de travail, ou encore la pratique de la revue de Lacan, *Scilicet*, où seul le maître a le droit de signer les articles de son nom propre : « Ce *Destin si funeste* provoque un beau remue-ménage sur la scène de l'EFP, par *Confrontations* interposé, où son auteur obtient un formidable

9. J. Lacan, *Le Séminaire, Livre XX, Encore, op. cit.*, p. 20.
10. F. Roustang, *Un destin si funeste*, Minuit, 1976, p. 41.

triomphe. Il faut dire qu'il matérialise le déjà-là d'une crise préparée par le mathème[11]. »

Charles Melman, dans la revue de l'École freudienne de Paris, *Ornicar ?*, contre-attaque au nom du maître contre ce qu'il qualifie de « festin pas honnête[12] », et reproche à Roustang d'avoir confondu le dessein et le destin, en s'appuyant sur une coquille des *Écrits*. Derrida répond à son tour en qualifiant Melman de facteur : « Dans la langue anglaise, [...] facteur, c'est mailman[13]. »

Peu après, c'est une pratique essentielle de l'EFP qui se trouve au centre de controverses internes à l'École : la passe. Des journées d'études sont consacrées à une réflexion sur cette pratique, au mois de janvier 1978 à Deauville. Lacan est là, pour l'essentiel silencieux, pour conclure à l'échec complet de la procédure en discussion : « J'ai pris des positions critiques sur la passe, mais certainement pas autant que lorsque Lacan a déclaré lui-même à Deauville que la passe était un échec complet[14]. » La passe avait été mise en place par Lacan pour être le lieu où s'évalue la validité d'une analyse didactique ; mais en fait ce jury d'agrément se voyait dévoyé de ses objectifs car les postulants faisaient à cette occasion l'apologie de leur didactique au lieu de faire le point sur leurs problèmes. Les discours tenus étaient donc totalement biaisés et détournés de leur fonction : « Les gens ne destituaient ni leur analyste ni le jury bien entendu. Cela en faisait un exercice assez artificiel[15]. » Cette crise de la pratique qui se prend les pieds dans les nœuds permet à Jacques-Alain Miller, fermement implanté à Vincennes, de supplanter la vieille garde lacanienne : « La voie du pouvoir est désormais ouverte à une autre jeunesse lacanienne et à son représentant le plus installé dans le sérail : Jacques-Alain Miller[16]. »

L'école lacanienne en cette fin des années soixante-dix est en proie à des luttes intestines, au désarroi théorique, et à la fuite en avant vers le mathème. Une guerre de succession aux effets dévastateurs se joue dans l'ombre du vieux maître. C'est dans ce climat que paraît le pamphlet du jeune philosophe François George, *L'Effet 'yau de poêle*, dans lequel le lacanisme est tourné en dérision comme une des grandes mystifications du siècle[17]. À la manière du *Roland-Barthes sans peine*, François George parodie

11. É. ROUDINESCO, *Histoire de la psychanalyse*, t. 2, *op. cit.*, p. 636.
12. Ch. MELMAN, *Ornicar ?*, n° 10, 1977.
13. J. DERRIDA, *La Carte postale*, *op. cit.*, p. 543.
14. Jean Clavreul, entretien avec l'auteur.
15. *Ibid.*
16. É. ROUDINESCO, *Histoire de la psychanalyse*, t. 2, *op. cit.*, p. 641.
17. F. GEORGE, *L'Effet 'yau de poêle*, Hachette, 1979.

le langage lacanisé qui était devenu l'expression même du sno-
bisme le plus convenu, s'enfermant à l'égal d'un certain marxisme
dans une similaire langue de bois. L'auteur dénonce les manipulations du gourou Lacan (« Lacan, en fait, se pose en illusionnis-
te[18] ») et renvoie les bons mots du maître à l'envoyeur, de manière
renversée, à l'intérieur d'un gant de crin, en respectant les règles
du jeu de mots si cher à l'école lacanienne.

Certes, il ne s'agit pas d'une analyse de la doctrine, mais
François George prend aux mots Lacan, comme lorsque ce dernier
présente au parterre ébloui de son séminaire un éléphant, par le
simple fait d'évoquer le vocable, éléphant : « Montrer un éléphant
en son absence, voilà qui, il est vrai, définit assez bien son art,
dont on pourrait dire, pour ne pas en trahir le style, qu'il est celui
de la Trompe[19]. » François George rejoint la critique de Roustang,
sur le registre du sarcasme, soulignant l'évacuation par Lacan de
l'homme au profit d'une épure religieuse qui se tient à distance du
corps et de ses humeurs. L'affectif chez Lacan est une grossièreté
et le corps n'est « qu'un résidu[20] ». Quant au sujet barré, $, il évo-
quera le dollar pour l'analyste, et le ver de terre coupé en deux par
la bêche du jardinier pour l'analysant, geste répété par celui qui
est supposé savoir lorsqu'il pratique la scansion, et somme son
client d'interrompre la séance par l'injonction de « se barrer ». Le
fameux objet petit (a) de Lacan, si mystérieux, n'est selon François
George qu'un petit tas d'excréments, une banale merde empirique :
« Ce petit a, ou cette grosse commission, en vient à recouvrir tout
ce qui est lié au corps[21]. » Évacuation du corps et adoration du
Signifiant qui ne répond jamais puisqu'il n'y a pas d'abonné au
numéro de l'Autre absolu, Lacan aurait essayé de créer une nouvelle religion « remplaçant le mythe de la Croix par celui de la
Barre[22] ». Comme on peut en juger, la charge est sévère, et le succès
de l'ouvrage est à la hauteur du talent humoristique de l'auteur,
qui use d'un registre – le calembour – familier à l'école lacanienne.
Certes, cet ouvrage est au lacanisme ce que le comique troupier
est à la politique ; il passe à côté de l'apport de Lacan, mais là
n'est pas son objet. L'écho que rencontre ce pamphlet est en tout
cas symptomatique de l'état de crise et du discrédit qui commence
à affecter l'école lacanienne.

Dans *Le Monde*, Roland Jaccard salue l'ouvrage de François
George dans un véritable éloge : « Lacan, dont le séminaire attira

18. *Ibid.*, p. 49.
19. *Ibid.*, p. 48-49.
20. *Ibid.*, p. 52.
21. *Ibid.*, p. 54.
22. *Ibid.*, p. 87.

longtemps gogos, jobards et snobs [...]. Souhaitant sauver la psychanalyse française de la médicalisation qui la guettait et de la médiocrité où elle stagnait, il réussit en quelques années le tour de force de la déconsidérer sur le plan tant clinique – avec la pratique suicidaire des séances réduites à quelques minutes – qu'intellectuel...[23] » Ce point de vue n'est toutefois pas unanimement partagé et nombreuses sont les lettres de réactions indignées envoyées au *Monde*, plus connu pour la retenue de ses collaborateurs que par leur passion polémique. *Le Monde* publie des extraits de quelques-unes de ces lettres, mais surtout une page entière est laissée à Serge Leclaire, qui publie sous le titre « Le mouvement animé par Jacques Lacan » une bonne partie de son intervention au Congrès sur l'inconscient de Tbilissi qui se tient en octobre 1979[24]. Serge Leclaire retrace à cette occasion le parcours de rénovation de la psychanalyse opéré par Lacan. Mais le caractère explosif de l'essai de François George ne s'éteint pas pour autant et à la fin du mois d'octobre 1979, c'est Jean-Paul Enthoven qui, dans *Le Nouvel Observateur*, propose un nouvel éloge de son ouvrage sous le titre provoquant : « Pour un ultime hommage au camarade Lacan[25] ». Enthoven ne voit que justice dans cette satire car la prédilection lacanienne pour les tropes, et son mépris pour les tripes ont ridiculisé l'institution, ouvrant la voie à un maître qui se donne tous les droits pour combler le manque qu'il a placé au poste de commande de son discours : « Il est devenu, en quelque sorte, la contrevaleur du "manque" qui circule comme une monnaie fiduciaire dans le peuple lacanien[26]. »

Il est néanmoins regrettable que certaines critiques qui touchent juste risquent de favoriser un mouvement de rejet de la psychanalyse dans son ensemble et permettent d'oublier l'apport décisif de Lacan en particulier. Comme on a longtemps dit, il ne faut pas jeter le bébé avec l'eau du bain. C'est le risque et c'est pourquoi Serge Leclaire jugera sévèrement l'entreprise : « La bouffée d'air qu'il prétend apporter sent le fascisme[27]. »

Leclaire ne se pose pourtant pas en gardien du temple, et s'il reste lacanien, c'est en toute indépendance. Il reconnaît qu'il y a des butées sur les voies frayées par Lacan et récuse de plus en plus l'évolution topologique de l'École qu'il n'hésite pas à critiquer ouvertement dès 1977 dans un texte que Jacques-Alain Miller ne

23. R. Jaccard, *Le Monde*, 21 septembre 1979.
24. S. Leclaire, *Le Monde*, 2 octobre 1979.
25. J.-P. Enthoven, *Le Nouvel Observateur*, 29 octobre 1979.
26. *Ibid.*
27. S. Leclaire, 7 novembre 1979, dans *Rompre les charmes*, Interéditions, 1981, p. 204.

digérera pas, *L'empire des mots morts* : « Il serait souhaitable que le mathème perdant sa dignité compassée laisse libre cours à sa valeur graffitique[28]. » Serge Leclaire travaille alors à un projet de séminaire avec Antoinette Fouque dans le cadre de l'École freudienne de Paris. Il le transmet à Lacan pour autorisation, et ce lacanien de la première heure, ce baron du lacanisme se voit censuré : « Il n'est pas question que vous fassiez le séminaire dont Simatos m'a communiqué l'annonce, à l'EFP[29]. »

Il décide alors d'écrire une réponse satirique avec Antoinette Fouque, à l'occasion d'une fête de l'École freudienne qui se tient à Lille. Elle revêt la forme d'une saynète théâtrale de personnages de *L'École des femmes*, intitulée « Pas de deux », jouée au début de la fête. Elle se clôt par ces mots : « Ici, la vérité, j'interdis[30]. »

Si Leclaire souscrit à l'importance donnée par Lacan au signifiant, au symbolique, il récuse l'évolution en cours (qui s'amplifiera après la disparition du maître) où l'hégémonisme du signifiant conduit à reléguer l'imaginaire à une dimension démoniaque : « Cela aboutit à un totalitarisme par l'hégémonie du signifiant qui régente tout. Il y a quelque chose auquel je ne peux pas souscrire et qui prépare le retour du religieux[31]. » Or, cette évacuation de l'imaginaire pose un grave problème pour l'analyste car s'il travaille à l'aide du signifiant pour voir comment son patient a escamoté le réel, l'a évité, c'est à partir de l'imaginaire de l'analysé qu'il élabore ses hypothèses. D'autre part, à côté du discours tenu, de la parole, l'analyste doit restituer la cohérence de ce qui ne passe pas par la verbalisation. Lacan a pourtant depuis le début intégré cette dimension comme essentielle, notamment depuis le stade du miroir, mais l'évolution vers la recherche d'un discours analytique de plus en plus formalisable, scientifique, a conduit à minorer cette dimension : « Quand Lacan a fait sa théorie des nœuds, je pense qu'en grande partie ce fut en réaction contre ses élèves qui étaient portés à considérer que l'imaginaire, les affects, c'était une sorte d'épiphénomène de la structure langagière, épiphénomène sans intérêt. Situer l'imaginaire dans un nœud spécial était un moyen de marquer l'autonomie propre des structures de l'imaginaire[32]. »

---

28. S. Leclaire, « L'empire des mots morts », 1977, dans *Rompre les charmes, op. cit.*, p. 196.
29. J. Lacan, 15 septembre 1977, cité par S. Leclaire, *op. cit.*, p. 197.
30. S. Leclaire, « L'empire des mots morts, *op. cit.*, p. 200.
31. Serge Leclaire, entretien avec l'auteur.
32. Jean Chavreul, entretien avec l'auteur.

La dit-solution

Des courants contradictoires secouent l'École freudienne de
Paris en 1979, sur fond de crise, de départs spectaculaires, comme
celui de Françoise Dolto. Quant au maître Lacan, atteint par un
cancer, il est de plus en plus l'ombre de lui-même ; il est alors la
proie de luttes de clans qu'il ne maîtrise plus. C'est dans ce contexte
délétère que Lacan prononce la dissolution de l'École freudienne
de Paris, le 5 janvier 1980.

Comme de Gaulle a renoncé un jour au RPF, il renonce à sa
« chose ». Cet acte d'autorité, sinon d'autoritarisme, consacre la
victoire de Jacques-Alain Miller qui, selon Solange Faladé, est
même l'auteur de la fameuse missive qui annonce la dit-solution :
« Lacan ne pouvait plus écrire. Il a été décidé que Miller rédigerait
la lettre et que Lacan la corrigerait[33]. »

Lacan y invoque l'échec de son École pour justifier de sa dispersion : « Je n'ai plus d'École. Je l'ai soulevée du point d'appui
(toujours Archimède) que j'ai pris du grain de sable de mon énonciation. Maintenant j'ai un tas – un tas de gens qui veulent que je
les prenne. Je ne vais pas en faire un tout. Pas du tout. [...] Donc,
il faut bien que j'innove, puisque cette École, je l'ai loupée[34]. »
Cette décision intervient en violation de toutes les règles de l'institution. De plus, cet oukase inclut l'obligation d'un nouvel acte
d'allégeance au maître de la part de ses disciples : ceux-ci doivent
manifester leur désir de poursuivre leur route sous l'autorité de
celui-ci par une candidature individuelle et écrite.

Invoquant la loi sur les associations de 1901, cet oukase est
immédiatement mis en cause par des membres de l'EFP : vingt-huit
d'entre eux assignent Lacan en référé[35]. Mais la bataille juridique
est perdue d'avance face à une institution qui n'a jamais vraiment
fondé sa légitimité sur le droit, mais sur le charisme de son chef.
Jacques-Alain Miller, ancien chef maoïste, familier de la dénonciation du caractère formel des principes démocratiques, avait par
avance répondu aux contestataires le 10 novembre 1979 : « L'École
freudienne a été établie par Lacan, Lacan seul, sur l'unique fondement de son enseignement. [...] La position de Lacan ne procède
pas de notre groupe et de ses votes, c'est notre pratique, au

---

33. S. FALADÉ, citée par É. ROUDINESCO, *Histoire de la psychanalyse*, t. 2,
op. cit., p. 654.

34. J. LACAN, texte du séminaire du 15 janvier 1980, publié dans *Le Monde*,
26 janvier 1980.

35. Parmi les signataires : Michèle Montrelay, François Roustang, Michel de
Certeau, Claude Rabant, Xavier Audouard, Anne Levallois, Thémouraz Abdou-
cheli, Lucien Mélèse et Radmilla Zygouris.

contraire, qui émane de la sienne[36]. » Comme on peut le mesurer Jacques-Alain Miller est resté pour l'essentiel fidèle à l'enseignement de la démocratie prolétarienne dont la légitimité ne procédait que de la personne de Staline.

C'est donc de Lacan et de lui seul que dépend le sort des troupes dispersées de l'École. Il reçoit quelque mille lettres de candidats prêts à poursuivre l'aventure avec lui, dont trois cents émanent de l'EFP. Fort de ce soutien, légitimé par ce référendum qui dépasse ses espérances, Lacan crée en février la Cause freudienne : « La lettre aux mille est bientôt appelée "Mille-errent" par les opposants, lesquels sont qualifiés par leurs adversaires de "référendards", de "faussaires avérés" et de "colle-lègues" ne voulant pas "d'écoler"[37]. » Ce qui avait commencé sur l'air le plus sérieux du désir de science s'achève dans un climat de dérision qui entraîne inexorablement vers le naufrage collectif.

Cette dérision atteint son paroxysme lorsque le grand penseur de la rénovation structurale du marxisme et introducteur de l'intérêt pour Lacan à l'intérieur du PCF, Louis Althusser, se rend le 15 mars 1980 à une réunion de l'EFP convoquée par les partisans de la dissolution. 308 membres dûment munis d'une carte d'invitation sont présents lorsque se présente Althusser, que ne reconnaissent pas les jeunes responsables du filtrage à l'entrée de la salle Onyx de l'hôtel PLM Saint-Jacques : « Comme on lui demande son carton d'invitation, il répond tout à trac : "Je suis convoqué, oui, en effet, par la libido et le Saint-Esprit. Et chacun sait depuis longtemps que le Saint-Esprit c'est la libido. Aussi, je vous le dis en vérité, le Saint-Esprit n'en a rien à foutre."[38] » Lacan accueille ses partisans en annonçant la Grande Nouvelle : il accède enfin au rang de Signifiant, le « label Lacan », mais rappelle à l'assistance que « la belle Lacan » ne peut donner que ce qu'elle a. Une fois l'allocution terminée, Althusser se lève et intervient : « Il décrit le maître comme un magnifique et pitoyable arlequin, récitant un laïus monocorde. Il souligne que les analystes s'empêtrent dans des discours confus comme une femme qui trierait des lentilles pendant que la guerre éclate[39]. » Lui aussi, Althusser, est en pleine crise en cette année 1980. Il brûle ce qu'il a adoré. En pleine période de dissolution, Althusser rature ses énoncés d'hier, et cette récusation de Lacan semble bien participer de ce mouvement de négation de lui-même et de ce qu'il a représenté pour les autres, mouvement

---

36. J.-A. Miller, cité par J. Nobécourt, *Le Monde*, 11 janvier 1980.
37. É. Roudinesco, *Histoire de la psychanalyse*, t. 2, *op. cit.*, 1986, p. 658.
38. L. Althusser, cité par É. Roudinesco, *ibid.*, p. 659-660.
39. É. Roudinesco, *ibid.*, p. 660.

que l'on peut voir à l'œuvre depuis ses autocritiques jusqu'à cette
année tragique de 1980.

Tout fout Lacan

Le naufrage tourne au drame lorsque la mort emporte les maîtres
penseurs. Lacan meurt le 9 septembre 1981, à quatre-vingts ans,
des suites d'une tumeur abdominale. La nouvelle de cette disparition est bien perçue par tous comme un événement majeur, annoncé
par un article en première page du *Monde* : Christian Delacampagne
y constate que peu de penseurs, en ce siècle, ont joui d'une
telle célébrité, et que la leçon à retenir du message de Lacan tient
dans un enseignement essentiel selon lequel une pratique sans
théorie est aveugle, mais qu'une théorie coupée de la pratique n'est
que « discours vide et jargon boursouflé. Lacan lui-même, faut-il
le dire, a su ne jamais séparer l'une de l'autre : et c'est ce qui fait
que son œuvre continuera longtemps de susciter l'intérêt[40] ». La
mort de Lacan, qui provoque la disparition de l'Un seul, emporte
dans son tombeau un nouveau pan du programme structuraliste, et
laisse des disciples désorientés qui vont subir une véritable dias-
pora.

Le maître avait désigné, après lui avoir laissé le pouvoir, son
héritier en la personne de Jacques-Alain Miller, son gendre, qui
devient alors l'exécuteur testamentaire, et le seul habilité à publier
la parole de Lacan. Comme le dit sarcastiquement Charles Melman
qui connaît d'autant mieux l'héritier qu'il fut son analyste : « C'est
un joli mot : exécuteur testamentaire : il exécute[41] ! »

Fervent fidèle de la pensée lacanienne qu'il considère comme
l'œuvre la plus explosive et libératrice de ce temps, Charles
Melman se désespère « de la voir se transformer en un moulin à
venir opprimer un certain nombre de gens, à en faire des disciples
soumis qui ratiocinent et répètent, inclinés devant le grand prêtre
supposé être la réincarnation du maître ; [...] et cela marche[42] ! ».
Le séminaire peut en effet désormais se dire « le C'est Miller »,
après la disparition de l'homme de paroles.

D'un côté, on assiste à une formidable atomisation du mouvement lacanien et à l'indépendance reconquise de la plupart des
barons du lacanisme. De l'autre, Jacques-Alain Miller recrute pour
la Cause freudienne (ECF) et se lance dans une politique active de
promotion-Lacan. Ce prosélytisme de l'avant-garde visant à un

40. C. Delacampagne, *Le Monde*, 11 septembre 1981.
41. Charles Melman, entretien avec l'auteur.
42. *Ibid.*

recrutement de masse bénéficie du savoir-faire acquis au temps de la Gauche prolétarienne.

La colonisation psychanalytique se mène à bonne allure, sur le modèle maoïste de la conquête des campagnes pour encercler les villes. L'Amérique latine est un objectif privilégié, mais non exclusif, la stratégie est planétaire : « On a parlé de turbo-profs, on a maintenant des turbo-analystes qui se déplacent aux quatre coins de l'Hexagone et dans tous les pays pour dispenser la bonne parole. Ce sont de véritables voyageurs de commerce de la psychanalyse[43]. » Ces derniers laissent derrière eux des chefs de villes, des responsables locaux adoubés à toute allure dans les halls d'hôtel des comptoirs de l'Empire. La structure institutionnelle a dû s'adapter aux lois du marché pour perdurer, celle du clip et de la grande vitesse de rotation des hommes, des marchandises et des idées.

Quant aux barons du lacanisme, ils ont pour l'essentiel choisi de cheminer hors de cette institution dans laquelle ils ne reconnaissent plus l'enseignement de Lacan. Au milieu des années quatre-vingt, Élisabeth Roudinesco ne dénombre pas moins de treize groupes différents issus de la crise généralisée de 1980-1981, sans compter les personnalités issues du lacanisme qui ne sont plus affiliées à aucun groupe comme Françoise Dolto, Jenny Aubry, Michèle Montrelay, Serge Leclaire ou Pierre Legendre : « Je ne peux souscrire au type d'institution qu'est la Cause, mais historiquement sa fondation fait d'elle mon milieu naturel[44]. » Autre baron du lacanisme, Moustapha Safouan poursuit cependant son travail aux côtés de Jacques-Alain Miller dans *Delenda*, mais assez vite il entre en conflit avec lui et décide de rompre : « Je n'appréciais pas la puissance de déchirement que crée l'absence d'un chef, j'espérais un autre chemin, mais n'ai pas été suivi[45]. » Jean Clavreul, autre baron qui n'a jamais rompu avec Lacan, et qui en l'automne 1979 dînait encore chaque semaine avec lui, prend dès la dissolution de janvier 1981 une position clairement hostile à Jacques-Alain Miller. Claude Dumézil, Claude Conté... quitteront eux aussi l'institution, qui ne représente plus à leurs yeux l'enseignement de leur maître.

Dans ces ruptures se mêlent mille raisons intellectuelles et affectives qui alimentent une grave crise d'identité collective. Et derrière les fractures de l'institution psychanalytique la plus dynamique, c'est le discours psychanalytique qui reflue de l'horizon

---

43. Joël Dor, entretien avec l'auteur.
44. Serge Leclaire, entretien avec l'auteur.
45. Moustapha Safouan, entretien avec l'auteur.

intellectuel alors qu'il se situait dans les années soixante au centre des investigations des sciences humaines.

La double mort d'Althusser

Avant même que ne disparaisse le chaman Lacan, la tragédie frappe Louis Althusser, autre grand maître de la période, formateur de toute une génération de philosophes et qui a joué un rôle de pivot du structuralisme en déplaçant l'épicentre du séisme de la linguistique vers la philosophie, érigée en juge du degré de scientificité des sciences humaines.

Le 16 novembre 1980, dans cet appartement de l'École normale de la rue d'Ulm qu'il n'a pas quitté depuis son retour de la guerre, Hélène, sa femme, est trouvée morte par strangulation. Le philosophe s'accuse de l'avoir étranglée, ce que confirmera l'autopsie. Althusser est immédiatement transféré à l'hôpital Sainte-Anne. Son état ne permet pas même au juge Guy Joly de lui notifier l'inculpation d'homicide volontaire, et l'expertise psychiatrique permet de rendre une ordonnance de non-lieu le 23 janvier 1981, compte tenu de l'état de démence de Louis Althusser, reconnu irresponsable de son acte.

La santé mentale d'Althusser avait toujours été précaire. Souffrant d'une psychose maniaco-dépressive qui l'éloignait régulièrement de son magistère, il avait suivi un traitement d'électrochocs et entrepris une narco-analyse qui dura douze ans. L'acte qui mit fin à la vie de son épouse prouve donc surtout les limites de ce genre de traitement psychiatrique et non, comme le voudraient certains, la résultante de la coupure épistémologique. Son ami K. S. Karol raconte qu'au début du mois de juillet 1980, Althusser était retombé dans une dépression encore plus grave que les précédentes. Le départ du couple en octobre dans le Midi n'avait pas permis un véritable rétablissement : « Il ne recevait presque personne, ne lisait rien, parlait peu et envisageait de retourner en clinique. Son état s'était aggravé à la veille du dernier week-end, au point qu'Hélène décida d'annuler les rendez-vous qu'elle avait pris pour lui[46]. » En ce mois de novembre 1980, Althusser meurt donc aussi, même s'il reste encore pour une décennie parmi les vivants. C'est désormais un mort vivant, penseur reconnu irresponsable de ses actes et de ses pensées ; il est condamné à la quarantaine, à survivre à l'écart du monde, seul, avec un groupe restreint de fidèles.

Si l'on ne peut établir aucun lien entre cette tragédie et le destin

---

46. K. S. KAROL, *Le Nouvel Observateur*, 24 novembre 1980.

de la pensée althussérienne, force est de constater qu'au-delà de situations personnelles, un certain contexte de désarroi a particulièrement affecté le courant althussérien, et a entraîné certains d'entre eux vers la dernière des extrémités, le suicide : « Ce qui est étonnant, c'est qu'il n'y ait pas eu plus de morts[47] », constate Pierre Macherey, qui impute ces tragédies au climat de violence antimarxiste qui a déferlé sur le monde intellectuel parisien avec la même vitesse que celui-ci avait salué l'entreprise althussérienne de modernisation du marxisme dans les années soixante. Les héros d'hier et leurs compagnons sont marqués du sceau de l'infamie, et certains ne l'ont pas supporté. Cette atmosphère de rejet, de suspicion n'est pas seule en cause. Il faut invoquer aussi la crise d'identité très aiguë vécue par ceux qui perdent les repères ayant fondé leur identité intellectuelle et sociale. Ces destins tragiques vont notamment affecter plusieurs althussériens. Nicos Poulantzas, sociologue et professeur à Vincennes, se défenestre en 1981 : « C'était le moment où le discours antimarxiste commençait à prendre. Il l'avait très mal supporté et en a été miné[48]. » Les raisons qu'invoque Alain Touraine sont d'un autre ordre. Selon lui, Poulantzas, qu'il a beaucoup vu dans la dernière période, ne supportait plus Vincennes : « Il m'avait demandé de l'accueillir à l'EHESS. [...] Il a transformé sa mauvaise conscience en autodestruction. Il y a de cela aussi chez Althusser[49]. »

Puis, c'est le linguiste althussérien Michel Pêcheux qui met fin à ses jours en 1982 : pour Claudine Normand, qui a connu et apprécié Michel Pêcheux, « il y eut certainement, entre autres raisons, la conscience d'une impasse théorique, et une très grande déception politique. Ce sont des gens qui ont tellement cru à la toute-puissance de la théorie qu'ils n'ont pas pu surmonter cela[50] ».

Dix années après le drame qui a réduit Althusser au silence, le 22 octobre 1990, le philosophe meurt une seconde fois d'une défaillance cardiaque au centre de gériatrie de La Verrière, à 72 ans. Un dernier hommage lui est rendu par la foule de ses anciens élèves de philosophie. Dans *Le Monde*, c'est André Comte-Sponville qui salue « Le Maître brisé » : « Il est trop tôt pour faire un bilan. Le Maître nous a trop marqués[51] », tandis que Christian Delacampagne situe l'œuvre d'Althusser dans la lignée de Marx et de Spinoza. Étienne Balibar prononce le dernier hommage à l'occasion de l'enterrement de Louis Althusser le 25 octobre 1990. Il salue cette

---

47. Pierre Macherey, entretien avec l'auteur.
48. *Ibid.*
49. Alain Touraine, entretien avec l'auteur.
50. Claudine Normand, entretien avec l'auteur.
51. A. COMTE-SPONVILLE, *Le Monde*, 24 octobre 1990.

capacité unique qu'a eue Althusser à être à l'écoute, à inclure les autres à son propre travail : « C'est pourquoi, moi qui comme toute une génération ai tout appris, sinon de lui, du moins grâce à lui, je ne trouve pas que le nom de "Maître" lui convienne bien[52]. » La situation du marxisme est alors celle du coma dépassé, et si les hommages sont multiples sur l'homme, le pédagogue, l'ami que fut Althusser, l'échec de son entreprise de rénovation du marxisme est alors patent. Mais pouvait-il en être autrement ? L'entreprise était animée de la plus grande rigueur et honnêteté, mais on peut cependant se demander avec Robert Maggiori si « en voulant faire du marxisme une science et tuer l'humanisme, en négligeant les exigences éthiques, il n'a pas contribué à tuer le marxisme en voulant le sauver[53] ». Encore une ruse de la raison qui serait la revanche posthume de la dialectique contre la notion de coupure épistémologique.

La disparition de Foucault

Décidément, ce début des années quatre-vingt est cruel avec les héros de la geste structuraliste et c'est la stupéfaction lorsque l'on apprend la mort de Michel Foucault le 25 juin 1984, à l'âge de 57 ans, frappé brutalement par le sida, alors qu'il était en pleine rédaction de son *Histoire de la sexualité*.

Avec Foucault disparaît l'incarnation même des espérances politiques et des ambitions théoriques de toute une génération. Il ne fut ni un chef d'école ni le défenseur des frontières d'une discipline particulière. Beaucoup plus que cela, il était le réceptacle génial de son époque : structuraliste dans les années soixante, individualiste dans les années quatre-vingt. Un regard d'une acuité exceptionnelle disparaît alors du paysage intellectuel, alors qu'il était toujours au cœur de l'actualité, ayant su s'adapter à un nouveau mode de problématisation qui cherchait à dépasser et déborder les apories du programme structuraliste, dont il restait, quoi qu'il en ait dit, une des principales figures. Critique sans égal des préjugés et des prêts-à-penser, il laissait lui aussi en ces années quatre-vingt une foule de fidèles sans voix, d'autant que ceux-ci n'appartenaient à aucune confrérie.

La nouvelle de sa mort est un événement à la mesure de la dimension du personnage, alors que la presse ne sait pas encore ce qui a emporté Foucault. *Le Monde* consacre un grand titre en une à la mort du philosophe, et Pierre Bourdieu rend hommage à celui

---

52. É. Balibar, *Écrits pour Althusser, op. cit.*, p. 120-121.
53. R. Maggiori, *Libération*, 24 octobre 1990.

qui a su faire partager « le plaisir de savoir[54] ». Deux pages entières
du journal lui sont consacrées. Roger-Pol Droit exprime son émotion devant la disparition de celui qui fut un relativiste absolu, à
la manière de Nietzsche : se jouant des classifications, son œuvre
paradoxale échappe à tout enfermement, grâce à des rebonds
constants qui le faisaient surgir là où l'on ne l'attendait pas, pour
voir s'effacer son propre visage de ses détours discursifs. Bertrand
Poirot-Delpech voit en Foucault « une ascèse de l'égarement ».
Paul Veyne, Roland Jaccard, Philippe Boucher et Georges Kiejman
resituent le parcours de celui qui fut aussi un combattant, un citoyen
actif, symbole de toutes les résistances contre les machines enfer-
mantes.

Libération publie sur toute sa première page une photo du philosophe avec ce titre neutre que l'on retrouve partout, mais qui
exprime au mieux l'émotion contenue : « Foucault est mort », celle
de la perte d'un compagnon irremplaçable. Serge July rend hommage au « démineur des lendemains[55] », et salue celui qui a su
pressentir les changements dans les modes de pensée et préparer
ainsi l'avenir. Robert Maggiori note l'ironie macabre qui fait coïn-
cider la disparition de Foucault et la parution de ses derniers livres
dans lesquels il prône un nouvel usage des plaisirs et invite à faire
de l'existence une œuvre d'art. *Libération*, journal dans lequel Foucault est beaucoup intervenu, sous diverses formes, consacre, peu
après sa mort, un dossier spécial au philosophe[56] dans lequel, après
une grande biographie de l'homme, François Ewald, André Glucksmann, Robert Maggiori, Roger Chartier, Gérard Fromanger et
Françoise-Edmonde Morin rendent un dernier hommage en restituant la richesse et la diversité des interventions de Foucault.

Dans *Le Nouvel Observateur*, c'est son ami Jean Daniel qui
consacre son éditorial à « La passion de M. Foucault[57] », et Georges
Dumézil évoque dans un article cet « homme heureux » qui le laisse
démuni « non seulement des ornements de la vie : de sa substance
même[58] », Roger Chartier évoque le parcours de Foucault sur le
territoire de l'historien, et Pierre Nora, son éditeur, parle de « nos
années Foucault » : « Foucault mort : il n'y a pas un intellectuel
de ce pays qui ne se sente par ces mots atteint lui-même à la tête
et au cœur. [...] Cette mort est un peu la nôtre et comme le glas
de ce qu'avec lui nous avons vécu[59]. »

54. P. BOURDIEU, *Le Monde*, 27 juin 1984.
55. S. JULY, *Libération*, 26 juin 1984.
56. *Libération*, 30 juin 1984-1ᵉʳ juillet 1984.
57. J. DANIEL, *Le Nouvel Observateur*, 29 juin 1984.
58. G. DUMÉZIL, *Le Nouvel Observateur*, 29 juin 1984.
59. P. NORA, *Le Nouvel Observateur*, 29 juin 1984.

Ainsi, Pierre Nora voit dans cette disparition la marque d'une clôture. Et c'est bien un grand moment de la pensée qui s'en va un certain matin de juin 1984 lorsque dans la cour de l'hôpital de la Pitié-Salpêtrière, une petite foule écoute religieusement un fragment de la préface de *L'Usage des plaisirs*, lu par Gilles Deleuze, l'ami réconcilié, dans l'ultime hommage à Foucault.

36

Crise des modèles universalistes et replis disciplinaires

Ce qui bascule surtout au milieu de la décennie des années soixante-dix, c'est le crédit accordé aux projets universalistes. La crise de ceux-ci entraîne le double effondrement du structuralisme et du marxisme : « Je dis avec une certaine dérision que je suis le dernier marxiste[1]. » Chaque discipline a tendance à retourner sur son pré carré, et à retrouver une certaine quiétude en renouant avec ses traditions, ses ancêtres, ses certitudes constitutives de son identité théorique et institutionnelle. Le renoncement à l'universalisme se double d'un éclatement disciplinaire, d'un reflux de l'ambition pluridisciplinaire qui a marqué le temps structural.

On hésite désormais à passer les frontières fortement gardées de chaque discipline et les passages à la limite qui étaient perçus comme la manifestation même de la modernité dans les années soixante sont de plus en plus proscrits des pratiques, et à contre-courant du mouvement de repli des disciplines sur elles-mêmes.

Une double conjoncture, celle, historique, des illusions perdues, et celle, sociologique, du manque de postes, de la faiblesse des crédits accordés à l'Université, aura fortement contribué à ce repli général : « Ce qui a disparu, c'est une illusion historique de nos générations : l'idée selon laquelle les outils de la pensée pourraient être aussi les armes de la critique. Ainsi penser le réel et sa transformation pourrait être associé dans un même mouvement historique. Cette idée a explosé, cette auto-illusion, ce narcissisme cultivé sont bien finis, même si cela a été douloureux car certains y ont consacré leur vie[2]. » De ce repli peut résulter une interrogation permettant de resituer les niveaux de pertinence, de mesurer les limites dans une perspective scientifique purgée des absolus et

---

1. Algirdas-Julien Greimas, entretien avec l'auteur.
2. Maurice Godelier, entretien avec l'auteur.

des myhtes qui ont fleuri dans les années soixante. Mais il peut tout autant déboucher sur l'éclectisme, sur une simple juxtaposition des points de vue, des paradigmes, des objets sans chercher à trouver entre eux des niveaux de corrélation signifiants.

Double reflux du structuralisme et du marxisme

En 1976, le torchon brûle entre structuralistes et marxistes en anthropologie à l'occasion de la parution d'un ouvrage de Claude Meillassoux[3]. La polémique est particulièrement vive, alors même que ses protagonistes ne réalisent pas que les deux paradigmes sont entraînés ensemble vers le déclin. Claude Meillassoux perçoit une entité sociale fondamentale qui se perpétue dans divers modes de production. Il la qualifie de « communauté domestique ». Celle-ci permet, selon lui, d'assurer la reproduction sous diverses formes. Il fait ainsi dériver de cette entité les rapports de parenté dans les sociétés traditionnelles africaines : « Les rapports de production et de reproduction nous sont apparus comme le substrat de rapports juridico-idéologiques de parenté[4]. » Cette relativisation de la place centrale de la prohibition de l'inceste et des structures élémentaires de la parenté telles que les a étudiées Lévi-Strauss vont valoir à Meillassoux une réponse particulièrement virulente d'Alfred Adler dans la revue créée par Lévi-Strauss, *L'Homme,* sous le titre : « L'ethnomarxisme : vers un nouvel obscurantisme ? », ainsi qu'une critique tout aussi radicale d'un anthropologue structuralo-marxiste qui se trouve sur les positions de Godelier, Pierre Bonte[5].

Alfred Adler réagit donc fortement à cette mise en cause du caractère universel de la prohibition de l'inceste par Meillassoux, qui y voit une notion morale émanant d'une idéologie liée à la maîtrise des mécanismes de reproduction dans les sociétés domestiques. Il différencie de ce point de vue les sociétés de cueillette et de chasse, et les économies agricoles. « Le plus clair de son propos, après avoir fabriqué de toutes pièces une écopolit-fiction, est de rabattre sur elle, en une indescriptible confusion, parenté, coutumes, croyances, religion, magie et j'en passe[6]. »

Le ton de la polémique devient plus violent encore dans le numéro suivant de *L'Homme.* Claude Meillassoux répond à ses

3. Cl. Meillassoux, *Femmes, greniers, capitaux,* Maspero, 1975.

4. *Ibid.,* p. 77.

5. P. Bonte, « Marxisme et anthropologie : les malheurs d'un empiriste », *L'Homme,* octobre-décembre 1976.

6. A. Adler, « L'ethnomarxisme : vers un nouvel obscurantisme ? », *ibid.,* p. 126.

détracteurs sous le titre provoquant de « Farenheit 450,5 » et se
demande ce qu'il adviendra des livres qui mettent en cause les
dogmes établis lorsque les bien-pensants auront des torches au lieu
de stylos pour en faire la critique finale. Alfred Adler lui répond :
« Je puis le rassurer, nulle torche incendiaire ne menace son livre
qui mériterait tout au plus un petit coup de torchon. [...] Avec le
temps, son matérialisme historique aura peut-être pris un peu la
poussière[7]. »

Ce choc interroge en fait la commensurabilité des deux paradigmes, structuraliste et marxiste, tous deux à caractère totalisant,
à partir d'hypothèses et de modélisations différentes. Par-delà cette
polémique, c'est l'ambition même d'une méthode universelle qui
va peu à peu s'effacer de l'horizon théorique.

La revue *L'Homme* dresse en 1986 un état des lieux de l'anthropologie[8]. Comme l'indique Jean Pouillon, il n'est pas question de
procéder à un bilan qu'on ne dépose en général qu'après banque-
route, alors que l'anthropologie révèle une fécondité toujours très
vivante, même si elle n'est plus conçue comme le creuset du renouvellement des sciences sociales (ce qu'elle fut avec la psychanalyse
au temps structural où le non-dit, l'inconscient se donnaient comme
la clé du réel). On assiste par ailleurs à un éclatement du champ
anthropologique, tant du fait de la multiplicité des objets constitutifs de la discipline que par la pluralité de ses méthodes. De
nombreux auteurs du numéro : Nicole Sindzingre, Carmen Ber-
nand et Jean-Pierre Digard font le constat de la parcellisation liée
à la diversité des problématiques propres à chacun des terrains
d'investigation. La vitalité de l'anthropologie est toujours grande,
mais elle ne se donne plus comme mode de pensée à vocation
globalisante pour les autres disciplines. Elle ne porte plus l'optimisme d'un arrimage scientifique rapide autour de son système de
modélisation. La diversité théorique conduit à une leçon de
modestie qui implique le retour à la description ethnographique
précise de terrain, sans pour autant renoncer à la dimension théorique car, comme le rappelle Jean Pouillon, « l'universel se
découvre dans le singulier[9] ». L'anthropologie s'interroge et fait
retour sur elle-même pour problématiser ses paradigmes, ses objets.
Ce repli passe par le retour sur sa propre histoire, préoccupation
centrale d'une nouvelle revue lancée en 1986, *Gradhiva,* qui se
présente comme une revue d'histoire et d'archives de l'anthropologie[10].

---

7. A. ADLER, *L'Homme,* janvier-mars 1977, p. 129.
8. *L'Homme, Anthropologie : état des lieux,* Livre de Poche, 1986.
9. Jean POUILLON, *ibid.,* p. 21.
10. *Gradhiva,* n° 1, 1986 ; comité de direction : M. Izard, J. Jamin, M. Leiris.

Une philosophie détachée des sciences humaines

Chez les philosophes, le retour sur des interrogations considérées comme plus spécifiques à la discipline est encore plus manifeste. Francine Le Bret, professeur de philosophie au lycée Jacques-Prévert de Boulogne-Billancourt, considère l'évolution en cours comme une régression en constant avec inquiétude ce repli sur la tradition : « C'est un désengagement, c'est évident. En s'occupant de l'éternité, on s'interdit de s'occuper de l'actualité. Vouloir faire une philosophie qui soit coupée des sciences humaines et des sciences en général, c'est un repli supplémentaire. La philosophie tend à redevenir ce qu'elle était sous la III⁰ République[11]. » La discipline philosophique accompagne donc le reflux des sciences humaines dans leur régionalité. Elles ont renoncé à leur défi triomphal des années soixante en se retirant sur leurs terres respectives et derrière leurs frontières disciplinaires.

Se sentant menacés par la réforme Haby, les philosophes ont créé un lieu de mobilisation sous l'impulsion de Jacques Derrida, en créant en 1975 le GREPH[12]. Dans le cadre de l'institution scolaire des lycées, l'enseignement de la philosophie est fortement dépendant du type des sujets posés aux candidats au baccalauréat. Or, on peut constater sur ce plan une évolution sensible dans le choix des sujets de cette épreuve, et une réduction de l'éventail possible de ceux-ci. La triade Nietzsche/Marx/Freud est en plein reflux. Peu de sujets font appel à la psychanalyse à laquelle on oppose une philosophie de la conscience. Quant aux sciences humaines en général, elles sont évacuées allègrement comme non philosophiques. Les consignes de l'inspection générale qui choisit les sujets à traiter incitent à parler de Bergson plutôt que de Freud, de Hobbes plutôt que de Marx, d'Alain plutôt que de Bachelard. Si les manuels de terminale sont éclectiques et accordent une place à la modernité, avec des textes de Foucault et de Lévi-Strauss, ce qui compte dans ces vastes encyclopédies, c'est ce qui sera retenu pour donner lieu à des sujets au baccalauréat. Sur ce plan, le retour de bâton est manifeste : « De 1972 à 1980, les sujets de baccalauréat consacrés à la science sont passés de 19,8 % à 12,6 % de l'ensemble ; dans le même temps, les auteurs relevant de l'épistémologie et des sciences de la nature sont passés de 10,6 % à 1,1 % et les auteurs appartenant au groupe des sciences de l'homme de

---

11. Francine Le Bret, entretien avec l'auteur.
12. GREPH : Groupe de recherches sur l'enseignement de la philosophie.

7,4 % à 2,2 %, enfin, les auteurs du XXe siècle passent de 32,9 % à 18,1 %[13]. »

La mise à distance des sciences humaines et des réflexions d'ordre épistémologique qui ont marqué la période structuraliste est donc manifeste. L'œuvre de Lévi-Strauss, qui avait donné lieu à quatre textes proposés aux candidats au baccalauréat de l'année 1972, a disparu ensuite. La triade Marx/Freud/Lévi-Strauss qui représentait 6,6 % des textes proposés à la session de 1972, 9 % en 1975 est réduite à 3,7 % en 1978 et à 1,2 % en 1987. Au contraire, les auteurs classiques connaissent une progression constante. La triade Platon/Descartes/Kant passe successivement de 12,3 % de textes proposés à la session de 1972 à 17,1 % en 1975, 17,3 % en 1985, pour atteindre 25,3 % en 1987[14].

Francine Le Bret, qui a participé au milieu des années quatre-vingt à des réunions du PAF (plan académique de formation) sur l'usage des sciences humaines dans l'enseignement de la philosophie, témoigne de l'évolution en cours : « J'ai assisté à cette occasion à une discussion où l'on disait que l'on peut très bien faire un cours sur l'inconscient sans avoir à parler de Freud, sans même lire un texte de Freud[15]. » On conseille aux enseignants de contourner Freud par des néo-kantiens français, comme Pierre Janet, pour faire des cours sur l'inconscient.

Ce repli disciplinaire porte donc de grands risques de régression lorsque l'on réussit à convaincre les enseignants que la philosophie se réduit à un nombre limité de questions de la *philosophia perennis*, et à un corpus réduit d'auteurs canonisés. D'autant que nombre d'enseignants du secondaire font leur *mea culpa*, considérant s'être perdus dans des problèmes non philosophiques et avoir péché par positivisme. D'où le risque élevé d'un retour pur et simple à la tradition, occultant toute une période de renouvellement, comme si rien ne s'était passé : « Il y a aujourd'hui une tendance dominante pour l'évacuation des sciences humaines de l'horizon de l'enseignement de la philosophie. On arrive à persuader les gens que ce n'est pas de la philosophie[16]. » Sur les cadavres présumés de Marx et de Freud, la philosophie semble retrouver sa pureté originelle, hors de tout parasitage exogène, et l'on proclame alors au plan médiatique la grande lessive nécessaire pour parachever sa renaissance parmi les humanités.

C'est contre cette coupure que s'élève un philosophe qui a animé

13. L. PINTO, *Les Philosophes entre le lycée et l'avant-garde*, L'Harmattan, 1987, p. 157.
14. Statistiques établies par l'auteur à partir des sujets du baccalauréat.
15. Francine Le Bret, entretien avec l'auteur.
16. *Ibid.*

un immense travail encyclopédique sur les notions philosophiques et sur l'histoire des idées linguistiques, Sylvain Auroux[17]. Il perçoit au contraire la restriction du champ philosophique comme une mutilation, et préconise une nouvelle donne philosophique qui tente de préserver l'unité du savoir tout en permettant au philosophe de réfléchir à partir des découvertes scientifiques de la modernité à laquelle il appartient.

Sylvain Auroux a choisi, nous l'avons vu, de quitter le territoire classique de la philosophie pour acquérir une compétence professionnelle dans le domaine de l'épistémologie des sciences du langage, et c'est en philosophe qu'il intervient dans ce champ, à l'interface d'un savoir technique et d'une problématisation philosophique. Il met en garde contre l'idée d'une coupure entre une philosophie qui en reviendrait à ses origines, et le domaine des sciences en général qui serait envisagé comme extérieur à la philosophie : « Il serait insensé de vouloir reprendre à sa base l'entreprise philosophique. Les fleuves ne remontent jamais à leur source ; toutefois, ils peuvent comporter des bras morts : la sagesse commande d'assécher les eaux croupies[18]. »

Le retour à une « philosophie philosophique » représente donc un certain nombre de dangers d'occultations, de risques de régression. Mais il est par ailleurs la manifestation du caractère artificiel des proclamations des années structurales sur la fin prochaine de la philosophie, qui devait laisser place à des questionnements hors champ philosophique. Sur ce plan, c'est l'échec d'un programme à vocation universelle, et la manifestation de son ambition démesurée que traduit le phénomène actuel : « Ce qui me frappe, c'est que l'après-structuralisme se caractérise par un retour au philosophique, un retour à ce qui est praticable de la démarche philosophique après ou au-delà des démarches des déconstructeurs[19]. »

Le risque d'îlots disciplinaires

Au fil des années quatre-vingt, ce mouvement de repli, ce renoncement aux démarches transversales sont perceptibles un peu partout et pas seulement en philosophie. Pierre Ansart, professeur de sociologie à Paris-VII, déplore ce confinement dans chaque îlot disciplinaire et l'absence d'interrogations sur ce qui fonde la légi-

17. S. Auroux (*La Sémiotique des encyclopédistes, op. cit.*), a dirigé le volume II de l'*Encyclopédie philosophique universelle : Les notions philosophiques*, Dictionnaire, PUF, 1990.

18. S. Auroux, *Barbarie et Philosophie*, PUF, 1990, p. 23.

19. Roger-Pol Droit, entretien avec l'auteur.

timité des découpages en vigueur. Alors que dans les années soixante, les étudiants essayaient de se frayer une voie originale dans l'interdisciplinarité vécue comme voie féconde : « Maintenant, les petites chapelles apparaissent comme des lieux de sécurité. En tant que président du CNU en sociologie, je vois bien comment cela se passe pour les nominations[20]. »

La parcellisation, l'absence d'ambition globalisante et de souci universalisant ont un autre effet pervers pour les étudiants, qui acquièrent des langages à ce point compartimentés qu'ils ne peuvent communiquer. Au terme de trois ans d'études, ils ont acquis des vocabulaires différents, mais pas de langage : « Vous avez des étudiants qui ont une technicité, mais pour l'interprétation c'est autre chose : ils ont un bagage complètement hétéroclite[21]. » Et Pierre Ansart, qui fut pourtant critique vis-à-vis du paradigme structuraliste, regrette le caractère strictement empirique des travaux présentés aujourd'hui, dénués de toute réflexion épistémologique. Il considère comme tragique chez les jeunes étudiants leur méconnaissance totale de l'œuvre de Lévi-Strauss : « Ils ne connaissent absolument pas Lévi-Strauss. J'en parle à mes étudiants en quatrième année avec lesquels je dois partir de zéro. C'est quand même affligeant[22]. »

On a vu par ailleurs les littéraires se retirer dans leur champ propre, celui de la littérature, après avoir concentré leur attention sur une textualité englobant tous les phénomènes d'écriture. On voit des historiens renouer avec les charmes discrets de l'histoire lavissienne, du récit purement événementiel qui ne cherche plus à se connecter avec quelque système ou structure causale.

Ces retours sont caractéristiques d'une crise d'identité des sciences humaines dont l'ambition fut de fonder leur universalité sur le discours de la science, de la théorie, représenté un temps par le programme structuraliste qui les a toutes ébranlées, et dont il serait dommageable d'oublier les joyaux sous les artifices.

20. Pierre Ansart, entretien avec l'auteur.
21. *Ibid.*
22. *Ibid.*

37

Le naturalisme structural

Le paradigme structural sur le déclin comme possible sémiologie générale a néanmoins trouvé un moyen de se perpétuer en se transformant à partir d'une nouvelle alliance. L'ambition exprimée dans les années cinquante par Lévi-Strauss de s'inscrire parmi les sciences de la nature s'érige en programme dans un second moment du structuralisme qui délaisse la linguistique comme science pilote, pour lui substituer la biologie. La tension interne des sciences humaines prises entre les humanités d'une part et les sciences dites exactes de l'autre s'est exprimée dans un premier temps par une méthode rigoureuse qui se présentait comme structurale au plan de sa grille d'analyse du réel.

La structure dans la nature

En ce second moment, il semble bien que l'on assiste à un glissement : la structure n'est plus considérée simplement comme une méthode d'approche pour restituer le sens, elle se trouve elle-même dans la nature. L'espérance est ainsi de dépasser le dualisme nature/ culture, en retrouvant au sein des enceintes mentales, dans leur mode de fonctionnement, une réalité structurale naturelle dont la méthode du même nom ne serait que le prolongement culturel.

Cette évolution est particulièrement perceptible chez celui qui fut le père du structuralisme dans ses visées les plus scientifiques en France : Lévi-Strauss. Il a perdu aujourd'hui quelques-unes de ses ambitions quant à la possible découverte du mode de fonctionnement de l'esprit humain par le biais d'une anthropologie sociale structurale. S'il pense qu'il y a eu une contribution partielle importante de cette discipline dans ce sens, il reconnaît que les anthropologues « ne sont pas les seuls et certainement pas ceux qui détiennent la clé du problème. Ce sont les neurologistes[1] ». Les réponses majeures quant aux questions qu'il se posait dès *Les Structures élémentaires de la parenté* seront donc recherchées du côté de la biologie, de la génétique, qui doivent permettre d'effacer cette frontière entre sciences naturelles et sciences de l'homme dont il tente depuis le début le dépassement. L'anthropologie fonctionnant par importation de paradigmes, Lévi-Strauss a importé le modèle phonologique au champ d'analyse anthropologique. Il est désormais beaucoup plus réceptif aux progrès réalisés par le cognitivisme, ou par la théorie des catastrophes de René Thom. Il voit dans ces avancées conceptuelles le moyen de réorienter son structuralisme vers une philosophie naturaliste selon laquelle « le modèle est déjà inscrit dans le corps, à savoir dans le code génétique[2] ».

Ce second Lévi-Strauss se rapproche des théories d'observation scientifique des phénomènes naturels de Goethe, qui avait mis au point une théorie des couleurs et une théorie de la structure des plantes. Goethe partait du postulat d'un modèle-substrat qui conditionne la réalisation de la diversité des perceptions que l'on retrouve partout, mais qui n'existe nulle part dans le réel. Dans ses recherches sur la nature de la couleur, Goethe réfute l'interprétation de Newton : « Goethe oppose à l'expérience newtonienne l'idée que toute perception de couleur est le produit d'une interaction entre des phénomènes physiques et l'œil[3]. »

Le structuralisme lévi-straussien de cette période tend à devenir un structuralisme ontologique, ou un réalisme structural intégral. C'est dans cette perspective que Lévi-Strauss définit en 1983 l'inventaire qu'il a dressé de la mythologie américaine : « Les mythes se reflètent les uns les autres selon des axes dont on pourra dresser la liste. Pour rendre compte du phénomène, on est donc obligé de postuler que les opérations mentales obéissent à des lois, dans le sens où l'on parle de lois du monde physique[4]. » Il revient à cette occasion sur le dualisme métaphysique traditionnel qui sépare idéel et réel, abstrait et concret. Il oppose à celui-ci le fait que les données de la conscience sont à mi-chemin entre ces deux pôles, « déjà codées par les organes sensibles et par le cerveau[5] ». Il postule une isomorphie entre les processus physico-chimiques sur lesquels reposent les opérations de codage et les procédures suivies par l'esprit dans le décodage.

---

1. Claude Lévi-Strauss, entretien avec l'auteur.

2. Jean-Luc Jamard, entretien avec l'auteur.

3. C. SEVERI, dans *Les Idées de l'anthropologie*, A. Colin, 1988, p. 131.

4. Cl. LÉVI-STRAUSS, « Structuralisme et écologie », dans *Le Regard éloigné*, Plon, 1983, p. 152.

5. *Ibid.*, p. 164.

Le structuralisme, dans sa sophistique, dans ses avancées les plus extrêmes vers des tentatives de formalisation, ne fait donc, selon Lévi-Strauss, que redécouvrir les lois profondes de la nature. Il permet de faire affleurer à la logique de la reconstitution intellectuelle les mécanismes originaires du corps en renouant ainsi avec un matérialisme radical, seul conciliable avec un savoir scientifique. Chez le dernier Lévi-Strauss, l'adéquation est donc entière entre le réel et la structure, puisque cette dernière est l'expression même du réel : elle se trouve dans un rapport d'homologie intégrale avec celui-ci. Cette visée naturaliste était présente chez Lévi-Strauss dès *Les Structures élémentaires de la parenté*, mais il mettait davantage l'accent à l'époque sur la dimension méthodologique, épistémologique de son structuralisme. Elle s'affirme davantage dans le cadre de l'influence des thèses de René Thom et de ses disciples : « Ce "second" structuralisme – le "premier" semblait donc plus instrumental – s'avère sur le fond comparable, par son pari sur le réel caché (structures homologues de l'esprit, du corps, des choses), aux troublantes "sémiophysiques" d'un René Thom ou d'un thomien, Jean Petitot-Cocorda [...] renvoyant à l'identité de leur logos-substrat[6]. »

Jean Petitot-Cocorda montre en effet que tous les grands structuralistes sont des réalistes qui considèrent la structure comme partie intégrante du réel, postulant l'identité du connaissant et du connaissable[7]. Disciple de René Thom, Petitot rejoint l'objectif de Lévi-Strauss, puisque ce dernier veut « durcir » la science « molle » anthropologique, et Petitot veut « ramollir » la science « dure ». Ils espèrent tous deux réaliser un mouvement synergique qui permette de dépasser le dualisme en usage jusqu'à aujourd'hui entre sciences humaines et sciences exactes.

Naturalisme structural/différentialisme culturel

L'accentuation de la naturalisation du structuralisme chez Lévi-Strauss se double d'un mouvement qui semble inverse, celui d'une adhésion aux thèses différentialistes au plan culturel, perceptible dès 1971 dans une nouvelle conférence prononcée, sur le thème *Race et Culture*[8], qui reprend la réflexion de 1952 de *Race et Histoire*, mais d'un point de vue sensiblement différent. Dans un pre-

---

6. J.-L. JAMARD, « Parménide, Héraclite et l'anthropologie française », *Gradhiva*, n° 7, hiver 1989, p. 48.

7. J. PETITOT-COCORDA, *Morphogénèse du sens*, vol. 1 : *Pour un schématisme de la structure*, PUF, 1985.

8. Cl. LÉVI-STRAUSS, « Race et Culture », *in Le Regard éloigné, op. cit.*

mier temps, la contribution de Lévi-Strauss se situait au strict niveau culturel, comme seul niveau pertinent de distinction. Or, à la stupéfaction des responsables de l'UNESCO qui lui reprochent alors d'introduire le loup dans la bergerie, Lévi-Strauss prend en compte « l'entrée de la génétique des populations sur la scène anthropologique[9] » comme source d'un retournement fondamental aux multiples implications théoriques. En naturalisant ainsi les attitudes culturelles, il admet comme légitime qu'une société puisse se penser au-dessus des autres et s'enfermer dans son propre système de valeurs : « Cette incommensurabilité [...] peut même représenter le prix à payer pour que les systèmes de valeurs de chaque famille spirituelle ou de chaque communauté se conservent[10]. »

Ce différentialisme culturel ne doit donc pas être combattu, selon Lévi-Strauss, puisqu'il porte les bases mêmes du possible épanouissement culturel. Par ailleurs, le combat antiraciste ne peut se contenter des armes de la critique culturelle, car la clé fondamentale se trouve au plan génétique. C'est dans ce sens que Lévi-Strauss appelle à une « collaboration positive entre généticiens et ethnologues[11] ». Lévi-Strauss n'en renie pas pour autant la nécessité d'une communication entre les cultures, et se défend d'avoir changé de position entre ses deux contributions – celle de 1952 et celle de 1971 – à l'UNESCO : « En fait, dans *Race et Histoire*, je disais les deux choses, seulement on n'en a retenu que la moitié. J'ai éprouvé le besoin d'attirer l'attention sur la face cachée de la lune. C'est dans *Race et Histoire* que je parle de cet optimum de diversité qui est indispensable aux sociétés humaines[12]. » Mais on ne peut pas ne pas remarquer le glissement opéré entre ces deux textes, qui conduit à une naturalisation du paradigme structural. Comme le remarque Pierre-André Taguieff, on a tout lieu de craindre les effets possibles de cette position de Lévi-Strauss, considérant les attitudes ethnocentriques comme consubstantielles à l'espèce humaine, comme des entités universelles et de véritables *a priori* de la condition humaine : « L'ethnologue, en "naturalisant" les attitudes et inclinations collectives telles que la fermeture sur soi, l'autopréférence et l'opposition aux autres, donne un fondement légitime à l'ethnocentrisme et à la xénophobie[13]. »

L'élément essentiel de continuité entre le premier et le second Lévi-Strauss réside essentiellement dans sa fidélité à un antihumanisme théorique propre au paradigme structural, qui dénonce les

9. *Ibid.*, p. 35.

10. *Ibid.*, À propos de la conférence « Race et Culture », p. 15.

11. *Ibid.*, p. 42.

12. Claude Lévi-Strauss, entretien avec l'auteur.

13. P.-A. Taguieff, *La Force du préjugé*, La Découverte, 1988, p. 247.

tares d'un humanisme occidental incapable de fonder l'humanité. Lévi-Strauss lui oppose une approche naturaliste, « celle de l'homme comme être vivant[14] », par opposition à l'homme comme être moral, dans sa dimension éthique. Fidèle en cela à la tradition ethnologique, le second Lévi-Strauss privilégie les différences au détriment de l'universalité, l'enracinement aux dépens du déracinement : « On trouve chez Lévi-Strauss la trace de deux types d'universalisme différents. L'un, qu'il accepte sans hésiter, est celui de l'identité bio-psychologique de l'espèce. [...] De l'autre côté, on trouve le mauvais universalisme, ou plutôt le faux, celui qui ne veut pas reconnaître les différences, celui qui consiste en un projet volontariste – et, inévitablement, unificateur[15]. » Lévi-Strauss fonde son point de vue sur une naturalisation de l'homme érigé comme seul niveau scientifique permettant de renouer avec l'universel : celui-ci existe bien, mais au seul plan biologique, génétique. Retrouver les fondements de la culture humaine à partir de son substrat physico-chimique était déjà clairement la visée structurale de Lévi-Strauss dans ses premiers travaux, mais le support cognitif offre une perspective plus appropriée pour la réalisation de cet objectif que le modèle phonologique de la première phase.

Le cognitivisme : un naturalisme radical

Dans la naturalisation en cours du paradigme structural, Dan Sperber va plus loin que Lévi-Strauss. Déjà en 1968 il ne considérait comme scientifique qu'une partie de l'œuvre de Lévi-Strauss, celle qui visait les enceintes mentales, l'esprit humain, et rejoignait ainsi le générativisme chomskyen dans une relecture des découvertes lévi-straussiennes. Le renouvellement permis par Chomsky renvoie, selon Sperber, les modèles structuralistes à un stade révolu de la recherche, trop simplistes pour être opératoires et démesurés quant à leur ambition à pouvoir être exportés à tous les champs du savoir : « Personne ne va plus avancer des modèles structuralistes en linguistique. Comme théorie, c'est fini, radicalement[16]. »

Dan Sperber préconise une dissociation radicale entre la composante empiriste ou littéraire du travail de l'anthropologue, et par ailleurs son œuvre scientifique : « Sous le nom d'anthropologie cohabitent en effet deux disciplines bien différentes que rien ne

14. Cl. Lévi-Strauss, *Le Regard éloigné, op. cit.*, p. 374.

15. T. Todorov, *Nous et les autres, op. cit.*, p. 94.

16. Dan Sperber, entretien avec l'auteur.

prédisposait à une union monogamique[17]. » D'un côté, il voudrait
voir se dissocier une ethnographie qui retrouverait son indépendance comme genre interprétatif, comme discipline idiographique
à la manière de l'histoire, comme approche du particulier, et d'autre
part une anthropologie, véritable science qui aurait comme objet
la nature humaine en tant que généralité, véritable objet de cette
science.

Ce qui peut permettre d'étayer le caractère scientifique de
l'anthropologie, selon Sperber, est à rechercher du côté d'une
conjonction entre le générativisme et le cognitivisme. Fondamentalement naturaliste, Dan Sperber estime qu'il ne s'agit pas de
capter les sciences sociales pour les déplacer au sein des sciences
naturelles telles qu'elles sont, mais d'élargir le domaine des
sciences naturelles et donc d'en modifier le caractère : « Le jour
où l'on a ajouté la biologie à la physique, les sciences naturelles
n'étaient plus tout à fait les mêmes[18]. »

Sensible au développement des sciences cognitives qu'il considère comme « le grand mouvement intellectuel de l'après-guerre[19] », Dan Sperber espère bien que ce mouvement de rénovation,
parti de la psychologie, de la neurologie, de la théorie des auto-
mates, puisse permettre de faire accéder à la scientificité une partie
des sciences sociales. Cette transformation présuppose de s'en tenir
à une approche matérialiste radicale, donc de considérer qu'il n'y
a pas d'autres causes que naturelles.

L'analyse part de l'Un qui est la matière : « Il y a de la structure
dans le cerveau et beaucoup plus que ne le pense Lévi-Strauss à
mon avis. Cette structure du cerveau est un facteur très important,
une source de contrainte très forte sur le contenu des cultures[20]. »
L'autre postulat, poppérien, est de considérer que toute théorie
scientifique doit être le plus explicite possible, et doit donc pouvoir
tester ses hypothèses. À ce niveau, Dan Sperber ajoute pour éviter
toute forme de réductionnisme mécanique : « Ce ne sont pas ces
contraintes du cerveau qui engendrent les cultures, mais les populations de millions de cerveaux dans un environnement
complexe[21]. » De ce point de vue, Lévi-Strauss a fait un pas vers
une position rationaliste, matérialiste, en considérant que la structure des systèmes symboliques est déterminée par des aptitudes
humaines universelles, et que l'étude des mythes peut permettre
d'en savoir davantage sur l'esprit humain. Mais Dan Sperber lui

17. D. Sperber, *Le Savoir des anthropologues,* Hermann, 1982, p. 16.
18. Dan Sperber, entretien avec l'auteur.
19. *Ibid.*
20. *Ibid.*
21. *Ibid.*

reproche de ne pas passer le Rubicon, et de rester attaché à l'idée que les mythes véhiculent des significations : « Or, paradoxalement, on peut soutenir qu'un de ses grands mérites est d'avoir affranchi l'étude des mythes du souci d'en établir les significations[22]. » Dan Sperber salue donc en Lévi-Strauss un versant particulier de son structuralisme, celui, ontologique, naturaliste, et lui reproche son versant méthodologique, sémiologique qui relève, selon lui, du genre littéraire.

Comme le générativisme, le cognitivisme vient d'outre-Atlantique et Sperber espère bien durcir la science anthropologique à partir de ce nouveau paradigme : « Tous les véritables acquis scientifiques se situent dans le cadre d'une ontologie matérialiste[23]. » Ce paradigme vient non pas d'une découverte empirique, mais d'une découverte purement logicienne depuis que le mathématicien Alan Turing permit de comprendre en 1936 comment la matière pouvait penser. Il doit permettre de réaliser enfin la destruction des frontières qui opposent les sciences de l'homme et celles de la nature. La naturalisation du paradigme dans le champ des sciences sociales passe par la redéfinition de la notion de représentation à partir du cognitivisme. L'anthropologie est alors essentiellement psychologie et Dan Sperber préconise de « dé-sémiologiser la démarche de Lévi-Strauss[24] ». Il propose une décomposition de la démarche en deux temps : d'une part, s'appuyer sur les découvertes des neurosciences qui permettent d'avoir accès aux phénomènes mentaux et, d'autre part, les faits socio-culturels doivent être analysés sur le modèle d'une « épidémiologie des représentations[25] », dont l'objet ne serait pas les représentations elles-mêmes qui relèvent du premier niveau, mais leur distribution. L'explication des processus d'enchaînements, de transformations, relève donc tout à la fois de facteurs psychologiques et de facteurs écologiques.

Cependant, on peut se demander avec Lucien Scubla s'il est véritablement opératoire de rendre compte d'une réalité sociale uniquement à partir des enceintes mentales, car en fait une foule de significations, de représentations, de règles, échappent à l'explication lorsque l'on se situe à ce niveau. Lucien Scubla voit au moins deux raisons pour refuser cette identification de l'anthropologie culturelle à l'étude des structures mentales et des processus

---

22. D. Sperber, *Le Savoir des anthropologues, op. cit.*, p. 114.

23. D. Sperber, « Les sciences cognitives, les sciences sociales et le matérialisme », dans *Le Débat*, n° 47, novembre-décembre 1987, p. 104.

24. *Ibid.*, p. 112.

25. *Ibid.*, p. 113.

cognitifs[26]. En premier lieu, l'autonomie du symbolique, qui ne permet pas de rabattre ce niveau à celui des représentations mentales et, en second lieu, l'impasse faite dans ce schéma d'analyse sur la dimension technique des phénomènes culturels.

Le paradigme cognitiviste, qui regroupe une constellation de disciplines d'origines diverses (l'intelligence artificielle, la psychologie qui s'est développée aux États-Unis dans les années soixante en réaction contre le béhaviorisme, les neurosciences...), émane aussi de l'évolution de la linguistique. Noam Chomsky a eu en effet une influence directe et importante sur l'émergence et le développement des sciences cognitives, en recherchant la structure profonde, le modèle de compétence dissocié du modèle de performance. Les linguistiques générativistes regardent eux aussi, comme l'anthropologue Dan Sperber, du côté du cognitivisme pour accéder à un statut scientifique, et rejettent aussi hors champ de la science la démarche descriptive pour se concentrer sur la question ontologique de la nature humaine : « Le marxisme et le structuralisme s'en sont sortis en se dotant d'un programme de simple description[27]. »

Selon les chomskyens, le nouvel impératif scientifique rend caduques les distinctions saussuriennes : « Les notions qui viennent de Saussure ne servent plus à grand-chose[28]. » Ainsi, le distinguo entre signifiant et signifié, le fait de considérer la métaphore comme point de vue paradigmatique, la distinction même entre syntagmatique/paradigmatique ne jouent plus, selon Nicolas Ruwet, qu'un rôle très limité, sinon insignifiant dans la linguistique contemporaine. En revanche, ce qui compte pour élucider une métaphore, c'est de la remettre en relation avec une chaîne d'opérations complexes. Depuis la grammaire comparée, déjà considérée comme la plus proche des sciences de la nature par sa réputation de rigueur, la linguistique est particulièrement bien placée dans la configuration des sciences cognitives.

Un des cercles majeurs où se développent en France les recherches des sciences cognitives est le CREA (Centre de recherche d'épistémologie appliquée), qui se trouve à l'École polytechnique. Son directeur, Jean-Pierre Dupuy[29], prône une approche transdisciplinaire de la complexité et offre une nouvelle systémique comme cadre commun de modélisation aux divers fronts pionniers

26. L. Scubla, « Diversité des cultures et invariants transculturels », *La Revue du MAUSS*, n° 1, La Découverte, 3ᵉ trimestre 1988, p. 105.

27. Bernard Laks, entretien avec l'auteur.

28. Nicolas Ruwet, entretien avec l'auteur.

29. J.-P. Dupuy, *Ordres et désordres. Essai sur un nouveau paradigme*, Le Seuil, 1982.

de la science moderne. Il anime le travail de recherche de toute une équipe de chercheurs où l'on retrouve Dan Sperber, Daniel Andler, François Récanati, Pierre Jacob... À l'approche réductionniste antérieure, Jean-Pierre Dupuy oppose la complexité irréductible. Il fait par ailleurs prévaloir les rapports étroits entre réalité et désordre, contrairement à la tendance précédente qui accordait le primat à l'invariance : « L'un des chapitres les plus importants de la physique actuelle est l'étude des systèmes désordonnés[30]. » Toute une dynamique nouvelle permet, selon Dupuy, aux physiciens des systèmes complexes d'investir la biologie, la neurobiologie, l'intelligence artificielle. Cette investigation valorise l'idée qui semblait jusque-là antiscientifique d'autonomie, laquelle ne se confond cependant pas avec celle de maîtrise : « C'est une autonomie en synergie avec ce qui peut toujours la détruire, et que l'on nomme traditionnellement l'hétéronomie[31]. » Dans l'organisme que dirige Jean-Pierre Dupuy, le CREA, on considère que le structuralisme a mené à l'impasse, et qu'il est nécessaire de refonder la naturalisation des sciences sociales à partir du cognitivisme, qui représente non la totalité des chercheurs du CREA, mais plus du tiers d'entre eux, douze sur trente : « Mon idée a été qu'il fallait relancer, et Edgar Morin m'a précédé, les sciences sociales, en s'appuyant sur les acquis des sciences de la nature et du vivant[32]. » C'est donc à partir de la mécanique quantique, de la thermodynamique au-delà des seuils d'équilibre, de la cybernétique, des sciences de l'information, qu'une nouvelle réflexion sur le sujet est en cours, et non à partir du simple retour de la psychologie traditionnelle ou béhavioriste : « Nous ne pouvons plus affirmer l'homme, mais nous pouvons chercher sa trace[33]. »

Ce centre a été fondé au début de l'année 1981 par Jean-Marie Domenach, sous la dénomination de Centre de recherche d'épistémologie et autonomie. Ce dernier terme, qui signifiait que la recherche en sciences sociales était conçue dans le cadre d'une recherche sur le pouvoir de l'homme à se déterminer lui-même sans nier le déterminisme qui pèse sur lui, risquait alors d'être confondu avec l'autonomie comme phénomène politique au moment où les anarchistes « autonomes » brisaient vitrines et voitures en marge des manifestations de rue. Il a donc été décidé de renommer le centre.

Pour Domenach, le structuralisme se situe comme le point

---

30. J.-P. DUPUY, entretien, dans G. PESSIS-PASTERNAK, *Faut-il brûler Descartes ?*, La Découverte, 1991, p. 107.

31. *Ibid.*, p. 113.

32. Jean-Marie Domenach, entretien avec l'auteur.

33. *Ibid.*

d'aboutissement de l'intuition du xixᵉ siècle selon laquelle il fallait réduire toutes les sciences à une seule, ambition qui relie les efforts d'Auguste Comte, de Durkheim, de Lévi-Strauss : «À mes yeux, le structuralisme marque l'aboutissement, donc la fin de cette utopie[34].» Cependant, le cognitivisme reprend pour l'essentiel cette ambition en utilisant des concepts opératoires des sciences de la nature pour les faire fonctionner dans les sciences sociales. Dans ce sens, il se situe aussi en continuité avec la volonté de jeter un pont entre le naturel et le social. Mais à la différence du structuralisme, plutôt que d'annuler la coupure nature/culture, Domenach s'inscrit dans une dialectique autoréférentielle : «La culture est le moteur de cette imprégnation de l'homme par la nature et de la nature par l'homme. Une question continue de me hanter : Comment se fait-il que le monde ressemble de plus en plus aux concepts qui ont notre préférence ? À tous ces thèmes de la complexité correspond un monde qui se diasporise, se libanise, se balkanise[35].» De ce point de vue, le modèle binaire, la dualité structurale est en déroute. La pensée paradoxale relaie la pensée binaire pour mieux rendre compte de la complexité croissante «car elle est capable de tenir les contraires à des niveaux différents[36]».

Le succès du cognitivisme entraîne aussi tout un courant de la philosophie qui peut ainsi côtoyer les scientifiques dans des programmes communs de recherche, ce qui est une nouveauté radicale en France. Ce courant philosophique est pour l'essentiel anglo-saxon, c'est la philosophie analytique, qui s'intéressait déjà depuis longtemps à la grammaire de la pensée. Le CREA est justement le cadre où se développent des recherches de ce type – encore rares en France. Joëlle Proust, philosophe, travaille dans ce centre, considéré comme «le sanctuaire de la philosophie analytique en France[37]». Elle se plaint du caractère encore trop marginal de cette activité dans le champ de la philosophie française où l'on s'occupe presque exclusivement de questions d'histoire de la philosophie et où «l'on rate le développement de la philosophie vivante[38]».

Le CNRS a cependant lancé en 1988 une enquête sur ce nouveau champ de recherches représenté par les disciplines cognitives. En juillet 1989, Jean-Pierre Changeux remettait son rapport au ministère de la Recherche qui s'engageait à lancer une grande action en faveur du développement des sciences cognitives. Mais le décalage reste important avec le monde anglo-saxon.

34. *Ibid.*
35. *Ibid.*
36. *Ibid.*
37. Joëlle Proust, entretien avec l'auteur.
38. *Ibid.*

Avec la philosophie analytique, la réflexion sur le sujet, refoulé au temps du paradigme structural, redevient un objet privilégié d'étude. Mais ce n'est pas le sujet de la psychologie traditionnelle qui est de retour. Ce sujet n'est pas considéré comme une place forte de la non-science, un espace de liberté où le sens fleurit à l'abri des systèmes d'objectivation. Au contraire, il est naturalisé à partir des postulats matérialistes de départ, et conçu comme le lieu de règles à expliciter : « Il y a aujourd'hui des travaux passionnants sur la vision, sur le langage, sur le concept et le raisonnement qui nous apportent énormément d'éléments sur l'aspect computationnel des activités mentales[39]. »

Cette connexion entre le travail sur l'intelligence artificielle et la philosophie se cherche même des antécédents historiques. Hubert Dreyfus suggère ainsi que la philosophie de Kant aurait préparé le terrain à l'intelligence artificielle[40]. De son côté, Joëlle Proust reconnaît aussi dans la recherche des conditions de possibilité de l'activité symbolique qui est l'horizon théorique des sciences cognitives, la reprise du projet kantien : « C'est l'enquête transcendantale de Kant qui en a donné le premier exemple[41]. » Paul Ricœur disait déjà de Lévi-Strauss dans les années soixante qu'il représentait selon lui un kantisme sans sujet transcendantal. Manifestement, sur des supports différents, il y a, d'une certaine manière, une continuité d'ambition entre le projet structural et le projet cognitif.

L'homme neuronal ?

Une des bases essentielles de cette naturalisation de la pensée qui cherchait à s'étayer dans une première phase structurale sur un support essentiellement culturel, les règles du langage, s'appuie aujourd'hui sur les progrès importants et récents des neurosciences, dont le professeur au Collège de France et directeur du Laboratoire de neurobiologie moléculaire de l'Institut Pasteur Jean-Pierre Changeux est un des représentants les plus connus en France grâce à son ouvrage de 1983, *L'Homme neuronal*[42]. Neurobiologiste, il perçoit toutes les activités mentales, tant réflexives qu'émotionnelles comme la simple résultante des influx nerveux. Pour

39. *Ibid.*

40. H. L. DREYFUS, *Intelligence artificielle, mythes et limites*, Flammarion, 1984.

41. J. PROUST, « L'intelligence artificielle comme philosophie », *Le Débat*, n° 47, novembre-décembre 1987, p. 91.

42. J.-P. CHANGEUX, *L'Homme neuronal*, Fayard, 1983.

comprendre l'activité de la pensée, il faut donc réaliser un renversement épistémologique majeur, consistant à ne plus concevoir la nature comme transformée par l'esprit humain, prisonnière de ses grilles perceptives, mais au contraire à considérer l'esprit humain comme la simple expression des lois de la nature, et exclusivement cela : « La machine cérébrale est un assemblage de neurones et notre problème consiste désormais à rechercher les mécanismes cellulaires qui permettent de passer d'un niveau à l'autre[43]. » Ainsi, la complexe activité psychique peut être réduite et expliquée par la connaissance de l'architecture neuronale du cerveau. Chacun des dix milliards de neurones est en connexion avec cent mille autres. Tout un réseau multiple circule donc et provoque extases dentritiques, orgasme axonaux, explosions corticales, accélérations bioniques et séismes biochimiques. Certes, ce dispositif est à la fois complexe et infini dans ses possibilités d'associations, mais Changeux n'en espère pas moins associer à chaque réseau de connexions entre neurones un objet mental singulier. Il se présente donc comme porteur d'une science qui peut potentiellement résoudre l'énigme de la conscience, de la pensée en général qui ne serait que « l'expression d'un état particulier de la matière », répond-il à son contradicteur, le mathématicien Alain Connes[44].

On saisit l'importance du défi lancé aux sciences humaines qui se sont édifiées à l'interface entre nature et culture dans un refus du réductionnisme biologique, comme les divers courants de la psychologie, et surtout la psychanalyse, contestée frontalement par les conclusions de Changeux, pour lequel « l'homme n'a dès lors plus rien à faire de l'esprit, il lui suffit d'être un homme neuronal[45] ». Réintégrer l'ensemble des activités mentales à partir de sa base physique est un défi de l'ontologie matérialiste, et les psychanalystes sont les plus hostiles à cette vision physicaliste et réductionniste.

Le psychanalyste André Green récuse ainsi radicalement la pertinence des thèses de Changeux, qu'il considère comme « totalement irrecevables[46] ». Mais il n'en nie pas pour autant l'importance de ce niveau neuronal, et préfère la thèse développée par le neuro-endocrinologue Jean-Didier Vincent[47], selon lequel les glandes endocrines sécrètent des hormones dont on sait depuis longtemps qu'elles interviennent sur la croissance de l'individu, et sur ses

43. *Ibid.*, Éd. Pluriel, p. 170, cité par J.-F. DORTIER dans *Sciences humaines*, n° 4, juin-juillet 1989, p. 7.
44. J.-P. CHANGEUX et A. CONNES, *Matière à pensée*, O. Jacob, 1989.
45. J.-P. CHANGEUX, *L'Homme neuronal, op. cit.*, p. 237.
46. André Green, entretien avec l'auteur.
47. J.-D. VINCENT, *Biologie des passions*, O. Jacob, 1986.

besoins élémentaires. Mais Vincent élargit leur champ d'influence en percevant aussi leurs effets sur les passions humaines et leurs humeurs. Cependant, « jamais il ne prétend que l'amour soit un seul produit hormonal[48] ».

Au contraire, avec Changeux, selon André Green, « c'est une manière de rester dans le structuralisme[49] ». On y retrouve la même ambition à réduire la réalité complexe à un système simple, à un nombre limité de variables qu'il suffit de câbler, d'assembler, avec l'avantage dans le cas des neurosciences, de manipuler du tangible, du démontrable pour en déduire l'homogénéité de l'homme, « alors que la question de la complexité, de l'hétérogénéité oblige à prendre en considération plusieurs systèmes de communication et de diffusion. Il y a des systèmes qui fonctionnent par contiguïté neuronale ; des systèmes qui fonctionnent sur la base de la diffusion, hormonale. Ce n'est pas la même chose. À quoi s'ajoute la complexification par les médiateurs chimiques au niveau de la contiguïté par les synapses[50] ». André Green reste fidèle à une démarche de construction du champ psychanalytique dans son autonomie qui puisse résister à toute forme de réductionnisme, que ce soit en résistant hier à l'élimination de la dimension des affects lorsqu'il était question de réduire l'inconscient aux jeux du langage, et aujourd'hui en contestant la position qui vise à naturaliser l'inconscient en le réduisant à un jeu de neurones.

Décidément, les sciences humaines ont quelques difficultés à défendre leur spécificité, leur autonomie, car elles sont périodiquement prises dans l'étau réducteur d'entreprises scientistes. Le naturalisme structural se donne ici comme la réalisation du projet de dissoudre l'homme dans la matière, et à ce titre il n'offre pas de réponse définitive à la complexité de l'activité psychique qui ne peut provenir que de la prise en compte de « l'hétérogénéité du signifiant[51] ».

---

48. J.-F. DORTIER, *Sciences humaines*, n° 4, juin-juillet 1989, p. 7.
49. André Green, entretien avec l'auteur.
50. *Ibid.*
51. *Ibid.*

38

L'assimilation du programme

Si le structuralisme ne cesse de reculer de l'horizon théorique depuis 1975, il ne faudrait pas croire pour autant que l'amoindrissement de l'éclat médiatique dont il bénéficiait dans les années soixante permette de diagnostiquer un coma dépassé, et qu'il suffirait d'une « grande lessive » pour faire table rase d'un passé révolu. Certes, des inflexions majeures ont transformé le paradigme structural ou l'ont fortement ébranlé. Les ambitions démesurées ne sont plus de mise, et la modestie est de rigueur ; de nouvelles alliances se nouent selon le double impératif d'une nouvelle situation historique et des avancées scientifiques.

Mais des acquis essentiels demeurent. Pour les apprécier, il importe de faire le partage entre ce qui relève du circonstanciel, d'une réponse à vocation scientifique à une période précise, dépassée, et par ailleurs les avancées incontournables réalisées grâce à l'effervescence théoricienne de cette période structuraliste. À l'égal de l'histoire de l'homme en tant qu'individu, celle d'un paradigme conquérant suit le cours d'une temporalité qui l'amène vers les sommets, puis connaît l'heure des rendements décroissants, pour ensuite retrouver le lit plus calme d'une histoire lente et silencieuse. Il ne faudrait donc pas croire que toute cette agitation fut vaine, que le feu d'artifice offert ne fut que leurre.

Un état d'esprit durable

Il en reste une époque particulièrement riche, fructueuse et des acquis qui ont durablement changé notre vision du monde et notre grille de lecture. Cette dimension n'appartient pas par définition à l'ordre du sensationnalisme, mais relève des fonctions « digestives », assimilatrices dans le cadre du développement des sciences sociales. Le retour au... structuralisme doit, de ce point de vue,

éviter ce que préconisait Althusser, suivant le conseil de Lénine,
lorsqu'il disait qu'il fallait penser aux extrêmes. Tout au contraire,
cette alternance des coups de bâtons tordus d'un côté (les structures
seules), puis de l'autre (l'individu seul) a pour effets néfastes de
ne pas saisir l'essentiel, l'interaction entre les deux. Elle évite de
reconnaître les avancées de la période précédente, zone floue, opa-
cifiée, méconnue délibérément, pour mieux jeter sur elle la chape
de plomb de l'oubli, et partir ainsi plus librement dans une direction opposée, avec bien évidemment le même terrorisme intellectuel que dans la période antérieure.

C'est pourquoi il faut espérer, avec Marc Guillaume, que nous
puissions rentrer « dans l'ère géologique des sciences sociales, dont
les sciences exactes sont coutumières[1] ». Dans cette optique, les
sciences sociales auraient connu avec le structuralisme la première
couche accumulée depuis celle d'Auguste Comte ; ce qui ne serait
déjà pas si mal. Et si l'on scrute en deçà des effets de mode l'activité structuraliste dans les années quatre-vingt, on s'aperçoit en
effet qu'elle se poursuit activement et inspire encore nombre de
travaux en toutes disciplines : « C'est un phénomène à étages »,
selon Marcel Gauchet[2].

On doit en effet, différencier dans le phénomène structuraliste
la fascination pour un programme qui promet d'unifier le champ
des sciences humaines, et les méthodologies particulières qui ont
relayé cette espérance dans chacune des disciplines, selon leur objet
propre et leur position particulière dans le champ global de l'université et de la recherche, avec des phénomènes de concurrences
disciplinaires, des batailles pour une position de *leadership*, des
hégémonismes temporaires, des positions pilotes, des alliances tactiques qui ont embrasé le domaine universitaire autour du combat
entre humanités et sciences sociales, modernité et tradition. De ce
point de vue, par le combat qu'il incarnait, le structuralisme s'est
identifié à l'ensemble de l'histoire intellectuelle française de la
seconde moitié du XXᵉ siècle : « Il y a un esprit structuraliste qui
me paraît un acquis durable, et qui se confond pour moi avec
l'acquis du siècle. Il n'a rien à voir avec l'échec local ou l'épuisement des modèles structuralistes tels qu'ils ont fonctionné dans
les disciplines particulières[3]. »

De manière diffuse mais profonde, un souci de rigueur, une
volonté de saisir des ensembles significatifs animent le travail intellectuel contemporain, et c'est la preuve tangible de l'assimilation
incontestable d'une exigence structurale, même par ceux qui éprou-

1. Marc Guillaume, entretien avec l'auteur.
2. Marcel Gauchet, entretien avec l'auteur.
3. *Ibid.*

vent le besoin de rejeter cette période et d'en proclamer la mort définitive. Cela est vrai aussi pour une nouvelle génération qui, ignorant jusqu'à la signification du terme de structuralisme, fait comme Monsieur Jourdain du structuralisme sans le savoir. Marcel Gauchet, pourtant très critique par rapport à ce qu'a représenté le structuralisme, reconnaît que « personne aujourd'hui ne lit plus un texte d'aucune espèce de la même façon parce que s'est introduite une exigence de type structurale. On a travaillé partout sur des totalités signifiantes dans l'idée de reconstituer des cohérences[4] ».

Edgar Morin, lui aussi, a combattu dès le début le succès structuraliste qu'il a qualifié de leurre dans sa prétention insensée de dissoudre l'homme dans des catégories prétendument scientifiques. Mais il reconnaît à un certain niveau des mérites au paradigme structuralo-épistémique, crédité de trois apports ; l'accent mis sur l'idée de structure, la critique radicale du *logos* occidental, et enfin l'instauration du symbolique comme instance capitale[5]. C'est ainsi que les modes, objet privilégié d'étude des structuralistes, passent, mais le structuralisme reste pour beaucoup comme un horizon théorique majeur.

Le psychanalyste Jean Allouch exprime bien cette permanence derrière ce que certains croyaient avoir enterré : « Je ne vois pas comment on pourrait être autre chose que structuraliste. Je reste absolument structuraliste, parce qu'on ne peut penser le sujet du point de vue de la psychanalyse que comme structure. S'il n'y a pas de structure du sujet, il n'y a pas de clinique possible[6]. »

Cette dimension pratique de l'usage du structuralisme explique également l'importance des débouchés offerts aujourd'hui à la linguistique par le développement des « industries de la langue », de l'informatique, des systèmes experts. De ce point de vue, le passage de la formation universitaire classique, des humanités littéraires à la formation d'ingénieurs qui travaillent chez IBM, révèle le véritable sens de la bataille qui s'est jouée dans les années soixante sous le drapeau de la modernité structurale.

Elle représente l'accession des littéraires à la science opérationnelle, aux technologies de pointe de la société moderne. Le défi a été relevé par le structuralisme. Sylvain Auroux considère même qu'il faut aller plus loin dans le sens de la formalisation mathématique, et voit dans la création de la filière : MAS (mathématiques et sciences humaines) la bonne voie, même si pour l'instant celle-ci ne répond pas à l'attente. Après le temps du renversement des

---

4. *Ibid.*

5. E. MORIN, « Ce qui a changé dans la vie intellectuelle française », *Le Débat*, mai 1986, p. 72-84.

6. Jean Allouch, entretien avec l'auteur.

humanités traditionnelles, marqué par la volonté de démolition des anciennes méthodes et un appétit théorique boulimique, est venu le temps plus pragmatique de l'utilisation des méthodes, de construction de nouveaux systèmes opérationnels : « Maintenant, il se pose de vrais problèmes, du genre : Construisez-moi un dictionnaire qui ait un contrôle orthographique pour une secrétaire ; et vous vous demandez ce qu'il faut choisir comme structures de mots[7]. » Il y a là une rupture de génération. Le combat mené par la génération structuraliste des années soixante est considéré comme terminé par la nouvelle génération dans la mesure où elle perçoit comme acquis le fait que la tradition soit abolie. Elle peut donc relancer la recherche sur des objectifs à la fois nouveaux, et cette fois intégrés à l'intérieur des technologies modernes.

Certaines ambitions sont cependant abandonnées. Le courant le plus scientiste du structuralisme, celui de la sémiotique greimassienne qui aspirait à découvrir la vérité du sens de tout langage à partir du seul carré sémiotique, est aujourd'hui une branche de l'activité linguistique qui s'est repliée sur les berges de la sémiotique du discours religieux.

La science que veut devenir la sémiotique fait dans ce domaine bon ménage avec les exégèses religieuses : « Il n'y a pas un pasteur en France qui ne connaisse la sémiotique, parce que ce sont des gens qui ont encore un peu de foi et qui acceptent la règle du jeu selon laquelle on ne parle pas du référent[8]. » Ainsi, au Québec, le seul groupe qui ait survécu au reflux de la réflexion sémiotique est un groupe d'analyse des textes évangéliques.

L'ancien directeur de la revue jésuite *Études*, Paul Valadier, reconnaît qu'un des grands mérites du structuralisme a été d'introduire « une nouvelle interprétation des textes bibliques[9] ». La déconstruction des textes bibliques a pleinement participé à la vogue structurale dans les années 1960-1965. Paul Valadier se souvient d'avoir assisté durant cette période à un congrès de théologiens moralistes et exégètes sur l'approche sémiotique des Écritures. Comme pour les autres recherches, le modèle historiciste semblait avoir épuisé sa vitalité dans sa recherche systématique pour rapporter le texte à un milieu culturel précis situé précisément dans le temps et dans l'espace. Cet effort tendait à réduire de façon mécaniste l'explication du texte à son milieu d'origine : « Le structuralisme aidait à prendre en compte le fait d'avoir un récit qui vaut en tant que tel[10]. »

---

7. Sylvain Auroux, entretien avec l'auteur.
8. Algirdas-Julien Greimas, entretien avec l'auteur.
9. Paul Valadier, entretien avec l'auteur.
10. *Ibid.*

Cette attention au récit a permis de restituer l'inventivité, les variations multiples d'épisodes similaires de la vie du Christ selon qu'ils sont racontés par Matthieu, Marc, Luc... Cependant, Paul Valadier constate désormais une certaine usure du modèle, qui a tendance à produire des résultats répétitifs. Ce structuralisme sémiotique en matière biblique se poursuit toutefois, notamment au sein du groupe de travail animé par Louis Panier à la faculté catholique de Lyon[11].

Françoise Héritier-Augé : au-delà de Lévi-Strauss

« Une œuvre désormais incontournable », titre *Le Monde*, à propos de la publication de *Regard éloigné* en 1983[12]. De fait, le reflux de la mode structuraliste n'entraîne pas dans son mouvement le maître et initiateur de ce courant de pensée, dont la méthode continue à inspirer une bonne part de la discipline anthropologique. Le Laboratoire d'anthropologie sociale poursuit son travail scientifique dans le sillage de Lévi-Strauss, dans le prolongement direct de son œuvre. Il y a sur ce plan une intériorisation des procédures, des méthodes et de l'inspiration lévi-straussienne chez les jeunes chercheurs en anthropologie, même si la version modernisée qui en est donnée s'apparente davantage à l'anthropologie cognitive, tendance qui correspond bien, on l'a vu, à l'évolution de Lévi-Strauss lui-même vers un structuralisme naturaliste.

Avec Françoise Héritier-Augé, qui prend la direction du Laboratoire d'anthropologie sociale en 1982, Lévi-Strauss a trouvé un successeur de grand talent. En 1984, elle entre au Collège de France, à la chaire d'études comparées des sociétés africaines. Son œuvre sur les règles de parenté, d'alliance et de filiation dans les systèmes Omaha s'inscrit dans le prolongement direct du structuralisme de Lévi-Strauss[13].

Sa leçon inaugurale révèle néanmoins qu'elle ne se contente pas de gérer l'héritage, mais ne cesse de l'enrichir par des orientations et problématisations nouvelles qui en font rebondir l'intérêt scientifique. c'est ainsi qu'elle ne considère plus comme pertinente l'opposition entre le statisme structural et la contingence des bouleversements historiques : « Tout système, tout aussi articulé qu'il

---

11. L. PANIER, *Écriture, foi, révélation : le statut de l'Écriture dans la révélation*, Profac, Lyon, 1973 ; *Récit et commentaires de la tentation du Christ au désert : approche sémiotique du discours interprétatif*, Cerf, 1974.

12. J. MEUNIER, « Les réussites et les patiences de Claude Lévi-Strauss », *Le Monde*, 27 mai 1983.

13. F. HÉRITIER-AUGÉ, *L'Exercice de la parenté*, *op. cit.*, 1981.

soit, ménage des ouvertures, des franges équivoques, des failles, qui laissent prise à l'innovation sous les coups de l'Histoire[14]. » Par ailleurs, elle envisage la société dans son ensemble, et non les seules entités culturelles, d'autant que les sociétés africaines établissent des liens inextricables entre les trois ordres (météorologique, biologique et social), dans une même globalité signifiante.

Françoise Héritier-Augé reste sur le fond fidèle à l'esprit lévi-straussien lorsqu'elle oppose deux modes de pensée anthropologique antinomiques : le premier renvoie la diversité incommunicable des multiples cultures humaines à des universaux dans lesquels cette diversité se dissout, alors que second, auquel elle adhère, « associe le donné phénoménologique variable des sociétés à des mécanismes invariants, sous-jacents, qui sont en petit nombre, ordonnent ce donné et lui confèrent son sens[15] ».

Le point d'inflexion majeur par rapport à Lévi-Strauss dans l'œuvre de Françoise Héritier-Augé est de donner au corps, à ses humeurs, une place centrale dans l'étude et la représentation symbolique. Se refusant à céder aux conceptions culturalistes et relativistes, elle inscrit ses recherches à l'intérieur de l'ambition structurale pour mettre en évidence des invariants propres à l'esprit humain, capables de restituer une grammaire universelle. Elle n'en adhère pas pour autant à une conception neuronale de l'esprit humain, mais recherche son mode de fonctionnement, par-delà les différences sociales et culturelles, à partir de *themata* archaïques inscrits dans le corps et la différence des sexes : « Je pense qu'il y a une unité de l'esprit humain, qu'il y a des possibilités limitées et que l'esprit humain fait partie de l'observation[16]. » La grammaire qu'elle entend restituer a une vocation universelle et s'inscrit dans une volonté de dépasser le cadre lévi-straussien qui, notamment dans les *Mythologiques*, s'est essentiellement attaché à l'aire culturelle amérindienne.

La seconde inflexion par rapport à Lévi-Strauss est de partir du propre de l'homme en tant que corps, et de considérer que tous les systèmes de représentation en dérivent. Or « la chose la plus élémentaire de tout, sur laquelle bute l'intelligence humaine, c'est la différence des sexes[17] ». C'est cette opposition qui permet de comprendre que tous les possibles en matière de rapports de parenté ne sont pas réalisés, car certains systèmes que l'on ne trouve nulle part introduiraient une supériorité de pouvoir de la femme sur

---

14. F. HÉRITIER-AUGÉ, *Leçon inaugurale au Collège de France,* Collège de France, 1984, p. 30.

15. *Ibid.*, p. 32.

16. Françoise Héritier-Augé, entretien avec l'auteur.

17. *Ibid.*

l'homme dans le couple fondamental frère/sœur : « Il y a donc un invariant dans toutes les sociétés du monde qui est la domination masculine[18]. » C'est ce que Françoise Héritier-Augé appelle la valence différentielle des sexes, qui permet de comprendre le choix de certains systèmes de parenté et leur ancrage dans les corps, dans le biologique articulé au social.

C'est en découvrant le pays des Samo du Burkina-Faso (ancienne Haute-Volta), que Françoise Héritier-Augé rencontre un système de parenté qui lui semble incongru : « J'ai commencé par regarder cela comme une poule regarde un couteau[19] », avant de réaliser qu'elle se trouvait en fait devant les règles classiques de systèmes semi-complexes d'alliances. Elle mène alors une enquête minutieuse sur une série de villages Samo dans lesquels elle recueille des généalogies en croisant de multiples informations. D'autre part, elle construit le système de parenté et celui des alliances possibles grâce à ses informateurs, en envisageant avec eux toutes les solutions de parenté imaginables. Ce travail d'enquête sur le terrain avec la population n'est pas particulièrement aisé, car « la personne la plus rodée du monde n'est pas à même de répondre immédiatement à la question : "Comment appelez-vous la fille de la fille de la sœur du père de votre mère et avez-vous le droit de l'épouser ?" Il faut d'abord se représenter cela sur un schéma[20] ». Elle invente alors des moyens simples de symbolisation qui lui permettent de construire des schémas sur huit à dix générations: de petits coquillages pour représenter le sexe féminin, des cailloux ou des éclats de verre pour le sexe masculin, des bâtonnets ou des allumettes pour figurer les relations, les filiations. Cela permettait de délimiter le champ des possibles, ainsi que les bordures, les passages à la limite où l'on sort du champ.

Le second stade de l'analyse fut d'informatiser ce matériau, ce qui permit de caractériser les pratiques en usage comme relevant du système Omaha selon lequel deux individus de même sexe issus du même couple sont identiques, mais s'ils sont de sexe différent, leur différence est alors absolue. La valence différentielle des sexes joue donc un rôle majeur, et si l'enfant qui provient d'un couple considère que le frère de son père est aussi son père et la sœur de sa mère est aussi sa mère, en revanche une sœur est toujours considérée, qu'elle soit aînée ou cadette, comme une fille de son père : « Elle relève de la génération en dessous, si bien que les premiers voyageurs qui ont découvert les Indiens en Amérique et qui ont vu des hommes de 90 ans s'adressant à une fille de 5 ans pour

18. *Ibid.*
19. *Ibid.*
20. *Ibid.*

l'appeler « ma mère » se disaient qu'il fallait vraiment qu'ils soient des sauvages pour ne pas faire la différence[21]. »

À partir de ce champ de la parenté, Françoise Héritier-Augé en est venue à aborder le domaine de toutes les humeurs du corps dans leurs relations avec le social, et à saisir, au-delà de la particularité d'une société, les cohérences des systèmes de pensée à une échelle structurale. Elle recherche aussi les bases d'une grammaire universelle applicable au champ anthropologique en prenant pour point d'ancrage le corps et les questions relatives à l'opposition fécondité/stérilité. L'esprit humain fonctionnant par associations, Françoise Héritier-Augé utilise une métaphore empruntée au champ biologique, celle des chaînes autostructurées : « Si vous pensez fécondité, vous pensez nécessairement stérilité. Si vous opposez fécondité et stérilité, vous pensez sexualité, ce qui vous amène à penser aux humeurs du corps : au lait, au sperme, au sang. L'idée, c'est que ces concepts fonctionnent par chaînes qui s'auto-structurent[22]. » On retrouve en général tous les éléments de la chaîne, même s'il peut éventuellement en manquer ou si certains d'entre eux peuvent jouer le rôle de plaque tournante, pouvant ouvrir sur des directions potentielles multiples ou déboucher sur des bouclages particuliers : « On décrit de la sorte à la fois des anamorphoses, mais également des tomographies, soit des coupes, des itinéraires qui permettent de décrire un champ conceptuel comme étant la totalité des choix potentiels[23]. »

La fécondité du structuralisme lévi-straussien n'a donc pas fini de porter ses fruits, même si l'on note une inflexion sensible des thèmes qui permettent la résurgence de ce qui a été refoulé, tenu à distance dans la première période. Ainsi le référent corporel chez Françoise Héritier-Augé, et le référent naturel chez un autre disciple de Lévi-Strauss, Philippe Descola, qui soutient sa thèse en 1983 et la publie un peu plus tard[24]. Il explore le symbolisme et la pratique dans l'écologie d'un groupe Jivaro d'Amazonie équatorienne, les Achuars, dont il étudie les diverses formes de socialisation de la nature.

Sa perspective reprend le projet de Lévi-Strauss de dépasser la coupure nature/culture, réel/symbolique, mythologie/technologie. Dans cette anthropologie comparative des formes de socialisation de la nature, des systèmes de représentation de la nature, Philippe Descola déplace cependant le point de vue de Lévi-Strauss « en mettant en cause l'idée pourtant très féconde au plan heuristique

---

21. *Ibid.*
22. *Ibid.*
23. *Ibid.*
24. Ph. Descola, *La Nature domestique*, Éditions de la MSH, 1986.

dans les *Mythologiques* d'une distinction nature/culture absolue[25] ».
L'analyse de la société concrète Jivaro laisse apparaître que les
distinctions utilisées par cette population passent par des canaux
très différents, et ne s'organisent pas systématiquement autour du
distinguo entre les hommes d'un côté et la nature de l'autre.

Philippe Descola replace donc la nature au centre de l'analyse,
alors que chez Lévi-Strauss elle n'occupe qu'un rôle accessoire de
répertoire, de lexique d'objets naturels dans lequel puisent les
groupes humains pour y sélectionner un nombre limité d'éléments
signifiants. La nature y a le statut de réceptacle, de référent tenu
à distance, cantonné dans un rôle passif : « Dans ce cas, la nature
a un rôle très subalterne alors que la nature humaine, la structure
des langues et de l'esprit, donc la structure du cerveau est l'arrosoir
dirigé vers la nature[26]. » Le double retour de la nature domestique
et du corps comme pôles signifiants révèle bien le chemin parcouru
depuis les postulats de départ qui mettaient à l'écart ce qui était
considéré comme le hors-signe : le cadre référentiel.

Vitalités sémiologiques nouvelles

Le programme sémiologique n'est certes plus aussi ambitieux
aujourd'hui qu'en 1966, mais il se poursuit néanmoins et conquiert
même de nouveaux territoires qui semblaient résister à son application. Ainsi le niveau descriptif, genre délaissé et considéré
comme objet qui reste à définir, rentre avec Philippe Hamon dans
le champ d'analyse sémiologique pour le faire sortir du « degré
zéro méthodologique[27] ». Cette appropriation du genre descriptif
sous ses diverses formes (chronographie, topographie, prosopogra-
phie, éthopée, prosopopée) se double chez Philippe Hamon d'une
analyse qui prend en compte l'évolution historique du statut descriptif. Jusqu'au Moyen Âge, ce genre fait « principalement partie
du genre épidictique qui réclame en effet la description systématique, surtout sous forme d'éloge, de certaines personnes, lieux,
moments de l'année, monuments ou objets socialement privilégiés[28] ». La littérature est alors conçue comme évitement du descriptif, lequel se cantonne dans une stricte fonctionnalité sociale,
conçue comme expression d'une activité précisément finalisée.
Véritable danger à combattre, la description est alors perçue comme
menace pour l'homogénéité de l'œuvre littéraire.

---

25. Philippe Descola, entretien avec l'auteur.
26. *Ibid.*
27. Ph. HAMON, *Introduction à l'analyse du descriptif, op. cit.*, p. 7.
28. *Ibid.*, p. 9.

Il faut attendre la fin du XVIIIe siècle et le début du XIXe siècle pour voir le genre descriptif sortir de l'état de dépendance par rapport aux autres procédés textuels. Une nouvelle esthétique naît alors autour de la trilogie : personnage/décor/lecteur, « la description devenant cette sorte d'opérateur tonal orientant la consommation du texte par le lecteur au sein d'une esthétique globale de l'homogénéité[29] ». Le champ des possibles au niveau des formes de l'expression littéraire est en ce cas étudié par Philippe Hamon non seulement pour sa structure interne, mais comme participant à une épistémè particulière à historiciser. L'assimilation du programme structuraliste reprend aussi dans ce cas la prise en compte du cadre référentiel, contextuel, qui semble bien induire l'existence d'une éthique historique porteuse d'une esthétique en mutation.

Les distinctions saussuriennes, les travaux phonologiques du Cercle de Prague, de Jakobson et de Troubetskoy sont toujours pour beaucoup la condition d'un travail scientifique en linguistique. Même si Bernard Laks voit dans le chomskysme l'expression même de la science en cette discipline, il envisage surtout le paradigme structuraliste dans sa continuité, et estime nécessaire la reprise de cet héritage à l'intérieur du paradigme plus fort au plan scientifique qu'est le chomskysme. Il y a donc bien chez lui, comme chez d'autres, assimilation des postulats fondateurs, reconnaissance du rôle majeur joué par les ancêtres et initiateurs, même si cela s'accompagne d'une mise à distance de certaines orientations de cette période.

Analysant le caractère prématuré des espoirs mis dans la collaboration entre linguistes et littéraires, Nicolas Ruwet considère que celui qui a incarné les espérances les plus inconsidérées, Roman Jakobson, n'est pas pour rien dans les désillusions qui en sont résultées. Le programme défini par Jakobson dans *Linguistique et Poétique* était raisonnable selon Ruwet, mais « la manière dont Jakobson le formulait devait prêter à confusion[30] ». Il y voit quatre raisons : d'abord, le style même de Jakobson qui manie indistinctement des hypothèses tenant lieu d'affirmations et des arguments d'autorité ayant la fonction des démonstrations. En second lieu, la définition qu'il donne des aspects linguistiques du poétique (envisagé comme « la visée [...] du message en tant que tel, l'accent mis sur le message pour son propre compte[31] ») a permis toutes les

29. *Ibid.*, p. 20.

30. N. RUWET, « R. Jakobson, *Linguistique et Poétique*, vingt-cinq ans après », dans M. DOMINICY, *Le Souci des apparences*, Éd. de l'Université, Bruxelles, 1989, p. 12.

31. R. JAKOBSON, *Linguistique et Poétique*, dans *Essais de linguistique générale*, Le Seuil, p. 218.

confusions possibles autour de la nature du message : contenu ou forme ? Et elle a conduit à l'idée absurde selon laquelle le langage poétique serait à lui-même sa propre référence. Sur le plan de l'usage des tropes, Jakobson a le tort, selon Ruwet, de réduire le domaine de la poésie à une opposition binaire dans laquelle « il assimile la métaphore au principe d'équivalence et la métonymie au principe de contiguïté[32] ». En troisième lieu, Jakobson aurait sous-estimé le rôle de la syntaxe, épine dorsale de la langue poétique, et domaine de prédilection des chomskyens. En dernier lieu, Nicolas Ruwet décèle un décalage entre les propositions théoriques de Jakobson et ses applications pratiques : « Souvent la pratique est en avance sur la théorie, les descriptions concrètes sont plus riches que les propositions théoriques explicites. [...] En exagérant un peu, je dirais que chez Jakobson c'est l'inverse, du moins en poétique[33]. »

Dans le domaine cinématographique, tout un travail universitaire de sémiologie du cinéma se poursuit dans la perspective ouverte par Christian Metz. Certes, il ne fait pas autant de bruit que les critiques à la petite semaine de l'actualité, et ne porte plus les espérances des années soixante, mais il n'en est pas moins une dimension importante de l'analyse de la production filmique. Dans ce champ d'investigation aussi une certaine évolution est notable à partir de l'assimilation de la grille structurale. C'est ainsi que Marc Vernet considère que la signification est organisée structurellement, mais par ailleurs il estime qu'en ce qui concerne les récits filmiques, il faut prendre en compte la dimension idéologique pour que la structure puisse fonctionner pour un spectateur : « L'accrochage, le pathos provient pour l'essentiel des conflits de valeurs, beaucoup plus que de la sentimentalité[34]. »

Alors que la critique traditionnelle a tendance à voir se renouveler le genre cinématographique au rythme accéléré de la succession des cinéastes et comme expression de situations historiques précises et mouvantes, Marc Vernet privilégie au contraire les permanences. Ainsi, il prend le cinéma américain comme un mythe durable, consommé comme tel par une population qui y investit son idéologie, fortement ancrée dans la religion qui lui fournit un système de valeurs qui perdure. Il saisit ainsi dans les récits narratifs des films américains le reflet d'une tension similaire qui traverse les genres différents de films, et qui oppose le souci d'homogénéité et la réalité d'une jeune nation fédérale d'immigrants. Le

---

32. N. RUWET, « R. Jakobson, *Linguistique et Poétique*, vingt-cinq ans après », *op. cit.*, p. 14.

33. *Ibid.*, p. 18.

34. Marc Vernet, entretien avec l'auteur.

cinéma travaille à ce niveau comme « mythe fondateur de la nation américaine » pour reprendre le titre du livre d'Élise Marienstras, paru en 1976 aux Éditions Maspero. Il relativise les différences entre périodes et traduit sur l'écran l'ambition, chaque fois réitérée, d'assurer la cohésion difficile d'un territoire à dimension d'un continent. Il permet ainsi d'intégrer une population qui peut se sentir en situation d'exclusion ou d'excentrement par rapport aux pôles actifs de la vie culturelle américaine : New York, Chicago, San Francisco... « C'est pourquoi je ne vois pas de différences entre le western et le policier[35]. »

Ce qui se joue dans les deux cas, c'est une tension similaire entre le pouvoir local et le pouvoir fédéral et la difficile répartition des pouvoirs entre ces deux niveaux. Le western met en scène un conflit entre le système général qui s'organise autour du chemin de fer et la logique locale de la cohérence du groupe local. Quant au policier, il oppose le détective privé au FBI et pose le problème de la nécessaire articulation entre ces deux logiques : celle de la protection de voisinage et celle de la défense du maintien de l'ordre à l'échelle nationale : « Je suis sidéré par la permanence des formes, la permanence des structures. Quand les Américains disent qu'Hollywood ne change pas entre 1917 et 1960, en rien, je suis entièrement d'accord[36]. »

Une telle approche reste fidèle aux présupposés structuralistes, et n'accorde pas de pertinence à la connexion entre l'œuvre et le cinéaste. C'est pourquoi de telles analyses s'inscrivent à contre-courant de la démarche biographique du discours contemporain sur le cinéma. Il paraît en effet plus facile pour le lecteur de sentir qu'il possède la totalité de l'œuvre d'un cinéaste et « il y a ce sentiment très fétichiste chez les cinéphiles de posséder l'objet sous la forme d'un livre, alors qu'il y a en général chez lui un sentiment de perte de l'objet, d'inaccessibilité, ce qui d'ailleurs fait partie de son charme[37]. »

La sémiologie du cinéma se poursuit donc, même si elle est moins bruyante, plus souterraine et n'espère plus tout absorber. Elle a renoncé à se croire une superbe machine à tout traiter, une sorte de robot à tout faire dans lequel il suffirait de tout mettre pour en sortir le sens ultime. Cette sémiologie a dû introduire le référent, que ce soit sous la forme de l'idéologie avec Marc Vernet, ou de la psychanalyse avec Christian Metz, qui est passé de l'étude des structures narratives du film à l'étude de la métapsychologie

35. *Ibid.*
36. *Ibid.*
37. *Ibid.*

du spectateur : « Je suis passé du message au récepteur[38]. » À l'écart des modes, ces travaux sémiologiques ont considérablement enrichi la lecture cinématographique et ont permis de diffuser un certain nombre d'outils d'analyse désormais assimilés par une bonne part de la critique. Ainsi, chacun admet aujourd'hui que le film est codé, même s'il n'entreprend pas l'étude systématique du film dont il doit rendre compte. Or, « il y a dix ans, cette idée était beaucoup moins admise, elle l'était même très peu[39] ».

François Ewald et l'héritage de Foucault

Foucault n'a pas laissé d'école, d'orthodoxie, mais il a tant marqué une génération que nombreux sont ceux qui entendent s'inspirer de la richesse de sa contribution à la pensée, sans pour cela entretenir un rapport hagiographique avec son œuvre. C'est dans cet esprit que le 31 mai 1986, une trentaine d'universitaires, ayant travaillé en relation avec Michel Foucault, ont créé une association pour donner naissance à un Centre Michel-Foucault, présidée par François Ewald. Ce centre veut devenir le lieu de confluence de tous les travaux sur Foucault ou inspirés par son œuvre, et collecter le fonds le plus complet possible des archives disponibles[40]. Un colloque international s'est tenu du 9 au 11 janvier 1988 au théâtre du Rond-Point, qui a permis de rassembler une trentaine d'interventions de chercheurs de nombreuses nationalités, publiées ensuite au Seuil[41]. Ce colloque a fait apparaître la polyvalence, la multiplicité des éclairages de l'œuvre de Foucault, et a permis de les restituer dans l'histoire de la philosophie, en jugeant à partir de divers points de vue laudatifs ou critiques leurs conséquences éthiques et politiques.

Les intuitions foucaldiennes n'ont donc pas fini de dynamiser la pensée et elles ont d'ores et déjà trouvé un héritier avec François Ewald, dont le travail sur le droit s'inspire clairement de la déconstruction de Foucault. Auteur de *L'État-Providence*[42], il a pour cible la philosophie du droit dont il veut déstabiliser les évidences, à la manière dont Foucault s'en était pris au discours psychiatrique.

François Ewald oppose à la philosophie du droit l'idée que le droit n'existe pas en tant que tel, mais seulement par les pratiques

---

38. C. Metz, entretien avec D. Percheron et M. Vernet, *op. cit.*, p. 37.

39. *Ibid.*, p. 40.

40. Le fonds Foucault se trouve à la bibliothèque du Saulchoir, 43 *bis*, rue de la Glacière, 75013, Paris.

41. *Michel Foucault philosophe*, Le Seuil, 1989.

42. F. Ewald, *L'État-Providence*, Grasset, 1986.

du droit. Selon lui, les concepts en usage ne sont que les reflets de ces pratiques dont il faut tisser la généalogie. Il applique au droit l'historicisation foucaldienne qui revient à faire éclater l'unicité de l'objet et à le voir fonctionner dans sa pluralité, dans son éclatement au sein de son espace de dispersion : « Réduire quelque chose, généraliser est toujours faux. Les philosophies du droit fonctionnent toujours par assimilations[43]. » Ewald, à la suite de Foucault, préconise un positivisme qui part des pratiques et non des théories juridiques.

Second renversement foucaldien, le droit selon Ewald, qui est essentiellement le droit civil, n'est pas vraiment fondé sur le fait de punir, mais sur le fait de répartir les sommes d'argent. Plus que par son caractère répressif, il est donc à appréhender dans sa positivité. « Autre problème qui est complètement foucaldien, c'est la manière dont se constitue l'objectivité, une science, un savoir qui va passer pour vrai[44]. »

Dans le domaine du droit, Ewald est confronté à cette dialectisation entre pouvoir et savoir qui traverse toute l'œuvre de Foucault et qui a une immense valeur heuristique dans le cas du droit. Car ce qui caractérise un jugement juridique, c'est le fait que sa validité tient à son objectivité, et non à des décisions arbitraires. Cette objectivité évolue et doit donc, là encore à la manière dont Foucault a procédé, être historicisée « Le droit est un objet très foucaldien parce que c'est en même temps un objet complètement historique[45]. »

Le droit évolue sans cesse et le Code civil que l'on a tendance à considérer comme inchangé depuis 1804 n'a pratiquement plus aujourd'hui un seul article qui soit le même que lors de sa constitution. Il appartient donc au chercheur de corréler précisément les pratiques du droit dans leur multiplicité, en les historicisant. Là encore, on retrouve Foucault pour lequel « le droit, c'est une technique[46] ». Au lieu d'envisager le droit à partir d'une axiomatique de base qui permettrait de déduire les pratiques juridiques, c'est la démarche inverse qu'il faut entreprendre. Elle révèle l'hétérogénéité de ces pratiques et les cloisonnements qui confinent chaque juriste dans son domaine particulier : « Les praticiens juristes dans leur pratique n'ont jamais affaire au droit[47]. » Le spécialiste du droit d'assurance ne connaît en général que ce domaine à l'exclusion des autres, et le spécialiste du droit constitutionnel ne sait rien

43. François Ewald, entretien avec l'auteur.
44. *Ibid.*
45. *Ibid.*
46. *Ibid.*
47. *Ibid.*

du droit civil. Tant par l'objet choisi, que par les méthodes d'investigation, on peut mesurer à quel point, dans le cas de François Ewald, les intuitions foucaldiennes sont encore fructueuses.

La filiation épistémologique

La succession de Foucault assurée par Gilles Gaston-Granger[48] au Collège de France à la chaire d'épistémologie comparative témoigne aussi de la continuité de la problématisation épistémique qui fut dominante au temps du structuralisme triomphant. Gaston-Granger inscrit ses recherches dans la filiation qui va de son maître Guéroult à Foucault, en passant par Hyppolite. Cependant il ne va pas aussi loin que ce dernier dans le sens de l'historicisation des savoirs, ce qu'il révèle par le choix de l'intitulé de sa chaire qui abandonne le terme d'histoire : «La philosophie des sciences comme j'ai depuis longtemps déjà tenté de la pratiquer ne met pas l'accent sur l'histoire[49]. » Il adopte un point de vue moins relativiste que Foucault et distingue, à la manière de Kuhn, deux régimes dans l'évolution du savoir : celui de sa socialisation dans laquelle de multiples paradigmes sont en concurrence les uns avec les autres (c'est le stade de la proto-science encore fortement sous l'influence de l'idéologique); et un second régime qui implique une rupture à partir de laquelle la connaissance devient vraiment scientifique. Fidèle à l'enseignement de Bachelard et de Foucault, Granger privilégie donc les discontinuités («Le fait épistémologique essentiel, qui est la rupture[50]»), mais ce constat n'implique pas pour lui l'absence de progrès cumulatif des sciences et donc l'utilisation du savoir antérieur à la rupture au stade ultérieur du nouveau langage scientifique : «Ce sont ces éclatements successifs des systèmes théoriques qui rendent possible le véritable progrès[51]. »

Il y a donc bien des continuités, et non des renversements énigmatiques de socles épistémologiques en a-pesanteur qui ne permettraient pas de discerner des avancées derrière les ruptures. Il appartient, selon Gaston-Granger, à l'épistémologue de distinguer aussi deux régimes de rapports entre la connaissance et ses facteurs exogènes : celui du premier stade, de la proto-science, au cours duquel le contexte joue un rôle majeur, et celui de la connaissance scientifique constituée, après la rupture épistémologique, stade au

---

48. Voir tome 1, *Le Champ du signe*.

49. G. GASTON-GRANGER, *Leçon inaugurale au Collège de France*, 6 mars 1987, p. 7.

50. *Ibid.*, p. 14.

51. *Ibid.*, p. 15.

cours duquel « les déterminations exogènes cessent de jouer le rôle de moteur dans son développement interne[52] ».

Refusant de s'enfermer dans la fausse alternative entre continuisme et discontinuisme, Granger définit le travail de l'épistémologue comme celui du repérage des déséquilibres dynamiques qui seul peut permettre la conciliation de l'invention créatrice de la science et du cadre de l'activité antérieure dans lequel elle s'inscrit.

La filiation libérale

Un autre versant de l'assimilation du programme structural se trouve dans le courant libéral, essentiellement représenté par Jean-Marie Benoist, auteur de *La Révolution structurale*. Le structuralisme a inspiré l'essentiel de ses travaux dans des directions multiples. On retrouve en effet cet héritage dans la nature même de la collection qu'a dirigée Jean-Marie Benoist aux PUF jusqu'à son décès (juillet 1990). Le titre de cette collection évoque l'ambition transdisciplinaire, et une préoccupation essentiellement épistémologique : « Croisées ». Ainsi, l'ouvrage de Gérard Holton, *L'Invention scientifique*, qu'il fait paraître dans sa collection en 1982 participe à la réflexion ouverte par Bachelard et le structuralisme. Physicien et historien des sciences, Holton met l'accent sur le rôle fondamental des *themata* dans la créativité scientifique, c'est-à-dire des images théoriques qui sous-tendent une activité scientifique non réductible à l'observation empirique. Dans un registre différent, la publication dans la même collection de l'ouvrage de John Rajchman, *Foucault ou la liberté du savoir*, illustre la fécondité du passage structuraliste et la poursuite de la polémique contre toutes les formes de positivisme : « C'est une recherche des imaginaires fondateurs et des épistémès, des configurations épistémologiques dans ce qu'elles ont de riche, et de non encore arraisonnées ou purifiées par un surmoi positiviste : c'est ce que je dois à l'intelligence structurale[53]. »

Mais Jean-Marie Benoist ne s'est pas limité au domaine de l'épistémologie, il voit aussi le structuralisme comme un outil heuristique tout à fait fécond dans le domaine de la philosophie politique. C'est ainsi que dans *Les Outils de la liberté*[54], il propose une recherche des fondements de la cité libre, de la société civile fondée sur le contrat social, la séparation des pouvoirs afin de jeter les bases d'un « État garant » contre l'« État gérant ». L'inspiration

---

52. *Ibid.*, p. 16.
53. Jean-Marie Benoist, entretien avec l'auteur.
54. J.-M. BENOIST, *Les Outils de la liberté*, Laffont, 1985.

majeure est ici un kantisme sans sujet transcendantal pour élaborer ce qui se donne comme une critique de la raison libérale. Il est question de penser l'ensemble multipolaire d'une société civile où dialoguent le libertarien et le libéral : « Doublement le structuralisme nous aide à mieux penser les questions de l'inconscient du politique, de la surdétermination d'un certain nombre de schémas, d'entités à "désidéologiser", à "désontologiser"[55]. »

À la fin de sa vie, Jean-Marie Benoist avait trouvé un nouveau prolongement à l'intelligibilité structurale dans des études de polémologie, de défense et de stratégie, avec la relativisation en cours de la notion de front par des procédures qui œuvrent pour l'essentiel dans le symbolique, et dans ce qu'on appelle les stratégies indirectes. L'art suprême de la guerre consiste à soumettre l'ennemi sans combat. Il importe dans ce cas de voir la théorie de la dissuasion comme ensemble d'interdépendances et de poser celle-ci « dans sa richesse structurale[56] ».

La filiation marxiste

Le versant marxiste aussi continue à s'inspirer de la méthode structurale, et Maurice Godelier en est un bon représentant dans sa tentative de conciliation des deux démarches. À la fois dans une situation de proximité, mais aussi de distance avec les thèses althussériennes, il n'a jamais défendu une approche mécaniste du marxisme. Il envisage de plus en plus l'effacement de la frontière entre matériel et idéel : « Au cœur des rapports matériels de l'homme avec la nature, apparaît une part idéelle[57]. »

Une telle conception rompt avec le causalisme simple en usage dans la pensée marxiste et ouvre le champ d'investigation anthropologique à l'économique, aux rapports sociaux de production, dimension qui manque au structuralisme lévi-straussien. Godelier retrouve Marx dans l'idée de totalité sociale, de dynamique de la reproduction, et dans son souci de rechercher « une hiérarchie des contraintes et des fonctions qui permettent cette reproduction[58] ». L'environnement chez Godelier n'est pas un simple répertoire de contraintes et de techniques car il se définit aussi par ses dimensions imaginaires. Sa conception des forces productives s'élargit par l'inclusion de l'horizon structural de la pensée et du langage comme dimensions essentielles.

---

55. Jean-Marie Benoist, entretien avec l'auteur.
56. *Ibid.*
57. M. GODELIER, *L'Idéel et le Matériel, op. cit.*, p. 21.
58. *Ibid.*, p. 47.

L'exploration des rapports de parenté et du symbolique par Lévi-Strauss aura ainsi conduit l'anthropologie marxiste telle que la conçoit Godelier à considérer l'importance de l'idéel dans le réel, son rôle majeur dans les normes de conduite en usage, dans les jugements de valeur, non plus considérés comme de simples reflets du réel mais comme des interprétations actives dans la reproduction du réel.

La diversité des usages de la méthode structurale par des disciplines aux objets d'étude très variés et par des chercheurs situés à des pôles tout à fait opposés au plan idéologique, montre à quel point l'enterrement en grande pompe du structuralisme ne doit pas faire oublier la fécondité souterraine qui subsiste d'une révolution pour l'essentiel accomplie.

Le prolongement systémique

Les rapprochements en cours autour de l'idée d'une systémique, d'une science des systèmes, à partir des théories de l'auto-organisation ne sont pas sans corrélation avec le structuralisme qui a dominé la décennie des années soixante. Certes, le nouveau paradigme s'est sensiblement déplacé, mais on retrouve néanmoins un certain nombre de points communs. En premier lieu, le systémisme se définit avant tout, comme le structuralisme, par son projet et non par son objet. On retrouve la même articulation sur les avancées les plus modernes de la scientificité, le même souci pluridisciplinaire, multidimensionnel qui déplace les frontières. Au triangle structural : linguistique/anthropologie/psychanalyse, qui avait pour finalité de dissoudre l'homme s'est substituée toute une constellation faite des sciences de la communication, de l'information, de la computation, de la cognition, de l'organisation... Dans les deux cas, le modèle cybernétique a joué un rôle majeur avec sa notion d'autorégulation propre au fonctionnement de la structure, puis dans la connexion des systèmes naturels et artificiels avec ses concepts de boîte noire fonctionnelle, de comportements et sous-systèmes finalisés. La cybernétique, définie en 1948 par le mathématicien Norbert Wiener, a pu alors investir et modéliser la biologie, l'électronique, l'économie, la psychologie... Du structuralisme au systémisme, on retrouve le même postulat globaliste selon lequel le tout est davantage que la somme des parties, ainsi que le même souci de l'universel. La science des systèmes peut donc être perçue en partie comme la double résultante des deux paradigmes fondateurs que sont la cybernétique et le structuralisme[59].

Cependant, un certain nombre de déplacements majeurs ne permettent pas de réduire la science des systèmes à une simple reprise de l'héritage structuraliste. La prévalence accordée à l'ordre, à sa reproduction, à l'invariance, au temps du structuralisme, fait peu à peu place aux théories de l'émergence et de l'ordre né du bruit, du désordre. Ces nouvelles orientations, loin de chosifier l'homme, de le réduire à l'état de cadavre prêt à l'autopsie pour devenir objet de science, permettent au contraire de concevoir les notions essentielles de l'autonomie, de l'interaction, de dialogique entre les divers niveaux : biologique, anthropologique et social. Joël de Rosnay présente la révolution systémique comme l'avènement d'une nouvelle culture[60]. Cette approche systémique se dote même d'un nouveau concept, après celui du microscope pour l'infiniment petit et du télescope pour l'infiniment grand, c'est du macroscope dont il faut se servir comme outil pour l'infiniment complexe. Il permet de filtrer les détails et d'amplifier ce qui relie les diverses instances du réel : « Il existe une approche commune permettant de mieux comprendre et de mieux décrire la complexité organisée[61]. » Les travaux des savants nous replongent en effet dans un univers chaud, constitué d'événements, d'irréversibilité, de fumée qui est bien loin de l'ambition cristalline du structuralisme et de sa temporalité froide.

La filiation comtienne, durkheimienne, puis structuraliste qui présupposait une réification de l'observateur, une négation de la subjectivité, une clôture locale de l'analyse à partir des variables propres au modèle choisi, la délimitation des lois comme résultantes des seules constantes du modèle : tout cela est aujourd'hui fortement ébranlé par les découvertes des savants qui mettent au contraire l'accent sur des processus d'émergence imprévisibles et irréversibles des dispositifs structurés. Ainsi, le Prix Nobel de chimie Ilya Prigogine a élaboré toute une théorie des « structures dissipatives » qui permet de comprendre la création de l'ordre à partir du désordre : « L'une des découvertes fondamentales des dernières décennies est justement celle de l'instabilité des particules élémentaires[62]. » Les niveaux de la physique classique se pluralisent et l'aléatoire joue un rôle grandissant.

59. J.-L. Le Moigne, *La Science des systèmes, science de l'artificiel*, Éd. de l'Épi, 1984.

60. J. de Rosnay, *Le Macroscope*, Le Seuil, 1975.

61. *Ibid.*, p. 85.

62. I. Prigogine, entretien, dans G. Pessis-Pasternak, *Faut-il brûler Descartes ?, op. cit.*, p. 33.

Dans cette nouvelle approche de la matière, la temporalité, qui avait été vécue comme un élément de perturbation de l'esprit scientifique, reprend toute sa place, centrale, dans le processus dialogique entre science, culture et société : « Hier, la science nous parlait de lois éternelles. Aujourd'hui elle nous parle d'histoire de l'univers ou de la matière, d'où un rapprochement évident avec les sciences humaines[63]. » Élaborée dans les années cinquante autour de Heinz von Foerster, la première théorie des systèmes auto-organisants a été reprise, appliquée aux systèmes vivants et largement diffusée par le biologiste et philosophe Henri Atlan en 1972[64]. Il popularisa le principe du hasard organisateur sous la forme de l'ordre par le bruit.

L'autre grande rupture avec le structuralisme est la réintégration, dans cette constellation de la systémique, du Sujet. L'observateur est totalement intégré, investi dans son observation. Edgar Morin définit même cette dimension comme essentielle. Cela ne signifie pas qu'il faille renoncer à toute forme d'objectivité, mais en tout cas aux diverses illusions scientistes. Le savant ne trône pas dans un hors-monde, il est totalement ancré dans le champ qu'il modélise, et la science qu'il prône n'est pas dissociable de la conscience[65]. Celui qui va le plus loin dans cette réintroduction du Sujet est même un physicien, Bernard d'Espagnat. Il considère en effet que l'idée d'un univers ayant une réalité indépendante de l'homme qui l'étudie ne tient plus au regard des découvertes récentes : « Selon moi, il existe une véritable objectivité, mais qui est faible. C'est ce que j'appelle précisément l'intersubjectivité[66]. »

Retour du Sujet, retour de l'historicité, retour du sens ? Les sciences dites « dures », en voie de « ramollissement », offrent aux sciences humaines des orientations bien différentes de celles de la belle époque structurale. Ce sont ces sciences « dures » qui avaient servi de modèle heuristique pour ces évacuations dans le domaine des sciences humaines ; elles sont aujourd'hui à la base de leur réhabilitation dans la perspective de la construction d'une science globale de l'homme.

63. *Ibid.*, p. 37.

64. H. ATLAN, *L'Organisation biologique et la théorie de l'information*, Hermann, 1972.

65. E. MORIN, *Science avec conscience*, Le Seuil, 1982.

66. B. D'ESPAGNAT, entretien, dans G. PESSIS-PASTERNAK, *Faut-il brûler Descartes ?, op. cit.*, p. 119.

V

LE TEMPS, L'ESPACE, LA DIALOGIQUE

39

Clio en exil

Le structuralisme aura temporairement écarté la Muse de l'histoire de son champ pour rompre avec la philologie classique qui faisait essentiellement appel aux explications historiques, étymologiques. La prévalence accordée à la synchronie correspondait à la recherche de la logique interne de la langue, d'autant que les progrès réalisés grâce à Saussure dans la description de la langue permettaient de faire naître une phase nouvelle d'intérêt pour les langues orales, les langues vivantes. Jusque-là les linguistes travaillaient sur des textes écrits, des langues mortes, historiquement attestées, donc des états de langue qui permettaient de les situer à l'intérieur d'une étude comparative et dans une diachronie.

Ce déracinement historique fut le prix à payer par la linguistique pour s'ériger en méthode capable d'accéder à la contemporanéité des langues vernaculaires d'Europe ainsi qu'aux dialectes, patois, et autres langues orales du monde colonisé, notamment africaines. La radicalité et la fécondité de cette rupture ont servi ensuite de modèle pour fonder la scientificité des sciences sociales.

Le XXᵉ siècle naissant se détourne alors de l'historicisme du XIXᵉ siècle et s'ouvre une véritable crise de la pensée du temps qui va entraîner divers domaines de la pensée de l'homme, d'autant que les soubresauts de l'histoire du XXᵉ siècle vont amplifier ce phénomène de retrait par rapport à l'historicité, alimenté cette fois par un désenchantement du monde, à chaque étape plus profond.

La fin de l'histoire ?

À la philosophie de l'histoire se substitue la science comme horizon de la modernité avec un double jeu des sciences de la nature et de l'homme. On a pu croire réalisée l'analyse de Hegel annonçant la fin de l'histoire : « Cela ne veut pas dire que l'histoire s'est arrêtée, mais que nous sommes entrés dans le long processus de la fin de l'histoire qui va peut-être durer des millénaires[1]. » À l'aune de cette immobilisation d'un temps qui ne se déploie plus que dans un infini présent, le structuralisme ne fait qu'exprimer cet état d'apesanteur historique au-delà de la mise au point d'une méthode qui s'applique davantage à la synchronie qu'à la diachronie. Il était donc naturel que le structuralisme linguistique trouve un écho aussi retentissant dans un structuralisme spéculatif qui implique, aux côtés de toutes les disciplines des sciences sociales, la pensée philosophique. On peut trouver à cet égard une corrélation entre une pensée qui privilégie les invariants et une société dans laquelle les ruptures n'appartiennent plus à un devenir possible ou souhaitable : « Je ne vois pas ce qui pourrait se passer d'autre que ce qu'ont demandé la Révolution française et l'idéalisme allemand : la liberté, l'égalité et la fraternité pour tous les hommes de la terre[2]. » Tout l'événementiel du XXᵉ siècle semble s'inscrire dans cette filiation, sans apporter de nouveauté significative par rapport à ces principes fondateurs. Il n'offre que déluge de cataclysmes qui ont pour effet de fissurer chaque fois plus gravement l'optimisme rationnel incarné dans l'histoire au XIXᵉ siècle et brise toute téléologie, qu'elle soit restauratrice ou révolutionnaire.

Le processus historique ne peut plus être pensé comme orienté axiologiquement. Face aux traumatismes que connaît le XXᵉ siècle, la pensée structuraliste n'a pas généré une téléologie de la décadence qu'elle aurait pu substituer à la croyance au progrès de la période précédente. Le savoir ne justifie plus aucun sens de l'histoire selon les structuralistes. Ils reprennent sur ce point l'enseignement de Spinoza qui avait été déjà récusé toute idée de sens de l'histoire : « Les raisons pour lesquelles Althusser admire Spinoza me paraissent excellentes. La raison la plus forte d'être spinoziste, c'est qu'il n'y a pas de sens de l'histoire[3]. » Chez Lévi-Strauss néanmoins, on peut déceler un rapport de négation de l'historicité qui se double d'une idée de dégénérescence progressive de celle-ci, d'érosion toujours plus avancée des véritables maillons et réseaux intermédiaires de socialité.

Cette double situation de crise de l'histoire, pour des raisons heuristiques et politiques, a permis le succès d'un courant de pensée qui a privilégié la stabilité, l'immutabilité, la recherche des invariants et le dépassement rapide de ce qui se donnait d'abord comme une simple méthode d'analyse en vision du monde. L'histoire s'est

1. Kostas Axelos, entretien avec l'auteur.
2. *Ibid.*
3. Étienne Balibar, entretien avec l'auteur.

donc figée dans le cristal structural en ce premier temps du structuralisme. Celui-ci a cependant évolué et, après avoir écarté radicalement la signifiance de l'histoire au profit de la fixité de son objet, un second moment va prendre en compte l'historicité pour mieux la déconstruire de l'intérieur : c'est notamment la tâche que s'assignent, d'un point de vue nietzschéen, Foucault et, d'un point de vue heideggérien, Derrida. Dans une première phase, Lévi-Strauss et Piaget avaient conçu le structuralisme comme instrument d'émancipation vis-à-vis d'une philosophie qui se donnait comme discours englobant et diluant aussi bien la singularité que l'autonomie de leur propre champ d'expérimentation scientifique : psychologique pour Piaget, et anthropologique pour Lévi-Strauss. Mais ils furent vite rattrapés par les philosophes : ceux-ci ont répondu au défi qu'ils représentaient pour récupérer leur programme en transformant leurs positions épistémologiques en philosophie. L'histoire, considérée jusque-là comme le champ des possibles, est alors vécue comme fermeture, sinon comme oubli progressif de l'Être, dans une perspective heideggérienne.

Le comtisme des sciences sociales

Clio s'est retirée pour laisser place à l'ambition des sciences sociales de se poser comme troisième discours, entre humanités et sciences de la nature. Elles ont ainsi suivi l'enseignement d'Auguste Comte qui leur donnait le rôle d'éclaireurs de la nouvelle ère positive et pour lequel le progrès, au sens philosophique, ne se réalise que comme progrès de l'ordre. Une défiance en est résultée contre tout élément de désordre capable de venir perturber les équilibres. La société froide devient ainsi l'incarnation même de l'objet idéal, comme le mythe qui ne supporte pas par définition de modifications. Certes, pour Lévi-Strauss, cette référence à l'opposition entre sociétés froides et sociétés chaudes a donné lieu à de nombreux malentendus : « Ce sont des notions qui n'ont qu'une valeur heuristique. Il y a beaucoup de froid dans le chaud et de chaud dans le froid, partout et toujours. En second lieu, ce ne sont pas des propriétés intrinsèques aux sociétés mais des distinctions qui se réfèrent plutôt à la manière dont les sociétés se pensent elles-mêmes[4]. » Cependant, la structure recherchée est bien cette hiérarchisation canonique qui immobilise le temps, suspend son mouvement dans sa reproduction.

Prises entre le cristal et la fumée, selon l'expression d'Henri Atlan, les sciences sociales choisirent de privilégier le cristal, soit

---

4. Claude Lévi-Strauss, entretien avec l'auteur.

la structure aux dépens de la fumée, de la non-structure, de l'informel. Comme les biologistes pris dans leur étude de la cellule vivante sous microscope entre le fantôme et le cadavre, les sciences de l'homme ont choisi d'étudier l'homme mort. On va le disséquer comme un cadavre alors que l'homme se situe davantage du côté du fantôme, du bougé, de l'insaisissable : « Il y a un très joli mot de George Steiner qui dit : "Un arbre a des racines, un homme a des jambes." C'est tout le problème[5]. »

Or, l'objet structural de prédilection fut constitué par de petites sociétés closes sur elles-mêmes, comme celle des Bororo, société figée dans l'éternité telle que l'a décrite Lévi-Strauss, ayant mis en place une machinerie très complexe pour se défendre du changement, repousser toute forme d'hétéronomie, et vivre en toute indépendance. Ce type de société a servi incontestablement de paradigme pour définir l'approche anthropologique. Il aura permis dans le même temps à toute une génération avide de sortir de la téléologie marxiste.

Cette vision d'un temps reposé s'est trouvée en totale correspondance avec l'évolution linguistique de négation de la diachronie au profit de la synchronie : « J'ai nié l'histoire. À partir du moment où l'on considère des structures synchroniques, c'est dominant[6]. » Il y a donc un antihistoricisme constitutif du paradigme structural qui rejoint par d'autres voies les positions énoncées par Karl Popper (« Notre démarche [...] vise à réfuter l'historicisme[7] »), qui propose aussi de libérer les sciences sociales de la tutelle historienne, en niant toute possibilité d'histoire théorique.

Cette négation a permis d'ébranler un certain nombre de causalismes génétiques quelque peu mécaniques, en ouvrant à la complexité des organisations synchroniques et en permettant de dépasser le simple niveau descriptif d'analyse. Sur ce plan, la réaction à l'historicisme dominant au XIXe siècle fut bénéfique, à condition de récupérer le sens du mouvement, du bougé de la structure, une fois la coupure réalisée.

L'anhistoricisme lacanien

Le freudisme revisité par Lacan s'est quelque peu délesté de sa composante historique pour faire accéder la psychanalyse au statut scientifique. L'histoire est pour Lacan « cette chose qu'(il) déteste

---

5. Serge Viderman, entretien avec l'auteur.
6. Jean Dubois, entretien avec l'auteur.
7. K. POPPER, *Misère de l'historicisme*, Plon (1945), 1956, p. 47.

pour les meilleures raisons[8] ». Pourtant, Lacan avait entrepris une réflexion sur la temporalité, en 1945, au moment où il était encore marqué par l'enseignement hégélien de Kojève. Ses *Écrits* portent la trace de cette réflexion, avec son article de 1945 sur « Le temps logique et d'assertion de certitude anticipée ».

Lacan restitue la valeur essentielle du temps à partir de l'apologue des trois prisonniers. Suivant cette histoire, le directeur d'une prison décide de faire comparaître devant lui trois détenus de choix et de libérer l'un d'entre eux, que l'esprit logique distinguera des autres. Muni de cinq disques, dont trois sont blancs et deux sont noirs, le directeur de prison fixe un de ces disques sur le dos de chacun. Le premier des détenus à conclure logiquement la couleur du disque qu'il a sur lui bénéficiera de la mesure libératoire. Lacan confronte donc les hypothèses logiques que peuvent faire les prisonniers, et constate la prévalence de « la structure temporelle et non pas spatiale du procès logique[9] ». Il distingue, de manière très hégélienne, une temporalité structurée en trois temps : le temps du regard, le temps pour comprendre, et le moment de conclure dans leurs modulations successives. La temporalité y est doublement décisive : d'abord comme succession nécessaire de moments : « Voir, c'est vite vu, comme dit Lacan, c'est synchronique, c'est la structure. Le deuxième temps, c'est le temps qui correspond chez Aristote à la délibération. Il permet déjà de prendre en considération les autres, sans que ce soit le temps des autres. Pour passer à la décision, il faut une coupure, une décision anticipée car il y a urgence et que les autres sont là[10]. » Ensuite, la temporalité est présente comme cause décisive de l'urgence de l'action précipitée du sujet qui doit anticiper sur sa certitude « en raison de la tension temporelle dont il est chargé subjectivement[11] ».

Mais très vite, passant de Hegel à Heidegger et de la dialectique au structuralisme phonologique et lévi-straussien comme moyen d'étayer le discours psychanalytique, Lacan va rejeter le statut privilégié qu'il accordait à l'historicité et récuser, notamment, toute idée de retrouver un sens quelconque à l'histoire. Ce rejet est pour le moins paradoxal pour un analyste dont l'objet d'étude, l'inconscient, « implique l'histoire[12] ». En tant qu'épreuve du réel, ouverture de possibles, la pratique analytique est traversée par l'historicité et fait événement pour le sujet. La structure du monde histo-

8. J. LACAN, *Séminaire, Encore, op. cit.*, p. 45.

9. J. LACAN, « Le temps logique et l'assertion de certitude anticipée », *Écrits*, Le Seuil, 1966, p. 203.

10. Gennie Lemoine, entretien avec l'auteur.

11. J. LACAN, *Écrits, op. cit.*, p. 209.

12. A. JURANVILLE, *Lacan et la philosophie, op. cit.* (1984), p. 441.

rique telle que la conçoit Lacan se définit par quatre modes existentials, quatre discours dont la logique renvoie à une révolution, au sens étymologique de la circularité du passage d'un mode de discours à un autre. Or, ces discours, pour l'essentiel, sont extraits de leurs conditions contextuelles. Le discours du Maître, discours métaphysique, n'a par définition aucune histoire. Le discours hystérique, discours de la science, tient l'histoire pour une illusion. Le discours universitaire, soit le discours philosophique, celui de l'herméneutique, « nie de nouveau l'histoire en situant la plénitude à l'origine, au mieux réatteinte chaque fois par chaque grand auteur, au pis plénitude perdue dans une décadence irrévocable[13] ». Seul le quatrième discours, le discours analytique, seul capable d'énoncer l'inconscient, peut être historique en tant qu'acte, mais à condition de soumettre « les discours qu'il met au pas de la synchronie du dit[14] ». Il ne renvoie donc qu'à un Signifiant pur déshistoricisé.

S'il y a une temporalité chez Lacan, elle recouvre davantage une conception tragique, heideggérienne, de l'historicité comme histoire de la perte de l'objet, comme perte toujours plus profonde de l'Être dans l'étant, ou du Sujet du désir par rapport au Signifiant premier. Cette temporalité ne renvoie pas tant à une historicité singulière du sujet, mais à un manque originel, fondateur et spécifique à l'espèce humaine, un inconscient du langage ou des figures topologiques dont la réalité serait transindividuelle. C'est en ce sens que Lacan rejoint les positions du premier Lévi-Strauss sur les enceintes mentales comme combinatoires désincarnées. Certes, une telle position a permis de rompre avec un certain psychologisme, et d'asseoir plus solidement les fondements de la psychanalyse, mais à condition de ne pas faire du devenir un horizon forclos. Or, le sujet lacanien, enfermé dans sa structure, n'a plus pour avenir que la simple répétition du passé dans un univers synchronique : « Il reste un temps vide, sans efficacité, purement abstrait[15]. »

Élisabeth Roudinesco, après avoir été une fervente lacanienne, s'est partiellement détachée de Lacan sur le problème que posait sa négation de l'histoire. Le modèle des quatre discours dans leur circularité permettait « d'empêcher d'historiciser les concepts de Lacan, donnés comme un tout[16] ». Cette déshistoricisation rendait possible un retour à Freud à partir des concepts de Lacan. Les lacaniens ont pu ainsi inverser la marche de l'histoire en cherchant

---

13. *Ibid.*, p. 472.
14. J. LACAN, « Radiophonie », art. cité, p. 96.
15. Serge Viderman, entretien avec l'auteur.
16. Élisabeth Roudinesco, entretien avec l'auteur.

dans Freud la théorie du Signifiant ou la triologie Réel/Symbolique/Imaginaire. Élisabeth Roudinesco réagira contre cette tendance à considérer la psychanalyse hors de son contexte dans son *Histoire de la psychanalyse*, qui permet de mieux comprendre en quoi le Lacan de 1936 n'est pas celui de 1950, ni celui de 1970. Cette historicisation permet de resituer les flux de paradigmes d'un champ à l'autre du savoir et de relativiser ainsi la portée des concepts présentés comme atemporels dès lors que le sujet-Lacan en devient le lieu privilégié de passage.

René Major dévoile de son côté le non-dit très circonstanciel, qui se réfère précisément au vécu historique du freudisme et à la position de Lacan dans l'histoire de la psychanalyse, à propos de la structure analogue qu'il repère entre *Le Séminaire sur « La Lettre volée »* de Poe (1955) et le texte de la même période, *La Direction de la cure* (1953). Dans les deux cas, Lacan pratique une exclusion neutralisante de la place du narrateur sur laquelle Derrida avait déjà développé sa critique dans *Le Facteur de vérité* (1975).

De la même manière que Lacan situe l'interprète à la place de Dupin dans *La Lettre volée*, il place l'analyste en situation d'extériorité dans la direction de la cure. D'une part, René Major considère que Lacan est amené en fait à s'identifier à l'un des protagonistes du conte d'Edgar Poe, et qu'il n'y a pas de position de surplomb possible : « J'ai essayé de montrer que l'interprète ne pouvait interpréter qu'en occupant successivement les différentes places, en s'identifiant à chacun des protagonistes et en se désidentifiant. [...] J'ai parlé de dislocation du récit, de la place du narrateur ou de l'interprète[17]. »

Le dévoilement pratiqué par René Major passe par la réintroduction du contexte historique qui joue un rôle majeur dans l'élaboration de la théorie[18]. La perspective structuraliste de Lacan avait tenté de masquer les enjeux réels, sous-jacents au jeu circulaire de la lettre. Mais en même temps qu'elle voile, elle dévoile la structure homologue que restitue la déconstruction effectuée par René Major du texte lacanien lorsqu'il établit que si Dupin, malgré tous les signes d'inversion des indices de la lettre recherchée, trouve cependant la lettre, c'est que quelque chose lui permet de la trouver. La clé se trouve dans le fait qu'il y a une femme entre le ministre D et lui, de la même manière qu'il y a une femme dans le commentaire de l'œuvre freudienne entre Lacan et Nacht dans le contexte précis des années cinquante : c'est Marie Bonaparte, détentrice officielle de la lettre freudienne, seule habilitée en France à en

17. René Major, entretien avec l'auteur.
18. R. MAJOR, « La parabole de la lettre volée », dans *Études freudiennes*, n° 30, octobre 1987.

proposer l'interprétation : « L'analogie entre les événements de la
vie réelle, une série de lectures en abîme et une théorie de la cure
analytique, est peut-être ce qu'il y a de plus "analogique" avec
l'écriture d'Edgar Poe et les trois récits[19]. »

René Major montre ainsi comment la démarche déconstructrice
permet de récupérer ce qui a été mis à l'écart de la grille structurale.
Il fait resurgir le signifié occulté sous la barre résistante qui le
séparait de la chaîne signifiante, grâce à l'historicisation de la
démarche textuelle. Ce que veut signifier en fait Lacan lorsqu'il
affirme que la lettre arrive toujours à destination, même si celle-ci
peut être interceptée, c'est que l'enseignement freudien trouve en
lui-même la possibilité de renaître des cendres dans lesquelles il
étouffait sous l'autorité stérilisatrice de Marie Bonaparte.

Une historicité non téléologique

La réintroduction nécessaire de l'historicité ne signifie pourtant
pas le simple retour à l'historicisme du XIXᵉ siècle. Cette histoire
ne peut plus être téléologique, grâce à la coupure structurale, et
doit conserver une ambition universaliste. L'enseignement structuraliste permet de reconnaître les limites de l'historicisme,
l'impossibilité de penser dans les catégories d'autrefois, à l'identique. La reconnaissance de l'altérité permet de relativiser le savoir
scientifique, de le resituer dans son contexte historique. Mais pour
éviter toute dérive purement relativiste, encore faut-il conférer
quelque stabilité au réel pour envisager la possibilité d'une
démarche scientifique, ce qui implique le retour du référent.

C'est ainsi que Sylvain Auroux définit la tâche de l'épistémologie historique des sciences du langage comme celle de la constitution d'une « théorie vraie de *data* corrects[20] ». Il ne préconise pas
une simple succession et description des *data*, mais la reconstruction des réseaux complexes d'hypothèses et l'élaboration de propositions ayant valeur de vérité, assignables à des champs particuliers de connaissance. L'étude synchronique des systèmes, de
leurs connexions, apparaît alors clairement comme un premier
moment, un stade dans une pensée structuraliste historicisée :
« L'étude des systèmes paraît être un préalable à celle de leurs
transformations. Tant qu'on s'y limite pourtant, nous n'aurons pas
d'idées très précises sur ce qu'est la production des connaissances[21]. » Ces deux temps de la démarche permettent d'éviter la

19. *Ibid.*, p. 125.
20. S. Auroux, *La Sémiotique des encyclopédistes, op. cit.*, p. 11.
21. *Ibid.*, p. 17.

fausse alternative entre continuisme téléologique et discontinuisme relativiste.

Le statisme du premier structuralisme ou le discontinuisme du néo-structuralisme peuvent ainsi être dépassés en conservant l'apport de la méthode structurale, en évitant de rejeter les logiques endogènes et exogènes qui travaillent à la transformation du système, et vont permettre de créer du nouveau à partir d'un saut qualitatif, tout en conservant une bonne partie de l'ancien système dans une nouvelle organisation. C'est l'orientation que défend Patrick Tort dans sa critique de *La Raison classificatoire*[22], lorsqu'il prend en compte l'évolution scientifique, les ruptures inhérentes à ses innovations, et la connexion nécessaire avec les phénomènes externes qui remettent en cause les équilibres.

Partisan d'un modèle heuristique qui puisse restituer la dynamique historique, Patrick Tort propose la notion d'enjeu comme centrale et articulée à des stratégies diverses et antagoniques. Il repère ainsi, non des socles discursifs immobiles comme Foucault, mais des périodes de crises discursives qui révèlent des incompatibilités internes, des tensions propres aux contradictions des unités discursives et investies dans des enjeux exogènes : « Crise du fixisme chez Agassiz, crise de la distinction du "règne humain" chez De Quatrefages, subversion "transformiste" finale du grand projet taxinomique de la "méthode naturelle" chez Adanson, conflit externe et incohérences internes des classifications des sciences de Comte et de Spencer, conflit du modèle hégélien et du modèle darwinien dans la linguistique évolutionniste de Schleicher...[23]. »

Du temps suspendu au temps retrouvé

Dans une telle perspective, l'histoire ne peut être réduite au rôle de simple contingence exogène, comme lorsque Lévi-Strauss considère que le passage de la mythologie à la philosophie en Grèce aurait pu se produire partout ailleurs, et résulterait en fait d'un miracle purement fortuit.

L'école anthropologique de Jean-Pierre Vernant a bien montré au contraire que cette rupture laisse percevoir des rapports homologiques entre la naissance du discours philosophique et la constitution du monde de la cité des égaux, au moment où l'élaboration d'une norme civique rompt radicalement avec la tradition gentilice. La négation de l'historicité ou sa réduction à la pure contingence

22. P. TORT, *La Raison classificatoire*, Aubier, 1989.

23. P. TORT, entretien avec Bertrand Mertz, *Critique communiste*, septembre 1989, p. 24.

conduit donc à ne pas saisir un certain nombre de cohérences essentielles entre des niveaux différents. Cette négation fut cependant nécessaire, selon Maurice Godelier, pour briser l'historicisme du XIXᵉ siècle et les recherches multiples des origines : de la famille, de l'État, de la propriété... Il a fallu rompre avec ce piège : « On ne met pas la genèse avant la structure. La méthode classique de la science, c'est commencer par étudier la structure des objets avant d'en comprendre l'origine[24]. » Mais ce n'est que le premier temps d'une démarche qui doit ensuite saisir le changement dans sa faculté créatrice, innovante, ainsi que dans ses manifestations qui ont d'ailleurs souvent pour sens de maintenir la structure en place, en l'adaptant. Pour conserver l'identique, pour reproduire la structure, on s'est récemment aperçu qu'il fallait pratiquer le changement constant. Les mathématiciens, physiciens, biologistes intègrent de plus en plus, on l'a vu, la variable temporelle dans leur champ d'analyse, dans leurs équations. La pointe du savoir aux États-Unis est aujourd'hui représentée, avec un support mathématico-logico-symbolique des plus raffinés et l'appui de l'informatique lourde, par la « chaologie », c'est-à-dire le décryptage du chaos qui est perçu comme la figure principale de l'univers. C'est donc l'interprétation dynamiste des choses qui tend à se substituer aujourd'hui au statisme structural, comme s'en félicite Georges Balandier qui a toujours défendu une anthropologie et une sociologie dynamistes[25].

Il est en effet symptomatique de lire sous la plume d'un biologiste, Philippe Kourilsky, ce qui aurait pu tout aussi bien s'appliquer à l'évolution récente des sciences humaines : « Le fait est qu'à ce jour la biologie moléculaire utilise surtout des représentations statiques. Je pense qu'elles devront faire une place à des représentations dynamiques[26]. »

Cette exclusion de l'histoire dans le structuralisme en sciences humaines est perçue dans les années soixante-dix par certains, dont Gérard Genette, comme une « mise entre parenthèses provisoire, une suspension méthodique[27] ». Gérard Genette préconise aussi de passer au second temps de la démarche, celui de la prise en compte de l'historicité, mais il ne prône pas pour autant le retour à l'historicisme traditionnel. Il différencie en effet d'une part l'histoire de la littérature comme simple suite de monographies, et d'autre

24. Maurice Godelier, entretien avec l'auteur.
25. G. Balandier, *Le Désordre. Éloge du mouvement*, Fayard, 1988.
26. Ph. Kourilsky, débat avec J.-F. Lyotard, J.-Cl. Pecker, J. Petitot et K. Pomian, animé par M. Arvonny, F. Bott et Roger-Pol Droit, *Le Monde*, 15 avril 1988.
27. G. Genette, « Poétique et histoire », *Figures III*, Le Seuil, 1972, p. 13.

part l'histoire littéraire telle qu'elle est définie par Gustave Lanson au début du siècle, à savoir une restitution des conditions sociales de la production et de la réception littéraire, programme non réalisé mais fermement défendu plus tard par Lucien Febvre, en 1941, puis par Roland Barthes en 1960.

Une troisième forme d'histoire littéraire s'est manifestée avec l'étude des œuvres comme documents historiques, comme illustrations des sensibilités d'une époque : elle a notamment été pratiquée par Lucien Goldmann. Gérard Genette reproche cependant à ce dernier type d'histoire un usage insatisfaisant de la notion très classique de reflet, et le fait de traverser la littérature tout en lui restant extérieur. Il préconise donc une autre forme d'historicité qui « aurait, elle, pour objet premier (et dernier) la littérature : une histoire de la littérature prise en elle-même et pour elle-même[28] ». L'œuvre ou l'auteur sont rejetés en tant qu'objets trop singuliers pour servir une telle histoire conçue non comme science des successions, mais comme science des transformations. Gérard Genette reste donc fidèle à l'orientation structuraliste en donnant pour objet de prédilection à cette histoire nouvelle de la littérature, les variations des formes : les codes rhétoriques, les techniques narratives, les structures poétiques. « Cette histoire, pour l'essentiel, reste à écrire[29]. »

Elle nécessite de dépasser le préjugé qui oppose comme incompatibles l'analyse synchronique et l'analyse diachronique. Gérard Genette défend la conception d'une « histoire structurale », qu'il définit d'ailleurs comme la seule véritable histoire. Ce n'est que dans un second temps de l'analyse que celle-ci pourra être corrélée de manière pertinente avec l'histoire générale.

---

28. *Ibid.*, p. 17.
29. *Ibid.*, p. 18.

40

Une topo-logique

Le structuralisme s'est distancié de l'historicité pour permettre l'éclosion d'études synchroniques. On a assisté durant toute cette période à un basculement radical qui avait tendance jusque-là à privilégier la dialectique des temporalités, la recherche des origines, et qui désormais s'oriente vers le dévoilement des logiques spatiales, vers les multiples jeux de positions et le repérage des limites des relations possibles dans l'espace.

L'usage abondant d'une terminologie géographique qui détermine le « dedans », le « dehors », « l'horizon », les « limites » ou « frontières » offre toute une scénographie quasi théâtrale que Roland Barthes saura magnifiquement utiliser pour analyser le théâtre racinien. Mais le paysage structuraliste n'en est pas pour autant celui du géographe : il est par définition vide de contenu et de sens. Il relève uniquement, selon Lévi-Strauss, de la position des éléments qui composent la structure. Cet univers vide de lieux concrets, purement abstrait, est en fait un espace « proprement structural, c'est-à-dire topologique[1] ».

Plus proche du discours géographique chez Michel Foucault, Roland Barthes ou Claude Lévi-Strauss, la combinatoire de ces logiques spatiales prend avec Jacques Lacan une forme plus mathématique, inspirée de Frege. Lacan aspire à faire accéder la psychanalyse au statut de science en se rapprochant, par la manipulation de la bande de Mœbius par exemple, de la topologie différentielle. Lacan s'inspire en effet de cette branche des mathématiques, issue de Riesmann, qui se donne pour objet de fonder les notions de limites, de continuités par l'étude des propriétés des figures géométriques invariantes.

---

1. G. Deleuze, « À quoi reconnaît-on le structuralisme ? », dans *Histoire de la philosophie. La philosophie au XXᵉ siècle*, dir. F. Châtelet, *op. cit.*, p. 299.

La place du manque

La topologie structuraliste pratique la dévitalisation sans anesthésie des contenus transcendantaux de l'espace pour leur substituer une logique des lieux et de leurs possibles combinaisons. Les éléments de la structure perdent tout sens singulier et ne reçoivent de signification que de leur jeu combinatoire. Le déplacement qu'opère ici le structuralisme permet de passer de l'observation au champ qui la rend possible, aux conditions de celle-ci, dont il faut reconstruire la logique signifiante sans que celle-ci soit jamais appréhendable, visible, réductible à un objet quelconque. La structure est ce manque à être, ce trou, cette béance ou Chose, ce Signifiant premier, ce degré zéro jamais présent au regard, cet Être qui échappe à l'étant, simple virtualité. Substituant à la phénoménalité une nouménalité kantienne structurale, le structuralisme en recherche la logique non dans la profondeur verticale d'une genèse impossible, mais dans l'horizontalité des multiples possibles qu'animent un certain nombre d'opérateurs de l'échange généralisé : le phonème, la prohibition de l'inceste, l'objet (a)... C'est dans l'espacement que se construit la logique structurale. Or, « l'espacement ne désigne rien, rien qui soit, aucune présence à distance ; c'est l'index d'un dehors irréductible, et en même temps d'un mouvement, d'un déplacement qu'indique une altérité irréductible[2] ».

L'espace du structuralisme est un espace du dehors, un ailleurs non réductible à son actualisation, il est une matrice à différencier dont on ne peut saisir que les effets secondaires. On comprend ainsi pourquoi l'inconscient fut privilégié dans ses versions linguistique, anthropologique ou psychanalytique durant la grande vogue structuraliste. C'est à partir d'un inconscient conçu dans son indifférenciation originaire que se déploient les logiques structurales et se légitime la quête d'une causalité structurale chez Althusser, d'une causalité métonymique chez Jacques-Alain Miller ou celle d'un système binaire de différences chez Jakobson ou Lévi-Strauss. « Les structures sont inconscientes[3] » : c'est ce manque, cet insaisissable, cette différance au sens derridien, qui se trouve soudain projeté au centre de l'espace structural.

Comme nous l'avons vu chez chacun des structuralistes, « pas de structuralisme sans ce degré zéro[4] », que ce soit le degré zéro de la phonologie, de la parenté, du mythe, de la symbolique... C'est de cette position zéro que part l'analyse structurale. Elle condi-

---

2. J. DERRIDA, *Positions*, *op. cit.*, p. 107.
3. G. DELEUZE, « À quoi reconnaît-on le structuralisme ? », *op. cit.*, p. 310.
4. *Ibid.*, p. 318.

tionne, par le fait qu'elle ne s'identifie jamais à une identité singulière, la possibilité même du déploiement de la logique sérielle
du structuralisme.

C'est à partir de ce vide initial que peut se développer une pensée
de l'espace avec ses limites, ses plis, ses lieux de connexion, ins-
tituant un rapport entre la structure et son actualisation, et non plus
le passage d'une structure à une autre, d'un moment à un autre :
« On ne plus penser que dans le vide de l'homme disparu. Car ce
vide ne creuse pas un manque ; il ne prescrit pas une lacune à
combler. Il n'est rien de plus, rien de moins, que le dépli d'un
espace où il est enfin à nouveau possible de penser[5]. » Dans cet
espace évidé de tout contenu initial est exclue toute pertinence de
la recherche d'un sens originel au profit des logiques infinies du
signe.

La géologie foucaldienne : un art du regard

Il est significatif que le premier numéro de la revue de géographie lancée par Yves Lacoste en 1976, *Hérodote,* invite Michel
Foucault à répondre aux questions des géographes de l'équipe
rédactionnelle. On comprend l'intérêt stratégique, pour une géographie souvent présentée comme le degré zéro de la pensée, de
mobiliser l'autorité d'un Michel Foucault. Mais cette rencontre
s'explique surtout par la reconnaissance dans l'œuvre de Foucault
d'une géographicité au sens large, dont certains concepts majeurs
permettent une ouverture vers la géopolitique. La revue *Hérodote*
note à cet égard la profusion des métaphores spatiales chez Foucault : « positions », « déplacements », « lieu », « champ »... ou
proprement géographiques : « territoire », « domaine », « sol »,
« horizon », « archipel », « géopolitique », « région », « paysage »...,
et s'étonne que Foucault, lorsqu'il se réfère dans ses analyses à
quelque aire culturelle, ne justifie pas précisément celles-ci, ne les
délimite pas vraiment.

Foucault répond d'abord un peu sur la défensive, de peur de se
laisser récupérer par la tribu des géographes. Il souligne que les
concepts en question relèvent plutôt des sphères juridico-politique,
économico-juridique, militaire..., mais reconnaît volontiers que ses
travaux sont très marqués par les métaphores spatiales : « On m'a
assez reproché ces obsessions spatiales, et elles m'ont en effet
obsédé[6]. » Foucault explique bien en quoi il participe à la contestation en cours du primat accordé au temporel parce qu'il renvoie

5. M. FOUCAULT, *Les Mots et les Choses, op. cit.,* p. 353.
6. M. FOUCAULT, *Hérodote,* n° 1, 1976, p. 71-85.

à la conscience individuelle ; alors que le basculement vers la spatialité permet de contourner le sujet pour se situer au niveau des rapports de pouvoir, en évitant toute référence à quelque intentionnalité, et en situant l'angle d'analyse du côté des effets tangibles du pouvoir dans l'espace discursif.

Une revue comme *Hérodote*, qui veut promouvoir une géopolitique jusque-là délaissée par la discipline géographique, ne peut que se féliciter de voir qu'un philosophe comme Foucault ne se contente pas d'utiliser les concepts géographiques comme métaphores, mais que ceux-ci deviennent de véritables instruments d'analyse. Ainsi, lorsque Foucault donne le panoptique de Bentham comme modèle social dans *Surveiller et punir* : « Vous évoquez même en conclusion la "géo-politique imaginaire" de la ville carcérale[7]. » Depuis le début de ses travaux, Foucault avait fait prévaloir toute une dialectique entre savoir et pouvoir fondée sur les notions de stratégies, de tactiques. La rencontre avec des géographes qui mettent l'accent sur le fait que la géographie « sert d'abord à faire la guerre » ne pouvait être que fructueuse, et les barrières disciplinaires tombent une nouvelle fois lorsque Foucault convient devant ses interlocuteurs : « Je me rends compte que les problèmes que vous posez à propos de la géographie sont essentiels pour moi [...]. La géographie doit bien être au cœur de ce dont je m'occupe[8]. »

En privilégiant en effet les jeux du regard, Foucault pratique une démarche similaire à celle du géologue qui s'attache au repérage des discordances, des lacunes et des diverses délimitations entre les couches stratigraphiques, analysées à partir de coupes horizontales. Les fondements de l'archéologie foucaldienne semblent donc bien s'enraciner dans une géologie discursive. De la même manière que le géologue étudie les déterminants de l'organisation topographique du terrain, Foucault ne prend pas ses objets d'étude dans un rapport d'immédiateté, mais étudie leurs conditions de possibilité. Ainsi, la clinique, la prison, la folie, la sexualité ne sont pas pour lui des objets dont il faudrait dérouler l'historicité et l'organisation, mais des moyens de saisir les conditions dans lesquelles ces objets sont pensables, non à partir de quelque profondeur transcendantale, mais en interrogeant les distributions originaires du visible et de l'invisible « au ras du langage[9] ». L'éclairage porte alors sur les diverses distributions des rapports entre signifiant et signifié.

Jeux d'espaces, jeux de regards, la médecine bascule tout à coup

7. *Hérodote*, « Questions à M. Foucault », *ibid.*
8. M. FOUCAULT, *Hérodote*, *ibid.*
9. M. FOUCAULT, *Naissance de la clinique*, PUF (1963), 1972, p. VII.

de l'intérêt porté aux symptômes à l'intérêt concentré sur les organes : « L'expérience clinique s'arme pour explorer un nouvel espace : l'espace tangible du corps[10]. » Bichat et la transformation radicale des méthodes d'observation médicale se situent dans l'inversion des formes de visibilité : « Ce qui était fondamentalement invisible s'offre soudain à la clarté du regard[11]. » L'anatomo-clinique peut alors naître, et la maladie se détacher de la métaphysique du mal. C'est encore le jeu du visible et de l'invisible qui fonctionne comme opérateur majeur dans l'espace pénitentiaire. Il s'offre en effet comme modèle dans la société tout entière pour l'ensemble des pratiques disciplinaires. La prison naît de ce souci de scruter un espace social conçu comme transparent. Le pouvoir disciplinaire impose « à ceux qu'il soumet un principe de visibilité obligatoire[12] ».

À l'individualisation et à la visualité maximales situées au sommet dans l'Ancien Régime, où le pouvoir se donne en spectacle dans l'acte du supplice imposé au condamné, se substitue à l'époque moderne une tout autre configuration, avec l'individualisation et la visibilité descendantes : le pouvoir se fonctionnalise en même temps qu'il devient anonyme et invisible. Le modèle est le panoptique qui permet de voir de la tour centrale sans être vu, et sert ainsi à de multiples applications : « C'est un type d'implantation des corps dans l'espace[13]. » Déjà le tableau de Vélasquez utilisé par Foucault dans *Les Mots et les Choses* révélait l'importance qu'il accordait au regard et à l'inversion infinie du spectateur et du modèle, du sujet et de l'objet. Tout se joue à la surface de la toile du peintre, simple jeu de plis et de replis des motifs qui sont disposés dans un espace fini.

Stratigraphe de la discursivité dans ses discontinuités, Foucault emprunte aussi au vocabulaire de la géologie. Dans *Les Mots et les Choses*, il est question « d'érosion », de « plage », de « nappe », de « secousse », de « couche » : « C'est à notre sol silencieux et naïvement immobile que nous rendons ses ruptures, son instabilité, ses failles ; et c'est lui qui s'inquiète sous nos pas[14]. » La notion même d'épistémè, envisagée comme vaste socle transversal qui ne peut évoluer, mais seulement basculer sous le coup de séismes ou laisser place à une autre couche qui va se superposer à la première et se sédimenter, trouve son correspondant dans la démarche du géologue ; on se souvient d'ailleurs que

10. *Ibid.*, p. 123.
11. *Ibid.*, p. 199.
12. M. FOUCAULT, *Surveiller et punir, op. cit.*, p. 189.
13. *Ibid.*, p. 207.
14. M. FOUCAULT, *Les Mots et les Choses, op. cit.*, p. 16.

Lévi-Strauss en avait fait l'inspirateur majeur de son anthropologie structurale lorsqu'il affirmait dans *Tristes Tropiques* qu'il se reconnaissait « trois maîtresses » : Marx, Freud et la géologie. Certes, il ne s'agit pas pour Foucault, comme pour Lévi-Strauss, de naturaliser la culture, mais de substituer à une démarche génétique, historique, une orientation horizontale, synchronique, spatiale.

Les jeux du dedans et du dehors

Les jeux du dedans et du dehors et la combinaison des divers lieux de l'espace font l'objet d'une attention renouvelée. Jean-Pierre Vernant définit ainsi l'espace des Grecs dans une tension entre deux pôles : *Hestia* qui représente le dedans, le repli du groupe humain sur lui-même, et *Hermès*, le dehors, la mobilité, l'ouverture. Cette bipolarité spatiale organise l'opposition masculine/féminine, et sert à penser la division du travail selon ces deux pôles. *Hestia* représente les valeurs autarciques, endogames et « sur le plan des activités économiques, la femme représente la thésaurisation, l'homme l'acquisition[15] ».

L'anthropologie racinienne que met au point Roland Barthes est aussi essentiellement spatiale. Sur la scène du théâtre racinien, Barthes perçoit toute une logique topographique articulée autour d'un centre, des périphéries et un hors-scène : l'extérieur. Hors la scène se trouve reléguée l'histoire, alors que la tragédie se déploie sur l'espace scénique visible : « L'Extérieur [...] contient trois espaces : celui de la mort, celui de la fuite, celui de l'Événement[16]. » L'unité tragique du temps, du lieu, se délimite spatialement par les contours mêmes de ce qui est accessible directement par les spectateurs de la tragédie. La définition même du héros tragique est d'être enfermé dans cet espace scénique : « Celui qui ne peut sortir sans mourir : sa limite est son privilège, la captivité sa distinction[17]. »

L'événement historique est refoulé en arrière-plan, au-dehors, il n'intervient que par ses effets de parole tenus sur la scène. Tenu à distance, il perd de son efficace et laisse ainsi se déployer l'inexorable logique tragique du combat de l'ombre et de la lumière dans un cadre qui reste essentiellement spatial : « Le conflit tragique est une crise d'espace[18]. » C'est cette clôture qui relativise le poids de l'histoire et transforme le temps en temps immobile. La temporalité

15. J.-P. VERNANT, *Mythe et Pensée chez les Grecs*, t. 1, *op. cit.*, p. 153.
16. R. BARTHES, *Sur Racine*, Le Seuil, 1963, p. 11.
17. *Ibid.*, p. 14.
18. *Ibid.*, p. 30.

ne peut qu'être prise dans une compulsion de répétitions, car il n'y a aucune possibilité de dépassement dialectique pour sortir du monde tragique pris dans sa clôture spatiale. Barthes saisit le tragique comme une scénographie antimythique : il tend à réduire à zéro toutes les médiations qu'offre le mythe pour laisser le conflit dans sa brutalité, son ouverture déchirante.

C'est aussi cette logique de l'espace qui séduit Barthes dans l'écriture de Robbe-Grillet. Seule la vue, ici encore, permet d'engendrer une esthétique : « L'écriture de Robbe-Grillet est sans alibi, sans épaisseur et sans profondeur : elle reste à la surface de l'objet[19]. » Seul le parcours optique est réel selon Robbe-Grillet ; celui-ci reprend la distinction heideggérienne entre « l'être-là », qui est l'essentiel, et « l'être quelque-chose », qui doit disparaître. La qualification des objets du nouveau roman de Robbe-Grillet ne doit exister que sous une forme « spatiale, situationnelle, en aucun cas analogique[20] ». Le nouveau roman est ainsi fondé en surface pour mieux refouler l'idée d'intériorité, et laisser se développer la logique circulatoire des objets dans l'espace.

Cette topo-logique largement déployée par tous les travaux structuralistes avait déjà été privilégiée par Lévi-Strauss. Les structures élémentaires de la parenté ont une inscription précise dans le dispositif spatial des sociétés primitives et lorsque Lévi-Strauss restitue l'organisation villageoise des Bororo dans *Tristes Tropiques*, il est particulièrement attentif à l'organisation très élaborée du village, où la population est répartie de part et d'autre d'un diamètre qui la partage en deux groupes : les cera et les tugaré. Cette division conditionne strictement les rapports de parenté puisqu'un individu appartient toujours à la même moitié que sa mère et ne peut épouser qu'un membre de l'autre moitié : « Si ma mère est cera, je le suis aussi et ma femme sera tugaré[21]. » Tout s'organise à partir de cette clôture organisée selon une structure binaire dans la population Bororo.

On retrouve la même clôture dans l'approche lévi-straussienne de la mythologie. La métaphore utilisée sur le sens de cette longue enquête des *Mythologiques* est symptomatique de la prévalence spatiale puisqu'il s'agit d'un « puzzle[22] » à reconstituer. Quelle que soit l'aire culturelle prospectée, les mythes, selon Lévi-Strauss, expriment tous la même chose, ce qu'il signifie en consi-

19. R. Barthes, « Littérature objective », *Critique*, 1954, repris dans *Essais critiques, op. cit.*, p. 30.

20. *Ibid.*, p. 33.

21. Cl. Lévi-Strauss, *Tristes Tropiques*, Plon, 1955, p. 230.

22. Cl. Lévi-Strauss, *Du miel aux cendres, op. cit.*, p. 395.

dérant que « la terre de la mythologie est ronde[23] ». Il postule en effet une double unité originelle à découvrir, par-delà la diversité des communautés sociales : unité du système et unité du message.

Le topos neuronal

La prévalence accordée par Lévi-Strauss aux grandes coupes transversales, synchroniques, aux *topos*, correspond chez lui à une volonté de naturalisation de la culture. L'ambition majeure du projet structuraliste est d'ailleurs essentiellement là, dans le souci de réconcilier ce qui a été progressivement dissocié dans l'évolution de la pensée occidentale : la sphère du sensible et celle de l'intelligible. Le refus de ce divorce a conduit Lévi-Strauss à rompre avec sa discipline d'origine, la philosophie, et à rechercher du côté de l'anthropologie les moyens de démontrer le caractère arbitraire d'un tel découpage du monde en se situant chaque fois précisément à la couture même de la nature et de la culture : « Le structuralisme [...] réconcilie le physique et le moral, la nature et l'homme, le monde et l'esprit[24]. »

C'est sur cette frontière, sur ce passage entre nature et culture, que Lévi-Strauss perçoit l'émergence d'une logique binaire qui coïncide avec les premières formes de symbolisation. C'est ainsi que le totémisme traduit ce passage et que Lévi-Strauss voit davantage dans l'utilisation totémique des espèces naturelles, animales ou végétales, l'expression de choix élaborés en fonction de leur capacité à donner à penser. Lévi-Strauss va jusqu'à postuler une « homologie de structure, entre la pensée humaine en exercice et l'objet humain auquel elle s'applique[25] ». C'est cette homologie que permet d'avérer le structuralisme.

Porté par l'évolution récente des sciences de la nature et par les progrès des sciences cognitives, Lévi-Strauss est allé de plus en plus dans le sens d'une naturalisation de la grille structurale. Il considère aujourd'hui que la clé se trouve du côté d'une topologie intérieure au cerveau humain. C'est donc la biologie qui semble devoir répondre à l'énigme posée par le développement des sciences humaines, et résoudre la tension qui traverse toute l'œuvre lévi-straussienne entre une méthode structurale posée comme grille de lecture du monde et l'horizon espéré d'accéder finalement aux lois de la structure dans la nature. Par une étrange ruse de la raison,

23. *Ibid.*, p. 201.
24. Cl. LÉVI-STRAUSS, « Structuralisme et écologie », *op. cit.*, p. 165.
25. Cl. LÉVI-STRAUSS, *Le Totémisme aujourd'hui*, PUF, 1962, p. 130.

le structuralisme lévi-straussien, dont le programme initial aspirait à dénaturaliser la culture, à prendre ses distances par rapport à l'anthropologie physique, se retourne en son contraire avec une naturalisation de la culture dont la clé ultime relèverait du *topos* neuronal.

41

Pour une dialogique

Le refoulé du structuralisme, le sujet, a fait un retour d'autant plus fracassant que l'on avait cru pouvoir se dispenser de lui pendant une vingtaine d'années. Pris dans une tension constante entre divinisation et dissolution, le sujet a bien du mal à réintégrer le champ de la pensée dans la complexité qui est la sienne, écartelé entre son autonomie de pouvoir et les réseaux de dépendance qui le conditionnent. Face à la fausse alternative longtemps présentée comme inéluctable entre un sujet tout-puissant et la mort du sujet, tout un courant de la réflexion contemporaine s'est développé autour du paradigme de la dialogique, de l'agir communicationnel, et peut représenter une voie réelle d'émancipation comme projet social ainsi qu'un paradigme fécond dans le domaine des sciences sociales.

De l'intertextualité à la dialogique

On se souvient que Julia Kristeva et Tzvetan Todorov avaient déjà importé, dans le domaine de la critique littéraire, la conception de Michaïl Bakhtine, selon laquelle l'objet privilégié doit être l'intertextualité et une approche dialogique de la littérature. Cette nouvelle orientation a permis peu à peu de faire renaître la référence à l'auteur qui avait été d'abord niée comme niveau pertinent. La normalisation, l'objectivation complète du créateur littéraire, sa transformation en simple objet de procédés et procédures avait conduit à nier une dimension fondamentale : l'écrivain est un sujet, et il s'adresse à autrui dans une démarche de communication, sans laquelle son œuvre n'aurait pas de sens.

Todorov, dans le contexte du début des années quatre-vingt, s'inspire directement de Bakhtine dans ses études critiques, et conçoit le niveau dialogique comme intermédiaire majeur entre la première phase de l'analyse qui consiste en l'établissement des données, et la dernière phase qui est celle de la corrélation avec des mécanismes sociologiques, psychologiques. C'est entre ces deux niveaux « que se situe l'activité la plus spécifique et la plus importante du critique et du chercheur en sciences humaines : c'est l'interprétation comme dialogue[1] ».

Avec la dialogique, c'est non seulement une méthode nouvelle de critique littéraire qui se substitue à l'attention exclusive portée sur les procédés d'écriture, mais c'est aussi la prise en compte d'une dimension essentielle de ce qui fonde la spécificité des sciences humaines par rapport aux sciences de la nature, la liberté humaine et l'exercice de cette liberté par l'interprétation. C'est dans cette polyphonie de voix, celle de l'auteur, du lecteur, du critique que cette liberté peut trouver un lieu d'exercice : non pas parler des œuvres, « mais avec les œuvres[2] ».

C'est ce que réalise aussi Gérard Genette avec sa notion de trans-textualité qui présuppose une mise en corrélation du texte et du contexte culturel large qui l'entoure en contiguïté et dans la dia-chronie. Le texte est alors nourri de tous les textes qui lui sont antérieurs. Or, l'on passe assez vite dans ce domaine d'une approche qui cherche les marques des effets d'intertextualité dans le texte à une approche plus suggestive, intuitive, le lecteur confrontant le texte à ses propres questionnements et émotions. C'est à l'intérieur de cette tension que se situe le travail récent de Genette, qui ne renonce pas au programme structural, mais lui donne une impulsion nouvelle, dialogique.

Cette notion de dialogique, née dans le domaine littéraire, va être féconde dans bien d'autres domaines, et d'abord en linguistique. Toute l'école pragmatique française, sur le modèle anglo-saxon, s'est appropriée cette démarche et a permis le développement en France d'une philosophie du langage qui avait été ignorée jusque-là dans l'Hexagone. C'est le cas avec Francis Jacques[3], qui entend renouveler le concept de dialogue, vieux comme le début de la philosophie puisque Platon en avait déjà exalté l'usage dans l'enseignement de la philosophie. Loin d'en revenir à un mode d'approche qui ne tiendrait pas compte des acquis de la pensée contemporaine, Francis Jacques part du polycentrisme actuel, de la mise en cause définitive d'une catégorie invariante d'universalité, démentie par l'expérience de la différence et de l'incommensurabilité. Mais il critique l'exaltation postmoderne des archipels sans relations entre eux, qui ne peuvent aboutir qu'à de nouvelles

1. T. TODOROV, Critique de la critique, op. cit., p. 103.

2. Ibid., p. 185.

3. F. JACQUES, Différence et subjectivité, Aubier, 1982 ; L'Espace logique de l'interlocution, PUF, 1985.

prisons dorées, et lui oppose « l'idée d'une rationalité à la fois linguistique et communicationnelle pour un âge qui a perdu la conviction d'un *logos* unique[4] ».

Dans une filiation plus proprement linguistique, disciple de Benveniste, et dans une filiation comparatiste, celle de Jakobson et de Martinet, professeur au Collège de France, Claude Hagège définit son projet théorique comme celui d'« une conception interactionnelle dite ici dialogale[5] ». La linguistique, selon lui, a été fascinée par les formalismes au point d'évacuer l'historique, le social, et de transformer l'humain en abstraction coupée de toute signification. Hagège attend donc de l'homme dialogal le désenclavement nécessaire de la linguistique : « Produit toujours renouvelé d'une dialectique de contraintes, dont on ignore les formes futures, et de libertés, dont la mesure dépendra de sa réponse aux défis alignés sur son horizon, l'homme dialogal suggère par sa nature même quelques repères d'un discours qui sache parler intégralement de lui, et non de ses masques[6]. » Cette importance de la dimension dialogique de la langue est essentiellement venue pour Hagège de ses études de terrain : « C'est bien du terrain que cela m'est venu. Il m'est apparu que si on ne mettait pas au centre ce qui se passe au sein d'un individu en situation interdialogale, on laisse échapper 80 % du langage[7]. » S'il y a des universaux, selon Hagège, ce ne sont pas quelques abstractions formelles, qui peuvent cependant être utiles comme conditions favorables à l'épanouissement de la linguistique. Les vrais universaux, comme le montre l'expérience des enfants sauvages, sont « les instances dialogales[8] ». Hagège inscrit donc l'étude de la langue dans le social, et défend une sociolinguistique critiquant la fermeture, la clôture chomskyenne vis-à-vis de la société.

Le linguiste, selon Hagège, ne doit pas rechercher un ordre naturel universel dans un modèle de compétence à la manière de Chomsky, mais il doit se faire historien pour saisir les étapes dans la structuration des langues. Certes, ce retour à l'historicité n'implique pas de revenir à une théorie du reflet. Il importe en effet de rappeler ce qu'Hagège appelle « le principe de double structuration[9] » : d'un côté, les langues, en parlant le monde, le réinventent en créant des catégories par abstractions, de l'autre, les

---

4. F. Jacques, « Entre conflit et dialogue ? », dans *À quoi pensent les philosophes ?, Autrement*, n° 102, novembre 1988.
5. Cl. Hagège, *L'Homme de parole, op. cit.*, p. 9.
6. *Ibid.*, p. 396-397.
7. Claude Hagège, entretien avec l'auteur.
8. Cl. Hagège, *L'Homme de parole, op. cit.*, p. 88.
9. *Ibid.*, p. 170.

langues s'organisent elles-mêmes dans leur synchronie. Cette phase interne de structuration « organise les langues elles-mêmes, à plusieurs niveaux, en réseaux de solidarités[10] ». Cette double structuration façonne l'autonomie des langues en tant que modèles producteurs de sens : « C'est là ce qui les fait fonctionner comme réservoirs conceptuels en principes classificateurs. Et c'est ce fonctionnement qui trace une frontière épistémologique entre la linguistique et les sciences de la nature[11]. »

Hagège, tout en se situant dans une filiation structuraliste, en tant que disciple de Martinet et de Benveniste, prend ses distances avec la coupure initiale entre langue et parole établie par Saussure. Ce dernier l'avait instituée comme la condition même du caractère scientifique de la linguistique moderne : elle devait se débarrasser du contingent, du singulier, donc de la parole, pour s'attacher aux régularités et universaux de la langue. Hagège récuse le bien-fondé de cette distinction, et la fausse alternative qu'elle a suscitée : « À trop isoler la langue de la parole, comme le font aux deux extrêmes les structuralistes classiques, qui privilégient l'une, et les pragmaticiens, qui intronisent l'autre, on méconnaît soit les contraintes que la première impose, soit la relation dialogale que la seconde instaure[12]. » À l'horizon de cette dialogique, il y a le sujet, dont on cherche à apprendre à la fois ce qui le conditionne et ce qui fonde sa part de liberté. Non pas le sujet tout-puissant, mais celui qui peut apparaître comme un énonceur, dont la construction est le produit de la dialectique entre les contraintes et les libertés qui le relient à la langue. C'est en partant de cette dialectisation entre nécessité structurale et liberté humaine, variable selon les moments de l'histoire, que l'on peut restituer la diversité des messages, leur variabilité selon le contexte, et ainsi avoir accès à leurs sens cachés que livre l'intertextualité : « Le maître d'encodage de ces textes de pénombre, leur maître déchiffreur aussi, c'est l'énonceur psycho-social, cryptologue assidu[13]. » Hagège fait donc revenir le sujet à l'horizon d'une linguistique qui reste soucieuse de préserver l'acquis structural, et permet ainsi de réconcilier les termes de ce qui a été longtemps présenté comme des antinomies : le mouvement et la structure, l'histoire et l'invariant. Certes, il y a des décalages et des dissymétries entre la temporalité sociale et la temporalité linguistique, mais il faut se rappeler que « la variation est inhérente au langage[14] ». Le sujet et l'histoire sont décidément de

10. *Ibid.*, p. 171.
11. *Ibid.*, p. 171.
12. *Ibid.*, p. 312.
13. *Ibid.*, p. 336.
14. *Ibid.*, p. 370.

retour, et la dialogique offre bien la perspective d'un paradigme en rupture avec le moment structuraliste, même s'il permet de se situer davantage dans une perspective de dépassement de celui-ci, plutôt que dans un mouvement de rejet radical.

Le paradigme dialogal ne vaut pas seulement pour les linguistes de profession, comme technique opérative, il est aussi l'horizon théorique d'une philosophie, celle de l'héritier actuel de l'école de Francfort, Jürgen Habermas, professeur à la Goethe Universität de Francfort. Critique des thèses postmodernes et de leur nihilisme sous-jacent, Habermas n'en revient pas pour autant à une conception du sujet tout-puissant, et trace les voies possibles d'une rationalité communicationnelle comme fondement d'une théorie du social[15]. La tâche du philosophe est, selon Habermas, de trouver les moyens de recomposer le lien social, d'éviter la dissociation croissante entre individu et système, entre le contrôle des activités scientifiques et la volonté démocratique, en retrouvant l'ambition démocratique et une communication authentique rétablie entre les membres de la société sur la base de la rationalité. Ce désir de concilier l'universalité de la raison et l'idéal démocratique exige de retrouver l'ambition des Lumières et les idéaux de la Révolution française, sapés pendant deux cents ans de philosophie allemande. L'idéal d'un universalisme moral doit être repris par la pensée moderne et recherché dans le rapport d'intercompréhension entre les individus, les cultures, les différences, et non plus fondé dans un illusoire sujet pleinement conscient, maître de lui-même. « Les normes doivent, elles aussi, pouvoir fondamentalement recueillir l'assentiment rationnellement motivé de tous les intéressés, dans des conditions qui neutralisent tous les motifs hormis la recherche coopérative de la vérité[16]. »

Le paradigme de la dialogique ne pouvait que séduire un sociologue français, adversaire depuis la première heure du structuralisme, et dont le souci constant a été de bâtir une méthode qui permette de faire communiquer tout ce qui se présente comme dispersé : Edgar Morin. La communication ne signifie pas pour lui la réduction ou l'unification à l'intérieur d'une science commune qui fédérerait la biologie, la psychologie, la sociologie et l'anthropologie. Il s'agit, selon Edgar Morin, de faire communiquer des domaines inséparables qui constituent un réel insécable et complexe. Dans une telle perspective, la dialogique est envisagée comme un instrument particulièrement approprié pour penser leur articulation, et elle est tout à la fois une vision du monde qui peut

---

15. J. HABERMAS, *Théorie de l'agir communicationnel*, Fayard, 1988 ; *Discours philosophique de la modernité*, *op. cit.*

16. J. HABERMAS, *Théorie de l'agir communicationnel*, t. 1, *op. cit.*, p. 36.

permettre d'éviter toute forme de réductionnisme : « C'est à travers
cette dialogique que l'Univers se construit, se développe, se détruit,
évolue[17]. » En outre, le concept de dialogique revêt pour Edgar
Morin l'avantage de jouer la complémentarité des entités contradictoires plutôt que leur opposition irréductible : « Ce concept
m'est venu pour me permettre de ne pas utiliser le mot de dialectique[18]. » La dialogique lui permet de poursuivre une réflexion sur
la contradiction, sans penser un nécessaire dépassement à partir de
la fracture de l'unité. Au contraire il part du postulat que cette
unité peut surgir de la dualité, de l'union de deux principes logiquement hétérogènes l'un à l'autre.

Récusant le distinguo entre sciences de la nature et sciences
humaines, Morin cherche à jeter des ponts entre ces deux domaines
pour les saisir dans leurs articulations. Ce refus du compartimentage et du réductionnisme à quelques variables formalisées extraites
de la réalité, cette ambition située à la croisée des sciences biologiques et sociales ont été favorisés, entre autres, à partir de
l'après-Mai 1968, par la participation de Morin, à l'invitation du
Dr Jacques Robin, au « groupe des dix » qui comprenait des cyber-
néticiens, des biologistes, des médecins. En 1969, Morin est invité
au Salt Institute of Biological Studies, au Department for Human
Affairs dirigé par Jacob Bronowski, et prend à cette occasion la
mesure de l'importance sociale de la biologie. Il n'est donc pas
question pour lui de critiquer la dissolution de l'homme célébrée
par le structuralisme au nom d'une quelconque divinisation de
celui-ci, mais de penser à l'heure d'un monde polycentrique,
complexe, mû par le désordre et le changement incessant pour
qu'advienne « l'inscription humaniste dans le processus inachevé
d'hominisation[19] ».

Le sens et le signe

Comme le montre Paul Ricœur[20], l'histoire de la pensée a
toujours été dominée par une tension et un chassé-croisé entre les
théories du sens et les théories du signe. Déjà dans le *Cratyle*,

17. E. MORIN, « Ce qui a changé dans la vie intellectuelle française », art.
cité, p. 72-84.

18. E. MORIN, conférence organisée par la revue *Sciences humaines*, Auxerre,
9 novembre 1991.

19. E. MORIN, « Ce qui a changé dans la vie intellectuelle française », art.
cit., p. 72-84.

20. P. RICŒUR, article : « Signe » dans l'*Encyclopædia universalis, Corpus*,
vol. 20, 1989, p. 1075-1079.

Platon avait renvoyé dos à dos les deux protagonistes, Hermogène et Cratyle, disciples d'Héraclite, celui pour lequel l'origine des mots relève d'une convention, et celui qui croit tenir leur signification d'un lien qu'ils continuent à avoir avec la nature.

Le structuralisme aurait été une réaction contre la phénoménologie de Husserl, qui avait placé l'usage des signes sous la dépendance des logiques du sens. Avec le structuralisme, on assiste donc à un renversement décisif selon lequel la notion de sens est de nouveau placée sous l'empire du signe. Le structuralisme renoue à cet égard avec la vieille tradition aristotélicienne qui avait fait prévaloir les notions de formes, et l'avait emporté de manière décisive au Moyen Âge avec le développement de la rhétorique, de la logique, du nominalisme, puis plus tard avec la grammaire de Port-Royal, filiation explicitement revendiquée par Chomsky.

Avec la dissipation du paradigme structuraliste, on assiste au contraire au retour en force du sens. Le succès d'un ouvrage comme celui de George Steiner, *Réelles Présences*[21], est symptomatique d'une période nouvelle avide de sens, et prête à se détourner définitivement de la recherche sémiologique, de la nouvelle critique, pour retrouver les voies d'un accès direct à l'œuvre d'art, à l'émotionnel. Ce retour de balancier ne fait que révéler l'aurore d'une époque nouvelle, mais il risque de porter en même temps une extraordinaire régression si ce basculement se paie du prix de la négation de tout le travail d'élucidation de la période antérieure. Si George Steiner exprime bien le manque, l'insatisfaction qui résulte de toutes les tentatives de formalisation de la création qui ont été menées jusque-là, en mettant entre parenthèses toute référence au contenu, au sens, pour mieux laisser se déployer les logiques inconscientes du signe, on ne peut qu'être inquiet lorsqu'il rêve d'une cité « dont le critique a été banni[22] » et qui aurait proscrit toute forme de commentaire des œuvres dans la mesure où elles s'autosuffisent : « L'arbre se meurt sous le poids d'un lierre avide[23]. »

On peut facilement déceler derrière ce retour de bâton l'expression d'une position élitaire qui rompt avec le contrat démocratique dont se voulait porteur le structuralisme. George Steiner préfère laisser les masses devant les séries télévisées ou la loterie, pendant qu'une élite pourra savourer à loisir Eschyle dans le texte original, dans un rapport d'immédiateté qu'elle est seule à pouvoir acquérir. Si le retour au sens est nécessaire, et si certaines critiques sur les confusions entre le logico-mathématique et l'art sont justifiées, il

21. G. STEINER, *Réelles Présences*, Gallimard, 1991.
22. *Ibid.*, p. 23.
23. *Ibid.*, p. 71.

est regrettable de voir fonctionner la pensée par coups de balancier excessifs qui renvoient au néant ce qui a précédé.

La seule position qui permette d'éviter que toutes les avancées notables réalisées par le paradigme que l'on peut indifféremment qualifier de structuraliste ou de critique ne soient submergées par le flot en cours des cinq sens, est de promouvoir un rapport dialogique entre ce que Paul Ricœur définit comme les deux niveaux du sens : celui, explicatif, du jeu interne des dépendances structurales du texte et celui, interprétatif, qui reste par définition ouvert sur la référence au sens et vers un en-dehors du langage. Or, ces deux niveaux, sémiologique et interprétatif, comme le pensait déjà Gérard Genette dans les années soixante, ne s'excluent pas l'un l'autre, mais tout au contraire, ils se complètent.

Le niveau interprétatif ou herméneutique permet de laisser toujours ouverte la perspective du travail critique et favorise les impulsions nouvelles qui se manifestent chaque fois dans une intersubjectivité, par-delà les distances spatiales et temporelles. Il permet de promouvoir une communication dialogique entre des mondes qui refusent de se laisser entraîner dans une situation d'isolats. Le dialogue comme mode de vivre l'universel à l'ère du relatif ; la dialogique comme expression de la raison à l'ère du retour en force du fondamentalisme : ce programme, tant social que scientifique, doit réaliser une sortie du structuralisme, tout en n'oubliant pas que celui-ci nous a définitivement appris que la communication n'est jamais entièrement transparente à elle-même. En revenir à cette illusion serait la meilleure manière de préparer *Farenheit 451*.

Liste des entretiens réalisés

Marc ABÉLÈS, anthropologue, chercheur au laboratoire d'anthropologie sociale, EHESS.

Alfred ADLER, anthropologue, chercheur au laboratoire d'anthropologie sociale, EHESS.

Michel AGLIETTA, économiste, professeur d'économie à l'université Paris-X.

Jean ALLOUCH, psychanalyste, directeur de la revue *Littoral*.

Pierre ANSART, sociologue, professeur à l'université Paris-VII.

Michel ARRIVÉ, linguiste, professeur à l'université Paris-X.

Marc AUGÉ, anthropologue, directeur d'études à l'EHESS, président de l'EHESS.

Sylvain AUROUX, philosophe et linguiste, directeur de recherche au CNRS.

Kostas AXELOS, philosophe, ancien rédacteur en chef de la revue *Arguments*, enseigne à la Sorbonne.

Georges BALANDIER, anthropologue, professeur à la Sorbonne, directeur d'études à l'EHESS.

Étienne BALIBAR, philosophe, maître de conférences à l'université Paris-I.

Henri BARTOLI, économiste, professeur à l'université Paris-I.

Michel BEAUD, économiste, professeur à l'université Paris-VIII.

Daniel BECQUEMONT, angliciste et anthropologue, professeur à l'université de Lille.

Jean-Marie BENOIST, philosophe, sous-directeur de la chaire d'histoire de la civilisation moderne au Collège de France, décédé en 1990.

Alain BOISSINOT, littéraire, professeur de lettres en classe préparatoire au lycée Louis-le-Grand.

Raymond BOUDON, sociologue, professeur à l'université Paris-IV, directeur du groupe d'études des méthodes de l'analyse sociologique (GEMAS).

Jacques BOUVERESSE, philosophe, professeur à l'université Paris-I.

Claude Brémond, linguiste, directeur d'études à l'EHESS.

Hubert Brochier, économiste, professeur à l'université Paris-I.

Louis-Jean Calvet, linguiste, professeur à la Sorbonne.

Jean-Claude Chevalier, linguiste, professeur à l'université Paris-VII, secrétaire général de la revue *Langue française*.

Jean Clavreul, psychanalyste.

Claude Conté, psychanalyste, ancien chef de clinique à la faculté de médecine de Paris.

Jean-Claude Coquet, linguiste, professeur à l'université Paris-VIII.

Maria Daraki, historienne, professeur à l'université Paris-VIII.

Jean-Toussaint Desanti, philosophe, a enseigné à l'université Paris-I et à l'ENS de Saint-Cloud.

Philippe Descola, anthropologue, directeur adjoint du laboratoire d'anthropologie sociale.

Vincent Descombes, philosophe, professeur à la John Hopkins University.

Jean-Marie Domenach, philosophe, ancien directeur de la revue *Esprit*, créateur du CREA.

Joël Dor, psychanalyste, directeur de la revue *Esquisses psychanalytiques*, professeur à l'université Paris-VII.

Daniel Dory, géographe, chercheur au CNRS, à Paris-I.

Roger-Pol Droit, philosophe, éditorialiste au *Monde*.

Jean Dubois, linguiste, professeur à l'université Paris-X, revue *Langages*.

Georges Duby, historien, professeur au Collège de France.

Oswald Ducrot, linguiste, directeur d'études à l'EHESS.

Claude Dumézil, psychanalyste.

Jean Duvignaud, sociologue, professeur à l'université Paris-VII.

Roger Establet, sociologue, membre du CERCOM (EHESS), maître de conférences à l'université d'Aix-Marseille.

François Ewald, philosophe, président de l'Association pour le Centre Michel-Foucault.

Arlette Farge, historienne, directeur de recherches à l'EHESS.

Jean-Pierre Faye, philosophe, linguiste, professeur à l'Université philosophique européenne.

Pierre Fougeyrollas, sociologue, professeur à l'université Paris-VII.

Françoise Gadet, linguiste, professeur à l'université Paris-X.

Marcel Gauchet, historien, responsable de la rédaction à la revue *Le Débat*.

Gérard Genette, linguiste, sémiologue, directeur d'études à l'EHESS.

Jean-Christophe Goddard, philosophe, professeur en classe préparatoire à HEC.

Maurice GODELIER, anthropologue, directeur scientifique au CNRS, directeur d'études à l'EHESS.

Gilles GASTON-GRANGER, philosophe, professeur au Collège de France.

Wladimir GRANOFF, psychanalyste, médecin-chef du centre médico-psychologique de Nanterre.

André GREEN, psychanalyste, ancien directeur de l'Institut de psychanalyse de Paris.

Algirdas-Julien GREIMAS, linguiste, directeur d'études honoraire à l'EHESS.

Marc GUILLAUME, économiste, professeur à l'université de Paris-Dauphine, maître de conférences à l'École polytechnique, directeur de l'IRIS.

Claude HAGÈGE, linguiste, professeur au Collège de France.

Philippe HAMON, linguiste, professeur à l'université de Paris-III.

André-Georges HAUDRICOURT, anthropologue et linguiste.

Louis HAY, littéraire, fondateur de l'ITEM.

Paul HENRY, linguiste, chercheur au CNRS.

Françoise HÉRITIER-AUGÉ, anthropologue, professeur au Collège de France, directrice du laboratoire d'anthropologie sociale.

Jacques HOARAU, philosophe, professeur au centre de formation des professeurs de Monlignon.

Michel IZARD, anthropologue, directeur de recherches au CNRS, codirecteur de la revue *Gradhiva*.

Jean-Luc JAMARD, anthropologue, chercheur au CNRS.

Jean JAMIN, anthropologue, chercheur au laboratoire d'ethnologie du musée de l'Homme, codirecteur de la revue *Gradhiva*.

Julia KRISTEVA, linguiste, professeur à l'université Paris-VII.

Bernard LAKS, linguiste, chercheur au CNRS.

Jérôme LALLEMENT, économiste, maître de conférences à l'université Paris-I.

Jean LAPLANCHE, psychanalyste, professeur à l'université Paris-VII, directeur de la revue *Psychanalyse à l'Université*.

Francine LE BRET, philosophe, professeur au lycée Jacques-Prévert de Boulogne-Billancourt.

Serge LECLAIRE, psychanalyste.

Dominique LECOURT, philosophe, professeur à l'université Paris-VII.

Henri LEFEBVRE, philosophe, ancien professeur aux universités de Strasbourg, Nanterre, Paris-VIII, Californie.

Pierre LEGENDRE, philosophe, professeur à l'université Paris-I.

Gennie LEMOINE, psychanalyste.

Claude LÉVI-STRAUSS, anthropologue, professeur au Collège de France.

Jacques Lévy, géographe, chercheur au CNRS, coanimateur de la revue *Espaces Temps*.

Alain Lipietz, économiste, chargé de recherche au CNRS et au CEPREMAP.

René Lourau, sociologue, professeur à l'université Paris-VIII.

Pierre Macherey, philosophe, maître de conférences à Paris-I.

René Major, psychanalyste, enseigne au Collège international de philosophie, directeur des *Cahiers Confrontations*.

Serge Martin, philosophe, professeur au lycée de Pontoise.

André Martinet, linguiste, professeur émérite à l'université René-Descartes, et à la IVe section de l'EPHE.

Claude Meillassoux, anthropologue, directeur de recherche au CNRS.

Charles Melman, psychanalyste, directeur de la revue *Discours psychanalytique*.

Gérard Mendel, psychanalyste, ancien interne de l'hôpital psychiatrique de la Seine.

Henri Mitterand, linguiste, professeur à la Sorbonne nouvelle.

Juan-David Nasio, psychanalyste, anime le séminaire de psychanalyse de Paris.

André Nicolaï, économiste, professeur à l'université Paris-X.

Pierre Nora, historien, directeur d'études à l'EHESS, directeur de la revue *Le Débat*, éditeur chez Gallimard.

Claudine Normand, linguiste, professeur à l'université Paris-X.

Bertrand Ogilvie, philosophe, professeur à l'école normale de Cergy-Pontoise.

Michelle Perrot, historienne, professeur à l'université Paris-VII.

Marcelin Pleynet, écrivain, ancien secrétaire de la revue *Tel Quel*.

Jean Pouillon, philosophe et anthropologue, chercheur au laboratoire d'anthropologie sociale, EHESS.

Joëlle Proust, philosophe, groupe de recherche sur la cognition, CREA, CNRS.

Jacques Rancière, philosophe, enseignant à l'université Paris-VIII.

Alain Renaut, philosophe, professeur à l'université de Caen, fondateur du Collège de philosophie.

Olivier Revault d'Allonnes, philosophe, professeur à l'université Paris-I.

Élisabeth Roudinesco, écrivain et psychanalyste.

Nicolas Ruwet, linguiste, professeur à l'université Paris-VIII.

Moustafa Safouan, psychanalyste.

Georges-Élia Sarfati, linguiste, enseignant à l'université Paris-III.

Bernard Sichère, philosophe, professeur à l'université de Caen, ancien membre de l'équipe *Tel Quel*.

Dan Sperber, anthropologue, chercheur au CNRS.

Joseph SUMPF, sociologue et linguiste, professeur à l'université Paris-VIII.

Emmanuel TERRAY, anthropologue, directeur d'études à l'EHESS.

Tzvetan TODOROV, linguiste, sémiologue, chercheur au CNRS.

Alain TOURAINE, sociologue, directeur de recherche à l'EHESS.

Paul VALADIER, philosophe, ancien rédacteur en chef de la revue *Études*, professeur au Centre Sèvres à Paris.

Jean-Pierre VERNANT, helléniste, professeur honoraire au Collège de France.

Marc VERNET, sémiologue du cinéma, professeur à l'université Paris-III.

Serge VIDERMAN, psychanalyste, docteur en médecine, décédé en 1991.

Pierre VILAR, historien, professeur honoraire à la Sorbonne.

François WAHL, philosophe, éditeur au Seuil.

Marina YAGUELLO, linguiste, professeur à l'université Paris-VII.

Index

Table

Composition réalisée par COMPOFAC - PARIS

IMPRIMÉ EN FRANCE PAR BRODARD ET TAUPIN
Usine de La Flèche (Sarthe).
LIBRAIRIE GÉNÉRALE FRANÇAISE - 6, rue Pierre-Sarrazin - 75006 Paris.
ISBN : 2 - 253 - 94212 - X

◈ 42/4212/9